U0113822

国家自然科学基金项目

国家哲学社会科学基金重大项目

云南省"万人计划"教学名师潘玉君工作室

云南省本科一流课程、博士生优质课程项目

潘玉君　刘 化　杨晓霖　　等著

云南政区地理

上

中国社会科学出版社

图书在版编目（CIP）数据

云南政区地理：全 3 册/潘玉君等著 . —北京：中国社会科学出版社，2022. 12
ISBN 978 - 7 - 5227 - 1418 - 9

Ⅰ.①云…　Ⅱ.①潘…　Ⅲ.①政区沿革—研究—云南　Ⅳ.①K927.4

中国国家版本馆 CIP 数据核字（2023）第 033825 号

出 版 人	赵剑英
责任编辑	孔继萍
责任校对	赵雪姣
责任印制	郝美娜

出　　版	中国社会科学出版社
社　　址	北京鼓楼西大街甲 158 号
邮　　编	100720
网　　址	http://www.csspw.cn
发 行 部	010 - 84083685
门 市 部	010 - 84029450
经　　销	新华书店及其他书店

印刷装订	北京君升印刷有限公司
版　　次	2022 年 12 月第 1 版
印　　次	2022 年 12 月第 1 次印刷

开　　本	710 × 1000　1/16
印　　张	43.5
插　　页	6
字　　数	666 千字
定　　价	258.00 元（全 3 册）

凡购买中国社会科学出版社图书，如有质量问题请与本社营销中心联系调换
电话:010 - 84083683

《云南政区地理》编委会

总 目 录

第一篇 总论

第二篇 分论

附　录

上册目录

第一篇　总论

第二篇　分论

总　　论

导　论

位置、基础和系统

第一节　自然地理位置

云南省简称"滇"或"云"，地处中国西南边陲，位于东经97°31′—106°11′、北纬21°8′—29°15′之间，南北跨纬度8°7′，东西跨经度8°40′，北回归线横贯南部，属于低纬度内陆地区，总面积39.41万平方千米，约占全国总面积的4.1%。东与广西壮族自治区和贵州省毗邻，北以金沙江为界与四川省隔江相望，西北部与西藏自治区相邻，西部与缅甸相邻，南部和东南部分别与老挝、越南接壤。云南省平均海拔高度在2000米左右，最高点位于滇藏交界的德钦县怒山山脉梅里雪山主峰卡瓦格博峰，海拔为6740米，最低点位于河口瑶族自治县境内南溪河与元江交汇处，海拔为76.4米。云南省主要位于东七区，因全国都按照北京时间（东八区）计算，云南省地方时间与北京时间相差一个小时。

一　在中国气候区划中的位置

中国科学院地球物理研究所、地理研究所《中国气候区划（初稿）》，将全国分为8个气候地区，分别是东北气候地区、内蒙古气候地区、甘新气候地区、华北气候地区、华中气候地区、华南气候地区、康滇气候地区和青藏气候地区。云南省主要属于华中气候区、康滇气候区和青藏气候区。

二　在中国地貌区划中的位置

中国科学院地理研究所《中国地貌区划（初稿）》，将全国地貌划分为 18 个地貌大区，分别是东部低地、东北东部山地与山东低山丘陵、兴安岭山地与台原、内蒙古平原、华北山地与高原、阿尔泰山山地、准噶尔平原与山地、天山山地、塔里木阿拉善平原、祁连山与阿尔金山山地、柴达木卡不卡平原与山地、秦岭淮阳中山与低山、华东华南低山与丘陵、鄂西黔中滇东中山高原与山原、四川盆地、青藏山原昆仑山与横断山系、喜马拉雅极高山和台湾平原与山地。在一级地貌大区中，云南省属于其中的鄂西黔中滇东中山高原与山原和青藏山原昆仑山与横断山系。

三 在中国水文区划中的位置

中国科学院地理研究所《中国水文区划（初稿）》，将全国划分为 3 大区域，分别是雨水补给区、雨水融水补给区和融水雨水补给区。云南省属于雨水补给区和融水雨水补给区。在第一级水文区划中，属于西南区、滇西区和康藏区。

四 在中国土壤区划中的位置

中国科学院自然区划工作委员会《中国土壤区划（初稿）》，将全国划分为 5 个土壤气候带，分别是寒温带、温带、暖温带、亚热带和热带。云南省属于其中的暖温带、亚热带和热带。在一级土壤区划中，属于暖温带中的青藏高原东南部森林、草原和草甸土壤地区，亚热带中的西南高原干湿交替森林土壤地区和喜马拉雅山南坡和高丽贡山西坡湿润（西南季风型）森林土壤地区，热带中的滇南季雨林（西南季风型）土壤地区。

五 在中国植被区划中的位置

中国科学院植物研究所《中国植被区划（初稿）》，将全国划分为 3 个植被区，分别是中国东部湿润森林区、青藏高寒高原亚高山针叶林草甸草原灌丛区和蒙新干草原和荒漠区。云南省属于其中的中国东部湿润森林区和青藏高寒高亚高山针叶林草甸草原灌丛区。在一级植被地区或亚地区中，属于中国东部湿润森林区中的亚热带常绿阔叶林带和热带季雨林雨林带,青藏高寒高原亚高山针叶林草甸草原灌丛区中的亚高山针叶林带。

六　在中国综合自然区划中的位置

中国科学院地理科学与资源研究所《中国综合自然区划（初稿)》,将全国划分为 6 个热量带,分别是赤道带、热带、亚热带、暖温带、温带（冷温带)、寒温带和青藏高原。云南省属于亚热带和热带自然带。在一级自然地区区划中,属于湿润地区东部亚地区、亚热带湿润地区西部亚地区和热带湿润地区西部亚地区。

七　在中国生态地理区划中的位置

郑度等的《中国生态地理区域系统研究》,在温度带划分中,将全国划分为中温带、暖温带、北亚热带、中亚热带、南亚热带、边缘热带、中热带、赤道热带、高原亚寒带和高原温带。云南省属于中亚热带、南亚热带、边缘热带和高原温带。在干湿区中,属于湿润区和湿润、半湿润区。在生态区中,属于云南高原常绿阔叶林、松林区,东喜马拉雅南翼山地季雨林、常绿阔叶林区,滇中南亚高山谷地常绿阔叶林、松林区,西双版纳山地季雨林、雨林区和川西藏东高山深谷针叶林区。

八　在中国农业气候区划中的位置

李世奎等的《中国农业气候资源和农业气候区划》,将全国划分为 3 个农业气候大区,分别是东部季风农业气候大区、西北干旱农业气候大区和青藏高寒农业气候大区。云南省属于其中的东部季风农业气候大区、青藏高寒农业气候大区。

九　在中国综合生态区划中的位置

傅伯杰等的《中国生态区划研究》,将全国划分为 3 个生态大区,分别是东部湿润、半湿润生态大区,西部干旱、半干旱生态大区和青藏高原高寒生态大区。云南省属于其中的东部湿润、半湿润生态大区。

十 云南省在中国西部生态区划中的位置

欧阳志云等主编的《区域生态环境质量评价与生态功能区划》，将西部划分为 30 个生态区、104 个生态亚区和 686 个生态功能区。在一级生态区区划中，云南省属于其中的川西南—滇中北山地常绿阔叶林生态区、滇桂中部南亚热带季风常绿阔叶林生态区和滇桂南部热带季雨林、雨林生态区。

第二节 人文地理位置

一 在中国人文地理综合区划中的位置

方创琳《中国人文地理综合区划》，将全国划分为八大人文地理大区，分别是东北人文地理大区、华北人文地理大区、华东人文地理大区、华中人文地理大区、华南人文地理大区、西北人文地理大区、西南人文地理大区和青藏人文地理大区。在一级人文地理大区中，云南省属于其中的西南人文地理大区。在二级人文地理区中，云南省属于西南人文地理大区中的滇中人文地理区、大小凉山人文地理区、滇西北人文地理区、滇西深山河谷人文地理区、滇南人文地理区、滇东桂西人文地理区和滇东北人文地理区。

二 在中国经济区划中的位置

吴传钧主编的中国人文地理丛书《中国经济地理》，将全国划分成东北经济地理区、华北经济地理区、华东经济地理区、华中经济地理区、华南经济地理区、西南经济地理区、西北经济地理区和新疆经济地理区 8 个经济地理区。云南省属于其中的西南经济地理区，地域范围包括了川、滇、黔、渝三省一市。

三 在中国农业区划中的位置

周立三主编的中国人文地理丛书《中国农业地理》，将全国划分为东北区、内蒙古及长城沿线区、黄淮海区、黄土高原区、长江中下区、西南区、华南区、甘新区和青藏高原区。云南省主要属于其中的西南区。

四　在中国民族地理分区中的位置

潘玉君等著的中国人文地理丛书《中国民族地理》，选取省域的分区研究尺度，遵循"从定性到定量的综合集成方法"的指导方法，选取了区域民族地理相关的若干定性或定量要素进行分区研究。具体分区中，以重要地理界限分区，兼顾各地理区内的其他要素，以定性结合定量的方法确定边界省区的分区归属。为保持明确的地理界限，实际分区中主要采用了相关省域的行政区划界限。将全国划分为 6 个民族地理分区，分别是东北民族区、北部民族区、西北民族区、西南民族区、东南民族区和中部民族区。云南省属于其中的西南民族区。

五　在中国文化地理区划中的位置

王恩涌等编著的中国人文地理丛书《中国文化地理》，将全国分为华北文化区、东北和内蒙古文化区、华东文化区、华中文化区、华南文化区、西北文化区和西南文化区 7 个大区。在一级区划中，云南省属于其中的西南文化大区。在二级区划中，云南省属于西南文化大区中的西南文化区。在三级区划中，云南省属于西南文化区中的滇云文化区。

六　在全国主体功能区规划中的位置

国家发展和改革委员会《全国及各地区主体功能区规划》，按照开发方式，将全国国土空间分为以下主体功能区，分别是优化开发区、重点开发区、限制开发区和禁止开发区。云南省属于其中的重点开发区、限制开发区，在分布区中，属于重点开发区中的滇中地区，限制开发区中的桂黔滇喀斯特石漠化防治生态功能区、川滇森林及生物多样性生态功能区。

第三节 自然地理基础

一 气候基础

云南省气候复杂多样，兼具季风气候、低纬气候和高原气候特征，主要表现为四季温差小、日温差大、干湿季分明、气候类型多样、立体气候特征显著。

云南省地势由北向南呈阶梯状下降，与纬度降低的方向一致，高纬度与高海拔结合、低纬度和低海拔相一致的特点，加剧了云南南北气候差异：从低纬度到高纬度，依次呈现出北热带、南亚热带、中亚热带、北亚热带、南温带、中温带、高原气候7种气候类型。

云南省北倚青藏高原，南近热带海洋，地处亚洲季风气候区。受季风和青藏高原大地形的影响，冬半年和夏半年影响云南的气团性质截然不同，形成冬干夏湿的季风气候。云南省显著的干湿类型使农业气候资源地区差异大。云南省农业气候区划内容如表0-1所示：

表0-1 云南省农业气候区划

温度带	干湿区	农业气候区
北热带	湿润区	北热带湿润一年三熟区
	半湿润区	北热带半湿润一年三熟区
	半干旱区	北热带半干旱一年三熟区
南亚热带	湿润区	南亚热带湿润二年五熟区
	半湿润区	南亚热带半湿润二年五熟区
	半干旱区	南亚热带半干旱二年五熟区
中亚热带	湿润区	中亚热带湿润一年二熟区
	半湿润区	中亚热带半湿润一年二熟区
	半干旱区	中亚热带半干旱一年二熟区

温度带	干湿区	农业气候区
北亚热带	湿润区	北亚热带湿润一年二熟区
	半湿润区	北亚热带半湿润一年二熟区
	半干旱区	北亚热带半干旱一年二熟区
南温带	湿润区	南温带湿润一年二熟区
	半湿润区	南温带半湿润一年二熟区
	半干旱区	南温带半干旱一年二熟区
中温带	半湿润区	中温带半湿润二年三熟区
高原气候	半干旱区	高原气候半干旱一年一熟区

云南省地方气候多样，受多重气候因素综合作用，形成了多种地方特殊天气气候现象。"四季如春"是云南大部分地区具有的气候特征，云南中部西部地区，如昆明市、玉溪市、曲靖市、楚雄彝族自治州、保山市、大理白族自治州等地全年基本无夏，冬季较短，春秋不分；云南南部普洱市、红河哈尼族彝族自治州、临沧市等地冬季很短，夏季持续时间不长，春秋季达 10 个月以上。另外，云南省的部分地区还存在"长冬无夏"和"长夏无冬"两种气候类型。"长冬无夏"是指在云南迪庆藏族自治州、丽江市、昭通市等地海拔在 2800 米以上的地带"长冬无夏，春秋短暂"，冬季长达 8—10 个月；"长夏无冬"是指在云南元江哈尼族彝族傣族自治县、河口瑶族自治县、景洪市、元阳县南沙镇等河谷地区以及云南北部金沙江河谷地带海拔比较低的部分地区"长夏无冬，春秋短暂"，夏季长达 7—8 个月。

受气候及地貌条件的综合作用，云南省还形成了"四大火炉"。"四大火炉"是指元江哈尼族彝族傣族自治县、元谋县、元阳县南沙镇、河口瑶族自治县四地，前三地属于干热河谷气候地区，后一区属于湿热河谷气候地区，这些地区出现过极端最高气温，元江哈尼族彝族傣族自治县（43.1℃）、元谋县（42.4℃）、元阳县南沙镇（44.5℃）、河口瑶族自治县（42.9℃），比长江流域的三大火炉（重庆市、武汉市、南京市）

的极端最高气温要高，但高于35℃的酷热天气的天数要少，所以酷热程度不及长江流域地区。

云南省除较大和中等地域尺度的气候类型外，还有较小地域尺度（即地方尺度）的气候类型。"下关风"是指大理市下关特殊地形条件形成的峡谷风，下关平均风速大，大风日数多；"'寡照'盐津"是由于盐津县是云南省日照时数最少的地方，也是全国日照时数较少的地方，因此得名"寡照"；"'雾州'版纳"是指西双版纳傣族自治州雾具有出现日数多、延续时间长、浓度大的特点，因此享有"雾州"的称号，另外受特殊地理环境的影响，西双版纳雾大部分是辐射雾；"'雷都'勐腊"是指勐腊县是中国雷暴日数最多的地方，被称为"雷都"；"'雨都'昔马"是由于盈江县昔马镇地处影响云南的西南暖湿气流最前沿地带，降水量特别多，是名副其实的"雨都"；"怒江'桃花汛'"是指怒江傈僳族自治州北部一年中的第一个雨季，2—4月份的雨季正值桃花盛开时节，降水增多，河流水位上涨，当地称之为"桃花汛"或"春汛"；"'干谷'奔子栏"是指德钦县奔子栏，该地是云南省雨量最少的地方，被称为"干谷"。

二 地貌基础

云南省主要位于东部地区构造地貌，从区域分布范围来看是秦岭—大别山以南地区，从地貌类型来看属于云贵高原中的一部分——云南高原。云南高原西北高东南低，从海拔4000米下降到2000米左右，在断裂带密集的地区，高原面上出现数百米的梯级落差。

从中国地貌类型来看，云南省位于受流水侵蚀的山地地区和受流水侵蚀的高原地区。滇中、滇东地区是一片海拔2000米左右的高原，其上的石灰岩地段具有热带型岩溶地貌，以云南石林的石灰岩峰林为典型代表。由于滇中一带的高原普遍分布着中生代的红色地层，因此被称为红色高原。

云南高原是云贵高原的一部分，平均海拔在2000—2500米，其西南与苍山、哀牢山以及横断山为界，北与川西高原为邻，东缘在贵州水城、普安一带巨大斜坡降至滇中高原。其突出的构造地貌特征是拥有大量断陷盆地,其中多数还有湖泊。断陷盆地主要分布在两个地区:一是滇中和滇东的东川、曲靖、昆明、蒙自一带;二是滇西北的丽江、大理、祥云一带。这些盆地形成的年代大多为第三纪末和第四纪初,少数形成年代在第三纪初期或中期。

三 土壤基础

云南省土壤类型丰富,土壤垂直分布特点明显。土壤地带主要包括砖红壤地带—北热带雨林、季雨林丘陵宽谷盆地砖红壤热林热作地带;赤红壤地带—南亚热带季风常绿阔叶林、思茅松林中山丘陵盆地赤红壤、粮食、经作、经林地带;红壤地带—亚热带常绿阔叶林、云南松林高原山地粮食、经作、经林地带;黄棕壤棕壤地带—温带常绿阔叶林针阔混交林,中山、高山林牧地带4种土壤地带。云南省土壤改良利用区划内容如表0-2所示。

表0-2 云南省土壤改良利用区划

土壤地带	土壤地区	土区
砖红壤地带—北热带雨林、季雨林丘陵宽谷盆地砖红壤热林热作地带	河口丘陵河谷黄色砖红壤、橡胶热林地区	
	西双版纳丘陵盆地红色砖红壤橡胶热林南药地区	普文砖红壤赤红壤干旱需水区
		景洪勐腊红色砖红壤培肥熟化区
	潞西宽谷盆地砖红壤赤红壤热作经作地区	
赤红壤地带—南亚热带季风常绿阔叶林、思茅松林中山丘陵盆地赤红壤、粮食、经作、经林地带	东南岩溶山地赤红壤,红色石灰土粮食、经作、经林地区	马关、文山、黄色赤红壤(石灰土)培肥熟化区
		蒙自、元江赤红壤燥红土、干热需水区
	滇西南中山宽谷赤红壤粮食、经作、经林地区	思茅赤红壤定耕培肥区
		临沧赤红壤水土保持定耕培肥区
		梁河龙陵黄色赤红壤水土保持区

土壤地带	土壤地区	土区
红壤地带—亚热带常绿阔叶林、云南松林高原山地粮食、经作、经林地带	滇东高原湖盆山原红壤粮食、经林、果林地区	昆明曲靖山原红壤培肥需磷区
		元谋、华坪、燥红土、褐红土干热需水区
		路南丘北山原红壤红色石灰土干旱需水区
		楚雄紫色土水土保持区
	滇西中山盆地山地红壤粮食、经林地区	大理、祥云山原红壤培肥熟化区
		云龙、永平山地红壤培肥熟化区
		腾冲昌宁黄红壤水土保持区
	滇东北中山峡谷黄壤黄棕壤粮食、经林、畜牧地区	镇雄山地黄壤黄棕壤培肥熟化区
		永善绥江紫色土水土保持区
		会泽宣威山原红壤培肥需磷区
		巧家褐红土干热需水区
黄棕壤棕壤地带—温带常绿阔叶林针阔混交林，中山、高山林牧地带	滇西北高山峡谷棕壤林牧业药材地区	丽江宁蒗棕壤粮果培肥熟化区
		维西贡山棕壤水源林保护区
		德钦中甸亚高山草甸土天然草场保护区

四　水文基础

云南省河川纵横，湖泊众多。全省境内径流面积在100平方千米以上的河流有889条，分属于长江水系、珠江水系、红河水系、澜沧江水系、怒江水系、伊洛瓦底江水系六大水系。主要河流有长江水系的金沙江、龙川江、普渡河、小江、牛栏江、以礼河、横江；珠江水系的南盘江、曲江、可渡河、黄泥河、驮娘江；澜沧江水系的通甸河、漾濞江、顺濞河、威远江、小黑江、曼老江、南班河、流沙河、南览河、南垒河、南阿河、南腊河；怒江水系的老窝河、枯柯河、永康河、大勐统河、南汀河、南卡江；红河水系的礼社江、绿汁江、元江、把边江、阿墨江、勐野江、李仙江、老勐河、盘龙江、南溪河、那么果河、大梁子河、南利河、泸江；伊洛瓦底江水系的独龙江、龙川江、槟榔江、芒市河、南畹河、大盈江、瑞丽江。

云南高原湖泊众多，是我国湖泊最多的省份之一。面积在 1 平方千米以上的湖泊共 37 个，湖泊总面积为 1066 平方千米，集水面积 9000 平方千米，总蓄水量约 300 亿立方米。云南九大高原湖泊指滇池、洱海、抚仙湖、程海、泸沽湖、杞麓湖、异龙湖、星云湖、阳宗海。滇东主要的湖泊有滇池、抚仙湖、阳宗海、杞麓湖及星云湖等；滇西主要有洱海、程海、泸沽湖、剑湖、茈碧湖、纳帕海、碧塔海等；滇南主要有异龙湖、长桥海、大屯海等。

五 植被基础

云南省植物种类丰富，为全国之冠，被誉为"植物王国"，起源古老，多为古植物后裔，并且在云南非常复杂多样的自然环境条件下，存在较多的地区特有属和特有种。

云南省植物区系地域横跨泛北极植物区和古热带植物区之间，分区中的亚区一级，分别是中国—喜马拉雅森林植物亚区和马来西亚植物亚区。前者主要包括滇中高原、滇西、滇西北横断山脉，后者主要包括滇南、滇西南和滇东南。滇东北一角属于中国—日本森林植物亚区中的华中区系，与滇中高原一带截然不同。根据植物区系的划分，将云南的植物区系划分为 5 个小区，分别为：滇南、滇西南小区；滇东南小区；滇中高原小区；滇西、滇西北横断山脉小区；滇东北小区。

植物地理分布界线是生物地理分界线的一种，对植物空间分布的分区或区划有重要意义。分布在云南境内的植物地理分界线有 3 种，分别是田中线、滇西北—滇东南生态地理对角线和华线。植物地理分界线为云南植物区系和植被的分区或区划提供了一定的借鉴和参考。

田中线又称"柑橘分布的田中线"。由日本学者田中（T. Tanaka）在《论柑橘种的问题》一书中提出，是一条从云南西北部（28°N，98°E）向东南部（大约 18°45′N 或 19°N，108°E）延伸的植物地理分界线。在云南省，田中线穿过了 24 个市县区，分别为玉溪市的红塔区、通海县、易门县、峨山彝族自治县，楚雄彝族自治州的楚雄市、双柏县、南华县、姚安县，红河哈尼族彝族自治州的个旧市、开远市、蒙自市、屏边苗族自治县、建水县、河口瑶族自治县，文山壮族苗族自治州的马关县，大理白族自治州的祥云县、宾川县、洱源县、剑川县、鹤庆县，怒江傈僳族自治州的福贡县、贡山独龙族怒族自治县、兰坪白族普米族自治县，迪庆藏族自治州的维西傈僳族自治县。

云南省植物类群资源丰富，植物地理分布中心多样。如分布有一些植物的多度中心、发生中心、分化中心、残遗中心、生物多样性中心、特有现象中心等。多度中心指在某一定的不大范围内一个植物分类单位的植物类群或个体数量分布最多和最密集的区域，代表高度的多样性和表明该地具有最适宜的生存条件，又称分布中心、分布区中心、生态中心、变异中心。云南省的多度中心主要分布于滇西北的横断山地区，滇东南的文山、红河地区，滇南的西双版纳地区、滇西南的德宏地区，滇中南的哀牢山、无量山地区以及滇中的昆明地区。发生中心指某一分类单位（如科、属、种）的发源地，又称起源中心、发源中心、原始分布中心、形成中心。云南省的发生中心推测可能分布于滇东南的文山、红河地区以及滇西北的横断山地区。分化中心指在某一分类单位分布区内种类或代表特别多的区域，又称多样化中心、演化中心、发育中心、发展中心。云南省的分化中心主要分布于滇西北的横断山地区，滇东南的文山、红河地区，滇南的西双版纳地区，滇西南的德宏州南部地区，滇中南的哀牢山、无量山地区以及滇中的昆明地区。残遗中心指保存有大量的残遗种、残遗分类单位或残遗类群的分布区域，即残遗类群的多度中心。云南省的残遗中心主要分布于滇东南的文山壮族苗族自治州的西畴县、富宁县、马关县、麻栗坡县和红河哈尼族彝族自治州的河口瑶族自治县、屏边苗族自治县、金平苗族瑶族傣族自治县、绿春县，以及滇东北的昭通市的彝良县、永善县和大关县。生物多样性中心指由于没有开发或者没有过开发，野生动植物保存较好，生物种类丰富，特有类群多，具有特殊植被类型或特殊生态系统类型的区域，云南省的生物多样性中心在分布格局上基本上与分化中心一致。特有现象中心指特有类群丰富和密集的分布区域，即特有类群的多度中心。云南省的特有现象中心主要分布于滇西北的横断山地区和滇东南的文山、红河地区。

六 综合自然地理基础

云南省位于我国西南边陲，全省总面积 38.3 万平方千米，幅员广大的云南省由于垂直落差大，形成了复杂、多样、独特的地理环境，在云南省综合自然地理划分中，将其划分为热带北缘地带、亚热带南部地带、亚热带北部地带、亚热带东部地带、寒温高原地带 5 个一级自然地带，每个一级自然地带下划分二级自然地区，二级自然地区之下又划分具体的自然区。

热带北缘地带有滇西、滇西南低中山盆地地区与滇东南中山河谷地区两个自然地区。滇西、滇西南低中山盆地地区包括西双版纳低中山盆谷区与德宏、孟定中山宽谷区两个自然区。

亚热带南部地带包括滇西南中山山原地区与滇东南岩溶高原山原地区两个自然地区，滇西南中山山原地区包括 3 个自然区，分别为思茅中山山原盆谷区，临沧中山山原区，梁河、龙陵中山山原区；滇东南岩溶高原山原地区包括 2 个自然区，分别为蒙自、元江高原盆地峡谷区与文山岩溶山原区两个自然区。

亚热带北部地带有滇西横断山脉地区、滇东高原地区两个自然地区。滇西横断山脉地区包括 4 个自然区，分别为保山、凤庆中山盆地宽谷区，腾冲中山盆地区，云龙、兰坪高中山山原区和怒江高山峡谷区。滇东高原地区有 7 个自然区，分别为昆明、玉溪湖盆高原区，楚雄红岩高原区，曲靖岩溶高原区，昭通、宣威山地高原区，丘北、广南山原区，大理、丽江盆地中高山区和金沙江河谷区。

亚热带东部地带，下有 1 个二级自然地区滇东北中山山原河谷地区，其下有 2 个自然区，分别是滇东北边沿中山河谷区和滇雄高原中山区。

寒温高原地带有 1 个二级自然地区滇西北高山高原地区，其下有 1 个自然区，即中甸、德钦高山高原区。

第四节 人文地理基础

一 经济地理基础

在对云南省进行资源环境、城镇体系的综合评估的基础上，按照"区内相似、区际差异"的原则，将云南省经济联系紧密、发展方向相同、空间上相连的区域划分为六大综合经济区，分别为滇东北经济区、滇中经济区、滇东南经济区、滇西北经济区、滇西经济区与滇西南经济区。云南省六大综合经济区及空间范围如表0-3所示。

表0-3 云南省六大综合经济区及空间范围

综合经济区	空间范围	
	地级行政区	县级行政区
滇东北经济区	昭通市、曲靖市	昭通市：昭阳区、鲁甸县、巧家县、盐津县、大关县、永善县、绥江县、镇雄县、彝良县、威信县、水富县 曲靖市：会泽县
滇中经济区	昆明市、玉溪市、曲靖市、楚雄州和红河州	昆明市：禄劝县、东川区、寻甸县、盘龙区、五华区、官渡区、西山区、呈贡区、晋宁区、富民县、宜良县、石林县、嵩明县、安宁市 玉溪市：红塔区、江川区、澄江市、通海县、华宁县、易门县、峨山县、新平县、元江县 曲靖市：麒麟区、马龙县、陆良县、师宗县、罗平县、富源县、沾益区、宣威市 楚雄州：楚雄市、双柏县、牟定县、南华县、姚安县、大姚县、永仁县、元谋县、武定县、禄丰市 红河州：弥勒市、泸西县

综合经济区	空间范围	
	地级行政区	县级行政区
滇东南经济区	红河州、文山州	红河州：个旧市、开远市、蒙自市、石屏县、建水县、屏边县、河口县、元阳县、金平县、绿春县、红河县 文山州：文山市、砚山县、西畴县、麻栗坡县、马关县、丘北县、广南县、富宁县
滇西北经济区	迪庆州、怒江州、丽江市	迪庆州：香格里拉市、德钦县、维西县 怒江州：泸水县、福贡县、贡山县、兰坪县 丽江市：古城区、玉龙县、宁蒗县、永胜县、华坪县
滇西经济区	大理州、保山市、德宏州	大理州：大理市、剑川县、云龙县、洱源县、漾濞县、祥云县、鹤庆县、宾川县、弥渡县、南涧县、巍山县、永平县 保山市：隆阳区、昌宁县、施甸县、龙陵县、腾冲县 德宏州：梁河县、陇川县、潞西市、瑞丽市、盈江县
滇西南经济区	普洱市、临沧市、西双版纳州	普洱市：景东县、景谷县、宁洱县、镇沅县、墨江县、孟连县、澜沧县、思茅区、西盟县、江城县 临沧市：凤庆县、云县、临翔区、永德县、耿马县、沧源县、镇康县、双江县 西双版纳州：景洪市、勐海县、勐腊县

二 教育地理基础

义务教育是国家依法实施、适合所有适龄儿童的教育，云南省作为中国的边境省，确保所有适龄儿童接受良好的义务教育，以保障教育公平具有重要意义。在这一目标要求下确定了云南省 8 个一级的义务教育大区，一级义务教育大区又下划多个二级义务教育区。云南省义务教育区划如表 0 - 4 所示。

表 0 - 4 云南省义务教育区划

义务教育大区	义务教育区
昆玉义务教育大区	昆明义务教育区、玉溪义务教育区、安普义务教育区
保普义务教育大区	孟西义务教育区、瑞禄义务教育区、思普义务教育区、腾隆义务教育区、楚雄义务教育区
麒蒙义务教育大区	红元义务教育区、马建义务教育区、个弥义务教育区、麒富义务教育区
宣富义务教育大区	东会义务教育区、宣嵩义务教育区
勐广义务教育大区	红河义务教育区、文山义务教育区、版纳义务教育区
楚大义务教育大区	洱川义务教育区、永禄义务教育区、大理义务教育区
昭通义务教育大区	镇彝义务教育区、鲁巧义务教育区、永水义务教育区、昭阳义务教育区
迪怒义务教育大区	怒江义务教育区、永华义务教育区、古香义务教育区

三 民族地理基础

云南省有着多样的民族，各民族分布复杂。根据自然条件、区域联系协调性等将云南省民族划分为滇西北高—寒民族区、滇西南湿—热民族区、滇东山—原民族区、滇南低—热民族区 4 个大区，下划 11 个民族亚区、29 个民族小区。云南省民族区划如表 0 - 5 所示。

表 0 – 5 云南省民族区划

民族区	民族亚区	民族小区
滇西北高—寒民族区	三江并流高山民族亚区	德—兰纳西—怒—傈僳—藏—白—独龙—普米族民族小区
		永—福怒—彝族民族小区
		宁—大傈僳—普米—彝—纳西—白—回族民族小区
	滇北彝—白民族亚区	武—禄傣—哈尼—彝—苗族民族小区
		永—华傈僳—彝族民族小区
		宾—元傈僳—彝族民族小区
		弥—牟彝族民族小区
	滇中彝—回民族亚区	峨—红彝族民族小区
		南—安白族民族小区
		禄—官民族小区
		东—富回族民族小区
	新—元彝—傣民族亚区	
滇西南湿—热民族区	德宏景—傣民族亚区	盈—陇傈僳—佤—景颇—德昂—阿昌族民族小区
		梁—瑞阿昌—景颇—德昂族民族小区
	横断山中断民族亚区	景—巍彝—哈尼—拉祜—瑶—回族民族小区
		镇—云傈僳—佤—拉祜—德昂—傣—布朗—彝族民族小区
		腾—昌傈僳—傣—彝—苗族民族小区
滇东山—原民族区	滇东南壮—苗民族亚区	元—马傣—瑶—苗族民族小区
		丘—砚彝族民族小区
		弥—建彝族民族小区
		广—麻彝—壮—布依—瑶族民族小区
	滇东民族亚区	华—绿彝—苗—哈尼族民族小区
		嵩—江民族小区
		巧—泸壮—布依—水—满—彝族民族小区
	滇东北民族亚区	鲁—昭回—彝族民族小区
		大—彝苗—彝族民族小区
		威—镇彝—苗族民族小区
		绥—盐民族小区

续表

民族区	民族亚区	民族小区
滇南低—热民族区	滇南景—傣民族亚区	西双版纳哈尼—傣—拉祜—佤—布朗—彝—壮—瑶—布依族民族小区
		西—澜佤—拉祜—基诺—傣—哈尼族民族小区
	横断山南缘复合民族亚区	

直过民族是边疆地区一部分还处在原始社会末期或已进入阶级社会（封建领主土司制）但阶级分化不明显，生产力水平低下的少数民族。中华人民共和国成立后，在党和政府的帮助下，跨越几个社会历史发展阶段，直接过渡到社会主义的少数民族。云南省的"直过民族"主要包括景颇族、傈僳族、独龙族、怒族、德昂族、佤族、布朗族、基诺族8个少数民族和部分拉祜族、哈尼族、瑶族、布依族、阿昌族等民族，共60多万人。这些"直过民族"主要分布在怒江、德宏、西双版纳、普洱、临沧、红河、丽江、保山8个州（市）、25个县（市）的161个乡镇（74个为整乡直过）、715个行政村（居）和42个散居寨（社），这些地区习惯上称为"直过区"。多年来，党和政府为了促进"直过民族"快速发展，采取了多项特殊的扶持政策，在党和政府的高度重视和关怀帮助下，"直过区"社会经济取得了很大的进步和跨越，"直过民族"逐渐摆脱了千年贫困，迎来了新的历史性跨越。

四 乡村地理基础

云南省农村区域经济形成因素复杂多样，通过农村经济区划，可以因地制宜地明确不同农村区域的经济发展重点，推动农村经济发展。根据云南省的地貌区位条件、农村经济的水平梯度、经济增长极的吸引范围、经济区域联系和协调一致性等，确定了云南省一级农村经济区，在一级农村经济区内，又划分出发达、欠发达、不发达的二级水平类。在二级水平类的同一类中，划分出三级结构型，并以按结构重要性次序的前四个主导部门（产业）命名。这就形成了由7个一级农村经济区、19个二级经济水平类和48个三级农村经济结构型组成的云南省农村经济区划系统。云南省农村经济区划与区域类型开发研究如表 0-6 所示。

表 0-6 　　　　　　　　**云南省农村经济区划与区域类型开发研究**

一级区	二级类	三级型	包括县市
滇中区	滇中发达类	滇中发达乡镇工业—第三产业—粮食—畜牧业	官渡、西山、呈贡、安宁、晋宁、玉溪、富民
		滇中发达烟叶—粮食—乡镇工业—第三产业型	澄江、江川、通海、峨山
		滇中发达粮食—畜牧—第三产业—林业型	曲靖、陆良、宜良、马龙
	滇中欠发达类	滇中欠发达乡镇工业—畜牧—渔业—第三产业型	嵩明
		滇中欠发达烟叶—粮食—乡镇工业—第三产业型	楚雄、宣威、富源、罗平、师宗、泸西、石林、弥勒、华宁
		滇中欠发达烟叶—粮食—畜牧—第三产业型	寻甸
		滇中欠发达粮食—畜牧—第三产业—林业型	元谋、姚安、牟定、禄丰、易门
		滇中欠发达甘蔗—粮食—畜牧—林业型	新平、元江
	滇中不发达类	滇中不发达粮食—畜牧—第三产业—林业型	武定、禄劝、双柏、南华
滇西南区	滇西南发达类	滇西南发达橡胶—甘蔗—林业—畜牧型	瑞丽
	滇西南欠发达类	滇西南欠发达粮食—畜牧—第三产业—林业型	保山
		滇西南欠发达甘蔗—粮食—畜牧—林业型	芒市、陇川、盈江、梁河、昌宁
		滇西南欠发达粮食—油料—畜牧—林业型	腾冲
	滇西南不发达类	滇西南不发达粮食—畜牧—第三产业—林业型	施甸
		滇西南不发达茶叶—粮食—畜牧—林业型	凤庆、永德、镇康、龙陵、云县

续表

一级区	二级类	三级型	包括县市
滇南区	滇南发达类	滇南发达粮食—畜牧—林业—茶叶型	思茅
		滇南发达橡胶—甘蔗—林业—畜牧型	景洪、勐腊
	滇南欠发达类	滇南欠发达甘蔗—粮食—畜牧—林业型	勐海、孟连
	滇南不发达类	滇南不发达粮食—畜牧—第三产业—林业型	景东、镇沅、墨江、普洱、澜沧、西盟
		滇南不发达粮食—畜牧—林业—茶叶型	绿春、金平、红河、元阳
		滇南不发达甘蔗—粮食—畜牧—林业型	景谷
		滇南不发达茶叶—粮食—畜牧—林业型	双江、沧源、江城
		滇南不发达橡胶—甘蔗—林业—畜牧型	耿马
		滇南不发达粮食—油料—畜牧—林业型	临沧
滇西区	滇西发达类	滇西发达乡镇工业—畜牧—渔业—第三产业型	大理
	滇西欠发达类	滇西欠发达乡镇工业—畜牧—渔业—第三产业型	洱源、华坪
		滇西欠发达烟叶—粮食—乡镇工业—第三产业型	宾川、祥云、弥渡
		滇西欠发达粮食—畜牧—第三产业—林业型	永胜、鹤庆、剑川、永仁
	滇西不发达类	滇西不发达烟叶—粮食—畜牧—第三产业型	大姚
		滇西不发达粮食—畜牧—第三产业—林业型	云龙、漾濞、永平、巍山、南涧

一级区	二级类	三级型	包括县市
滇东南区	滇东南发达类	滇东南发达乡镇工业—第三产业—粮食—畜牧型	个旧
		滇东南发达甘蔗—粮食—畜牧—林业型	开远、建水、石屏
	滇东南欠发达类	滇东南欠发达粮食—畜牧—第三产业—林业型	文山、蒙自
		滇东南欠发达橡胶—甘蔗—林业—畜牧型	河口
	滇东南不发达类	滇东南不发达粮食—畜牧—林业型	邱北、砚山、广南、西畴、麻栗坡、马关、富宁
		滇东南不发达粮食—畜牧—林业—茶叶型	屏边
滇西北区	滇西北欠发达类	滇西北欠发达粮食—畜牧—第三产业—林业型	香格里拉
		滇西北欠发达粮食—油料—畜牧—林业型	丽江
	滇西北不发达类	滇西北不发达乡镇工业—第三产业—粮食—畜牧型	兰坪
		滇西北不发达乡镇工业—畜牧—渔业—第三产业型	德钦
		滇西北不发达粮食—畜牧—第三产业—林业型	泸水、宁蒗
		滇西北不发达粮食—畜牧—林业—茶叶型	贡山、维西、福贡

续表

一级区	二级类	三级型	包括县市
滇东北区	滇东北欠发达类	滇东北欠发达烟叶—粮食—畜牧—第三产业型	昭通
		滇东北欠发达粮食—畜牧—林业—茶叶型	东川、水富
	滇东北不发达类	滇东北不发达烟叶—粮食—乡镇工业—第三产业型	彝良、镇雄、威信
		滇东北不发达烟叶—粮食—畜牧—第三产业型	大关、鲁甸
		滇东北不发达粮食—畜牧—第三产业—林业型	永善、巧家、会泽、绥江
		滇东北不发达粮食—油料—畜牧—林业型	盐津

五　历史地理基础

（一）先秦时期的行政区划

夏、商、周、春秋战国时期，云南的原著居民不断分化，氐羌和越人不断融合，形成具有不同文化特征的部落、王国、部族。夏商周时期，云南属于"九州"中的"梁州"；西周时期是西南夷和百濮居民居住的地区；春秋战国时期，云南的东北部和北部归属于蜀国，西北部受巴国控制；巴蜀灭亡后，云南的大部分地区归属于秦国的巴、蜀两郡。战国后期，公元前276年建立古滇国，疆域主要位于以滇池为中心的云南中部及东部地区，境内的主要民族是古代的滇人部落。公元前86年，古滇国消失。

（二）秦汉时期的行政区划

秦始皇统一中国后，建立郡县制为基础的中央集权制度，将西南夷（包括云南）视为秦属地。西汉时期，秦始皇曾在西南夷地区开道置吏。汉武帝在西南夷地区设置"初郡"，共为七郡。东汉时期的建制沿革在西汉基础上演变，建制沿革发生小幅调整，基本保持着西汉时期形成的建制结构。蜀汉时期在云南的建制相对于秦汉时期是一个历史性的转折，对此后两晋、南北朝、隋朝的建制沿革具有深刻影响。蜀汉时期的建制沿革多数时间保持着"南中七郡"的建制格局。两晋时期是魏晋南北朝时期较为稳定、行政统辖比较深入有效的阶段。东晋前期仍沿袭西周旧制。

（三）南北朝时期的行政区划

南朝时期朝代更迭频繁，宁州地区的统治者不断更替，行政区划设置更换频繁，但其大致以刘宋时期的行政区划为基础。南朝时期，齐宁州共领28郡，辖87县，其中在今云南境内共有20郡。

（四）隋、唐时期的行政区划

隋朝时期，对南中地区的经营有所加强，开皇四年（584），设置南宁州总管府，其下设恭州、协州、昆州、越析州，辖境内约相当于今天云南省大部和贵州西部。

唐朝建立，进一步加强了中央集权的政治制度。唐朝时期云南主要属于剑南道的管辖范围。当唐走向衰微的时候，南诏实力迅速崛起。洱海地区六诏之一蒙舍诏（因在诸诏之南，又称为"南诏"）兼并白子国、五诏，统一洱海区域，建立南诏政权。

（五）大理国时期的行政区划

大理国时期分为前期和后期两部分，大理国前期沿袭南诏旧制，同时在南诏行政区划系统上新设"郡"，隶属于节度或都督，与"部""赕"的行政单位同列。大理国前期的行政区划形成了八节度，也称"八国"的行政区划格局。大理国后期废节度、都督，设立府郡，行政区划发生较大变化。

（六）元、明、清时期的行政区划

宋宝祐元年（1253），蒙古宗王忽必烈攻灭大理政权，占领云南地区，从西、北两个方向完成了对南宋的包围。与此同时，蒙古军将云南地区分为"云南五城"对云南地区进行统治管辖。元宪宗五年（1255）开始，蒙古逐渐在云南各地进行统治。1255年开始从军事上对云南进行有效的统治。1280年，正式设立云南行省，废除了万户、千户、百户的制度，在各地设立路、府、州、县。云南行省的建立，为明清时期云南行政区划的建立和完善奠定了初步基础。

明朝时期对云南行政区划的改革，由前期的沿袭元朝旧制到后期的废旧立新。直到明朝景泰年间才形成一整套完整的行政区划建置，从行政区划和军事管控两方面实现对云南的控制。

清朝于顺治十六年（1659）占领云南，在行政区划上实行省—府（直隶厅、直隶州）—散州—县（散厅）体制。经过一系列的行政区划调整，云南行政区划在乾隆中期基本稳定。

（七）中华民国时期的行政区划历史

民国时期，云南省废除清代的府、直隶厅、直隶州，行政建制以省、县两级为主。随后民国政府进行了"废府存县""裁撤道伊"等一系列的行政区划调整，同时保留清代的县级行政单位，到新中国成立前夕，云南共有1市、112县、16个设治局，为新中国成立后全面实行县政建设奠定了基础。

（八）新中国成立初期的行政区划

1949年12月9日，云南和平解放，云南省军管会和云南省人民政府对地方行政单位进行调整。1950年，云南省形成了12专区、1地级市、118县、12设治局（县级）、1区（县级）、8市辖区的行政区划格局。

第五节　综合地理基础

在科学认识云南省县域差距和县域特征的基础上，遵循以人为本原则、主导因素原则、区域共轭原则、综合原则和服从国家意志原则等，通过资源环境承载能力、现有开发强度、发展潜力和发展能力4个方面构建指标体系，运用自上而下的区域划分和自下而上的区域合并的区划方法，将云南省的主体功能区划分为3个区域等级的树型系统：主体功能区—主体功能亚区—主体功能小区，这就形成了8个主体功能区、27个主体功能亚区、14个主体功能小区的云南省主体功能区区划系统。云南省主体功能区区划系统如表0-7所示。

表 0 - 7 云南省主体功能区区划系统

主体功能区	主体功能亚区	主体功能小区	所辖县区
I 昆玉主体功能区	I$_a$ 昆明主体功能亚区	I$_{a-1}$ 昆明主体功能小区	昆明四区（五华区、盘龙区、官渡区、西山区）
		I$_{a-2}$ 呈贡主体功能小区	呈贡区
	I$_b$ 玉溪主体功能亚区		红塔区
	I$_c$ 安晋主体功能亚区		安宁市、晋宁区
II 保普主体功能区	II$_a$ 孟西主体功能亚区		孟连县、西盟县
	II$_b$ 瑞禄主体功能亚区		瑞丽市、芒市、梁河县、盈江县、陇川县、墨江县、景东县、景谷县、昌宁县、镇沅县、临翔区、云县、镇康县、双江县、耿马县、沧源县、双柏县、易门县、峨山县、新平县、施甸县、龙陵县、禄丰市
	II$_c$ 思普主体功能亚区	II$_{c-1}$ 思宁主体功能小区	思茅区、宁洱县
		II$_{c-2}$ 澜沧主体功能小区	澜沧县
	II$_d$ 腾隆主体功能亚区	II$_{d-1}$ 隆阳主体功能小区	隆阳区
		II$_{d-2}$ 腾冲主体功能小区	腾冲市
	II$_e$ 楚雄主体功能亚区		楚雄市
III 麒蒙主体功能区	III$_a$ 红元主体功能亚区		红河县、元阳县、元江县
	III$_b$ 马建主体功能亚区		马龙区、师宗县、陆良县、宜良县、石林县、江川区、澄江市、通海县、华宁县、石屏县、泸西县、建水县
	III$_c$ 个弥主体功能亚区	III$_{c-1}$ 个蒙主体功能小区	个旧市、蒙自市
		III$_{c-2}$ 弥勒主体功能小区	弥勒市
		III$_{c-3}$ 开远主体功能小区	开远市
	III$_d$ 麒富主体功能亚区	III$_{d-1}$ 麒麟主体功能小区	麒麟区
		III$_{d-2}$ 罗富主体功能小区	罗平县、富源县

续表

主体功能区	主体功能亚区	主体功能小区	所辖县区
IV宣富主体功能区	IV_a东会主体功能亚区		东川区、会泽县
	IV_b宣嵩主体功能亚区		宣威市、沾益区、富民县、寻甸县、嵩明县
V勐广主体功能区	V_a红河主体功能亚区		江城县、绿春县、金平县、屏边县、河口县
	V_b文山主体功能亚区		文山市、砚山县、西畴县、麻栗坡县、马关县、广南县、富宁县、丘北县
	V_c版纳主体功能亚区		景洪市、勐海县、勐腊县
VI楚大主体功能区	VI_a洱川主体功能亚区		洱源县、云龙县、剑川县、鹤庆县、宾川县
	VI_b永禄主体功能亚区		永平县、漾濞县、弥渡县、南涧县、巍山县、牟定县、南华县、姚安县、大姚县、永仁县、元谋县、武定县、凤庆县、永德县、禄劝县
	VI_c大理主体功能亚区		大理市、祥云县
VII昭通主体功能区	VII_a镇彝主体功能亚区		镇雄县、大关县、威信县、彝良县
	VII_b鲁巧主体功能亚区		鲁甸县、巧家县
	VII_c永水主体功能亚区		永善县、盐津县、绥江县、水富县
	VII_d昭阳主体功能亚区		昭阳区
VIII迪怒主体功能区	VIII_a怒江主体功能亚区		德钦县、维西县、泸水市、福贡县、贡山县
	VIII_b永华主体功能亚区		永胜县、宁蒗县、华坪县
	VIII_c古香主体功能亚区	VIII_{c-1}古玉主体功能小区	古城区、玉龙县
		VIII_{c-2}香格主体功能小区	香格里拉市
		VIII_{c-3}兰坪主体功能小区	兰坪县

第六节 行政区划系统

云南省行政区划调整经历了建立专区、设治民族自治地区、扩建省辖市、调整县、取消设治局、撤销对讯督办区等相关行政建置的变更，形成了新时期云南省的行政区划格局。截至 2020 年 9 月，云南省共有 8 个市、8 个民族自治州；16 个州市下辖 129 个县、市、区，其中有 17 个市辖区、17 个县级市、29 个民族自治县和 66 个县；各县、市、区下辖 1409 个乡级单位，其中有 191 个街道、678 个镇、400 个乡和 140 个民族乡。现行的云南省县级以上行政区划如表 0 - 8 所示，云南省行政区划统计表如表 0 - 9 所示：

表 0 - 8   **云南省县级以上行政区划**

市州	辖区范围	所辖县区
昆明市	辖 1 市 7 区 6 县	呈贡区、盘龙区、五华区、官渡区、西山区、东川区、晋宁区、安宁市、富民县、宜良县、嵩明县、石林彝族自治县、禄劝彝族苗族自治县、寻甸回族彝族自治州
曲靖市	辖 3 区 1 市 5 县	麒麟区、沾益区、马龙区、宣威市、陆良县、师宗县、罗平县、富源县、会泽县
玉溪市	辖 2 区 1 市 6 县	红塔区、江川区、澄江市、通海县、华宁县、易门县、峨山彝族自治县、新平彝族傣族自治县、元江哈尼族彝族傣族自治县
保山市	辖 1 市 1 区 3 县	隆阳区、腾冲市、施甸县、龙陵县、昌宁县
昭通市	辖 1 市 1 区 9 县	昭阳区、鲁甸县、巧家县、盐津县、大关县、永善县、绥江县、镇雄县、彝良县、威信县、水富市
丽江市	辖 1 区 4 县	古城区、永胜县、华坪县、玉龙纳西族自治县、宁蒗彝族自治县

续表

市州	辖区范围	所辖县区
普洱市	辖1区9县	思茅区、宁洱哈尼族彝族自治县、墨江哈尼族自治县、景东彝族自治县、景谷傣族彝族自治县、镇沅彝族哈尼族拉祜族自治县、江城哈尼族彝族自治县、孟连傣族拉祜族佤族自治县、澜沧拉祜族自治县、西盟佤族自治县
临沧市	辖1区7县	临翔区、凤庆县、云县、永德县、镇康县、双江拉祜族佤族布朗族傣族自治县、耿马傣族佤族自治县、沧源佤族自治县
楚雄彝族自治州	辖2市8县	楚雄市、双柏县、牟定县、南华县、姚安县、大姚县、永仁县、元谋县、武定县、禄丰市
红河哈尼族彝族自治州	辖4市9县	蒙自市、个旧市、开远市、弥勒市、建水县、石屏县、泸西县、元阳县、红河县、绿春县、屏边苗族自治县、金平苗族瑶族傣族自治县、河口瑶族自治县
文山壮族苗族自治州	辖1市7县	文山市、砚山县、西畴县、麻栗坡县、马关县、丘北县、广南县、富宁县
西双版纳傣族自治州	辖1市2县	景洪市、勐腊县、勐海县
大理白族自治州	辖1市11县	大理市、祥云县、宾川县、弥渡县、永平县、云龙县、洱源县、剑川县、鹤庆县、漾濞彝族自治县、南涧彝族自治县、巍山彝族回族自治县
德宏傣族景颇族自治州	辖2市3县	芒市、瑞丽市、梁河县、盈江县、陇川县
怒江傈僳族自治州	辖1市3县	泸水市、福贡县、贡山独龙族怒族自治县、兰坪白族普米族自治县
迪庆藏族自治州	辖1市2县	香格里拉市、德钦县、维西傈僳族自治县

资料来源：云南省民政厅官网。

表 0 - 9　　　　　　　云南省行政区划统计汇总

州市	县级				乡级				
	合计	市辖区	县级市	县	自治县	合计	街道	镇	乡	民族乡

州市	合计	市辖区	县级市	县	自治县	合计	街道	镇	乡	民族乡
16 州市	129	17	17	66	29	1409	191	678	400	140
昆明市	14	7	1	3	3	139	80	43	12	4
曲靖市	9	3	1	5	0	137	46	51	32	8
玉溪市	9	2	1	3	3	75	24	25	16	10
保山市	5	1	1	3	3	75	7	34	24	10
昭通市	11	1	1	9	0	146	7	99	23	17
丽江市	5	1	0	2	2	65	7	26	17	15
普洱市	10	1	0	0	9	103	1	65	27	10
临沧市	8	1	0	4	3	77	2	32	30	13
楚雄彝族自治州	10	0	2	8	0	103	0	65	34	4
红河哈尼族彝族自治州	13	0	4	6	3	132	9	63	55	5
文山壮族苗族自治州	8	0	1	7	0	104	3	42	43	16
西双版纳傣族自治州	3	0	1	2	0	32	1	19	5	7
大理白族自治州	12	0	1	8	3	112	3	69	29	11
德宏傣族景颇族自治州	5	0	2	3	0	51	1	23	22	5
怒江傈僳族自治州	4	0	1	1	2	29	0	13	14	2
迪庆藏族自治州	3	0	1	1	1	29	0	9	17	3

资料来源：云南省民政厅官网。

第七节　指数的解释与表达

一　自然地理指数的解释与表达

（一）平均 DEM

数字高程模型（Digital Elevation Model），简称 DEM。DEM 是一定范围内规则格网点的平面坐标（X，Y）及其高程（Z）的数据集，它主要是描述区域地貌形态的空间分布，是通过等高线或相似立体模型进行数据采集（包括采样和量测），然后进行数据内插而形成的。DEM 是对地貌形态的虚拟表示，可派生出等高线、坡度图等信息。平均 DEM 由各市州（县区）的 DEM 数值计算所得。

平均 DEM 描述的是云南省各市州（县区）的地面高程信息，根据平均 DEM 的大小，将云南省的平均 DEM 划分为 8 个等级，分别为 Ⅰ 级（＜1100）、Ⅱ 级（1100—1400）、Ⅲ 级（1400—1750）、Ⅳ 级（1750—1990）、Ⅴ 级（1990—2140）、Ⅵ 级（2140—2500）、Ⅶ 级（2500—3500）、Ⅷ 级（＞3500）。云南省平均 DEM 计算与定级情况见附表1。

（二）坝区综合指数

坝区综合指数是基于杨子生等人在《基于第二次全国土地调查的云南省坝区县、半山半坝县和山区县的划分》（杨子生，2014）一文中数据指标划分而来。

坝区综合指数越大，则表示该地区地形起伏较为缓和，坡度较小，坝区面积较大；坝区综合指数越小，则表示该地区地形起伏较为陡峻，坡度较大，坝区面积较少。根据坝区综合指数的大小，将云南省的坝区综合指数划分为 3 个等级，分别坝区县（＞50）、半山半坝县（50—15）、山区县（＜15）。云南省坝区综合指数计算与定级情况见附表1。

（三）地形起伏度指数

地形起伏度指数（DXQFD）是描述一个特定区域地形特征的宏观性指数之一。该指数表示在这个区域内，海拔高差与地表切割程度的综合特征。地形起伏度指数是基于研究地区的平均海拔、最高海拔与最低海拔及研究地区的平地面积和总面积综合测算得到的。

地形起伏度指数越大表示该次级地域在该地域中的海拔差越大、坡度越大；地形起伏度指数越小表示该次级地域在该地域中的海拔差越小、坡度越小。根据地形起伏度指数的大小，将云南省的地形起伏度指数划分为 8 个等级，分别为 Ⅰ 级（＜4.5）、Ⅱ 级（4.5—5.5）、Ⅲ 级（5.5—6）、Ⅳ 级（6—6.5）、Ⅴ 级（6.5—8）、Ⅵ 级（8—10）、Ⅶ 级（10—12）、Ⅷ 级（＞12）。云南省地形起伏度指数计算与定级情况见附表1。

（四）平均坡度指数

坡度是地表单元陡缓的程度，通常把坡面的垂直高度和路程的比值称为坡度。平均坡度指数（PJPD）是定量反映地表单元陡缓程度的指数之一。随着数字高程模型（DEM）技术的不断完善，平均坡度可以利用 DEM 数据在 ArcGIS 平台支持下自动提取得到。

平均坡度指数越大表示该次级地域在该地域中的坡度越大，即坡越陡；平均坡度指数越小表示该次级地域在该地域中的坡度越小，即坡越缓。根据平均坡度指数的大小，将云南省的平均坡度指数划分为 8 个等级，分别为 Ⅰ 级 （ ＜ 10）、Ⅱ 级 （10—14.5）、Ⅲ 级 （14.5—16）、Ⅳ 级 （16—18.5）、Ⅴ 级 （18.5—22）、Ⅵ 级 （22—26）、Ⅶ 级 （26—30）、Ⅷ 级 （ ＞30）。云南省平均坡度指数计算与定级情况见附表 2。

（五）气候资源指数

气候资源指数（QHZY）是定量反映地域系统中气候条件的指数之一。该指数是表示由蒸散发量决定的生产潜力。气候资源指数基于桑斯维特纪念模型，用平均降水量、平均最大蒸发量、平均温度等各项指标测度出来。

气候资源指数越大表示该次级地域在该地域中的气候资源越丰富，即气候条件越好；气候资源指数越小表示该次级地域在该地域中的气候资源越缺乏，即气候条件越差。根据气候资源指数的大小，将云南省的气候资源指数划分为 8 个等级，分别为 Ⅰ 级 （ ＜ 1200）、Ⅱ 级 （1200—1350）、Ⅲ 级 （1350—1450）、Ⅳ 级 （1450—1600）、Ⅴ 级 （1600—1700）、Ⅵ 级 （1700—1800）、Ⅶ 级 （1800—1950）、Ⅷ 级 （ ＞1950）。云南省气候资源指数计算与定级情况见附表 2。

（六）水网密度指数

水网密度指数（SWMD）是指被评价区域内河流总长度、水域面积和水资源量占被评价区域面积的比重。水网密度指数是基于河流长度的归一化系数、湖库面积的归一化系数及水资源量的归一化系数三个系数与河流长度、湖库（近海）面积、水资源量等各项指标及区域面积综合测算得到的，主要用于反映被评价区域水的丰富程度。

水网密度指数越大表示该次级地域在该地域中的水网密度越大，即水网越密集；水网密度指数越小表示该次级地域在该地域中的水网密度越小，即水网越稀疏。根据水网密度指数的大小，将云南省的水网密度指数划分为 8 个等级，分别为 Ⅰ 级 （ ＜15）、Ⅱ 级 （15— 47）、Ⅲ 级 （47—95）、Ⅳ级 （95—130）、Ⅴ级 （130—155）、Ⅵ级 （155—200）、Ⅶ 级 （200—220）、Ⅷ级 （＞220）。云南省水网密度指数计算与定级情况见附表2。

（七）植被覆盖度指数

植被覆盖度指数 （ZBFGD） 是衡量植被 （ 包括叶、茎、枝）在单位面积内的垂直投影面积所占百分比的指数，是反映陆地表面植被生长动态变化的指标，也是影响地球系统水、碳循环，物质和能量交换过程的关键地学因子。植被覆盖度指数是基于植被覆盖度指数的归一化系数与林地、草地、耕地、建设用地、未利用土地等各项指标及区域面积综合测算得到的，在一定程度上反映了植被覆盖状况。

植被覆盖度指数越大表示该次级地域在该地域中的植被覆盖度越高，即植被覆盖状况越好；植被覆盖度指数越小表示该次级地域在该地域中的植被覆盖度越低，即植被覆盖状况越差。根据植被覆盖度指数的大小，将云南省的植被覆盖度指数划分为 8 个等级，分别为 Ⅰ 级 （＜111）、Ⅱ 级 （111—124）、Ⅲ 级 （124—130）、Ⅳ 级 （130—140）、Ⅴ 级 （140—152）、Ⅵ 级 （152—157）、Ⅶ 级 （157—200）、Ⅷ 级 （＞200）。云南省植被覆盖度指数计算与定级情况见附表3。

（八）生物多样性指数

生物多样性指数 （SWDYX） 是评价群落稳定和环境污染的重要手段。生物多样性指数力图把物种多度分布所包含的信息归结为单一统计量，简单直观地反映生境状态。生物多样性指数是基于生物多样性指数归一化系数与林地、草地、水域湿地、耕地、建设用地、未利用土地等各项指标及区域面积综合测算得到，在一定程度上反映了生物多样性状况。

生物多样性指数越大表示该次级地域在该地域中的生物多样性越强，即生物多样性程度越大；生物多样性指数越小表示该次级地域在该地域中的生物多样性越弱，即生物多样性程度越小。根据生物多样性指数的大小，将云南省的生物多样性指数划分为 8 个等级，分别为 Ⅰ 级 （＜105）、Ⅱ 级 （105—112）、Ⅲ 级 （112—127）、Ⅳ 级 （127—138）、Ⅴ

级（138—145）、Ⅵ级（145—154）、Ⅶ级（154—200）、Ⅷ级（＞200）。云南省生物多样性指数计算与定级情况见附表3。

二 人文地理指数的解释与表达

（一）人口老龄化指数

人口老龄化指数是65岁以上的老年人口占总人口的比例指数。该指数是基于云南省2010年人口普查资料的县域数据计算平均数所得。

人口老龄化级别越大，指数越大，则表示该地区人口老龄化程度越高；人口老龄化级别越小，指数越小，则表示该地区人口老龄化程度越低。根据人口老龄化指数的大小，将云南省的人口老龄化指数划分为8个等级，分别为Ⅰ级（＜0.058）、Ⅱ级（0.058—0.064）、Ⅲ级（0.064—0.069）、Ⅳ级（0.069—0.074）、Ⅴ级（0.074—0.081）、Ⅵ级（0.081—0.088）、Ⅶ级（0.088—0.092）和Ⅷ级（＞0.092）。云南省人口老龄化指数计算与定级情况见附表4。

（二）人口城镇化指数

人口城镇化指数是指城镇人口占总人口的比重。该指数是基于《2014云南统计年鉴》的县域数据计算平均数所得。

人口城镇化级别越大，指数越小，则表示该地区人口城镇化程度越差，即人口城镇化水平越低；人口城镇化级别越小，指数越大，则表示该地区人口城镇化程度越好，即人口城镇化水平越高。根据人口城镇化指数的大小，将云南省的人口城镇化指数划分为8个等级，分别为Ⅰ级（＞0.6）、Ⅱ级（0.6—0.4）、Ⅲ级（0.4—0.33）、Ⅳ级（0.33—0.25）、Ⅴ级（0.25—0.16）、Ⅵ级（0.16—0.10）、Ⅶ级（0.10—0.067）和Ⅷ级（＜0.067）。云南省人口城镇化指数计算与定级情况见附表4。

（三）民族多样性指数

民族多样性指数（MZDYX）是定量反映民族地域系统的民族地理指数之一。该指数是表示某地域中某一次级地域由民族种类及其人口数量所决定的多样性程度。民族多样性指数基于生态学中用以计算物种多样性的香农—威纳指数（Shannon – Wiener index）演化而成。

民族多样性指数越大表示该次级地域在该地域中的民族多样性越强，

即民族多样性程度越大；民族多样性指数越小表示该次级地域在该地域中的民族多样性越弱，即民族多样性程度越小。根据民族多样性指数的大小，将云南省的民族多样性指数划分为 5 个等级，分别为极显著区（>1.37）、较显著区（1.37—1.05）、显著区（1.05—0.76）、微显著区（0.76—0.45）和不显著区（<0.45）。云南省民族多样性指数计算与定级情况见附表 4。

（四）经济城镇化指数

经济城镇化指数是推断该地区城市化水平，即经济城镇化水平的重要指标之一，指的是二、三产业产值所占总产值的比重。

经济城镇化级别越大，指数越小，则表示该地区经济城镇化越弱，即经济城镇化程度越低；经济城镇化级别越小，指数越大，则表示该地区经济城镇化越强，即经济城镇化程度越高。根据经济城镇化指数的大小，将云南省的经济城镇化指数划分为 8 个等级，即 Ⅰ 级（>0.97）、Ⅱ 级（0.97—0.90）、Ⅲ 级（0.90—0.83）、Ⅳ 级（0.83—0.784）、Ⅴ 级（0.784—0.745）、Ⅵ 级（0.745—0.705）、Ⅶ 级（0.705—0.65）和Ⅷ级（<0.65）。云南省经济城镇化指数计算与定级情况见附表 5。

（五）义务教育发展总指数

义务教育发展总指数（YCAI）是指云南省层面义务教育发展的总体情况，是反映一个地区义务教育发展尺度的指数，它是由义务教育机会指数、质量指数、办学条件指数、师资指数、多样性指数共同决定的。义务教育发展总指数是基于 2009 年签订保密协议的教育厅数据。

义务教育发展总指数（YCAI）级别越大，总指数越小，则表示该地区义务教育发展水平越低，即义务教育发展越差；义务教育发展总指数（YCAI）级别越小，总指数越大，则表示该地区义务教育发展水平越高，即义务教育发展越好。根据义务教育发展总指数的大小，将云南省的义务教育发展总指数划分为 8 个等级，即 Ⅰ 级（>1.8）、Ⅱ 级（1.8—1.5）、Ⅲ 级（1.5—1.2）、Ⅳ 级（1.2—0.95）、Ⅴ 级（0.95—0.73）、Ⅵ 级（0.73—0.645）、Ⅶ 级（0.645—0.46）和Ⅷ级（<0.46）。云南省义务教育发展总指数计算与定级情况见附表 5。

（六）人口受教育程度指数

人口受教育程度指数是反映人口文化素质的综合指标，也是一个国家或地区人口素质的重要指标，也反映着教育发展状况的基本内容。人口受教育程度指数是指一个地区 6 岁以上人口中的小学生数、初中学生数、高中学生数、大学专科学生数、大学本科学生数、研究生学生数占所有受过小学教育人口的总数的比例。人口受教育程度指数是基于 2009 年签订保密协议的教育厅数据。

人口受教育程度级别越大，指数越小，则表示该地区人口受教育程度越低，即人口受教育水平越低；人口受教育程度级别越小，指数越大，则表示该地区人口受教育程度越高，即人口受教育水平越高。根据人口受教育程度指数的大小，将云南省的人口受教育程度指数划分为 8 个等级，即 Ⅰ 级（>3.00）、Ⅱ 级（3.00—2.50）、Ⅲ 级（2.50—1.60）、Ⅳ 级（1.60—1.15）、Ⅴ 级（1.15—0.80）、Ⅵ 级（0.80—0.53）、Ⅶ 级（0.53—0.40）和Ⅷ级（<0.40）。云南省人口受教育程度指数计算与定级情况见附表5。

第二篇

分　论

第 一 章

昆 明 市

第一节　整体特征

一　位置与范围

昆明市位于云南省中部,地处东经 102°10′—103°40′、北纬 24°23′—26°33′之间,东与曲靖市相接,西与楚雄彝族自治州相邻,南与玉溪市、红河哈尼族彝族自治州相连,北与四川省凉山接壤。全市东西最大横距 152 千米,南北最大纵距 237.5 千米,总面积约 2.16×10^4 平方千米。昆明市是云南省省会,是全省的经济、政治、文化中心和交通枢纽,是国家级历史文化名城,属于滇中城市群的中心城市,市人民政府驻呈贡区锦绣大街 1 号。昆明市下辖 7 个市辖区(五华区、盘龙区、官渡区、西山区、东川区、呈贡区、晋宁区),1 个县级市(安宁市),6 个县(富民县、宜良县、嵩明县、石林彝族自治县、禄劝彝族苗族自治县、寻甸回族彝族自治县),139 个乡、镇、街道(80 个街道、43 个镇、16 个乡)。设 3 个国家级开发(度假)区(昆明经济技术开发区、昆明高新技术开发区、昆明滇池旅游度假区)和昆明阳宗海风景名胜区。昆明长水国际机场是昆明空运口岸,是中国面向东南亚、南亚和连接欧亚的国家门户枢纽机场,在面向南亚东南亚辐射中心建设中发挥着重要作用。

二　自然地理

昆明市自然地理条件优越。在综合自然区划系统中,昆明市属于亚热带北部地带的滇东高原地区;在云南省生态经济区划中,昆明市主要位于滇中高原湖盆生态经济区的中部湖盆城镇生态经济亚区；从生态红线空间分布格局看，昆明市部分位于金沙江、澜沧江、红河干热河谷地带；从生态保护红线功能类型上可以看出，昆明市大部分为高原湖泊及牛栏江上游水源涵养生态保护红线类型，部分为金沙江干热河谷及山原水土保持生态保护红线、珠江上游及滇东南喀斯特地带水土保持生态保护红线、金沙江下游—小江流域水土流失控制生态保护红线类型。昆明市有 2 区位于可持续发展实验区内。

昆明市有轿子山国家级自然保护区，该自然保护区是保护长江中上游水源涵养地和昆明地区的生态屏障，加强了地区的生态文明建设，助力于生物多样性的保护和发展。

（一）自然地理要素

1. 地貌

昆明市最高海拔高度约 4253 米，最低海拔高度约 622 米，高差约 3631 米，平均 DEM 为 2055.84 米，处于 V 级水平。坝区面积 2481.2 平方千米，坝区土地占全市土地面积的 11.81%，坝区综合指数 44.17，属于半山半坝地区。地形起伏度指数为 4.93，处于 II 级水平；平均坡度指数 13.77，处于 II 级水平。

2. 气候要素

昆明市总体处于中亚热带、北亚热带和南温带的过渡地带，年平均气温 16.3℃，年降水量为 902.8 毫米，年日照时数约 2200 小时，气候资源指数为 1435.79，处于 III 级水平。

3. 水文要素

昆明市地处长江流域、珠江流域、红河流域的交汇地带，水网密度指数 52.74，处于 III 级水平。滇池位于昆明市区南部，被誉为"高原明珠"，是中国西南地区最大湖泊、中国第六大淡水湖，同时也是云南省第一大湖泊。滇池面积约 311.39 平方千米，流域面积为 2920 平方千米，平均水深 5.12 米，最深处为 11.3 米，蓄水量为 15.931 亿立方米。海拔 1887 米，湖岸线长约 200 千米。阳宗海地跨澄江、呈贡、宜良三地之间，主体位于昆明市，是云南省第八大高原湖泊，湖泊面积 31.9 平方千米，平均水深 20 米，最大水深 29.7 米，流域面积 192 平方千米，蓄水量

6.04 亿立方米，多年平均水资源量 3500 万立方米。

4. 土壤要素

昆明市的主要土壤类型为水稻土、砖红壤性土壤、红壤、紫色土等，以红壤居多。

5. 植被要素

昆明市的主要植被类型为滇中、东部高原暖性阔叶林、针叶林，植被覆盖度处于微显著区。昆明市生物物种资源丰富，生物多样性处于Ⅳ级水平。

（二）自然资源

1. 土地资源

昆明市耕地面积 4278.92 平方千米，占全市土地面积的 20.37%；园地面积 516.82 平方千米，占全市土地面积的 2.46%；林地面积 10181.78 平方千米，占全市土地面积的 48.46%；草地面积 2360.21 平方千米，占全市土地面积的 11.23%；城镇村及工矿用地面积 1312.5 平方千米，占全市土地面积的 6.25%；交通运输用地面积 388.84 平方千米，占全市土地面积的 1.85%；水域及水利设施用地面积 667.16 平方千米，占全市土地面积的 3.18%；其他用地面积 1306.3 平方千米，占全市土地面积的 6.22%。在土地利用分区系统中，昆明市位于滇中湖盆高原城镇工矿建设与耕地保护区的滇中城市工矿旅游用地亚区，滇东北中山山原土地生态整治区的昭通—东川—宣威工矿城镇土地整治亚区，滇中湖盆高原城镇工矿建设与耕地保护区的金沙江中游农林用地亚区。在可利用土地资源评价中，昆明市土地资源丰富的县区有 1 个、较丰富的县区有 2 个、一般的县区有 6 个、较缺乏的县区有 5 个，无土地资源缺乏的县区。

2. 水资源

昆明市的水资源总量 66.44 亿立方米，地下水资源总量 21.8 亿立方米。在可利用水资源评价中，昆明市水资源无丰富和较丰富的县区，水资源丰盈程度为一般的有 2 个，较缺乏的有 2 个，缺乏的有 10 个。

3. 生物资源

昆明市分布着国家一级保护植物云贵水韭、攀枝花苏铁，国家二级保护植物异颖草、金铁锁、扇蕨、野大豆、西康玉兰、平当树、丁茜、

毛红椿、榉树、十齿花、鹅掌楸、黄杉、篦子三尖杉、翠柏、香果树 15
种，广泛分布着金荞麦、银杏等国家珍稀植物资源。

昆明市分布着稀有鸟类黑鹳、金雕、黑颈鹤、黑颈长尾雉等；稀有
兽类穿山甲、猕猴、小灵猫、水獭、豺、斑羚、林麝、华鬣羚 8 种；稀
有爬行、两栖、鱼类有滇蝾螈、云南闭壳龟等。

昆明市有食用菌鸡枞菌、糙皮侧耳、铜色牛肝菌、小美牛肝菌、松
茸、干巴菌、黄皮疣柄牛肝菌、皱盖疣柄牛肝菌、双孢蘑菇、黄伞、长
根小奥德菇、血红牛肝菌、桃红牛肝菌、中华牛肝菌、乳牛肝菌、鹤环
变绿红菇、蓝黄红菇、松乳菇、浓香乳菇、红汁乳菇、多汁乳菇、草鸡
枞、油口蘑、棕灰口蘑、紫丁香蘑、灰喇叭菌、蓝丝膜菌、紫晶蜡蘑、
红蜡蘑、肝色牛排菌、双色牛肝菌、羊肚菌、大孢地花、棱柄马鞍菌、
鸡油菌、黄白侧耳、毛柄类火菇、香菇、卷缘齿菌、高大环柄菇、梭柄
乳头蘑、翘鳞肉齿菌、裂褶菌、紫花脸香蘑、香肉齿菌、灰树花、美味
牛肝菌、柱状田头菇、光滑环锈伞、红黄鹅膏、白色地花菌、葡萄状枝
瑚菌 53 种。其中，禄劝彝族苗族自治县的食用菌资源最为丰富，约 51
种；盘龙区的食用菌资源最少。

4. 矿产资源

昆明市的黑色矿产资源、有色金属资源、能源矿产资源较为丰富；
贵金属资源相对匮乏；化工原料非金属矿产资源丰富。

5. 旅游资源

昆明市的世界自然遗产为中国南方喀斯特云南石林景观；地文景观
资源中，有 3 处地质景观，分别为西山区的断层崖景观、东山区的小江
泥石流景观和宜良县的滇东高原景观；有 3 处喀斯特景观，分别为富民
县的宝石洞景观、宜良县的九乡溶洞景观和石林彝族自治县的石林景观。
水体景观资源中，有 5 处泉水景观，分别为盘龙区的黑龙潭景观、嵩明
县的白邑黑龙潭景观、禄劝彝族苗族自治县的转龙缩泉景观、安宁市的
曹溪市三潮圣水泉景观和安宁温泉景观；有 2 处瀑布景观，分别为东川
区的白荧瀑布景观和石林彝族自治县的大叠水瀑布景观。生物景观资源
中，有 2 处花卉景观，分别为西山区的轿子山大树杜鹃景观和晋宁区的
老君山杜鹃花灌丛景观；有 1 处动物景观，为昆明红嘴鸥景观。

三　人文地理

（一）人口和民族

昆明市 2018 年年末总人口数为 685 万人，性别比为 106.2，人口城镇化指数为 0.29，人口城镇化级别为Ⅳ级，人口老龄化指数为 0.09，老龄化级别为Ⅶ级。昆明市少数民族人口约 88.88 万人，少数民族人口占总人口的 12.98%，人口数量较多的少数民族有彝族、白族、回族等，民族多样性指数为 0.58。昆明市主要说滇中方言中的昆明方言。

（二）经济

昆明市 GDP（地区生产总值）为 5206.9 亿元，人均 GDP 为 76013.14 元，地均 GDP 为 2478 万元/平方千米，第一产业产值 222.16 亿元，第二产业产值 2038.02 亿元，第三产业产值 2946.27 亿元，处于经济发展的工业化中后期阶段，属于金沙江开放合作经济带。经济城镇化指数为 0.88，经济城镇化级别为Ⅲ级。

从农业产业来看，昆明市的粮食播种面积 27.45 万公顷，年粮食产量 124.84 万吨。昆明市有 14 个县位于云南省高原特色农业中部现代产业园区中。有 2 家国家级生猪产业有限公司，有 10 家省级生猪产业有限公司，是云南省肉牛产业、肉羊产业稳定发展区；昆明市常年蔬菜优势产业区 8 个，中药材的主要品种有十余种，分别是雪上一枝蒿、黄草乌、黄芩、法落海、中华雪胆、草乌、重楼、当归、附子、党参、板蓝根、附子、重楼。

从工业园区来看，昆明市有国家级工业园区 3 个，省级工业园区 11 个。有 2 个冶金产业园区，有 3 个化工产业园区，有 3 个新材料产业园区，有 1 个烟草配套产业园区，有 3 个信息产业园区，有 1 个生产性服务产业园区，有 6 个先进装备制造产业园区，有 1 个特色食品制造产业园区，有 2 个生物医药和大健康产业园区。昆明市有国家级外贸转型升级基地 2 家，分别是昆明市呈贡区国家外贸转型基地（花卉）、昆明市宜良县国家外贸转型升级基地（蔬菜）；有 1 家省级外贸转型升级基地，昆明市安宁市省级外贸转型升级基地（磷复肥）。

（三）旅游

昆明市有2个特色县城，有2个全国县域旅游综合实力百强县，有2个全国县域旅游发展潜力百佳县。

在旅游景区中，昆明市有国家5A级景区1个，国家4A级景区11个，国家3A级景区8个，国家2A级景区3个，国家1A级景区1个；在度假休闲区中，有旅游度假区1个，温泉休闲区4个，城市公园9个，休闲街区5个，休闲广场5个；在专项旅游产品中，有3项工业旅游产品，有4项农业旅游产品，有11个都市农庄，有4项红色旅游产品，有1项探险旅游产品；在体育旅游产品中，有5项高尔夫运动产品，有1项登山运动产品，有3项赛事运动。在节庆会展产品中，有4项节庆旅游产品，有7项会展旅游产品。

昆明市是国家级历史文化名城，有全国特色小镇1个，云南省特色小镇6个。从遗产旅游特色来看，昆明市有国家级物质文化遗产18项、省级物质文化遗产53项，非物质文化遗产有47项。昆明市有解放战争时期革命老区县5个，革命老区乡镇8个，国家级抗日战争纪念设施遗址1个。

（四）社会生活

从人民生活水平来看，2018年年末，昆明市住户存款余额4882.29亿元，较上一年增长10.17%；职工平均工资8.03万元，较上一年增长5.11%；社会消费品零售总额2787.41亿元，较上一年增长7.58%；农村常住居民人均可支配收入14895元，较上一年增长8.74%。

从教育发展来看，昆明市的义务教育发展总指数为0.81，义务教育发展级别为Ⅴ级。人口受教育程度指数为1.51，人口受教育级别为Ⅳ级。

从文化设施来看，昆明市有博物馆29个，其中一级博物馆2个，二级博物馆2个，三级及以下博物馆25个。昆明市有文化馆13个，其中一级文化馆4个，二级文化馆1个，三级及以下文化馆8个。昆明市有图书馆13个，其中一级图书馆6个，二级图书馆1个，三级及以下图书馆6个。

昆明市是云南省民族团结示范市，有8个民族团结示范乡镇，有1个少数民族特色集镇，有7个少数民族特色村寨，有1个民族团结示范旅游区。

（五）脱贫攻坚

昆明市禄劝彝族苗族自治县和寻甸回族彝族自治县属于乌蒙山片区，东川区、禄劝彝族苗族自治县 2018 年实现了脱贫摘帽。在脱贫攻坚的道路上，旅游扶贫起到了突出作用。昆明市的旅游扶贫示范县有 2 个，分别是东川区和禄劝彝族苗族自治县，旅游示范乡镇 2 个，旅游示范村 5 个。

第二节　区域差异

一　五华区

（一）位置与范围

五华区，隶属于云南省昆明市，云南省人民政府所在地，位于滇中城市群内，昆明市主城区西北部，地处东经 102°33′—102°44′、北纬 25°02′—25°25′之间，辖区东起盘龙江，南与西山区毗邻，西与西山区团结街道接壤，西北与富民县、嵩明县两县交错相接，并在富民县境内有 2 块飞地（西翥街道迤六、瓦恭 2 个社区）。五华区下辖 10 个街道（护国街道、大观街道、华山街道、龙翔街道、莲华街道、丰宁街道、红云街道、黑林铺街道、普吉街道、西翥街道），总面积约 0.04×10^4 平方千米。区政府驻地五华区华山西路 1 号。

（二）自然地理

五华区自然地理条件优越。在综合自然区划系统中，五华区属于亚热带北部地带的滇东高原地区的昆明—玉溪湖盆高原区；在云南省生态经济区划中，五华区主要位于滇中高原湖盆生态经济区的中部湖盆城镇生态经济亚区；从生态保护红线功能类型上可以看出，五华区主要为高原湖泊及牛栏江上游水源涵养生态保护红线类型。五华区属于可持续发展实验区。

1. 自然地理要素

（1）地貌

五华区最高海拔高度约 2611 米，最低海拔高度约 1702 米，高差约

909 米，平均 DEM 为 2053.21 米，处于 V 级水平。坝区面积 68.57 平方千米，坝区土地占全区土地面积的 17.14%，坝区综合指数为 26.85，属于半山半坝地区。地形起伏度指数为 3.78，处于 Ⅰ 级水平；平均坡度指数为 14.80，处于 Ⅲ 级水平。

（2）气候要素

五华区处于北亚热带，年平均气温 15.7℃，年降水量为 1084.8 毫米，年日照时数约 2297 小时，气候资源指数为 1433.21，处于 Ⅲ 级水平。

（3）水文要素

五华区地处长江流域地带，水网密度指数为 3.54，处于 Ⅰ 级水平。

（4）土壤要素

五华区的土壤类型以水稻土、红壤居多。

（5）植被要素

五华区的主要植被类型为滇中、东部高原暖性阔叶林、针叶林亚区，植被覆盖度处于微显著区，五华区生物物种资源丰富，生物多样性处于 Ⅰ 级水平。

2. 自然资源

（1）土地资源

五华区耕地面积 45.56 平方千米，占全区土地面积的 15.19%；园地面积 19.66 平方千米，占全区土地面积的 6.55%；林地面积 184.52 平方千米，占全市土地面积的 61.51%；草地面积 25.27 平方千米，占全区土地面积的 8.42%；城镇村及工矿用地面积 75.06 平方千米，占全区土地面积的 25.02%；交通运输用地面积 10.50 平方千米，占全区土地面积的 3.50%；水域及水利设施用地面积 3.25 平方千米，占全区土地面积的 1.08%；其他用地面积 17.79 平方千米，占全区土地面积的 5.93%。在土地利用分区系统中，五华区位于滇中湖盆高原城镇工矿建设与耕地保护区的滇中城市工矿旅游用地亚区。在可利用土地资源评价中，五华区土地资源丰富等级为一般。在三生空间结构类型系统中，为生产—生活—生态均衡型。

（2）水资源

五华区的水资源总量 0.10 亿立方米，地表水径流量 0.10 亿立方米，径流深 549.4 毫米, 地下水资源总量 0.01 亿立方米, 在可利用水资源评价中, 五华区水资源丰富度等级为缺乏。

（3）生物资源

五华区分布着国家一级保护植物云贵水韭, 国家二级保护植物有异颖草、金铁锁、扇蕨、野大豆等。五华区食用菌有鸡枞菌、糙皮侧耳、铜色牛肝菌、小美牛肝菌等。

（4）旅游资源

五华区生物景观资源为昆明红嘴鸥景观。

（三）人文地理

1. 人口和民族

五华区 2018 年年末总人口数为 87.82 万人, 性别比为 100.32, 人口城镇化指数为 0.79, 人口城镇化级别为 Ⅰ 级, 人口老龄化指数为 0.08, 老龄化级别为 Ⅴ 级。五华区少数民族人口约 10.85 万人, 少数民族人口占总人口的 12.35%, 人口数量较多的少数民族有彝族、白族、回族等, 民族多样性指数为 0.68。五华区主要说昆明（市区）话, 属于滇中方言中的昆明方言。

2. 经济

五华区 GDP（地区生产总值）为 1115.41 亿元, 人均 GDP 为 127010.93 元, 地均 GDP 为 37180 万元/平方千米, 第一产业产值 2.14 亿元, 第二产业产值 569.72 亿元, 第三产业产值 543.55 亿元, 处于发达经济发展阶段。经济城镇化指数为 1.00, 经济城镇化级别为 Ⅰ 级。

从农业产业来看, 五华区的粮食播种面积 0.19 万公顷, 年粮食产量 0.90 万吨。五华区有 1 个中部现代产业园区, 1 家国家级生猪产业有限公司; 五华区是云南省肉牛产业、肉羊产业稳定发展区; 有 1 家从事中药材加工和经营的企业。

从工业园区来看, 有 1 个省级工业园区（五华科技产业园）, 1 个烟草配套产业园区（五华科技产业园）。

3. 旅游

在旅游景区中, 五华区有国家 4A 级景区 3 个（昆明翠湖公园、昆明动物园、昆明莲花池公园）; 在度假休闲区中, 有 3 个城市公园（昆明翠湖公园、昆明动物园、昆明莲花池公园），2 个休闲街区（昆明景星花鸟市场、昆明文化巷），2 个休闲广场（昆明近日公园广场、昆明胜利广场）；在体育旅游产品中，有 1 项赛事运动（定向运动）。在节庆会展产品中有 1 项会展旅游产品（中国昆明国际文化旅游节）。

五华区是国家级历史文化名城，从遗产旅游特色来看，五华区有国家级物质文化遗产 4 项，分别是福林堂、抗战胜利纪念堂、云南陆军讲武堂、国立西南联合大学，省级物质文化遗产有十余项，分别是圆通寺、卢汉公馆、唐继尧墓、朱德旧居、云南艺术剧院、福春恒商号旧址、基督教青年会旧址、云南第一天文点、云南省博物馆大楼、文明街马家大院、熊庆来李广田旧居、中共云南省委建党旧址、云南贡院（含会泽楼映秋院）、王德三吴澄马登云三烈士墓；非物质文化遗产有23 项，分别是滇剧、花灯戏、苗族叙事长诗《昭莽俭和高帕诗》、昆明调、沙式武术、彩扎、昆明微雕、云子（围棋）制作技艺、斑铜制作技艺、宝翰轩字画装裱修复技艺、天宝斋制墨技艺、杨林肥酒制作技艺、吉庆祥云腿月饼制作技艺、拓东甜酱油制作技艺、永香斋玫瑰大头菜制作技艺、无敌治骨疗伤法、朱氏正骨疗法、昆中药传统中药文化、管式针灸疗法、"三月三"耍西山、金殿庙会山、龙泉探梅、金圆通樱潮。五华区有 1 个国家级抗日战争纪念设施遗址，为抗战胜利纪念堂。

4. 社会生活

从人民生活水平来看，2018 年年末，五华区住户存款余额 2244.90亿元，较上一年增长 11.45%；职工平均工资 7.79 万元，较上一年增长0.91%；社会消费品零售总额 538.27 亿元，较上一年增长 0.91%；农村常住居民人均可支配收入 19215 元，较上一年增长 8.81%。

从教育发展来看，五华区的义务教育发展总指数 1.41，义务教育发展级别为Ⅲ级。人口受教育程度指数为 3.32，人口受教育级别为Ⅰ级。

从文化设施来看，五华区有博物馆 6 个，其中二级博物馆 1 个，名称为云南动物博物馆；三级及以下博物馆 5 个，分别是云南大学人类学博物馆、云师大"一二·一"纪念馆、茶文化博物馆、陆军讲武堂历史博物馆和朱德旧居纪念馆。五华区有 3 个一级文化馆，分别是云南省文化馆、昆明市文化馆和五华区文化馆；有 2 个二级图书馆，分别是云南省图书馆和五华区图书馆。

在主体功能区的国家级定位中，五华区属于集中连片重点开发区域。

二　盘龙区

（一）位置与范围

盘龙区，隶属于云南省昆明市，位于滇中城市群内部，昆明市主城区东北部，地处东经 102°42′—102°54′、北纬 25°01′—25°27′之间，东、南面与官渡区相连，北接嵩明县和富民县。盘龙区下辖 12 街道（拓东街道、鼓楼街道、东华街道、联盟街道、金辰街道、青云街道、龙泉街道、茨坝街道、双龙街道、松华街道、滇源街道、阿子营街道），总面积约 0.03×10^4 平方千米。区政府驻地为盘龙区北京路 2198 号。

（二）自然地理

盘龙区自然地理条件优越。在综合自然区划系统中，盘龙区属于亚热带北部地带的滇东高原地区的昆明—玉溪湖盆高原区；在云南省生态经济区划中，盘龙区主要位于滇中高原湖盆生态经济区的中部湖盆城镇生态经济亚区；从生态红线空间分布格局看，盘龙区全部位于金沙江、澜沧江、红河干热河谷地带；从生态保护红线功能类型上可以看出，盘龙区为高原湖泊及牛栏江上游水源涵养生态保护红线类型。

1. 自然地理要素

（1）地貌

盘龙区最高海拔高度约 2589.50 米，最低海拔高度约 1891.60 米，高差约 698 米，平均 DEM 为 2100.63 米，处于Ⅴ级水平。坝区面积 77.37 平方千米，坝区土地占全区土地面积的 11.81%，坝区综合指数 24.89，属于半山半坝地区。地形起伏度指数为 3.72，处于Ⅰ级水平；平均坡度指数 12.78，处于Ⅱ级水平。

（2）气候要素

盘龙区总体处于北亚热带地区，年平均气温 15.9℃，年降水量为 1079.9 毫米，年日照时数约 2295 小时，气候资源指数为 1411.02，处于Ⅲ级水平。

（3）水文要素

盘龙区地处长江流域地带，水网密度指数为 16.80，处于 Ⅱ 级水平。

（4）土壤要素

盘龙区的主要土壤类型为水稻土。

（5）植被要素

盘龙区的主要植被类型为滇中、东部高原暖性阔叶林、针叶林亚区，植被覆盖度处于微显著区。盘龙区生物物种资源丰富，生物多样性处于 Ⅰ 级水平。

2. 自然资源

（1）土地资源

盘龙区耕地面积 32.96 平方千米，占全区土地面积的 3.83%；园地面积 10.76 平方千米，占全区土地面积的 1.25%；林地面积 176.03 平方千米，占全区土地面积的 20.45%；草地面积 23.19 平方千米，占全区土地面积的 2.69%；城镇村及工矿用地面积 72.91 平方千米，占全区土地面积的 8.47%；交通运输用地面积 6.40 平方千米，占全区土地面积的 0.74%；水域及水利设施用地面积 7.99 平方千米，占全区土地面积的 0.93%；其他用地面积 13.46 平方千米，占全区土地面积的 1.56%。在土地利用分区系统中，盘龙区位于滇中湖盆高原城镇工矿建设与耕地保护区的滇中城市工矿旅游用地亚区。在可利用土地资源评价中，盘龙区土地资源丰富等级为一般。在三生空间结构类型系统中，为生产—生活—生态均衡型。

（2）水资源

盘龙区的水资源总量 0.07 亿立方米，地表水径流量 0.07 亿立方米，径流深 538.2 毫米，地下水资源总量 0.01 亿立方米，在可利用水资源评价中，盘龙区水资源丰富度等级为缺乏。

（3）生物资源

盘龙区分布着国家一级保护植物云贵水韭，国家二级保护植物有异颖草、金铁锁、扇蕨、野大豆等。盘龙区的食用菌主要为鸡枞菌，稀有鸟类有金雕。

（4）旅游资源

盘龙区水体景观资源为昆明黑龙潭景观。

（三）人文地理

1. 人口和民族

盘龙区 2018 年年末总人口数为 84.2 万人，性别比为 106.87，人口城镇化指数为 0.8，人口城镇化级别为Ⅰ级，人口老龄化指数为 0.08，老龄化级别为Ⅴ级。盘龙区少数民族人口约 8.18 万人，少数民族人口占总人口的 9.71%，人口数量较多的少数民族有彝族、回族、白族等，民族多样性指数 0.56。盘龙区主要说昆明（市区）话，属于滇中方言中的昆明方言。

2. 经济

盘龙区 GDP（地区生产总值）为 705.66 亿元，人均 GDP 为 83807.60 元，地均 GDP 为 19084 万元/平方千米，第一产业产值 5.10 亿元，第二产业产值 212.70 亿元，第三产业产值 487.86 亿元，经济发展为发达经济阶段。盘龙区经济城镇化指数为 0.99，经济城镇化级别为Ⅰ级。

从农业产业来看，盘龙区的粮食播种面积 0.62 万公顷，年粮食产量 2.34 万吨。盘龙区有 1 个中部现代产业园区，有 1 家省级生猪产业有限公司。

3. 旅游

在旅游景区中，盘龙区有国家 4A 级景区 1 个（昆明市金殿景区），国家 3A 级景区 1 个（昆明市黑龙潭公园景区）；在度假休闲区中，盘龙区城市公园 4 个（昆明黑龙潭公园、昆明植物园、昆明野生动物园、昆明昙华寺），休闲街区 1 个（昆明真庆观），休闲广场 1 个（昆明盘龙广场）；在专项旅游产品中，盘龙区有 1 项工业旅游产品，1 项农业旅游产品，1 个都市农庄；在体育旅游产品中，盘龙区有 1 项高尔夫运动产品（昆明阳光高尔夫球场）。在节庆会展产品中，盘龙区有 1 项会展旅游产品（中国昆明世界园艺博览会）。

从遗产旅游特色来看，盘龙区有国家级物质文化遗产 3 项，分别是地藏经寺经幢、太和宫金殿、真庆观古建筑群，省级物质文化遗产 7 项，分别是龙泉观、护国桥、北京路石房子、昆明聂耳故居、梁思成—林徽因旧居、赛典赤·瞻思丁墓、朱德赠映空和尚诗文碑。

4. 社会生活

从人民生活水平来看，2018 年，盘龙区职工平均工资 8.83 万元，较上一年增长 17.89%；社会消费品零售总额 554.52 亿元，较上一年增长 11.08%；农村常住居民人均可支配收入 19398 元，较上一年增长 8.51%。

从教育发展来看，盘龙区的义务教育发展总指数 1.37，义务教育发展级别为Ⅲ级；人口受教育程度指数 2.93，人口受教育级别为Ⅱ级。

从文化设施来看，盘龙区有三级及以下博物馆 2 个，分别是铁路博物馆、陶韵建水陶博物馆。盘龙区有 1 个三级文化馆，为盘龙区文化馆。盘龙区有 1 个一级图书馆，为盘龙区图书馆。

在主体功能区的国家级定位中，盘龙区属于集中连片重点开发区域。

三 官渡区

（一）位置与范围

官渡区，隶属于云南省昆明市，位于滇中城市群内部，昆明主城区东南部、滇池北岸，地处东经 102°39′—103°02′、北纬 24°52′—25°16′，东邻宜良县，南接呈贡区，东北与嵩明县交界，西南濒临滇池，西北与盘龙区相接，西与西山区相连。官渡区下辖 10 个街道（吴井街道、关上街道、金马街道、太和街道、官渡街道、小板桥街道、大板桥街道、矣六街道、六甲街道、阿拉街道），地区总面积约 0.06 × 10⁴ 平方千米。政府驻地为官渡区云秀路 2898 号。昆明长水国际机场位于官渡区，是昆明市的空运口岸，是中国面向东南亚、南亚和连接欧亚的国家门户枢纽机场，在面向南亚东南亚辐射中心建设中发挥着重要作用。

（二）自然地理

官渡区自然地理条件优越。在综合自然区划系统中，官渡区属亚热带北部地带的滇东高原地区的昆明—玉溪湖盆高原区；在云南省生态经济区划中，官渡区主要位于滇中高原湖盆生态经济区的中部湖盆城镇生态经济亚区；从生态保护红线功能类型上可以看出，官渡区为高原湖泊及牛栏江上游水源涵养生态保护红线类型。

1. 自然地理要素

（1）地貌

官渡区最高海拔高度约 2730 米，最低海拔高度约 1884.5 米，高差约 846 米，平均 DEM 为 2046.76 米，处于 V 级水平。坝区面积 297.6 平方千米，坝区土地占全区土地面积的 47.02%。坝区综合指数为 80.57，属于坝区地区。地形起伏度指数为 3.52，处于 I 级水平；平均坡度指数为 8.20，处于 I 级水平。

（2）气候要素

官渡区总体处于北亚热带，年平均气温 15.8℃，年降水量为 1080.3 毫米，年日照时数约 2287 小时，气候资源指数为 1418.57，处于 III 级水平。

（3）水文要素

官渡区地处长江流域地带，水网密度指数为 91.32，处于 III 级水平。

（4）土壤要素

官渡区的主要土壤类型为水稻土。

（5）植被要素

官渡区的主要植被类型为滇中、东部高原暖性阔叶林、针叶林亚区，植被覆盖度处于微显著区。官渡区生物物种资源丰富，生物多样性处于 II 级水平。

2. 自然资源

（1）土地资源

官渡区耕地面积 87.01 平方千米，占全区土地面积的 14.50%；园地面积 39.45 平方千米，占全区土地面积的 6.57%；林地面积 220.60 平方千米，占全区土地面积的 36.77%；草地面积 24.06 平方千米，占全区土地面积的 4.01%；城镇村及工矿用地面积 161.23 平方千米，占全区土地面积的 26.87%；交通运输用地面积 46.66 平方千米，占全区土地面积的 7.78%；水域及水利设施用地面积 38.93 平方千米，占全区土地面积的 6.49%；其他用地面积 14.99 平方千米，占全区土地面积的 2.50%。在土地利用分区系统中，官渡区位于滇中湖盆高原城镇工矿建设与耕地保护区的滇中城市工矿旅游用地亚区。在可利用土地资源评价中，官渡区土地资源丰富等级类型为一般。在三生空间结构类型系统中，为生产—生活—生态均衡型。

（2）水资源

官渡区的水资源总量 2.64 亿立方米，地表水径流量 2.64 亿立方米，径流深 263 毫米；地下水资源总量 0.71 亿立方米，在可利用水资源评价中，官渡区水资源丰富等级类型为缺乏。

（3）生物资源

官渡区分布着国家一级保护植物云贵水韭，国家二级保护植物异颖草、金铁锁、扇蕨、野大豆等。官渡区食用菌有松茸、鸡枞菌、干巴菌、黄皮疣柄牛肝菌、皱盖疣柄牛肝菌、双孢蘑菇、糙皮侧耳、黄伞、长根小奥德菇、铜色牛肝菌、小美牛肝菌、血红牛肝菌、桃红牛肝菌、中华牛肝菌、乳牛肝菌、鹤环乳牛肝菌、变绿红菇、蓝黄红菇、松乳菇、浓香乳菇、红汁乳菇、多汁乳菇、草鸡枞、油口蘑、棕灰口蘑、紫丁香蘑、灰喇叭菌、蓝丝膜菌、紫晶蜡蘑、红蜡蘑、肝色牛排菌、双色牛肝菌、羊肚菌、大孢地花、棱柄马鞍菌等三十余种。

（三）人文地理

1. 人口和民族

官渡区 2018 年年末总人口数为 91.39 万人，性别比为 108.6，人口城镇化指数为 0.54，人口城镇化级别为 Ⅱ 级，人口老龄化指数为 0.07，老龄化级别为 Ⅳ 级。官渡区少数民族人口约 8.64 万人，少数民族人口占总人口的 9.45%，人口数量较多的少数民族有彝族、回族、白族等，民族多样性指数为 0.52。官渡区主要说昆明（市区）话，属于滇中方言中的昆明方言。

2. 经济

官渡区 GDP（地区生产总值）为 1223.20 亿元，人均 GDP 为 133843.97 元，地均 GDP 为 20387 万元/平方千米，第一产业产值 8.09 亿元，第二产业产值 439.13 亿元，第三产业产值 775.98 亿元，为经济发展的发达经济阶段。经济城镇化指数为 0.99，经济城镇化级别为 Ⅰ 级。

从农业产业来看，官渡区的粮食播种面积 0.49 万公顷，年粮食产量 2.03 万吨。官渡区有 1 个中部现代产业园区，有 1 家国家级生猪产业有限公司（云南神农农业产业集团股份有限公司），有 2 家省级生猪产业有限公司。

从工业园区来看，官渡区有 1 个国家级工业园区、1 个信息产业园区和 1 个先进装备制造产业园区。

3. 旅游

在旅游景区中，官渡区有 1 个国家 4A 级景区（昆明官渡古镇景区）；在专项旅游产品中，官渡区有 1 个都市农庄（百草园都市农庄）。在节庆会展产品中，官渡区有 6 项会展旅游产品（中国昆明进出口商品交易会、中国国际旅游交易会、中国—南亚博览会、昆明国际汽车博览会、昆明旅游文化商品博览会、昆明泛亚石博览会）。

官渡区是国家级历史文化名城，有 1 个云南省特色小镇（官渡古镇）。从遗产旅游特色来看，官渡区有 1 项国家级物质文化遗产，为妙湛寺金刚塔；有 5 项省级物质文化遗产，分别是金马寺、官渡土主庙及法定寺、钱沣墓、文明阁建筑群、云南天文台历史建筑群。

4. 社会生活

从人民生活水平来看，2018 年年末，官渡区住户存款余额 839.79 亿元，较上一年增长 6.29%；职工平均工资 9.14 万元，较上一年增长 6.40%；社会消费品零售总额 544.99 亿元，较上一年增长 8.63%；农村常住居民人均可支配收入 20376 元，较上一年增长 8.8%。

从教育发展来看，官渡区的义务教育发展总指数 1.01，义务教育发展级别为Ⅳ级。人口受教育程度指数 2.94，人口受教育级别为Ⅱ级。

从文化设施来看，官渡区有博物馆 4 个，其中一级博物馆 1 个，为云南省博物馆；三级及以下博物馆 3 个，分别为昆明市博物馆、电信博物馆和滇南本草植物博物馆。官渡区有 1 个一级文化馆，为官渡区文化馆。官渡区有 2 个一级图书馆，分别为昆明市图书馆和官渡区图书馆。

在主体功能区的国家级定位中，官渡区属于集中连片重点开发区域。

四　西山区

（一）位置与范围

西山区，隶属于云南省昆明市，位于滇中城市群内部，昆明市主城区西南部，地处东经 102°21′—102°43′、北纬 24°44′—25°12′，东与五华区、官渡区毗邻，与呈贡区隔水相望，南连晋宁区，西与安宁市、楚雄彝族自治州禄丰市相邻，北接富民县、五华区。西山区下辖 10 个街道（金碧街道、永昌街道、前卫街道、福海街道、棕树营街道、马街街道、西苑街道、海口街道、碧鸡街道、团结街道），总面积约 0.09×10^4 平方千米。区政府驻地在西山区秀苑路 188 号。

（二）自然地理

西山区自然地理条件优越。在综合自然区划系统中，西山区属于亚热带北部地带的滇东高原地区的昆明—玉溪湖盆高原区；在云南省生态经济区划中，西山区主要位于滇中高原湖盆生态经济区；从生态保护红线功能类型上可以看出，西山区为高原湖泊及牛栏江上游水源涵养生态保护红线类型。

1. 自然地理要素

（1）地貌

西山区最高海拔高度约 2622 米，最低海拔高度约 1731 米，高差约891 米，平均 DEM 为 2061.87 米，处于Ⅴ级水平，坝区面积 220.83 平方千米，坝区土地占全区土地面积的 25.04%，坝区综合指数 49.66，属于半山半坝地区。地形起伏度指数为 3.64，处于Ⅰ级水平；平均坡度指数为 13.55，处于Ⅱ级水平。

（2）气候要素

西山区总体处于北亚热带，年平均气温 16℃，年降水量为 1085.2 毫米，年日照时数约 2287 小时，气候资源指数为 1437.37，处于Ⅲ级水平。

（3）水文要素

西山区地处长江流域地带，水网密度指数为 133.46，处于Ⅴ级水平。

（4）土壤要素

西山区的土壤类型主要有水稻土。

（5）植被要素

西山区的主要植被类型为滇中、东部高原暖性阔叶林、针叶林亚区，植被覆盖度处于微显著区。西山区生物物种资源丰富，生物多样性处于Ⅰ级水平。

2. 自然资源

（1）土地资源

西山区耕地面积 71.20 平方千米，占全区土地面积的 8.08%；园地面积 13.72 平方千米，占全区土地面积的 1.56%；林地面积 454.29 平方千米，占全区土地面积的 51.56%；草地面积 52.61 平方千米，占全区土地面积的 5.97%；城镇村及工矿用地面积 126.28 平方千米，占全区土地面积的 14.33%；交通运输用地面积 19.40 平方千米，占全区土地面积的 2.20%；水域及水利设施用地面积 117.75 平方千米，占全区土地面积的 13.37%；其他用地面积 26.08 平方千米，占全区土地面积的 2.96%。在土地利用分区系统中，西山区位于滇中湖盆高原城镇工矿建设与耕地保护区的滇中城市工矿旅游用地亚区。在可利用土地资源评价中，西山区土地资源丰富等级类型为一般。在三生空间结构类型系统中，为生产—生活—生态均衡型。

（2）水资源

西山区的水资源总量 3.32 亿立方米，地表水径流量 3.32 亿立方米，径流深 315.2 毫米，地下水资源总量 1.07 亿立方米，在可利用水资源评价中，西山区水资源丰富等级类型处于缺乏态势。

（3）生物资源

西山区分布着国家一级保护植物云贵水韭，国家二级保护植物异颖草、金铁锁、扇蕨、野大豆等。

西山区食用菌有松茸、鸡枞菌、干巴菌、黄皮疣柄牛肝菌、皱盖疣柄牛肝菌、糙皮侧耳、黄伞、长根小奥德菇、铜色牛肝菌、小美牛肝菌、血红牛肝菌、桃红牛肝菌、中华牛肝菌、乳牛肝菌、鹤环乳牛肝菌、变绿红菇、蓝黄红菇、松乳菇、浓香乳菇、红汁乳菇、多汁乳菇、草鸡枞、油口蘑、棕灰口蘑、紫丁香蘑、灰喇叭菌、蓝丝膜菌、紫晶蜡蘑、红蜡蘑、肝色牛排菌、双色牛肝菌、大孢地花、棱柄马鞍菌三十余种。

（4）旅游资源

西山区地文景观资源中，有 1 处地质景观（昆明西山断层崖景观）；生物景观资源中，有 1 处花卉景观（轿子山大树杜鹃景观）。

（三）人文地理

1. 人口和民族

西山区 2018 年年末总人口数为 79.27 万人，性别比为 104.59，人口城镇化指数为 0.6587，人口城镇化级别为Ⅰ级，人口老龄化指数为 0.09，老龄化级别为Ⅶ级。西山区少数民族人口约 9.62 万人，少数民族人口占总人口的 12.14%，人口数量较多的少数民族有彝族、白族、回族，民族多样性指数 0.64。西山区主要说昆明（市区）话，属于滇中方言中的昆明方言。

2. 经济

西山区 GDP（地区生产总值）为 600.98 亿元，人均 GDP 为 75814.31 元，地均 GDP 为 6822 万元/平方千米，第一产业产值 3.72 亿元，第二产业产值 148.84 亿元，第三产业产值 448.42 亿元，处于发达经济阶段。经济城镇化指数为 0.99，经济城镇化级别为Ⅰ级。

从农业产业来看，西山区的粮食播种面积 0.23 万公顷，年粮食产量 0.98 万吨。西山区有 1 个中部现代产业园区。

从工业园区来看，西山区有 1 个国家级工业园区，为昆明高新技术产业开发区。同时，该园区为新材料产业园区、信息产业园区、先进装备制造产业园区，有 1 个生物医药和大健康产业园区。

3. 旅游

在旅游景区中，西山区有 3 个国家 4A 级景区（云南民族村景区、昆明市西山国家级风景名胜区、昆明市大观园公园景区），1 个国家 3A 级景区（中国兵器房车温泉度假旅游区），1 个国家 1A 级景区（昆明滇池国家旅游度假村）；在度假休闲区中，有温泉休闲区 1 个（昆明滇池春天温泉），城区公园 1 个（昆明海埂公园），休闲街区 1 个（昆明金马碧鸡坊），休闲广场 2 个（昆明东风广场、昆明金马碧鸡广场）；在专项旅游产品中，有 1 项农业旅游产品（西山团结镇农家乐），有 2 个都市农庄（好宝箐都市农庄、香草芳都市农庄）；在体育旅游产品中，有 1 项高尔夫运动产品（昆明滇池湖畔高尔夫球场），有 1 项赛事运动（环滇池自行车赛）。在节庆会展产品中，有 2 项节庆旅游产品（云南民族村傣族泼水节、云南民族村彝族火把节）。

从遗产旅游特色来看，西山区有国家级物质文化遗产 4 项，分别是大观楼、聂耳墓、筇竹寺、惠光寺塔和常乐寺塔，省级物质文化遗产有 5 项，分别是西园、升庵祠、海口川字闸、一得测候所、中国远征军将官住所旧址（紫园）；革命老区乡镇 1 个（昆明市西山区海口镇）。

4. 社会生活

从人民生活水平来看，2018 年年末，西山区住户存款余额 526.20 亿元，较上一年增长 5.94%；职工平均工资 6.80 万元，较上一年增长 1.95%；社会消费品零售总额 658.35 亿元，较上一年增长 9.59%；农村常住居民人均可支配收入 19889 元，较上一年增长 8.50%。

从教育发展来看，西山区的义务教育发展总指数 1.27，义务教育发展级别为Ⅲ级。人口受教育程度指数为 2.71，人口受教育级别为Ⅱ级。

从文化设施来看，西山区有 6 个博物馆，其中一级博物馆 1 个，为云南省民族博物馆；三级及以下博物馆 4 个，分别是昆明警察博物馆、民俗博物馆、杨升博物馆、昆明聂耳纪念馆。西山区有 1 个一级文化馆，为西山区文化馆。有 1 个一级图书馆，为西山区图书馆。

在主体功能区的国家级定位中，西山区属于集中连片重点开发区域。

五　东川区

（一）位置与范围

东川区，隶属于云南省昆明市，位于滇中城市群内部，云南省东北部和昆明市最北端，距离昆明市 150 公里，地处东经 102°47′—103°18′、北纬 25°46′—26°32′，东与云南省曲靖市会泽县相邻，南与昆明市寻甸回族彝族自治县相接，西与昆明市禄劝彝族苗族自治县相靠，北与云南省昭通市巧家县相连，并与四川省凉山州会理县和会东县隔金沙江相望。东川区下辖 2 街道 6 镇 1 乡（铜都街道、碧谷街道、汤丹镇、因民镇、阿旺镇、乌龙镇、拖布卡镇、红土地镇、舍块乡），总面积约 0.17×10^4 平方千米。东川区政府驻地是东川区区府街 8 号。

（二）自然地理

东川区自然地理条件优越。在综合自然区划系统中，东川区部分属于亚热带北部地带的滇东高原地区的曲靖岩溶高原区，部分属于亚热带北部地带的滇东高原地区的金沙江河谷区；在云南省生态经济区划中，东川区主要位于滇东北山原生态经济区；从生态保护红线空间分布格局来看，东川区全部位于金沙江、澜沧江、红河干热河谷地带；从生态保护红线功能类型上可以看出，东川区为金沙江下游——小江流域水土流失控制生态保护红线类型。

1. 自然地理要素

（1）地貌

东川区最高海拔高度约 4253 米，最低海拔高度约 622 米，高差约3631 米，平均 DEM 为 2191.07 米，处于Ⅵ级水平。坝区面积 40.7 平方千米，坝区土地占全区土地面积的 2.22%，坝区综合指数 3.6，属于山区地区。地形起伏度指数为 9.17，处于Ⅵ级水平；平均坡度指数为24.3917，处于Ⅵ级水平。

（2）气候要素

东川区总体处于中亚热带，年平均气温 20.8℃，年降水量为 620.6毫米，年日照时数约 1920.2 小时，气候资源指数为 1612.32，处于Ⅴ级水平。

（3）水文要素

东川区地处长江流域地带，水网密度指数为 58.39，处于Ⅲ级水平。

（4）土壤要素

东川区的土壤类型以红壤居多。

（5）植被要素

东川区的主要植被类型为滇中、东部高原暖性阔叶林、针叶林亚区，植被覆盖度处于不显著区。东川区生物物种资源丰富，生物多样性处于Ⅴ级水平。

2. 自然资源

（1）土地资源

东川区耕地面积 324.41 平方千米，占全区土地面积的 17.39%；园地面积 16.84 平方千米，占全区土地面积的 0.90%；林地面积 614.52 平方千米，占全区土地面积的 32.95%；草地面积 606.81 平方千米，占全区土地面积的 32.54%；城镇村及工矿用地面积 51.40 平方千米，占全区土地面积的 2.76%；交通运输用地面积 21.66 平方千米，占全区土地面积的 1.16%；水域及水利设施用地面积 42.97 平方千米，占全区土地面积的 2.30%；其他用地面积 187.08 平方千米，占全区土地面积的 10.03%。在土地利用分区系统中，东川区位于滇东北中山山原土地生态整治区的昭通—东川—宣威工矿城镇土地整治亚区。在可利用土地资源评价中，东川区土地资源丰富等级类型为较缺乏地区。在三生空间结构类型系统中，为生产—生态主导型。

（2）水资源

东川区的水资源总量 7.56 亿立方米，地表水径流量 7.56 亿立方米，径流深 404.2 毫米，地下水资源总量 2.997 亿立方米，在可利用水资源评价中，东川区水资源丰富等级类型为较缺乏。

（3）生物资源

东川区分布着国家一级保护植物攀枝花苏铁，国家二级保护植物西康玉兰、金铁锁、平当树、丁茜等。

东川区食用菌有鸡枞菌、鸡油菌、黄白侧耳、毛柄类火菇、蓝黄红菇等。

（4）旅游资源

东川区地文景观资源中，有 1 处地质景观（东川小江泥石流景观）；水体景观资源中，有 1 处瀑布景观（东川白荥瀑布景观）。

（三）人文地理

1. 人口和民族

东川区 2018 年年末总人口数为 28.40 万人，性别比为 107.64，人口城镇化指数为 0.18，人口城镇化级别为 V 级，人口老龄化指数为 0.10，老龄化级别为 Ⅷ 级。东川区少数民族人口约 1.77 万人，少数民族人口占总人口的 6.23%，人口数量较多的少数民族有彝族、回族、苗族等，民族多样性指数为 0.35。

2. 经济

东川区 GDP（地区生产总值）为 94.73 亿元，人均 GDP 为 33355.63 元，地均 GDP 为 508 万元/平方千米，第一产业产值 7.87 亿元，第二产业产值 44.77 亿元，第三产业产值 42.09 亿元，处于经济发展的工业化中后期阶段，属于金沙江开放合作经济带（区）。经济城镇化指数为0.93，经济城镇化级别为Ⅱ级。

从农业产业来看，东川区的粮食播种面积1.30万公顷，年粮食产量4.46万吨。东川区位于中部现代产业园区中，有1家省级生猪产业有限公司（昆明桂冠牧业有限公司），东川区中药材主要品种有雪上一枝蒿、黄草乌、黄芩、法落海、中华雪胆等。

从工业园区来看，东川区有1个省级工业园区，有1个冶金产业园区。

3. 旅游

在旅游景区中，东川区专项旅游产品，有1项工业旅游产品（东川铜矿遗址），有1项农业旅游产品（东川红土地），有1个都市农庄（太阳谷农庄），有1项探险旅游产品（轿子山探险旅游）；在体育旅游产品中，有1项登山运动产品（轿子山攀登），有1项赛事运动（东川泥石流汽车拉力赛）。

从遗产旅游特色来看，有3项东川区省级物质文化遗产，分别是安顺桥、金沙江树桔渡口、茂麓厂冶铜遗址。东川区属于革命老区县市区，革命老区乡镇2个（铜都镇、汤丹镇）。

4. 社会生活

从人民生活水平来看，2018年年末，东川区住户存款余额96.49亿元，较上一年增长15.63%；职工平均工资6.86万元，较上一年增长18.07%；社会消费品零售总额29.05亿元，较上一年增长12.77%；农村常住居民人均可支配收入8543元，较上一年增长9.53%。

从教育发展来看，东川区的义务教育发展总指数为0.57，义务教育发展级别为Ⅶ级。人口受教育程度指数为0.71，人口受教育级别为Ⅵ级。

从文化设施来看，东川区有1个一级文化馆，为东川区文化馆；有1个一级图书馆，为东川区图书馆。

东川区是云南省民族团结示范区，有2个民族团结示范乡镇（乌龙镇、阿旺镇），有1个少数民族特色村寨。

5. 脱贫攻坚

东川区2018年实现了脱贫摘帽，在脱贫攻坚的道路上，旅游扶贫起到了突出作用。东川区是旅游扶贫示范县区，旅游示范乡镇 1 个（红土地镇），旅游示范村 1 个（李子沟村）。

在主体功能区的国家级定位中，东川区属于重点生态功能区。在主体功能区的省级定位中，东川区属于重点生态功能区。

六　呈贡区

（一）位置与范围

呈贡区隶属于云南省昆明市，是昆明市人民政府所在地，位于滇中城市群内部，地处东经 102°42′—103°00′、北纬 24°42′—25°00′，北接昆明市官渡区，西邻滇池。呈贡区下辖 10 个街道（龙城街道、斗南街道、吴家营街道、乌龙街道、洛龙街道、雨花街道、马金铺街道、洛羊街道、大渔街道、七甸街道），面积约 0.05×10^4 平方千米。呈贡区政府驻地位于呈贡区谊康北路 237 号。

（二）自然地理

呈贡区自然地理条件优越。在综合自然区划系统中，呈贡区属于亚热带北部地带的滇东高原地区的昆明—玉溪湖盆高原区；在云南省生态经济区划中，呈贡区位于滇中高原湖盆生态经济区的中部湖盆城镇生态经济亚区；从生态保护红线功能类型上可以看出，呈贡区为高原湖泊及牛栏江上游水源涵养生态保护红线类型。

1. 自然地理要素

（1）地貌

呈贡区最高海拔高度约 2785 米，最低海拔高度约 1609 米，高差约 1176 米，平均 DEM 为 2003.98 米，处于 Ⅴ 级水平，坝区面积 255.82 平方千米，坝区土地占全区土地面积的 50.14%，坝区综合指数为 86.84，属于坝区地区。地形起伏度指数为 3.72，处于 Ⅰ 级水平；平均坡度指数为 8.09，处于 Ⅰ 级水平。

（2）气候要素

呈贡区总体处于北亚热带，年平均气温 15.7℃，年降水量为 868.1 毫米，年日照时数约 2150.6 小时，气候资源指数为 1380.98，处于 Ⅲ 级水平。

（3）水文要素

呈贡区地处长江流域地带，水网密度指数为95.58，处于Ⅳ级水平。

（4）土壤要素

呈贡区的土壤类型主要为红壤。

（5）植被要素

呈贡区的主要植被类型为滇中、东部高原暖性阔叶林、针叶林亚区，植被覆盖度处于微显著区。呈贡区生物物种资源丰富，生物多样性处于Ⅵ级水平。

2. 自然资源

（1）土地资源

呈贡区耕地面积69.51平方千米，占全区土地面积的13.90%；园地面积53.63平方千米，占全区土地面积的10.73%；林地面积124.72平方千米，占全区土地面积的24.94%；草地面积19.58平方千米，占全区土地面积的3.92%；城镇村及工矿用地面积129.10平方千米，占全区土地面积的25.82%；交通运输用地面积22.08平方千米，占全区土地面积的4.42%；水域及水利设施用地面积72.69平方千米，占全区土地面积的14.54%；其他用地面积18.89平方千米，占全区土地面积的3.78%。在土地利用分区系统中，呈贡区位于滇中湖盆高原城镇工矿建设与耕地保护区的滇中城市工矿旅游用地亚区。在可利用土地资源评价中，呈贡区土地资源丰富等级类型为较缺乏类型。在三生空间结构类型系统中，为生产—生活—生态均衡型。

（2）水资源

呈贡区的水资源总量0.93亿立方米，地表水径流量0.93亿立方米，径流深201.6毫米，地下水资源总量0.29亿立方米，在可利用水资源评价中，呈贡区水资源丰富等级类型为缺乏。

（3）生物资源

呈贡区分布着国家二级保护植物毛红椿。

食用菌有松茸、鸡枞菌、乳牛肝菌3种。

（三）人文地理

1. 人口和民族

呈贡区 2018 年年末总人口数为 35.31 万人，性别比为 113.32，人口城镇化指数为 0.15，人口城镇化级别为Ⅵ级，人口老龄化指数为 0.05，老龄化级别为Ⅰ级。呈贡区少数民族人口约 3.11 万人，少数民族人口占总人口的 8.81%，人口数量较多的少数民族有彝族、回族、白族等，民族多样性指数 0.55。呈贡区主要说呈贡话，属于滇中方言中的昆明方言。

2. 经济

呈贡区 GDP（地区生产总值）为 249.9 亿元，人均 GDP 为 70773.15元，地均 GDP 为 4998 万元/平方千米，第一产业产值 4.88 亿元，第二产业产值 130.26 亿元，第三产业产值 114.76 亿元，处于发达经济阶段。经济城镇化指数为 0.97，经济城镇化级别为Ⅱ级。

从农业产业来看，呈贡区的粮食播种面积 0.03 万公顷，年粮食产量0.19 万吨。呈贡区位于云南省高原特色农业中部现代产业园区中，有 1家省级生猪产业有限公司（云南高上高农业科技发展有限责任公司）；呈贡区是云南省肉牛产业、肉羊产业稳定发展区，同时也是云南省乃至东南亚南亚主要花卉市场，花卉产业是呈贡区的主导产业。呈贡区中药材主要品种有雪上一枝蒿、黄草乌、黄芩、法落海、中华雪胆等。

从工业园区来看，呈贡区有 2 个省级工业园区，有 1 个新材料产业园区（呈贡工业园区），有 1 个信息产业园区和生产性服务产业园区（呈贡信息产业园区）。

3. 旅游

在旅游景区中，呈贡区有 1 个国家 1A 级景区（昆明斗南花市景区）；在度假休闲区中，有 1 个休闲街区（昆明斗南花市）；在专项旅游产品中，有 1 项工业旅游产品（云南白药工业园区），有 2 个都市农庄（菜根潭休闲山庄、一条龙都市生态农庄）；在体育旅游产品中，有 1 项高尔夫运动产品（昆明乡村高尔夫球场）。

呈贡区有云南省特色小镇 2 个（斗南花卉小镇、"云上云"双创小镇）。从遗产旅游特色来看，呈贡区省级物质文化遗产有 3 项，分别是法明寺、龙潭山遗址、王家营古墓群。

4. 社会生活

从人民生活水平来看，2018 年年末，呈贡区住户存款余额 242.64 亿元，较上一年增长 13.13%；职工平均工资 9.81 万元，较上一年增长 2.94%；社会消费品零售总额 59.22 亿元，较上一年增长 17.34%；农村常住居民人均可支配收入 19639 元，较上一年增长 8.41%。

从教育发展来看，呈贡区的义务教育发展总指数为 0.44，义务教育发展级别为 Ⅷ级。人口受教育程度指数为 1.07，人口受教育级别为 Ⅴ级。

从文化设施来看，呈贡区有 2 个三级及以下博物馆，分别为滇池博物馆、中医药民族医药博物馆。呈贡区有 1 个三级及以下文化馆，为区文化馆。有 1 个二级图书馆，为区图书馆。

在主体功能区的国家级定位中，呈贡区属于集中连片重点开发区。

七 晋宁区

（一）位置与范围

晋宁区，隶属于云南省昆明市，位于滇中城市群内部，位于云南省中部、昆明市西南部，地处东经 102°11′—102°51′、北纬 24°23′—24°48′之间，西临西山区，北接呈贡区，南和东分别与玉溪市红塔区、江川区接壤，是昆明市区核心区的重要组成部分。全区东西最大横距 66 千米，南北最大纵距 33 千米。晋宁区下辖 2 街道 4 镇 2 民族乡（昆阳街道、宝峰街道、晋城镇、二街镇、上蒜镇、六街镇、双河彝族乡、夕阳彝族乡），面积约为 0.14 × 10⁴ 平方千米。晋宁区政府驻地为晋宁区昆阳街道郑和路 365 号。

（二）自然地理

晋宁区自然地理条件优越。在综合自然区划系统中，晋宁区属于亚热带北部地带的滇东高原地区的昆明—玉溪湖盆高原区；在云南省生态经济区划中，晋宁区主要位于滇中高原湖盆生态经济区、中部湖盆城镇生态经济亚区；从生态红线空间分布格局看，晋宁区位于金沙江、澜沧江、红河干热河谷地带；从生态保护红线功能类型上可以看出，晋宁区为高原湖泊及牛栏江上游水源涵养生态保护红线类型。晋宁区属于可持续发展实验区。晋宁区有中国前寒武纪（震旦系）—寒武系界线层型剖面省级地质自然保护区、南滇池国家湿地公园，具有自然生态系统的原真性、完整性，践行了绿水青山就是金山银山的理念。

1. 自然地理要素

（1）地貌

晋宁区最高海拔高度约 2648 米，最低海拔高度约 1340 米，高差约1308 米，平均 DEM 为 2043.92 米，处于 V 级水平，坝区面积 318.79 平方千米，坝区土地占全区土地面积的 11.81%，坝区综合指数为 65.6，属于坝区地区。地形起伏度指数为 4.34，处于 I 级水平；平均坡度指数为12.85，处于 II 级水平。

（2）气候要素

晋宁区总体处于北亚热带，年平均气温 15.3℃，年降水量为 917.4毫米，年日照时数约 2320 小时，气候资源指数为 1381.16，处于 III 级水平。

（3）水文要素

晋宁区地处长江流域地带，水网密度指数 68.55，处于 III 级水平。

（4）土壤要素

晋宁区的土壤类型主要为红壤。

（5）植被要素

晋宁区的主要植被类型为滇中、东部高原暖性阔叶林、针叶林亚区，植被覆盖度处于微显著区。晋宁区生物物种资源丰富，生物多样性处于VI 级水平。

2. 自然资源

（1）土地资源

晋宁区耕地面积 243.31 平方千米，占全区土地面积的 18.21%；园地面积 27.16 平方千米，占全区土地面积的 2.03%；林地面积 622.47 平方千米，占全区土地面积的 46.59%；草地面积 145.49 平方千米，占全区土地面积的 10.89%；城镇村及工矿用地面积 85.37 平方千米，占全区土地面积的 6.39%；交通运输用地面积 28.20 平方千米，占全区土地面积的 2.11%；水域及水利设施用地面积 123.23 平方千米，占全区土地面积的 9.22%；其他用地面积 61.43 平方千米，占全区土地面积的 4.60%。

在土地利用分区系统中，晋宁区位于滇中湖盆高原城镇工矿建设与耕地保护区的滇中城市工矿旅游用地亚区。在可利用土地资源评价中，晋宁区土地资源丰富等级为较缺乏类型。在三生空间结构类型系统中，为生产—生态主导型。

（2）水资源

晋宁区的水资源总量3.12亿立方米，地表水径流量3.12亿立方米，径流深254.7毫米，地下水资源总量0.94亿立方米，在可利用水资源评价中，晋宁区水资源缺乏。

（3）生物资源

晋宁区分布着稀有鸟类黑鹳；晋宁区食用菌有鸡枞菌、干巴菌、香菇、桃红牛肝菌、松乳菇、多汁乳菇、红蜡蘑、双色牛肝菌8种。

（4）旅游资源

晋宁区生物景观资源中，有1处花卉景观，为老君山杜鹃花灌丛景观。

（三）人文地理

1. 人口和民族

晋宁区2018年年末总人口数为30.92万人，性别比为103.29，人口城镇化指数为0.14，人口城镇化级别为Ⅵ级，人口老龄化指数为0.09，老龄化级别为Ⅶ级。晋宁区少数民族人口约2.88万人，少数民族人口占总人口的9.32%，人口数量较多的少数民族有彝族、回族、哈尼族等，民族多样性指数为0.45。晋宁区主要说晋宁（昆明）话，属于滇中方言中的昆明方言。

2. 经济

晋宁区GDP（地区生产总值）为135.8亿元，人均GDP为43919.79元，地均GDP为1016万元/平方千米，第一产业产值23.92亿元，第二产业产值47.99亿元，第三产业产值63.89亿元，处于经济发展的工业化中后期阶段，经济城镇化指数为0.82，经济城镇化级别为Ⅳ级。

从农业产业来看，晋宁区的粮食播种面积0.51万公顷，年粮食产量2.16万吨。晋宁区有1个中部现代产业园区，是云南省肉牛产业、肉羊产业稳定发展区；晋宁区常年蔬菜优势产业区有1个。鲜切花是晋宁区花卉主导产业。从工业园区来看，晋宁区有省级工业园区 1 个（晋宁工业园区），该园区既为化工产业园区，又为先进装备制造产业园区。

3. 旅游

在旅游景区中，晋宁区有 1 个国家 2A 级景区（晋宁郑和公园）；在度假休闲区中，有 1 个城区公园（晋宁郑和公园）；在专项旅游产品中，有 1 个都市农庄（大春河水土保持示范园）。

从遗产旅游特色来看，晋宁区有国家级物质文化遗产 1 项（石寨山古墓群），省级物质文化遗产 4 项，分别是盘龙寺、马哈只墓碑、观音洞壁画、上蒜人民公社旧址；非物质文化遗产 5 项（宝峰正月接佛习俗、宝峰调子会、乌铜走银制作技艺、晋城圣贤画、双河秧歌老鼓舞）。晋宁区解放战争时期革命老区乡镇 2 个，分别是晋宁区夕阳彝族乡、双河彝族乡。晋宁区有一个省级民族民间传统文化之乡——双河秧老鼓舞之乡。

4. 社会生活

从人民生活水平来看，2018 年年末，晋宁区住户存款余额 127.40 亿元，较上一年增长 8.76%；职工平均工资 6.83 万元，较上一年增长 5.08%；社会消费品零售总额 46.38 亿元，较上一年增长 12.08%；农村常住居民人均可支配收入 15776 元，较上一年增长 8.71%。

从教育发展来看，晋宁区的义务教育发展总指数 0.59，义务教育发展级别为Ⅶ级。人口受教育程度指数 0.84，人口受教育级别为Ⅴ级。

从文化设施来看，晋宁区有一级文化馆 1 个（区文化馆）、一级图书馆 1 个（区图书馆）。

晋宁区是云南省民族团结示范区，有 1 个民族团结示范乡镇（夕阳彝族乡），有 1 个少数民族特色村寨，有 1 个民族团结示范旅游区（七彩云南·古滇名城景区）。

在主体功能区的国家级定位中，晋宁区属于集中连片重点开发区。

八　富民县

（一）位置与范围

富民县，隶属于云南省昆明市，位于滇中城市群内部，云南省中部，地处东经 102°11′—102°51′、北纬 24°23′—24°48′之间，东与嵩明县、寻甸回族彝族自治县相邻，北与禄劝彝族苗族自治县山水相连，西与禄丰市、武定县接壤，南靠西山区。富民县下辖2街道5镇（永定街道、大营街道、罗免镇、赤鹫镇、东村镇、款庄镇、散旦镇），总面积约 0.10×10^4 平方千米。县政府驻地为富民县永定街道永定街88号。

（二）自然地理

富民县自然地理条件优越。在综合自然区划系统中，富民县属于亚热带北部地带的滇东高原地区的昆明—玉溪湖盆高原区；在云南省生态经济区划中，富民县主要位于滇中高原湖盆生态经济区的中部湖盆城镇生态经济亚区；从生态保护红线功能类型上可以看出，富民县为金沙江干热河谷及山原水土保持生态保护红线类型。

1. 自然地理要素

（1）地貌

富民县最高海拔高度约2772米，最低海拔高度约1444米，高差约1328米，平均DEM为2007.23米，处于Ⅴ级水平，坝区面积30.5平方千米，坝区土地占全县土地面积的4.35%，坝区综合指数为9.61，属于山区地区。地形起伏度指数为4.58，处于Ⅱ级水平；平均坡度指数为17.08，处于Ⅳ级水平。

（2）气候要素

富民县总体处于南温带，年平均气温16.3℃，年降水量为780.8毫米，年日照时长约2277.8小时，气候资源指数为1423.25，处于Ⅲ级水平。

（3）水文要素

富民县地处长江流域地带，水网密度指数为34.42，处于Ⅱ级水平。

（4）土壤要素

富民县的土壤类型主要为紫色土。

（5）植被要素

富民县的主要植被类型为滇中、东部高原暖性阔叶林、针叶林亚区，植被覆盖度处于微显著区。富民县生物物种资源丰富，生物多样性处于Ⅶ级水平。

2. 自然资源

（1）土地资源

富民县耕地面积169.38平方千米，占全县土地面积的16.94%；园地面积82.04平方千米，占全县土地面积的8.20%；林地面积525.17平方千米，占全县土地面积的52.52%；草地面积85.56平方千米，占全县土地面积的8.56%；城镇村及工矿用地面积38.30平方千米，占全县土地面积的3.83%；交通运输用地面积13.23平方千米，占全县土地面积的1.32%；水域及水利设施用地面积6.28平方千米，占全县土地面积的0.63%；其他用地面积73.80平方千米，占全县土地面积的7.38%。在土地利用分区系统中，富民县位于滇中湖盆高原城镇工矿建设与耕地保护区的滇中城市工矿旅游用地亚区。在可利用土地资源评价中，富民县土地资源为较缺乏类型。在三生空间结构类型系统中，为生产—生态主导型。

（2）水资源

富民县的水资源总量2.48亿立方米，地表水径流量2.48亿立方米，径流深247.6毫米，地下水资源总量1.01亿立方米，在可利用水资源评价中，富民县水资源丰富等级类型为缺乏型。

（3）生物资源

富民县分布着国家二级保护植物扇蕨、金铁锁，广泛分布着国家珍稀植物资源金荞麦、银杏等。

富民县食用菌有松茸、鸡枞菌、干巴菌、鸡油菌、黄皮疣柄牛肝菌、黄白侧耳、长根小奥德菇、铜色牛肝菌、小美牛肝菌、血红牛肝菌、桃红牛肝菌、乳牛肝菌、鹤环乳牛肝菌、变绿红菇、蓝黄红菇、松乳菇、草鸡枞、油口蘑、卷缘齿菌、高大环柄菇、蓝丝膜菌、紫晶蜡蘑、红蜡蘑、肝色牛排菌、双色牛肝菌、羊肚菌、大孢地花等二十余种。

（4）旅游资源

地文景观资源中，富民县有1处喀斯特景观，为富民宝石洞景观。

（三）人文地理

1. 人口和民族

富民县2018年年末总人口数为15.81万人，性别比为103，人口城镇化指数为0.09，人口城镇化级别为Ⅷ级，人口老龄化指数为0.10，老龄化级别为Ⅷ级。富民县少数民族人口约 2.07 万人，少数民族人口占总人口的 13.09%，人口数量较多的少数民族有彝族、苗族，民族多样性指数 0.58。

2. 经济

富民县 GDP（地区生产总值）为 76.55 亿元，人均 GDP 为 48418.72 元，地均 GDP 为 766 万元/平方千米，第一产业产值 11.21 亿元，第二产业产值 38.75 亿元，第三产业产值 26.59 亿元，处于经济发展的工业化中后期阶段，经济城镇化指数为 0.84，经济城镇化级别为Ⅲ级。

从农业产业来看，富民县的粮食播种面积 1.24 万公顷，年粮食产量 5.39 万吨。富民县位于中部现代产业园区中，是云南省肉牛产业、肉羊产业稳定发展区；富民县为常年蔬菜优势产业生产大县。花卉种植业是富民县主导产业。

从工业园区来看，富民县有 1 个省级工业园区（富民工业园区），该园区为新材料产业园区。

3. 旅游

在专项旅游产品中，富民县有 1 项农业旅游产品（富民葡萄园区）。

富民县是国家级历史文化名城，有 1 项非物质文化遗产，苗族叙事长诗《红昭和饶觉席那》。富民县有 2 个解放战争时期革命老区乡镇，分别是富民县款庄乡、东村乡。

4. 社会生活

从人民生活水平来看，2018 年年末，富民县住户存款余额 55.87 亿元，较上一年增长 13.97%；职工平均工资 5.76 万元，较上一年减少 1.71%；社会消费品零售总额 21.31 亿元，较上一年增长 11.63%；农村常住居民人均可支配收入 14656 元，较上一年增长 8.71%。

从教育发展来看，富民县的义务教育发展总指数为 0.50，义务教育发展级别为Ⅶ级。人口受教育程度指数为 0.41，人口受教育级别为Ⅶ级。

富民县是云南省民族团结示范县，有 1 个民族团结示范乡镇。

在主体功能区的国家级定位中，富民县属于集中连片重点开发区。

九 宜良县

（一）位置与范围

宜良县，隶属于云南省昆明市，位于滇中城市群内部，云南省中部，地处东经 102°58′—103°29′、北纬 24°30′—25°17′之间，东临陆良县、石林彝族自治县，南接弥勒市、华宁县，西与澄江市、呈贡区和官渡区毗邻，北同嵩明县相连。宜良县下辖 3 个街道（匡远街道、汤池街道、南羊街道），4 个镇（北古城镇、狗街镇、马街镇、竹山镇），2 个民族乡（耿家营彝族苗族乡、九乡彝族回族乡），总面积约 0.19×10⁴ 平方千米。宜良县政府驻地为宜良县温泉路 8 号。

（二）自然地理

宜良县自然地理条件优越。在综合自然区划系统中，宜良县属于亚热带北部地带的滇东高原地区的昆明—玉溪湖盆高原区；在云南省生态经济区划中，宜良县主要位于滇中高原湖盆生态经济区的中部湖盆城镇生态经济亚区；从生态保护红线功能类型上可以看出，宜良县为珠江上游及滇东南喀斯特地带水土保持生态保护红线类型。宜良县有云南九乡峡谷洞穴国家地质公园，公园内有独特的亚热带高原洞穴系统。

1. 自然地理要素

（1）地貌

宜良县最高海拔高度约 2683 米，最低海拔高度约 1189 米，高差约 1494 米，平均 DEM 为 1825.08 米，处于Ⅳ级水平，坝区面积 152.6 平方千米，坝区土地占全县土地面积的 15.41%，坝区综合指数 31.37，属于半山半坝地区。地形起伏度指数 4.55，处于Ⅱ级水平；平均坡度指数 13.43，处于Ⅱ级水平。

（2）气候要素

宜良县总体处于中亚热带，年平均气温 17.2℃，年降水量为 967.3 毫米，年日照时数约 2240.4 小时，气候资源指数为 1474.83，处于Ⅳ级水平。

（3）水文要素

宜良县地处珠江流域地带，水网密度指数 43.71，处于Ⅱ级水平。

（4）土壤要素

宜良县的土壤类型主要为红壤。

（5）植被要素

宜良县的主要植被类型为滇中、东部高原暖性阔叶林、针叶林亚区，植被覆盖度处于不显著区。宜良县生物物种资源丰富，生物多样性处于Ⅷ级水平。

2. 自然资源

（1）土地资源

宜良县耕地面积517.25平方千米，占全县土地面积的27.22%；园地面积76.83平方千米，占全县土地面积的4.04%；林地面积941.65平方千米，占全县土地面积的49.56%；草地面积91.61平方千米，占全县土地面积的4.82%；城镇村及工矿用地面积83.84平方千米，占全县土地面积的4.41%；交通运输用地面积32.67平方千米，占全县土地面积的1.72%；水域及水利设施用地面积57.06平方千米，占全县土地面积的3.00%；其他用地面积111.85平方千米，占全县土地面积的5.89%。在土地利用分区系统中，宜良县位于滇中湖盆高原城镇工矿建设与耕地保护区的滇中城市工矿旅游用地亚区。在可利用土地资源评价中，宜良县土地资源为一般类型。在三生空间结构类型系统中，为生产—生态主导型。

（2）水资源

宜良县的水资源总量5.13亿立方米，地表水径流量5.13亿立方米，径流深273.9毫米，地下水资源总量1.82亿立方米，在可利用水资源评价中，宜良县水资源丰富等级类型为缺乏型。

（3）生物资源

宜良县分布着国家二级保护植物榉树、十齿花，广泛分布着国家珍稀植物资源金荞麦、银杏等。宜良县分布着稀有鸟类金雕。

宜良县食用菌有鸡枞菌、干巴菌、黄皮疣柄牛肝菌、皱盖疣柄牛肝菌、糙皮侧耳、毛柄类火菇、黄伞、长根小奥德菇、梭柄乳头蘑、铜色牛肝菌、小美牛肝菌、桃红牛肝菌、乳牛肝菌、鹤环乳牛肝菌、变绿红菇、蓝黄红菇、松乳菇、红汁乳菇、草鸡枞、油口蘑、翘鳞肉齿菌、卷缘齿菌、高大环柄菇、灰喇叭菌、紫晶蜡蘑、红蜡蘑、双色牛肝菌、羊肚菌、大孢地花等。

（4）旅游资源

宜良县的世界自然遗产为中国南方喀斯特云南石林景观；地文景观资源中，有1处地质景观（滇东高原景观），有1处喀斯特景观（九乡溶洞景观）。

（三）人文地理

1. 人口和民族

宜良县 2018 年年末总人口数为 44.29 万人，性别比为 102.79，人口城镇化指数为 0.06，人口城镇化级别为Ⅷ级，人口老龄化指数为 0.10，老龄化级别为Ⅷ级。宜良县少数民族人口约 3.59 万人，少数民族人口占总人口的 8.11%，人口数量较多的少数民族有彝族、回族、苗族，民族多样性指数为 0.39。

2. 经济

宜良县 GDP（地区生产总值）为 185.36 亿元，人均 GDP 为41851.43 元，地均 GDP 为 976 万元/平方千米，第一产业产值 47.96 亿元，第二产业产值 49.37 亿元，第三产业产值 88.03 亿元，处于经济发展的工业化中后期阶段，经济城镇化指数为 0.72，经济城镇化级别为Ⅵ级。

从农业产业来看，宜良县的粮食播种面积 3.20 万公顷，年粮食产量 15.11 万吨。宜良县位于云南省高原特色农业中部现代产业园区中，绿化观赏苗木、花卉种业是宜良县主导性花卉产业；宜良县是云南省肉牛产业、肉羊产业稳定发展区；宜良县是常年蔬菜优势产业重点县。

从工业园区来看，宜良县有 1 个省级工业园区（宜良工业园区），该园区为先进装备制造产业园区。

3. 旅游

在旅游景区中，宜良县有 1 个国家 4A 级景区（宜良九乡风景名胜区），1 个国家 3A 级景区（昆明宜良岩泉景区）；在度假休闲区中，有 1 个旅游度假区（昆明阳宗海省级旅游度假区），1 个温泉休闲区（昆明阳宗海柏联温泉）；在体育旅游产品中，有 1 项高尔夫运动产品（昆明春城湖畔高尔夫球场）。

宜良县是国家级历史文化名城，从遗产旅游特色来看，宜良县省级物质文化遗产有 2 项，分别是宜良文庙、张口洞遗址；非物质文化遗产有 5 项，分别是宜良花街节、大香会、宜良烤鸭、宝红茶制作技艺、七甸卤腐制作技艺。宜良县是解放战争时期的革命老区县。

4. 社会生活

从人民生活水平来看，2018 年年末，宜良县住户存款余额 160.03 亿元，较上一年增长 13.89%；职工平均工资 6.33 万元，较上一年增长 6.75%；社会消费品零售总额 54.68 亿元，较上一年增长 12.21%；农村常住居民人均可支配收入 14997 亿元，较上一年增长 8.91%。

从教育发展来看，宜良县的义务教育发展总指数 0.81，义务教育发展级别为 V 级。人口受教育程度指数 1.22，人口受教育级别为 IV 级。

从文化设施来看，宜良县有 1 个三级及以下文化馆（县文化馆），有 1 个三级及以下图书馆（县图书馆）。

宜良县是云南省民族团结示范县，有 1 个少数民族特色村寨。

在主体功能区的国家级定位中，宜良县属于农产品主产区。

十 石林彝族自治县

（一）位置与范围

石林彝族自治县位于云南省中部，地处东经 103°09′—103°40′、北纬 24°30′—25°00′，东与曲靖市相接，西与宜良县相邻，南与红河哈尼族彝族自治州相连，北与宜良县接壤。全县总面积约 0.18×10^4 平方千米，属于滇中城市群。石林彝族自治县是昆明市著名旅游城市，县人民政府驻石林彝族自治县石林大道 1 号。石林彝族自治县下辖 3 个街道（鹿阜街道、石林街道、板桥街道），3 个镇（西街口镇、长湖镇、奎山镇），1 个乡（大可乡）。

（二）自然地理

石林彝族自治县自然地理条件优越。在综合自然区划系统中，石林彝族自治县属于亚热带北部地带的滇东高原地区的曲靖岩溶高原区；在云南省生态经济区划中，石林彝族自治县主要位于滇中高原湖盆生态经济区的中部湖盆城镇生态经济亚区；从生态保护红线功能类型上可以看出，石林彝族自治县为珠江上游及滇东南喀斯特地带水土保持生态保护红线类型。石林彝族自治县有云南石林岩溶峰林世界地质公园，是国家级和世界级的地质公园。石林彝族自治县是第一批国家级生态文明建设示范区，其走出了一条具有石林特色的生态文明建设之路，进一步向国家级生态建设排头兵迈进。

1. 自然地理要素

（1）地貌

石林彝族自治县最高海拔高度约 2601.00 米，最低海拔高度约 1500.00 米，高差约 1101 米，平均 DEM 为 1909.87 米，处于Ⅳ级水平。坝区面积 111.7 平方千米，坝区土地占全县土地面积的 32.16%，坝区综合指数 67.99，属于坝区地区。地形起伏度指数为 3.75，处于Ⅰ级水平；平均坡度指数 8.08，处于Ⅰ级水平。

（2）气候要素

石林彝族自治县总体处于北亚热带，年平均气温 16.8℃，年降水量为 861.6 毫米，年日照时数约 2334.1 小时，气候资源指数为 1445.66，处于Ⅲ级水平。

（3）水文要素

石林彝族自治县地处珠江流域，水网密度指数 30.75，处于Ⅱ级水平。

（4）土壤要素

石林彝族自治县的土壤类型主要为红壤。

（5）植被要素

石林彝族自治县的主要植被类型为滇中、东部高原暖性阔叶林、针叶林亚区，植被覆盖度处于微显著区。石林彝族自治县生物物种资源丰富，生物多样性处于Ⅶ级水平。

2. 自然资源

（1）土地资源

石林彝族自治县耕地面积 578.60 平方千米，占全县土地面积的 34.04%；园地面积 24.84 平方千米，占全县土地面积的 1.46%；林地面积 732.67 平方千米，占全县土地面积的 43.1%；草地面积 62.08 平方千米，占全县土地面积的 3.65%；城镇村及工矿用地面积 57.55 平方千米，占全县土地面积的 3.39%；交通运输用地面积 37.69 平方千米，占全县土地面积的 2.22%；水域及水利设施用地面积 26.30 平方千米，占全县土地面积的 1.55%；其他用地面积 160.34 平方千米，占全县土地面积的 9.43%。在土地利用分区系统中，石林彝族自治县位于滇中湖盆高原城镇工矿建设与耕地保护区的滇中城市工矿旅游用地亚区。在可利用土地资源评价中，石林彝族自治县土地资源丰富。在三生空间结构类型系统中，为生产—生态主导型。

（2）水资源

石林彝族自治县的水资源总量 4.57 亿立方米，地表水径流量 4.57 亿立方米，径流深 268.5 毫米，地下水资源总量 1.42 亿立方米，在可利用水资源评价中，石林彝族自治县水资源丰富等级类型为较缺乏类型。

（3）生物资源

石林彝族自治县分布着国家二级保护植物扇蕨、榉树。

石林彝族自治县食用菌有鸡枞菌、干巴菌、裂褶菌、黄皮疣柄牛肝菌、香菇、糙皮侧耳、黄伞、长根小奥德菇、梭柄乳头蘑、铜色牛肝菌、血红牛肝菌、鹤环乳牛肝菌、变绿红菇、红汁乳菇、草鸡枞、油口蘑、棕灰口蘑、卷缘齿菌、灰喇叭菌、红蜡蘑等二十余种。

（4）旅游资源

石林彝族自治县的世界自然遗产为中国南方喀斯特云南石林景观。水体景观资源中，有 1 处泉水景观，石林大叠水瀑布景观。

（三）人文地理

1. 人口和民族

石林彝族自治县 2018 年年末总人口数为 26.39 万人，性别比为 106.75，人口城镇化指数为 0.07，人口城镇化级别为Ⅶ级，人口老龄化指数为 0.08，老龄化级别为Ⅴ级。石林彝族自治县少数民族人口约 8.26 万人，少数民族人口占总人口的 31.30%，人口数量较多的少数民族为彝族，民族多样性指数 0.72。石林彝族自治县主要说石林话，属于滇中方言中的昆明方言。

2. 经济

石林彝族自治县 GDP（地区生产总值）为 85.60 亿元，人均 GDP 为 32436.53 元，地均 GDP 为 504 万元/平方千米，第一产业产值 21.60 亿元，第二产业产值 19.48 亿元，第三产业产值 44.52 亿元，处于经济发展的工业化中后期阶段。经济城镇化指数为 0.75，经济城镇化级别为Ⅴ级。

从农业产业来看，石林彝族自治县的粮食播种面积 3.01 万公顷，年粮食产量 12.89 万吨。石林彝族自治县有 1 个云南省高原特色农业中部现代产业园区。石林彝族自治县有鲜切花、绿化观赏苗木、花卉旅游资源；有 1 个省级生猪产业有限公司，也是云南省肉牛产业、肉羊产业稳定发展区，也是常年蔬菜优势产业区。

从工业园区来看，石林彝族自治县有 1 个省级工业园区，有 1 个特色食品制造产业园区，有 1 个生物医药和大健康产业园区。

3. 旅游

石林彝族自治县是云南省美丽县城，同时也是全国县域旅游综合实力百强县、全国县域旅游发展潜力百佳县。

在旅游景区中，石林彝族自治县有国家 5A 级景区 1 个，国家 4A 级景区 1 个，国家 3A 级景区 1 个；在专项旅游产品中，有 1 个都市农庄。在节庆会展产品中，有 1 项节庆旅游产品。

石林彝族自治县有非物质文化遗产 5 项，为阿诗玛、彝族三弦舞、彝族摔跤、彝族撒尼刺绣、彝族乐器。石林彝族自治县是解放战争时期革命老区县。

4. 社会生活

从人民生活水平来看，2018 年年末，石林彝族自治县住户存款余额 71.77 亿元，较上一年增长 13.61%；职工平均工资 7.20 万元，较上一年增长 9.26%；社会消费品零售总额 50.79 亿元，较上一年增长 12.32%；农村常住居民人均可支配收入 14729 元，较上一年增长 8.40%。

从教育发展来看，石林彝族自治县的义务教育发展总指数 0.58，义务教育发展级别为Ⅶ级。人口受教育程度指数 0.72，人口受教育级别为Ⅵ级。

从文化设施来看，石林彝族自治县有 1 个二级文化馆，是县文化馆。石林彝族自治县有 1 个二级图书馆，是县图书馆。

石林彝族自治县是云南省民族团结示范县，有 1 个民族团结示范乡镇（大可乡），有 1 个少数民族特色村寨。石林县有第一批省级民族传统文化保护区——糯黑彝族传统文化保护区；第二批省级民族传统文化保护区——月湖村彝族传统文化保护区；有一个省级民族民间传统文化之乡——阿着底彝族撒尼人刺绣之乡。

在主体功能区的国家级定位中，石林彝族自治县属于农产品主产区。

十一　嵩明县

（一）位置与范围

嵩明县位于云南省中部，地处东经 102°41′—103°40′、北纬 25°04′—25°27′之间，东与曲靖市相接，西与富民县相邻，南与盘龙区、官渡区相连，北与寻甸回族彝族自治县接壤。全县总面积约 0.14×10^4 平方千米，属于滇中城市群。嵩明县人民政府驻嵩明县北街 14 号。嵩明县下辖 2 个街道（嵩阳街道、杨桥街道），3 个镇（小街镇、杨林镇、牛栏江镇）。

（二）自然地理

嵩明县自然地理条件优越。在综合自然区划系统中，嵩明县属于亚热带北部地带的滇东高原地区的昆明—玉溪湖盆高原区；在云南省生态经济区划中，嵩明县主要位于滇中高原湖盆生态经济区的中部湖盆城镇生态经济亚区；从生态保护红线功能类型上可以看出，嵩明县为高原湖泊及牛栏江上游水源涵养生态保护红线类型。

1. 自然地理要素

（1）地貌

嵩明县最高海拔高度约 2840 米，最低海拔高度约 1770.50 米，高差约 1070 米，平均 DEM 为 2116.30 米，处于 V 级水平。坝区面积 446.1 平方千米，坝区土地面积占全县土地面积的 24.56%，坝区综合指数 63.8，属于坝区地区。地形起伏度指数为 4.06，处于 I 级水平；平均坡度指数 11.42，处于 II 级水平。

（2）气候要素

嵩明县总体处于南温带，年平均气温 14.9℃，年降水量为 1145 毫米，年日照时数约 2061.60 小时，气候资源指数为 1406.76，处于 III 级水平。

（3）水文要素

嵩明县地处长江流域、珠江流域的交汇地带，水网密度指数为

38.04，处于Ⅱ级水平。

（4）土壤要素

嵩明县的主要土壤类型有水稻土、砖红壤性土壤、红壤、紫色土等，以红壤居多。

（5）植被要素

嵩明县的主要植被类型为滇中、东部高原暖性阔叶林、针叶林亚区，植被覆盖度处于不显著区。嵩明县生物物种资源丰富，生物多样性处于Ⅶ级水平。

2. 自然资源

（1）土地资源

嵩明县耕地面积 363.24 平方千米，占全县土地面积的 43.66%；园地面积 22.02 平方千米，占全县土地面积的 2.65%；林地面积 613.65 平方千米，占全县土地面积的 73.76%；草地面积 117.91 平方千米，占全县土地面积的 14.17%；城镇村及工矿用地面积 108.20 平方千米，占全县土地面积的 13.00%；交通运输用地面积 25.27 平方千米，占全县土地面积的 3.04%；水域及水利设施用地面积 34.43 平方千米，占全县土地面积的 4.14%；其他用地面积 64.95 平方千米，占全县土地面积的 7.81%。在土地利用分区系统中，嵩明县位于滇中湖盆高原城镇工矿建设与耕地保护区的滇中城市工矿旅游用地亚区。在可利用土地资源评价中，嵩明县土地资源较丰富。在三生空间结构类型系统中，为生产—生态主导型。

（2）水资源

嵩明县的水资源总量 4.27 亿立方米，地表水径流量 4.27 亿立方米，径流深 317.2 毫米，地下水资源总量 1.10 亿立方米，在可利用水资源评价中，嵩明县水资源缺乏。

（3）生物资源

嵩明县分布着国家二级保护植物黄杉、鹅掌楸，广泛分布着国家珍稀植物资源金荞麦、银杏等。

嵩明县食用菌有松茸、鸡枞菌、干巴菌、双孢蘑菇、长根小奥德菇、铜色牛肝菌、中华牛肝菌、乳牛肝菌、梭柄乳头蘑、浓香乳菇、草鸡枞、油口蘑、紫丁香蘑、紫花脸香蘑、卷缘齿菌、灰喇叭菌、红蜡蘑、双色牛肝菌、羊肚菌、大孢地花 20 种。

（4）旅游资源

嵩明县的水体景观资源中，有 1 处泉水景观，为嵩明白邑黑龙潭景观。

（三）人文地理

1. 人口和民族

嵩明县 2018 年年末总人口数为 34.11 万人，性别比为 104.3，人口城镇化指数为 0.06，人口城镇化级别为Ⅷ级，人口老龄化指数为 0.08，老龄化级别为Ⅴ级。嵩明县少数民族人口约 2.43 万人，少数民族人口占总人口的 7.12%，人口数量较多的少数民族有回族、彝族、苗族，民族多样性指数 0.41。嵩明县主要说嵩明话，属于滇中方言中的昆明方言。

2. 经济

嵩明县 GDP（地区生产总值）为 117.37 亿元，人均 GDP 为 34409 元，地均 GDP 为 1411 万元/平方千米，第一产业产值 16.88 亿元，第二产业产值 51.88 亿元，第三产业产值 48.61 亿元，处于经济发展的工业化中后期阶段。经济城镇化指数为 0.86，经济城镇化级别为Ⅲ级。

从农业产业来看，嵩明县的粮食播种面积 1.21 万公顷，年粮食产量 5.06 万吨。嵩明县位于云南省高原特色农业中部现代产业园区中，有 1 家省级生猪产业有限公司，是云南省肉牛产业、肉羊产业稳定发展区，嵩明县常年蔬菜优势产业区有 1 个。

从工业园区来看，嵩明县有 1 个国家级工业园区，有 1 个特色食品制造产业园区，有 1 个生物医药和大健康产业园区。

3. 旅游

在旅游景区中，嵩明县有 1 个国家 4A 级景区，为昆明嘉丽泽旅游度假区景区。在专项旅游产品中，有 1 个都市农庄，为嵩明精品农业科技示范园。

嵩明县有全国特色小镇 1 个，为杨林镇；云南省特色小镇 1 个，为嘉丽泽高原体育运动小镇。从遗产旅游特色来看，嵩明县有省级物质文化遗产 2 项，分别是兰茂墓及兰公祠、嘉丽泽洪痕海拔石刻；非物质文化遗产有 3 项，分别是面塑、花灯、汉族刺绣。

4. 社会生活

从人民生活水平来看，2018 年年末，嵩明县住户存款余额 121.87 亿元，较上一年增长 11.77%；职工平均工资 7.13 万元，较上一年下降 0.70%；社会消费品零售总额 38.37 亿元，较上一年增长 11.77%；农村常住居民人均可支配收入 14565 元，较上一年增长 8.81%。

从教育发展来看，嵩明县的义务教育发展总指数 0.63，义务教育发展级别为Ⅶ级。人口受教育程度指数 0.87，人口受教育级别为Ⅴ级。

从文化设施来看，嵩明县有三级及以下博物馆 1 个（兰茂纪念馆）。嵩明县有三级及以下文化馆 1 个（县文化馆）。嵩明县有三级及以下图书馆 1 个（县图书馆）。

在主体功能区的国家级定位中，嵩明县属于集中连片重点开发区域。

十二 禄劝彝族苗族自治县

（一）位置与范围

禄劝彝族苗族自治县位于云南省中部，地处东经 102°14′—102°56′、北纬 25°24′—26°22′之间，东与东山区、寻甸回族彝族自治县相接，西与楚雄市相邻，南与富民县相连，北与四川省凉山彝族自治州接壤。全县总面积约 0.44×10^4 平方千米。属于滇中城市群。县人民政府驻禄劝自治县东山路 1 号。县下辖 2 个街道（屏山街道、崇德街道）、9 个镇（撒营盘镇、茂山镇、翠华镇、团街镇、中屏镇、皎平渡镇、乌东德镇、九龙镇、转龙镇）、6 个乡（云龙乡、汤郎乡、马鹿塘乡、则黑乡、乌蒙乡、雪山乡）。

（二）自然地理

禄劝彝族苗族自治县自然地理条件优越。在综合自然区划系统中，禄劝彝族苗族自治县部分属于亚热带北部地带的滇东高原地区的曲靖岩溶高原区，部分属于亚热带北部地带的滇东高原地区的金沙江河谷区，部分属于亚热带北部地带的滇东高原地区的楚雄红岩高原区。在云南省生态经济区划中，禄劝彝族苗族自治县主要位于滇中高原湖盆生态经济区的中部湖盆城镇生态经济亚区；从生态保护红线空间分布格局上可以看出，禄劝彝族苗族自治县大部分位于金沙江、澜沧江、红河干热河谷地带；从生态保护红线功能类型上可以看出，禄劝彝族苗族自治县为金沙江干热河谷及山原水土保持生态保护红线类型。

1. 自然地理要素

（1）地貌

禄劝彝族苗族自治县最高海拔高度约 4247 米，最低海拔高度约 746 米，高差约 3501 米，平均 DEM 为 2198.74 米，处于Ⅵ级水平。坝区面积 119.82 平方千米，坝区土地占全县土地面积的 2.83%，坝区综合指数 8.6，属于山区地区。地形起伏度指数为 10.52，处于Ⅶ级水平；平均坡度指数为 20.76，处于Ⅴ级水平。

（2）气候要素

禄劝彝族苗族自治县总体处于北亚热带，年平均气温 16.0℃，年降水量为 962.1 毫米，年日照时数约 2339.30 小时，气候资源指数为 1439.07，处于Ⅲ级水平。

（3）水文要素

禄劝彝族苗族自治县地处长江流域地带，水网密度指数为 45.06，处于Ⅱ级水平。

（4）土壤要素

禄劝彝族苗族自治县的土壤类型主要为红壤。

（5）植被要素

禄劝彝族苗族自治县的主要植被类型为滇中、东部高原暖性阔叶林、针叶林亚区，植被覆盖度处于显著区。禄劝彝族苗族自治县生物物种资源丰富，生物多样性处于Ⅷ级水平。

2. 自然资源

（1）土地资源

禄劝彝族苗族自治县耕地面积 564.15 平方千米，占全县土地面积的 13.43%；园地面积 45.64 平方千米，占全县土地面积的 1.09%；林地面积 2431.24 平方千米，占全县土地面积的 57.89%；草地面积 755.83 平方千米，占全县土地面积的 18.00%；城镇村及工矿用地面积 78.36 平方千米，占全县土地面积的 1.87%；交通运输用地面积 41.69 平方千米，占全县土地面积的 0.99%；水域及水利设施用地面积 68.92 平方千米，占全县土地面积的 1.64%；其他用地面积 248.08 平方千米，占全县土地面积的 5.91%。在土地利用分区系统中，禄劝彝族苗族自治县位于滇中湖盆高原城镇工矿建设与耕地保护区的金沙江中游农林用地亚区。在可利用土地资源评价中，禄劝彝族苗族自治县土地资源丰富程度为较缺乏。在三生空间结构类型系统中，为生态主导型。

（2）水资源

禄劝彝族苗族自治县的水资源总量 13.61 亿立方米，地表水径流量 13.61 亿立方米，径流深 321.5 毫米，地下水资源总量 5.00 亿立方米，在可利用水资源评价中，禄劝彝族苗族自治县水资源丰盈程度为一般。

（3）生物资源

禄劝彝族苗族自治县分布着国家一级保护植物攀枝花苏铁，国家二级保护植物黄杉、篦子三尖杉、异颖草、毛红椿、平当树、丁茜、西康玉兰等，广泛分布着国家珍稀植物资源金荞麦、银杏等。有稀有鸟类金雕。

禄劝彝族苗族自治县有食用菌松茸、鸡枞菌、干巴菌、香肉齿菌、灰树花、裂褶菌、鸡油菌、美味牛肝菌、黄皮疣柄牛肝菌、皱盖疣柄牛肝菌、柱状田头菇、香菇、双孢蘑菇、糙皮侧耳、黄白侧耳、毛柄类火菇、光滑环锈伞、黄伞、长根小奥德菇、梭柄乳头蘑、铜色牛肝菌、小美牛肝菌、血红牛肝菌、桃红牛肝菌、乳牛肝菌、鹤环乳牛肝菌、变绿红菇、松乳菇、浓香乳菇、红汁乳菇、多汁乳菇、红黄鹅膏、草鸡枞、油口蘑、棕灰口蘑、紫丁香蘑、紫花脸香蘑、翘鳞肉齿菌、卷缘齿菌、高大环柄菇、灰喇叭菌、蓝丝膜菌、紫晶蜡蘑、红蜡蘑、肝色牛排菌、双色牛肝菌、羊肚菌、大孢地花、白色地花菌、葡萄状枝瑚菌、梭柄马鞍菌等五十余种。

（4）旅游资源

禄劝彝族苗族自治县水体景观资源中，有 1 处泉水景观，为禄劝转龙缩泉景观。

（三）人文地理

1. 人口和民族

禄劝彝族苗族自治县 2018 年年末总人口数为 41.45 万人，性别比为

103.29，人口城镇化指数为0.02，人口城镇化级别为Ⅷ级，人口老龄化指数为0.10，老龄化级别为Ⅷ级。禄劝彝族苗族自治县少数民族人口约11.89万人，少数民族人口占总人口的28.69%，人口数量较多的少数民族有彝族、苗族、傈僳族等，民族多样性指数0.93。

2. 经济

禄劝彝族苗族自治县GDP（地区生产总值）为95.90亿元，人均GDP为23136.31元，地均GDP为228万元/平方千米，第一产业产值28.43亿元，第二产业产值21.81亿元，第三产业产值45.66亿元，处于经济发展的工业化中后期阶段，属于金沙江开放合作经济带（区）。经济城镇化指数为0.7278，经济城镇化级别为Ⅵ级。

从农业产业来看，禄劝彝族苗族自治县的粮食播种面积4.63万公顷，年粮食产量22.09万吨。禄劝彝族苗族自治县有1个位于云南省高原特色农业中部现代产业园区，是云南省肉牛产业、肉羊产业稳定发展区。有1个常年蔬菜优势产业区。

从工业园区来看，有1个省级工业园区，有1个化工产业园区。

3. 旅游

禄劝彝族苗族自治县有1个国家4A级景区，有1项红色旅游产品。

禄劝彝族苗族自治县有云南省特色小镇1个。从遗产旅游特色来看，禄劝彝族苗族自治县有5项省级物质文化遗产，分别是彝、汉文摩崖，三台山石刻，木克乡红军壁画，普渡河铁索桥及红军烈士墓；有2项非物质文化遗产，分别是羊毛花毡、印染技艺。

4. 社会生活

从人民生活水平来看，2018年年末，禄劝彝族苗族自治县住户存款余额75.49亿元，较上一年增长10.98%；职工平均工资8.90万元，较上一年增长3.37%；社会消费品零售总额40.06亿元，较上一年增长10.66%；农村常住居民人均可支配收入8802元，较上一年增长9.40%。

从教育发展来看，禄劝彝族苗族自治县的义务教育发展总指数为0.80，义务教育发展级别为Ⅴ级。人口受教育程度指数为1.07，人口受教育级别为Ⅴ级。

从文化设施来看，禄劝彝族苗族自治县有三级及以下文化馆 1 个（县文化馆），有三级及以下图书馆 1 个（县图书馆）。

禄劝彝族苗族自治县是云南省民族团结示范县，有 1 个民族团结示范乡镇（团街镇），有 1 个少数民族特色村寨。

5. 脱贫攻坚

禄劝彝族苗族自治县属于乌蒙山片区，2018 年通过"两出两进两对接一提升"实现了脱贫摘帽。禄劝彝族苗族自治县是旅游扶贫示范县，有旅游扶贫重点村 2 个，分别是树渣村、恩祖村。

在主体功能区的国家级定位中，禄劝彝族苗族自治县属于农产品主产区。

十三　寻甸回族彝族自治县

（一）位置与范围

寻甸回族彝族自治县位于云南省中部，地处东经 102°42′—103°33′、北纬 25°20′—26°01′之间，东与曲靖市相接，西与禄劝彝族苗族自治县相邻，南与嵩明县相连，北与东山区接壤。全县总面积约 0.40 × 10⁴ 平方千米，属于滇中城市群。县人民政府驻寻甸回族彝族自治县南钟街 36 号。该县下辖 3 个街道（仁德街道、塘子街道、金所街道），9 个镇（羊街镇、柯渡镇、功山镇、七星镇、河口镇、先锋镇、鸡街镇、倘甸镇、凤合镇），4 个乡（六哨乡、甸沙乡、联合乡、金源乡）。

（二）自然地理

寻甸回族彝族自治县自然地理条件优越。在综合自然区划系统中，寻甸回族彝族自治县属于亚热带北部地带的滇东高原地区的曲靖岩溶高原区；在云南省生态经济区划中，寻甸回族彝族自治县主要位于滇中高原湖盆生态经济、中部湖盆城镇生态经济亚区；从生态保护红线空间分布格局看，寻甸回族彝族自治县部分位于金沙江、澜沧江、红河干热河谷地带；从生态保护红线功能类型上可以看出，寻甸回族彝族自治县为高原湖泊及牛栏江上游水源涵养生态保护红线类型。寻甸回族彝族自治县有寻甸黑颈鹤省级自然保护区，是目前已知的黑颈鹤最南端越冬地，是黑颈鹤越冬期间的主要觅食和活动区域。

1. 自然地理要素

（1）地貌

寻甸回族彝族自治县最高海拔高度约 3294.80 米，最低海拔高度约 1445.00 米，高差约 1850 米，平均 DEM 为 2221.94 米，处于Ⅵ级水平。坝区面积 138.3 平方千米，坝区土地占全县土地面积的 12.43%，坝区综合指数为 25.86，属于半山半坝地区。地形起伏度指数为 5.68，处于Ⅲ级水平；平均坡度指数为 13.82，处于Ⅱ级水平。

（2）气候要素

寻甸回族彝族自治县总体处于南温带，年平均气温 14.9℃，年降水量为 921.1 毫米，年日照时数约 2088.60 小时，气候资源指数为 1470.16，处于Ⅳ级水平。

（3）水文要素

寻甸回族彝族自治县地处长江流域地带，水网密度指数为 53.81，属于Ⅲ级水平。

（4）土壤要素

寻甸回族彝族自治县的土壤类型以红壤为主。

（5）植被要素

寻甸回族彝族自治县的主要植被类型为滇中、东部高原暖性阔叶林、针叶林亚区，植被覆盖度处于微显著区。寻甸回族彝族自治县生物物种资源丰富，生物多样性处于Ⅷ级水平。

2. 自然资源

（1）土地资源

寻甸回族彝族自治县耕地面积 1028.96 平方千米，占全县土地面积的 28.58%；园地面积 42.42 平方千米，占全县土地面积的 1.18%；林地面积 1706.71 平方千米，占全县土地面积的 47.41%；草地面积 313.03 平方千米，占全县土地面积的 8.70%；城镇村及工矿用地面积 120.29 平方千米，占全县土地面积的 3.34%；交通运输用地面积 51.54 平方千米，占全县土地面积的 1.43%；水域及水利设施用地面积 44.55 平方千米，占全县土地面积的 1.24%；其他用地面积 280.87 平方千米，占全县土地面积的 7.80%。在土地利用分区系统中，寻甸回族彝族自治县位于滇中湖盆高原城镇工矿建设与耕地保护区的金沙江中游农林用地亚区。在可利用土地资源评价中，寻甸回族彝族自治县土地资源较丰富。在三生空间结构类型系统中，为生产—生态主导型。

（2）水资源

寻甸回族彝族自治县的水资源总量 16.69 亿立方米，地表水径流量16.69 亿立方米，径流深 464.4 毫米，地下水资源总量 4.47 亿立方米，在可利用水资源评价中，寻甸回族彝族自治县水资源丰盈程度为一般。

（3）生物资源

寻甸回族彝族自治县分布着国家一级保护植物云贵水韭，国家二级保护植物扇蕨、金铁锁，广泛分布着国家珍稀植物资源金荞麦、银杏等。

寻甸回族彝族自治县分布着稀有鸟类黑鹳、金雕、黑颈鹤、黑颈长尾雉等。

寻甸回族彝族自治县有食用菌鸡枞菌、干巴菌、鸡油菌、黄皮疣柄牛肝菌、双孢蘑菇、黄白侧耳、毛柄类火菇、梭柄乳头蘑、小美牛肝菌、桃红牛肝菌、中华牛肝菌、乳牛肝菌、鹤环乳牛肝菌、蓝黄红菇、松乳菇、红黄鹅膏、草鸡枞、棕灰口蘑、紫丁香蘑、双色牛肝菌、羊肚菌、棱柄马鞍菌 22 种。

（三）人文地理

1. 人口和民族

寻甸回族彝族自治县 2018 年年末总人口数为 47.54 万人，性别比为104.43，人口城镇化指数为 0.03，人口城镇化级别为Ⅷ级，人口老龄化指数为 0.09，老龄化级别为Ⅶ级。寻甸回族彝族自治县少数民族人口约9.97 万人，少数民族人口占总人口的 20.97%，人口数量较多的少数民族有回族、彝族、苗族、傈僳族等，民族多样性指数为 0.73。

2. 经济

寻甸回族彝族自治县 GDP（地区生产总值）为 90.00 亿元，人均GDP 为 18931.43 元，地均 GDP 为 250 万元/平方千米，第一产业产值25.55 亿元，第二产业产值 23.22 亿元，第三产业产值 41.23 亿元，处于经济发展的工业化中后期阶段。经济城镇化指数为 0.7281，经济城镇化级别为Ⅵ级。

从农业产业来看，寻甸回族彝族自治县的粮食播种面积5.26万公顷，年粮食产量22.94万吨。寻甸回族彝族自治县有1个云南省高原特色农业中部现代产业园区。有1家省级生猪产业有限公司，是云南省肉牛产业、肉羊产业稳定发展区。有1个常年蔬菜优势产业区。寻甸回族彝族自治县是云药之乡，主要药材有板蓝根、丹参、白术，除此之外，还有附子、重楼等中药材品种。

从工业园区来看，有1个省级工业园区，有1个先进装备制造工业园区。

3. 旅游

寻甸回族彝族自治县有国家3A级景区1个，国家2A级景区1个；在度假休闲区中，有温泉休闲区1个；在专项旅游产品中，有1项红色旅游产品；在体育旅游产品中，有1项高尔夫运动产品。

寻甸回族彝族自治县有云南省特色小镇1个。从遗产旅游特色来看，寻甸回族彝族自治县有国家级物质文化遗产1项，为丹桂村中央红军总部驻地旧址，有省级物质文化遗产1项，为战斗水库纪念碑；非物质文化遗产有2项，分别为彝族立秋节会、牛干巴制作技艺。

4. 社会生活

从人民生活水平来看，2018年年末，寻甸回族彝族自治县住户存款余额102.22亿元，较上一年增长9.23%；职工平均工资8.08万元，较上一年增长7.45%；社会消费品零售总额39.68亿元，较上一年增长10.53%；农村常住居民人均可支配收入9072元，较上一年增长9.31%。

从教育发展来看，寻甸回族彝族自治县的义务教育发展总指数为0.80，义务教育发展级别为Ⅴ级。人口受教育程度指数为1.20，人口受教育级别为Ⅳ级。

从文化设施来看，寻甸回族彝族自治县有三级及以下博物馆1个（柯渡红军长征博物馆），有三级及以下文化馆1个（县文化馆），有三级图书馆1个（县图书馆）。

寻甸回族彝族自治县是云南省民族团结示范县，有2个民族团结示范乡镇，分别是六哨乡、七星镇；有1个少数民族特色集镇，是柯渡镇；有1个少数民族特色村寨。

5. 脱贫攻坚

寻甸回族彝族自治县属于乌蒙山片区；2017 年该县通过多措并举稳增长、精准施策助脱贫、"五网"建设强基础、改革创新增动力、职能转变促发展实现了脱贫摘帽。寻甸回族彝族自治县的旅游扶贫示范镇有 1 个，为七星镇；旅游扶贫重点村 2 个，分别为鲁噶村、横山村。

在主体功能区的国家级定位中，寻甸回族彝族自治县属于集中连片重点开发区域。

十四　安宁市

（一）位置与范围

安宁市位于云南省中部，地处东经 102°10′—102°37′、北纬 24°31′—25°06′之间，东与西山区、晋宁区相接，西与易门县相邻，南与晋宁区相连，北与禄丰市接壤。全县总面积约 0.13×10⁴ 平方千米，属于滇中城市群。安宁市人民政府驻安宁市人民路 1 号。安宁市下辖 9 个街道（连然街道、金方街道、八街街道、温泉街道、青龙街道、禄脿街道、草铺街道、太平新城街道、县街街道）。

（二）自然地理

安宁市自然地理条件优越。在综合自然区划系统中，安宁市属于亚热带北部地带的滇东高原地区的昆明—玉溪湖盆高原区；在云南省生态经济区划中，安宁市主要位于滇中高原湖盆生态经济区的中部湖盆城镇生态经济亚区；从生态保护红线功能类型上可以看出，安宁市为金沙江干热河谷及山原水土保持生态保护红线类型。

1. 自然地理要素

（1）地貌

安宁市最高海拔高度约 2713.00 米，最低海拔高度约 1659.00 米，高差约 1054 米，平均 DEM 为 2001.18 米，处于 V 级水平。坝区面积 202.5 平方千米，坝区土地占全市土地面积的 24.74%，坝区综合指数为 73.11，属于坝区地区。地形起伏度指数为 3.95，处于 I 级水平；平均坡度指数为 13.51，处于 II 级水平。

（2）气候要素

安宁市总体处于北亚热带，年平均气温 15.7℃，年降水量为 802.2
毫米，年日照时数约 2084.70 小时，气候资源指数为 1366.69，处于Ⅲ级
水平。

（3）水文要素

安宁市地处长江流域、红河流域，水网密度指数为 24.98，处于Ⅱ级
水平。

（4）土壤要素

安宁市的土壤类型主要是红壤。

（5）植被要素

安宁市的主要植被类型为滇中、东部高原暖性阔叶林、针叶林亚区，
植被覆盖度处于微显著区。安宁市生物物种资源丰富，生物多样性处于
Ⅱ级水平。

2. 自然资源

（1）土地资源

安宁市耕地面积 183.38 平方千米，占全市土地面积的 14.11%；园
地面积 41.80 平方千米，占全市土地面积的 3.22%；林地面积 833.54 平
方千米，占全市土地面积的 64.12%；草地面积 37.17 平方千米，占全市
土地面积的 2.86%；城镇村及工矿用地面积 124.61 平方千米，占全市土
地面积的 9.59%；交通运输用地面积 31.84 平方千米，占全市土地面积
的 2.45%；水域及水利设施用地面积 22.81 平方千米，占全市土地面积
的 1.75%；其他用地面积 26.67 平方千米，占全市土地面积的 2.05%。
在土地利用分区系统中，安宁市位于滇中湖盆高原城镇工矿建设与耕地
保护区的滇中城市工矿旅游用地亚区。在可利用土地资源评价中，安宁
市土地资源丰盈程度为一般。在三生空间结构类型系统中，为生产—生
态主导型。

（2）水资源

安宁市的水资源总量 1.95 亿立方米，地表水径流量 1.95 亿立方米，
径流深 147.6 毫米，地下水资源总量 0.93 亿立方米，在可利用水资源评
价中，安宁市水资源缺乏。

（3）生物资源

安宁市分布着国家二级保护植物翠柏、香果树、异颖草等，广泛分布着国家珍稀植物资源金荞麦、银杏等。有稀有鸟类黑鹳。

安宁市食用菌有松茸、鸡枞菌、干巴菌、黄皮疣柄牛肝菌、皱盖疣柄牛肝菌、糙皮侧耳、长根小奥德菇、梭柄乳头蘑、桃红牛肝菌、乳牛肝菌、松乳菇、红黄鹅膏、草鸡枞、油口蘑、卷缘齿菌、肝色牛排菌、双色牛肝菌、大孢地花18种。

安宁市水体景观资源中，有2处泉水景观，分别是曹溪市三潮圣水泉景观、安宁温泉景观。

（三）人文地理

1. 人口和民族

安宁市2018年年末总人口数为38.10万人，性别比为117.66，人口城镇化指数为0.47，人口城镇化级别为Ⅱ级，人口老龄化指数为0.08，老龄化级别为Ⅴ级。安宁市少数民族人口约4.62万人，少数民族人口占总人口的12.13%，人口数量较多的少数民族有回族、彝族、苗族等，民族多样性指数0.67。安宁市主要说安宁话，属于滇中方言中的昆明方言。

2. 经济

安宁市GDP（地区生产总值）为430.20亿元，人均GDP为112913.39元，地均GDP为3309万元/平方千米，第一产业产值14.82亿元，第二产业产值239.96亿元，第三产业产值175.42亿元，处于发达经济阶段。经济城镇化指数为0.95，经济城镇化级别为Ⅱ级。

从农业产业来看，安宁市的粮食播种面积0.56万公顷，年粮食产量3.18万吨。安宁市有1个云南省高原特色农业中部现代产业园区。有1家国家级生猪产业有限公司，有1家省级生猪产业有限公司，是云南省肉牛产业、肉羊产业稳定发展区。有1个常年蔬菜优势产业区。

从工业园区来看，有1个省级工业园区，该园区为化工产业园区（安宁工业园区）。

3. 旅游

安宁市有3个特色县城，是云南省美丽县城，是全国县域旅游综合实力百强县，是全国县域旅游发展潜力百佳县。

安宁市有国家 3A 级景区 1 个，国家 2A 级景区 1 个；在度假休闲区中，有温泉休闲区 1 个。

从遗产旅游特色来看，安宁市有国家级物质文化遗产 4 项，分别是王仁求碑、安宁文庙、曹溪寺、石龙坝水电站；省级物质文化遗产有 3 项，分别是法华寺石窟、八街文庙建筑群、温泉摩崖石刻群；非物质文化遗产有 1 项，是安宁小调。安宁市有解放战争时期革命老区 1 个，是安宁市八街镇。

4. 社会生活

从人民生活水平来看，2018 年年末，安宁市住户存款余额 217.62 亿元，较上一年增长 13.34%；职工平均工资 7.82 万元，较上一年增长 5.53%；社会消费品零售总额 111.74 亿元，较上一年增长 2.53%；农村常驻居民人均可支配收入 17994 元，较上一年增长 8.50%。

从教育发展来看，安宁市的义务教育发展总指数为 0.56，义务教育发展级别为Ⅶ级。人口受教育程度指数为 1.07，人口受教育级别为Ⅴ级。

从文化设施来看，安宁市有三级及以下博物馆 1 个（市博物馆），有三级及以下文化馆 1 个（县文化馆），有一级图书馆 1 个（市图书馆）。

在主体功能区的国家级定位中，安宁市属于集中连片重点开发区域。

第 二 章

曲 靖 市

第一节 整体特征

一 位置与范围

曲靖市位于云南省中部，在滇中城市群内，地处东经 102°02′—104°33′、北纬 24°21′—27°03′之间，东与贵州省、广西壮族自治区毗邻，南与文山壮族苗族自治州、红河哈尼族彝族自治州接壤，西与昆明市连接，北靠昭通市和贵州省毕节市。全市东西最大横距 103 千米，南北最大纵距302 千米，总面积约 2.99×10⁴ 平方千米。曲靖市人民政府驻麒麟区文昌街 78 号。曲靖市下辖 3 个市辖区（麒麟区、马龙区、沾益区），1 个县级市（宣威市），5 个县（陆良县、师宗县、罗平县、富源县、会泽县），137 个乡、镇、街道（46 个街道、51 个镇、40 个乡）。

二 自然地理

曲靖市自然地理条件优越。在综合自然区划系统中，曲靖市属于亚热带北部地带的滇东高原区；在云南省生态经济区划中，曲靖市主要位于滇东南岩溶丘原生态经济区的东部岩溶高原生态经济亚区，部分位于滇东北山原生态经济区；从生态红线空间分布格局看，曲靖市少部分位于东南部喀斯特地带和金沙江、澜沧江、红河干热河谷地带；从生态保护红线功能类型上可以看出，曲靖市大部分为珠江上游及滇东南喀斯特地带水土保持生态保护红线类型，少部分为金沙江下游—小江流域水土流失控制生态保护红线类型。曲靖市有会泽黑颈鹤国家级自然保护区，保护区的建立为云南的生态文明建设作出了贡献。

（一）自然地理要素

1. 地貌

曲靖市最高海拔高度约 4017 米，最低海拔高度约 695 米，高度差约 3322 米，平均 DEM 为 1974.75 米，处于 Ⅳ 级水平。坝区面积 3467.7 平方千米，坝区土地占全市土地面积的 11.99%，坝区综合指数为 45.80，属于半山半坝地区。地形起伏度指数为 4.84，处于 Ⅱ 级水平；平均坡度指数为 12.11，处于 Ⅱ 级水平。

2. 气候要素

曲靖市总体处于南温带、北亚热带、中温带的过渡地带，年平均气温 15.7℃，年降水量为 802.2 毫米，年日照时数约 1954.94 小时，气候资源指数为 1413.69，处于 Ⅲ 级水平。

3. 水文要素

曲靖市地处长江流域、珠江流域的交汇地带，水网密度指数为 53.83，处于 Ⅲ 级水平。

4. 土壤要素

曲靖市的主要土壤类型有石灰土、黄壤、棕壤、红壤等，以红壤居多。

5. 植被要素

曲靖市的主要植被类型为滇中、东部高原暖性阔叶林、针叶林，植被覆盖度处于不显著区。曲靖市生物物种资源丰富，生物多样性处于 Ⅶ 级水平。

（二）自然资源

1. 土地资源

曲靖市耕地面积 8281.28 平方千米，占全市土地面积的 28.65%；园地面积 316.30 平方千米，占全市土地面积的 1.09%；林地面积 13286.79 平方千米，占全市土地面积的 45.98%；草地面积 2538.76 平方千米，占全市土地面积的 8.78%；城镇村及工矿用地面积 1026.07 平方千米，占全市土地面积的 3.55%；交通运输用地面积 399.44 平方千米，占全市土地面积的 1.38%；水域及水利设施用地面积 413.11 平方千米，占全市土地面积的 1.43%；其他用地面积 2673.15 平方千米，占全市土地面积的 9.25%。在土地利用分区系统中，曲靖市位于滇中湖盆高原城镇工矿建设与耕地保护区的滇中城市工矿旅游用地亚区；滇中湖盆高原城镇工矿建设与耕地保护区的滇东岩溶高原农业用地亚区；滇东北中山山原土地生态整治区的昭通—东川—宣威工矿城镇土地整治亚区。在可利用土地资源评价中，曲靖市土地资源丰富的县区有 3 个、较丰富的县区有 4 个、土地资源一般的县区有 2 个，无较缺乏和缺乏的县区。

2. 水资源

曲靖市的水资源总量 133.87 亿立方米，地下水资源总量 35.6 亿立方米。在可利用水资源评价中，曲靖市水资源较丰富的县区有 1 个，一般的县区有 5 个，较缺乏的县区有 2 个，缺乏的县区有 1 个。

3. 生物资源

曲靖市分布着国家一级保护植物贵州苏铁，国家二级保护植物扇蕨、中华桫椤、榉树、红椿、厚朴、凹叶厚朴、黄杉、金铁锁、平当树、西康玉兰、圆叶玉兰 11 种，广泛分布着国家珍稀植物资源金毛狗、银杏、金荞麦等。

曲靖市分布着稀有鸟类黑颈鹤、金雕、黑鹳等；稀有兽类豹、水獭、猕猴、豺、华鬣羚、小灵猫、大灵猫、斑羚、黑熊、穿山甲 10 种。

曲靖市食用菌有鸡枞菌、黄皮疣柄牛肝菌、糙皮侧耳、小美牛肝菌、桃红牛肝菌、蓝黄红菇、草鸡枞、紫丁香蘑、紫花脸香蘑、双色牛肝菌、棱柄马鞍菌、干巴菌、裂褶菌、鸡油菌、美味牛肝菌、香菇、棱柄乳头蘑、铜色牛肝菌、血红牛肝菌、乳牛肝菌、变绿红菇、红汁乳菇、油口蘑、棕灰口蘑、高大环柄菇、灰喇叭菌、紫晶蜡蘑、双孢蘑菇、中华牛肝菌、羊肚菌、黄白侧耳、松乳菇、浓香乳菇、黑木耳、黄伞、红蜡蘑、毛柄类火菇、长根小奥德菇、多汁乳菇、鹤环、卷缘齿菌、红黄鹅膏 42 种。其中，宣威市的食用菌资源最为丰富，约 36 种；沾益区的食用菌资源最少。

4. 矿产资源

曲靖市黑色矿产资源相对匮乏，有色金属资源较为丰富，贵金属资源相对匮乏，化工原料非金属矿产资源、能源矿产资源丰富。

5. 旅游资源

在地文景观资源中，曲靖市有 5 处地质景观，分别为陆良县、罗平县、会泽县的滇东高原景观、陆良县彩色沙林景观、会泽县的地缝景观；有 4 处喀斯特景观，分别为罗平县的峰丛景观，沾益区的花山溶洞景观、天生洞景观和海峰天坑景观。水体景观资源中，有 2 处泉水景观，分别为麒麟区的三宝景观、师宗县的葵山温泉景观；有 2 处瀑布景观，分别为陆良县的大叠水景观、罗平县的九龙河瀑布景观。生物景观资源中，有 1 处草甸景观，为会泽县的大海草甸景观；有 1 处花卉景观，为师宗县的菌子山杜鹃灌丛景观；有 1 处人工植物景观，为罗平县的油菜花景观；有 1 处动物景观，为会泽县的草海黑颈鹤景观。

三 人文地理

（一）人口和民族

曲靖市 2018 年年末总人口数为 615.54 万人，性别比为 109.54，人口城镇化指数为 0.11，人口城镇化级别为Ⅵ级，人口老龄化指数为 0.07，老龄化级别为Ⅳ级。曲靖市少数民族人口约 41.25 万人，少数民族人口占总人口的 6.70%，人口数量较多的少数民族有彝族、回族、白族等，民族多样性指数为 0.36。曲靖市主要说滇中方言中的曲靖方言。

（二）经济

曲靖市 GDP（地区生产总值）为 2013.36 亿元，人均 GDP 为 32708.84 元，地均 GDP 为 697 万元/平方千米，第一产业产值 360.2 亿元，第二产业产值 777.37 亿元，第三产业产值 875.79 亿元，处于经济发展的工业化中后期阶段，属于金沙江开放合作经济带。经济城镇化指数为 0.76，经济城镇化级别为Ⅴ级。

从农业产业来看，曲靖市的粮食播种面积 68.06 万公顷，年粮食产量 340.56 万吨。曲靖市有 4 个县位于云南省高原特色农业中部现代产业园区中；有 21 家省级生猪产业有限公司，是云南省肉牛产业、肉羊产业稳定发展区；有 9 个常年蔬菜优势产业区；中药材的主要品种有 5 种，分别是薏苡、半夏、当归、黄芩、贡菊花。

从工业园区来看，曲靖市有 9 个省级工业园区。有 1 个冶金产业园区，有4个化工产业园区，有1个新材料产业园区，有1个先进装备制造产业园区，有1个特色食品制造产业园区，有1个特色消费品制造产业园区。曲靖市有1家省级外贸转型升级基地，为曲靖市富源县省级外贸转型升级基地（铝产业）。

（三）旅游

曲靖市有1个特色县城；有1个全国县域旅游综合实力百强县。

在旅游景区中，曲靖市有国家4A级景区8个，国家3A级景区8个；在度假休闲区中，有休闲广场2个；在专项旅游产品中，有1项工业旅游产品，有2项农业旅游产品，有1项红色旅游产品；在体育旅游产品中，有1项赛事运动。在节庆会展产品中，有3项节庆旅游产品。

曲靖市有国家级历史文化名城1个，省级历史文化名镇1个，省级历史文化名村1个，中国历史文化名村1个，云南省特色小镇5个。从遗产旅游特色来看，曲靖市有国家级物质文化遗产8项，省级物质文化遗产20项；非物质文化遗产有18项。曲靖市有解放战争时期革命老区县8个、革命老区乡镇1个。

（四）社会生活

从人民生活水平来看，2018年年末，曲靖市住户存款余额1337.09亿元，较上一年增长12%；职工平均工资7.23万元，较上一年增长13.62%；社会消费品零售总额656.15亿元，较上一年增长3.28%；农村常住居民人均可支配收入12394元，较上一年增长9.25%。

从教育发展来看，曲靖市的义务教育发展总指数为1.02，义务教育发展级别为Ⅳ级。人口受教育程度指数为1.75，人口受教育级别为Ⅲ级。

从文化设施来看，曲靖市有博物馆12个。曲靖市文化馆有10个，其中，一级文化馆有7个；二级文化馆有1个；三级及以下文化馆有2个。曲靖市有图书馆11个，其中，一级图书馆有5个；二级图书馆有1个；三级及以下图书馆有5个。

曲靖市有7个民族团结示范乡镇，有2个少数民族特色集镇，有7个少数民族特色村寨。

（五）脱贫攻坚

曲靖市师宗县和罗平县属于石漠化片区，会泽县属于乌蒙山片区；

罗平县 2017 年实现了脱贫摘帽，师宗县、富源县 2018 年实现了脱贫摘帽，宣威市 2019 年实现了脱贫摘帽，会泽县 2020 年实现了脱贫摘帽。在脱贫攻坚的道路上，旅游扶贫起到了突出作用。曲靖市的旅游扶贫示范县有 1 个（罗平县），旅游示范乡镇 2 个，旅游示范村 6 个。

第二节　区域差异

一　麒麟区

（一）位置与范围

麒麟区位于云南省中部，地处东经 103°38′—104°13′、北纬 25°07′—25°36′之间，东与富源县相接，西与马龙区相邻，南与陆良县相连，北与沾益区接壤。全区总面积约 0.14×10⁴ 平方千米，属于滇中城市群。区人民政府驻麒麟区南宁西路 28 号。麒麟区下辖 13 个街道（南宁街道、建宁街道、白石江街道、寥廓街道、西城街道、珠街街道、沿江街道、三宝街道、太和街道、文华街道、潇湘街道、益宁街道、翠峰街道），3 个镇（越州镇、东山镇、茨营镇）。

（二）自然地理

麒麟区自然地理条件优越。在综合自然区划系统中，麒麟区属于亚热带北部地带的滇东高原地区的曲靖岩溶高原区；在云南省生态经济区划中，麒麟区主要位于滇东南岩溶丘原生态经济区的东部岩溶高原生态经济亚区；从生态保护红线空间分布格局看，麒麟区少部分位于东南部喀斯特地带；从生态保护红线功能类型上可以看出，麒麟区为珠江上游及滇东南喀斯特地带水土保持生态保护红线类型。

1. 自然地理要素

（1）地貌

麒麟区最高海拔高度约 2508 米，最低海拔高度约 1715 米，高差约 793 米，平均 DEM 为 2023.73 米，处于Ⅴ级水平。坝区面积 534.69 平方千米，坝区土地占全区土地面积的 34.64%，坝区综合指数为 71.87，属于坝区地区。地形起伏度指数为 3.40，处于Ⅰ级水平；平均坡度指数为 9.04，处于Ⅰ级水平。

（2）气候要素

麒麟区总体处于南温带，年平均气温 15.8℃，年降水量为 928.5 毫米，年日照时数约 2200.90 小时，气候资源指数为 1418.37，处于Ⅲ级水平。

（3）水文要素

麒麟区地处珠江流域，水网密度指数为 48.40，处于Ⅲ级水平。

（4）土壤要素

麒麟区的主要土壤类型为红壤。

（5）植被要素

麒麟区的主要植被类型为滇中、东部高原暖性阔叶林、针叶林亚区，植被覆盖度处于不显著区。麒麟区生物物种资源丰富，生物多样性处于Ⅲ级水平。

2. 自然资源

（1）土地资源

麒麟区耕地面积 500.55 平方千米，占全区土地面积的 33.37%；园地面积 49.55 平方千米，占全区土地面积的 3.30%；林地面积 641.06 平方千米，占全区土地面积的 42.74%；草地面积 51.51 平方千米，占全区土地面积的 3.43%；城镇村及工矿用地面积 137.79 平方千米，占全区土地面积的 9.19%；交通运输用地面积 29.76 平方千米，占全区土地面积的 1.98%；水域及水利设施用地面积 42.72 平方千米，占全区土地面积的 2.85%；其他用地面积 90.60 平方千米，占全区土地面积的 6.04%。在土地利用分区系统中，麒麟区位于滇中湖盆高原城镇工矿建设与耕地保护区的滇中城市工矿旅游用地亚区。在可利用土地资源评价中，麒麟区土地资源丰富程度为较丰富。在三生空间结构类型系统中，为生产—生活—生态均衡型。

（2）水资源

麒麟区的水资源总量 4.92 亿立方米，地表水径流量 4.92 亿立方米，径流深 341.2 毫米，地下水资源总量 1.56 亿立方米，在可利用水资源评价中，麒麟区水资源缺乏。

（3）生物资源

麒麟区分布着国家二级保护植物扇蕨等，广泛分布着国家珍稀植物资源金荞麦、银杏等。

麒麟区有食用菌鸡枞菌、黄皮疣柄牛肝菌、糙皮侧耳、小美牛肝菌、桃红牛肝菌、蓝黄红菇、草鸡枞、紫丁香蘑、紫花脸香蘑、双色牛肝菌、棱柄马鞍菌十余种。

麒麟区水体景观资源中，有1处泉水景观，为曲靖三宝景观。

（三）人文地理

1. 人口和民族

麒麟区2018年年末总人口数为78.10万人，性别比为105.21，人口城镇化指数为0.34，人口城镇化级别为Ⅲ级，人口老龄化指数为0.08，老龄化级别为Ⅴ级。麒麟区少数民族人口约3.68万人，少数民族人口占总人口的4.71%，人口数量较多的少数民族有彝族、回族、白族等，民族多样性指数为0.29。麒麟区主要说曲靖（麒麟）话，属于滇中方言中的曲靖方言。

2. 经济

麒麟区GDP（地区生产总值）为651.86亿元，人均GDP为83464.79元，地均GDP为4346万元/平方千米，第一产业产值26.11亿元，第二产业产值335亿元，第三产业产值290.75亿元，处于经济发展的发达经济阶段。经济城镇化指数为0.96，经济城镇化级别为Ⅱ级。

从农业产业来看，麒麟区的粮食播种面积3.58万公顷，年粮食产量23.36万吨。麒麟区位于云南省高原特色农业中部现代产业园区中，以鲜切花、绿化观赏苗木为主导产业，是云南省肉牛产业、肉羊产业稳定发展区，是常年蔬菜重点县。

从工业园区来看，麒麟工业园区既是麒麟区的省级工业园区，也是化工工业园区。

3. 旅游

麒麟区有2个国家级4A级景区，为麒麟水乡景区、克依黑景区，有1个国家级3A级景区，为曲靖218欢乐世界景区；在度假休闲区中，有2个休闲广场，分别是曲靖珠江源广场、曲靖南门广场；有1个温泉休闲区。在体育旅游产品中，有1项赛事活动，为铁人三项运动赛。

麒麟区有云南省特色小镇2个，分别是爱情小镇、爨文化小镇。从遗产旅游特色来看，麒麟区有国家级物质文化遗产 4 项，分别是爨宝子碑、段式与三十七部会盟碑、八塔台古墓群、罗汉山古墓群；省级物质文化遗产有 1 项，是横大路古墓群。麒麟区有解放战争时期革命老区 1 个，是曲靖市麒麟区东山镇。

4. 社会生活

从人民生活水平来看，2018 年年末，麒麟区住户存款余额 429.92 亿元，较上一年增长 12.71%；职工平均工资 7.54 万元，较上一年增长 18.74%；社会消费品零售总额 196.20 亿元，较上一年增长 2.98%；农村常住居民人均可支配收入 16486 元，较上一年增长 9.00%。

从教育发展来看，麒麟区的义务教育发展总指数 1.78，义务教育发展级别为Ⅱ级。人口受教育程度指数 2.28，人口受教育级别为Ⅲ级。

从文化设施来看，麒麟区有三级及以下博物馆 1 个，为市博物馆。一级文化馆有 2 个，为区文化馆、市文化馆。麒麟区有 1 个一级图书馆，为区图书馆，有 2 个三级图书馆，分别为市图书馆、市少年儿童图书馆。

麒麟区有 1 个少数民族特色村寨。

在主体功能区的国家级定位中，麒麟区属于集中连片重点开发区域。

二 马龙区

（一）位置与范围

马龙区位于云南省中部，地处东经 103°15′—103°44′、北纬 25°08′—25°36′之间，东与麒麟区相接，西与嵩明县相邻，南与陆良县相连，北与沾益区相接。全区总面积约 0.18×10^4 平方千米，属于滇中城市群。马龙区人民政府驻马龙区龙泉北路 96 号。马龙区下辖 5 个街道（通泉街道、鸡头村街道、王家庄街道、张安屯街道、旧县街道），2 个镇（马过河镇、纳章镇），3 个乡（马鸣乡、大庄乡、月望乡）。

（二）自然地理

马龙区自然地理条件优越。在综合自然区划系统中，马龙区属于亚热带北部地带的滇东高原地区的曲靖岩溶高原区；在云南省生态经济区划中，马龙区主要位于滇东南岩溶丘原生态经济区的东部岩溶高原生态经济亚区；从生态保护红线功能类型上可以看出，马龙区为金沙江下游—小江流域水土流失控制生态保护红线类型。

1. 自然地理要素

（1）地貌

马龙区最高海拔高度约2493.80米，最低海拔高度约1772.20米，高差约721.6米，平均DEM为2048.86米，处于V级水平。坝区面积157.7平方千米，坝区土地占全区土地面积22.73%，坝区综合指数43.55，属于半山半坝地区。地形起伏度指数为3.38，处于I级水平；平均坡度指数为9.64，处于I级水平。

（2）气候要素

马龙区总体处于南温带，年平均气温14.1℃，年降水量为1060.3毫米，年日照时数约2201.90小时，气候资源指数为1359.23，处于III级水平。

（3）水文要素

马龙区地处长江流域地带，水网密度指数为37.31，处于II级水平。

（4）土壤要素

马龙区的土壤类型以红壤为主。

（5）植被要素

马龙区的主要植被类型为滇中、东部高原暖性阔叶林、针叶林亚区，植被覆盖度处于不显著区。马龙区生物物种资源丰富，生物多样性处于VII级水平。

2. 自然资源

（1）土地资源

马龙区耕地面积400.30平方千米，占全区土地面积的25.02%；园地面积48.98平方千米，占全区土地面积的3.06%；林地面积814.82平方千米，占全区土地面积的50.93%；草地面积170.94平方千米，占全区土地面积的10.68%；城镇村及工矿用地面积60.73平方千米，占全区土地面积的3.80%；交通运输用地面积31.46平方千米，占全区土地面积的1.97%；水域及水利设施用地面积27.63平方千米，占全区土地面积的1.73%；其他用地面积43.54平方千米，占全区土地面积的2.72%。在土地利用分区系统中，马龙区位于滇中湖盆高原城镇工矿建设与耕地保护区的滇中城市工矿旅游用地亚区。在可利用土地资源评价中，马龙区土地资源较丰富。在三生空间结构类型系统中，为生产—生态主导型。

（2）水资源

马龙区的水资源总量5.31亿立方米，地表水净流量5.31亿立方米，径流深331.5毫米，地下水资源总量1.62亿立方米，在可利用水资源评价中，马龙区水资源较缺乏。

（3）生物资源

马龙区有食用菌鸡枞菌、干巴菌、裂褶菌、鸡油菌、美味牛肝菌、黄皮疣柄牛肝菌、香菇、梭柄乳头蘑、铜色牛肝菌、小美牛肝菌、血红牛肝菌、桃红牛肝菌、乳牛肝菌、变绿红菇、红汁乳菇、草鸡枞、油口蘑、棕灰口蘑、紫丁香蘑、高大环柄菇、灰喇叭菌、紫晶蜡蘑、双色牛肝菌23种。

（三）人文地理

1. 人口和民族

马龙区2018年年末总人口数为19.64万人，性别比为104.65，人口城镇化指数为0.10，人口城镇化级别为Ⅵ级，人口老龄化指数为0.08，老龄化级别为Ⅴ级。马龙区少数民族人口约1.42万人，少数民族人口占总人口的7.23%，人口数量较多的少数民族有回族、彝族、苗族等，民族多样性指数为0.37。马龙区主要说马龙话，属于滇中方言中的曲靖方言。

2. 经济

马龙区GDP（地区生产总值）为56.13亿元，人均GDP为28579.43元，地均GDP为351万元/平方千米，第一产业产值9亿元，第二产业产值24.23亿元，第三产业产值22亿元，处于经济发展的工业化中后期阶段。经济城镇化指数为0.78，经济城镇化级别为Ⅳ级。

从农业产业来看，马龙区的粮食播种面积3.02万公顷，年粮食产量9.88万吨。马龙区位于云南省高原特色农业中部现代产业园区中，有1家省级生猪产业有限公司，为马龙区红石科技开发有限公司，是云南省肉牛产业、肉羊产业稳定发展区。有1个常年蔬菜优势产业区。中药材主要品种有板蓝根、附子、重楼等。

从工业园区来看，马龙区有1个省级工业园区、为先进装备制造工业园区（马龙工业园区）。

3. 旅游

马龙区国家3A级景区有2个，分别是马过河景区、沈家山景区。

马龙区非物质文化遗产有2项，分别是苗族芦笙乐、火草纺织技艺。马龙区有1个解放战争时期革命老区。

4. 社会生活

从人民生活水平来看，2018年年末，马龙区住户存款余额44.70亿元，较上一年增长15.06%；职工平均工资7.25万元，较上一年下降9.71%；社会消费品零售总额14.10亿元，较上一年增长2.99%；农村常住居民人均可支配收入11301元，较上一年增长9.10%。

从教育发展来看，马龙区的义务教育发展总指数为0.62，义务教育发展级别为Ⅶ级。人口受教育程度指数为0.49，人口受教育级别为Ⅶ级。

从文化设施来看，马龙区三级及以下博物馆有1个（区博物馆），三级文化馆有1个（区文化馆），三级图书馆有1个（区图书馆）。

马龙区有1个少数民族特色村寨。

在主体功能区的国家级定位中，马龙区属于集中连片重点开发区域。

三 陆良县

（一）位置与范围

陆良县位于云南省中部，地处东经103°24′—104°01′、北纬24°43′—25°17′之间，东与罗平县相接，西与宜良县相邻，南与红河哈尼族彝族自治州相连，北与马龙区接壤。全县总面积约0.21×10⁴平方千米，属于滇中城市群。陆良县人民政府驻陆良县东门街23号。陆良县下辖2个街道（中枢街道、同乐街道），7个镇（板桥镇、三岔河镇、马街镇、召夸镇、大莫古镇、芳华镇、小百户镇），2个乡（活水乡、龙海乡）。

（二）自然地理

陆良县自然地理条件优越。在综合自然区划系统中，陆良县属于亚热带北部地带的滇东高原地区的曲靖岩溶高原区；在云南省生态经济区划中，陆良县主要位于滇东南岩溶丘原生态经济区的东部岩溶高原生态经济亚区；从生态保护红线空间分布格局看，陆良县少部分位于东南部喀斯特地带；从生态保护红线功能类型上可以看出，陆良县为珠江上游及滇东南喀斯特地带水土保持生态保护红线类型。

1. 自然地理要素

（1）地貌

陆良县最高海拔高度约2673.00米，最低海拔高度约1619.00米，高差约1054米，平均DEM为1998.28米，处于Ⅴ级水平。坝区面积771.99平方千米，坝区土地占全县土地面积的50.24%，坝区综合指数为93.33，属于坝区地区。地形起伏度指数为3.63，处于Ⅰ级水平；平均坡度指数为7.54，处于Ⅰ级水平。

（2）气候要素

陆良县大部分位于北亚热带的过渡地带，年平均气温15.3℃，年降水量为798.1毫米，年日照时数约2151.10小时，气候资源指数为1401.50，处于Ⅲ级水平。

（3）水文要素

陆良县地处珠江流域，水网密度指数为39.98，处于Ⅱ级水平。

（4）土壤要素

陆良县的土壤类型以红壤为主。

（5）植被要素

陆良县的主要植被类型为滇中、东部高原暖性阔叶林、针叶林亚区，植被覆盖度处于不显著区。陆良县生物物种资源丰富，生物多样性处于Ⅶ级水平。

2. 自然资源

（1）土地资源

陆良县耕地面积757.84平方千米，占全县土地面积的37.89%；园地面积89.36平方千米，占全县土地面积的4.47%；林地面积775.97平方千米，占全县土地面积的38.80%；草地面积55.00平方千米，占全县土地面积的2.75%；城镇村及工矿用地面积107.42平方千米，占全县土地面积的5.37%；交通运输用地面积33.48平方千米，占全县土地面积的1.67%；水域及水利设施用地面积46.33平方千米，占全县土地面积的2.32%；其他用地面积124.06平方千米，占全县土地面积的6.20%。在土地利用分区系统中，陆良县位于滇中湖盆高原城镇工矿建设与耕地保护区的滇中城市工矿旅游用地亚区。在可利用土地资源评价中，陆良县土地资源丰富。在三生空间结构类型系统中，为生产—生态主导型。

（2）水资源

陆良县的水资源总量6.78亿立方米，地表水径流量6.78亿立方米，径流深337.2毫米，地下水资源总量2.09亿立方米，在可利用水资源评价中，陆良县水资源较缺乏。

（3）生物资源

陆良县有鸡枞菌、鸡油菌、双孢蘑菇、梭柄乳头蘑、中华牛肝菌、变绿红菇、羊肚菌、棱柄马鞍菌等。

（4）旅游资源

陆良县有2处地质景观，分别为陆良彩色沙林景观、滇东高原景观。水体景观资源中，有1处瀑布景观，为陆良大叠水景观。

（三）人文地理

1. 人口和民族

陆良县2018年年末总人口数为64.69万人，性别比为108.96，人口城镇化指数为0.08，人口城镇化级别为Ⅶ级，人口老龄化指数为0.07，老龄化级别为Ⅳ级。陆良县少数民族人口约1.04万人，少数民族人口占总人口的1.61%，人口数量较多的少数民族有回族、彝族等，民族多样性指数0.10。陆良县主要说陆良话，属于滇中方言中的曲靖方言。

2. 经济

陆良县GDP（地区生产总值）为175.68亿元，人均GDP为27157.21元，地均GDP为878万元/平方千米，第一产业产值58.84亿元，第二产业产值49.09亿元，第三产业产值67.75亿元，处于经济发展的工业化中后期阶段。经济城镇化指数为0.81，经济城镇化级别为Ⅳ级。

从农业产业来看，陆良县的粮食播种面积5.55万公顷，年粮食产量30.96万吨。陆良县位于云南省高原特色农业中部现代产业园区中。有2家省级生猪产业有限公司，分别是陆良县大众食品有限公司、陆良县七里香食品有限公司；陆良县是云南省肉牛产业、肉羊产业稳定发展区，也是常年蔬菜优势产业重点县。中药材主要品种有板蓝根、附子、重楼等。

从工业园区来看，有 1 个省级工业园区。有 1 个特色消费品制造园区。

3. 旅游

陆良县有 1 个国家 4A 级景区，是陆良彩色沙林景区；在度假休闲区中，有 1 个温泉休闲区。在节庆会展产品中，有 1 项节庆旅游产品，是陆良国际彩色沙雕节。

陆良县有 1 个云南省特色小镇，是蚕桑小镇。从遗产旅游特色来看，陆良县有 1 项国家级物质文化遗产，是爨龙颜碑；有省级物质文化遗产 2 项，是大觉寺塔、钟灵书院。有 4 项非物质文化遗产，分别是彝族大三弦舞、草编、桑蚕丝织造技艺、闹元宵。陆良县有 1 个解放战争时期革命老区。

4. 社会生活

从人民生活水平来看，2018 年年末，陆良县住户存款余额 127.94 亿元，较上一年增长 11.22%；职工平均工资 7.05 万元，较上一年增长 14.08%；社会消费品零售总额 59.18 亿元，较上一年增长 6.63%；农村常住居民人均可支配收入 14720 元，较上一年增长 8.90%。

从教育发展来看，陆良县的义务教育发展总指数为 0.83，义务教育发展级别为 V 级。人口受教育程度指数为 1.73，人口受教育级别为 Ⅲ 级。

从文化设施来看，陆良县有 1 个无级别博物馆，是县博物馆；有一级文化馆 1 个（县文化馆）；有一级图书馆 1 个（县图书馆）。

陆良县是云南省民族团结示范县，有 1 个少数民族特色村寨。

在主体功能区的国家级定位中，陆良县属于农产品主产区。

四　师宗县

（一）位置与范围

师宗县位于云南省中部，地处东经 103°41′—104°33′、北纬 24°21′—25°00′之间，东与罗平县相接，西与红河哈尼族彝族自治州相邻，南与文山壮族苗族自治州相连，北与陆良县接壤。全县总面积约 0.29×10^4 平方千米，属于滇中城市群。师宗县人民政府驻师宗县丹凤镇南通街 2 号。师宗县下辖 3 个街道（丹凤街道、漾月街道、大同街道），4 个镇（雄壁镇、葵山镇、彩云镇、竹基镇），3 个民族乡（龙庆彝族壮族乡、五龙壮族乡、高良壮族苗族瑶族乡）。

（二）自然地理

师宗县自然地理条件优越。在综合自然区划系统中，师宗县属于亚热带北部地带的滇东高原地区的曲靖岩溶高原区，部分属于亚热带北部地带的滇东高原地区的丘北—广南岩溶山原；在云南省生态经济区划中，师宗县主要位于滇东南岩溶丘原生态经济区的东部岩溶高原生态经济亚区；从生态保护红线空间分布格局看，师宗县大部分位于东南部喀斯特地带；从生态保护红线功能类型上可以看出，师宗县为珠江上游及滇东南喀斯特地带水土保持生态保护红线类型。

1. 自然地理要素

（1）地貌

师宗县最高海拔高度约 2409.70 米，为菌子山主峰；最低海拔高度约737.00 米，在高良乡坝泥河与南盘江交汇处，高差约 1672.70 米；平均DEM 为 1661.48 米，处于Ⅲ级水平。坝区面积 309.9 平方千米，坝区土地占全县土地面积的 15.23%，坝区综合指数为 48.57，属于半山半坝地区。地形起伏度指数为 4.87，处于Ⅱ级水平；平均坡度指数为 14.05，处于Ⅱ级水平。

（2）气候要素

师宗县总体处于南温带的过渡地带，年平均气温 14.2℃，年降水量为 1237.9 毫米，年日照时数约 1791.00 小时，气候资源指数为 1443.13，处于Ⅲ级水平。

（3）水文要素

师宗县地处珠江流域，水网密度指数为 61.30，处于Ⅲ级水平。

（4）土壤要素

师宗县的土壤类型主要为红壤。

（5）植被要素

师宗县的主要植被类型为滇中、东部高原暖性阔叶林、针叶林亚区，植被覆盖度处于微显著区。师宗县生物物种资源丰富，生物多样性处于Ⅶ级水平。

2. 自然资源

（1）土地资源

师宗县耕地面积 777.77 平方千米，占全县土地面积的 27.78%；园地面积 13.43 平方千米，占全县土地面积的 0.48%；林地面积 1426.41 平方千米，占全县土地面积的 50.94%；草地面积 134.37 平方千米，占全县土地面积的 4.80%；城镇村及工矿用地面积 85.33 平方千米，占全县土地面积的 3.05%；交通运输用地面积 34.70 平方千米，占全县土地面积的 1.24%；水域及水利设施用地面积 28.08 平方千米，占全县土地面积的 1.00%；其他用地面积 283.88 平方千米，占全县土地面积的 10.14%。在土地利用分区系统中，师宗县位于滇中湖盆高原城镇工矿建设与耕地保护区的滇东岩溶高原农业用地亚区。在可利用土地资源评价中，师宗县土地资源丰盈程度为一般。在三生空间结构类型系统中，为生产—生态主导型。

（2）水资源

师宗县的水资源总量 15.06 亿立方米，地表水径流量 15.06 亿立方米，径流深 549.3 毫米，地下水资源总量 3.47 亿立方米，在可利用水资源评价中，师宗县水资源丰盈程度为一般。

（3）生物资源

师宗县分布着国家一级保护植物贵州苏铁，国家二级保护植物榉树，广泛分布着国家珍稀植物资源金荞麦、银杏等。

师宗县有食用菌鸡枞菌、干巴菌、美味牛肝菌、黄皮疣柄牛肝菌、香菇、黄白侧耳、梭柄乳头蘑、小美牛肝菌、血红牛肝菌、桃红牛肝菌、中华牛肝菌、乳牛肝菌、蓝黄红菇、松乳菇、浓香乳菇、红汁乳菇、油口蘑、棕灰口蘑、高大环柄菇、双色牛肝菌20种。

（三）人文地理

1. 人口和民族

师宗县 2018 年年末总人口数为 41.09 万人，性别比为 110.50，人口城镇化指数为 0.07，人口城镇化级别为Ⅶ级，人口老龄化指数为 0.07，老龄化级别为Ⅳ级。师宗县少数民族人口约 6.75 万人，少数民族人口占总人口的 16.43%，人口数量较多的少数民族有彝族、壮族、苗族等，民族多样性指数为 0.69。师宗县主要说师宗话，属于滇中方言中的曲靖方言。

2. 经济

师宗县 GDP（地区生产总值）为 119.08 亿元，人均 GDP 为 28980.29 元，地均 GDP 为 425 万元/平方千米，第一产业产值 36.73 亿元，第二产业产值 35.47 亿元，第三产业产值 46.88 亿元，处于经济发展的工业化中后期阶段。经济城镇化指数为 0.64，经济城镇化级别为Ⅷ级。

从农业产业来看，师宗县的粮食播种面积 4.07 万公顷，年粮食产量 22.52 万吨。师宗县有 1 家省级生猪产业有限公司（云南海利实业有限责任公司），是云南省肉牛产业、肉羊产业稳定发展区，常年蔬菜重点县。师宗县是云药之乡，中药材主要品种有薏苡、半夏等。

从工业园区来看，师宗县有 1 个省级工业园区，是师宗工业园区，以化工为主。

3. 旅游

师宗县有 2 个国家 4A 级景区，分别是师宗县天体凤凰谷生命文化主题公园景区、师宗菌子山景区；有 1 个国家 3A 级景区，是师宗县五龙水生态小镇景区。在节庆会展产品中，有 1 项节庆旅游产品，是师宗千花会文化旅游节。

师宗县有 2 项省级物质文化遗产，分别是窦土序故居、何辅龙墓；有非物质文化遗产 3 项，分别是"绑猴节"习俗、铁器锻造技艺、复方薏仁汤制作技艺。师宗县有 1 个解放战争时期革命老区。

4. 社会生活

从人民生活水平来看，2018 年年末，师宗县住户存款余额 69.54 亿元，较上一年增长 11.71%；职工平均工资 7.57 万元，较上一年增长 10.67%；社会消费品零售总额 21.11 亿元，较上一年增长 2.78%；农村常住居民人均可支配收入 11851 元，较上一年增长 9.60%。

从教育发展来看，师宗县的义务教育发展总指数为 0.70，义务教育发展级别为Ⅵ级。人口受教育程度指数为 1.01，人口受教育级别为Ⅴ级。

从文化设施来看，师宗县有 1 个无级别的博物馆，是县博物馆；一级文化馆有 1 个，是县文化馆；一级图书馆有 1 个，是县图书馆。

师宗县是云南省民族团结示范县，有 3 个民族团结示范乡镇，分别是龙庆彝族壮族乡、五龙壮族乡、高良壮族苗族瑶族乡；少数民族特色集镇1个，是4个镇；有1个少数民族特色村寨。

5. 脱贫攻坚

师宗县属于石漠化片区；2018年该县主要通过对烤烟产业的扶持，实现了脱贫摘帽。在脱贫攻坚的道路上，旅游扶贫对脱贫攻坚起到了突出作用。师宗县的旅游扶贫示范镇有1个，是五龙壮族乡；旅游扶贫重点村1个，是黑尔村。

在主体功能区的国家级定位中，师宗县属于农产品主产区。

五　罗平县

（一）位置与范围

罗平县位于云南省中部，东与广西相接，西与陆良县、麒麟区相邻，南与师宗县相连，北与富源县接壤。全县东西最大横距99千米，南北最大纵距75千米，总面积约0.31×10^4平方千米。县人民政府驻罗平县罗雄街道振兴街35号。下辖3街道（罗雄街道、腊山街道、九龙街道）、4镇（板桥镇、马街镇、富乐镇、阿岗镇）、3乡（大水井乡、钟山乡、老厂乡）、3民族乡（鲁布革布依族苗族乡、旧屋基彝族乡、长底布依族乡）。

（二）自然地理

在综合自然区划系统中，罗平县属于亚热带北部地带的滇东高原地区的曲靖岩溶高原区，部分属于亚热带北部地带的滇东高原地区的丘北—广南岩溶山原；在云南省生态经济区划中，罗平县主要位于滇东南岩溶丘原生态经济区的东部岩溶高原生态经济亚区；从生态红线空间分布格局看，罗平县全部位于东南部喀斯特地带；从生态保护红线功能类型上可以看出，罗平县为珠江上游及滇东南喀斯特地带水土保持生态保护红线类型。罗平县有云南罗平生物群国家地质公园，拥有由多个门类构成的完整海洋生态系统，具有特殊的地质科学意义。

1. 自然地理要素

（1）地貌

罗平县最高海拔高度约2468米，最低海拔高度约722米，高差约

1746 米，平均 DEM 为 1654.17 米，处于Ⅲ级水平。坝区面积 252.8 平方千米，坝区土地占全县土地面积的 11.58%，坝区综合指数为 27.86，属于半山半坝地区。地形起伏度指数为 4.93，处于Ⅱ级水平；平均坡度指数为 4.98，处于Ⅰ级水平。

（2）气候要素

罗平县总体处于北亚热带，年平均气温 16℃，年降水量为 1521.9 毫米，年日照时数约 1715.7 小时，气候资源指数为 1552.36，处于Ⅳ级水平。

（3）水文要素

罗平县地处珠江流域，水网密度指数为 86.89，处于Ⅲ级水平。

（4）土壤要素

罗平县的土壤类型以石灰土为主。

（5）植被要素

罗平县主要植被类型为滇中、东部高原暖性阔叶林、针叶林亚区，植被覆盖度处于微显著区。生物物种资源较丰富，生物多样性处于Ⅶ级水平。

2. 自然资源

（1）土地资源

罗平县耕地面积 740.14 平方千米，占全县土地面积的 24.67%；园地面积 13.73 平方千米，占全县土地面积的 0.46%；林地面积 1134.30 平方千米，占全县土地面积的 37.81%；草地面积 400.61 平方千米，占全县土地面积的 13.35%；城镇村及工矿用地面积 111.17 平方千米，占全县土地面积的 3.71%；交通运输用地面积 34.69 平方千米，占全县土地面积的 1.12%；水域及水利设施用地面积 39.25 平方千米，占全县土地面积的 1.13%；其他用地面积 547.49 平方千米，占全县土地面积的 18.25%。在土地利用分区系统中，罗平县位于滇中湖盆高原城镇工矿建设与耕地保护区的滇东岩溶高原农业用地亚区。在可利用土地资源评价中，罗平县土地资源较丰富。在三生空间结构类型系统中，为生产—生态主导型。

（2）水资源

罗平县的水资源总量 24.75 亿立方米，地表水径流量 24.75 亿立方米，径流深818.0毫米，地下水资源总量5.69亿立方米，在可利用水资源评价中，罗平县属于水资源较丰富的县区。

（3）生物资源

罗平县分布着国家一级保护植物贵州苏铁，国家二级保护植物中华桫椤、榉树、红椿、厚朴等，广泛分布着国家珍稀植物资源金荞麦、银杏等。

罗平县有食用菌鸡枞菌、鸡油菌、美味牛肝菌、黄皮疣柄牛肝菌、黑木耳、黄白侧耳、黄伞、铜色牛肝菌、小美牛肝菌、血红牛肝菌、桃红牛肝菌、中华牛肝菌、乳牛肝菌、变绿红菇、蓝黄红菇、松乳菇、浓香乳菇、多汁乳菇、油口蘑、棕灰口蘑、紫丁香蘑、高大环柄菇、红蜡蘑、双色牛肝菌、羊肚菌、棱柄马鞍菌26种。

（4）旅游资源

在地文景观资源中，有2处地质景观，分别为滇东高原景观、罗平峰丛景观。在水体景观资源中，有1处瀑布景观，为罗平九龙河瀑布景观。在生物景观资源中，有1处人工植物景观，为罗平油菜花景观。

（三）人文地理

1. 人口和民族

罗平县2018年年末总人口数为57.88万人，性别比为110.47，人口城镇化指数为0.076，人口城镇化级别为Ⅶ级，人口老龄化指数为0.08，老龄化级别为Ⅴ级。罗平县少数民族人口约7.34万人，少数民族人口占总人口的12.68%，人口数量较多的少数民族有彝族、布依族、苗族等，民族多样性指数为0.55。罗平县主要说罗平话，属于滇中方言中的曲靖方言。

2. 经济

罗平县GDP（地区生产总值）为108.11亿元，人均GDP为26620元，地均GDP为386万元/平方千米，第一产业产值38.91亿元，第二产业产值29.34亿元，第三产业产值39.86亿元，处于经济发展的工业化中后期阶段。经济城镇化指数为0.64，经济城镇化级别为Ⅷ级。

从农业产业来看，罗平县的粮食播种面积5.64万公顷，年粮食产量36.93万吨。罗平县位于云南省高原特色农业沿边特色产业园区中。有1

家省级生猪产业有限公司，是云南省肉牛产业、肉羊产业稳定发展区，是常年蔬菜优势产业区重点县。从工业园区来看，罗平县有省级工业园区1个，是罗平特色产业园区，为特色食品制造产业园区。罗平县是云药之乡，主要中药材品种有生姜、杜仲、姜黄、薏苡等。

3. 旅游

罗平县是云南省美丽县城，也是全国县域旅游综合实力百强县。

在旅游景区中，罗平县有国家4A级景区2个，分别为罗平九龙瀑布群景区、罗平县鲁布革三峡景区；有国家3A级景区1个，罗平县相石阶景区；有1项工业旅游产品，鲁布革水电站；有1项农业旅游产品，罗平油菜花海；有1项节庆旅游产品，罗平油菜花文化旅游节。

罗平县有云南省特色小镇2个，油菜花小镇、鲁布革布依风情小镇。从遗产旅游特色来看，罗平县有省级物质文化遗产2项，分别是腊者布依族传统民居建筑群、中共罗盘地委指挥部；非物质文化遗产有2项，分别是铜器制作技艺、菜籽油古法压榨技艺。罗平县是革命老区县。

4. 社会生活

从人民生活水平来看，2018年年末，罗平县住户存款余额90.69亿元，较上一年增长9.78%；职工平均工资7.33万元，较上一年增长12.25%；社会消费品零售总额55.15亿元，较上一年增长3.68%；农村常住居民人均可支配收入14693元，较上一年增长9.20%。

从教育发展来看，罗平县义务教育发展总指数为0.74，义务教育发展级别为V级。人口受教育程度指数为1.36，人口受教育级别为Ⅳ级。

从文化设施来看，罗平县有三级及以下博物馆1个（县博物馆）；一级文化馆有1个，为县文化馆；一级图书馆有1个，为县图书馆；

罗平县有1个民族团结示范乡镇，长底布依族乡；有2个少数民族特色集镇，旧屋基彝族乡、鲁布革布依族苗族乡；有1个少数民族特色村寨。罗平县有1个第一批省级民族传统文化保护区，为鲁布革乡腊者村布依族传统文化保护区。

5. 脱贫攻坚

罗平县属于石漠化片区；2017年该县通过产业扶贫、教育扶贫、旅游扶贫、易地搬迁、就业扶贫、对口帮扶、医疗扶贫等扶贫措施实现了脱贫摘帽。在脱贫攻坚的道路上，旅游扶贫对脱贫攻坚起到了突出作用，罗平县是旅游扶贫示范县，有旅游示范村 1 个，为大坡村。

在主体功能区的国家级定位中，罗平县属于农产品主产区。

六　富源县

（一）位置与范围

富源县地处云南省东南部，东与广西壮族自治区相接，西与沾益区、麒麟区相邻，南与罗平县相连，北与宣威市接壤。总面积约 0.33×10^4 平方千米。县人民政府驻富源县鸣凤路 298 号。富源县下辖 2 街道（永定街道、大营街道），5 镇（罗兔镇、赤鹫镇、东村镇、款庄镇、散旦镇）。

（二）自然地理

在综合自然区划系统中，富源县属于亚热带北部地带的滇东高原地区的曲靖岩溶高原区；在云南省生态经济区划中，富源县主要位于滇东北山原生态经济区；从生态红线空间分布格局看，富源县部分位于东南部喀斯特地带；从生态保护红线功能类型上可以看出，富源县为珠江上游及滇东南喀斯特地带水土保持生态保护红线类型。富源县有富源十八连山省级自然保护区。该自然保护区的建立，有利于生物多样性保护，可实现人与自然的和谐共生。

1. 自然地理要素

（1）地貌

富源县最高海拔高度约 2748.90 米，最低海拔高度约 1100.00 米，高差约 1648.9 米，平均 DEM 为 1978.74 米，处于Ⅳ级水平。坝区面积 31.7 平方千米，坝区土地占全县土地面积的 8.37%，坝区综合指数为 12.58，属于山区地区。地形起伏度指数为 5.21，处于Ⅱ级水平；平均坡度指数为 13.44，处于Ⅱ级水平。

（2）气候要素

富源县总体处于南温带，年平均气温 14.1℃，年降水量为 936.6 毫米，年日照时数约 1833.30 小时，气候资源指数为 1486.91，处于Ⅳ级水平。

（3）水文要素

富源县地处珠江流域，水网密度指数为76.64，处于Ⅲ级水平。

（4）土壤要素

富源县的土壤类型主要为黄壤。

（5）植被要素

富源县的主要植被类型为滇中、东部高原暖性阔叶林、针叶林亚区，植被覆盖度处于不显著区。富源县生物物种资源丰富，生物多样性处于Ⅶ级水平。

2. 自然资源

（1）土地资源

富源县耕地面积1112.01平方千米，占全县土地面积的33.7%；园地面积3.25平方千米，占全县土地面积的0.10%；林地面积1371.27平方千米，占全县土地面积的41.55%；草地面积251.10平方千米，占全县土地面积的7.61%；城镇村及工矿用地面积84.58平方千米，占全县土地面积的2.56%；交通运输用地面积34.13平方千米，占全县土地面积的1.03%；水域及水利设施用地面积20.33平方千米，占全县土地面积的0.62%；其他用地面积374.50平方千米，占全县土地面积的11.35%。在土地利用分区系统中，富源县位于滇中湖盆高原城镇工矿建设与耕地保护区的滇东岩溶高原农业用地亚区。在可利用土地资源评价中，富源县土地资源较丰富。在三生空间结构类型系统中，为生产—生态主导型。

（2）水资源

富源县的水资源总量22.25亿立方米，地表水径流量22.25亿立方米，径流深687.5毫米，地下水资源总量6.21亿立方米，在可利用水资源评价中，富源县水资源丰富程度为一般。

（3）生物资源

富源县分布着国家二级保护植物榉树、厚朴、凹叶厚朴等。

富源县的食用菌有鸡枞菌、黄皮疣柄牛肝菌、毛柄类火菇、黄伞、长根小奥德菇、梭柄乳头蘑、血红牛肝菌、桃红牛肝菌、乳牛肝菌、鹤环乳牛肝菌、变绿红菇、蓝黄红菇、松乳菇、油口蘑、棕灰口蘑、紫丁香蘑、紫晶蜡蘑、双色牛肝菌、羊肚菌、棱柄马鞍菌20种。

（三）人文地理

1. 人口和民族

富源县2018年年末总人口数为75.14万人，性别比为111.70，人口城镇化指数为0.07，人口城镇化级别为Ⅶ级，人口老龄化指数为0.06，老龄化级别为Ⅱ级。富源县少数民族人口约6.09万人，少数民族人口占总人口的8.10%，人口数量较多的少数民族有彝族、水族、回族等，民族多样性指数为0.37。富源县主要说富源话，属于滇中方言中的曲靖方言。

2. 经济

富源县GDP（地区生产总值）为153.8亿元，人均GDP为27012元，地均GDP为513万元/平方千米，第一产业产值41.08亿元，第二产业产值44.4亿元，第三产业产值68.32亿元，处于经济发展的工业化中后期阶段。经济城镇化指数为0.73，经济城镇化级别为Ⅵ级。

从农业产业来看，富源县的粮食播种面积6.22万公顷，年粮食产量34.71万吨。富源县有5家省级生猪产业有限公司，分别是云南东恒经贸集团、富源县睿智经贸有限责任公司、富源县超凡食品有限公司、富源县信发牧业有限责任公司、富源县瑞泽商贸公司；富源县是云南省肉牛产业、肉羊产业稳定发展区，也是常年蔬菜优势产业区。

从工业园区来看，富源县有省级工业园区1个，为富源工业园区，主要从事化工产业。

3. 旅游

在旅游景区中，富源县有国家级3A级景区1个，为富源多乐园景区。

富源县有国家级物质文化遗产1项，为大河遗址；非物质文化遗产有3项，分别是水族狮子灯、营上镇庙会、水族吞口。富源县是解放战争时期革命老区县。

4. 社会生活

从人民生活水平来看，2018年年末，富源县住户存款余额113.49亿元，较上一年增长10.06%；职工平均工资6.67万元，较上一年下降

3.89%；社会消费品零售总额 57.93 亿元，较上一年增长 3.8%；农村常住居民人均可支配收入 12473 元，较上一年增长 9.7%。

从教育发展来看，富源县的义务教育发展总指数为 0.87，义务教育发展级别为 V 级。人口受教育程度指数为 1.89，人口受教育级别为Ⅲ级。

从文化设施来看，富源县有 1 个三级及以下博物馆，是县博物馆；有 1 个一级文化馆，是县文化馆；有 1 个二级图书馆，是县图书馆。

富源县有 1 个民族团结示范乡镇，为古敢水族乡。富源县有 1 个第一批省级民族传统文化保护区，为古敢乡下笔冲村水族传统文化保护区。

在主体功能区的国家级定位中，富源县属于集中连片重点开发区域。

七 会泽县

（一）位置与范围

会泽县位于云南省中部，地处东经 103°03′—103°54′、北纬 25°48′—27°03′之间，东与宣威市、贵州省相接，西与巧家县、东川区相邻，南与寻甸回族彝族自治县、沾益区相连，北与鲁甸县接壤。总面积约 0.61 × 10⁴平方千米，会泽县人民政府驻会泽县通宝路 399 号。会泽县下辖 5 个街道（金钟街道、古城街道、宝云街道、以礼街道、钟屏街道），7 个镇（娜姑镇、迤车镇、矿山镇、者海镇、待补镇、乐业镇、大井镇），12 个乡（纸厂乡、马路乡、火红乡、雨碌乡、大海乡、鲁纳乡、老厂乡、上村乡、五星乡、驾车乡、大桥乡、田坝乡），1 个民族乡（新街回族乡）。

（二）自然地理

在综合自然区划系统中，会泽县属于亚热带北部地带的滇东高原地区的昭通—宣威山地高原区，部分属于亚热带北部地带的滇东高原地区的曲靖岩溶高原区，部分属于亚热带北部地带的滇东高原地区的金沙江河谷区；在云南省生态经济区划中，会泽县位于滇东北山原生态经济区；从生态红线空间分布格局看，会泽县少部分位于金沙江、澜沧江、红河干热河谷地带；从生态保护红线功能类型上可以看出，会泽县为金沙江下游—小江流域水土流失控制生态保护红线类型。会泽县有会泽驾车华山松省级自然保护区，属于森林生态系统类型的小型规模保护区，该自然保护区在维护、保障当地社会经济发展以及生态安全方面发挥着重要作用。

1. 自然地理要素

（1）地貌

会泽县最高海拔高度约 4017 米，最低海拔高度约 695 米，高度差约 3322 米，平均 DEM 为 2265.11 米，处于Ⅵ级水平。坝区面积 230.2 平方千米，坝区土地占全县土地面积的 5.84%，坝区综合指数为 13.06，属于山区地区。地形起伏度指数为 8.57，处于Ⅵ级水平；平均坡度指数为 17.71，处于Ⅳ级水平。

（2）气候要素

会泽县处于中温带，年平均气温 13.1℃，年降水量为 750.7 毫米，年日照时数约 2209.8 小时，气候资源指数为 1293.73，处于Ⅱ级水平。

（3）水文要素

会泽县地处长江流域，水网密度指数为 41.76，处于Ⅱ级水平。

（4）土壤要素

会泽县的主要土壤类型有红壤、棕壤等，以红壤居多。

（5）植被要素

会泽县的主要植被类型为滇中、东部高原暖性阔叶林、针叶林亚区，植被覆盖度处于不显著区。会泽县生物物种资源丰富，生物多样性处于Ⅶ级水平。

2. 自然资源

（1）土地资源

会泽县耕地面积 1297.26 平方千米，占全县土地面积的 21.99%；园地面积 23.21 平方千米，占全县土地面积的 0.39%；林地面积 2874.07 平方千米，占全县土地面积的 48.71%；草地面积 936.69 平方千米，占全县土地面积的 15.88%；城镇村及工矿用地 142.70 平方千米，占全县土地面积的 2.42%；交通运输用地面积 54.8 平方千米，占全县土地面积的 0.93%；水域及水利设施用地面积 86.43 平方千米，占全县土地面积的 1.46%；其他用地面积 470.49 平方千米，占全县土地面积的 7.97%。在土地利用分区系统中，会泽县位于滇东北中山山原土地生态整治区的昭通—东川—宣威工矿城镇土地整治亚区。在可利用土地资源评价中，会泽县土地资源丰富程度一般。在三生空间结构类型系统中，为生产—生态主导型。

（2）水资源

会泽县的水资源总量 20.08 亿立方米，地表水径流量 20.08 亿立方米，径流深 341.3 毫米，地下水资源总量 5.58 亿立方米，在可利用水资源评价中，会泽县水资源丰富程度一般。

（3）生物资源

会泽县分布着国家二级保护植物黄杉、金铁锁、平当树、西康玉兰等。分布着稀有鸟类黑颈鹤、金雕、黑鹳等。

会泽县的食用菌有鸡枞菌、黄皮疣柄牛肝菌、黄白侧耳、梭柄乳头蘑、铜色牛肝菌、血红牛肝菌、桃红牛肝菌、蓝黄红菇、油口蘑、棕灰口蘑、紫丁香蘑、卷缘齿菌、红蜡蘑、羊肚菌 14 种。

（4）旅游资源

会泽县的地文景观资源中，有 2 处地质景观，分别为会泽地缝景观、滇东高原景观；生物景观资源中，有 1 处植物景观，为会泽大海草甸景观；有 1 处动物景观，为会泽草海黑颈鹤景观。

（三）人文地理

1. 人口和民族

会泽县 2018 年年末总人口数为 96.02 万人，性别比为 112.89，人口城镇化指数为 0.08，人口城镇化级别为Ⅶ级，人口老龄化指数为 0.08，老龄化级别为Ⅴ级。会泽县少数民族人口约 3.91 万人，少数民族人口占总人口的 4.07%，人口数量较多的少数民族有彝族、回族、壮族等，民族多样性指数为 0.23。会泽县主要说会泽话，属于滇中方言中的曲靖方言。

2. 经济

会泽县 GDP（地区生产总值）为 133.86 亿元，人均 GDP 为 18024元，地均 GDP 为 406 万元/平方千米，第一产业产值 35.03 亿元，第二产业产值 40.96 亿元，第三产业产值 57.87 亿元，处于经济发展的工业化中后期阶段，属于金沙江开放合作经济带。经济城镇化指数为 0.74，经济城镇化级别为Ⅵ级。

从农业产业来看，会泽县的粮食播种面积 10.68 万公顷，年粮食产量 43.95 万吨。会泽县有 2 家省级生猪产业有限公司，分别是会泽天伟火腿有限责任公司、会泽仪兴养殖有限公司；会泽县是云南省肉牛产业、肉羊产业稳定发展区，也是常年蔬菜优势产业区重点县。

从工业园区来看，会泽县有 1 个省级工业园区，为会泽工业园区，属于化工产业园区。

3. 旅游

在旅游景区中，会泽县有 1 个国家 4A 级景区，为曲靖会泽大海草山景区；有 1 个国家 3A 级景区，为会泽县雨碌大地缝景区。有 1 项红色旅游产品，为会泽水城红军扩红纪念馆。

会泽县是国家级历史文化名城，有 1 个省级历史文化名镇，为会泽县娜姑镇；有 1 个中国历史文化名村，为白雾村。有 9 项省级物质文化遗产，分别是会泽会馆、大佛寺与火神庙建筑群、白雾三圣宫、会泽文庙、万寿宫、寿福寺、唐继尧古故居、蒙古坡铜运古道、水城古墓群；非物质文化遗产有 1 项，洞经音乐。会泽县是解放战争时期革命老区县。

4. 社会生活

从人民生活水平来看，2018 年年末，会泽县住户存款余额 119.66 亿元，较上一年增长 11.65%；职工平均工资 9.28 万元，较上一年增长 21.31%；社会消费品零售额总额 46.33 亿元，较上一年增长 4.96%；农村常住居民人均支配收入 10258 元，较上一年增长 9.20%。

从教育发展来看，会泽县的义务教育发展总指数为 0.89，义务教育发展级别为 V 级。人口受教育程度指数为 2.25，人口受教育级别为 Ⅲ 级。

从文化设施来看，会泽县有 2 个三级及以下博物馆，分别是县汉墓博物馆、唐继尧故居博物馆；会泽县有 1 个二级文化馆，为县文化馆；有 1 个三级及以下图书馆，为县图书馆。

会泽县有 1 个民族团结示范乡镇，为新街回族乡。

5. 脱贫攻坚

会泽县属于乌蒙山片区；2020 年该县通过大力推广培育花卉、药材、石榴、蔬菜特色产业种植，实现了脱贫摘帽。在脱贫攻坚的道路上，旅游扶贫起到了突出作用。会泽县的旅游示范村有 3 个，分别是五里牌村、以礼村、大菜园村。

在主体功能区的国家级定位中，会泽县属于农产品主产区。

八 沾益区

（一）位置与范围

沾益区位于云南省东北部，地处东经 103°29′—104°13′、北纬 25°29′—26°05′之间，东与富源县相接，西与会泽县、寻甸回族彝族自治县相邻，南与马龙区、麒麟区相连，北与宣威市接壤。全区总面积约 0.29×10⁴平方千米。沾益区人民政府驻沾益区龙华东路 206。沾益区下辖 4 个街道（龙华街道、金龙街道、西平街道、花山街道），2 个镇（白水镇、盘江镇），5 个乡（炎方乡、播乐乡、大坡乡、菱角乡、德泽乡）。

（二）自然地理

沾益区在综合自然区划系统中，属于亚热带北部地带的滇东高原地区的曲靖岩溶高原区；在云南省生态经济区划中，沾益区主要位于滇东南岩溶丘原生态经济区的东部岩溶高原生态经济亚区；在生态保护红线功能类型上，沾益区为珠江上游及滇东南喀斯特地带水土保持生态保护红线类型。沾益区有沾益海峰省级自然保护区，是内陆湿地和水域生态系统类型的省级自然保护区，还有西河国家湿地公园。

1. 自然地理要素

（1）地貌

沾益区最高海拔高度约 2546 米，最低海拔高度约 1555 米，高差约 991 米，平均 DEM 为 2080.50 米，处于 V 级水平。坝区面积 843.62 平方千米，坝区土地占全区土地面积的 29.97%，坝区综合指数为 61.13，属于坝区地区。地形起伏度指数为 3.77，处于 I 级水平；平均坡度指数为 8.83，处于 I 级水平。

（2）气候要素

沾益区处于南温带，年平均气温 15.4℃，年降水量为 875.5 毫米，年日照时数约 2282.60 小时，气候资源指数为 1411.46，处于 Ⅲ 级水平。

（3）水文要素

沾益区地处珠江流域，水网密度指数为 47.73，处于Ⅲ级水平。

（4）土壤要素

沾益区的主要土壤类型为红壤。

（5）植被要素

沾益区的主要植被类型为滇中、东部高原暖性阔叶林、针叶林亚区，植被覆盖度处于不显著区。沾益区生物多样性处于Ⅵ级水平。

2. 自然资源

（1）土地资源

沾益区耕地面积 748.58 平方千米，占全区土地面积的 26.74%；园地面积 51.59 平方千米，占全区土地面积的 1.84%；林地面积 1558.05 平方千米，占全区土地面积的 55.64%；草地面积 142.59，占全区土地面积的 5.09%；城镇村及工矿用地面积 95.94 平方千米，占全区土地面积的 3.43%；交通运输用地面积 48.18 平方千米，占全区土地面积的 1.72%；水域及水利设施用地面积 53.42 平方千米，占全区土地面积的 1.91%；其他用地面积 116.53 平方千米，占全区土地面积的 4.16%。在土地利用分区系统中，沾益区位于滇中湖盆高原城镇工矿建设与耕地保护区的滇中城市工矿旅游用地亚区。在可利用土地资源评价中，沾益区土地资源丰富。在三生空间结构类型系统中，为生产—生态主导型。

（2）水资源

沾益区的水资源总量 11.41 亿立方米，地表水径流量 11.41 亿立方米，径流深 391.7 毫米，地下水资源总量 3.01 亿立方米，在可利用水资源评价中，沾益区水资源丰富程度一般。

（3）生物资源

沾益区分布着国家二级保护植物金铁锁。沾益区的食用菌有鸡枞菌、长根小奥德菇、血红牛肝菌等。

（4）旅游资源

沾益区的地文景观资源中，有 3 处喀斯特景观，分别为曲靖花山溶洞景观、曲靖天生洞景观、沾益海峰天坑景观。

（三）人文地理

1. 人口和民族

沾益区 2018 年年末总人口数为 45.51 万人，性别比为 110.02，人口城镇化指数为 0.10，人口城镇化级别为Ⅵ级，人口老龄化指数为 0.08，老龄化级别为Ⅴ级。沾益区少数民族人口约 2.58 万人，少数民族人口占总人口的 5.67%，人口数量较多的少数民族有回族、彝族、苗族等，民族多样性指数为 0.31。沾益区主要说沾益话，属于滇中方言中的曲靖方言。

2. 经济

沾益区 GDP（地区生产总值）为 169.3 亿元，人均 GDP 为 18081 元，地均 GDP 为 287 万元/平方千米，第一产业产值 38.83 亿元，第二产业产值 71.09 亿元，第三产业产值 59.38 亿元，处于经济发展的工业化中后期阶段。经济城镇化指数为 0.77，经济城镇化级别为Ⅴ级。

从农业产业来看，沾益区的粮食播种面积 6.8 万公顷，年粮食产量 35.94 万吨。沾益区有 1 个中部现代产业园区，特色花卉加工产业园区 1 个，是云南省肉牛产业、肉羊产业稳定发展区；沾益区是常年蔬菜优势产业区，同时也是云药之乡，主要中药材品种有当归、黄芩、贡菊花等。

从工业园区来看，沾益区有省级工业园区 1 个，为沾益工业园区。

3. 旅游

沾益区有省级物质文化遗产 1 项，是播乐起义纪念馆。沾益区是解放战争时期革命老区。

4. 社会生活

从人民生活水平来看，2018 年年末，沾益区住户存款余额 89.44 亿元，较上一年增长 11.81%；职工平均工资 6.84 万元，较上一年增长 17.12%；社会消费品零售总额 35.31 亿元，较上一年增长 3.58%；农村常住居民人均可支配收入 13984 元，较上一年增长 9.3%。

从教育发展来看，沾益区的义务教育发展总指数为 0.74，义务教育发展级别为Ⅴ级。人口受教育程度指数为 2.25，人口受教育级别为Ⅲ级。

从文化设施来看，沾益区有 1 个三级及以下博物馆，是区博物馆；

有 1 个三级及以下文化馆，是区文化馆；有 1 个三级及以下图书馆，是区图书馆。

沾益区有 1 少数民族特色村寨。

在主体功能区的国家级定位中，沾益区属于集中连片重点开发区域。

九 宣威市

（一）位置与范围

宣威市位于云南省东北部，东与贵州省相接，西与会泽县相邻，南与沾益区、富源县相连，北与贵州省六盘水接壤。全市总面积约 0.63×10^4 平方千米。宣威市人民政府驻宣威市建设街 215 号。宣威市下辖 9 个街道（宛水街道、西宁街道、双龙街道、虹桥街道、来宾街道、板桥街道、凤凰街道、丰华街道、复兴街道），13 个镇（格宜镇、田坝镇、羊场镇、倘塘镇、落水镇、务德镇、海岱镇、龙场镇、龙潭镇、宝山镇、东山镇、热水镇、杨柳镇），7 个乡（普立乡、西泽乡、得禄乡、双河乡、乐丰乡、文兴乡、阿都乡）。

（二）自然地理

在综合自然区划系统中，宣威市属于亚热带北部地带、滇东高原地区、昭通—宣威山地高原区；在云南省生态经济区划中，宣威市位于滇东南岩溶丘原生态经济区、东部岩溶高原生态经济亚区；从生态保护红线功能类型上可以看出，宣威市为珠江上游及滇东南喀斯特地带水土保持生态保护红线类型。宣威市有珠江源省级自然保护区，珠江源自然保护区内大量分布的湿地及其水源涵养林对于珠江源头和流域生态保护、水源涵养具有十分重要的战略意义。

1. 自然地理要素

（1）地貌

宣威市最高海拔高度约 2868 米，最低海拔高度约 920 米，高差约 1948 米，平均 DEM 为 2061.85 米，处于 V 级水平。坝区面积 335.1 平方千米，坝区土地占全市土地面积的 12.19%，坝区综合指数为 40.22，属于半山半坝地区。地形起伏度指数为 5.76，处于 III 级水平；平均坡度指数为 14.53，处于 III 级水平。

（2）气候要素

宣威市处于南温带，年平均气温 14.4℃，年降水量为 1061.3 毫米，年日照时数约 1554.10 小时，气候资源指数为 1356.49，处于Ⅲ级水平。

（3）水文要素

宣威市地处长江流域、珠江流域，水网密度指数为 44.47，处于Ⅱ级水平。

（4）土壤要素

宣威市的土壤类型主要为红壤。

（5）植被要素

宣威市的主要植被类型为滇中、东部高原暖性阔叶林、针叶林亚区，植被覆盖度处于不显著区。宣威市生物多样性处于Ⅶ级水平。

2. 自然资源

（1）土地资源

宣威市耕地面积 1946.82 平方千米，占全市土地面积的 31.92%；园地面积 23.20 平方千米，占全市土地面积的 0.38%；林地面积 2690.85 平方千米，占全市土地面积的 44.11%；草地面积 395.94 平方千米，占全市土地面积的 6.49%；城镇村及工矿用地面积 200.43 平方千米，占全市土地面积的 3.29%；交通运输用地面积 98.23 平方千米，占全市土地面积的 1.61%；水域及水利设施用地面积 75.22 平方千米，占全市土地面积的 1.23%；其他用地面积 622.06 平方千米，占全市土地面积的 10.20%。在土地利用分区系统中，宣威市位于滇东北中山山原土地生态整治区的昭通—东川—宣威工矿城镇土地整治亚区。在可利用土地资源评价中，宣威市土地资源较缺乏。在三生空间结构类型系统中，为生产—生态主导型。

（2）水资源

宣威市的水资源总量 23.33 亿立方米，地表水径流量 23.33 亿立方米，径流深 385.4 毫米，地下水资源总量 6.38 亿立方米，在可利用水资源评价中，宣威市水资源丰富程度一般。

（3）生物资源

宣威市分布着国家二级保护植物黄杉、金铁锁、厚朴、凹叶厚朴、圆叶玉兰等。

宣威市的食用菌有鸡枞菌、干巴菌、裂褶菌、鸡油菌、美味牛肝菌、黄皮疣柄牛肝菌、香菇、糙皮侧耳、黄白侧耳、毛柄类火菇、长根小奥德菇、梭柄乳头蘑、铜色牛肝菌、小美牛肝菌、血红牛肝菌、桃红牛肝菌、中华牛肝菌、乳牛肝菌、变绿红菇、蓝黄红菇、松乳菇、浓香乳菇、红汁乳菇、多汁乳菇、红黄鹅膏、草鸡枞、油口蘑、棕灰口蘑、紫丁香蘑、卷缘齿菌、高大环柄菇、灰喇叭菌、紫晶蜡蘑、红蜡蘑、双色牛肝菌、羊肚菌36种。

（三）人文地理

1. 人口和民族

宣威市2018年年末总人口数为137.47万人，性别比为111.48，人口城镇化指数为0.08，人口城镇化级别为Ⅶ级，人口老龄化指数为0.08，老龄化级别为Ⅴ级。宣威市少数民族人口约8.44万人，少数民族人口占总人口的6.14%，人口数量较多的少数民族有彝族、回族、苗族等，民族多样性指数为0.23。宣威市主要说宣威话，属于滇中方言中的曲靖方言。

2. 经济

宣威市GDP（地区生产总值）为248.88亿元，人均GDP为18294元，地均GDP为408万元/平方千米，第一产业产值56.05亿元，第二产业产值67.31亿元，第三产业产值125.52亿元，处于经济发展的工业化中后期阶段。经济城镇化指数为0.77，经济城镇化级别为Ⅴ级。

从农业产业来看，宣威市的粮食播种面积16.81万公顷，年粮食产量76.26万吨。宣威市有9家省级生猪产业有限公司，分别为宣威市宣拓牧业科技有限公司、宣威市宣泰火腿有限公司、云南省宣威市荣升火腿有限责任公司、宣威市永进食品有限公司、宣威市浦记火腿食品有限公司、宣威市荣兴农业科技发展有限公司、宣威市顺达火腿食品有限公司、云南省宣威市海璇实业有限责任公司、宣威市海汇食品有限责任公司；宣威市是云南省肉牛产业、肉羊产业稳定发展区，也是常年蔬菜优势产业区重点市。

从工业园区来看，宣威市有1个省级工业园区，为宣威经济技术开发区，属于新材料产业园区。

3. 旅游

在旅游景区中，宣威市有 1 个国家 3A 级景区，为宣威市东山景区。有 1 项农业旅游产品，为宣威虹桥休闲广场。

宣威市有 1 个省级历史文化名村，为宣威市杨柳乡可渡村历史文化名村。

宣威市有国家级物质文化遗产 1 项，为可渡关驿道；省级物质文化遗产有 4 项，分别是东山寺、三台洞古建筑群、尖角洞遗址、浦在廷故居；非物质文化遗产有 3 项，分别是火腿制作技艺、猫儿斗（铜烟锅）制作技艺、倘塘黄豆腐制作技艺。宣威市是解放战争时期的革命老区。

4. 社会生活

从人民生活水平来看，2018 年年末，宣威市住户存款余额 252.20 亿元，较上一年增长 12.9%；职工平均工资 6.23 万元，较上一年增长 14.10%；社会消费品零售总额 170.84 亿元，较上一年增长 1.78%；农村常住居民人均可支配收入 12091 元，较上一年增长 9.00%。

从教育发展来看，宣威市的义务教育发展总指数为 2.02，义务教育发展级别为Ⅰ级。人口受教育程度指数为 3.55，人口受教育级别为Ⅰ级。

从文化设施来看，宣威市有 3 个三级及以下博物馆，分别是衡威益群博物馆、浦在廷纪念馆、市博物馆；有 1 个一级文化馆，是市文化馆；有 1 个一级图书馆，是市图书馆。

宣威市有 1 个民族团结示范乡镇，海岱镇；有 1 个少数民族特色村寨。

5. 脱贫攻坚

宣威市 2019 年通过生态环境保护与扶贫脱贫相结合，实现了脱贫摘帽。宣威市有 1 个旅游扶贫示范乡镇，为杨柳镇；有 1 个旅游示范村，为龙洞村。

在主体功能区的国家级定位中，宣威市属于集中连片重点开发区域。

第 三 章

玉 溪 市

第一节 整体特征

一 位置与范围

玉溪市位于云南省中部，位于滇中城镇群内，地处东经 101°16′—103°09′、北纬23°19′—24°53′之间，北接省会昆明市，西南连普洱市，东南临红河哈尼族彝族自治州，西北靠楚雄彝族自治州。全市东西最大横距172 千米，南北最大纵距 163.5 千米，总面积约 1.53×10⁴ 平方千米。玉溪市人民政府驻红塔区秀山西路7号保安大厦13—18层。玉溪市下辖2个市辖区（红塔区、江川区），1 个县级市（澄江市），6 个县（通海县、华宁县、易门县、峨山彝族自治县、新平彝族傣族自治县、元江哈尼族彝族傣族自治县）。

二 自然地理

玉溪市自然地理条件优越。在综合自然区划系统中，玉溪市属于亚热带北部地带的滇东高原地区和亚热带南部地带的滇东南岩溶高原山原地区；在云南省生态经济区划中，玉溪市主要位于滇中高原湖盆生态经济区的中部湖盆城镇生态经济亚区；从生态红线空间分布格局看，玉溪市部分位于金沙江、澜沧江、红河干热河谷地带、哀牢山—无量山山地生态屏障；从生态保护红线功能类型上可以看出，玉溪市大部分为高原湖泊及牛栏江上游水源涵养生态保护红线、哀牢山—无量山山地生物多样性维护与水土保持生态红线、红河（元江）干热河谷及山原水土保持生态保护红线类型；少部分为珠江上游及滇东南喀斯特地带水土保持生态保护红线。玉溪市有元江国家级自然保护区，是我国第一个，也是最具典型特征的干热河谷自然保护区，具有生态系统多样性的保护与科研价值；哀牢山国家级自然保护区及其附近有着多种地貌形态，是进行地理学、地质学研究的理想场所。

（一）自然地理要素

1. 地貌

玉溪市最高海拔高度约3165.9米，最高海拔位置位于哀牢山主峰大磨岩峰，最低海拔高度约327米，高差约2838.9米，平均 DEM 为1762.48米，处于Ⅳ级水平。坝区面积660.95平方千米，坝区土地占全市土地面积的4.32%，坝区综合指数为20.77，属于半山半坝地区。地形起伏度指数为4.82，处于Ⅱ级水平；平均坡度指数为16.19，处于Ⅳ级水平。

2. 气候要素

玉溪市总体处于北亚热带、中亚热带、北热带的过渡地带，年平均气温17.4℃，年降水量为903.9毫米，年日照时数约2143.97小时，气候资源指数为1475.149，处于Ⅳ级水平。

3. 水文要素

玉溪市地处珠江流域、红河流域的交汇地带，水网密度指数58.91，处于Ⅲ级水平。玉溪市有三大高原湖泊，其中，抚仙湖位于澄江县、江川县、华宁县交界处，是中国第二深水湖泊，是云南省蓄水量最大的湖泊，仅次于滇池和洱海，为云南省第三大湖，湖面海拔1722.5米，面积216.6平方千米，流域面积674.69平方千米，最大水深158.9米，平均水深92.5米，蓄水量189.3亿立方米。杞麓湖位于通海县境内，为云南省第六大高原湖泊，湖泊面积35.9平方千米，流域面积354.2平方千米，最大水深6.8米，平均水深4米，蓄水量1.7亿立方米。星云湖位于江川区，与抚仙湖一山之隔，一河相连，俗称江川海，是云南省第七大高原湖泊，湖泊面积34.7平方千米，流域面积386平方千米，平均水深5.91米，最大水深9.5米，蓄水量1.84亿立方米。

4. 土壤要素

玉溪市的土壤类型主要有红壤、紫色土等，以红壤居多。

5. 植被要素

玉溪市的主要植被类型为滇中、东部高原暖性阔叶林、针叶林和滇中南、东部岩溶暖性、暖热性阔叶林、暖性针叶林，植被覆盖度处于显著区。玉溪市生物物种资源丰富，生物多样性处于Ⅵ级水平。

（二）自然资源

1. 土地资源

玉溪市耕地面积 2513.4 平方千米，占全市土地面积的 16.43%；园地面积 268.03 平方千米，占全市土地面积的 1.75%；林地面积 9049.89 平方千米，占全市土地面积的 59.15%；草地面积 1109.73 平方千米，占全市土地面积的 7.25%；城镇村及工矿用地面积 432.4 平方千米，占全市土地面积的 2.83%；交通运输用地面积 197.61 平方千米，占全市土地面积的 1.29%；水域及水利设施用地面积 504.61 平方千米，占全市土地面积的 3.3%；其他用地面积 866.46 平方千米，占全市土地面积的 5.66%。在土地利用分区系统中，玉溪市位于滇中湖盆高原城镇工矿建设与耕地保护区的滇中城市工矿旅游用地亚区；滇中湖盆高原城镇工矿建设与耕地保护区，新平—元江农业与工矿用地亚区。在可利用土地资源评价中，玉溪市 9 个县区的土地资源都较缺乏。

2. 水资源

玉溪市的水资源总量 43.20 亿立方米，地下水资源总量 16.8 亿立方米。在可利用水资源评价中，玉溪市水资源无丰富和较丰富的县区，水资源丰盈程度一般的县区有 1 个，较缺乏的县区有 2 个、缺乏的县区有 6 个。

3. 生物资源

玉溪市分布着国家一级保护植物云贵水韭、元江苏铁、伯乐树、藤枣等，国家二级保护植物桫椤、香果树、扇蕨、黄杉、榉树、箭叶大油芒、红椿、金荞麦、丁茜、龙棕、苏铁蕨、中华桫椤、篦子三尖杉、西康玉兰、翠柏、毛红椿、樟树、润楠、喜树、黑黄檀、水蕨、普通野生稻、十齿花、柄翅果约 24 种，广泛分布着金毛狗、银杏、千果榄仁、金荞麦等国家珍稀植物资源。

玉溪市分布着稀有鸟类绿孔雀；稀有兽类小灵猫、大灵猫、水獭、藏酋猴、黑长臂猿、穿山甲、黑熊等；稀有爬行、两栖、鱼类大头鲤、细瘰疣螈、巨蜥等。

玉溪市的食用菌有鸡枞菌、干巴菌、黄皮疣柄牛肝菌、双孢蘑菇、紫晶蜡蘑、变绿红菇、鸡油菌、美味牛肝菌、皱盖疣柄牛肝菌、香菇、黄伞、梭柄乳头蘑、铜色牛肝菌、小美牛肝菌、血红牛肝菌、桃红牛肝菌、中华牛肝菌、乳牛肝菌、多汁乳菇、草鸡枞、油口蘑、翘鳞肉齿菌、卷缘齿菌、灰喇叭菌、肝色牛排菌、双色牛肝菌、大孢地花、葡萄状枝瑚菌、梭柄马鞍菌、黑木耳、红汁乳菇、羊肚菌、白色地花菌、裂褶菌、红黄鹅膏、棕灰口蘑、高大环柄菇37种。其中，易门县的食用菌资源最为丰富，约28种；华宁县的食用菌资源最少。

4. 矿产资源

玉溪市黑色矿产资源丰富，有色金属资源、化工原料非金属矿产资源、能源矿产资源较为丰富，贵金属资源相对匮乏。

5. 旅游资源

玉溪市的世界自然遗产为澄江化石地；在地文景观资源中，有2处地质景观，分别为峨山彝族自治县的滇东高原景观、元江哈尼族彝族傣族自治县的彩色高林景园。在水体景观资源中，有2处泉水景观，分别为华宁县的盘溪大龙潭景观、元江哈尼族彝族傣族自治县的瓦纳箐温泉景观；有1处瀑布景观，为红塔区的白云瀑布景观。

三 人文地理

（一）人口和民族

玉溪市2018年年末总人口数为238.6万人，性别比为105.87，人口城镇化指数为0.16，人口城镇化级别为Ⅴ级，人口老龄化指数为0.09，老龄化级别为Ⅵ级。玉溪市少数民族人口约74.27万人，少数民族人口占总人口的31.13%，人口数量较多的少数民族有彝族、回族、哈尼族等，民族多样性指数为0.82。玉溪市主要说滇中方言中的玉溪方言。

（二）经济

玉溪市GDP（地区生产总值）为1493.04亿元，人均GDP为62575.02元，地均GDP为976万元/平方千米，第一产业产值149.45亿元，第二产业产值 766.4 亿元，第三产业产值 577.19 亿元，处于经济发展的工业化中后期阶段。经济城镇化指数为 0.84，经济城镇化级别为Ⅲ级。

从农业产业来看，玉溪市的粮食播种面积 11.34 万公顷，年粮食产量 62.4 万吨。玉溪市有 8 个县位于云南省高原特色农业中部现代产业园区中，有 2 家省级生猪产业有限公司，是云南省肉牛产业、肉羊产业特色发展区和稳定发展区；玉溪市冬春蔬菜优势产业区有 2 个，常年蔬菜优势产业区有 6 个，中药材的主要品种有 7 种，分别是黄芪、党参、白及、附子、天冬、露水草、龙胆草。

从工业园区来看，玉溪市有 1 个国家级工业园区、5 个省级工业园区。有 2 个冶金产业园区，有 1 个信息产业园区，有 4 个先进装备制造产业园区。玉溪市有 1 家国家级外贸转型升级基地，为玉溪市通海县国家外贸转型基地（蔬菜）；有 2 家省级外贸转型升级基地，分别是玉溪市高新技术开发区省级外贸转型升级基地（生物医药），玉溪市红塔区省级外贸转型升级基地（花卉）。

（三）旅游

玉溪市有 1 个特色县城。在旅游景区中，玉溪市有 5 个国家 4A 级景区，7 个国家 3A 级景区，7 个国家 2A 级景区；在度假休闲区中，有 1 个旅游度假区，2 个温泉休闲区，1 个城市公园，1 个休闲广场；在专项旅游产品中，有 1 项工业旅游产品，有 2 项农业旅游产品；在体育旅游产品中，有 2 项赛事运动。在节庆会展产品中，有 8 项节庆旅游产品，有 3 项会展旅游产品。

玉溪市有省级历史文化名城 1 个，省级历史文化名镇 1 个，中国历史文化名镇 1 个，全国特色小镇 1 个，云南省特色小镇 6 个。从遗产旅游特色来看，玉溪市有国家级物质文化遗产 4 项，省级物质文化遗产有 25 项；非物质文化遗产有 29 项。玉溪市有解放战争时期革命老区县 4 个、革命老区乡镇 2 个。

（四）社会生活

从人民生活水平来看，2018 年年末，玉溪市住户存款余额 876.02 亿元，较上一年增长 6.16%；职工平均工资 7.614 万元，较上一年增长

8.6%；社会消费品零售总额 392.48 亿元，较上一年增长 6.81%；农村常住居民人均可支配收入 14264 元，较上一年增长 9.24%。

从教育发展来看，玉溪市的义务教育发展总指数为 0.71，义务教育发展级别为Ⅵ级。人口受教育程度指数为 0.74，人口受教育级别为Ⅵ级。

从文化设施来看，玉溪市有 4 个博物馆，其中，二级博物馆有 1 个，三级及以下博物馆有 3 个。玉溪市有 10 个文化馆，其中一级文化馆有 6 个，二级文化馆有 2 个，三级及以下文化馆有 2 个。玉溪市有 10 个图书馆，其中，一级图书馆有 3 个，二级图书馆有 5 个，三级及以下图书馆有 2 个。

玉溪市有 1 个民族团结示范县，有 4 个民族团结示范乡镇，有 2 个少数民族特色集镇，有 7 个少数民族特色村寨。

（五）脱贫攻坚

在脱贫攻坚的道路上，旅游扶贫起到了突出作用。玉溪市有旅游扶贫示范乡镇 1 个，旅游示范村 3 个。

第二节　区域差异

一　红塔区

（一）位置与范围

红塔区位于云南省中部，地处东经 102°17′—102°41′、北纬 24°08′—24°32′之间，东与江川区、通海县相接，西与易门县相邻，南与峨山彝族自治县相连，北与晋宁区接壤。全区总面积约 0.10×10⁴ 平方千米。红塔区人民政府驻红塔区桂山路 38 号。红塔区下辖 9 个街道（玉兴街道、凤凰街道、玉带街道、北城街道、春和街道、李棋街道、大营街街道、研和街道、高仓街道），2 个民族乡（小石桥彝族乡、洛河彝族乡）。

（二）自然地理

在综合自然区划系统中，红塔区属于亚热带北部地带的滇东高原地区的昆明—玉溪湖盆高原区；在云南省生态经济区划中，红塔区位于滇中高原湖盆生态经济区的中部湖盆城镇生态经济亚区；从生态保护红线功能类型上可以看出，红塔区为珠江上游及滇东南喀斯特地带水土保持生态保护红线类型。

1. 自然地理要素

（1）地貌

红塔区的最高海拔高度约 2614 米，最低海拔高度约 1502 米，高差约 1112 米，平均 DEM 为 1902.83 米，处于Ⅳ级水平。坝区面积 147.7 平方千米，坝区土地占全区土地面积的 16.79%，坝区综合指数为 40.33，属于半山半坝区。地形起伏度指数为 4.93，处于Ⅱ级水平；平均坡度指数为 14.73，处于Ⅰ级水平。

（2）气候要素

红塔区总体处于北亚热带，年平均气温 16.4℃，年降水量为 837.9 毫米，年日照时数约 1829.40 小时，气候资源指数为 1429.31，处于Ⅲ级水平。

（3）水文要素

红塔区地处珠江流域，水网密度指数为 36.71，处于Ⅱ级水平。

（4）土壤要素

红塔区的主要土壤类型为红壤。

（5）植被要素

红塔区的主要植被类型为滇中、东部高原暖性阔叶林、针叶林亚区，植被覆盖度处于微显著区。红塔区的生物多样性处于Ⅳ级水平。田中线穿过红塔区。

2. 自然资源

（1）土地资源

红塔区的耕地面积为 163.68 平方千米，占全区土地面积的 16.73%；园地面积 27.73 平方千米，占全区土地面积的 2.74%；林地面积 584.64 平方千米，占全区土地面积的 58.46%；草地面积 8.64 平方千米，占全区土地面积的 0.86%；城镇村及工矿用地面积 98.30 平方千米，占全区土地面积的 9.83%；交通运输用地面积 17.74 平方千米，占全区土地面积的 1.75%；水域及水利设施用地面积 14.50 平方千米，占全区土地面积的 1.45%；其他用地面积 33.12 平方千米，占全区土地面积的 3.31%。在土地利用分区系统中，红塔区位于滇中湖盆高原城镇工矿建设与耕地保护区的滇中城市工矿旅游用地亚区。在可利用土地资源评价中，红塔区的土地资源较缺乏。在三生空间结构类型系统中，为生产—生活—生态均衡型。

（2）水资源

红塔区的水资源总量2.43亿立方米，地表水净流量2.43亿立方米，径流深252.5毫米，地下水资源总量0.84亿立方米，在可利用水资源评价中，红塔区水资源缺乏。

（3）生物资源

红塔区分布着国家二级保护植物桫椤、香果树等。

红塔区的食用菌有鸡枞菌、干巴菌、黄皮疣柄牛肝菌、双孢蘑菇、紫晶蜡蘑等。

（4）旅游资源

红塔区的水体景观资源中，有1处瀑布景观，玉溪白云瀑布景观。

（三）人文地理

1. 人口和民族

红塔区2018年年末总人口数为51.50万人，性别比为101.70，人口城镇化指数为0.30，人口城镇化级别为Ⅳ级，人口老龄化指数为0.09，老龄化级别为Ⅶ级。红塔区少数民族人口约7.97万人，少数民族人口占总人口的15.48%，人口数量较多的少数民族有彝族、回族、哈尼族等，民族多样性指数为0.67。红塔区主要说玉溪（红塔）话，属于滇中方言中的玉溪方言。

2. 经济

红塔区GDP（地区生产总值）为611.55亿元，人均GDP为120129元，地均GDP为6795万元/平方千米，第一产业产值14.79亿元，第二产业产值423.78亿元，第三产业产值172.98亿元，处于经济发展的发达经济阶段。经济城镇化指数为0.98，经济城镇化级别为Ⅰ级。

从农业产业来看，红塔区的粮食播种面积0.49万公顷，年粮食产量3.66万吨。红塔区有2家省级生猪产业有限公司，分别是云南玉溪凤凰生态食品有限公司、云南民之心农业科技集团有限公司；红塔区是云南省肉牛产业、肉羊产业特色发展区和稳定发展区，是常年蔬菜优势产业大区。红塔区的花卉产业有鲜切花、盆花与地方特色花卉、花卉种业。

3. 旅游

在旅游景区中，红塔区有 2 个国家 4A 级景区，分别是玉溪映月潭休闲文化中心、玉溪汇龙生态园；1 个国家 2A 级景区，为玉溪九龙池公园景区。在度假休闲区中，有 2 个温泉休闲区，分别是玉溪汇龙生态园景区、玉溪映月潭景区；1 个城市公园，为玉溪聂耳公园；1 个休闲广场，为玉溪聂耳音乐广场；在专项旅游产品中，有 1 项工业旅游产品，红塔烟草工业园；在体育旅游产品中，有 1 项赛事运动，为体育定向运动。在节庆会展产品中，有 1 项节庆旅游产品，为玉溪米线文化节；有 2 项会展旅游产品，分别是云南户外运动联盟大会、云南野生菌交易会。

红塔区有 1 项国家级物质文化遗产，为文兴祥商号旧址；省级物质文化遗产有 5 项，分别是玉溪红塔、九龙池古建筑群、玉溪古窑址、聂耳故居、北城李家大院；非物质文化遗产有 3 项，分别是花灯节、米线节、青花瓷烧制技艺。

4. 社会生活

从人民生活水平来看，2018 年年末，红塔区的住户存款余额 338.21 亿元，较上一年增长 6.42%；职工平均工资 7.56 万元，较上一年增长 6.18%；社会消费品零售总额 176.95 亿元，较上一年增长 1.11%；农村常住居民人均可支配收入 16999 元，较上一年增长 9.60%。

从教育发展来看，红塔区的义务教育发展总指数为 1.55，人口受教育级别为 Ⅳ 级。人口受教育程度指数为 1.57，义务教育发展级别为 Ⅵ 级。

从文化设施来看，红塔区有 2 个博物馆，其中二级博物馆有 1 个，是市博物馆，三级及以下博物馆有 1 个，是聂耳纪念馆。红塔区有 2 个一级文化馆，分别是市文化馆、区文化馆。

5. 脱贫攻坚

红塔区有旅游扶贫示范村 1 个，玉苗村。

在主体功能区的国家级定位中，红塔区属于集中连片重点开发区域。

二 江川区

（一）位置与范围

江川区位于云南省东北部，地处东经 102°34′—102°55′、北纬 24°12′—24°31′之间，东与华宁县相接，西与红塔区相邻，南与通海县相连，北与晋宁区和澄江市接壤。全区东西最大横距 33.7 千米，南北最大纵距 31.9 千米，总面积约 0.08×10^4 平方千米。江川区人民政府驻江川区大街街道宁海路 34 号。江川区下辖 1 个街道（大街街道），4 个镇（江城镇、前卫镇、九溪镇、路居镇），1 个乡（雄关乡），1 个民族乡（安化彝族乡）。

（二）自然地理

在综合自然区划系统中，江川区属于亚热带北部地带的滇东高原地区的昆明—玉溪湖盆高原区；在云南省生态经济区划中，江川区位于滇中高原湖盆生态经济区的中部湖盆城镇生态经济亚区；从生态保护红线功能类型上可以看出，江川区为高原湖泊及牛栏江上游水源涵养生态保护红线类型。江川区有抚仙湖国家湿地公园和星云湖国家湿地公园，对地区的绿色发展具有举足轻重的作用，是云南生态文明建设的重要资源。

1. 自然地理要素

（1）地貌

江川区的最高海拔高度约 2648 米，最低海拔高度约 1690 米，高差约 958 米，平均 DEM 为 1880.76 米，处于 Ⅳ 级水平。坝区面积 150.46 平方千米，坝区土地占全区土地面积的 18.63%，坝区综合指数为 37.27，属于半山半坝地区。地形起伏度指数为 3.63，处于 Ⅰ 级水平；平均坡度指数为 10.70，处于 Ⅱ 级水平。

（2）气候要素

江川区处于北亚热带，年平均气温 16.7℃，年降水量为 909.1 毫米，年日照时数约 2071.80 小时，气候资源指数为 1395.73，处于 Ⅲ 级水平。

（3）水文要素

江川区地处珠江流域，水网密度指数为 88.35，处于 Ⅲ 级水平。

（4）土壤要素

江川区的土壤类型主要是红壤。

（5）植被要素

江川区的主要植被类型为滇中、东部高原暖性阔叶林、针叶林亚区，植被覆盖度处于不显著区。江川区生物多样性处于Ⅵ级水平。

2. 自然资源

（1）土地资源

江川区耕地面积 209.86 平方千米，占全区土地面积的 26.23%；园地面积 15.71 平方千米，占全区土地面积的 1.96%；林地面积 346.03 平方千米，占全区土地面积的 43.25%；草地面积 32.91 平方千米，占全区土地面积的 4.11%；城镇村及工矿用地面积 39.71 平方千米，占全区土地面积的 4.96%；交通运输用地面积 9.66 平方千米，占全区土地面积的 1.21%；水域及水利设施用地面积 117.79 平方千米，占全区土地面积的 14.72%；其他用地面积 35.98 平方千米，占全区土地面积的 4.50%。在土地利用分区系统中，江川区位于滇中湖盆高原城镇工矿建设与耕地保护区的滇中城市工矿旅游用地亚区。在可利用土地资源评价中，江川区土地资源较缺乏。在三生空间结构类型系统中，为生产—生态主导型。

（2）水资源

江川区的水资源总量 1.00 亿立方米，地表水径流量 1.00 亿立方米，径流深 123.6 毫米，地下水资源总量 0.74 亿立方米，在可利用水资源评价中，江川区水资源缺乏。

（3）生物资源

江川区的食用菌有鸡枞菌、干巴菌、双孢蘑菇等。

（三）人文地理

1. 人口和民族

江川区 2018 年年末总人口数为 28.82 万人，性别比为 102.54，人口城镇化指数为 0.13，人口城镇化级别为Ⅵ级，人口老龄化指数为 0.10，老龄化级别为Ⅷ级。江川区少数民族人口约 1.83 万人，少数民族人口占总人口的 6.35%，人口数量较多的少数民族有彝族、哈尼族等，民族多样性指数为 0.28。江川区主要说江川话，属于滇中方言中的玉溪方言。

2. 经济

江川区 GDP（地区生产总值）为 81.09 亿元，人均 GDP 为 28284 元，地均 GDP 为 1014 万元/平方千米，第一产业产值 15.99 亿元，第二产业产值 26.42 亿元，第三产业产值 38.68 亿元，处于经济发展的工业化中后期阶段。经济城镇化指数为 0.80，经济城镇化级别为Ⅳ级。

从农业产业来看，江川区的粮食播种面积 0.62 万公顷，年粮食产量 4.48 万吨。江川区有 1 个中部现代产业园区为花卉产业园区，花卉产业包括鲜切花、盆花与地方特色花卉、花卉种业。江川区是常年蔬菜优势产业区。

从工业园区来看，江川区有 1 个国家级工业园区，为玉溪高新技术产业开发区，主要是信息产业园区和先进装备制造产业园区。

3. 旅游

在旅游景区中，江川区有 3 个国家 3A 级景区，分别为江川古滇国文化园景区、玉溪明星渔洞景区、玉溪明星碧云公园景区。有 1 个旅游度假区，为玉溪抚仙湖省级旅游度假区。有 1 项农业旅游产品，为江川抚仙湖车水捕鱼。有 1 项节庆旅游产品，为江川抚仙湖铜锅美食节；有 1 项会展旅游产品，为江川高原湖泊水产品交易会。

江川区有 1 项国家级物质文化遗产，为李家山古墓群；有 2 项省级物质文化遗产，分别是江川文庙、金甲阁；有 2 项非物质文化遗产，分别是撒弦乐、铜器制作技艺。

4. 社会生活

从人民生活水平来看，2018 年年末，江川区住户存款余额 90.71 亿元，较上一年增长 11.21%；职工平均工资 7.41 万元，较上一年增长 6.77%；社会消费品零售总额 27.7 亿元，较上一年增长 24.68%；农村常住居民人均可支配收入 13280 元，较上一年增长 9.10%。

从教育发展来看，江川区的义务教育发展总指数为 0.57，义务教育发展级别为Ⅶ级。人口受教育程度指数为 0.84，人口受教育级别为Ⅴ级。

从文化设施来看，江川区有 1 个三级及以下博物馆，为李家山青铜器博物馆；有 1 个二级文化馆，是县文化馆；有 1 个二级图书馆，是县图书馆。

江川区有 1 个少数民族特色村寨。

在主体功能区的国家级定位中，江川区属于集中连片重点开发区域。

三　澄江市

（一）位置与范围

澄江市位于云南省中部，东与宜良县相接，西与晋宁区相邻，南与华宁县、江川区相连，北与呈贡区接壤。全市东西最大横距 47.5 千米，南北最大纵距 26 千米，总面积约 0.08 × 10⁴ 平方千米。澄江市人民政府驻澄江市凤翔路北 14 号。澄江市下辖 2 个街道（凤麓街道、龙街街道），4 个镇（阳宗镇、右所镇、海口镇、九村镇）。

（二）自然地理

在综合自然区划系统中，澄江市属于亚热带北部地带的滇东高原地区的昆明—玉溪湖盆高原区；在云南省生态经济区划中，澄江市位于滇中高原湖盆生态经济区的中部湖盆城镇生态经济亚区；从生态保护红线功能类型上可以看出，澄江市为高原湖泊及牛栏江上游水源涵养生态保护红线类型。澄江市有澄江动物化石群省级自然保护区、抚仙湖国家湿地公园、云南澄江动物群国家地质公园。

1. 自然地理要素

（1）地貌

澄江市最高海拔高度约 2820 米，最低海拔高度约 1328 米，高差约 1492 米，平均 DEM 为 1930.48 米，处于Ⅳ级水平。坝区面积 44.3 平方千米，坝区土地占全市土地面积的 10.63%，坝区综合指数为 22.24，属于半山半坝地区。地形起伏度指数为 4.16，处于Ⅰ级水平；平均坡度指数 11.96，处于Ⅱ级水平。

（2）气候要素

澄江市总体处于北亚热带，年平均气温 16.6℃，年降水量为 918.8 毫米，年日照时数约 2172.30 小时，气候资源指数为 1479.22，处于Ⅳ级水平。

（3）水文要素

澄江市地处珠江流域，水网密度指数为134.38，处于Ⅴ级水平。

（4）土壤要素

澄江市的土壤类型主要是红壤。

（5）植被要素

澄江市的主要植被类型为滇中、东部高原暖性阔叶林、针叶林亚区，植被覆盖度处于不显著区。澄江市生物多样性处于Ⅵ级水平。

2. 自然资源

（1）土地资源

澄江市耕地面积161.96平方千米，占全市土地面积的20.25%；园地面积6.24平方千米，占全市土地面积的0.78%；林地面积265.05平方千米，占全市土地面积的33.13%；草地面积79.67平方千米，占全市土地面积的9.96%；城镇村及工矿用地面积33.10平方千米，占全市土地面积的4.14%；交通运输用地面积11.73平方千米，占全市土地面积的1.47%；水域及水利设施用地面积147.37平方千米，占全市土地面积的18.42%；其他用地面积50.82平方千米，占全市土地面积的6.35%。在土地利用分区系统中，位于滇中湖盆高原城镇工矿建设与耕地保护区的滇中城市工矿旅游用地亚区。在可利用土地资源评价中，澄江市土地资源较缺乏。在三生空间结构类型系统中，为生产—生态主导型。

（2）水资源

澄江市的水资源总量1.48亿立方米，地表水径流量1.48亿立方米，径流深198.1毫米，地下水资源总量0.72亿立方米，在可利用水资源评价中，澄江市水资源缺乏。

（3）生物资源

澄江市的食用菌有鸡枞菌、干巴菌、黄皮疣柄牛肝菌、双孢蘑菇、变绿红菇等。

（4）旅游资源

澄江市的世界自然遗产为澄江化石地。

（三）人文地理

1. 人口和民族

澄江市 2018 年年末总人口数为 18.20 万人，性别比为 102.25，人口城镇化指数为 0.11，人口城镇化级别为Ⅵ级，人口老龄化指数为 0.09，老龄化级别为Ⅵ。澄江市少数民族人口约 1.05 万人，少数民族人口占总人口的 5.77%，人口数量较多的少数民族有回族、彝族等，民族多样性指数 0.31。澄江市主要说澄江话，属于滇中方言中的玉溪方言。

2. 经济

澄江市 GDP（地区生产总值）为 80.02 亿元，人均 GDP 为 44630 元，地均 GDP 为 1000 万元/平方千米，第一产业产值 10.7 亿元，第二产业产值 25.56 亿元，第三产业产值 43.76 亿元，处于经济发展的工业化中后期阶段。经济城镇化指数为 0.87，经济城镇化级别为Ⅲ级。

从农业产业来看，澄江市的粮食播种面积 0.59 万公顷，年粮食产量 3.5 万吨，澄江市是常年蔬菜优势产业区。

3. 旅游

在旅游景区中，澄江市有 1 个国家 4A 级景区，为澄江市禄冲景区；3 个国家 3A 级景区，分别是澄江市月亮湾湿地公园景区、玉溪仙湖古镇、仙湖湾景区；2 个国家 2A 级景区，分别是澄江西浦公园景区、澄江凤山公园景区。有 1 个旅游度假区，为玉溪抚仙湖省级旅游度假区。在体育旅游产品中，有 1 项赛事运动，为环抚仙湖自行车赛。在节庆会展产品中，有 1 项节庆旅游产品，为澄江抚仙湖原创音乐节。

澄江市有 2 个云南省特色小镇，分别是澄江寒武纪小镇、广龙旅游小镇；从遗产旅游特色来看，澄江市有 1 项国家级物质文化遗产，为金莲山、学山遗址群；有 1 项非物质文化遗产，为关索戏。

4. 社会生活

从人民生活水平来看，2018 年年末，澄江市住户存款余额 65.29 亿元，较上一年增长 14.20%；职工平均工资 8.58 万元，较上一年增长 22.75%；社会消费品零售总额 24.93 亿元，较上一年增长 12.50%；农村常住居民人均可支配收入 15236 元，较上一年增长 9.70%。

从教育发展来看，澄江市的义务教育发展总指数为 0.55，义务教育发展级别为Ⅶ级。人口受教育程度指数为 0.49，人口受教育级别为Ⅶ级。

从文化设施来看，澄江市有 1 个二级文物馆，是县文化馆；有 1 个二级图书馆，是县图书馆。

在主体功能区的国家级定位中，澄江市属于集中连片重点开发区域。

四 通海县

（一）位置与范围

通海县位于云南省中部，地处东经 102°30′—102°53、北纬 23°54′—24°14′之间，东与华宁县相接，西与峨山彝族自治县相邻，南与石屏县和建水县相连，北与江川区接壤。全县东西最大横距 36.32 千米，南北最大纵距 37.97 千米，总面积约 0.07 × 10⁴ 平方千米。通海县人民政府驻通海县礼乐西路。通海县下辖 2 个街道（秀山街道、九龙街道），4 个镇（杨广镇、河西镇、四街镇、纳古镇），3 个民族乡（里山彝族乡、高大傣族彝族乡、兴蒙蒙古族乡）。

（二）自然地理

在综合自然区划系统中，通海县属于亚热带北部地带的滇东高原地区的昆明—玉溪湖盆高原区；在云南省生态经济区划中，通海县主要位于滇中高原湖盆生态经济区的中部湖盆城镇生态经济亚区；从生态保护红线功能类型上可以看出，通海县为高原湖泊及牛栏江上游水源涵养生态保护红线类型。通海县有杞麓湖国家湿地公园，湿地公园的建立使得杞麓湖生态环境不断改善。

1. 自然地理要素

（1）地貌

通海县最高海拔高度约 2441.00 米，最低海拔高度约 1350.00 米，高差约 1091 米，平均 DEM 为 1887.51 米，处于Ⅳ级水平。坝区面积 158.3 平方千米，坝区土地占全县土地面积的 22.98%，坝区综合指数为 44.77，属于坝区地区。地形起伏度指数为 3.78，处于Ⅰ级水平；平均坡度指数为 13.06，处于Ⅱ级水平。

（2）气候要素

通海县处于北亚热带，年平均气温 16.2℃，年降水量为 903.7 毫米，年日照时数约 2197.60 小时，气候资源指数为 1366.36，处于Ⅲ级水平。

（3）水文要素

通海县地处珠江流域，水网密度指数为 55.64，处于Ⅲ级水平。

（4）土壤要素

通海县的土壤类型主要为红壤。

（5）植被要素

通海县的主要植被类型为滇中、东部高原暖性阔叶林、针叶林亚区，植被覆盖度处于微显著区。通海县生物多样性处于Ⅵ级水平。田中线穿过通海县。

2. 自然资源

（1）土地资源

通海县耕地面积 183.27 平方千米，占全县土地面积的 26.18%；园地面积 12.90 平方千米，占全县土地面积的 1.84%；林地面积 405.21 平方千米，占全县土地面积的 57.89%；草地面积 13.11 平方千米，占全县土地面积的 1.87%；城镇村及工矿用地面积 37.83 平方千米，占全县土地面积的 5.40%；交通运输用地面积 12.92 平方千米，占全县土地面积的 1.85%；水域及水利设施用地面积 46.53 平方千米，占全县土地面积的 6.65%；其他用地面积 27.77 平方千米，占全县土地面积的 3.97%。在土地利用分区系统中，通海县位于滇中湖盆高原城镇工矿建设与耕地保护区的滇中城市工矿旅游用地亚区。在可利用土地资源评价中，通海县土地资源较缺乏。在三生空间结构类型系统中，为生产—生态主导型。

（2）水资源

通海县的水资源总量 0.98 亿立方米，地表水径流量 0.98 亿立方米，径流深 133.4 毫米，地下水资源总量 0.41 亿立方米，在可利用水资源评价中，通海县水资源缺乏。

（3）生物资源

通海县的食用菌有鸡枞菌、干巴菌等。

（三）人文地理

1. 人口和民族

通海县 2018 年年末总人口数为 31.16 万人，性别比为 102.42，人口城镇化指数为 0.14，人口城镇化级别为Ⅵ级，人口老龄化指数为 0.09，老龄化级别为Ⅷ。通海县少数民族人口约 4.98 万人，少数民族人口占总人口的 15.98%，人口数量较多的少数民族有彝族、回族、蒙古族等，民族多样性指数 0.71。通海县主要说通海话，属于滇中方言中的玉溪方言。

2. 经济

通海县 GDP（地区生产总值）为 101.19 亿元，人均 GDP 为 32707 元，地均 GDP 为 1446 万元/平方千米，第一产业产值 16.13 亿元，第二产业产值 36.9 亿元，第三产业产值 48.16 亿元，处于经济发展的工业化中后期阶段。经济城镇化指数为 0.84，经济城镇化级别为Ⅲ级。

从农业产业来看，通海县的粮食播种面积 0.43 万公顷，年粮食产量 2.44 万吨。通海县是云南省肉牛产业、肉羊产业稳定发展区；通海县主要有花卉产业，鲜切花、花卉种业。通海县也是常年蔬菜优势产业区。

从工业园区来看，通海县有 1 个省级工业园区，为通海五金产业园区，主要从事装备制造业。

3. 旅游

在旅游景区中，通海县有 1 个国家 4A 级景区，为通海县鲁布革三峡景区；在节庆会展产品中，有 1 项节庆旅游产品，为通海迎春花街节。

通海县是省级历史文化名城，有省级历史文化名镇 1 个，为通海县秀山省级历史文化名城。有中国历史文化名镇 1 个，为河西镇；有 1 个云南省特色小镇，为杨广智慧农业小镇。从遗产旅游特色来看，通海县有 9 项省级物质文化遗产，分别是河西大福寺、杨广法明寺、秀山古建筑群、四街常氏祠堂、圆明寺、三圣宫、聚奎阁、河西文庙、通海文庙；非物质文化遗产有 2 项，分别是抬阁、洞经音乐。

4. 社会生活

从人民生活水平来看，2018 年年末，通海县住户存款余额 116.57 亿元，较上一年增长 6.93%；职工平均工资 6.81 万元，较上一年下降 1.02%；社会消费品零售总额 38.61 亿元，较上一年增长 10.34%；农村常住居民人均可支配收入 16436 元，较上一年增长 9.20%。

从教育发展来看，通海县的义务教育发展总指数为 0.57，义务教育发展级别为Ⅶ级。人口受教育程度指数为 0.84，人口受教育级别为Ⅴ级。

从文化设施来看，通海县有 1 个三级及以下博物馆，是县博物馆；有 1 个一级文化馆，是县文化馆；有 1 个二级图书馆，是县图书馆。

通海县有 1 个民族团结示范乡镇，四街镇；有一个省级民族民间传统文化之乡——者湾书画之乡。

5. 脱贫攻坚

通海县有旅游扶贫重点村 1 个，黑牛白村。

在主体功能区的国家级定位中，通海县属于集中连片重点开发区域。

五　华宁县

（一）位置与范围

华宁县位于云南省中部，地处东经 102°48′—103°09′、北纬 23°59′—24°34′之间，全县东西最大横距 34 千米，南北最大纵距 59 千米，总面积约为 0.13×10⁴ 平方千米。华宁县是云南省玉溪市的下辖县，属于滇中城市群，县人民政府驻地位于华宁县宁秀街 148 号。华宁县下辖有 1 个街道（宁州街道），3 个镇（盘溪镇、华溪镇、青龙镇），1 个民族乡（通红甸彝族苗族乡）。

（二）自然地理

华宁县自然地理条件优越。在综合自然区划系统中，华宁县属于亚热带北部地带的滇东高原地区的昆明—玉溪湖盆高原区；在云南省生态经济区划中，华宁县主要位于滇中高原湖盆生态经济区的中部湖盆城镇生态经济亚区；从生态保护红线功能类型上可以看出，华宁县为高原湖泊及牛栏江上游水源涵养生态保护红线类型。华宁县有抚仙湖国家湿地公园，抚仙湖是国家高原大型深水型湖泊的代表，其湿地生态系统具有独特性。华宁县是第二批国家级生态文明建设示范区，示范区的建设体现了华宁县在绿色发展的理念下，聚焦高质量发展要求，努力发展绿色生态，加强生态文明建设。

1. 自然地理要素

（1）地貌

华宁县最高海拔高度约为 2663.10 米，最低海拔高度约为 1110.00 米，高差约为 1553.1 米，平均 DEM 为 1788.97 米，处于Ⅳ类水平。坝区面积为 26.13 平方千米，坝区土地面积占全县土地面积的 4.51%，坝区综合指数为 7.52，属于山区地区。地形起伏度指数为 4.85，处于Ⅱ级水平；全县的平均坡度指数为 16.73，处于Ⅴ级水平。

（2）气候要素

华宁县整体上处于北亚热带，年平均气温为 16.3℃，年降水量为 908.3 毫米，年日照时数约为 2191.60 小时，气候资源指数为 1480.47，处于Ⅳ级水平。

（3）水文要素

华宁县地处珠江流域，水网密度指数为 46.42，处于Ⅱ级水平。

（4）土壤要素

华宁县的土壤类型主要为红壤。

（5）植被要素

华宁县的主要植被类型为滇中、东部高原暖性阔叶林、针叶林亚区，植被覆盖度处于显著区。华宁县生物物种资源丰富，生物多样性处于Ⅶ级水平。

2. 自然资源

（1）土地资源

华宁县耕地面积为 342.90 平方千米，占全县土地面积的 26.38%；园地面积为 43.84 平方千米，占全县土地面积的 3.37%；林地面积为 512.82 平方千米，占全市土地面积的 39.45%；草地面积 106.03 平方千米，占全县土地面积的 8.16%；城镇村及工矿用地面积为 36.48 平方千米，占全县土地面积的 2.81%；交通运输用地面积为 20.39 平方千米，占全县土地面积的 1.57%；水域及水利设施用地面积为 35.15 平方千米，占全县土地面积的 2.70%；其他用地面积为 150.45 平方千米，占全县土地面积的 11.57%。在土地利用分区系统中，华宁县位于滇中湖盆高原城镇工矿建设与耕地保护区和滇中城市工矿旅游用地亚区。在可利用土地资源评价方面，华宁县的可利用土地资源属于较缺乏类型。在三生空间结构类型系统中，为生产—生态主导型。

（2）水资源

华宁县的水资源总量为 3.41 亿立方米，地表水径流量 3.41 亿立方米，径流深 274.7 毫米，地下水资源总量为 1.10 亿立方米，在可利用水资源评价方面，华宁县的可利用水资源属于缺乏类型。

（3）生物资源

华宁县的食用菌为鸡枞菌。

（4）旅游资源

华宁县的水体景观资源中，有 1 处泉水景观，为华宁盘溪大龙潭景观。

（三）人文地理

1. 人口和民族

华宁县 2018 年年末总人口数为 22.15 万人，人口性别比为 106.26，人口城镇化指数为 0.09，人口城镇化级别为Ⅶ级，人口老龄化指数为 0.09，老龄化级别属于Ⅵ级。华宁县少数民族人口约为 5.84 万人，少数民族人口占总人口的比重为 26.37%，全县人口数量较多的少数民族主要有彝族、回族、苗族等，民族多样性指数为 0.80。华宁县主要说华宁话，属于滇中方言中的玉溪方言。

2. 经济

华宁县的 GDP（地区生产总值）为 91.23 亿元，人均 GDP 为 41187.36 元，地均 GDP 为 702 万元/平方千米，第一产业产值为 19.50 亿元，第二产业产值为 30.49 亿元，第三产业产值为 41.24 亿元，处于经济发展的工业化中后期阶段。经济城镇化指数为 0.77，经济城镇化级别属于Ⅴ级。

从农业产业来看，华宁县的粮食播种面积 1.22 万公顷，年粮食产量 6.49 万吨。华宁县位于云南省高原特色农业中部现代产业园区中，是云南省肉牛产业、肉羊产业特色发展区和稳定发展区，是常年蔬菜优势产业区的重点县。华宁县中药材主要品种包括黄芪、党参、白及、附子、天冬等。

从工业园区来看，华宁县有省级工业园区 1 个、先进装备制造产业园区 1 个。

3. 旅游

在旅游景区中，华宁县有 1 个国家 2A 级景区，为华宁象鼻温泉度假村景区；在度假休闲区中，有 1 个旅游度假区，为玉溪抚仙湖旅游度假区。在节庆会展产品中，有 1 项节庆旅游，为华宁柑橘旅游文化节。

华宁县有 1 个云南省特色小镇，为盘溪橘乡小镇。从遗产旅游特色来看，华宁县省级物质文化遗产有 2 项，分别是广化寺、黄龙山锁水塔迎春桥；非物质文化遗产有 1 项，是竹编。华宁县有 2 个解放战争时期革命老区乡镇，分别是华宁县通红甸彝族苗族乡、盘溪镇。

4. 社会生活

从人民生活水平来看，2018 年年末，华宁县住户存款余额 52.46 亿元，较上一年增长 4.77%；职工平均工资 8.28 万元，较上一年增长 1.60%；社会消费品零售总额 23.18 亿元，较上一年增长 12.25%；农村常住居民人均可支配收入 13970 元，较上一年增长 9.80%。

从教育发展来看，华宁县的义务教育发展总指数为 0.53，义务教育发展级别为Ⅶ级。人口受教育程度指数为 0.61，人口受教育级别为Ⅴ级。

从文化设施来看，华宁县有 1 个一级文化馆，有 1 个三级及以下图书馆。

华宁县有 1 个民族团结示范乡镇，为盘溪镇，有 1 个少数民族特色村寨。

5. 脱贫攻坚

华宁县有 1 个旅游扶贫示范镇，为华溪镇。

在主体功能区的国家级定位中，华宁县属于集中连片重点开发区域。

六　易门县

（一）位置与范围

易门县位于云南省中部，地处东经 101°53′—102°17′、北纬 24°27′—24°57′之间，全县东西最大横距 44 千米，南北最大纵距 57 千米，总面积约为 0.16×10^4 平方千米。易门县属于滇中城市群，县人民政府驻地位于易门县城山路 1 号。易门县下辖 2 个街道（龙泉街道、六街街道），1 个镇（绿汁镇），1 个乡（小街乡），3 个民族乡（浦贝彝族乡、十街彝族乡、铜厂彝族乡）。

（二）自然地理

易门县自然地理条件优越。在综合自然区划系统中，易门县属于亚热带北部地带的滇东高原地区的楚雄红岩高原区；在云南省生态经济区划中，易门县主要位于滇中高原湖盆生态经济区、中部湖盆城镇生态经济亚区；从生态保护红线功能类型上可以看出，易门县为红河（元江）干热河谷及山原水土保持生态保护红线类型。

1. 自然地理要素

（1）地貌

易门县最高海拔高度约为 2608.00 米，最低海拔高度约为 1036.00 米，高差约为 1572 米，平均 DEM 为 1858.07 米，处于Ⅳ类水平。坝区面积为 28.75 平方千米，坝区土地面积占全县土地面积的 3.57%，坝区综合指数为 9.86，属于山区地区。地形起伏度指数为 4.93，处于Ⅱ级水平；全县的平均坡度指数为 19.61，处于Ⅴ级水平。

（2）气候要素

易门县整体上处于中亚热带高原季风气候区，年平均气温为 16.6℃，年降水量为 830.4 毫米，年日照时数约为 2125.50 小时，气候资源指数为 1380.84，处于Ⅲ级水平。

（3）水文要素

易门县地处红河流域，水网密度指数为 27.64，处于Ⅲ级水平。

（4）土壤要素

易门县的土壤类型主要为红壤。

（5）植被要素

易门县的主要植被类型为滇中南、东部岩溶暖性、暖热性阔叶林、暖性针叶林亚区，植被覆盖度处于显著区。易门县生物物种资源丰富，生物多样性处于Ⅴ级水平。田中线穿过易门县。

2. 自然资源

（1）土地资源

易门县耕地面积为 228.41 平方千米，占全县土地面积的 15.23%；园地面积为 22.89 平方千米，占全县土地面积的 1.53%；林地面积为 940.88 平方千米，占全县土地面积的 62.73%；草地面积 147.23 平方千米，占全县土地面积的 9.82%；城镇村及工矿用地面积为 42.07 平方千米，占全县土地面积的 2.80%；交通运输用地面积为 17.97 平方千米，占全县土地面积的 1.20%；水域及水利设施用地面积为 18.26 平方千米，占全县土地面积的 1.22%；其他用地面积为 108.85 平方千米，占全县土地面积的 7.26%。在土地利用分区系统中，易门县位于滇中湖盆高原城镇工矿建设与耕地保护区的滇中城市工矿旅游用地亚区。在可利用土地资源评价方面，易门县的可利用土地资源属于较缺乏类型。在三生空间结构类型系统中，为生态—生产主导型。

（2）水资源

易门县的水资源总量为 2.36 亿立方米，地表水径流量 2.36 亿立方米，径流深 156.1 毫米，地下水资源总量的数值为 0.81 亿立方米，在可利用水资源评价方面，易门县的可利用水资源属于缺乏类型。

（3）生物资源

易门县分布着 1 种国家一级保护植物云贵水韭；拥有的国家二级保护植物主要为扇蕨、黄杉、翠柏、榉树、丁茜、箭叶大油芒等。

易门县分布着稀有鸟类有绿孔雀和黑颈长尾雉。

易门县的食用菌有鸡枞菌、鸡油菌、美味牛肝菌、黄皮疣柄牛肝菌、皱盖疣柄牛肝菌、香菇、双孢蘑菇、黄伞、梭柄乳头蘑、铜色牛肝菌、小美牛肝菌、血红牛肝菌、桃红牛肝菌、中华牛肝菌、乳牛肝菌、变绿红菇、多汁乳菇、草鸡枞、油口蘑、翘鳞肉齿菌、卷缘齿菌、灰喇叭菌、紫晶蜡蘑、肝色牛排菌、双色牛肝菌、大孢地花、葡萄状枝瑚菌、棱柄马鞍菌约 28 种。

（三）人文地理

1. 人口和民族

易门县 2018 年年末总人口数为 18.11 万人，人口性别比为 109.99，人口城镇化指数为 0.19，人口城镇化级别为 V 级，人口老龄化指数为 0.09，老龄化级别属于 Ⅶ 级。易门县少数民族人口约为 5.47 万人，少数民族人口占总人口的比重为 30.20%，全县人口数量较多的少数民族主要有彝族、哈尼族、回族、苗族等，民族多样性指数为 0.80。易门县主要说易门话，属于滇中方言中的玉溪方言。

2. 经济

易门县的 GDP（地区生产总值）为 107.93 亿元，人均 GDP 为 59596.91 元，地均 GDP 为 720 万元/平方千米，第一产业产值为 12.05 亿元，第二产业产值为 60.96 亿元，第三产业产值为 34.92 亿元，全县整体处于经济发展的工业化中后期阶段。经济城镇化指数为 0.87，经济城镇化级别属于Ⅲ级。

从农业产业来看，易门县的粮食播种面积 1.31 万公顷，年粮食产量 5.95 万吨。

从工业园区来看，易门县有 1 个中部现代产业园区，省级工业园区 1 个，为易门工业园区。有 1 个冶金产业园区。

3. 旅游

从遗产旅游特色来看，易门县的省级物质文化遗产有 2 项，为龙泉寺、永宁寺；非物质文化遗产有 2 项，分别是跳三桩、豆豉制作技艺。

易门县是解放战争时期革命老区。

4. 社会生活

从人民生活水平来看，2018 年年末，易门县的住户存款余额为 55.32 亿元，比上一年增长 3.23%；职工平均工资为 7.59 万元，比上一年增长 13.45%；社会消费品零售总额为 23.53 亿元，比上一年增长 12.42%；农村常住居民人均可支配收入为 13642 元，比上一年增长了 9.00%。

从教育发展来看，易门县的义务教育发展总指数为 0.69，义务教育发展级别为Ⅵ级。人口受教育程度指数为 0.54，人口受教育级别属于Ⅴ级。

从文化设施来看，易门县有 1 个一级文化馆，有 1 个一级图书馆，为县图书馆。

易门县有 1 个民族团结示范乡镇，为铜厂彝族乡，有 1 个少数民族特色村寨。

在主体功能区的国家级定位中，易门县属于集中连片重点开发区域。

七 峨山彝族自治县

（一）位置与范围

峨山彝族自治县位于云南省中部，地处东经 101°52′—102°37′、北纬 24°00′—24°32′之间，总面积约为 0.20×10⁴平方千米。峨山彝族自治县是云南省玉溪市的下辖县，属于滇中城市群，县人民政府驻地位于峨山彝族自治县桂峰路 43 号。峨山彝族自治县下辖有 2 个街道（双江街道、小街街道），3 个镇（甸中镇、化念镇、塔甸镇），3 个乡（岔河乡、大龙潭乡、富良棚乡）。

（二）自然地理

峨山彝族自治县自然地理条件优越。在综合自然区划系统中，峨山彝族自治县部分属于亚热带北部地带的滇东高原地区的昆明—玉溪湖盆高原区，部分属于亚热带北部地带的滇东高原地区的楚雄红岩高原区；在云南省生态经济区划中，峨山彝族自治县主要位于滇中高原湖盆生态经济区的中部湖盆城镇生态经济亚区；从生态保护红线功能类型上可以看出，峨山彝族自治县为红河（元江）干热河谷及山原水土保持生态保护红线类型。

1. 自然地理要素

（1）地貌

峨山彝族自治县最高海拔高度约为 2583.70 米，最低海拔高度约为 820.00 米，高差约 1763.7 米，平均 DEM 为 1716.99 米，处于Ⅲ类水平。坝区面积为 23.69 平方千米，坝区土地面积占全县土地面积的 3.31%，坝区综合指数为 11.65，属于山区地区。地形起伏度指数为 5.13，处于Ⅱ级水平；全县的平均坡度指数为 17.42，处于Ⅳ级水平。

（2）气候要素

峨山彝族自治县整体上处于北亚热带，年平均气温为 16.3℃，年降水量为 946.3 毫米，年日照时数约为 2282.60 小时，气候资源指数为 1415.76，处于Ⅲ级水平。

（3）水文要素

峨山彝族自治县地处珠江流域、红河流域，水网密度指数为 28.81，处于Ⅱ级水平。

（4）土壤要素

峨山彝族自治县的土壤类型主要为红壤。

（5）植被要素

峨山彝族自治县的主要植被类型为滇中、东部高原暖性阔叶林、针叶林亚区，植被覆盖度处于较显著区。峨山彝族自治县生物物种资源丰富，生物多样性处于Ⅴ级水平。田中线穿过峨山彝族自治县。

2. 自然资源

（1）土地资源

峨山彝族自治县耕地面积为 237.37 平方千米，占全县土地面积的 12.49%；园地面积为 19.23 平方千米，占全县土地面积的 1.01%；林地面积为 1456.05 平方千米，占全县土地面积的 76.63%；草地面积 72.39 平方千米，占全县土地面积的 3.81%；城镇村及工矿用地面积为 41.71 平方千米，占全县土地面积的 2.20%；交通运输用地面积为 21.93 平方千米，占全县土地面积的 1.15%；水域及水利设施用地面积为 20.45 平方千米，占全县土地面积的 1.08%；其他用地面积为 62.93 平方千米，占全县土地面积的 3.31%。在土地利用分区系统中，峨山彝族自治县位于滇中湖盆高原城镇工矿建设与耕地保护区的新平—元江农业与工矿用地亚区。在可利用土地资源评价方面，峨山彝族自治县的可利用土地资源属于较缺乏类型。在三生空间结构类型系统中，为生态主导型。

（2）水资源

峨山彝族自治县的水资源总量为 3.84 亿立方米，地表水径流量 3.84 亿立方米，径流深 198.8 毫米，地下水资源总量为 1.35 亿立方米，在可利用水资源评价方面，峨山彝族自治县的可利用水资源属于较缺乏类型。

（3）生物资源

峨山彝族自治县分布着国家二级保护植物桫椤、红椿、喜树、金荞麦、丁茜、龙棕等。

峨山彝族自治县分布着稀有鸟类绿孔雀。

峨山彝族自治县的食用菌有鸡枞菌、干巴菌、鸡油菌、黄皮疣柄牛肝菌、黑木耳、红汁乳菇、羊肚菌、白色地花菌等。

（4）旅游资源

峨山彝族自治县有 1 处地质景观，为滇东高原景观。

（三）人文地理

1. 人口和民族

峨山彝族自治县 2018 年年末总人口数为 17.01 万人，人口性别比为 106.32，人口城镇化指数为 0.18，人口城镇化级别为 Ⅴ 级，人口老龄化指数为 0.09，老龄化级别属于 Ⅶ 级。峨山彝族自治县少数民族人口约为 10.69 万人，少数民族人口占总人口的比重为 62.85%，全县人口数量较多的少数民族主要有彝族、哈尼族、回族等，民族多样性指数为 1.08。峨山彝族自治县主要说易门话，属于滇中方言中的玉溪方言。

2. 经济

峨山彝族自治县的 GDP（地区生产总值）为 84.87 亿元，人均 GDP 为 49894.18 元，地均 GDP 为 447 万元/平方千米，第一产业产值为 12.51 亿元，第二产业产值为 35.01 亿元，第三产业产值为 37.35 亿元，全县整体处于经济发展的工业化中后期阶段。经济城镇化指数为 0.84，经济城镇化级别属于 Ⅲ 级。

从农业产业来看，峨山彝族自治县的粮食播种面积为 1.17 万公顷，年粮食产量达到了 7.12 万吨。峨山彝族自治县属于云南省高原特色农业中部现代产业园区，属于常年冬春蔬菜优势产业区。

从工业园区来看，峨山彝族自治县有 1 个省级工业园区，为玉溪研和工业园区，同时该工业园区也是 1 个先进装备制造产业园区。

3. 旅游

在旅游景区方面，在专项旅游产品中，有 1 项农业旅游产品，为峨山高香生态茶园。

从遗产旅游特色来看，峨山彝族自治县有 1 个云南省特色小镇，为嶍峨古镇。从遗产旅游特色来看，峨山彝族自治县非物质文化遗产有 5 项，分别是滇戏、竹乐器制作技艺、彝族花鼓舞、彝族服饰、彝族开心节。峨山彝族自治县是解放战争时期革命老区。

4. 社会生活

从人民生活水平来看，2018 年年末，峨山彝族自治县的住户存款余额达到了 48.68 亿元，比上一年增长 0.95%；职工平均工资为 7.92 万元，比上一年增长 5.74%；社会消费品零售总额为 19.88 亿元，比上一年增长 12.38%；农村常住居民人均可支配收入为 13047 元，比上一年增长 9.30%。

从教育发展来看，峨山彝族自治县的义务教育发展总指数为 0.66，义务教育发展级别为Ⅵ级。人口受教育程度指数为 0.49，人口受教育级别为Ⅶ级。

从文化设施来看，峨山彝族自治县有 1 个三级文化馆，有 1 个二级县图书馆。

峨山彝族自治县有 1 个少数民族特色集镇，为岔河乡；有 1 个少数民族特色村寨；有 1 个省级民族民间传统文化之乡，为彝族花鼓舞之乡。

在主体功能区的国家级定位中，峨山彝族自治县属于集中连片重点开发区域。

八　新平彝族傣族自治县

（一）位置与范围

新平彝族傣族自治县位于云南省中部，地处东经 101°16′—102°16′、北纬 23°38′—24°25′之间，全县东西最大横距 152 千米，南北最大纵距 237.5 千米，总面积约 0.42×10^4 平方千米。新平彝族傣族自治县属于滇中城市群，县人民政府驻新平彝族傣族自治县平山路 42 号。新平彝族傣族自治县下辖 2 个街道（桂山街道、古城街道），4 个镇（扬武镇、漠沙镇、戛洒镇、水塘镇），6 个乡（平甸乡、新化乡、建兴乡、老厂乡、者竜乡、平掌乡）。

（二）自然地理

新平彝族傣族自治县自然地理条件优越。在综合自然区划系统中，新平彝族傣族自治县属于亚热带南部地带的滇东南岩溶高原山原地区的蒙自—元江高原盆地峡谷区；在云南省生态经济区划中，新平彝族傣族自治县主要位于滇中高原湖盆生态经济区的中部湖盆城镇生态经济亚区；

从生态红线空间分布格局看，新平彝族傣族自治县大部分位于金沙江、澜沧江、红河干热河谷地带和哀牢山—无量山山地生态屏障；从生态保护红线功能类型上可以看出，新平彝族傣族自治县为哀牢山—无量山山地生物多样性维护与水土保持生态红线类型。

1. 自然地理要素

（1）地貌

新平彝族傣族自治县最高海拔高度约 3165.90 米，最低海拔高度约422 米，高差约 2743.9 米，平均 DEM 为 1512.75 米，处于Ⅲ级水平。坝区面积 27.52 平方千米，坝区土地占全县土地面积的 2.02%，坝区综合指数为 5.39，属于山区地区。地形起伏度指数为 7.10，处于Ⅴ级水平；平均坡度指数 20.30，处于Ⅴ级水平。

（2）气候要素

新平彝族傣族自治县总体处于中亚热带，年平均气温 17.5℃，年降水量为 1046.9 毫米，年日照时数约 2252.40 小时，气候资源指数为1557.78，处于Ⅳ级水平。

（3）水文要素

新平彝族傣族自治县地处红河流域，水网密度指数为 61.64，处于Ⅲ级水平。

（4）土壤要素

新平彝族傣族自治县的土壤类型主要为紫色土。

（5）植被要素

新平彝族傣族自治县的主要植被类型为滇中南、东部岩溶暖性、暖热性阔叶林、暖性针叶林亚区，植被覆盖度处于较显著区。新平彝族傣族自治县生物物种资源丰富，生物多样性处于Ⅵ级水平。

2. 自然资源

（1）土地资源

新平彝族傣族自治县耕地面积为 574.73 平方千米，占全县土地面积的 13.37%；园地面积为 51.77 平方千米，占全县土地面积的 1.20%；林地面积为 2922.00 平方千米，占全县土地面积的 67.95%；草地面积为306.28 平方千米，占全县土地面积的 7.12%；城镇村及工矿用地面积为

63.19 平方千米，占全县土地面积的 1.47%；交通运输用地面积为 51.97 平方千米，占全县土地面积的 1.21%；水域及水利设施用地面积为 65.63 平方千米，占全县土地面积的 1.53%；其他用地面积为 230.64 平方千米，占全县土地面积的 5.36%。在土地利用分区系统中，新平彝族傣族自治县位于滇中湖盆高原城镇工矿建设与耕地保护区的新平—元江农业与工矿用地亚区。在可利用土地资源评价方面，新平彝族傣族自治县的可利用土地资源属于较缺乏类型。在三生空间结构类型系统中，为生态主导型。

（2）水资源

新平彝族傣族自治县的水资源总量 17.96 亿立方米，地表水径流量 17.96 亿立方米，径流深 420.2 毫米；地下水资源总量 7.23 亿立方米，在可利用水资源评价方面，易门县的可利用水资源属于一般类型。

（3）生物资源

新平彝族傣族自治县分布着国家一级保护植物元江苏铁，国家二级保护植物苏铁蕨、中华桫椤、桫椤、水蕨、榉树、篦子三尖杉、西康玉兰、翠柏、毛红椿、樟树、红椿、润楠、喜树、香果树 14 种。

新平彝族傣族自治县分布着稀有鸟类绿孔雀。

新平彝族傣族自治县的食用菌有鸡枞菌、裂褶菌、美味牛肝菌、黄伞、梭柄乳头蘑、血红牛肝菌、桃红牛肝菌、油口蘑、卷缘齿菌、灰喇叭菌、紫晶蜡蘑、大孢地花、葡萄状枝瑚菌 13 种。

（三）人文地理

1. 人口和民族

新平彝族傣族自治县 2018 年年末总人口数为 29.20 万人，性别比 112.54，人口城镇化指数为 0.13，人口城镇化级别为Ⅵ级，人口老龄化指数为 0.08，老龄化级别属于Ⅴ级。新平彝族傣族自治县少数民族人口约为 19.45 万人，少数民族人口占总人口的比重为 66.61%，全县人口数量较多的少数民族主要有彝族、傣族、哈尼族、拉祜族、回族等，民族多样性指数为 1.28。

2. 经济

新平彝族傣族自治县 GDP（地区生产总值）为 151.34 亿元，人均

GDP 为 51828.77 元，地均 GDP 为 352 万元/平方千米，第一产业产值 21.40 亿元，第二产业产值 59.52 亿元，第三产业产值 70.42 亿元，处于经济发展的工业化中后期阶段。经济城镇化指数为 0.85，经济城镇化级别为Ⅲ级。

从农业产业来看，新平彝族傣族自治县的粮食播种面积 3.42 万公顷，年粮食产量 17.21 万吨。新平彝族傣族自治县有 1 个云南省高原特色农业中部现代产业园区，是常年蔬菜优势产业区生产大县。新平彝族傣族自治县是云药之乡，中药材主要品种有露水草、龙胆草、葛根、云木香等。

从工业园区来看，新平彝族傣族自治县有省级工业园区，为冶金产业园区。

3. 旅游

在旅游景区中，新平彝族傣族自治县有 1 个国家 4A 级旅游景区，为玉溪新平磨盘山国家森林公园景区；1 个国家 3A 级旅游景区，为新平大琳浴花腰傣生态民族文化旅游村景区；3 个国家 2A 级景区，分别为新平新化古州野林景区、新平戛洒陇西氏族庄园（土司府）景区、新平龙泉公园景区；在度假休闲区中，有 1 个旅游度假区，为玉溪抚仙湖省级旅游度假区；在节庆会展产品中，有 2 项节庆旅游产品，分别为新平花腰傣风情沐浴节、新平花腰傣花街节。

新平彝族傣族自治县有 1 个全国特色小镇，为戛洒镇；有 1 个云南省特色小镇，为戛洒花腰傣风情小镇。从遗产旅游特色来看，新平彝族傣族自治县有国家级物质文化遗产 1 项，是陇西世族庄园，有 1 项省级物质文化遗产，是富春街传统民居建筑群；非物质文化遗产有 10 项，分别是竹编、彝族三弦调调、花街节、傣族服饰、傣族人生礼俗、傣族传统制陶技艺、彝族花棍狮子舞、彝族四弦舞、彝族烟盒舞、傣族叙事长诗《朗娥与桑格》。新平彝族傣族自治县是解放战争时期革命老区县。

4. 社会生活

从人民生活水平来看，2018 年年末，新平彝族傣族自治县住户存款余额 65.33 亿元，较上一年下降 0.18%；职工平均工资 7.64 万元，较上一年增长 7.30%；社会消费品零售总额 27.25 亿元，较上一年增长 12.51%；农村常住居民人均可支配收入 13424 元，较上一年增长 9.50%。

从教育发展来看，新平彝族傣族自治县的义务教育发展总指数为 0.65，义务教育发展级别为Ⅵ级。人口受教育程度指数为 0.74，人口受教育级别为Ⅴ级。

从文化设施来看，新平彝族傣族自治县有一级县文化馆、二级县图书馆。

新平彝族傣族自治县是云南省民族团结示范县，有戛洒镇 1 个少数民族特色集镇，有 1 个少数民族特色村寨。新平彝族傣族自治县有 1 个第一批省级民族传统文化保护区，为戛洒镇大槟榔园村傣族（花腰傣）传统文化保护区。

5. 脱贫攻坚

新平彝族傣族自治县有旅游扶贫重点村 1 个，为耀南村。

在主体功能区的国家级定位中，新平彝族傣族自治县属于农产品主产区。

九　元江哈尼族彝族傣族自治县

（一）位置与范围

元江哈尼族彝族傣族自治县位于云南省中部，全县东西最大横距 71.5 千米，南北最大纵距 64.5 千米，总面积约 0.29×10^4 平方千米。元江哈尼族彝族傣族自治县属于滇中城县群，县人民政府驻元江哈尼族彝族傣族自治县文化路 1 号。元江哈尼族彝族傣族自治县下辖 3 个街道（澧江街道、红河街道、甘庄街道），2 个镇（因远镇、曼来镇），5 个乡（羊街乡、那诺乡、洼垤乡、咪哩乡、龙潭乡）。

（二）自然地理

元江哈尼族彝族傣族自治县自然地理条件优越。在综合自然区划系统中，元江哈尼族彝族傣族自治县属于亚热带南部地带的滇东南岩溶高原山原地区的蒙自—元江高原盆地峡谷区；在云南省生态经济区划中，元江哈尼族彝族傣族自治县主要位于滇中高原湖盆生态经济区的中部湖盆城镇生态经济亚区；从生态红线空间分布格局看，元江哈尼族彝族傣族自治县大部分位于金沙江、澜沧江、红河干热河谷地带；从生态保护红线功能类型上可以看出，元江哈尼族彝族傣族自治县为红河（元江）干热河谷及山原水土保持生态保护红线类型。

1. 自然地理要素

（1）地貌

元江哈尼族彝族傣族自治县最高海拔高度约 2580 米，最低海拔高度约 327 米，高差约 2253 米，平均 DEM 为 1383.94 米，处于 Ⅱ 级水平。坝区面积 54.1 平方千米，坝区土地占全县土地面积的 2.91%，坝区综合指数为 7.91，属于山区地区。地形起伏度指数为 5.83，处于 Ⅲ 级水平；平均坡度指数 21.18，处于 Ⅴ 级水平。

（2）气候要素

元江哈尼族彝族傣族自治县总体处于北热带，年平均气温 24.2℃，年降水量为 833.4 毫米，年日照时数约 2172.50 小时，气候资源指数为 1770.87，处于 Ⅵ 级水平。元江哈尼族彝族傣族自治县是云南省"四大火炉"之一。

（3）水文要素

元江哈尼族彝族傣族自治县地处红河流域，水网密度指数为 50.59，处于 Ⅲ 级水平。

（4）土壤要素

元江哈尼族彝族傣族自治县的土壤类型主要为红壤。

（5）植被要素

元江哈尼族彝族傣族自治县的主要植被类型为滇中南、东部岩溶暖性、暖热性阔叶林、暖性针叶林亚区，植被覆盖度处于极显著区。元江哈尼族彝族傣族自治县生物物种资源丰富，生物多样性处于 Ⅵ 级水平。

2. 自然资源

（1）土地资源

元江哈尼族彝族傣族自治县耕地面积为 411.22 平方千米，占全县土地面积的 14.39%；园地面积为 68.08 平方千米，占全县土地面积的 2.38%；林地面积为 1617.21 平方千米，占全县土地面积的 56.59%；草地面积为 343.47 平方千米，占全县土地面积的 12.02%；城镇村及工矿用地面积为 40.01 平方千米，占全县土地面积的 1.40%；交通运输用地面积为 33.56 平方千米，占全县土地面积的 1.17%；水域及水利设施用地面积为 38.92 平方千米，占全县土地面积的 1.36%；其他用地面积为 165.89 平方千米，占全县土地面积的 5.80%。在土地利用分区系统中，元江哈尼族彝族傣族自治县位于滇中湖盆高原城镇工矿建设与耕地保护区的新平—元江农业与工矿用地亚区。在可利用土地资源评价方面，元江哈尼族彝族傣族自治县的可利用土地资源属于较缺乏类型。

（2）水资源

元江哈尼族彝族傣族自治县的水资源总量 9.72 亿立方米，地表水径流量 9.72 亿立方米，径流深 356.5 毫米；地下水资源总量 3.60 亿立方米，在可利用水资源评价方面，元江哈尼族彝族傣族自治县的可利用水资源属于较缺乏类型。在三生空间结构类型系统中，为生态主导型。

（3）生物资源

元江哈尼族彝族傣族自治县分布着国家一级保护植物元江苏铁、伯乐树、藤枣等；分布着国家二级保护植物黑黄檀、翠柏、水蕨、红椿、普通野生稻、十齿花、柄翅果等。分布着稀有鸟类绿孔雀。

元江哈尼族彝族傣族自治县的食用菌有鸡枞菌、裂褶菌、红黄鹅膏、草鸡枞、棕灰口蘑、高大环柄菇等。

（4）旅游资源

元江哈尼族彝族傣族自治县有 1 处地质景观，为元江彩色高林景园；有 1 处泉水景观，为元江瓦纳箐温泉景观。

（三）人文地理

1. 人口和民族

元江哈尼族彝族傣族自治县 2018 年年末总人口数为 22.45 万人，性别比 108.85，人口城镇化指数为 0.12，人口城镇化级别为Ⅵ级，人口老龄化指数为 0.08，老龄化级别属于Ⅴ级。元江哈尼族彝族傣族自治县少数民族人口约为 17 万人，少数民族人口占总人口的比重为 75.72%，全县人口数量较多的少数民族主要有哈尼族、彝族、傣族、白族、苗族、拉祜族等，民族多样性指数为 1.48。元江哈尼族彝族傣族自治县主要说元江话，属于滇中方言中的玉溪方言。

2. 经济

元江哈尼族彝族傣族自治县 GDP（地区生产总值）为 85.92 亿元，人均 GDP 为 38271.71 元，地均 GDP 为 301 万元/平方千米，第一产业产值 20.84 亿元，第二产业产值 20.63 亿元，第三产业产值 44.45 亿元，处于经济发展的工业化中后期阶段。经济城镇化指数为 0.74，经济城镇化级别为Ⅵ级。

从农业产业来看，元江哈尼族彝族傣族自治县的粮食播种面积 1.87 万公顷，年粮食产量 9.31 万吨。元江哈尼族彝族傣族自治县位于云南省高原特色农业沿边特色产业园区中，是云南省肉牛产业、肉羊产业稳定发展区，是冬春蔬菜优势产业区生产大县。元江哈尼族彝族傣族自治县是云药之乡，主要中药材有芦荟。

3. 旅游

在旅游景区中，元江哈尼族彝族傣族自治县在节庆会展产品中，有 1 项节庆旅游产品，为元江红河谷金芒果文化旅游节。

从遗产旅游特色来看，元江哈尼族彝族傣族自治县有省级物质文化遗产 4 项，是妙莲寺大殿、它克崖画、李和才故居、那诺梯田；非物质文化遗产有 3 项，分别是棕扇舞、傣族狮子节、哈尼族九祭献。元江哈尼族彝族傣族自治县是解放战争时期革命老区县。

4. 社会生活

从人民生活水平来看，2018 年年末，元江哈尼族彝族傣族自治县华宁县住户存款余额 43.45 亿元，较上一年下降 2.72%；职工平均工资 8.00 万元，较上一年增长 4.17%；社会消费品零售总额 30.86 亿元，较上一年增长 12.18%；农村常住居民人均可支配收入 12806 元，较上一年增长 9.40%。

从教育发展来看，元江哈尼族彝族傣族自治县的义务教育发展总指数为 0.61，义务教育发展级别为Ⅶ级。人口受教育程度指数为 0.56，人口受教育级别为Ⅴ级。

从文化设施来看，元江哈尼族彝族傣族自治县有 1 个三级县文化馆；1 个三级县图书馆。

元江哈尼族彝族傣族自治县有 1 个示范乡镇，为因远镇，有 1 个少数民族特色村寨。

在主体功能区的国家级定位中，元江哈尼族彝族傣族自治县属于农产品主产区。

第 四 章

保 山 市

第一节　整体特征

一　位置与范围

保山市位于云南省西部，位于滇西城镇群内，地处东经 98°05′—100°02′、北纬 24°07′—25°52′之间，东与大理白族自治州、临沧市接壤，北面和西面分别与怒江傈僳族自治州和德宏傣族景颇族自治州毗邻，西北、正南同缅甸交界。全市总面积约 1.96×10^4 平方千米。保山市最高海拔位置位于高黎贡山大脑子，最高海拔为 3780.2 米，最低海拔位置位于万马河口，最低海拔为 588 米。保山市人民政府驻隆阳区兰城街道同仁路 26 号。保山市下辖 1 个市辖区（隆阳区），1 个县级市（腾冲市），3 个县（施甸县、龙陵县、昌宁县）。保山市地处于云南省沿边开放经济带，其中龙陵县、腾冲市与缅甸接壤，腾冲猴桥陆路口岸是面向老挝的公路对外口岸，是中国与南亚、东南亚相连的一个重要的通商口岸，中缅贸易的重要前沿，是面向南亚东南亚辐射中心建设的重要通道。

二　自然地理

保山市自然地理条件优越。在综合自然区划系统中，保山市属于亚热带北部地带的滇西横断山脉地区和亚热带南部地带的滇西南中山山原地区；在云南省生态经济区划中，保山市主要位于滇西北纵向岭谷生态经济区的西部中山盆地生态经济亚区；从生态红线空间分布格局看，保山市小部分位于青藏高原南缘滇西北高山峡谷生态屏障和金沙江、澜沧江、红河干热河谷地带；从生态保护红线功能类型上可以看出，保山市大部分为滇西北高山峡谷生物多样性维护与水源涵养生态保护红线类型，部分为怒江下游水土保持生态保护红线和澜沧江中山峡谷水土保持生态保护红线类型。保山市有 1 个可持续发展实验区。保山市有高黎贡山国家级自然保护区，2000 年高黎贡山国家自然保护区成为高黎贡山人与生物圈自然保护区，体现了人与自然和谐共生。

（一）自然地理要素

1. 地貌

保山市最高海拔高度约 3780.2 米，最低海拔高度约 588 米，高差约3192.2 米，平均 DEM 为 1773.91 米，处于Ⅳ级水平。坝区面积 1578.70平方千米，坝区土地占全市土地面积的 8.05%，坝区综合指数为 15.27，属于半山半坝地区。地形起伏度指数为 6.79，处于Ⅳ级水平；平均坡度指数为 18.58，处于Ⅳ级水平。

2. 气候要素

保山市总体处于中亚热带和北亚热带的过渡地带，年平均气温16.4℃，年降水量为 1256.4 毫米，年日照时数约 2039.66 小时，气候资源指数为 1563.92，处于Ⅳ级水平。

3. 水文要素

保山市地处澜沧江流域、怒江流域、伊洛瓦底江流域的交汇地带，水网密度指数为 95.75，处于Ⅲ级水平。

4. 土壤要素

保山市的土壤类型主要有红壤、黄壤等，以黄壤居多。

5. 植被要素

保山市的主要植被类型为滇西横断山暖性阔叶林、暖性针叶林和滇中南、西部中山宽谷暖性、暖热性阔叶林，暖性、暖热性针叶林，植被覆盖度处于微显著区。保山市生物物种资源丰富，生物多样性处于Ⅶ级水平。

（二）自然资源

1. 土地资源

保山市耕地面积3319.9平方千米，占全市土地面积的16.94%；园地面积601.92平方千米，占全市土地面积的3.07%；林地面积11971.25平方千米，占全市土地面积的61.08%；草地面积1237.72平方千米，占全市土地面积的6.31%；城镇村及工矿用地面积513.38平方千米，占全市土地面积的2.62%；交通运输用地面积205.69平方千米，占全市土地面积的1.05%；水域及水利设施用地面积266.13平方千米，占全市土地面积的1.36%；其他用地面积946.16平方千米，占全市土地面积的4.82%。在土地利用分区系统中，保山市位于滇西南中低山盆谷边贸旅游与热作粮食区的滇西城市边贸旅游与粮食主产亚区，滇西南中低山盆谷边贸旅游与热作粮食区的滇西南粮食与热作农业亚区。在可利用土地资源评价中，保山市土地资源丰富的县区有1个、一般的县区有1个，较缺乏的县区有3个，无较丰富和缺乏的县区。

2. 水资源

保山市的水资源总量156.66亿立方米，地下水资源总量59.5亿立方米。在可利用水资源评价中，保山市有1个水资源丰富的县区，较丰富的县区有2个，一般的县区有1个，较缺乏的县区有1个，无缺乏的县区。

3. 生物资源

保山市分布着国家一级保护植物喜马拉雅红豆杉、光叶珙桐、长蕊木兰、云贵水韭、莼菜等，国家二级保护植物长喙厚朴、云南拟单性木兰、金铁锁、中华桫椤、桫椤、毛叶黑桫椤、篦子三尖杉、十齿花、苏铁蕨、红椿、翠柏、水青树、樟树台湾杉、野菱、合果木约15种，广泛分布着银杏、千果榄仁、金荞麦等国家珍稀植物资源。

保山市分布着稀有鸟类绿孔雀、黑鹳、金雕、黑颈长尾雉等；稀有兽类黑熊、林麝、猕猴、豺、金猫、水獭、云豹、斑羚、华鬣羚、熊狸、穿山甲、巨松鼠、小灵猫约13种；稀有爬行、两栖、鱼类、蟒蛇、大壁虎、虎纹蛙、细瘰疣螈等。

保山市的食用菌有鸡枞菌、干巴菌、灰树花、黄皮疣柄牛肝菌、皱盖疣柄牛肝菌、银耳、糙皮侧耳、小美牛肝菌、桃红牛肝菌、中华牛肝菌、蓝黄红菇、草鸡枞、卷缘齿菌、紫晶蜡蘑、肝色牛排菌、大孢地花、巴氏蘑菇、裂褶菌、红黄鹅膏、鸡油菌、美味牛肝菌、柱状田头菇、桂花耳、黑木耳、香菇、黄伞、长根小奥德菇、梭柄乳头蘑、铜色牛肝菌、血红牛肝菌、乳牛肝菌、变绿红菇、松乳菇、红汁乳菇、多汁乳菇、高大环柄菇、灰喇叭菌、蓝丝膜菌、广野绣球菌约 39 种。其中，昌宁县的食用菌资源最为丰富，约 37 种；在全市食用菌资源中，施甸县的食用菌资源最少。

4. 矿产资源

保山市的黑色矿产资源、有色金属资源、能源矿产资源较为丰富，贵金属资源相对匮乏。

5. 旅游资源

保山市地文景观资源中，有 9 处地质景观，分别是隆阳区、施甸县、龙陵县、昌宁县、腾冲市的滇西横断山纵谷景观，腾冲市的火山群景观、柱状节理景观、打鹰山景观、黑空山景观。在水体景观资源中，有 7 处泉水景观，分别为施甸县的龙陵邦腊掌温泉景观，昌宁县的鸡飞澡堂温泉景观，腾冲市的热海景观、怪龙潭景观、扯雀塘毒泉景观、黄瓜箐气泉景观；有 1 处瀑布景观，为腾冲市的叠水河瀑布景观。在生物景观资源中，有 4 处人工植物景观，为施甸县、龙陵县、昌宁县、腾冲市的云南古茶树景观。

三 人文地理

（一）人口和民族

保山市 2018 年年末总人口数为 262.7 万人，性别比为 106.25，人口城镇化指数为 0.09，人口城镇化级别为Ⅶ级，人口老龄化指数为 0.09，老龄化级别为Ⅶ级。保山市少数民族人口约 25.74 万人，少数民族人口占总人口的 9.80%，人口数量较多的少数民族有彝族、白族、傣族等，民族多样性指数为 0.46。保山市主要讲滇西方言中的保山方言。

（二）经济

保山市 GDP（地区生产总值）为 738.14 亿元，人均 GDP 为

28098.21元，地均GDP为377万元/平方千米，第一产业产值168.5亿元，第二产业产值281.14亿元，第三产业产值288.5亿元，处于经济发展的工业化中后期阶段，属于澜沧江开发开放经济带、云南省沿边开放经济带。经济城镇化指数为0.73，经济城镇化级别为Ⅵ级。

从农业产业来看，保山市的粮食播种面积26.37万公顷，年粮食产量143.91万吨。保山市有5个县位于云南省高原特色农业沿边特色产业园区中，有3家省级生猪产业有限公司，是云南省肉牛产业、肉羊产业加快发展区；保山市冬春蔬菜优势产业区有4个。保山市的茶叶品种主要有普洱茶、滇红茶和绿茶；中药材的主要品种有滇重楼、红花、美洲大蠊等。

从工业园区来看，保山市有5个省级工业园区。有1个冶金产业园区，有1个建材产业园区，有1个信息产业园区，有1个特色食品制造产业园区，有1个特色消费品制造产业园区。

（三）旅游

保山市有2个特色县城，有1个全国县域旅游发展潜力百佳县。

在旅游景区中，保山市有1个国家5A级景区，6个国家4A级景区，24个国家3A级景区，16个国家2A级景区，19个国家1A级景区；在度假休闲区中，有1个旅游度假区，3个温泉休闲区，2个休闲广场；在专项旅游产品中，有2项农业旅游产品，有3项红色旅游产品，有2项探险旅游产品；在体育旅游产品中，有1项赛事运动；在节庆会展产品中，有5项节庆旅游产品。

保山市有2个省级历史文化名城，2个国家级历史文化名镇，3个省级历史文化名镇，1个中国历史文化名镇，2个全国特色小镇，9个云南省特色小镇。从遗产旅游特色来看，保山市有1项中国重要农业文化遗产；国家级物质文化遗产有6项，省级物质文化遗产有21项；非物质文化遗产有28项。保山市有1个解放战争时期革命老区县，1个革命老区乡镇。保山市有6个国家级抗日战争纪念设施遗址。

（四）社会生活

从人民生活水平来看，2018年年末，保山市住户存款余额643.93亿元，较上一年增长8.39%；职工平均工资6.847万元，较上一年增长

10.12%；社会消费品零售总额 231.82 亿元，较上一年增长 3.08%；农村常住居民人均可支配收入 11280 元，较上一年增长 9.29%。

从教育发展来看，保山市的义务教育发展总指数 0.94，义务教育发展级别为 V 级。人口受教育指数 1.43，人口受教育级别为 IV 级。

从文化设施来看，保山市有三级及以下博物馆 13 个。保山市文化馆有 6 个，其中一级文化馆有 2 个，二级文化馆有 2 个，三级及以下文化馆有 2 个。保山市图书馆有 7 个，其中一级图书馆有 2 个，二级图书馆有 1 个，三级及以下图书馆有 4 个。

保山市有 8 个民族团结示范乡镇，有 1 个少数民族特色集镇，有 5 个少数民族特色村寨。

（五）脱贫攻坚

保山市隆阳区、施甸县、龙陵县、昌宁县属于滇西边境片区，龙陵县、昌宁县 2018 年实现了脱贫摘帽，隆阳区、施甸县 2019 年实现了脱贫摘帽。在脱贫攻坚的道路上，旅游扶贫起到了突出作用。保山市的旅游扶贫示范县有 1 个，旅游示范乡镇 2 个，旅游示范村 3 个。

第二节 区域差异

一 隆阳区

（一）位置与范围

隆阳区位于云南省西部，地处东经 98°43′—99°29′、北纬 24°46′—25°38′之间，全县东西最大横距 78 千米，南北最大纵距 90 千米，总面积约 0.50×10^4 平方千米。隆阳区属于滇西城市群，区人民政府驻隆阳区杏花路与象山路交叉口西 50 米。隆阳区下辖 6 个街道（兰城街道、永昌街道、九隆街道、青华街道、河图街道、永盛街道），5 个镇（板桥镇、蒲缥镇、汉庄镇、潞江镇、瓦窑镇），6 个乡（金鸡乡、辛街乡、西邑乡、丙麻乡、瓦渡乡、水寨乡），4 个民族乡（瓦马彝族白族乡、瓦房彝族苗族乡、杨柳白族彝族乡、芒宽彝族傣族乡）。

（二）自然地理

隆阳区自然地理条件优越。在综合自然区划系统中，隆阳区属于亚热带北部地带的滇西横断山脉地区的保山—凤庆中山盆地宽谷区；在云南省生态经济区划中，隆阳区主要位于滇西北纵向岭谷生态经济区、西部中山盆地生态经济亚区；从生态红线空间分布格局看，隆阳区县小部分位于青藏高原南缘滇西北高山峡谷生态屏障；从生态保护红线功能类型上可以看出，隆阳区为滇西北高山峡谷生物多样性维护与水源涵养生态保护红线类型。隆阳区有青华海国家湿地公园，该湿地公园的建设保护了生物多样性和湿地生态系统。隆阳区是第二批国家生态文明建设示范区，示范区的建立践行了习近平生态文明思想，以生态环境高质量为导向，进一步向生态文明建设排头兵迈进。

1. 自然地理要素

（1）地貌

隆阳区最高海拔高度约 3630 米，最低海拔高度约 588 米，高差约 3042 米，平均 DEM 为 1823.51 米，处于Ⅳ级水平。坝区面积 305.4 平方千米，坝区土地占全区土地面积的 7.42%，坝区综合指数为 20.05，属于半山半坝地区。地形起伏度指数为 7.61，处于Ⅲ级水平；平均坡度指数为 21.18，处于Ⅴ级水平。

（2）气候要素

隆阳区总体处于中亚热带，年平均气温 17.3℃，年降水量为 1008.7 毫米，年日照时数约 2379.60 小时，气候资源指数为 1573.40，处于Ⅳ级水平。

（3）水文要素

隆阳区地处澜沧江流域、怒江流域，水网密度指数为 79.81，处于Ⅲ级水平。

（4）土壤要素

隆阳区的主要土壤类型为黄壤。

（5）植被要素

隆阳区的主要植被类型为滇西横断山暖性阔叶林暖性针叶林亚区，植被覆盖度处于微显著区。隆阳区生物物种资源丰富，生物多样性处于Ⅵ级水平。

2. 自然资源

（1）土地资源

隆阳区耕地面积为884.80平方千米，占全区土地面积的17.70%；园地面积为179.12平方千米，占全区土地面积的3.58%；林地面积为2589.86平方千米，占全区土地面积的51.80%；草地面积为656.62平方千米，占全区土地面积的13.13%；城镇村及工矿用地面积为151.89平方千米，占全区土地面积的3.04%；交通运输用地面积为53.12平方千米，占全区土地面积的1.06%；水域及水利设施用地面积为70.25平方千米，占全区土地面积的1.41%；其他用地面积为265.02平方千米，占全区土地面积的5.30%。在土地利用分区系统中，隆阳区位于滇西南中低山盆谷边贸旅游与热作粮食区的滇西城市边贸旅游与粮食主产亚区。在可利用土地资源评价方面，隆阳区的可利用土地资源属于一般类型。在三生空间结构类型系统中，为生产—生态主导型。

（2）水资源

隆阳区的水资源总量28.58亿立方米，地表水径流量28.58亿立方米，径流深588.6毫米；地下水资源总量11.91亿立方米，在可利用水资源评价方面，隆阳区的可利用水资源属于较丰富类型。

（3）生物资源

隆阳区分布着国家一级保护植物喜马拉雅红豆杉、光叶珙桐、长蕊木兰等，国家二级保护植物长喙厚朴、云南拟单性木兰、金铁锁、红椿等。分布着稀有鸟类黑鹳。

隆阳区的食用菌有鸡㙡菌、干巴菌、灰树花、黄皮疣柄牛肝菌、皱盖疣柄牛肝菌、银耳、糙皮侧耳、小美牛肝菌、桃红牛肝菌、中华牛肝菌、蓝黄红菇、草鸡㙡、卷缘齿菌、紫晶蜡蘑、肝色牛排菌、大孢地花、巴氏蘑菇约17种。

（4）旅游资源

隆阳区的地文景观资源有1处地质景观，为滇西横断山纵谷景观。

（三）人文地理

1. 人口和民族

隆阳区 2018 年年末总人口数为 98.04 万人，性别比为 101.31，人口城镇化指数为 0.13，人口城镇化级别为Ⅵ级，人口老龄化指数为 0.09，老龄化级别属于Ⅶ级。隆阳区少数民族人口约为 12.97 万人，少数民族人口占总人口的比重为 13.23%，全区人口数量较多的少数民族主要有彝族、白族、傣族、傈僳族、苗族、回族、满族、德昂族等，民族多样性指数为 0.65。隆阳区主要说隆阳（保山）话，属于滇西方言中的保山方言。

2. 经济

隆阳区 GDP（地区生产总值）为 285.26 亿元，人均 GDP 为 29096.29 元，地均 GDP 为 571 万元/平方千米，第一产业产值为 55.60 亿元，第二产业产值为 107.76 亿元，第三产业产值为 121.90 亿元，处于经济发展的工业化中后期阶段，所属经济带（区）为澜沧江开发开放经济带。经济城镇化指数为 0.79，经济城镇化级别为Ⅳ级。

从农业产业来看，隆阳区的粮食播种面积 6.64 万公顷，年粮食产量 48.89 万吨。隆阳区在云南省高原特色农业沿边特色产业园区中，有 3 家省级生猪产业有限公司，分别为保山市勤丰食品有限公司、保山市隆阳区永坤实业有限责任公司、云南万谷永坤农牧科技有限公司，隆阳区是云南省肉牛产业、肉羊产业稳定发展区，是冬春蔬菜优势产业区生产大县。隆阳区是云药之乡，主要中药材品种有诃子、滇龙胆等。

从工业园区来看，隆阳区有省级工业园区 2 个，分别为保山长水工业园区、保山工贸园区。有 1 个保山长水工业园区建材产业园区，有 1 个保山工贸园区信息产业园区。

3. 旅游

在旅游景区中，隆阳区有 1 个国家 4A 级景区，为保山市青华海景区；2 个国家 3A 级景区，分别为新寨万亩咖啡园景区、潞水坝服务区景区；6 个国家 2A 级景区，分别为水寨海棠洼景区、芒宽弘园山庄景区、河图大观庙景区、保山太保山森林公园景区、保山北庙湖景区、金鸡乡育德村景区；5 个国家 1A 级景区，分别为汉庄青岗坝景区、梦想家园景区、西邑千佛洞景区、水寨平坡景区、蒲缥塘子沟景区；在度假休闲区中，有2个休闲广场，分别为保山保岫广场、保山三馆文化广场。在节庆会展产品中，有1项节庆旅游产品，为保山南方丝绸古道商贸旅游节。

从遗产旅游特色来看，隆阳区有1个省级历史文化名城，为保山历史文化名城；1个国家级历史文化名镇，为云南省保山市隆阳区金鸡乡金鸡村；3个省级历史文化名镇，分别为隆阳区板桥省级历史文化名镇、隆阳区蒲缥省级历史文化名镇、隆阳区金鸡省级历史文化名镇；1个全国特色小镇，为潞江镇；2个云南省特色小镇，分别为永子围棋小镇、高黎贡山摄影小镇。从遗产旅游特色来看，隆阳区有国家级物质文化遗产2项，分别是玉皇阁、汉庄城址；省级物质文化遗产有8项，分别是光尊寺、双虹桥、塘子沟遗址、诸葛营遗址、杨振鸿墓、梁金山故居、老营李将军府、保山抗日江防遗迹群；非物质文化遗产有5项，分别是白香童戏、《九隆神话》、擦大钹、乌铜走银制作技艺、甲马画。隆阳区是解放战争时期革命老区，有1个革命老区乡镇，是保山市隆阳区金鸡乡。

4. 社会生活

从人民生活水平来看，2018年年末，隆阳区住户存款余额261.09亿元，较上一年下降8.80%；职工平均工资7.01万元，较上一年增长13.98%；社会消费品零售总额127.88亿元，较上一年下降0.44%；农村常住居民人均可支配收入12449元，较上一年增长9.30%。

从教育发展来看，隆阳区的义务教育发展总指数为1.75，义务教育发展级别为Ⅱ级。人口受教育程度指数为2.73，人口受教育级别为Ⅱ级。

从文化设施来看，隆阳区有1个三级及以下博物馆，是历史名人博物馆。隆阳区有1个二级文化馆，为区文化馆，1个三级文化馆，为市文化馆。隆阳区有1个二级图书馆，为区图书馆，1个三级图书馆，为市图书馆。

隆阳区有潞江镇、瓦房彝族苗族乡2个示范乡镇，有1个少数民族特色村寨。

5. 脱贫攻坚

隆阳区属于滇西边境片区，2018年通过大力发展咖啡产业，实现了脱贫摘帽。隆阳区为旅游扶贫示范县。

在主体功能区的省级定位中，隆阳区属于集中连片重点开发区域。

二 施甸县

(一) 位置与范围

施甸县位于云南省西部,地处东经 98°54′—99°21′、北纬 24°16′—24°59′之间,全县东西最大横距 45 千米,南北最大纵距 79 千米,总面积约 0.2×10⁴ 平方千米。施甸县属于滇西城市群,县人民政府驻施甸县甸阳中路 31 号。施甸县下辖 5 个镇(甸阳镇、由旺镇、姚关镇、太平镇、仁和镇),6 个乡(万兴乡、酒房乡、旧城乡、老麦乡、何元乡、水长乡),2 个民族乡(摆榔彝族布朗族乡、木老元布朗族彝族乡)。

(二) 自然地理

施甸县自然地理条件优越。在综合自然区划系统中,施甸县属于亚热带南部地带、滇西南中山山原地区、梁河—龙陵中山山原区;在云南省生态经济区划中,施甸县主要位于滇西北纵向岭谷生态经济区、西部中山盆地生态经济亚区;从生态保护红线功能类型上可以看出,施甸县为怒江下游水土保持生态保护红线类型。施甸县是第二批国家生态文明建设示范区,该示范区的建立体现了施甸县坚持"绿色发展"工作思路,坚持"生态立县"发展战略,健全生态文明体制机制,着力推进绿色转型,强化生态环境保护。

1. 自然地理要素

(1) 地貌

施甸县最高海拔高度约 2895.40 米,最低海拔高度约 560 米,高差约 2335.4 米,平均 DEM 为 1672.58 米,处于Ⅲ级水平。坝区面积 186 平方千米,坝区土地占全县土地面积的 4.94%,坝区综合指数为 10.38,属于山区地区。地形起伏度指数为 6.25,处于Ⅳ级水平;平均坡度指数为 18.96,处于Ⅴ级水平。

(2) 气候要素

施甸县整体处于中亚热带,年平均气温 18.1℃,年降水量为 816.5 毫米,年日照时数约 2335.60 小时,气候资源指数为 1569.11,处于Ⅳ级水平。

(3) 水文要素

施甸县地处怒江流域,水网密度指数为 49.61,处于Ⅲ级水平。

（4）土壤要素

施甸县的土壤类型主要为红壤。

（5）植被要素

施甸县的主要植被类型为滇中南、西部中山宽谷暖性、暖热性阔叶林，暖性、暖热性针叶林，植被覆盖度处于不显著区。施甸县生物物种资源丰富，生物多样性处于Ⅶ级水平。

2. 自然资源

（1）土地资源

施甸县耕地面积为 466.41 平方千米，占全县土地面积的 23.32%；园地面积为 51.75 平方千米，占全县土地面积的 2.59%；林地面积为 880.62 平方千米，占全县土地面积的 44.03%；草地面积为 264.30 平方千米，占全县土地面积的 13.21%；城镇村及工矿用地面积为 68.31 平方千米，占全县土地面积的 3.42%；交通运输用地面积为 22.36 平方千米，占全县土地面积的 1.12%；水域及水利设施用地面积为 30.71 平方千米，占全县土地面积的 1.54%；其他用地面积为 168.89 平方千米，占全县土地面积的 8.44%。在土地利用分区系统中，施甸县位于滇西南中低山盆谷边贸旅游与热作粮食区的滇西南粮食与热作农业亚区。在可利用土地资源评价方面，施甸县的可利用土地资源属于较缺乏类型。在三生空间结构类型系统中，为生产—生态主导型。

（2）水资源

施甸县的水资源总量 6.71 亿立方米，地表水径流量 6.71 亿立方米，径流深 343.2 毫米，地下水资源总量 2.91 亿立方米，在可利用水资源评价方面，施甸县的可利用水资源属于较缺乏类型。

（3）生物资源

施甸县分布着国家二级保护植物红椿。施甸县的食用菌有鸡㙡菌、巴氏蘑菇等。

（4）旅游资源

施甸县的地文景观资源有 1 处地质景观，为滇西横断山纵谷景观；水体景观资源中，有 1 处泉水景观，为龙陵邦腊掌温泉景观；生物景观资源中，有 1 处人工植物景观，为云南古茶树景观。

（三）人文地理

1. 人口和民族

施甸县 2018 年年末总人口数为 32 万人，性别比为 103.15，人口城镇化指数为 0.08，人口城镇化级别为Ⅶ级，人口老龄化指数为 0.10，老龄化级别属于Ⅷ级。施甸县少数民族人口约为 2.37 万人，少数民族人口占总人口的比重为 13.23%，全县人口数量较多的少数民族主要有彝族、布朗族、佤族等，民族多样性指数为 0.39。施甸县主要说施甸话，属于滇西方言中的保山方言。

2. 经济

施甸县 GDP（地区生产总值）为 67.47 亿元，人均 GDP 为 21084.38 元，地均 GDP 为 337 万元/平方千米，第一产业产值 16.89 亿元，第二产业产值 21.18 亿元，第三产业产值 29.40 亿元，处于经济发展的工业化中后期阶段。经济城镇化指数为 0.71，经济城镇化级别为Ⅵ级。

从农业产业来看，施甸县的粮食播种面积 3.41 万公顷，年粮食产量 15.95 万吨。施甸县是云南省高原特色农业沿边特色产业园区，是云南省肉牛产业、肉羊产业加快发展区，是冬春蔬菜优势产业区重点县。

3. 旅游

在旅游景区中，施甸县有 1 个国家 4A 级景区，为保山市施甸县杨善洲林景区；3 个国家 3A 级景区，分别为施甸姚关野鸭湖湿地景区、施甸怒江大峡谷娲女神泉谷景区、施甸石瓢温泉景区；3 个国家 1A 级景区，分别为木老元哈寨景区、摆榔尖山景区、旧城清水进群；在专项旅游产品中，有 1 项农业旅游产品，为施甸善洲林场；在体育旅游产品中，有定向赛事运动。在节庆会展产品中，有 1 项节庆旅游产品，为施甸金布朗民俗气节。

从遗产旅游特色来看，施甸县有 2 个云南省特色小镇，分别为摆榔金布朗风情小镇、善洲小镇。从遗产旅游特色来看，施甸县有省级物质文化遗产 1 项，是恤忠祠记碑及恤忠祠；非物质文化遗产有 4 项，分别是布朗族服饰、木老元乡、布朗族山歌、"民生堂"传统骨伤疗法。施甸县有 1 个第三批国家级抗日战争纪念设施遗址，为施甸县抗日江防遗迹群。

4. 社会生活

从人民生活水平来看，2018 年年末，施甸县住户存款余额 64.18 亿元，较上一年下降 9.06%；职工平均工资 6.35 万元，较上一年增长 0.95%；社会消费品零售总额 18.15 亿元，较上一年增长 11.90%；农村常住居民人均可支配收入 10299 元，较上一年增长 9.10%。

从教育发展来看，施甸县的义务教育发展总指数为 0.62，义务教育发展级别为Ⅶ级。人口受教育程度指数为 0.82，人口受教育级别为Ⅴ级。

从文化设施来看，施甸县有二级文化馆和三级图书馆。

施甸县有 2 个示范乡镇，分别为木老元布朗族彝族乡、摆榔彝族布朗族乡；有 1 个少数民族特色村寨。施甸县有 1 个省级民族民间传统文化之乡，为木老元布朗族山歌之乡。

5. 脱贫攻坚

施甸县属于滇西边境片区，2019 年依托特色产业体系，发展烤烟、茶叶、畜禽、森林经济实现了脱贫摘帽。施甸县有旅游示范乡镇 1 个，为姚关镇，旅游扶贫重点村 1 个，为芒别村。

在主体功能区的国家级定位中，施甸县属于农产品主产区。

三　龙陵县

（一）位置与范围

龙陵县位于云南省西部，地处东经 98°24′—99°11′、北纬 24°07′—24°51′之间，全县东西最大横距 64 千米，南北最大纵距 78 千米，总面积约 0.29×10^4 平方千米。龙陵县属于滇西城市群，县人民政府驻龙陵县龙山路 133 号。龙陵县属于边境县，邻国缅甸，下辖 5 个镇（镇安镇、勐糯镇、龙山镇、腊勐镇、象达镇），4 个乡（龙江乡、碧寨乡、龙新乡、平达乡），1 个民族乡（木城彝族傈僳族乡）。

（二）自然地理

龙陵县自然地理条件优越。在综合自然区划系统中，龙陵县部分属于亚热带南部地带的滇西南中山山原地区的梁河—龙陵中山山原区，部分属于亚热带南部地带的滇西南中山山原地区的临沧中山山原区，部分属于热带北缘地带的滇南—滇西南低中山盆谷地区的德宏—孟定中山宽谷区；在云南省生态经济区划中，龙陵县主要位于滇西北纵向岭谷生态经济区的西部中山盆地生态经济亚区；从生态保护红线功能类型上可以看出，龙陵县为怒江下游水土保持生态保护红线类型。龙陵县有龙陵小黑山省级自然保护区，是高黎贡山、铜壁关与滇西南各保护区群的丰富动植物物种基因交流的"黄金"联结纽带，也是中国西南生态安全屏障的重要"缝合线"。

龙陵县是第二批国家生态文明建设示范区，该示范区的建立体现了龙陵县推进产业绿色转型，稳步推进生态文明建设。

1. 自然地理要素

（1）地貌

龙陵县最高海拔高度约3001.60米，最低海拔高度约535米，高差约2466.6米，平均DEM为1695.05米，处于Ⅲ级水平。坝区面积36.6平方千米，坝区土地占全县土地面积的1.31%，坝区综合指数为3.81，属于山区地区。地形起伏度指数为6.53，处于Ⅴ级水平；平均坡度指数为18.36，处于Ⅳ级水平。

（2）气候要素

龙陵县整体处于北亚热带，年平均气温15.8℃，年降水量为1729.7毫米，年日照时数约2106.60小时，气候资源指数为1557.03，处于Ⅳ级水平。

（3）水文要素

龙陵县地处怒江流域、伊洛瓦底江流域，水网密度指数为131.91，处于Ⅴ级水平。

（4）土壤要素

龙陵县的土壤类型主要为黄壤。

（5）植被要素

龙陵县的主要植被类型为滇中南、西部中山宽谷暖性、暖热性阔叶林，暖性、暖热性针叶林，植被覆盖度处于不显著区。龙陵县生物物种资源丰富，生物多样性处于Ⅶ级水平。

2. 自然资源

（1）土地资源

龙陵县耕地面积为459.88平方千米，占全县土地面积的16.42%；

园地面积为 77.58 平方千米, 占全县土地面积的 2.77%; 林地面积为 1883.52 平方千米, 占全县土地面积的 67.27%; 草地面积为 78.20 平方千米, 占全县土地面积的 2.79%; 城镇村及工矿用地面积为 57.97 平方千米, 占全县土地面积的 2.07%; 交通运输用地面积为 29.00 平方千米, 占全县土地面积的 1.04%; 水域及水利设施用地面积为 33.74 平方千米, 占全县土地面积的 1.21%; 其他用地面积为 173.69 平方千米, 占全县土地面积的 6.20%。在土地利用分区系统中, 龙陵县位于滇西南中低山盆谷边贸旅游与热作粮食区的滇西城市边贸旅游与粮食主产亚区。在可利用土地资源评价方面, 龙陵县的可利用土地资源属于较缺乏类型。在三生空间结构类型系统中, 为生态主导型。

(2) 水资源

龙陵县的水资源总量 28.22 亿立方米, 地表水径流量 28.22 亿立方米, 径流深 1009.4 毫米, 地下水资源总量 11.51 亿立方米, 在可利用水资源评价方面, 龙陵县的可利用水资源属于较丰富类型。

(3) 生物资源

龙陵县分布着国家一级保护植物长蕊木兰, 国家二级保护植物中华桫椤、桫椤、毛叶黑桫椤、篦子三尖杉、十齿花、红椿、水青树等。分布着稀有鸟类绿孔雀。

龙陵县的食用菌有鸡枞菌、裂褶菌、红黄鹅膏、巴氏蘑菇等。

(4) 旅游资源

龙陵县的地文景观资源有 1 处地质景观, 为滇西横断山纵谷景观; 生物景观资源中, 有 1 处人工植物景观, 为云南古茶树景观。

(三) 人文地理

1. 人口和民族

龙陵县 2018 年年末总人口数为 29.36 万人, 性别比为 111.99, 人口城镇化指数为 0.08, 人口城镇化级别为Ⅶ级, 人口老龄化指数为 0.08, 老龄化级别属于Ⅵ级。龙陵县少数民族人口约为 4.87 万人, 少数民族人口占总人口的比重为 16.59%, 全县人口数量较多的少数民族主要有傈僳族、彝族、傣族等, 民族多样性指数为 0.33。龙陵县主要说龙陵话, 属于滇西方言中的保山方言。

2. 经济

龙陵县 GDP（地区生产总值）为 82.65 亿元，人均 GDP 为 28150.54元，地均 GDP 为 295 万元/平方千米，第一产业产值 21.94 亿元，第二产业产值 36.62 亿元，第三产业产值 24.09 亿元，处于经济发展的工业化中后期阶段，所属经济带（区）为云南省沿边开放经济带。经济城镇化指数为 0.71，经济城镇化级别为 Ⅵ 级。

从农业产业来看，龙陵县的粮食播种面积 3.34 万公顷，年粮食产量14.72 万吨。龙陵县是云南省高原特色农业沿边特色产业园区；是加工花卉产业区，是云南省肉牛产业、肉羊产业加快发展区，是冬春蔬菜优势产业区重点县；是滇红茶特色农业产业园区。龙陵县是云药之乡，主要中药材品种有齿瓣石斛。

从工业园区来看，龙陵县有省级工业园区 1 个，为龙陵工业园区；从产业类型来看，为冶金产业园区。

3. 旅游

在旅游景区中，龙陵县有 1 个国家 4A 级景区，为保山市龙陵松山景区；3 个国家 3A 级景区，分别为龙陵勐糯大寨景区、龙陵龙江清塘梯田景区、龙陵邦腊掌温泉养生度假村；7 个国家 1A 级景区，分别为象达镇中寨传统古村落景区、象达镇南海镇景区、象达镇红色朱家庄景区、镇安镇向阳寨景区、木城乡光坡彝族特色村寨景区、平达乡大秧田名心园景区、平达乡安乐农耕文化园景区；在度假休闲区中，有 1 个温泉休闲区，为龙陵邦腊掌温泉；在专项旅游产品中，有 1 项红色旅游产品，为龙陵滇西抗战松山战役遗址；在节庆会展产品中，有 1 项节庆旅游产品，为龙陵黄龙玉旅游文化活动周。

从遗产旅游特色来看，龙陵县有 1 项国家级物质文化遗产，是松山战役旧址；省级物质文化遗产有 2 项，分别为龙陵日军侵华罪证遗迹、惠通桥；非物质文化遗产有 8 项，分别是阿昌族舞蹈《蹬窝罗》、嘟哒哒、纸伞制作技艺、马腿琴、大鼓制作技艺、碧阿昌族传统婚俗、碧寨山歌会、傈僳族服饰。龙陵县国家级抗日战争纪念设施遗址名录有 3 个，分别为第一批龙陵抗日战争纪念馆，第二批松山战役旧址，第三批滇缅公路惠通桥。

4. 社会生活

从人民生活水平来看，2018 年年末，龙陵县住户存款余额 63.86 亿元，较上一年增长 6.59%；职工平均工资 7.62 万元，较上一年增长 8.55%；社会消费品零售总额 18.42 亿元，较上一年增长 10.63%；农村常住居民人均可支配收入 10629 元，较上一年增长 9.50%。

从教育发展来看，龙陵县的义务教育发展总指数 0.64，义务教育发展级别为Ⅶ级。人口受教育指数 0.75，人口受教育级别为Ⅴ级。

从文化设施来看，龙陵县有 1 个抗日战争纪念馆，1 个三级县文化馆，1 个三级县图书馆。

龙陵县有平达乡、勐糯镇 2 个示范乡镇，有 1 个少数民族特色村寨。龙陵县有一个第二批省级民族传统文化保护区——蛮旦寨阿昌族传统文化保护区。

5. 脱贫攻坚

龙陵县属于滇西边境片区，2018 年通过发展茶、褚橙、石斛等特色产业，实现了脱贫摘帽。龙陵县有旅游示范乡镇 1 个，为碧寨乡，旅游扶贫重点村 1 个，为新和村。

在主体功能区的国家级定位中，龙陵县属于农产品主产区。

四　昌宁县

（一）位置与范围

昌宁县位于云南省西部，地处东经 99°15′—100°02′、北纬 24°13′—25°12′之间，全县东西最大横距 78.2 千米，南北最大纵距 107.3 千米，总面积约 0.39×10^4 平方千米。昌宁县属于滇西城市群，县人民政府驻昌宁县田园镇龙井社区南门街 8 号。昌宁县下辖 9 个镇（漭水镇、柯街镇、卡斯镇、勐统镇、田园镇、温泉镇、大田坝镇、鸡飞镇、翁堵镇），1 个乡（更嘎乡），3 个民族乡（湾甸傣族乡、珠街彝族乡、耈街彝族苗族乡）。

（二）自然地理

昌宁县自然地理条件优越。在综合自然区划系统中，昌宁县部分属于亚热带南部地带的滇西南中山山原地区的梁河—龙陵中山山原区，部分属于亚热带北部地带的滇西横断山脉地区的保山—凤庆中山盆地宽谷区；在云南省生态经济区划中，昌宁县主要位于滇西北纵向岭谷生态经济区的西部中山盆地生态经济亚区；从生态红线空间分布格局看，昌宁县少部分位于金沙江、澜沧江、红河干热河谷地带；从生态保护红线功能类型上可以看出，昌宁县为澜沧江中山峡谷水土保持生态保护红线类型。昌宁县是第四批国家生态文明建设示范区，该示范区的建立体现了昌宁县稳步推进生态绿色发展，努力加强生态文明建设。

1. 自然地理要素

（1）地貌

昌宁县最高海拔高度约 2876 米，最低海拔高度约 608 米，高差约 2268 米，平均 DEM 为 1659.56 米，处于Ⅲ级水平。坝区面积 114.70 平方千米，坝区土地占全县土地面积的 2.68%，坝区综合指数为 7.05，属于山区地区。地形起伏度指数为 6.15，处于Ⅳ级水平；平均坡度指数为 19.48，处于Ⅴ级水平。

（2）气候要素

昌宁县总体处于北亚热带，年平均气温 15.9℃，年降水量为 1232.9 毫米，年日照时数约 1232.90 小时，气候资源指数为 1471.45，处于Ⅳ级水平。

（3）水文要素

昌宁县地处澜沧江流域、怒江流域，水网密度指数为 57.4497，处于Ⅲ级水平。

（4）土壤要素

昌宁县的土壤类型主要为红壤。

（5）植被要素

昌宁县的主要植被类型为滇西横断山暖性阔叶林暖性针叶林亚区，植被覆盖度处于微显著区。昌宁县生物物种资源丰富，生物多样性处于Ⅶ级水平。

2. 自然资源

（1）土地资源

昌宁县耕地面积为 691.18 平方千米，占全县土地面积的 18.19%；园地面积为 208.80 平方千米，占全县土地面积的 5.49%；林地面积为

2393.18 平方千米，占全县土地面积的 62.98%；草地面积为 42.01 平方千米，占全县土地面积的 1.11%；城镇村及工矿用地面积为 69.58 平方千米，占全县土地面积的 1.83%；交通运输用地面积为 53.03 平方千米，占全县土地面积的 1.40%；水域及水利设施用地面积为 77.87 平方千米，占全县土地面积的 2.05%；其他用地面积为 232.61 平方千米，占全县土地面积的 6.12%。在土地利用分区系统中，昌宁县位于滇西南中低山盆谷边贸旅游与热作粮食区的滇西南粮食与热作农业亚区。在可利用土地资源评价方面，昌宁县的可利用土地资源属于较缺乏类型。在三生空间结构类型系统中，为生态主导型。

（2）水资源

昌宁县的水资源总量 16.21 亿立方米，地表水径流量 16.21 亿立方米，径流深 429.6 毫米，地下水资源总量 6.40 亿立方米，在可利用水资源评价方面，昌宁县的可利用水资源属于一般型。

（3）生物资源

昌宁县分布着国家二级保护植物苏铁蕨、红椿、翠柏、水青树、樟树 5 种。

昌宁县的食用菌有鸡枞菌、干巴菌、灰树花、裂褶菌、鸡油菌、美味牛肝菌、黄皮疣柄牛肝菌、皱盖疣柄牛肝菌、柱状田头菇、桂花耳、银耳、黑木耳、香菇、糙皮侧耳、黄伞、长根小奥德菇、梭柄乳头蘑、铜色牛肝菌、小美牛肝菌、血红牛肝菌、桃红牛肝菌、中华牛肝菌、乳牛肝菌、变绿红菇、蓝黄红菇、松乳菇、红汁乳菇、多汁乳菇、草鸡枞、高大环柄菇、灰喇叭菌、蓝丝膜菌、紫晶蜡蘑、肝色牛排菌、硫色洵孔菌、大孢地花、巴氏蘑菇等三十余种。

（4）旅游资源

昌宁县的地文景观资源有 1 处地质景观，为滇西横断山纵谷景观；水体景观资源中，有 1 处泉水景观，为昌宁鸡飞澡堂温泉景观；生物景观资源中，有 1 处人工植物景观，为云南古茶树景观。

（三）人文地理

1. 人口和民族

昌宁县 2018 年年末总人口数为 36.01 万人，性别比 105.85，人口城镇化指数为 0.08，人口城镇化级别为Ⅶ级，人口老龄化指数为 0.09，老龄化级别属于Ⅶ级。昌宁县少数民族人口约为 1.65 万人，少数民族人口占总人口的比重为 4.58%，全县人口数量较多的少数民族主要有彝族、傣族、苗族、布朗族等，民族多样性指数为 0.51。昌宁县主要说昌宁话，属于滇西方言中的保山方言。

2. 经济

昌宁县 GDP（地区生产总值）为 111.26 亿元，人均 GDP 为 30896.97 元，地均 GDP 为 293 万元/平方千米，第一产业产值 35.37 亿元，第二产业产值 41.30 亿元，第三产业产值 34.59 亿元，处于经济发展的工业化中后期阶段，所属经济带（区）为澜沧江开发开放经济带。经济城镇化指数为 0.65，经济城镇化级别为Ⅶ级。

从农业产业来看，昌宁县的粮食播种面积 4.32 万公顷，年粮食产量 21.39 万吨。昌宁县是云南省高原特色农业沿边特色产业园区，是盆花与地方特色花卉产业区，是云南省肉牛产业、肉羊产业加快发展区，是冬春蔬菜优势产业区生产大县；是普洱茶、滇红茶、绿茶特色农业产业园区；中药材主要品种有滇重楼、红花等。

从工业园区来看，昌宁县有 1 个省级工业园区，为龙陵工业园区；从产业类型来看，为特色食品制造工业园区。

3. 旅游

昌宁县是云南省美丽县城。在旅游景区中，有 1 个国家 4A 级景区，为保山市昌宁县右甸河生态旅游区；3 个国家 3A 级景区，分别为漭水黄家寨古茶公园景区、昌宁鸡飞温泉景区、昌宁澜沧江高峡平湖旅游景区；3 个国家 2A 级景区，分别为翁堵大明湖生态旅游区、湾甸帕旭傣族村景区、柯街芒赖景区；4 个国家 1A 级景区，分别为大田坝新寨老虎垭口景区、耈街大水塘苗族风情园景区、珠街银宝传统古村落景区、珠街子原传统古村落景区；在度假休闲区中，有 1 个温泉休闲区，为昌宁鸡飞温泉。在节庆会展产品中，有 1 项节庆旅游产品，为昌宁千年茶乡文化旅游节。

昌宁县有 1 个云南省特色小镇，为红茶小镇。从遗产旅游特色来看，昌宁县有非物质文化遗产 3 项，分别是苗族服饰、施甸龙会、史诗《神蜘蛛》。

4. 社会生活

从人民生活水平来看，2018 年年末，昌宁县住户存款余额 56.03 亿元，较上一年增长 3.41%；职工平均工资 5.94 万元，较上一年增长 1.54%；社会消费品零售总额 21.77 亿元，较上一年增长 11.41%；农村常住居民人均支配收入 10907 元，较上一年增长 9.60%。

从教育发展来看，昌宁县的义务教育发展总指数为 0.66，义务教育发展级别为Ⅵ级。人口受教育程度指数为 0.96，人口受教育级别为Ⅴ级。

从文化设施来看，昌宁县有一级县文化馆，一级县图书馆。

昌宁县有少数民族特色集镇 1 个，为湾甸傣族乡，有 1 个少数民族特色村寨。

5. 脱贫攻坚

昌宁县属于滇西边境片区，2018 年通过发展特色种植产业和特色畜禽养殖产业，实现了脱贫摘帽。昌宁县有旅游扶贫重点村 1 个，为沿江村。

在主体功能区的国家级定位中，昌宁县属于农产品主产区。

五 腾冲市

（一）位置与范围

腾冲市位于云南省西南部，隶属云南省，是由保山市代管的县级市，地处保山市西，属于滇西城市群，地处东经 98°05′—98°46′、北纬 24°37′—25°51′之间，东与隆阳区相连，南与龙陵县、梁河县接壤，西与盈江县、缅甸联邦共和国毗连，东北与怒江傈僳族自治州泸水市相邻。总面积约 0.58×10^4 平方千米，市人民政府驻腾冲市腾越镇山原社区官厅小区 81 号。属于边境县、缅甸沿边城市开放带，开放口岸是腾冲猴桥陆路（公路）口岸，邻国为缅甸。腾冲市下辖 1 个街道（腾越街道），10 个镇（固东镇、滇滩镇、猴桥镇、和顺镇、界头镇、曲石镇、明光镇、中和镇、芒棒镇、荷花镇），7 个乡（马站乡、北海乡、清水乡、五和乡、新华乡、蒲山乡、团田乡）。

（二）自然地理

腾冲市属热带季风气候，集大陆气候和海洋性气候的优点于一体，冬春天气晴朗，气候暖和，夏秋晴雨相兼，气候凉爽宜人。在综合自然区划系统中，腾冲市部分属于亚热带北部地带的滇西横断山脉地区的腾冲中山盆谷区，部分属于亚热带南部地带的滇西南中山山原地区的梁河—龙陵中山山原区；在云南省生态经济区划中，腾冲市主要位于滇西北纵向岭谷生态经济区的西部中山盆地生态经济亚区；从生态红线空间分布格局看，腾冲市位于青藏高原南缘滇西北高山峡谷生态屏障；从生态保护红线功能类型上可以看出，腾冲市主要包括滇西北高山峡谷生物多样性维护与水源涵养生态保护红线。腾冲市位于可持续发展实验区内。腾冲市有腾冲北海湿地省级自然保护区、云南腾冲火山地热国家地质公园。腾冲市是第二批绿水青山国家实践创新基地、第二批国家级生态文明建设示范区，基地和示范区的建设加强了地区的生态文明建设，进一步向国家级生态文明建设排头兵迈进。

1. 自然地理要素

（1）地貌

腾冲市地处亚欧板块与印度板块相撞交接的地方，地质史年代发生过激烈的火山运动。正是由于两个大陆的漂移碰撞，使腾冲市成为世界罕见并且是最典型的火山地热并存区。腾冲市境内多高山，其中高黎贡山是横断山脉的组成部分，最高海拔高度约3780.2米，最低海拔高度约934米，高差约2846.2米，平均DEM为2018.83米，处于V级水平。坝区面积936平方千米，坝区土地占全市土地面积的10.07%，坝区综合指数35.08，属于半山半坝地区。地形起伏度指数为7.38，处于V级水平；平均坡度指数为16.68，处于Ⅳ级水平。

（2）气候要素

腾冲市总体处于北亚热带地带，集大陆气候和海洋性气候的优点于一体，冬春天气晴朗，气候暖和，夏秋晴雨相兼，气候凉爽宜人，年平均气温15.1℃，年降水量为1494.4毫米，年日照时数约2143.6小时，气候资源指数为1648.63，处于V级水平。

（3）水文要素

腾冲市地处伊洛瓦底江流域，腾冲市分布着槟榔江、龙川江、大盈江三大水系，水网密度指数为 159.95，处于 Ⅵ 级水平。

（4）土壤要素

腾冲市的土壤类型主要为黄壤。

（5）植被要素

腾冲市的主要植被类型为滇西横断山暖性阔叶林暖性针叶林亚区，植被覆盖度处于不显著区。腾冲市生物物种资源丰富，生物多样性处于 Ⅶ 级水平。

2. 自然资源

（1）土地资源

腾冲市耕地面积 817.63 平方千米，占全市土地面积的 14.10%；园地面积 84.66 平方千米，占全市土地面积的 1.46%；林地面积 4224.07 平方千米，占全市土地面积的 72.83%；草地面积 196.60 平方千米，占全市土地面积的 3.39%；城镇村及工矿用地面积 165.63 平方千米，占全市土地面积的 2.86%；交通运输用地面积 48.18 平方千米，占全市土地面积的 0.83%；水域及水利设施用地面积 53.55 平方千米，占全市土地面积的 0.92%；其他用地面积 105.96 平方千米，占全市土地面积的 1.83%。在土地利用分区系统中，腾冲市位于滇西南中低山盆谷边贸旅游与热作粮食区的滇西城市边贸旅游与粮食主产亚区。在可利用土地资源评价中，腾冲市可利用土地资源评价为丰富。在三生空间结构类型系统中，为生态主导型。

（2）水资源

腾冲市的水资源总量 76.94 亿立方米，地表水径流量 76.94 亿立方米，径流深 1353 毫米，地下水资源总量 26.79 亿立方米，在可利用水资源评价中，腾冲市可利用水资源丰富程度为丰富。

（3）生物资源

腾冲市分布着国家一级保护植物云贵水韭、喜马拉雅红豆杉、莼菜、长蕊木兰等，国家二级保护植物苏铁蕨、台湾杉、红椿、十齿花、野菱、长喙厚朴、云南拟单性木兰、合果木、水青树等。

腾冲市食用菌有鸡枞菌、干巴菌、广野绣球菌、裂褶菌、鸡油菌、美味牛肝菌、银耳、黑木耳、香菇、糙皮侧耳、长根小奥德菇、铜色牛肝菌、血红牛肝菌、中华牛肝菌、变绿红菇、蓝黄红菇、松乳菇、红汁乳菇、多汁乳菇、红黄鹅膏、草鸡枞、高大环柄菇、灰喇叭菌、蓝丝膜菌、紫晶蜡蘑、肝色牛排菌、硫色洵孔菌、巴氏蘑菇28 种。

腾冲市分布着稀有鸟类黑鹳、金雕、黑颈长尾雉等。

（4）旅游资源

腾冲市地文景观资源中，有5 处地质景观，分别为腾冲火山群景观、腾冲柱状节理景观、腾冲打鹰山景观、腾冲黑空山景观、滇西横断山纵谷景观。水体景观资源中，有4 处泉水景观，分别为腾冲热海景观、保山怪龙潭景观、腾冲扯雀塘毒泉景观、腾冲黄瓜箐气泉景观；有1 处瀑布景观为腾冲叠水河瀑布景观。生物景观资源中，有1 处人工植物景观为云南古茶树景观。

（三）人文地理

1. 人口和民族

腾冲市2018 年年末总人口数为67.29 万人，性别比为108.95，人口城镇化指数为0.08，人口城镇化级别为Ⅶ级，人口老龄化指数0.08，老龄化级别为Ⅴ级。腾冲市少数民族人口约3.90 万人，少数民族人口占总人口的5.80%，人口数量较多的少数民族有傈僳族、傣族、回族等，民族多样性指数0.41。腾冲市主要说腾冲话，属于滇西方言中的保山方言。

2. 经济

腾冲市GDP（地区生产总值）为193.81 亿元，人均GDP 为28802.20 元，地均GDP 为334 万元/平方千米，第一产业产值38.70 亿元，第二产业产值74.33 亿元，第三产业产值80.78 亿元，处于经济发展的工业化中后期阶段，属于云南省沿边开放经济带。经济城镇化指数为0.79，经济城镇化级别为Ⅳ级。

从农业产业来看，腾冲市的粮食播种面积8.27 万公顷，年粮食产量43.4 万吨。腾冲市位于云南省高原特色农业沿边特色产业园区中，是云南省肉牛产业、肉羊产业加快发展区；腾冲市以花卉为主导产业，主要是花卉旅游。是冬春蔬菜优势产业区的生产大市。腾冲市茶叶品种主要有普洱茶、滇红茶、绿茶。腾冲市是云药之乡，中药材主要品种是美洲大蠊等。

从工业园区来看，有 1 个省级工业园区为腾冲经济开发区，是特色食品制造产业园区。

3. 旅游

腾冲市是云南省美丽县城，同时也是全国县域旅游发展潜力百佳县。

在旅游景区中，腾冲市有 1 个国家 5A 级景区，为腾冲火山热海旅游区；2 个国家 4A 级景区，分别为腾冲和顺景区、保山市腾冲杜鹃王珍奇古木博览园景区；13 个国家 3A 级景区，分别为腾冲江东银杏村景区、腾冲玛御谷温泉小镇景区、滇西抗战纪念馆景区、北海湿地景区、原乡栖花岭景区、腾冲高黎贡山茶博园景区、腾冲清水中寨司莫拉佤族村景区、龙川江漂流景区、清河茶文化研学景区、猴桥国门新村景区、马站和睦茶文化村景区、保山腾冲高山乌龙茶景区、腾冲云峰景区；7 个国家 2A 级景区，分别为团田勐福村景区、新华乡坝角阿昌民族村景区、五合帕连傣族古寨景区、芒棒高黎贡古道公园景区、腾越镇董关村景区、德馨田园自然景区、腾冲叠水河景区；在度假休闲区中，有旅游度假区 1 个，为保山腾冲省级旅游度假区，温泉休闲区 1 个，为腾冲热海温泉；在专项旅游产品中，有 1 项农业旅游产品，为腾冲高黎贡山生态茶园，有 2 项红色旅游产品，分别是腾冲和顺艾思奇故居、腾冲滇西抗战纪念馆，有 2 项探险旅游产品，分别为高黎贡山探险旅游、热带雨林探险。在节庆会展产品中，有 1 项节庆旅游产品，为腾冲火山热海文化旅游节。

腾冲市是省级历史文化名城，有 1 个国家级历史文化名镇，为腾冲历史文化名城；1 个中国历史文化名镇，为腾冲市和顺镇历史文化名镇；1 个全国特色小镇，为和顺镇；4 个云南省特色小镇，分别是银杏小镇、启迪冰雪双创小镇、和顺古镇、玛御谷温泉小镇。从遗产旅游特色来看，腾冲市有 1 项中国重要农业文化遗产，为云南腾冲槟榔江水牛养殖系统；国家级物质文化遗产有 3 项，分别是国殇墓园、绮罗文昌宫、滇西军都督府旧址及叠园集刻；省级物质文化遗产有 10 项，分别是和顺传统民居建筑群、西山坝南诏城址、一九八师攻克腾冲阵亡将士纪念塔、李根源旧居、艾思奇故居、张文光墓、英国领事馆（省级）、护珠寺、腾冲文庙、和顺图书馆旧址；非物质文化遗产有 8 项，分别是皮影戏、佤族清戏、腾冲扬琴、玉雕、民间歌谣《阳温墩小引》、李腾冲中成药制作技艺、葫芦丝制作技艺、阿昌族织锦技艺。腾冲市有 2 个国家级抗战纪念设施遗址，分别是腾冲国殇墓园、腾冲滇西抗战纪念馆。

4. 社会生活

从人民生活水平来看，2018 年年末，腾冲市住户存款余额 198.76 亿元，较上一年增长 9.17%；职工平均工资 6.88 万元，较上一年增长 11.15%；社会消费品零售总额 45.60 亿元，较上一年增长 3.50%；农村常住居民人均可支配收入 11292 元，较上一年增长 9.30%。

从教育发展来看，腾冲市的义务教育发展总指数为 1.01，义务教育发展级别为Ⅳ级。人口受教育程度指数为 1.88，人口受教育级别为Ⅲ级。

从文化设施来看，腾冲市有 10 个三级及以下博物馆，分别是高黎贡山手工造纸博物馆、市博物馆、翡翠博物馆、史迪威公路博物馆、艾思奇故居纪念馆、国殇墓园纪念馆、琥珀博物馆、中医药博物馆、滇西抗战纪念馆、李根源旧居博物馆。腾冲市文化馆有 1 个，为市文化馆，是一级文化馆。腾冲市图书馆有 2 个，分别为一级图书馆 1 个，是市图书馆；三级及以下图书馆有 1 个，是和顺图书馆。

腾冲市是云南省民族团结示范市，有 2 个民族团结示范乡镇，分别是猴桥镇、荷花镇；有 1 个少数民族特色村寨。腾冲市有 1 个第二批省级民族传统文化保护区，为水城村傈僳族传统文化保护区。

5. 脱贫攻坚

在脱贫攻坚的道路上，旅游扶贫起到了突出作用。腾冲市旅游示范村 1 个，为云华村。

在主体功能区的国家级定位中，腾冲市属于农产品主产区。

国家自然科学基金项目
国家哲学社会科学基金重大项目
云南省"万人计划"教学名师潘玉君工作室
云南省本科一流课程、博士生优质课程项目

潘玉君　刘　化　杨晓霖　等著

云南政区地理

中

中国社会科学出版社

中册目录

第 五 章

昭 通 市

第一节　整体特征

一　位置与范围

昭通市位于云南省东北部，位于滇东北城市群内，地处东经102°52′—105°19′、北纬26°55′—28°36′之间，东侧紧邻贵州省毕节市，南侧紧邻云南曲靖市，以金沙江为界，西侧和北侧分别与四川凉山彝族自治州和四川宜宾市相邻。全市东西最大横距241千米，南北最大纵距234千米，总面积约 2.3×10^4 平方千米。昭通市最高海拔位于药山主峰轿顶山，最高海拔为4041.6米，最低海拔位于云富中嘴滚坎坝，最低海拔为267米。昭通市人民政府驻昭阳区崇义街118号。昭通市下辖1个市辖区（昭阳区），1个县级市（水富市），9个县（鲁甸县、巧家县、盐津县、大关县、永善县、绥江县、镇雄县、彝良县、威信县），146个乡、镇、街道（7个街道、99个镇、40个乡）。

二　自然地理

昭通市自然地理条件优越。在综合自然区划系统中，昭通市属于亚热带北部地带的滇东高原地区的滇东北中山山原河谷区；在云南省生态经济区划中，昭通市主要位于滇东北山原生态经济区；从生态红线空间分布格局看，昭通市小部分位于金沙江、澜沧江、红河干热河谷地带；从生态保护红线功能类型上可以看出，昭通市为金沙江下游—小江流域水土流失控制生态保护红线类型。昭通市有巧家药山国家级自然保护区，大山包黑颈鹤国家级自然保护区，乌蒙山国家级自然保护区，长江上游珍稀、特有鱼类国家级自然保护区，这些保护区的建立体现了人与自然和谐共生，加强了地区的生态文明建设。

（一）自然地理要素

1. 地貌

昭通市最高海拔高度约4041.6米，最低海拔高度约267米，高差约3774.6米，平均DEM为1580.5米，处于Ⅲ级水平。坝区面积923.72平方千米，坝区土地占全市土地面积的4.02%，坝区综合指数为6.08，属于山区地区。地形起伏度指数为6.02，处于Ⅳ级水平；平均坡度指数为20.45，处于Ⅴ级水平。

2. 气候要素

昭通市整体处于中温带、南亚热带、北亚热带、南温带的过渡地带，年平均气温15.8℃，年降水量为920.2毫米，年日照时数约1353.81小时，气候资源指数为1454.74，处于Ⅳ级水平。

3. 水文要素

昭通市地处长江流域，水网密度指数为75.31，处于Ⅲ级水平。

4. 土壤要素

昭通市的土壤类型主要有黄壤、石灰土、黄棕壤、棕壤、紫色土等，以黄壤居多。

5. 植被要素

昭通市的主要植被类型为滇中、东部高原暖性阔叶林、针叶林和滇东北暖性阔叶林，植被覆盖度处于不显著区。昭通市生物物种资源丰富，生物多样性处于Ⅶ级水平。

（二）自然资源

1. 土地资源

昭通市耕地面积6125.92平方千米，占全市土地面积的26.63%；园地面积370.067平方千米，占全市土地面积的1.61%；林地面积10311.37平方千米，占全市土地面积的44.83%；草地面积2702.94平方千米，占全市土地面积的11.75%；城镇村及工矿用地面积575.92平方千米，占全市土地面积的2.5%；交通运输用地面积178.04平方千米，占全市土地面积的 0.77%；水域及水利设施用地面积 273.09 平方千米，占全市土地面积的 1.19%；其他用地面积 1902.44 平方千米，占全市土地面积的 8.27%。在土地利用分区系统中，昭通市位于滇东北中山山原土地生态整治区的昭通—东川—宣威工矿城镇土地整治亚区、金沙江下游中高山河谷农地整治亚区、滇东北山原坡耕地整治亚区。在可利用土地资源评价中，昭通市土地资源较丰富的县区有 1 个，较缺乏的县区有 3 个，缺乏的县区有 7 个，无丰富的县区。

2. 水资源

昭通市的水资源总量 127.92 亿立方米，地下水资源总量 48.9 亿立方米。在可利用水资源评价中，昭通市水资源较丰富的有 1 个县区，一般的有 6 个县区，较缺乏的有 4 个县区。

3. 生物资源

昭通市分布着国家一级保护植物攀枝花苏铁、巧家五针松、红豆杉、南方红豆杉、珙桐、光叶珙桐等，国家二级保护植物扇蕨、黄杉、野大豆、异颖草、中国蕨、平当树、西康玉兰、水青树、篦子三尖杉、箭叶大油芒平当树、桫椤、润楠、小黑桫椤、楠木（桢楠、白楠）、福建柏、十齿花、厚朴、凹叶厚朴、樟树、香果树、鹅掌楸、连香树 22 种，广泛分布着金毛狗、银杏等国家珍稀植物资源。

昭通市分布着稀有鸟类黑颈鹤、金雕等；稀有兽类有藏酋猴、毛冠鹿、穿山甲、华鬣羚、斑羚、黑熊、小灵猫、大灵猫、猕猴、小熊猫、水獭、水鹿、林麝、豺等；稀有爬行、两栖、鱼类有大鲵、贵州疣螈等。

昭通市的食用菌有鸡枞菌、黄皮疣柄牛肝菌、糙皮侧耳、毛柄类火菇、小美牛肝菌、桃红牛肝菌、中华牛肝菌、浓香乳菇、草鸡枞、油口蘑、紫丁香蘑、紫花脸香蘑、卷缘齿菌、蓝丝膜菌、黄白侧耳、羊肚菌、硫色洵孔菌、鸡油菌、长根小奥德菇、美味牛肝菌、鹤环乳牛肝菌、蓝黄红菇、松乳菇、多汁乳菇、棕灰口蘑、高大环柄菇、灰喇叭菌、红蜡蘑 28 种。其中，镇雄县的食用菌资源最为丰富，约有 16 种；在全省的食用菌资源中，盐津县的食用菌种类最少。

4. 矿产资源

昭通市黑色矿产资源、贵金属资源相对匮乏，有色金属资源、化工原料非金属矿产资源、能源矿产资源较为丰富。

5. 旅游资源

昭通市地文景观资源中,有1处喀斯特景观,为威信县的天台山溶洞景观。水体景观资源中,有2处泉水景观,分别为巧家县的毒泉景观、水富市的西部大峡谷温泉景观;有1处瀑布景观,为大关县的黄连河瀑布景观。生物景观资源中,有1处动物景观,为彝良县的大山包黑颈鹤景观。

三 人文地理

(一) 人口和民族

昭通市2018年年末总人口数为559.1万人,性别比为110.8,人口城镇化指数为0.084,人口城镇化级别为Ⅶ级,人口老龄化指数为0.07,老龄化级别为Ⅳ级。昭通市少数民族人口约52.99万人,少数民族人口占总人口的9.48%,人口数量较多的少数民族有回族、彝族、苗族等,民族多样性指数为0.35。昭通市主要说的是滇西北方言中的昭通(昭阳)话。

(二) 经济

昭通市GDP(地区生产总值)为889.54亿元,人均GDP为15910.21元,地均GDP为387万元/平方千米,第一产业产值162.62亿元,第二产业产值397.82亿元,第三产业产值329.1亿元,处于经济发展的工业化中后期阶段,属于长江经济带、金沙江开放合作经济带。经济城镇化指数为0.78,经济城镇化级别为Ⅴ级。

从农业产业来看,昭通市的粮食播种面积54.76万公顷,年粮食产量228.5万吨。昭通市有11个县位于云南省高原特色农业沿边特色产业园区中。有6家省级生猪产业有限公司,昭通市是云南省肉牛产业、肉羊产业稳定发展区和加快发展区;昭通市夏秋蔬菜优势产业区有7个,冬春蔬菜优势产业区有1个,中药材的主要品种有3种,分别是天麻、药用牡丹、白及。

从工业园区来看,昭通市有省级工业园区5个。有1个冶金产业园区,有1个新材料产业园区,有3个特色食品制造产业园区。

（三）旅游

昭通市有 1 个特色县城；有 2 个全国县域旅游综合实力百强县；有 2 个全国县域旅游发展潜力百佳县。

在旅游景区中，昭通市有国家 4A 级景区 1 个、国家 3A 级景区 11 个；在度假休闲区中，有温泉休闲区 1 个、城市公园 1 个、休闲广场 1 个；在专项旅游产品中，有 2 项工业旅游产品，有 3 项红色旅游产品。在节庆会展产品中，有 2 项节庆旅游产品。

昭通市有 1 个省级历史文化名城、2 个省级历史文化名镇、1 个全国特色小镇、5 个云南省特色小镇。从遗产旅游特色来看，昭通市有国家级物质文化遗产 4 项，省级物质文化遗产有 13 项；非物质文化遗产有 24 项。昭通市有土地革命时期革命老区 3 个、解放战争时期革命老区 1 个。

（四）社会生活

从人民生活水平来看，2018 年年末，昭通市住户存款余额 860.21 亿元，较上一年增长 14.27%；职工平均工资 8.47 万元，较上一年增长 17.9%；社会消费品零售总额 284.09 亿元，较上一年增长 6.5%；农村常住居民人均可支配收入 9474 元，较上一年增长 9.21%。

从教育发展来看，昭通市的义务教育发展总指数为 0.83，义务教育发展级别为 V 级。人口受教育程度指数为 1.24，人口受教育级别为 IV 级。

从文化设施来看，昭通市博物馆有 3 个。昭通市文化馆有 12 个，其中一级文化馆有 1 个；二级文化馆有 2 个；三级及以下文化馆有 9 个。昭通市图书馆有 11 个，其中二级图书馆有 3 个；三级及以下图书馆有 8 个。

昭通市有 1 个民族团结示范县，有 11 个民族团结示范乡镇，有 2 个少数民族特色集镇，有 7 个少数民族特色村寨。

（五）脱贫攻坚

昭通市威信县、昭阳区、盐津县、鲁甸县、巧家县、大关县、永善县、镇雄县和彝良县都属于乌蒙山片区；2018 年绥江县、威信县实现了脱贫摘帽，2019 年昭通市、鲁甸县、巧家县、盐津县、大关县、永善县、彝良县实现了脱贫摘帽，2020 年镇雄县实现了脱贫摘帽。在脱贫攻坚的道路上，旅游扶贫起到了突出作用。昭通市的旅游扶贫示范县有 1 个，旅游示范乡镇有 3 个，旅游示范村有 10 个。

第二节 区域差异

一 昭阳区

（一）位置与范围

昭阳区，昭通市辖区，位于云南省东北端，地处云、贵、川三省接合部和国家"攀西—六盘水"经济开发区腹心地带，属于滇东北城市群，地处东经 103°08′—103°56′、北纬 27°07′—27°39′之间，东邻贵州省威宁县，南接鲁甸县，西隔金沙江与四川省金阳县相望，北与彝良县、大关县、永善县三县相连。全区东西最大横距 43 千米，南北最大纵距 61 千米，总面积约 0.22×10⁴平方千米，是昭通市委、市政府所在地，是昭通市政治、经济、文化活动的中心，人民政府驻地为昭阳区海楼路昭阳区政府办公大楼。昭阳区下辖 3 个街道（凤凰街道、龙泉街道、太平街道），10 个镇（旧圃镇、永丰镇、北闸镇、大山包镇、靖安镇、苏家院镇、洒渔镇、乐居镇、盘河镇、炎山镇），3 个乡（苏甲乡、大寨子乡、田坝乡），4 个民族乡（布嘎回族乡、守望回族乡、小龙洞回族乡、青岗岭回族乡）。

（二）自然地理

昭阳区具有独特的地理条件和气候特点。在综合自然区划系统中，昭阳区属于亚热带北部地带的滇东高原区的昭通—宣威山地高原区；在云南省生态经济区划中，昭阳区主要位于滇东北山原生态经济区；从生态红线空间分布格局看，昭阳区小部分位于金沙江、澜沧江、红河干热河谷地带；从生态保护红线功能类型上可以看出，昭阳区为金沙江下游—小江流域水土流失控制生态保护红线类型。

1. 自然地理要素

（1）地貌

昭阳区地处云贵高原西北部，地势西高东低，为滇中凹部的东北端，有较完整的高原地貌。两大山系横亘境内，东为乌蒙山脉西延伸尾端，山势磅礴，高峰林立；西为横断山脉凉山山系分支东伸边缘，山高坡陡，海拔悬殊，最高海拔高度约 3364 米，最低海拔高度约 494 米，高差约

2870 米，平均 DEM 为 2187.8 米，处于Ⅵ级水平。坝区面积 524.8 平方千米，坝区土地占全区土地面积的 16.39%，坝区综合指数为 45.68，属于半山半坝地区。地形起伏度指数为 7.26，处于Ⅴ级水平；平均坡度指数为 14.02，处于Ⅱ级水平。

（2）气候要素

昭阳区整体处于中温带，冬季气温较低，夏季气候凉爽，干湿两季分明，年平均气温 12.6℃，年降水量为 739.6 毫米，年日照时数约 1716.7 小时，气候资源指数为 1248.90，处于Ⅱ级水平。

（3）水文要素

昭阳区地处长江流域，利济河经昭通坝子汇入洒渔河，洒渔河流经洒渔、靖安坝子后出境；金沙江流经境内 23 千米。水网密度指数为 51.45，处于Ⅲ级水平。

（4）土壤要素

昭阳区的土壤类型主要为黄壤。

（5）植被要素

昭阳区的主要植被类型为滇中、东部高原暖性阔叶林、针叶林亚区，植被覆盖度处于微显著区。昭阳区生物物种资源丰富，生物多样性处于Ⅵ级水平。

2. 自然资源

（1）土地资源

昭阳区耕地面积 738.508 平方千米，占全区土地面积的 33.57%；园地面积 115.19 平方千米，占全区土地面积的 5.24%；林地面积 537.51 平方千米，占全区土地面积的 24.43%；草地面积 428.63 平方千米，占全区土地面积的 19.48%；城镇村及工矿用地面积 112.09 平方千米，占全区土地面积的 5.09%；交通运输用地面积 28.52 平方千米，占全区土地面积的 1.30%；水域及水利设施用地面积 36.62 平方千米，占全区土地面积的 1.66%；其他用地面积 165.97 平方千米，占全区土地面积的 7.54%。在土地利用分区系统中，昭阳区位于滇东北中山山原土地生态整治区的昭通—东川—宣威工矿城镇土地整治亚区。在可利用土地资源评价中，昭阳区为较丰富。在三生空间结构类型系统中，为生产—生态主导型。

（2）水资源

昭阳区的水资源总量 7.24 亿立方米，地表水径流量 7.24 亿立方米，径流深 335.9 毫米，地下水资源总量 2.86 亿立方米，在可利用水资源评价中，昭阳区为较缺乏。

（3）生物资源

昭阳区分布着国家一级保护植物红豆杉，国家二级保护植物有扇蕨、黄杉、野大豆、厚朴、异颖草等。

昭阳区分布着稀有鸟类黑颈鹤、金雕等。

昭阳区的食用菌有鸡枞菌、黄皮疣柄牛肝菌、糙皮侧耳、毛柄类火菇、小美牛肝菌、桃红牛肝菌、中华牛肝菌、浓香乳菇、草鸡枞、油口蘑、紫丁香蘑、紫花脸香蘑、卷缘齿菌、蓝丝膜菌 14 种。

（三）人文地理

1. 人口和民族

昭阳区 2018 年年末总人口数为 85.51 万人，性别比为 106.26，人口城镇化指数为 0.12，人口城镇化级别为Ⅵ级，人口老龄化指数为 0.07，老龄化级别为Ⅳ级。昭阳区少数民族人口约 13.12 万人，少数民族人口占总人口的 15.34%，人口数量较多的少数民族有回族、彝族、苗族，民族多样性指数 0.57。昭阳区主要说昭通（昭阳）话，属于滇东北方言中的昭通（昭阳）话。

2. 经济

昭阳区 GDP（地区生产总值）为 273.26 亿元，人均 GDP 为 31956.5 元，地均 GDP 为 1242 万元/平方千米，第一产业产值 29.14 亿元，第二产业产值 136.60 亿元，第三产业产值 107.52 亿元，处于经济发展的工业化中后期阶段，属于金沙江开放合作经济带。经济城镇化指数为 0.88，经济城镇化级别为Ⅲ级。

从农业产业来看，昭阳区的粮食播种面积 5.17 万公顷，年粮食产量 31.92 万吨。昭阳区位于云南省高原特色农业中部现代产业园区中，位于云南省高原特色农业沿边特色产业园区中。有 3 家省级生猪产业有限公司，分别是昭通市宏联制鬃有限责任公司、昭阳区万宝生猪有限昭通市永祥商贸有限公司；昭阳区是云南省肉牛产业、肉羊产业稳定发展区、加快发展区；昭阳区是夏秋蔬菜优势产业区重点区。

从工业园区来看，昭阳区有 1 个省级工业园区，为昭阳工业园区，是冶金产业园区。

3. 旅游

在旅游景区中，昭阳区有 5 个国家 3A 级景区，分别为昭通市博物馆、昭通市龙氏家祠景区、昭阳彝族六组分支景区、昭通市渔洞名樱庄园景区、昭通市昭璞绿道景观；在度假休闲区中，有 1 个城市公园，为昭阳大龙洞公园。

昭阳区有 1 个云南省特色小镇，为大山包极限运动小镇。从遗产旅游特色来看，昭阳区国家级物质文化遗产有 2 项，分别是孟孝琚碑、龙氏家祠；省级物质文化遗产有 5 项，分别是霍城祠壁画墓、恩波楼、清官亭、过山洞遗址、龙云故居；非物质文化遗产有 8 个，分别是洞经音乐、四筒鼓舞、端公戏、昭通唱书、昭通清拳、昭通酱制作技艺、张蝴绵制作技艺、苗族古歌。

4. 社会生活

从人民生活水平来看，2018 年年末，昭阳区住户存款余额 234.76 亿元，较上一年增长 11.52%；职工平均工资 8.99 万元，较上一年增长 14.96%；社会消费品零售总额 109.53 亿元，较上一年增长 1.42%；农村常住居民人均可支配收入 10520 元，较上一年增长 9.46%。

从教育发展来看，昭阳区的义务教育发展总指数为 1.59，义务教育发展级别为Ⅱ级。人口受教育程度指数为 2.00，人口受教育级别为Ⅲ级。

从文化设施来看，昭阳区有 1 个三级及以下博物馆，是市博物馆。昭阳区文化馆有 2 个，其中二级文化馆有 1 个，为区文化馆；三级及以下文化馆有 1 个，为市文化馆。昭阳区有 2 个三级及以下图书馆，分别是区图书馆、市图书馆。

昭阳区是云南省民族团结示范区，有 2 个民族团结示范乡镇，分别是守望回族乡、布嘎回族乡，有 1 个少数民族特色村寨。

5. 脱贫攻坚

昭阳区属于乌蒙山片区；2019 年该区通过苹果、马铃薯和蔬菜产业的扶持，实现了脱贫摘帽。在脱贫攻坚的道路上，旅游扶贫起到了突出作用。昭阳区的旅游示范村为文山保村。

在主体功能区的省级定位中，昭阳区属于集中连片重点开发区域。

二 鲁甸县

（一）位置与范围

鲁甸县位于云南省东北部，属于滇东北城市群，地处东经 103°09′—103°40′、北纬 26°59′—27°31′之间，东北与昭阳区接界，东南与贵州威宁县毗邻，南部和西部分别与会泽县、巧家县隔牛栏江相望。全县东西最大横距 50 千米，南北最大纵距 60 千米，总面积约 0.15×10⁴ 平方千米。县人民政府驻鲁甸县政通路附近。鲁甸县下辖 10 个镇（文屏镇、龙头山镇、水磨镇、小寨镇、江底镇、龙树镇、新街镇、火德红镇、乐红镇、梭山镇），2 个民族乡（桃源回族乡、茨院回族乡）。

（二）自然地理

鲁甸县属低纬山地季风气候，四季温差不大，冬无严寒，夏无酷暑，立体气候特点突出。在综合自然区划系统中，鲁甸县属于亚热带北部地带的滇东高原地区的昭通—宣威山地高原区；在云南省生态经济区划中，鲁甸县主要位于滇东北山原生态经济区；从生态红线空间分布格局看，鲁甸县小部分位于金沙江、澜沧江、红河干热河谷地带；从生态保护红线功能类型上可以看出，鲁甸县为金沙江下游—小江流域水土流失控制生态保护红线类型。

1. 自然地理要素

（1）地貌

鲁甸县地势东西两侧高，中间低平，地貌错综复杂，有深切中山、中切中山、岩溶高原、混合丘陵、高原湖积盆地、断陷河谷坝。最高海拔高度约 3356 米，最低海拔高度约 568 米，高差约 2788 米，平均 DEM 为 2104.99 米，处于 V 级水平。坝区面积 53.2 平方千米，坝区土地占全县土地面积的 7.69%，坝区综合指数为 13，属于山区地区。地形起伏度指数为 7.41，处于 V 级水平；平均坡度指数为 18.42，处于 Ⅳ 级水平。

（2）气候要素

鲁甸县整体处于中温带，四季温差不大，冬无严寒，夏无酷暑，立体气候特点突出，年平均气温 12.7℃，年降水量为 879.6 毫米，年日照时数约 1937.5 小时，气候资源指数为 1273.21，处于Ⅱ级水平。

（3）水文要素

鲁甸县地处长江流域，水网密度指数为 53.51，处于Ⅲ级水平。

（4）土壤要素

鲁甸县的土壤类型主要为石灰土。

（5）植被要素

鲁甸县的主要植被类型为滇中、东部高原暖性阔叶林、针叶林亚区，植被覆盖度处于微显著区。鲁甸县生物物种资源丰富，生物多样性处于Ⅷ级水平。

2. 自然资源

（1）土地资源

鲁甸县耕地面积 485.237 平方千米，占全县土地面积的 32.35%；园地面积 40.47 平方千米，占全县土地面积的 2.7%；林地面积 509.34 平方千米，占全县土地面积的 33.96%；草地面积 237.48 平方千米，占全县土地面积的 15.83%；城镇村及工矿用地面积 50.81 平方千米，占全县土地面积的 3.39%；交通运输用地面积 15.56 平方千米，占全县土地面积的 1.04%；水域及水利设施用地面积 16.39 平方千米，占全县土地面积的 1.09%；其他用地面积 128.78 平方千米，占全县土地面积的 8.59%。在土地利用分区系统中，鲁甸县位于滇东北中山山原土地生态整治区的昭通—东川—宣威工矿城镇土地整治亚区。在可利用土地资源评价中，鲁甸县可利用土地资源评价为较缺乏。在三生空间结构类型系统中，为生产—生态主导型。

（2）水资源

鲁甸县的水资源总量 6.36 亿立方米，地表水径流量 6.36 亿立方米，径流深 426.8 毫米，地下水资源总量 2.24 亿立方米，在可利用水资源评价中，鲁甸县的可利用水资源较为缺乏。

（3）生物资源

鲁甸县分布着国家二级保护植物黄杉、厚朴、凹叶厚朴等。鲁甸县分布着稀有鸟类黑颈鹤。鲁甸县的食用菌有鸡枞菌、黄白侧耳、浓香乳菇、羊肚菌等。

（三）人文地理

1. 人口和民族

鲁甸县 2018 年年末总人口数为 42.33 万人，性别比为 109.98，人口城镇化指数为 0.06，人口城镇化级别为Ⅷ级，人口老龄化指数为 0.06，老龄化级别为Ⅱ级。鲁甸县少数民族人口约 8.13 万人，少数民族人口占总人口的 19.21%，人口数量较多的少数民族有回族、彝族、苗族，民族多样性指数为 0.63。

2. 经济

鲁甸县 GDP（地区生产总值）为 60.90 亿元，人均 GDP 为 14386.92元，地均 GDP 为 406 万元/平方千米，第一产业产值 12.61 亿元，第二产业产值 26.32 亿元，第三产业产值 21.97 亿元，处于经济发展的工业化后期阶段，属于金沙江开放合作经济带。经济城镇化指数为 0.78，经济城镇化级别为Ⅴ级。

从农业产业来看，鲁甸县的粮食播种面积 3.78 万公顷，年粮食产量14.49 万吨。鲁甸县位于云南省高原特色农业沿边特色产业园区中，是云南省肉牛产业、肉羊产业稳定发展区、加快发展区；鲁甸县是夏秋蔬菜优势产业区生产大县。

从工业园区来看，鲁甸县有 1 个省级工业园区，为鲁甸工业园区，是特色消费品制造产业园区。

3. 旅游

鲁甸县在度假休闲区中，有 1 个休闲广场，为昭通朱提文化广场。

从遗产旅游特色来看，鲁甸县有省级物质文化遗产 2 项，分别是拖姑清真寺、野石山遗址；非物质文化遗产有 1 项，是牛干巴制作技艺。

4. 社会生活

从人民生活水平来看，2018 年年末，鲁甸县住户存款余额 42.46 亿元，较上一年增长 13.44%；职工平均工资 6.20 万元，较上一年增长5.26%；社会消费品零售额总额 12.82 亿元，较上一年增长 11.09%；农村常住居民人均可支配收入 9553 元，较上一年增长 8.99%。

从教育发展来看，鲁甸县的义务教育发展总指数为 0.57，义务教育发展级别为Ⅷ级。人口受教育程度指数为 0.98，人口受教育级别为Ⅴ级。

从文化设施来看，鲁甸县有 1 个三级及以下文化馆，为县文化馆；有 1 个三级图书馆，为县图书馆。

鲁甸县是云南省民族团结示范县，有 2 个民族团结示范乡镇，分别是桃源回族乡、梭山镇；有 1 个少数民族特色村寨。

5. 脱贫攻坚

鲁甸县属于乌蒙山片区，2019 年通过发展花椒特色产业，实现了脱贫摘帽。在脱贫攻坚的道路上，旅游扶贫起到了突出作用。鲁甸县有 1 个旅游示范村，为大坪村。

在主体功能区的省级定位中，昭阳区属于集中连片重点开发区域。

三　巧家县

（一）位置与范围

巧家县隶属云南省昭通市，位于云南省东北部，昭通市西南部，属于滇东北城市群，全县东西最大横距 57 千米，南北最大纵距 98 千米，总面积约 0.33×10^4 平方千米。县人民政府驻巧家县菜市街 1 号。巧家县下辖 12 个镇（白鹤滩镇、马树镇、药山镇、小河镇、大寨镇、老店镇、蒙姑镇、金塘镇、新店镇、茂租镇、崇溪镇、东坪镇），4 个乡（红山乡、包谷垴乡、中寨乡、炉房乡）。

（二）自然地理

巧家县自然地理条件优越。在综合自然区划系统中，巧家县部分属于亚热带北部地带的滇东高原地区的昭通—宣威山地高原区，部分属于亚热带北部地带的滇东高原地区的金沙江河谷区；在云南省生态经济区划中，巧家县主要位于滇东北山原生态经济区；从生态红线空间分布格局看，巧家县大部分位于金沙江、澜沧江、红河干热河谷地带；从生态保护红线功能类型上可以看出，巧家县为金沙江下游—小江流域水土流失控制生态保护红线类型。

1. 自然地理要素

（1）地貌

巧家县地形以山地为主，山地面积占全县总面积的98.9%。金沙江环流于县境西北，牛栏江萦绕于县境东北，地势东南高、西北低，属高原山地构造，地表被江河深切割，山高谷深，地势高低悬殊。最高海拔高度约4041.6米，在药山主峰轿顶山；最低海拔高度约600米，为溪洛渡水电站库区淹没线，高差约3441.6米。平均DEM为2155.83米，处于Ⅵ级水平。坝区面积36.6平方千米，坝区土地占全县土地面积的1.46%，坝区综合指数为2.67，属于山区地区。地形起伏度指数为9.14，处于Ⅵ级水平；平均坡度指数为23.73，处于Ⅵ级水平。

（2）气候要素

巧家县整体处于南亚热带，地处云贵低纬高原，金沙江河谷深切割地带，海拔高差大，地貌复杂，构成了典型的山区气候特点，夏季受东南海洋季风控制，雨热同季；冬春受极地大陆季风控制，干凉同季。最热月出现在7月，多年平均气温26.8℃，最冷月出现在1月，多年平均气温12.3℃；极端最高气温44.4℃（出现在2014年6月3日），最低气温-0.4℃（1977年2月8日）。由于海拔高差大，气温立体差异大，形成了"一山分四季，十里不同天"的立体气候特点。年平均气温21.8℃，年降水量为701.0毫米，年日照时数约2017小时，气候资源指数为1679.64，处于Ⅴ级水平。

（3）水文要素

巧家县地处长江流域，水网密度指数63.35，处于Ⅲ级水平。

（4）土壤要素

巧家县的土壤类型主要为黄棕壤。

（5）植被要素

巧家县的主要植被类型为滇中、北部中山暖性阔叶林、暖性针叶林亚区，植被覆盖度处于不显著区。巧家县生物物种资源丰富，生物多样性处于Ⅷ级水平。

2. 自然资源

（1）土地资源

巧家县耕地面积 747.80 平方千米，占全县土地面积的 23.37%；园地面积 46.78 平方千米，占全县土地面积的 1.46%；林地面积 1168.88 平方千米，占全县土地面积的 36.53%；草地面积 833.80 平方千米，占全县土地面积的 26.04%；城镇村及工矿用地面积 83.86 平方千米，占全县土地面积的 2.62%；交通运输用地面积 19.94 平方千米，占全县土地面积的 0.62%；水域及水利设施用地面积 55.78 平方千米，占全县土地面积的 1.47%；其他用地面积 240.01 平方千米，占全县土地面积的 7.5%。在土地利用分区系统中，巧家县位于滇东北中山山原土地生态整治区的金沙江下游中高山河谷农地整治亚区。在可利用土地资源评价中，巧家县的可利用土地资源为缺乏型。

（2）水资源

巧家县的水资源总量 16.69 亿立方米，地表水径流量 16.69 亿立方米，径流深 522.4 毫米，地下水资源总量 5.99 亿立方米，在可利用水资源评价中，巧家县的可利用水资源为一般型。

（3）生物资源

巧家县分布着国家一级保护植物攀枝花苏铁、巧家五针松、光叶珙桐等；国家二级保护植物中国蕨、扇蕨、连香树、平当树、香果树、西康玉兰、水青树等。

巧家县分布着稀有鸟类黑颈鹤、金雕等。

巧家县的食用菌有鸡枞菌、黄白侧耳、硫色洵孔菌等。

（4）旅游资源

巧家县水体景观资源中，有 1 处泉水景观，为巧家毒泉景观。

（三）人文地理

1. 人口和民族

巧家县 2018 年年末总人口数为 54.70 万人，性别比为 118.76，人口城镇化指数为 0.04，人口城镇化级别为Ⅷ级，人口老龄化指数为 0.08，老龄化级别为Ⅴ级。巧家县少数民族人口约 2.28 万人，少数民族人口占总人口的 4.17%，人口数量较多的少数民族有彝族、苗族、壮族，民族多样性指数为 0.23。巧家县主要说巧家话，属于滇东北方言中的昭通（昭阳）话。

2. 经济

巧家县 GDP（地区生产总值）为 66.60 亿元，人均 GDP 为 12175.5 元，地均 GDP 为 208 万元/平方千米，第一产业产值 23.94 亿元，第二产业产值 19.97 亿元，第三产业产值 22.69 亿元，处于经济发展的工业化中后期阶段，属于金沙江开放合作经济带（区）。经济城镇化指数为 0.62，经济城镇化级别为Ⅷ级。

从农业产业来看，巧家县的粮食播种面积 4.64 万公顷，年粮食产量 21.57 万吨。巧家县位于云南省高原特色农业沿边特色产业园区中，是云南省肉牛产业、肉羊产业稳定发展区、加快发展区；冬春蔬菜优势产业区生产大县。

3. 旅游

巧家县的非物质文化遗产有 3 项，分别是巧家小碗红糖制作技艺、乔家朱氏唢呐锣鼓、尹武刺绣。巧家县是解放战争时期革命老区。

4. 社会生活

从人民生活水平来看，2018 年年末，巧家县住户存款余额 66.83 亿元，较上一年增长 19.17%；职工平均工资 8.86 万元，较上一年增长 29.91%；社会消费品零售总额 18.54 亿元，较上一年增长 10.36%；农村常住居民人均可支配收入 9368 元，较上一年增长 9.20%。

从教育发展来看，巧家县的义务教育发展总指数为 0.66，义务教育发展级别为Ⅵ级。人口受教育程度指数为 1.33，人口受教育级别为Ⅳ级。

从文化设施来看，巧家县有 1 个三级及以下文化馆，为县文化馆；1个三级及以下图书馆，为县图书馆。

巧家县是云南省民族团结示范县，有 1 个少数民族特色村寨。

5. 脱贫攻坚

巧家县属于乌蒙山片区，2019 年通过发展马铃薯、生猪、肉牛、果蔬等高原特色产业，实现了脱贫摘帽。

在主体功能区的国家级与省级定位中，巧家县均属于重点生态功能区。

四　盐津县

（一）位置与范围

盐津县位于云南省东北部，因曾拥有盐井产盐并设渡口渡汛而得名，古为僰人，属于滇东北城市群，地处东经103°59′—104°27′、北纬27°49′—28°24′之间，地处滇东北云川交界处，位于昭通、宜宾两市的中间，东北与四川省筠连、高县、宜宾三县接壤，南与彝良县相连，西与大关县、永善县、绥江县三县毗邻，北与水富市接界。全县东西最大横距46千米，南北最大纵距62.5千米，总面积约0.21×10⁴平方千米。县人民政府驻盐津县政通路14号。盐津县下辖6个镇（盐井镇、普洱镇、豆沙镇、中和镇、庙坝镇、柿子镇），4个乡（兴隆乡、落雁乡、滩头乡、牛寨乡）。

（二）自然地理

在综合自然区划系统中，盐津县属于亚热带东部地带的滇东北中山山原河谷地区的滇东北边沿中山河谷区；在云南省生态经济区划中，盐津县主要位于滇东北山原生态经济区；从生态保护红线功能类型上可以看出，盐津县为金沙江下游—小江流域水土流失控制生态保护红线类型。盐津县是第三批国家生态文明建设示范区，该示范区的建立体现了盐津县坚持走绿色发展道路，积极践行习近平生态文明思想。

1. 自然地理要素

（1）地貌

盐津县地处滇池东北高原乌蒙山脉北部斜坡地带，西南高，东北低。县境山脉属乌蒙山脉北支，以关河为界，可分为河东、河西两大山脉。最高海拔高度约2263米，最低海拔高度约330米，高差约1933米，平均DEM为1036.25米，处于Ⅰ级水平。坝区面积1.62平方千米，坝区土地占全县土地面积的0.08%，坝区综合指数为0.08，属于山区地区。地形起伏度指数为4.84，处于Ⅱ级水平；平均坡度指数为22.34，处于Ⅵ级水平。

（2）气候要素

盐津县整体处于北亚热带，夏季炎热，冬季偏暖，雨量充沛，气候湿润，干雨季分明（干季为11月—次年4月，雨季为5—10月），无霜期长、云雾多、日照少，年平均气温 18.1℃，年降水量为 1144.4 毫米，年日照时数约 954.2 小时，气候资源指数为 1571.07，处于Ⅳ级水平。盐津县是云南省日照时数最少的地方，也是全国日照时数较少的地方，因此得名"寡照"盐津。

（3）水文要素

盐津县地处长江流域，有河流、溪涧 5063 条，其中长年不断流的有78 条，流域面积大于 10 平方千米的 26 条，大于 20 平方千米的 19 条，大于 30 平方千米 17 条。关河、白水江、兴隆河为干流，大小沟溪交错，呈南向北三大叶脉状水系，水网密度指数为 91.94，处于Ⅲ级水平。

（4）土壤要素

盐津县的土壤类型主要为黄壤。

（5）植被要素

盐津县的主要植被类型为滇东北暖性阔叶林区，植被覆盖度处于不显著区。盐津县生物物种资源丰富，生物多样性处于Ⅶ级水平。

2. 自然资源

（1）土地资源

盐津县耕地面积 436.80 平方千米，占全县土地面积的 21.84%；园地面积 8.06 平方千米，占全县土地面积的 0.4%；林地面积 1248.15 平方千米，占全县土地面积的 62.41%；草地面积 116.29 平方千米，占全县土地面积的 5.81%；城镇村及工矿用地面积 43.91 平方千米，占全县土地面积的 2.2%；交通运输用地面积 14.42 平方千米，占全县土地面积的 0.72%；水域及水利设施用地面积 17.27 平方千米，占全县土地面积的 0.86%；其他用地面积 136.18 平方千米，占全县土地面积的 6.81%。在土地利用分区系统中，盐津县位于滇东北中山山原土地生态整治区的滇东北山原坡耕地整治亚区。在可利用土地资源评价中，盐津县的可利用土地资源为缺乏型。在三生空间结构类型系统中，为生产—生态主导型。

（2）水资源

盐津县的水资源总量 14.94 亿立方米，地表水径流量 14.94 亿立方米，径流深 738.8 毫米，地下水资源总量 6.27 亿立方米，在可利用水资源评价中，盐津县的可利用水资源丰富程度为一般型。

（3）生物资源

盐津县分布着国家一级保护植物红豆杉、南方红豆杉等，国家二级保护植物篦子三尖杉、楠木（桢楠、白楠）、鹅掌楸、水青树、箭叶大油芒等。

盐津县的食用菌有鸡枞菌等。

（三）人文地理

1. 人口和民族

盐津县 2018 年年末总人口数为 39.25 万人，性别比为 110.53，人口城镇化指数为 0.08，人口城镇化级别为Ⅶ级，人口老龄化指数为 0.07，老龄化级别为Ⅳ级。盐津县少数民族人口约 1.40 万人，少数民族人口占总人口的 3.57%，人口数量较多的少数民族有苗族，民族多样性指数为 0.17。盐津县主要说盐津话，属于滇东北方言中的昭通（昭阳）方言。

2. 经济

盐津县 GDP（地区生产总值）为 48.92 亿元，人均 GDP 为 12463.69 元，地均 GDP 为 245 万元/平方千米，第一产业产值 10.22 亿元，第二产业产值 20.72 亿元，第三产业产值 17.98 亿元，处于经济发展的工业化中后期阶段。经济城镇化指数为 0.77，经济城镇化级别为Ⅴ级。

从农业产业来看，盐津县的粮食播种面积 4.30 万公顷，年粮食产量 14.43 万吨。盐津县是云南省高原特色农业沿边特色产业园区，是云南省肉牛产业、肉羊产业稳定发展区、加快发展区；盐津县是夏秋蔬菜优势产业区生产大县。盐津县是云药之乡，中药材主要品种有五倍子、杜仲。

3. 旅游

在旅游景区中，节庆会展产品中有 1 项节庆旅游产品，为盐津豆沙关美食文化旅游节。

盐津县是国家级历史文化名城，有 1 个省级历史文化名镇，为盐津县豆沙关历史文化名镇；有 1 个云南省特色小镇，为豆沙关南丝绸路小镇。从遗产旅游特色来看，盐津县有 1 项国家级物质文化遗产，为袁滋题记摩崖石刻；有 1 项非物质文化遗产，为兴隆高杆舞狮。

4. 社会生活

从人民生活水平来看，2018 年年末，盐津县住户存款余额 49.42 亿元，较上一年增长 16.97%；职工平均工资 9.33 万元，较上一年增长 19.46%；社会消费品零售总额 11.12 亿元，较上一年降低 2.63%；农村常住居民人均可支配收入 9607 元，较上一年增长 8.8%。

从教育发展来看，盐津县的义务教育发展总指数为 0.64，义务教育发展级别为Ⅶ级。人口受教育程度指数为 0.98，人口受教育级别为Ⅴ级。

从文化设施来看，盐津县三级及以下文化馆有 1 个，为县文化馆；三级及以下图书馆有 1 个，为县图书馆。

5. 脱贫攻坚

盐津县属于乌蒙山片区，2019 年通过走全域旅游和农副产品的脱贫之路实现了脱贫摘帽。在脱贫攻坚的道路上，旅游扶贫起到了突出作用。豆沙镇为旅游示范乡镇，生基村为旅游示范村。

在主体功能区的国家级和省级定位中，盐津县均属于重点生态功能区。

五 大关县

（一）位置与范围

大关县位于云南省东北部，是昭通市唯一腹心县，出川入滇的咽喉要道，也是云南南北大通道的重要交通枢纽，属于滇东北城市群，地处东经 103°41′—104°07′、北纬 27°35′—28°14′之间，东北与盐津县接壤，东南与彝良县毗邻，南面与昭阳区接界，西北与永善县相连。总面积约 0.18×10^4 平方千米。县人民政府驻大关县翠华镇顺城北路 8 号。大关县下辖 8 个镇（翠华镇、玉碗镇、吉利镇、天星镇、木杆镇、悦乐镇、高桥镇、寿山镇），1 个民族乡（上高桥回族彝族苗族乡）。

（二）自然地理

大关县自然地理条件优越。在综合自然区划系统中，大关县属于亚热带东部地带的滇东北中山山原河谷地区、滇东北边沿中山河谷区；在云南省生态经济区划中，大关县位于滇东北山原生态经济区；从生态保护红线功能类型上可以看出，大关县为金沙江下游—小江流域水土流失控制生态保护红线类型。

1. 自然地理要素

（1）地貌

大关县境内的山脉属喜马拉雅山脉乌蒙山系和五莲峰山系。最高海拔高度约2785米，位于南部玉碗镇老街村与昭阳区接界处高家梁子；最低海拔高度约492米，位于北部吉利镇鱼田村吊楼子，高差约2293米；平均 DEM 为1614.81米，处于Ⅲ级水平。坝区面积1.55平方千米，坝区土地占全县土地面积的0.09%，坝区综合指数为0.14，属于山区地区。地形起伏度指数为6.13，处于Ⅳ级水平；平均坡度指数为22.26，处于Ⅵ级水平。

（2）气候要素

大关县处于南温带，年平均气温14.9℃，年降水量为1127.4毫米，年日照时数约1139.7小时，气候资源指数为1412.07，处于Ⅲ级水平。

（3）水文要素

大关县地处长江流域，有5条主河流、30多条溪流，水网密度指数86.82，处于Ⅲ级水平。

（4）土壤要素

大关县的土壤类型主要为黄壤。

（5）植被要素

大关县的主要植被类型为滇东北暖性阔叶林区，植被覆盖度处于不显著区。大关县生物物种资源丰富，生物多样性处于Ⅷ级水平。

2. 自然资源

（1）土地资源

大关县耕地面积332.12平方千米，占全县土地面积的19.54%；园地面积0.27平方千米，占全县土地面积的0.02%；林地面积1023.14平方千米，占全县土地面积的60.18%；草地面积208.36平方千米，占全县土地面积的12.26%；城镇村及工矿用地面积23.65平方千米，占全县土地面积的1.39%；交通运输用地面积11.16平方千米，占全县土地面积的0.66%；水域及水利设施用地面积12.61平方千米，占全县土地面积的0.74%；其他用地面积109.59平方千米，占全县土地面积的6.45%。在土地利用分区系统中，大关县位于滇东北中山山原土地生态整治区的滇东北山原坡耕地整治亚区。在可利用土地资源评价中，大关县的可利用土地资源为缺乏型。在三生空间结构类型系统中，为生态主导型。

（2）水资源

大关县的水资源总量 11.78 亿立方米，地表水径流量 11.78 亿立方米，径流深 685.4 毫米，地下水资源总量 4.92 亿立方米，在可利用水资源评价中，大关县的可利用水资源丰富程度为一般型。

（3）生物资源

大关县分布着国家一级保护植物红豆杉、珙桐、光叶珙桐等，国家二级保护植物鹅掌楸、水青树等。

大关县食用菌有鸡枞菌、鸡油菌、羊肚菌等。

（4）旅游资源

大关县在水体景观资源中，有 1 处泉水景观，为大关黄连河瀑布景观。

（三）人文地理

1. 人口和民族

大关县 2018 年年末总人口数为 28.10 万人，性别比为 112.55，人口城镇化指数为 0.07，人口城镇化级别为Ⅶ级，人口老龄化指数为 0.07，老龄化级别为Ⅳ级。大关县少数民族人口约 2.17 万人，少数民族人口占总人口的 7.72%，人口数量较多的少数民族有苗族、回族、彝族，民族多样性指数 0.38。大关县主要说大关话，属于滇东北方言中的昭通（昭阳）话。

2. 经济

大关县 GDP（地区生产总值）为 32.69 亿元，人均 GDP 为 11633.45元，地均 GDP 为 192 万元/平方千米，第一产业产值 7.45 亿元，第二产业产值 10.02 亿元，第三产业产值 15.22 亿元，处于经济发展的工业化中后期阶段。经济城镇化指数为 0.77，经济城镇化级别为Ⅴ级。

从农业产业来看，大关县的粮食播种面积 3.19 万公顷，年粮食产量8.72 万吨。大关县位于云南省高原特色农业沿边特色产业园区中，是云南省肉牛产业、肉羊产业稳定发展区、加快发展区。

3. 旅游

大关县有 1 个国家 3A 级景区，为大关黄连河景区。大关县的非物质文化遗产有 4 项，分别是苗族芦笙制作技艺、芦笙舞、苗族花山节、苗族射弩。

4. 社会生活

从人民生活水平来看，2018 年年末，大关县住户存款余额 36.99 亿元，较上一年增长 16.39%；职工平均工资 7.55 万元，较上一年增长 26.68%；社会消费品零售总额 9.62 亿元，较上一年增长 10.19%；农村常住居民人均可支配收入 9016 元，较上一年增长 8.99%。

从教育发展来看，大关县的义务教育发展总指数为 0.50，义务教育发展级别为Ⅶ级。人口受教育程度指数为 0.70，人口受教育级别为Ⅳ级。

从文化设施来看，大关县有 1 个三级及以下文化馆，为县文化馆；1 个三级及以下图书馆，为县图书馆。

5. 脱贫攻坚

大关县属于乌蒙山片区，2019 年通过发展畜牧、核桃、果蔬、中药材、竹子五大产业，实现了脱贫摘帽。在脱贫攻坚的道路上，旅游扶贫起到了突出作用。大关县有 1 个旅游示范村为大杆村。

在主体功能区的国家级与省级定位中，大关县均属于重点生态功能区。

六　永善县

（一）位置与范围

永善县隶属于昭通市，位于云南省东北部、乌蒙山脉西北面的金沙江南岸，属于滇东北城市群，地处东经 103°15′—104°01′、北纬 27°30′—28°31′之间，东与大关县、盐津县接壤，南连昭通市，北接绥江县，西北隔金沙江与四川雷波、金阳两县相望。全县东西最大横距 46.6 千米，南北最大纵距 121.2 千米，总面积约 0.28×10^4 平方千米。永善县人民政府驻永善县溪洛渡镇新华街 18 号。永善县下辖 8 个镇（溪洛渡镇、桧溪镇、黄华镇、茂林镇、大兴镇、莲峰镇、码口镇、务基镇），5 个乡（团结乡、细沙乡、青胜乡、水竹乡、墨翰乡），2 个民族乡（马楠苗族彝族乡、伍寨彝族苗族乡）。

（二）自然地理

永善县自然地理条件优越。在综合自然区划系统中，永善县属于亚热带东部地带的滇东北中山山原河谷地区的滇东北边沿中山河谷区，部分属于亚热带北部地带的滇东高原地区的昭通—宣威山地高原区；在云南省生态经济区划中，永善县主要位于滇东北山原生态经济区；从生态红线空间分布格局看，永善县少部分位于金沙江、澜沧江、红河干热河谷地带；从生态保护红线功能类型上可以看出，永善县为金沙江下游—小江流域水土流失控制生态保护红线类型。

1. 自然地理要素

（1）地貌

永善县境内重峦叠嶂、峰高谷深，地势南高北低，海拔悬殊，最高海拔高度约3199.5米，位于伍寨民族乡，最低海拔高度约350米，位于团结乡、桧溪镇，高差约2849.5米，平均DEM为1831.32米，处于Ⅳ级水平。坝区面积46.1平方千米，坝区土地占全县土地面积的0.06%，坝区综合指数0.14，属于山区地区。地形起伏度指数为7.60，处于Ⅴ级水平；平均坡度指数22.66，处于Ⅵ级水平。

（2）气候要素

永善县整体处于南温带，由于海拔高低悬殊，气候垂直变化显著；年平均气温16.5℃，年降水量为730.0毫米，年日照时数约1067小时，气候资源指数为1461.91，处于Ⅳ级水平。

（3）水文要素

永善县地处长江流域，主要河流金沙江、桧溪子河、大毛滩河、井底水河、龙冲河等；水网密度指数65.298，处于Ⅲ级水平。

（4）土壤要素

永善县的土壤类型主要为棕壤。

（5）植被要素

永善县的主要植被类型为滇中、东部高原暖性阔叶林、针叶林亚区，植被覆盖度处于不显著区。永善县生物物种资源丰富，生物多样性处于Ⅷ级水平。

2. 自然资源

（1）土地资源

永善县耕地面积 564.03 平方千米，占全县土地面积的 20.14%；园地面积 105.90 平方千米，占全县土地面积的 3.78%；林地面积 1178.19 平方千米，占全县土地面积的 42.08%；草地面积 610.80 平方千米，占全县土地面积的 21.81%；城镇村及工矿用地面积 45.51 平方千米，占全县土地面积的 1.63%；交通运输用地面积 13.63 平方千米，占全县土地面积的 0.49%；水域及水利设施用地面积 35.77 平方千米，占全县土地面积的 1.28%；其他用地面积 224.43 平方千米，占全县土地面积的 8.02%。在土地利用分区系统中，永善县位于滇东北中山山原土地生态整治区的金沙江下游中高山河谷农地整治亚区。在可利用土地资源评价中，永善县的可利用土地资源评价为缺乏。在三生空间结构类型系统中，为生态主导型。

（2）水资源

永善县的水资源总量 14.44 亿立方米，地表水径流量 14.4 亿立方米，径流深 519.8 毫米，地下水资源总量 6.46 亿立方米，在可利用水资源评价中，永善县的可利用水资源丰富程度为一般。

（3）生物资源

永善县分布着国家一级保护植物南方红豆杉、珙桐等，国家二级保护植物平当树、鹅掌楸、水青树等。

永善县分布着稀有鸟类黑颈鹤等。

永善县的食用菌有鸡枞菌、草鸡枞等。

（三）人文地理

1. 人口和民族

永善县 2018 年年末总人口数为 42.08 万人，性别比为 114.42，人口城镇化指数为 0.05，人口城镇化级别为Ⅷ级，人口老龄化指数为 0.08，老龄化级别为Ⅴ级。永善县少数民族人口约 2.98 万人，少数民族人口占总人口的 7.08%，人口数量较多的少数民族有彝族、苗族、回族等，民族多样性指数为 0.34。永善县主要说永善话，属于滇东北方言中的昭通（昭阳）话。

2. 经济

永善县 GDP（地区生产总值）为 82.34 亿元，人均 GDP 为 19567.49 元，地均 GDP 为 294 万元/平方千米，第一产业产值 14.87 亿元，第二产业产值 44.79 亿元，第三产业产值 22.68 亿元，处于经济发展的工业化中后期阶段，属于金沙江开放合作经济带。经济城镇化指数为 0.82，经济城镇化级别为Ⅳ级。

从农业产业来看，永善县的粮食播种面积 4.44 万公顷，年粮食产量 20.88 万吨。永善县位于云南省高原特色农业沿边特色产业园区中，是云南省肉牛产业、肉羊产业稳定发展区、加快发展区；永善县是夏秋蔬菜优势产业区生产大县。

3. 旅游

永善县有 1 项工业旅游产品为溪洛渡水电站。

永善县非物质文化遗产有 2 项，分别是马楠乡苗族芦笙舞、竹编。

4. 社会生活

从人民生活水平来看，2018 年年末，永善县住户存款余额 74.28 亿元，较上一年增长 13.34%；职工平均工资 8.29 万元，较上一年增长 11.73%；社会消费品零售总额 16.14 亿元，较上一年增长 11%；农村常住居民人均可支配收入 9383 元，较上一年增长 9.30%。

从教育发展来看，永善县的义务教育发展总指数 0.64，义务教育发展级别为Ⅶ级。人口受教育程度指数 1.02，人口受教育级别为Ⅴ级。

从文化设施来看，永善县有 1 个三级及以下文化馆，为县文化馆；1 个二级图书馆，为县图书馆。

永善县是云南省民族团结示范县，有 1 个少数民族特色集镇，为伍寨彝族苗族乡，有 1 个少数民族特色村寨。永善县有 1 个省级民族民间传统文化之乡，为马楠民族乡苗族芦笙舞之乡。

5. 脱贫攻坚

永善县属于乌蒙山片区，2019 年通过大力发展特色水果实现了脱贫摘帽。在脱贫攻坚的道路上，旅游扶贫起到了突出作用，永善县有 1 个旅游扶贫示范村，为白善村。

在主体功能区的国家级与省级定位中，永善县均属于重点生态功能区。

七 绥江县

(一) 位置与范围

绥江县隶属云南省昭通市，位于云南省最北端，金沙江下游南岸，为两省（云南省、四川省）三市州（昭通市、凉山彝族自治州、宜宾市）接合部，地处溪洛渡、向家坝两大巨型水电站之间，东连水富市，南接盐津县，西南与永善县接壤，北以金沙江为界与四川省屏山县、雷波县为邻。总面积约 0.09×10^4 平方千米。绥江县人民政府驻绥江县龙腾大道（中段）附近。绥江县下辖 5 个镇（中城镇、南岸镇、新滩镇、会仪镇、板栗镇）。

(二) 自然地理

绥江县自然地理条件优越。在综合自然区划系统中，绥江县属于亚热带东部地带的滇东北中山山原河谷地区的滇东北边沿中山河谷区；在云南省生态经济区划中，绥江县主要位于滇东北山原生态经济区；从生态保护红线功能类型上可以看出，绥江县为金沙江下游—小江流域水土流失控制生态保护红线类型。

1. 自然地理要素

(1) 地貌

绥江县境内山峦起伏、沟壑交错，山多坝少、坡陡谷深；西南为低中山山地。金沙江沿岸有珍珠坝、大沙坝、凤池坝、烟囱坝、建设坝等冲积、沉积小坝；最高海拔高度约 2054 米，位于罗汉坪大堡顶，最低海拔高度约 381 米，位于向家坝水电站库区沿岸，高差约 1673 米，平均 DEM 为 1035.71 米，处于 I 级水平。坝区面积 9.51 平方千米，坝区土地占全县土地面积的 1.27%，坝区综合指数为 1.24，属于山区地区。地形起伏度指数为 4.51，处于 II 级水平；平均坡度指数为 22.36，处于 VI 级水平。

(2) 气候要素

绥江县整体处于北亚热带，属亚热带、暖温带共存的高原季风立体气候，四季不明显，具有冬无严寒、夏无酷暑、雨热同季、干湿分明等特点，且在水平和垂直方向上均差异显著。年平均气温 18.1℃，年降水量为 1109.7 毫米，年日照时数约 1163.4 小时，气候资源指数为 1579.77，处于Ⅳ级水平。

（3）水文要素

绥江县地处长江流域，境内最大的河流大汶溪系金沙江的一级支流，位于绥江县中部。除大汶溪系金沙江的一级支流外，境内还有会仪溪、黄坪溪、新滩溪、小汶溪、犇溪、大鹿溪、芭蕉溪、电池沟，共8条小支流，流域面积 354 平方千米；水网密度指数为 75.52，处于Ⅲ级水平。

（4）土壤要素

绥江县的土壤类型主要为紫色土。

（5）植被要素

绥江县的主要植被类型为滇东北暖性阔叶林区，植被覆盖度处于不显著区。绥江县生物物种资源丰富，生物多样性处于Ⅵ级水平。

2. 自然资源

（1）土地资源

绥江县耕地面积 134.75 平方千米，占全县土地面积的 19.25%；园地面积 4.72 平方千米，占全县土地面积的 0.67%；林地面积 450.01 平方千米，占全县土地面积的 64.29%；草地面积 50.61 平方千米，占全县土地面积的 7.23%；城镇村及工矿用地面积 21.22 平方千米，占全县土地面积的 3.03%；交通运输用地面积 4.79 平方千米，占全县土地面积的 0.68%；水域及水利设施用地面积 39.44 平方千米，占全县土地面积的 5.63%；其他用地面积 43.23 平方千米，占全县土地面积的 6.18%。在土地利用分区系统中，绥江县位于滇东北中山山原土地生态整治区的金沙江下游中高山河谷农地整治亚区。在可利用土地资源评价中，绥江县的可利用土地资源为缺乏型。在三生空间结构类型系统中，为生产—生态主导型。

（2）水资源

绥江县的水资源总量 5.27 亿立方米，地表水径流量 5.27 亿立方米，径流深 705.8 毫米，地下水资源总量 2.37 亿立方米，在可利用水资源评价中，绥江县的可利用水资源为较缺乏型。

（3）生物资源

绥江县分布着国家一级保护植物南方红豆杉，国家二级保护植物桫椤、润楠、小黑桫椤、楠木（桢楠和白楠）、香果树、鹅掌楸等。

绥江县的食用菌有鸡枞菌、长根小奥德菇等。

（三）人文地理

1. 人口和民族

绥江县 2018 年年末总人口数为 16.19 万人，性别比为 108.59，人口城镇化指数为 0.12，人口城镇化级别为Ⅵ级，人口老龄化指数为 0.08，老龄化级别为Ⅴ级。绥江县少数民族人口约 0.10 万人，少数民族人口占总人口的 0.62%，人口数量较多的少数民族有苗族、彝族，民族多样性指数 0.05。绥江县主要说绥江话，属于滇东北方言中的昭通（昭阳）话。

2. 经济

绥江县 GDP（地区生产总值）为 24.05 亿元，人均 GDP 为 14854.85 元，地均 GDP 为 344 万元/平方千米，第一产业产值 4.36 亿元，第二产业产值 5.90 亿元，第三产业产值 13.79 亿元，处于经济发展的工业化中后期阶段，属于金沙江开放合作经济带。经济城镇化指数为 0.81，经济城镇化级别为Ⅳ级。

从农业产业来看，绥江县的粮食播种面积 0.93 万公顷，年粮食产量 3.24 万吨。绥江县位于云南省高原特色农业沿边特色产业园区中，是云南省肉牛产业、肉羊产业稳定发展区、加快发展区。

3. 旅游

绥江县有 1 个国家 3A 级景区，为绥江金沙江水上乐园景区。

绥江县有 1 项非物质文化遗产项目，为金江号子。

4. 社会生活

从人民生活水平来看，2018 年年末，绥江县住户存款余额 43.53 亿元，较上一年增长 8.58%；职工平均工资 8.05 万元，较上一年增长 17.69%；社会消费品零售总额 9.11 亿元，较上一年增长 10.96%；农村常住居民人均可支配收入 9530 元，较上一年增长 9.78%。

从教育发展来看，绥江县的义务教育发展总指数为 0.49，义务教育发展级别为Ⅷ级。人口受教育程度指数为 0.43，人口受教育级别为Ⅶ级。

从文化设施来看，绥江县有 1 个一级文化馆，为县文化馆；有 1 个二级图书馆，为县图书馆。

5. 脱贫攻坚

绥江县 2018 年通过特色养殖和特色经济作物等产业，实现了脱贫摘帽。在脱贫攻坚的道路上，旅游扶贫起到了突出作用。绥江县有 1 个旅游示范村，为田坝村。

在主体功能区的国家级与省级定位中，绥江县均属于重点生态功能区。

八 镇雄县

（一）位置与范围

镇雄县位于云南省东北部，云贵川三省接合部，隶属云南省昭通市，属于滇东北城市群，地处东经 104°18′—105°18′、北纬 27°17′—27°49′之间，东以赤水河为界与四川叙永相邻，南连贵州毕节、赫章，西邻彝良县，北抵威信县。全县东西最大横距 99 千米，南北最大纵距 54 千米，总面积约 0.38×10^4 平方千米。镇雄县人民政府驻镇雄县中山路 19 号。镇雄县下辖 3 个街道（乌峰街道、南台街道、旧府街道），20 个镇（泼机镇、黑树镇、母享镇、坡头镇、大湾镇、以勒镇、赤水源镇、芒部镇、雨河镇、罗坎镇、牛场镇、五德镇、塘房镇、场坝镇、以古镇、木卓镇、坪上镇、碗厂镇、盐源镇、中屯镇），5 个乡（鱼洞乡、花朗乡、尖山乡、杉树乡、花山乡），2 个民族乡（果珠彝族乡、林口彝族苗族乡）。

（二）自然地理

镇雄县自然资源丰富，历史上与滇西的腾冲市共同享有"金腾越、银镇雄"的美称，素有"鸡鸣三省"之称，是享有"母亲河""美酒河"美誉的赤水河发源地。在综合自然区划系统中，镇雄县属于亚热带东部地带的滇东北中山山原河谷地区的镇雄高原中山区；在云南省生态经济区划中，镇雄县主要位于滇东北山原生态经济区；从生态保护红线功能类型上可以看出，镇雄县为金沙江下游—小江流域水土流失控制生态保护红线类型。

1. 自然地理要素

（1）地貌

镇雄县位处云贵高原北部斜坡地带，境内山峦起伏、沟壑纵横。地势西南高、东北低，中部和南部稍平缓。最高海拔高度约 2845.1 米，位于大湾镇，最低海拔高度约 480 米，位于鱼洞乡，高差约 2365.1 米，平均 DEM 为 1585.96 米，处于Ⅲ级水平。坝区面积 87.59 平方千米，坝区土地占全县土地面积的 1.24%，坝区综合指数为 1.87，属于山区地区。地形起伏度指数为 4.99，处于Ⅱ级水平；平均坡度指数为 17.98，处于Ⅳ级水平。

（2）气候要素

镇雄县整体处于中温带，少数河谷地区属于北亚热带气候，年平均气温 12.3℃，年降水量为 893.9 毫米，年日照时数约 1201.7 小时，气候资源指数为 1293.13，处于Ⅱ级水平。

（3）水文要素

镇雄县地处长江流域，境内有横江、赤水河、乌江三大水系，包含大小河流 39 条，主要河流有白水江、罗甸河、翟底河等。水网密度指数为 74.30，处于Ⅲ级水平。

（4）土壤要素

镇雄县的土壤类型主要为黄壤。

（5）植被要素

镇雄县的主要植被类型为滇东北暖性阔叶林区，植被覆盖度处于不显著区。镇雄县生物物种资源丰富，生物多样性处于Ⅷ级水平。

2. 自然资源

（1）土地资源

镇雄县耕地面积 1400.91 平方千米，占全县土地面积的 37.86%；园地面积 13.08 平方千米，占全县土地面积的 0.35%；林地面积 1572.57 平方千米，占全县土地面积的 42.50%；草地面积 96.86 平方千米，占全县土地面积的 2.62%；城镇村及工矿用地面积 94.56 平方千米，占全县土地面积的 2.56%；交通运输用地面积 32.64 平方千米，占全县土地面积的 0.88%；水域及水利设施用地面积 21.19 平方千米，占全县土地面积的 0.57%；其他用地面积 463.72 平方千米，占全县土地面积的 12.53%。在土地利用分区系统中，镇雄县位于滇东北中山山原土地生态整治区的滇东北山原坡耕地整治亚区。在可利用土地资源评价中，镇雄县可利用土地资源评价为较缺乏。在三生空间结构类型系统中，为生产—生态主导型。

（2）水资源

镇雄县的水资源总量 21.74 亿立方米，地表水径流量 21.74 亿立方米，径流深 588.1 毫米，地下水资源总量 8.76 亿立方米，在可利用水资源评价中，镇雄县的可利用水资源为较丰富型。

（3）生物资源

镇雄县分布着国家一级保护植物红豆杉、南方红豆杉、珙桐等，国家二级保护植物福建柏、十齿花、连香树、润楠、厚朴、凹叶厚朴、香果树、水青树等。

镇雄县的食用菌有鸡枞菌、鸡油菌、美味牛肝菌、糙皮侧耳、小美牛肝菌、中华牛肝菌、鹤环乳牛肝菌、蓝黄红菇、松乳菇、浓香乳菇、多汁乳菇、棕灰口蘑、紫丁香蘑、高大环柄菇、灰喇叭菌、红蜡蘑 16 种。

（三）人文地理

1. 人口和民族

镇雄县 2018 年年末总人口数为 142.41 万人，性别比为 110.17，人口城镇化指数为 0.04，人口城镇化级别为Ⅷ级，人口老龄化指数为 0.06，老龄化级别为Ⅱ级。镇雄县少数民族人口约 10.93 万人，少数民族人口占总人口的 7.68%，人口数量较多的少数民族有彝族、苗族、白族，民族多样性指数为 0.35。镇雄县主要说镇雄话，属于滇东北方言中的昭通（昭阳）话。

2. 经济

镇雄县 GDP（地区生产总值）为 123.63 亿元，人均 GDP 为 8681.27 元，地均 GDP 为 334 万元/平方千米，第一产业产值 27.64 亿元，第二产业产值 46.64 亿元，第三产业产值 49.35 亿元，处于经济发展的工业化初期阶段。经济城镇化指数为 0.76，经济城镇化级别为Ⅴ级。

从农业产业来看，镇雄县的粮食播种面积 14.34 万公顷，年粮食产量 46.96 万吨。镇雄县位于云南省高原特色农业沿边特色产业园区中，有 1 家省级生猪产业有限公司，为镇雄县华业有限责任公司；镇雄县是云南省肉牛产业、肉羊产业稳定发展区、快速发展区，也是夏秋蔬菜优势产业区生产大县，中药材主要品种为天麻、药用牡丹、白及等。

从工业园区来看，镇雄县有 1 个省级工业园区，为镇雄工业园区，该工业园区同为特色食品制造产业园区。

3. 旅游

镇雄县有 1 项红色旅游产品，为镇雄乌蒙回旋战旧址。

镇雄县有 1 个云南省特色小镇，为以勒小镇。非物质文化遗产有 1 项，为彝族"喀红呗"。镇雄县是土地革命时期革命老区。

4. 社会生活

从人民生活水平来看，2018 年年末，镇雄县住户存款余额 150.51 亿元，较上一年增长 18.31%；职工平均工资 8.68 万元，较上一年增长 18.26%；社会消费品零售总额 49.49 亿元，较上一年增长 11.16%；农村常住居民人均可支配收入 9551 元，较上一年增长 9.29%。

从教育发展来看，镇雄县的义务教育发展总指数为 1.97，义务教育发展级别为 I 级。人口受教育程度指数为 3.53，人口受教育级别为 I 级。

从文化设施来看，镇雄县有 1 个三级及以下文化馆，为县文化馆；1 个三级及以下图书馆，为县图书馆。

镇雄县是云南省民族团结示范县，有 1 个少数民族特色集镇，为林口彝族苗族乡，有 1 个少数民族特色村寨。

5. 脱贫攻坚

镇雄县属于乌蒙山片区，2020 年通过对竹产业的扶持，实现了脱贫摘帽。在脱贫攻坚的道路上，旅游扶贫起到了突出作用。镇雄县有旅游示范乡镇 1 个，为芒部镇；有 2 个旅游示范村，分别为芒部山村、铁厂村。

在主体功能区的国家级定位中，镇雄县属于农产品主产区。

九 彝良县

（一）位置与范围

彝良县位于云南省东北部的云、贵、川三省接合部的乌蒙山区，地处东经 103°51′—104°45′、北纬 27°15′—27°56′之间，东与镇雄县、威信县相接，西与昭阳区、大关县相邻，南与贵州威宁、赫章县相连，北与盐津县、四川筠连县接壤。全县总面积约 0.29×10⁴ 平方千米。属于滇东北城市群，县人民政府驻彝良县人民街 31 号。彝良县下辖 10 个镇（角奎镇、洛泽河镇、牛街镇、小草坝镇、龙安镇、龙海镇、荞山镇、钟鸣镇、海子镇、两河镇），5 个民族乡（龙街苗族彝族乡、奎香苗族彝族乡、树林彝族苗族乡、柳溪苗族乡、洛旺苗族乡）。

（二）自然地理

彝良县自然地理条件优越。在综合自然区划系统中，彝良县部分属于亚热带东部地带的滇东北中山山原河谷地区的滇东北边沿中山河谷区，部分属于亚热带北部地带的滇东高原地区的昭通—宣威山地高原区；在云南省生态经济区划中，彝良县主要位于滇东北山原生态经济区；从生态保护红线功能类型上可以看出，彝良县为金沙江下游—小江流域水土流失控制生态保护红线类型。

1. 自然地理要素

（1）地貌

彝良县最高海拔高度约 2780 米，最低海拔高度约 520 米，高差约 2260 米，平均 DEM 为 1650.49 米，处于Ⅲ级水平。坝区面积 20.36 平方千米，坝区土地占全县土地面积的 0.49%，坝区综合指数为 0.98，属于山区地区。地形起伏度指数为 6.07，处于Ⅳ级水平；平均坡度指数为 19.72，处于Ⅴ级水平。

（2）气候要素

彝良县整体处于南温带，年平均气温 16.5℃，年降水量为 780.1 毫米，年日照时数约 1429.30 小时，气候资源指数为 1519.51，处于Ⅳ级水平。

（3）水文要素

彝良县地处长江流域，水网密度指数为 66.92，处于Ⅲ级水平。

（4）土壤要素

彝良县的土壤类型主要为黄棕壤。

（5）植被要素

彝良县的主要植被类型为滇中、东部高原暖性阔叶林、针叶林亚区，植被覆盖度处于微显著区。彝良县生物物种资源丰富，生物多样性处于Ⅷ级水平。

2. 自然资源

（1）土地资源

彝良县耕地面积 759.59 平方千米，占全县土地面积的 27.13%；园地面积 22.51 平方千米，占全县土地面积的 0.80%；林地面积 1649.67平方千米，占全县土地面积的 58.92%；草地面积 51.22 平方千米，占全县土地面积的 1.83%；城镇村及工矿用地面积 51.67 平方千米，占全县土地面积的 1.85%；交通运输用地面积 17.11 平方千米，占全县土地面积的 0.61%；水域及水利设施用地面积 18.79 平方千米，占全县土地面积的 0.67%；其他用地面积 228.24 平方千米，占全县土地面积的8.15%。在土地利用分区系统中，滇东北中山山原土地生态整治区—滇东北山原坡耕地整治区。在可利用土地资源评价中，彝良县是较缺乏类型。在三生空间结构类型系统中，为生态主导型。

（2）水资源

彝良县的水资源总量 16.06 亿立方米，地表水径流量 16.06 亿立方米，径流深 574.3 毫米，地下水资源总量 5.03 亿立方米，在可利用水资源评价中，彝良县水资源丰富程度为一般型。

（3）生物资源

彝良县分布着国家一级保护植物珙桐，国家二级保护植物十齿花、樟树、厚朴、香果树、鹅掌楸、箭叶大油芒等国家珍稀植物资源。

彝良县的食用菌有鸡枞菌、鸡油菌、毛柄类火菇等。

（4）旅游资源

彝良县有 1 处动物景观，为昭通大山包黑颈鹤景观。

（三）人文地理

1. 人口和民族

彝良县 2018 年年末总人口数为 56.34 万人，性别比为 110.56，人口城镇化指数为 0.05，人口城镇化级别为Ⅷ级，人口老龄化指数为 0.06，老龄化级别为Ⅱ级。彝良县少数民族人口约 7.13 万人，少数民族人口占总人口的 12.66%，人口数量较多的少数民族有苗族、彝族，民族多样性指数为 0.50。彝良县主要说彝良话，属于滇东北方言中的昭通（昭阳）话。

2. 经济

彝良县 GDP（地区生产总值）为 59.58 亿元，人均 GDP 为 10575.08 元，地均 GDP 为 213 万元/平方千米，第一产业产值 21.92 亿元，第二产业产值 18.68 亿元，第三产业产值 18.98 亿元，处于经济发展的工业化初期阶段。经济城镇化指数为 0.60，经济城镇化级别为Ⅷ级。

从农业产业来看，彝良县的粮食播种面积 4.50 万公顷，年粮食产量 21.33 万。彝良县位于云南省高原特色农业沿边特色产业园区中，是云南省肉牛产业、肉羊产业稳定发展区、加快发展区。彝良县是云南省夏秋蔬菜优势产业区生产大县。彝良县也是云药之乡，主要中药材品种有天麻。

从工业园区来看，彝良县有 1 个省级工业园区，有 1 个新材料产业园区。

3. 旅游

彝良县有 1 项红色旅游产品，为彝良罗炳辉将军故居。

彝良县有 1 个省级历史文化名城，为彝良县牛街省级历史文化名镇。1 个全国特色小镇，为小草坝镇。1 个云南省特色小镇，为小草坝天麻小镇。从遗产旅游特色来看，省级物质文化遗产有 1 项，是罗炳辉将军故居；非物质文化遗产有 2 项，分别是彝族酒歌、苗族传说故事《召赞和卯蚩彩娥翠》。彝良县是土地革命时期的革命老区。

4. 社会生活

从人民生活水平来看，2018 年年末，彝良县住户存款余额 59.54 亿元，较上一年增长 18.39%；职工平均工资 8.65 万元，较上一年增长

15.80%；社会消费品零售总额 21.05 亿元，较上一年增长 11.08%；农村常住居民人均可支配收入 8816 元，较上一年增长 8.69%。

从教育发展来看，彝良县的义务教育发展总指数为 0.81，义务教育发展级别为 V 级。人口受教育程度指数为 1.36，人口受教育级别为 IV 级。

从文化设施来看，彝良县有 1 个三级及以下博物馆，如罗炳辉将军纪念馆；1 个三级及以下文化馆，如县文化馆。

彝良县有 3 个示范乡镇，龙街苗族彝族乡、柳溪苗族乡、洛旺苗族乡，有 1 个少数民族特色集镇。

5. 脱贫攻坚

彝良县地处云南省东北部的云、贵、川三省接合部的乌蒙山区，2019 年通过发展天麻产业，实现了脱贫摘帽。

在主体功能区的国家级定位中，彝良县属于农产品主产区。

十　威信县

（一）位置与范围

威信县隶属于云南省昭通市，位于云、贵、川三省接合部，俗有"鸡鸣三省"之称，地处东经 104°41′—105°18′、北纬 27°42′—28°06′之间，东与四川省叙永、古蔺县接壤，南与贵州省毕节市、云南省镇雄县相连，西与彝良县和四川省筠连县交界，北与四川省珙县、兴文县毗邻。全县东西最大横距 57 千米，南北最大纵距 36.6 千米，总面积约 0.14×10^4 平方千米。威信县人民政府驻威信县爱民路 16 号。威信县下辖 7 个镇（扎西镇、旧城镇、罗布镇、麟凤镇、庙沟镇、水田镇、长安镇），2 个乡（高田乡、三桃乡），1 个民族乡（双河苗族彝族乡）。

（二）自然地理

威信县自然地理条件优越。在综合自然区划系统中，威信县属于亚热带东部地带的滇东北中山山原河谷地区的镇雄高原中山区；在云南省生态经济区划中，威信县主要位于滇东北山原生态经济区；从生态保护红线功能类型上可以看出，威信县为金沙江下游—小江流域水土流失控制生态保护红线类型。

1. 自然地理要素

（1）地貌

威信县最高海拔高度约 1902 米，最低海拔高度约 480 米，高差约 1422 米，平均 DEM 为 1219.97 米，处于 Ⅱ 级水平。坝区面积 139.76 平方千米，坝区土地占全县土地面积的 0.56，坝区综合指数为 0.72，属于山区地区。地形起伏度指数为 4.00，处于 Ⅰ 级水平；平均坡度指数为 20.13，处于 Ⅴ 级水平。

（2）气候要素

威信县整体位于南温带，年平均气温 14.3℃，年降水量为 1096.3 毫米，年日照时数约 1114.10 小时，气候资源指数为 1413.14，处于 Ⅲ 级水平。

（3）水文要素

威信县地处长江流域，水网密度指数为 84.28，处于 Ⅲ 级水平。

（4）土壤要素

威信县的土壤类型主要为黄壤。

（5）植被要素

威信县的主要植被类型为滇东北暖性阔叶林区，植被覆盖度处于不显著区。威信县生物物种资源丰富，生物多样性处于 Ⅷ 级水平。

2. 自然资源

（1）土地资源

威信县耕地面积 449.50 平方千米，占全县土地面积的 32.11%；园地面积 9.63 平方千米，占全县土地面积的 0.69%；林地面积 695.61 平方千米，占全县土地面积的 49.69%；草地面积 40.60 平方千米，占全县土地面积的 2.90%；城镇村及工矿用地面积 32.25 平方千米，占全县土地面积的 2.30%；交通运输用地面积 14.69 平方千米，占全县土地面积的 1.05%；水域及水利设施用地面积 9.78 平方千米，占全县土地面积的 0.70%；其他用地面积 141.38 平方千米，占全县土地面积的 10.10%。在土地利用分区系统中，威信县位于滇东北中山山原土地生态整治区的滇东北山原坡耕地整治亚区。在可利用土地资源评价中，威信县土地资源丰富程度为缺乏。在三生空间结构类型系统中，为生产—生态主导型。

（2）水资源

威信县的水资源总量 10.32 亿立方米，地表水径流量 10.32 亿立方米，径流深 740.8 毫米，地下水资源总量 2.94 亿立方米，在可利用水资源评价中，威信县水资源丰富程度为一般。

（3）生物资源

威信县分布着国家一级保护植物红豆杉、南方红豆杉、珙桐、光叶珙桐等，国家二级保护植物桫椤、黄杉、福建柏、润楠、鹅掌楸等。

威信县的食用菌有鸡枞菌、美味牛肝菌、长根小奥德菇、中华牛肝菌、蓝黄红菇、松乳菇、高大环柄菇等。

（4）旅游资源

威信县有 1 处喀斯特景观，为威信天台山溶洞景观。

（三）人文地理

1. 人口和民族

威信县 2018 年年末总人口数为 41.20 万人，性别比为 107.38，人口城镇化指数为 0.06，人口城镇化级别为Ⅷ级，人口老龄化指数 0.07，老龄化级别为Ⅳ级。威信县少数民族人口约 4.33 万人，少数民族人口占总人口的 10.51%，人口数量较多的少数民族有苗族、彝族，民族多样性指数 0.38。威信县主要说威信话，属于滇东北方言中的昭通（昭阳）话。

2. 经济

威信县 GDP（地区生产总值）为 39.48 亿元，人均 GDP 为 9582.52元，地均 GDP 为 282 万元/平方千米，第一产业产值 8.09 亿元，第二产业产值 14.20 亿元，第三产业产值 17.19 亿元，处于经济发展的工业化初期阶段。经济城镇化指数为 0.79，经济城镇化级别为Ⅳ级。

从农业产业来看，威信县的粮食播种面积 4.88 万公顷，年粮食产量20.20 万吨。威信县位于云南省高原特色农业沿边特色产业园区中，是云南省肉牛产业、肉羊产业稳定发展区、加快发展区；威信县是夏秋蔬菜优势产业区生产大县。

3. 旅游

在旅游景区中，国家3A级景区1个，为威信扎西会议纪念馆红色旅游区；在红色旅游产品中，有威信扎西会议纪念馆。在节庆会展产品中，有威信红色文化旅游节。

威信县是国家级历史文化名城，有1个省级历史文化名城，为威信历史文化名城。威信县国家级物质文化遗产有1项，是瓦石悬棺；省级物质文化遗产有5项，分别是观斗山石雕群、铁炉红军标语、扎西会议遗址、庄子上会议会址、水田寨中央红军总部驻地旧址。威信县是土地革命时期革命老区。

4. 社会生活

从人民生活水平来看，2018年年末，威信县住户存款余额65.28亿元，较上一年增长13.97%；职工平均工资9.59万元，较上一年增长29.07%；社会消费品零售总额14.90亿元，较上一年增长11.11%；农村常住居民人均可支配收入9321元，较上一年增长9.47%。

从教育发展来看，威信县的义务教育发展总指数为0.74，义务教育发展级别为Ⅴ级。人口受教育程度指数为1.03，人口受教育级别为Ⅴ级。

从文化设施来看，威信县有1个三级及以下博物馆，为扎西会议纪念馆；有1个三级及以下文化馆，为县文化馆；有1个二级图书馆，为县图书馆。

威信县有2个民族团结示范乡镇，分别为高田乡、双河苗族彝族乡。威信县有1个第二批省级民族传统文化保护区，为湾子苗族传统文化保护区。

5. 脱贫攻坚

威信县属于乌蒙山片区，2018年通过大力发展革命老区旅游，实现了脱贫摘帽。

在主体功能区的国家级定位中，威信县属于农产品主产区。

十一　水富市

（一）位置与范围

水富市是云南省昭通市的下辖县级市，位于云南最北端，地处金沙江、横江、长江三江交汇处，地处金沙江与横江汇合处夹角地带，属四川盆地南缘、云贵高原的起点，南接乌蒙山麓末端与盐津县相邻，西接绥江县，东、北分别以横江、金沙江为界与四川省宜宾县隔江相望。全市东西最大横距 36 千米，南北最大纵距 31 千米，总面积约 0.03×10⁴ 平方千米。市人民政府驻水富市池兴巷 34 号。水富市下辖 1 个街道（云富街道）、3 个镇（向家坝镇、太平镇、两碗镇）。

（二）自然地理

水富市自然地理条件优越。在综合自然区划系统中，水富市属于亚热带东部地带的滇东北中山山原河谷地区的滇东北边沿中山河谷区；在云南省生态经济区划中，水富市主要位于滇东北山原生态经济区；从生态保护红线功能类型上可以看出，水富市为金沙江下游—小江流域水土流失控制生态保护红线类型。

1. 自然地理要素

（1）地貌

水富市最高海拔高度约 1986.40 米，最低海拔高度约 267 米，高差约 1719.4 米，平均 DEM 为 962.32 米，处于 I 级水平。坝区面积 2.63 平方千米，坝区土地占全市土地面积的 0.6%，坝区综合指数为 0.36，属于山区市。地形起伏度指数为 4.25，处于 I 级水平；平均坡度指数为 21.35，处于 V 级水平。

（2）气候要素

水富市整体处于中亚热带地带，年平均气温 15.4℃，年降水量为 1090 毫米，年日照时数约 1151.30 小时，气候资源指数为 1549.83，处于 IV 级水平。

（3）水文要素

水富市地处长江流域，水网密度指数为 115.05，处于 V 级水平。

（4）土壤要素

水富市的土壤类型主要为紫色土。

（5）植被要素

水富市的主要植被类型为滇东北暖性阔叶林区，植被覆盖度处于不显著区。水富市生物物种资源丰富，生物多样性处于Ⅴ级水平。

2. 自然资源

（1）土地资源

水富市耕地面积76.68平方千米，占全市土地面积的19.17%；园地面积3.45平方千米，占全市土地面积的0.86%；林地面积278.30平方千米，占全市土地面积的69.57%；草地面积28.29平方千米，占全市土地面积的7.07%；城镇村及工矿用地面积16.42平方千米，占全市土地面积的4.10%；交通运输用地面积5.58平方千米，占全市土地面积的1.40%；水域及水利设施用地面积9.44平方千米，占全市土地面积的2.36%；其他用地面积20.93平方千米，占全市土地面积的5.23%。在土地利用分区系统中，水富市位于滇东北中山山原土地生态整治区的金沙江下游中高山河谷农地整治亚区。在可利用土地资源评价中，水富市为缺乏类型。在三生空间结构类型系统中，为生产—生态主导型。

（2）水资源

水富市的水资源总量3.08亿立方米，径流深700.3毫米，地下水资源总量1.11亿立方米，在可利用水资源评价中，水富市水资源丰富程度为较缺乏。

（3）生物资源

水富市有国家二级保护植物楠木（桢楠、白楠）、连香树等。

水富市的食用菌有鸡枞菌等。

（4）旅游资源

水富市水体景观资源中，有水富西部大峡谷温泉景观。

（三）人文地理

1. 人口和民族

水富市2018年年末总人口数为10.99万人，性别比为109.65，人口城镇化指数为 0.24，人口城镇化级别为 V 级，人口老龄化指数为 0.07，老龄化级别为Ⅳ级。水富市少数民族人口约 0.42 万人，少数民族人口占总人口的 3.82%，人口数量较多的少数民族有苗族，民族多样性指数为 0.21。水富市主要说水富话，属于滇东北方言中的昭通（昭阳）话。

2. 经济

水富市 GDP（地区生产总值）为 57.51 亿元，人均 GDP 为 52329.39 元，地均 GDP 为 1917 万元/平方千米，第一产业产值 2.40 亿元，第二产业产值 40.47 亿元，第三产业产值 14.64 亿元，处于发达经济阶段，属于长江经济带、金沙江开放合作经济带。经济城镇化指数为 0.96，经济城镇化级别为Ⅱ级。

从农业产业来看，水富市的粮食播种面积 0.81 万公顷，年粮食产量 2.76 万吨。水富市位于云南省高原特色农业沿边特色产业园区中，有水富市虹启制鬃有限公司、水富市金源农业开发有限公司 2 家省级生猪产业有限公司；水富市是云南省肉牛产业、肉羊产业稳定发展区、加快发展区，还有 1 个特色食品制造产业园区，为水富特色产业园区。

3. 旅游

水富市是云南省美丽县城。

在旅游景区中，水富市有 1 个国家 4A 级景区，为昭通水富西部大峡谷景区，1 个国家 3A 级景区，为水富邵女坪旅游度假小镇景区；1 个温泉休闲区，为水富大峡谷温泉；在专项旅游产品中，有 1 项工业旅游产品，为向家坝水电站。

水富市有 1 个云南省特色小镇，为大峡谷温泉小镇。从遗产旅游特色来看，有 1 项非物质文化遗产，为车灯表演。

4. 社会生活

从人民生活水平来看，2018 年年末，水富市住户存款余额 36.60 亿元，较上一年增长 6.71%；职工平均工资 7.11 万元，较上一年增长 15.80%；社会消费品零售总额 11.79 亿元，较上一年增长 11.02%；农村常住居民人均可支配收入 10913 元，较上一年增长 9.59%。

从教育发展来看，水富市的义务教育发展总指数为 0.54，义务教育发展级别为Ⅶ级。人口受教育程度指数为 0.30，人口受教育级别为Ⅷ级。

从文化设施来看，水富市有 1 个二级文化馆，为市文化馆；有 1 个三级图书馆，为市图书馆。

水富市有 1 个少数民族特色村寨。

在主体功能区的省级定位中，水富市属于重点生态功能区。

第 六 章

丽 江 市

第一节　整体特征

一　位置与范围

丽江市位于云南省西北部，滇西北城市群内，地处东经 99°23′—101°31′、北纬 25°59′—27°56′之间，北连迪庆藏族自治州，南接大理白族自治州，西邻怒江傈僳族自治州，东与四川凉山彝族自治州和攀枝花市接壤。全市总面积约 2.12×10^4 平方千米。丽江市人民政府驻古城区祥和街道玉雪大道 262 号。丽江市下辖 1 个市辖区（古城区），4 个县（玉龙纳西族自治县、永胜县、华坪县、宁蒗彝族自治县），65 个乡、镇、街道（7 个街道、26 个镇、32 个乡）。

二　自然地理

丽江市自然地理条件优越。在综合自然区划系统中，丽江市属于亚热带北部地带的滇东高原区；在云南省生态经济区划中，丽江市主要位于滇西北纵向岭谷生态经济区的南部中山盆地生态经济亚区；从生态红线空间分布格局看，丽江市少部分位于青藏高原南缘滇西北高山峡谷生态屏障和金沙江、澜沧江、红河干热河谷地带；从生态保护红线功能类型上可以看出，丽江市为滇西北高山峡谷生物多样性维护与水源涵养生态保护红线，金沙江干热河谷及山原水土保持生态保护红线类型区。丽江市有 1 处可持续发展实验区。

（一）自然地理要素

1. 地貌

丽江市最高海拔高度约 5459 米，最低海拔高度约 993 米，高差约 4466 米，平均 DEM 为 2470.83 米，处于 Ⅵ 级水平。坝区面积 944.88 平方千米，坝区土地占全市土地面积的 4.59%，坝区综合指数为 17.42，属于半山半坝地区。地形起伏度指数为 8.42，处于 Ⅵ 级水平；平均坡度指数为 21.11，处于 Ⅴ 级水平。

2. 气候要素

丽江市整体处于南温带、南亚热带、中温带的过渡地带，年平均气温 15℃，年降水量为 978.1 毫米，年日照时数约 2443.76 小时，气候资源指数为 1389.98，处于 Ⅲ 级水平。

3. 水文要素

丽江市地处长江流域、澜沧江流域的交汇地带，水网密度指数为 69.42，处于 Ⅲ 级水平。有程海和泸沽湖两大高原湖泊，其中程海位于丽江市永胜县西南部，仅次于抚仙湖，是云南省第四大高原湖泊，流域面积 318.3 平方千米，湖泊面积 77.2 平方千米，平均水深 25.9 米，最大水深 36.7 米，蓄水量 19.87 亿平方米，湖岸线长 45.1 千米。泸沽湖位于四川省凉山彝族自治州和云南省丽江市这两个城市的交界处，故同属于丽江市和凉山自治州，是中国第三大深水湖泊、云南省第五大高原湖泊，湖面面积 50.8 平方千米，其中云南境内 30.3 平方千米。

4. 土壤要素

丽江市的土壤类型主要有黄棕壤、红壤等，以黄棕壤居多。

5. 植被要素

丽江市的主要植被类型为滇中、北部中山暖性阔叶林、暖性针叶林，植被覆盖度处于较显著区。丽江市生物物种资源丰富，生物多样性处于 Ⅵ 级水平。

（二）自然资源

1. 土地资源

丽江市耕地面积 2040.36 平方千米，占全市土地面积的 9.9%；园地面积 170.22 平方千米，占全市土地面积的 0.83%；林地面积 14243.34 平方千米，占全市土地面积的 69.14%；草地面积 2402.19 平方千米，占全市土地面积的 11.66%；城镇村及工矿用地面积 279.73 平方千米，占全市土地面积的 1.36%；交通运输用地面积 133.58 平方千米，占全市土地面积的 0.65%；水域及水利设施用地面积 373.13 平方千米，占全市土地面积的 1.81%；其他用地面积 911.84 平方千米，占全市土地面积的 4.43%。在土地利用分区系统中，丽江市位于滇西北高山高原峡谷土地生态保护与旅游区的丽江—香格里拉高山高原旅游与城镇用地亚区、滇中湖盆高原城镇工矿建设与耕地保护区的金沙江中游农林用地亚区。在可利用土地资源评价中，丽江市土地资源无丰富的县区，较丰富的县区有 1 个、一般的县区有 1 个，较缺乏的县区有 2 个，缺乏的县区有 1 个。

2. 水资源

丽江市的水资源总量 80.62 亿立方米，地下水资源总量 27.6 亿立方米。在可利用水资源评价中，丽江市水资源较丰富的县区有 3 个，一般的县区有 2 个，无丰富、较缺乏和缺乏的县区。

3. 生物资源

丽江市分布着国家一级保护植物喜马拉雅红豆杉、玉龙蕨、高寒水韭、攀枝花苏铁等，国家二级保护植物澜沧黄杉、油麦吊云杉、水青树、丁茜、子宫草、西康玉兰、金铁锁、云南榧树、毛红椿、箭叶大油芒、龙棕、异颖草 12 种，广泛分布着银杏、金荞麦 2 种国家珍稀植物资源。

丽江市分布着稀有鸟类黑颈长尾雉、黑鹳、雉鹑、黑颈鹤等；稀有兽类水鹿、斑羚、华鬣羚、水獭、林麝、豺、小灵猫、金猫等。

丽江市的食用菌有鸡枞菌、广野绣球菌、喜山罗麟伞、干巴菌、香肉齿菌、灰树花、裂褶菌、鸡油菌、美味牛肝菌、黄皮疣柄牛肝菌、皱盖疣柄牛肝菌、柱状田头菇、金耳、桂花耳、黑木耳、香菇、双孢蘑菇、毛柄类火菇、光滑环锈伞、梭柄乳头蘑、铜色牛肝菌、乳牛肝菌、鹤环乳牛肝菌、变绿红菇、蓝黄红菇、松乳菇、浓香乳菇、红汁乳菇、多汁乳菇、红黄鹅膏、棕灰口蘑、紫花脸香蘑、翘鳞肉齿菌、卷缘齿菌、灰喇叭菌、蓝丝膜菌、红蜡蘑、硫色洵孔菌、羊肚菌、白色地花菌、洱源枝瑚菌、中华牛肝菌、草鸡枞、油口蘑、肝色牛排菌、梭柄马鞍菌、桃红牛肝菌、高大环柄菇、紫晶蜡蘑 49 种。其中，玉龙纳西族自治县的食用菌资源最为丰富，约41种；古城区的食用菌资源最少。

4. 矿产资源

丽江市有色金属资源较为匮乏；能源矿产资源较为丰富。

5. 旅游资源

丽江市的地文景观资源中，有4处地质景观，分别为永胜县、华坪县、宁蒗彝族自治县的滇东高原景观和玉龙纳西族自治县的老君山丹霞地貌，有1处喀斯特景观，为华坪县的仙人洞景观。水体景观资源中，有1处泉水景观，为古城区的黑龙潭景观。生物景观资源中，有1处草甸景观，为玉龙纳西族自治县的雪山草甸景观；有1处花卉景观，为玉龙纳西族自治县的雪山杜鹃花灌丛景观；有1处人工植物景观，为玉龙纳西族自治县的太安油菜花景观。

三 人文地理

（一）人口和民族

丽江市2018年年末总人口数为129.6万人，性别比为107.67，人口城镇化指数为0.15，人口城镇化级别为Ⅵ级，人口老龄化指数为0.08，老龄化级别为Ⅴ级。丽江市少数民族人口约46.63万人，少数民族人口占总人口的35.98%，人口数量较多的少数民族有纳西族、白族、彝族等，民族多样性指数为1.23。丽江市主说滇西方言中的丽江方言。

（二）经济

丽江市 GDP（地区生产总值）为 350.76 亿元，人均 GDP 为 27064.81 元，地均 GDP 为 165 万元/平方千米，第一产业产值 52.77 亿元，第二产业产值 137.71 亿元，第三产业产值 160.28 亿元，处于经济发展的工业化中后期阶段，属于金沙江开放合作经济带。经济城镇化指数为 0.82，经济城镇化级别为Ⅳ级。

从农业产业来看，丽江市的粮食播种面积 13.49 万公顷，年粮食产量 52.4 万吨。丽江市5个县区全部位于云南省高原特色农业沿边特色产业园区中。有1家国家级生猪产业有限公司，有5家省级生猪产业有限公司；丽江市是云南省肉牛产业、肉羊产业特色发展区；丽江市有1个夏秋蔬菜优势产业区，有1个冬春蔬菜优势产业区。中药材的主要品种有3

种，分别是云木香、滇重楼、秦艽。

从工业园区来看，丽江市有 3 个省级工业园区。有 1 个冶金产业园区，有 1 个特色食品制造产业园区，有 2 个生物医药和大健康产业园区。

（三）旅游

丽江市旅游景区中，有 1 个国家 5A 级景区，4 个国家 4A 级景区，3 个国家 3A 级景区，6 个国家 2A 级景区，1 个国家 1A 级景区；在度假休闲区中，有 2 个旅游度假区，1 个休闲街区，2 个休闲广场；在专项旅游产品中，有 1 项农业旅游产品，有 1 项红色旅游产品；在体育旅游产品中，有 1 项高尔夫运动产品，有 1 项登山运动产品，有 1 项赛事运动。在节庆会展产品中，有 2 项节庆旅游产品。丽江二月初八三朵节是纳西族最盛大的传统节日，是为了祭祀纳西族的保护神——"三朵神"，届时纳西族人载歌载舞，赛马狂欢，以庆祝节日。

丽江市是国家级历史文化名城，有 1 个国家级历史文化名村，6 个云南省特色小镇。从遗产旅游特色来看，丽江市有 1 项世界文化遗产，国家级物质文化遗产有 8 项，省级物质文化遗产有 15 项；非物质文化遗产有 22 项。丽江市有解放战争时期革命老区 4 个。

（四）社会生活

从人民生活水平来看，2018 年年末，丽江市住户存款余额 419.25 亿元，较上一年增长 12.27%；职工平均工资 8.58 万元，较上一年增长 16.18%；社会消费品零售总额 124.43 亿元，较上一年增长 5.71%；农村常住居民人均可支配收入 10385 元，较上一年增长 9.09%。

从教育发展来看，丽江市的义务教育发展总指数为 0.75，义务教育发展级别为 V 级。人口受教育程度指数为 0.71，人口受教育级别为 VI 级。

从文化设施来看，丽江市博物馆有 5 个。丽江市文化馆有 6 个，其中一级文化馆有 3 个；二级文化馆有 1 个；三级及以下文化馆有 2 个。丽江市图书馆有 6 个，其中一级图书馆有 2 个；二级图书馆有 1 个；三级及以下图书馆有 3 个。

丽江市有 1 个民族团结示范县，有 7 个民族团结示范乡镇，有 2 个少数民族特色集镇，有 4 个少数民族特色村寨，有 1 个民族团结示范村。

（五）脱贫攻坚

丽江市玉龙纳西族自治县、永胜县、宁蒗彝族自治县属于滇西边境片区；2017 年玉龙纳西族自治县实现了脱贫摘帽，2019 年永胜县实现了脱贫摘帽，2020 年宁蒗彝族自治县实现了脱贫摘帽。在脱贫攻坚的道路上，旅游扶贫起到了突出作用。丽江市有 1 个旅游扶贫示范县，1 个旅游示范乡镇，2 个旅游示范村。

第二节　区域差异

一　古城区

（一）位置与范围

古城区位于云南省西北部，地处东经 100°04′—100°29′、北纬 26°33′—27°12′之间，全区总面积约 0.13 × 10⁴ 平方千米。古城区人民政府驻古城区福慧路 442 号。古城区下辖 7 个街道（西安街道、大研街道、祥和街道、束河街道、金山街道、开南街道、文化街道），2 个镇（金安镇、七河镇），1 个乡（大东乡），1 个民族乡（金江白族乡）。

（二）自然地理

古城区自然地理条件优越。在综合自然区划系统中，古城区属于亚热带北部地带的滇东高原地区的大理—丽江盆地中高山区；在云南省生态经济区划中，古城区主要位于滇西北纵向岭谷生态经济区的北部高山峡谷生态经济亚区；从生态红线空间分布格局看，古城区大部分位于青藏高原南缘滇西北高山峡谷生态屏障，少部分位于金沙江、澜沧江、红河干热河谷地带；从生态保护红线功能类型上可以看出，古城区为滇西北高山峡谷生物多样性维护与水源涵养生态保护红线类型。

1. 自然地理要素

（1）地貌

古城区最高海拔高度约 3634 米，最低海拔高度约 993 米，高差约 2641 米，平均 DEM 为 2597.76 米，处于Ⅶ级水平。坝区面积 406.1 平方千米，坝区土地占全区土地面积的 10.69%，坝区综合指数为 34.2，属于半山半坝地区。地形起伏度指数为 7.60，处于Ⅴ级水平；平均坡度指数为 19.81，处于Ⅴ级水平。

（2）气候要素

古城区整体处于中温带，年平均气温 14.3℃，年降水量为 1079.2 毫米，年日照时数约 2546 小时，气候资源指数为 1326.04，处于Ⅱ级水平。

（3）水文要素

古城区地处长江流域，水网密度指数 150.03，处于Ⅴ级水平。

（4）土壤要素

古城区的土壤类型主要为黄棕壤。

（5）植被要素

古城区的主要植被类型为滇中、北部中山暖性阔叶林、暖性针叶林亚区，植被覆盖度处于较显著区。古城区生物物种资源丰富，生物多样性处于Ⅲ级水平。

2. 自然资源

（1）土地资源

古城区耕地面积 129.88 平方千米，占全区土地面积的 9.99%；园地面积 9.80 平方千米，占全区土地面积的 0.75%；林地面积 897.92 平方千米，占全区土地面积的 69.07%；草地面积 95.75 平方千米，占全区土地面积的 7.37%；城镇村及工矿用地面积 55.68 平方千米，占全区土地面积的 4.28%；交通运输用地面积 17.86 平方千米，占全区土地面积的 1.37%；水域及水利设施用地面积 26.25 平方千米，占全区土地面积的 2.02%；其他用地面积 29.63 平方千米，占全区土地面积的 2.28%。在土地利用分区系统中，古城区位于滇西北高山高原峡谷土地生态保护与旅游区的丽江—香格里拉高山高原旅游与城镇用地亚区。在可利用土地资源评价中，古城区土地资源丰富程度为缺乏类型。在三生空间结构类型系统中，为生产—生活—生态均衡型。

（2）水资源

古城区的水资源总量 27.29 亿立方米，地表水径流量 27.29 亿立方米，径流深 366.2 毫米，地下水资源总量 9.43 亿立方米，在可利用水资源评价中，古城区水资源较为丰富。

（3）生物资源

古城区分布着国家一级保护植物喜马拉雅红豆杉、玉龙蕨，国家二级保护植物澜沧黄杉、油麦吊云杉、水青树、丁茜、子宫草、西康玉兰、金铁锁、云南椆树、毛红椿等。

古城区的食用菌有鸡枞菌、广野绣球菌、喜山罗麟伞等。

（4）旅游资源

古城区有1项水体景观资源，为丽江黑龙潭景观。

（三）人文地理

1. 人口和民族

古城区2018年年末总人口数为22.05万人，性别比为101.20，人口城镇化指数为0.35，人口城镇化级别为Ⅲ级，人口老龄化指数为0.07，老龄化级别为Ⅳ级。古城区少数民族人口约4.16万人，少数民族人口占总人口的18.87%，人口数量较多的少数民族有纳西族、白族、彝族、傈僳族、苗族、藏族、普米族、回族，民族多样性指数为1.35。古城区主要说丽江（古城）话，属于滇西方言中的丽江方言。

2. 经济

古城区GDP（地区生产总值）为129.87亿元，人均GDP为58897.96元，地均GDP为999万元/平方千米，第一产业产值5.98亿元，第二产业产值43.27亿元，第三产业产值80.62亿元，处于经济发展的发达经济阶段，属于金沙江开放合作经济带。经济城镇化指数为0.95，经济城镇化级别为Ⅱ级。

从农业产业来看，古城区的粮食播种面积0.92万公顷，年粮食产量3.80万吨。古城区位于云南省高原特色农业沿边特色产业园区中。丽江市古城区良华屠宰加工有限公司为省级生猪产业有限公司；是云南省肉牛产业、肉羊产业稳定发展区、特色发展区。古城区加工花卉、花卉旅游，花卉（主导产业）。是云药之乡，主要中药材品种有当归、续断、云木香。

从工业园区来看，古城区有1项省级工业园区，为丽江南口工业园区，有丽江南口工业园区生物医药和大健康产业园区。

3. 旅游

在旅游景区中，古城区有国家4A级景区丽江观音峡景区；在度假休闲区中，有大研镇四方街休闲街区，有丽江红太阳广场、丽江玉河广场，休闲广场。在节庆会展产品中，有丽江雪山音乐节。

古城区是丽江历史文化名城，有云南省特色小镇 2 个（丽江古城、锦绣丽江）。从遗产旅游特色来看，古城区有 1 项世界文化遗产（云南丽江古城）；国家级物质文化遗产有 4 项，分别是金龙桥、丽江普济寺、琉璃殿与大宝积宫、大觉宫壁画，省级物质文化遗产有 8 项，分别是金沙江石鼓渡口、福国寺五凤楼、普济寺筒瓦殿、北岳庙、龙泉三圣宫、黑龙潭古建筑群、方国瑜故居、红太阳广场毛泽东塑像；非物质文化遗产有 5 项，分别是三多节、纳西族驯鹰习俗、祭署习俗、纳西族"朵翀"、纳西族祭天习俗。古城区是解放战争时期革命老区。

4. 社会生活

从人民生活水平来看，2018 年年末，古城区住户存款余额 170.13 亿元，较上一年增长 11.69%；职工平均工资 8.10 万元，较上一年增长 11.42%；社会消费品零售总额 60.77 亿元，较上一年增长 7.50%；农村常住居民人均可支配收入 17385 元，较上一年增长 9.50%。

从教育发展来看，古城区的义务教育发展总指数 1.39，义务教育发展级别为Ⅲ级。人口受教育程度指数 0.73，人口受教育级别为Ⅵ级。

从文化设施来看，古城区三级及以下博物馆有市博物馆；古城区文化馆有 2 个，其中一级文化馆有 1 个，是区文化馆，二级文化馆有 1 个，是市文化馆；古城区一级图书馆为市图书馆。

古城区有 1 个省级民族民间传统文化之乡，为大东乡纳西族热美蹉之乡。

在主体功能区的省级定位中，古城区属于集中连片重点开发区域。

二　玉龙纳西族自治县

（一）位置与范围

玉龙纳西族自治县是云南省丽江市下辖县，位于云南省西北部，地处东经 99°22′—100°32′、北纬 26°35′—27°45′之间，东与古城区、宁蒗彝族自治县相邻，南与剑川县相连，西与维西傈僳族自治县、兰坪白族普米族自治县接壤，北隔金沙江与香格里拉市、四川省木里藏族自治县毗邻。总面积约 0.64×10^4 平方千米。玉龙纳西族自治县人民政府驻文笔路1号。玉龙纳西族自治县下辖 7 个镇（黄山镇、石鼓镇、巨甸镇、鸣音镇、奉科镇、白沙镇、拉市镇）、6 个乡（太安乡、鲁甸乡、塔城乡、大具乡、宝山乡、龙蟠乡）、3 个民族乡（石头白族乡、黎明傈僳族乡、九河白族乡）。

（二）自然地理

玉龙纳西族自治县自然地理条件优越。在综合自然区划系统中，玉龙纳西族自治县部分属于亚热带北部地带的滇东高原地区的大理—丽江盆地中高山区，部分属于亚热带北部地带的滇西横断山脉地区的云龙—兰坪高中山原区；在云南省生态经济区划中，玉龙纳西族自治县主要位于滇西北纵向岭谷生态经济区的北部高山峡谷生态经济亚区；从生态红线空间分布格局看，玉龙纳西族自治县全部位于青藏高原南缘滇西北高山峡谷生态屏障区域；从生态保护红线功能类型上可以看出，玉龙纳西族自治县为滇西北高山峡谷生物多样性维护与水源涵养生态保护红线类型。玉龙纳西族自治县位于可持续发展实验区内。玉龙纳西族自治县有玉龙雪山省级自然保护区、丽江拉市海省级自然保护区、菁华甸国家湿地公园、云南玉龙黎明—老君山国家地质公园、云娜玉龙雪山冰川国家地质公园。

1. 自然地理要素

（1）地貌

玉龙纳西族自治县最高海拔高度约 5459.00 米，最低海拔高度约 1286 米，高差约 4173 米，平均 DEM 为 2870.03 米，处于Ⅶ级水平。坝区面积 211.38 平方千米，坝区土地占全县土地面积的 3.41%，坝区综合指数 13.33，属于山区地区。地形起伏度指数为 11.01，处于Ⅶ级水平；平均坡度指数为 22.82，处于Ⅵ级水平。

（2）气候要素

玉龙纳西族自治县整体处于中温带，年平均气温 13.5℃，年降水量为 1108.6 毫米，年日照时数约 2372.60 小时，气候资源指数为 1326.04，处于Ⅱ级水平。

（3）水文要素

玉龙纳西族自治县地处长江流域、澜沧江流域，水网密度指数为

29.50，处于Ⅱ级水平。

（4）土壤要素

玉龙纳西族自治县的主要土壤类型为黄棕壤。

（5）植被要素

玉龙纳西族自治县的主要植被类型为滇中、北部中山暖性阔叶林、暖性针叶林亚区，植被覆盖度处于极显著区。玉龙纳西族自治县生物物种资源丰富，生物多样性处于Ⅷ级水平。

2. 自然资源

（1）土地资源

玉龙纳西族自治县耕地面积447.06平方千米，占全县土地面积的7.21%；园地面积25.03平方千米，占全县土地面积的0.40%；林地面积4674.77平方千米，占全县土地面积的75.40%；草地面积509.92平方千米，占全县土地面积的8.22%；城镇村及工矿用地面积73.43平方千米，占全县土地面积的1.18%；交通运输用地面积40.80平方千米，占全县土地面积的0.66%；水域及水利设施用地面积113.57平方千米，占全县土地面积的1.83%；其他用地面积314.18平方千米，占全县土地面积的5.07%。在土地利用分区系统中，玉龙纳西族自治县位于滇西北高山高原峡谷土地生态保护与旅游区的丽江—香格里拉高山高原旅游与城镇用地亚区。在可利用土地资源评价中，玉龙纳西族自治县土地资源为较丰富类型。在三生空间结构类型系统中，为生态主导型。

（2）水资源

玉龙纳西族自治县可利用水资源属于较丰富类型。

（3）生物资源

玉龙纳西族自治县分布着国家一级保护植物玉龙蕨、高寒水韭等。

玉龙纳西族自治县分布着稀有鸟类黑颈长尾雉、黑鹳、雉鹑、黑颈鹤等。

玉龙纳西族自治县的食用菌有鸡枞菌、干巴菌、香肉齿菌、广野绣球菌、灰树花、裂褶菌、鸡油菌、美味牛肝菌、黄皮疣柄牛肝菌、皱盖疣柄牛肝菌、柱状田头菇、喜山罗麟伞、金耳、桂花耳、黑木耳、香菇、双孢蘑菇、毛柄类火菇、光滑环锈伞、梭柄乳头蘑、铜色牛肝菌、乳牛肝菌、鹤环乳牛肝菌、变绿红菇、蓝黄红菇、松乳菇、浓香乳菇、红汁乳菇、多汁乳菇、红黄鹅膏、棕灰口蘑、紫花脸香蘑、翘鳞肉齿菌、卷缘齿菌、灰喇叭菌、蓝丝膜菌、红蜡蘑、硫色洵孔菌、羊肚菌、白色地花菌、洱源枝瑚菌 41 种。

（4）旅游资源

玉龙纳西族自治县有 1 处地质景观，为丽江老君山丹霞地貌。生物景观资源中，有 1 处草甸景观，为玉龙雪山；有 1 处花卉景观，为玉龙雪山杜鹃花灌丛景观。

（三）人文地理

1. 人口和民族

玉龙纳西族自治县 2018 年年末总人口数为 22.39 万人，性别比为 109.14，人口城镇化指数为 0.07，人口城镇化级别为Ⅶ级，人口老龄化指数为 0.09，老龄化级别为Ⅶ级。玉龙纳西族自治县少数民族人口约 6.21 万人，少数民族人口占总人口的 27.74%，人口数量较多的少数民族有纳西族、傈僳族、白族、彝族、普米族、藏族、苗族，民族多样性指数 1.43。玉龙纳西族自治县有第一批省级民族传统文化保护区——白沙镇玉湖村纳西族传统文化保护区。

2. 经济

玉龙纳西族自治县 GDP（地区生产总值）为 64.29 亿元，人均 GDP 为 28713.71 元，地均 GDP 为 104 万元/平方千米，第一产业产值 12.44 亿元，第二产业产值 29.19 亿元，第三产业产值 22.66 亿元，处于经济发展的工业化中后期阶段，属于金沙江开放合作经济带。经济城镇化指数为 0.80，经济城镇化级别为Ⅳ级。

从农业产业来看，玉龙纳西族自治县的粮食播种面积 3.11 万公顷，年粮食产量 10.63 万吨。玉龙纳西族自治县位于云南省高原特色农业沿边特色产业园区中，有 2 家省级生猪产业有限公司，分别为玉龙纳西族自治县东盛种养殖开发有限公司、丽江金祥生物科技有限公司；花卉产业（主导产业）主要有加工花卉、花卉旅游。玉龙纳西族自治县是云南省肉牛产业、肉羊产业特色发展区，也是夏秋蔬菜优势产业区生产大县。玉龙纳西族自治县是云药之乡，主要中药材有云木香、滇重楼、秦艽等。

3. 旅游

在旅游景区中，玉龙纳西族自治县有 1 个国家 5A 级景区，为丽江玉龙雪山景区；2 个国家 4A 级景区，分别为丽江玉水寨景区、丽江老君山国家公园黎明景区；2 个国家 3A 级景区，分别为丽江白沙壁画景区、丽江东巴万神园景区；6 个国家 2A 级景区，分别为丽江姊妹湖景区、玉柱擎天景区、丽江东巴王国景区、丽江虎跳峡景区、丽江玉峰寺景区、丽江三股水景区；1 个国家 1A 级景区，为丽江北岳庙景区。在度假休闲区中，有省级旅游度假区丽江玉龙雪山景区；有 2 项专项旅游产品，分别为丽江拉市海乡村生态公园农业旅游产品、玉龙石鼓红军渡口红色旅游产品；有 3 项体育旅游产品，分别为丽江玉龙雪山高尔夫球场、玉龙雪山攀登、丽江山地穿越挑战赛赛事运动。有 1 项节庆会展产品，为丽江拉市海湿地旅游节。

玉龙纳西族自治县的黎明丹霞小镇是云南省特色小镇。从遗产旅游特色来看，国家级物质文化遗产有 2 项，分别是宝山石头城、金沙江岩画，省级物质文化遗产有 3 项，分别是洛克故居、文峰寺、指云寺；非物质文化遗产有 9 项，分别是纳西族白沙西乐、纳西族民歌《含哦哦》、傈僳族葫芦丝打跳曲、纳西族东巴舞、纳西族打跳、勒爸舞、纳西族医药诊疗法、创世史诗《创世记》、窨酒制作技艺。玉龙纳西族自治县是革命老区县。

4. 社会生活

从人民生活水平来看，2018 年年末，玉龙纳西族自治县住户存款余额 43.60 亿元，较上一年增长 13.34%；职工平均工资 8.26 万元，较上一年增长 8.40%；社会消费品零售总额 14.13 亿元，较上一年增长 11.17%；农村常住居民人均可支配收入 11128 元，较上一年增长 9.30%。

从教育发展来看，玉龙纳西族自治县的义务教育发展总指数为 0.44，义务教育发展级别为Ⅷ级。人口受教育程度指数为 0.62，人口受教育级别为Ⅵ级。

从文化设施来看，玉龙纳西族自治县有 1 个三级及以下博物馆，为红军长征过丽江纪念馆；玉龙纳西族自治县有 1 个一级文化馆，为县文化馆；1 个一级图书馆，为县图书馆。

玉龙纳西族自治县是民族团结进步示范区建设"十县百乡千村万户"示范创建工程之一的示范县，有 2 个民族团结示范乡镇，分别是白沙镇、奉科镇，有 1 个少数民族特色集镇，该县还有 1 个少数民族特色村寨。

5. 脱贫攻坚

玉龙纳西族自治县位于滇西边境片区，2018 年该自治县通过发展烤烟、畜牧、中药材等高原特色农产业，实现了脱贫摘帽。在脱贫攻坚的道路上，旅游扶贫起到了突出作用。玉龙纳西族自治县属于旅游扶贫示范县，旅游扶贫重点乡村有黎明傈僳族乡。

在主体功能区的国家级定位中，玉龙纳西族自治县属于重点生态功能区。

三 永胜县

（一）位置与范围

永胜县地处东经 100°22′—101°11′、北纬 25°59′—27°04′之间，地处长江上游云南省西北部、丽江市中部，县城永北镇，东离四川省攀枝花市 174 千米，南距大理市 199 千米，西到丽江城 103 千米，东南至昆明市 516 千米。总面积约 0.51×10⁴平方千米。永胜县人民政府驻永北镇文明南路 40 号。永胜县下辖 9 个镇（永北镇、仁和镇、期纳镇、三川镇、程海镇、涛源镇、片角镇、顺州镇、鲁地拉镇），6 个民族乡（羊坪彝族乡、六德傈僳族彝族乡、东山傈僳族彝族乡、光华傈僳族彝族乡、松坪傈僳族彝族乡、大安彝族纳西族乡）。

（二）自然地理

永胜县自然地理条件优越。在综合自然区划系统中，永胜县部分属于亚热带北部地带的滇东高原地区的大理—丽江盆地中高山区，部分属于亚热带北部地带的滇东高原地区的金沙江河谷区；在云南省生态经济区划中，永胜县主要位于滇西北纵向岭谷生态经济区的南部中山盆地生态经济亚区；从生态红线空间分布格局看，永胜县少部分位于金沙江、澜沧江、红河干热河谷地带；从生态保护红线功能类型上可以看出，永胜县为金沙江干热河谷及山原水土保持生态保护红线类型。

1. 自然地理要素

（1）地貌

永胜县最高海拔高度约 3953.90 米，最低海拔高度约 1063 米，高差约 2890.9 米，平均 DEM 为 2171.41 米，处于 Ⅵ 级水平。坝区面积 234.7 平方千米，坝区土地占全县土地面积的 6.72%，坝区综合指数为 23.07，属于半山半坝地区。地形起伏度指数为 7.85，处于 Ⅴ 级水平；平均坡度指数为 22.82，处于 Ⅵ 级水平。

（2）气候要素

永胜县整体处于南温带，年平均气温 14.2℃，年降水量为 826.9 毫米，年日照时数约 2439.90 小时，气候资源指数为 1323.53，处于 Ⅱ 级水平。

（3）水文要素

永胜县地处长江流域，水网密度指数为 45.76，处于 Ⅱ 级水平。

（4）土壤要素

永胜县的土壤类型主要为黄棕壤。

（5）植被要素

永胜县的主要植被类型为滇中、北部中山暖性阔叶林、暖性针叶林亚区，植被覆盖度处于较显著区。永胜县生物物种资源丰富，生物多样性处于 Ⅶ 级水平。

2. 自然资源

（1）土地资源

永胜县耕地面积 582.04 平方千米，占全县土地面积的 11.88%，园地面积 36.01 平方千米，占全县土地面积的 0.73%；林地面积 2923.62 平方千米，占全县土地面积的 59.67%；草地面积 908.85 平方千米，占全县土地面积的 18.55%；城镇村及工矿用地面积 72.48 平方千米，占全县土地面积的 1.48%；交通运输用地面积 33.29 平方千米，占全县土地面积的 0.68%；水域及水利设施用地面积 142.80 平方千米，占全县土地面积的 2.91%；其他用地面积 225.76 平方千米，占全县土地面积的 4.61%。在土地利用分区系统中，永胜县位于滇中湖盆高原城镇工矿建设与耕地保护区的金沙江中游农林用地亚区。在可利用土地资源评价中，永胜县土地资源丰富程度为一般。在三生空间结构类型系统中，为生态主导型。

（2）水资源

永胜县的水资源总量 14.51 亿立方米，地表水径流量 14.51 亿立方米，径流深 294.5 毫米，地下水资源总量 4.78 亿立方米，在可利用水资源评价中，永胜县水资源丰富程度为一般。

（3）生物资源

永胜县分布着国家一级保护植物喜马拉雅红豆杉，国家二级保护植物金铁锁、箭叶大油芒、龙棕、异颖草等。

永胜县分布着稀有鸟类雉鹑。

永胜县的食用菌有鸡枞菌、干巴菌、广野绣球菌、鸡油菌、黄皮疣柄牛肝菌、喜山罗麟伞、金耳、桂花耳、黑木耳、香菇、双孢蘑菇、毛柄类火菇、梭柄乳头蘑、中华牛肝菌、乳牛肝菌、鹤环乳牛肝菌、变绿红菇、蓝黄红菇、浓香乳菇、红汁乳菇、多汁乳菇、红黄鹅膏、草鸡枞、油口蘑、棕灰口蘑、灰喇叭菌、红蜡蘑、肝色牛排菌、硫色洵孔菌、羊肚菌、白色地花菌、洱源枝瑚菌、棱柄马鞍菌 33 种。

（4）旅游资源

永胜县地文景观资源中，有 1 处地质景观，为滇东高原景观。

（三）人文地理

1. 人口和民族

永胜县 2018 年年末总人口数为 40.62 万人，性别比为 102.66，人口城镇化指数为 0.09，人口城镇化级别为Ⅶ级，人口老龄化指数为 0.08，老龄化级别为Ⅴ级。永胜县少数民族人口约 12.07 万人，少数民族人口占总人口的 29.71%，人口数量较多的少数民族有彝族、傈僳族、纳西族、白族、傣族、回族、普米族、藏族，民族多样性指数为 1.12。永胜县主要说永胜话，属于滇西方言中的丽江方言。

2. 经济

永胜县 GDP（地区生产总值）为 78.46 亿元，人均 GDP 为 19315.61元，地均 GDP 为 160 万元/平方千米，第一产业产值 18.52 亿元，第二产业产值 36.66 亿元，第三产业产值 23.28 亿元，处于经济发展的工业化中后期阶段，属于金沙江开放合作经济带。经济城镇化指数为 0.76，经济城镇化级别为 V 级。

从农业产业来看，永胜县的粮食播种面积 4.16 万公顷，年粮食产量 21.59 万吨。永胜县位于云南省高原特色农业沿边特色产业园区中，主导产业为花卉加工业。有 1 家国家级生猪产业有限公司，为丽江三川实业集团有限公司，有 2 家省级生猪产业有限公司，分别为丽江永胜县天瑞食品有限公司、丽江永胜胜源畜牧良种养殖有限公司；永胜县是云南省肉牛产业、肉羊产业特色发展区；永胜县是冬春蔬菜优势产业生产大县。永胜县也是云药之乡，主要中药材品种有天冬、续断、附子。

从工业园区来看，永胜县有省级工业园区，其特色产业是特色食品制造业。

3. 旅游

云南省永胜县期纳镇清水村是国家级历史文化名村。清水古镇是云南省特色小镇。从遗产旅游特色来看，永胜县国家级物质文化遗产有 2 项，分别是观音阁石刻造像、营盘村墓群；省级物质文化遗产有 2 项，分别是清水古建筑群、期纳古建筑群；非物质文化遗产有 3 项，分别是珐琅银器制作技艺、活草纺织技艺、大酥饼制作技艺。永胜县是解放战争时期革命老区县。

4. 社会生活

从人民生活水平来看，2018 年年末，永胜县住户存款余额 94.66 亿元，较上一年增长 11.65%；职工平均工资 9.17 万元，较上一年增长 29.52%；社会消费品零售总额 19.67 亿元，较上一年下降 3.67%；农村常住居民人均可支配收入 10911 元，较上一年增长 9.80%。

从教育发展来看，永胜县的义务教育发展总指数为 0.73，义务教育发展级别为 V 级。人口受教育程度指数为 1.12，人口受教育级别为 V 级。

从文化设施来看，永胜县有 1 个三级及以下博物馆，为边屯文化博物馆；有 1 个三级及以下文化馆，为县文化馆；有 1 个三级及以下图书馆，为县图书馆。

5. 脱贫攻坚

永胜县属于滇西边境片区，2019 年通过发展优质肉牛、土猪、黑山羊、乌骨鸡养殖和红高粱、食用菌、魔芋、山药种植约 84 项高原特色产业，实现了脱贫摘帽。

在主体功能区的国家级定位中，永胜县属于重点生态功能区。

四 华坪县

（一）位置与范围

华坪县隶属于云南省丽江市，位于云南省西北部的金沙江中段北岸，地处东经 100°58′—101°30′、北纬 26°21′—26°57′ 之间，东接四川省攀枝花市，南望滇中腹地楚雄市，西通丽江市，北与宁蒗彝族自治县泸沽湖毗邻，总面积约 0.22 × 10⁴ 平方千米。华坪县人民政府驻中心镇东路 39 号。华坪县下辖 4 个镇（中心镇、荣将镇、兴泉镇、石龙坝镇），4 个民族乡（新庄傈僳族傣族乡、通达傈僳族乡、永兴傈僳族乡、船房傈僳族傣族乡）。

（二）自然地理

华坪县自然地理条件优越。在综合自然区划系统中，华坪县属于亚热带北部地带的滇东高原地区的金沙江河谷区；在云南省生态经济区划中，华坪县主要位于滇西北纵向岭谷生态经济区的南部中山盆地生态经济亚区；从生态红线空间分布格局看，华坪县大部分位于金沙江、澜沧江、红河干热河谷地带；从生态保护红线功能类型上可以看出，华坪县为金沙江干热河谷及山原水土保持生态保护红线类型。华坪县是第四批"绿水青山就是金山银山"国家实践创新基地，华坪县闯出了一条绿色转型引领高质量跨越式发展，"绿水青山就是金山银山"的华坪实践创新之路。

1. 自然地理要素

（1）地貌

华坪县最高海拔高度约 3198 米，最低海拔高度约 1015 米，高差约 2183 米，平均 DEM 为 1832.02 米，处于Ⅳ级水平。坝区面积 36.2 平方千米，坝区土地占全县土地面积的 1.81%，坝区综合指数为 6.57，属于山区地区。地形起伏度指数为 6.41，处于Ⅳ级水平；平均坡度指数为 18.49，处于Ⅳ级水平。

（2）气候要素

华坪县整体处于南亚热带，年平均气温 19.6℃，年降水量为 1066.1 毫米，年日照时数约 2562.30 小时，气候资源指数为 1672.35，处于 V 级水平。

（3）水文要素

华坪县地处长江流域，水网密度指数为 68.63，处于 Ⅲ 级水平。

（4）土壤要素

华坪县的土壤类型主要为红壤。

（5）植被要素

华坪县的主要植被类型为滇中、北部中山暖性阔叶林、暖性针叶林亚区，植被覆盖度处于较显著区。华坪县生物物种资源丰富，生物多样性处于 V 级水平。

2. 自然资源

（1）土地资源

华坪县耕地面积 239.66 平方千米，占全县土地面积的 10.89%；园地面积 52.14 平方千米，占全县土地面积的 2.37%；林地面积 1350.13 平方千米，占全县土地面积的 61.37%；草地面积 330.61 平方千米，占全县土地面积的 15.03%；城镇村及工矿用地面积 36.68 平方千米，占全县土地面积的 1.67%；交通运输用地面积 15.07 平方千米，占全县土地面积的 0.68%；水域及水利设施用地面积 17.92 平方千米，占全县土地面积的 0.81%；其他用地面积 99.65 平方千米，占全县土地面积的 4.53%。在土地利用分区系统中，华坪县位于滇中湖盆高原城镇工矿建设与耕地保护区的金沙江中游农林用地亚区。在可利用土地资源评价中，华坪县土地资源较为缺乏。在三生空间结构类型系统中，为生态主导型。

（2）水资源

华坪县的水资源总量 12.85 亿立方米，地表水径流量 12.85 亿立方米，径流深 595.4 毫米，地下水资源总量 4.32 亿立方米，在可利用水资源评价中，华坪县水资源丰富程度为一般。

（3）生物资源

华坪县分布着国家一级保护植物攀枝花苏铁，国家二级保护植物龙棕，广泛分布着金荞麦、银杏等国家珍稀植物资源。

华坪县分布着稀有鸟类黑鹳。

华坪县的食用菌有鸡枞菌、干巴菌、喜山罗麟伞、黑木耳、香菇、棱柄乳头蘑、铜色牛肝菌、硫色洵孔菌、羊肚菌、棱柄马鞍菌。

（4）旅游资源

华坪县地文景观资源中，有1处地质景观，为滇东高原景观，有1处喀斯特景观，为华坪仙人洞景观。

（三）人文地理

1. 人口和民族

华坪县 2018 年年末总人口数为 17.53 万人，性别比为 115.49，人口城镇化指数为 0.17，人口城镇化级别为 V 级，人口老龄化指数为 0.08，老龄化级别为 V 级。华坪县少数民族人口约 5.37 万人，少数民族人口占总人口的 30.63%，人口数量较多的少数民族有傈僳族、彝族、傣族、苗族、壮族等，民族多样性指数为 1.08。

2. 经济

华坪县 GDP（地区生产总值）为 39.88 亿元，人均 GDP 为 22749.57 元，地均 GDP 为 181 万元/平方千米，第一产业产值 7.16 亿元，第二产业产值 18.45 亿元，第三产业产值 14.27 亿元，处于经济发展的工业化中后期阶段，属于金沙江开放合作经济带。经济城镇化指数为 0.82，经济城镇化级别为 IV 级。

从农业产业来看，华坪县的粮食播种面积 1.39 万公顷，年粮食产量 5.65 万吨。华坪县位于云南省高原特色农业沿边特色产业园区中。华坪县是云南省肉牛产业、肉羊产业特色发展区；华坪县是冬春蔬菜优势产业生产大县。

从工业园区来看，华坪县工业园区是省级工业园区，主要产业为冶金产业、生物医药和大健康产业。

3. 旅游

华坪县在旅游景区中，有1个国家 3A 级景区，为丽江市华坪县鲤鱼河景区；有1个省级旅游度假区，为丽江泸沽湖。

华坪县的芒果小镇是云南省特色小镇。华坪县是解放战争时期的革命老区。

4. 社会生活

从人民生活水平来看，2018 年年末，华坪县住户存款余额 67.73 亿元，较上一年增长 9.63%；职工平均工资 7.84 万元，较上一年增长 9.19%；社会消费品零售总额 17.14 亿元，较上一年增长 3.44%；农村常住居民人均可支配收入 12043 元，较上一年增长 9.00%。

从教育发展来看，华坪县的义务教育发展总指数为 0.57，义务教育发展级别为Ⅶ级。人口受教育程度指数为 0.48，人口受教育级别为Ⅶ级。

从文化设施来看，华坪县博物馆属于三级及以下博物馆；县文化馆属于三级及以下文化馆；县图书馆属于三级及以下图书馆。

华坪县永兴傈僳族乡是示范乡镇，有 1 个少数民族特色村寨。

在主体功能区的省级定位中，华坪县属于集中连片重点开发区域。

五　宁蒗彝族自治县

（一）位置与范围

宁蒗彝族自治县位于东经 100°22′—101°16′、北纬 26°34′—27°55′之间，地处滇西北横断山脉中部丽江市东北部川滇交界处。东、东北分别与四川省盐源、盐边县接壤；南、东南分别与华坪、永胜两县相连；西与玉龙纳西族自治县、古城区隔金沙江相望；北与四川省木里藏族自治县为邻。东西横距 90 千米，南北纵距 250 千米，辖区总面积约 0.62×10^4 平方千米。县人民政府驻万格路 527 号。宁蒗彝族自治县下辖 4 个镇（大兴镇、永宁镇、红桥镇、战河镇），10 个乡（拉伯乡、宁利乡、金棉乡、四川乡、西布河乡、永宁坪乡、跑马坪乡、蝉战河乡、新营盘乡、烂泥箐乡），1 个民族乡（翠玉傈僳族普米族乡）。

（二）自然地理

宁蒗彝族自治县自然地理条件优越。在综合自然区划系统中，宁蒗彝族自治县属于亚热带北部地带的滇东高原区的大理—丽江盆地中高山区；在云南省生态经济区划中，宁蒗彝族自治县主要位于滇西北纵向岭谷生态经济区的北部高山峡谷生态经济亚区；从生态红线空间分布格局看，宁蒗彝族自治县部分位于青藏高原南缘滇西北高山峡谷生态屏障；

从生态保护红线功能类型上可以看出，宁蒗彝族自治县为滇西北高山峡谷生物多样性维护与水源涵养生态保护红线。宁蒗彝族自治县有泸沽湖省级自然保护区，是省级内陆湿地生态系统类型自然保护区。

1. 自然地理要素

（1）地貌

宁蒗彝族自治县最高海拔高度约 4510.40 米，最低海拔高度约 1370.20 米，高差约 3140.20 米，平均 DEM 为 2882.92 米，处于Ⅶ级水平。坝区面积 56.5 平方千米，坝区土地占全县土地面积的 2.3%，坝区综合指数为 9.93，属于山区地区。地形起伏度指数为 9.23，处于Ⅵ级水平；平均坡度指数为 21.62，处于Ⅴ级水平。

（2）气候要素

宁蒗彝族自治县整体处于中温带，年平均气温 12.5℃，年降水量为 910.8 毫米，年日照时数约 2298.00 小时，气候资源指数为 1301.93，处于Ⅱ级水平。

（3）水文要素

宁蒗彝族自治县地处长江流域，水网密度指数为 53.20，处于Ⅲ级水平。

（4）土壤要素

宁蒗彝族自治县的土壤类型主要为黄棕壤。

（5）植被要素

宁蒗彝族自治县的主要植被类型为滇中、北部中山暖性阔叶林、暖性针叶林亚区，植被覆盖度处于较显著区。宁蒗彝族自治县生物物种资源丰富，生物多样性处于Ⅶ级水平。

2. 自然资源

（1）土地资源

宁蒗彝族自治县耕地面积 641.73 平方千米，占全县土地面积的 10.70%；园地面积 47.24 平方千米，占全县土地面积的 0.79%；林地面积 4396.89 平方千米，占全县土地面积的 73.28%；草地面积 557.07 平方千米，占全县土地面积的 9.28%；城镇村及工矿用地面积 41.46 平方千米，占全县土地面积的 0.69%；交通运输用地面积 26.57 平方千米，占全县土地面积的 0.44%；水域及水利设施用地面积 72.58 平方千米，占全县土地面积的 1.21%；其他用地面积 242.61 平方千米，占全县土地面积的 4.04%。在土地利用分区系统中，宁蒗彝族自治县位于滇西北高山高原峡谷土地生态保护与旅游区的丽江—香格里拉高山高原旅游与城镇用地亚区。在可利用土地资源评价中，宁蒗彝族自治县土地资源丰富程度为较缺乏型。在三生空间结构类型系统中，为生态主导型。

（2）水资源

宁蒗彝族自治县的水资源总量 25.97 亿立方米，地表水径流量 25.97 亿立方米，径流深 431.9 毫米；地下水资源总量 9.11 亿立方米。在可利用水资源评价中，宁蒗彝族自治县水资源为较丰富型。

（3）生物资源

宁蒗彝族自治县分布着国家一级保护植物喜马拉雅红豆杉，国家二级保护植物油麦吊云杉、子宫草、金铁锁等，广泛分布着金荞麦、银杏等国家珍稀植物资源。

宁蒗彝族自治县分布着稀有鸟类雉鹑、黑颈鹤、黑鹳等。

宁蒗彝族自治县的食用菌有鸡枞菌、广野绣球菌、鸡油菌、皱盖疣柄牛肝菌、柱状田头菇、喜山罗麟伞、桂花耳、梭柄乳头蘑、桃红牛肝菌、中华牛肝菌、鹤环乳牛肝菌、红黄鹅膏、草鸡枞、棕灰口蘑、紫花脸香蘑、翘鳞肉齿菌、卷缘齿菌、高大环柄菇、紫晶蜡蘑、肝色牛排菌、硫色洵孔菌、羊肚菌、洱源枝瑚菌、棱柄马鞍菌 24 种。

（4）旅游资源

宁蒗彝族自治县有 1 处地质景观，为滇东高原景观。

（三）人文地理

1. 人口和民族

宁蒗彝族自治县 2018 年年末总人口数为 27.01 万人，性别比为 109.87，人口城镇化指数为 0.09，人口城镇化级别为Ⅶ级，人口老龄化指数 0.06，老龄化级别为Ⅱ级。宁蒗彝族自治县少数民族人口约 18.82 万人，少数民族人口占总人口的 69.68%，人口数量较多的少数民族有彝族、纳西族、普米族、傈僳族、壮族，民族多样性指数为 1.16。宁蒗彝族自治县主要说宁蒗话,属于滇西方言中的丽江方言。

2. 经济

宁蒗彝族自治县 GDP（地区生产总值）为 35.02 亿元,人均 GDP 为 12965.57 元,地均 GDP 为 58 万元/平方千米,第一产业产值 8.66 亿元,第二产业产值 10.20 亿元,第三产业产值 16.16 亿元,处于经济发展的工业化中后期阶段,属于金沙江开放合作经济带。经济城镇化指数为 0.76,经济城镇化级别为Ⅴ级。

从农业产业来看,宁蒗彝族自治县的粮食播种面积 2.99 万公顷,年粮食产量 7.50 万吨。宁蒗彝族自治县位于云南省高原特色农业沿边特色产业园区中,是云南省肉牛产业、肉羊产业特色发展区。宁蒗彝族自治县是云药之乡,主要中药材品种有滇重楼、续断、云木香。

3. 旅游

在旅游景区中,宁蒗彝族自治县泸沽湖景区为国家 4A 级景区。

宁蒗彝族自治县泸沽湖摩梭小镇是云南省特色小镇。从遗产旅游特色来看,省级物质文化遗产有 2 项,分别是扎美戈喇嘛寺、永宁土司衙署;非物质文化遗产有 5 项,分别是宁蒗朱氏诊疗法、彝族古歌《阿姆妮惹》、普米族"拈打则"封山仪式、纳西族转山节、纳西族猪膘肉制作技艺。

4. 社会生活

从人民生活水平来看,2018 年年末,宁蒗彝族自治县住户存款余额 43.13 亿元,较上一年增长 19.54%;职工平均工资 11.17 万元,较上一年增长 34.74%;社会消费品零售总额 12.72 亿元,较上一年增长 10.80%;农村常住居民人均可支配收入 7402 元,较上一年增长 10.10%。

从教育发展来看,宁蒗彝族自治县的义务教育发展总指数为 0.62,义务教育发展级别为Ⅶ级。人口受教育程度指数为 0.61,人口受教育级别为Ⅵ级。

从文化设施来看,宁蒗彝族自治县博物馆属于三级及以下博物馆,自治县文化馆属于一级文化馆,自治县图书馆属于三级及以下图书馆。

宁蒗彝族自治县有 3 个民族团结示范乡镇（永宁乡、翠玉傈僳族普米族乡、新营盘乡），有 1 个西布河乡少数民族特色集镇。宁蒗彝族自治县有 1 个第一批省级民族传统文化保护区，为永宁坪乡温泉村瓦拉别纳西族（摩梭人）传统文化保护区。

5. 脱贫攻坚

宁蒗彝族自治县属于滇西边境片区，2020 年通过大力发展旅游业和特色民宿产业，实现了脱贫摘帽。在脱贫攻坚的道路上，旅游扶贫起到了突出作用。宁蒗彝族自治县旅游示范乡镇 1 个，为永宁坪乡；旅游示范村 1 个，为温泉村。

在主体功能区的国家级与省级定位中，宁蒗彝族自治县均属于重点生态功能区。

第 七 章

普 洱 市

第一节　整体特征

一　位置与范围

　　普洱市位于云南省西南部，在滇西南城市群内，地处东经99°09′—102°19′、北纬22°01′—24°49′之间，东与红河哈尼族彝族自治州、玉溪市相接，北与大理白族自治州、楚雄彝族自治州相连，西北与临沧市相邻，西南与缅甸毗邻，南与西双版纳傣族自治州连接，东南与越南、老挝接壤。全市东西最大横距299千米，南北最大纵距208.5千米，总面积约4.54×10^4平方千米，是云南省面积最大的市。普洱市最高海拔位于无量山山脉主峰笔架山上，最高海拔为3371米，最低海拔位于仙江出口曲水镇土卡河寨子，最低海拔为317米。市人民政府驻普洱市思茅区月光路1号。普洱市下辖1个市辖区（思茅区），9个县（宁洱哈尼族彝族自治县、墨江哈尼族自治县、景东彝族自治县、景谷傣族彝族自治县、镇沅彝族哈尼族拉祜族自治县、江城哈尼族彝族自治县、孟连傣族拉祜族佤族自治县、澜沧拉祜族自治县、西盟佤族自治县），103个乡、镇、街道（1个街道、65个镇、37个乡）。普洱市处于云南省沿边开放经济带，其中孟连傣族拉祜族佤族自治县、澜沧拉祜族自治县、西盟佤族自治县与缅甸接壤，江城哈尼族彝族自治县与越南、老挝接壤。勐康陆路口岸是面向老挝的公路对外口岸，孟连勐阿口岸是面向缅甸的省级对外口岸，是云南省通往老挝、缅甸的重要陆路通道，也是中国通往南亚、东南亚的重要门户，对于面向南亚东南亚辐射中心的建设起着积极带动作用。

二 自然地理

普洱市自然地理条件优越。在综合自然区划系统中，普洱市属于亚热带南部地带的滇西南中山山原区；在云南省生态经济区划中，普洱市主要位于滇西南中低山宽谷、盆地生态经济区；从生态红线空间分布格局看，普洱市部分位于南部边境热带森林生态屏障区域，少部分地区位于金沙江、澜沧江、红河干热河谷地带和哀牢山—无量山山地生态屏障区域；从生态保护红线功能类型上可以看出，普洱市为澜沧江中山峡谷水土保持生态保护红线和哀牢山—无量山山地生物多样性维护与水土保持生态红线类型。普洱市有 1 区位于可持续发展实验区内。普洱市有哀牢山国家级自然保护区、无量山国家级自然保护区，这些保护区的建立对于保护和研究生物多样性、维持生态平衡和涵养水源均具有极为重要的价值和意义。

（一）自然地理要素

1. 地貌

普洱市最高海拔高度约 3371 米，最低海拔高度约 317 米，高差约 3054 米，平均 DEM 为 1402.18 米，处于Ⅲ级水平。坝区面积约 1146.37 平方千米，坝区土地占全市土地面积的 2.53%，坝区综合指数为 5.29，属于山区市。地形起伏度指数为 5.56，处于Ⅲ级水平；平均坡度指数为 19.27，处于Ⅴ级水平。

2. 气候要素

普洱市整体处于南亚热带、中亚热带的过渡地带，年平均气温 19.1℃，年降水量为 1641.5 毫米，年日照时数约 2022 小时，气候资源指数为 1793.87，处于Ⅵ级水平。

3. 水文要素

普洱市地处澜沧江流域、红河流域、怒江流域的交汇地带，水网密度指数 93.48，处于Ⅲ级水平。

4. 土壤要素

普洱市的土壤类型主要有红壤、黄壤、紫色土等，以红壤居多。

5. 植被要素

普洱市的主要植被类型为滇中南、西部中山宽谷暖性、暖热性阔叶林，暖性、暖热性针叶林和滇南热性阔叶林，植被覆盖度处于较显著区。普洱市生物物种资源丰富，生物多样性处于Ⅵ级水平。

（二）自然资源

1. 土地资源

普洱市耕地面积5450.22平方千米，占全市土地面积的12%；园地面积2678.83平方千米，占全市土地面积的5.9%；林地面积31299.37平方千米，占全市土地面积的68.94%；草地面积1297.81平方千米，占全市土地面积的2.86%；城镇村及工矿用地面积511.92平方千米，占全市土地面积的1.13%；交通运输用地面积348.75平方千米，占全市土地面积的0.77%；水域及水利设施用地面积698.17平方千米，占全市土地面积的1.34%；其他用地面积1800.43平方千米，占全市土地面积的5.12%。在土地利用分区系统中，普洱市主要位于滇中湖盆高原城镇工矿建设与耕地保护区的滇中城市工矿旅游用地亚区、新平—元江农业与工矿用地亚区、金沙江中游农林用地亚区。在可利用土地资源评价中，普洱市无土地资源丰富、较丰富的县区，土地资源丰盈程度为一般的县区有1个，较缺乏的县区有6个，缺乏的县区有3个。

2. 水资源

普洱市的水资源总量311.15亿立方米，地表水径流量311.15亿立方米，地下水资源总量约122.7亿立方米。在可利用水资源评价中，普洱市水资源丰富的县区有1个，较丰富的有6个，一般的有3个，无较缺乏和缺乏的县区。

3. 生物资源

普洱市分布着国家一级保护植物白桫椤、伯乐树、单羽苏铁、莼菜、勐仓翅子树、篦齿苏铁、云南蓝果树、藤枣、长蕊木兰、叉孢苏铁等；国家二级保护植物毛红椿、苏铁蕨、大叶黑桫椤、小粒稻、合果木、喜树、大叶木兰、黑黄檀、红椿、翠柏、中华桫椤、樟树、柄翅果、滇桐西康玉兰、水青树、毛红椿、景东翅子树、云南拟单性木兰、任豆、三棱栎、滇南风吹楠21种，广泛分布着金毛狗、千果榄仁、金荞麦等国家珍稀植物资源。

普洱市分布着稀有鸟类孔雀雉、白背兀、绿孔雀、黑颈长尾雉、黑鹳、长颈黑尾雉等；稀有兽类有豺、小灵猫、林麝、水鹿、猕猴、大灵猫、华鬣羚、豚尾猴、斑羚、短尾猴、豹、斑林狸、水獭、巨松鼠、穿山甲、白颊长臂猿、虎、马来熊18种；稀有爬行、两栖、鱼类有巨蜥、云南闭壳龟、细瘰疣螈、大壁虎、蟒蛇等。

普洱市的食用菌有鸡枞菌、干巴菌、黄皮疣柄牛肝菌、皱盖疣柄牛肝菌、大伞菇、银耳、糙皮侧耳、草菇、长根小奥德菇、灰肉红菇、卷缘齿菌、巴氏蘑菇、桂花耳、乳牛肝菌、红蜡蘑、黑木耳、香菇、红黄鹅膏、草鸡枞、白色地花菌、棱柄马鞍菌、香肉齿菌、美味牛肝菌、黄白侧耳、黄伞、梭柄乳头蘑、中华牛肝菌、松乳菇、翘鳞肉齿菌、大孢地花、裂褶菌、高大环柄菇、硫色洵孔菌33种。其中，景东彝族自治县的食用菌资源最为丰富，约21种；江城哈尼族彝族自治县的食用菌资源最少。

4. 矿产资源

普洱市黑色矿产资源、化工原料非金属矿产资源丰富，有色金属资源较匮乏；贵金属资源较为丰富。

5. 旅游资源

普洱市的地文景观资源中，有3处地质景观，分别为孟连傣族拉祜族佤族自治县、澜沧拉祜族自治县和西盟佤族自治县的滇西横断山纵谷景观，有1处喀斯特景观，为思茅区的普洱翠云溶洞景观。生物景观资源中，有4处人工植物景观，分别为普洱万亩茶园景观、云南古茶树景观、景谷千年古茶树景观和澜沧景迈古茶树景观。

三　人文地理

(一) 人口和民族

普洱市2018年年末总人口数为263.70万人，性别比为110.72，人口城镇化指数为0.14，人口城镇化级别为Ⅵ级，人口老龄化指数为0.07，老龄化级别为Ⅳ级。普洱市少数民族人口约155万人，少数民族人口占总人口的58.78%，人口数量较多的少数民族有彝族、哈尼族、傣族、苗族、拉祜族等，民族多样性指数为 1.33。普洱市主要说滇中方言中的普洱方言。

（二）经济

普洱市 GDP（地区生产总值）为 662.48 亿元，人均 GDP 为 25122.49 元，地均 GDP 为 146 万元/平方千米，第一产业产值 163.66 亿元，第二产业产值 244.16 亿元，第三产业产值 254.66 亿元，处于经济发展的工业化中后期阶段，属于长江经济带、金沙江开放合作经济带。经济城镇化指数为 0.78，经济城镇化级别为 Ⅴ 级。

从农业产业来看，普洱市的粮食播种面积 54.76 万公顷，年粮食产量 228.5 万吨。普洱市位于云南省高原特色农业沿边特色产业园区中，是云南省肉牛产业、肉羊产业加快发展区；普洱市有 3 个冬春蔬菜优势产业区，茶叶品种主要有普洱茶、滇红茶、绿茶，中药材的主要品种有 6 种，分别是石斛、茯苓、灯台树、栀子、白及、铁皮石斛。

从工业园区来看，普洱市有 2 个省级工业园区，其中特色食品制造业主要位于普洱工业园区，特色消费品制造业主要位于景谷林产工业园。普洱市有 1 家省级外贸转型升级基地，为普洱市普洱工业园区省级外贸转型升级基地（咖啡）。

（三）旅游

普洱市有 3 个美丽县城。

在旅游景区中，普洱市有 4 个国家 4A 级景区，10 个国家 3A 级景区，3 个国家 2A 级景区；在度假休闲区中，有 2 个休闲广场；在专项旅游产品中，有 1 项工业旅游产品，有 3 项农业旅游产品；在体育旅游产品中，有 2 项赛事运动。在节庆会展产品中，有 4 项节庆旅游产品。普洱当地的民族传统节日有佤族木鼓节、拉祜族葫芦节等。

普洱市有 1 个省级历史文化名城，1 个省级历史文化名镇，1 个中国历史文化名镇，1 个全国特色小镇，8 个云南省特色小镇。从遗产旅游特色来看，普洱市有 1 项全球重要农业文化遗产，1 项中国重要农业文化遗产；国家级物质文化遗产有 8 项，省级物质文化遗产有 16 项，非物质文化遗产有 30 项。普洱市有 9 个解放战争时期的革命老区。

（四）社会生活

从人民生活水平来看，2018 年年末，普洱市住户存款余额 527.16 亿元，较上一年增长 5.74%；职工平均工资 8.35 万元，较上一年增长 3.21%；社会消费品零售总额 199.45 亿元，较上一年增长 9.07%；农村常住居民人均可支配收入 10386 元，较上一年增长 9.51%。

从教育发展来看，普洱市的义务教育发展总指数 0.64，义务教育发展级别为Ⅶ级。人口受教育程度指数 0.68，人口受教育级别为Ⅵ级。

从文化设施来看，普洱市有三级及以下博物馆 7 个。普洱市文化馆有 12 个，其中一级文化馆有 1 个，二级文化馆有 6 个，三级及以下文化馆有 5 个。普洱市图书馆有 11 个，其中一级图书馆有 1 个，二级图书馆有 2 个，三级及以下图书馆有 8 个。

普洱市有 2 个民族团结示范县，有 10 个民族团结示范乡镇，有 2 个少数民族特色集镇，有 10 个少数民族特色村寨。

（五）脱贫攻坚

普洱市整体属于滇西边境片区；2017 年宁洱哈尼族彝族自治县实现了脱贫摘帽，2018 年景谷傣族彝族自治县、镇沅彝族哈尼族拉祜族自治县、孟连傣族拉祜族佤族自治县、西盟佤族自治县实现了脱贫摘帽，2019 年墨江哈尼族自治县、景东彝族自治县、江城哈尼族彝族自治县实现了脱贫摘帽，2020 年澜沧拉祜族自治县实现了脱贫摘帽。在脱贫攻坚的道路上，旅游扶贫起到了突出作用。普洱市的旅游扶贫示范县有 1 个，旅游示范乡镇 1 个，旅游示范村 9 个。

第二节 区域差异

一 思茅区

（一）位置与范围

思茅区，隶属于云南省普洱市，位于云南省南部、普洱市中南部、澜沧江中下游，地处东经 100°19′—101°26′、北纬 22°26′—23°05′之间，东连江城哈尼族彝族自治县，西接澜沧拉祜族自治县和景谷傣族彝族自治县，南邻西双版纳傣族自治州，北临宁洱哈尼族彝族自治县。全区东西最大横距 118 千米，南北最大纵距 72 千米，总面积 0.41×10^4 平方千米。区人民政府驻思茅区过街楼 44 号。开放口岸位于思茅水运（河港）口岸，是云南省水上通向东南亚的主要通道，对于云南省参与"一带一路"建设具有重要意义。思茅区下辖 1 个街道（思茅街道）、4 个镇（南屏镇、倚象镇、思茅港镇、六顺镇）、2 个民族乡（龙潭彝族傣族乡、云仙彝族乡）。

（二）自然地理

思茅区自然地理条件优越。在综合自然区划系统中，思茅区属于亚热带南部地带的滇西南中山山原地区的思茅中山山原盆谷区；在云南省生态经济区划中，思茅区主要位于滇西南中低山宽谷、盆地生态经济区的南部低山宽谷生态经济亚区；从生态红线空间分布格局看，思茅区少部分位于南部边境热带森林生态屏障区域；从生态保护红线功能类型上可以看出，思茅区为南部边境热带森林生态屏障类型。思茅区位于可持续发展实验区内。思茅区有莱阳河省级自然保护区、思茅糯扎渡省级自然保护区，五湖国家湿地公园，这些保护区、湿地公园的建立为科学地管理自然、保护自然、实施可持续发展战略提供样板且最终达到和实现人与自然和谐相处的目的。

1. 自然地理要素

（1）地貌

思茅区最高海拔高度约 2154.80 米，最低海拔高度约 578 米，高差约 1576.8 米，平均 DEM 为 1269.71 米，处于 Ⅱ 级水平。坝区面积 346 平方千米，坝区土地占全区土地面积的 1.87%，坝区综合指数为 6.55，属于山区地区。地形起伏度指数为 4.53，处于 Ⅱ 级水平；平均坡度指数为 16.79，处于 Ⅳ 级水平。

（2）气候要素

思茅区整体处于南亚热带，年平均气温 19.2℃，年降水量为 1833.6 毫米，年日照时数约 2131.40 小时，气候资源指数为 1755.69，处于 Ⅵ 级水平。

（3）水文要素

思茅区地处澜沧江流域，水网密度指数为 69.47，处于 Ⅲ 级水平。

（4）土壤要素

思茅区的土壤类型主要为红壤。

（5）植被要素

思茅区的主要植被类型为滇中南、西部中山宽谷暖性、暖热性阔叶林，暖性、暖热性针叶林，植被覆盖度处于较显著区。思茅区生物物种资源丰富，生物多样性处于Ⅲ级水平。

2. 自然资源

（1）土地资源

思茅区耕地面积197.19平方千米，占全区土地面积的4.93%；园地面积383.04平方千米，占全区土地面积的9.58%；林地面积2886.94平方千米，占全区土地面积的72.17%；草地面积129.63平方千米，占全区土地面积的3.24%；城镇村及工矿用地面积83.96平方千米，占全区土地面积的2.10%；交通运输用地面积37.12平方千米，占全区土地面积的0.93%；水域及水利设施用地面积102.74平方千米，占全区土地面积的2.57%；其他用地面积55.42平方千米，占全区土地面积的1.39%。在土地利用分区系统中，思茅区位于滇西南中低山盆谷边贸旅游与热作粮食区的滇南城市旅游与热作农业亚区。在可利用土地资源评价中，思茅区土地资源丰富程度为较缺乏类型。在三生空间结构类型系统中，为生态主导型。

（2）水资源

思茅区的水资源总量21.51亿立方米，地表水径流量21.51亿立方米，径流深550.3毫米，地下水资源总量9.51亿立方米，在可利用水资源评价中，思茅区水资源丰富程度为一般。

（3）生物资源

思茅区分布着国家一级保护植物白桫椤、伯乐树、单羽苏铁、莼菜、勐仓翅子树、篦齿苏铁、云南蓝果树、藤枣8种，国家二级保护植物毛红椿、苏铁蕨、大叶黑桫椤、小粒稻、合果木、喜树、大叶木兰、黑黄檀、红椿、翠柏10种。

思茅区分布着稀有鸟类绿孔雀、孔雀雉、白背兀鹫3种。

思茅区食用菌有鸡枞菌、干巴菌、黄皮疣柄牛肝菌、皱盖疣柄牛肝

菌、大伞菇、银耳、糙皮侧耳、草菇、长根小奥德菇、灰肉红菇、卷缘
齿菌、巴氏蘑菇 12 种。

（4）旅游资源

思茅区地文景观资源中，有 1 处喀斯特景观（普洱翠云溶洞景观）。
生物景观资源中，有 2 处人工植物景观（普洱万亩茶园景观、云南古茶
树景观）。

（三）人文地理

1. 人口和民族

思茅区 2018 年年末总人口数为 31.44 万人，性别比为 109.60，人口
城镇化指数为 0.36，人口城镇化级别为 Ⅲ 级，人口老龄化指数为 0.06，
老龄化级别为 Ⅱ 级。思茅区少数民族人口约 10.84 万人，少数民族人口占
总人口的 34.48%，人口数量较多的少数民族有彝族、哈尼族、傣族、苗
族、拉祜族等，民族多样性指数为 1.36。思茅区主要说思茅话，属于滇
中方言中的普洱方言。

2. 经济

思茅区 GDP（地区生产总值）为 160.22 亿元，人均 GDP 为
50542.59 元，地均 GDP 为 401 万元/平方千米，第一产业产值 15.31 亿
元，第二产业产值 66.59 亿元，第三产业产值 78.32 亿元，处于经济发展
的工业化中后期阶段，属于金沙江开放合作经济带、澜沧江开发开放经
济带。经济城镇化指数为 0.90，经济城镇化级别为 Ⅲ 级。

从农业产业来看，思茅区的粮食播种面积 1.72 万公顷，年粮食产量
6.44 万吨，思茅区位于云南省高原特色农业沿边特色产业园区中，是云
南省肉牛产业、肉羊产业加快发展区；思茅区茶叶品种主要有普洱茶、
滇红茶、绿茶。同时，思茅区也是云药之乡，中药材品种主要有石斛、
茯苓、灯台树等。

从工业园区来看，思茅区属于省级工业园区，为特色食品制造产业
园区。

3. 旅游

在旅游景区中，思茅区有 2 个国家 4A 级景区，分别是普洱国家公园
景区、普洱天士力帝泊洱生物茶谷景区，有 2 个国家 3A 级景区，分别是

中华普洱茶博览苑景区、普洱茶马古道景区。在度假休闲区中，有 2 个休闲广场，分别是普洱红旗广场、普洱世纪广场；有 2 项专项旅游产品，分别为糯扎渡水电站工业旅游产品、思茅营盘山茶园农业旅游产品；在体育旅游产品中，有摩托车场地越野赛赛事运动。

思茅区有 3 个云南省特色小镇，分别是普洱茶小镇、汇源小镇、洗马湖科学家小镇。从遗产旅游特色来看，思茅区云南普洱古茶园与茶文化系统属于全球重要农业文化遗产，云南普洱古茶园与茶文化系统属于中国重要农业文化遗产；国家级物质文化遗产有 1 项，是茶马古道；非物质文化遗产有 1 项，是普洱祭茶祖习俗。思茅区属于革命老区。

4. 社会生活

从人民生活水平来看，2018 年年末，思茅区住户存款余额 146.42 亿元，较上一年增长 6.07%；职工平均工资 8.58 万元，较上一年增长 7.52%；社会消费品零售总额 65.21 亿元，较上一年增长 6.87%；农村常住居民人均可支配收入 11162 元，较上一年增长 9.33%。

从教育发展来看，思茅区的义务教育发展总指数为 1.42，义务教育发展级别为Ⅲ级。人口受教育程度指数为 0.90，人口受教育级别为Ⅴ级。

从文化设施来看，思茅区有 1 个三级及以下博物馆，为市博物馆。有 1 个一级文化馆，为市文化馆；有 1 个二级文化馆，为区文化馆；三级及以下文化馆有 1 个，为市美术馆。思茅区区图书馆属于一级图书馆；市图书馆属于二级图书馆。

5. 脱贫攻坚

思茅区属于滇西边境片区。

在主体功能区的省级定位中，思茅区属于集中连片重点开发区域。

二 宁洱哈尼族彝族自治县

（一）位置与范围

宁洱哈尼族彝族自治县位于云南省南部，普洱市中部，地处东经 100°42′—101°03′、北纬 22°40′—23°36′之间，为滇南要冲，与思茅区、墨江哈尼族自治县、江城哈尼族彝族自治县、景谷傣族彝族自治县、镇沅彝族哈尼族拉祜族自治县五个区（县）山水相连。自治县面积约

0.37×10^4平方千米。北与省会昆明市相距 370 千米，南距市政府驻地思茅区 33 千米。宁洱哈尼族彝族自治县南北之间最大纵距 135 千米，东西之间最大横距 64 千米。县人民政府驻宁洱哈尼族彝族自治县东山路。宁洱哈尼族彝族自治县下辖 6 个镇（宁洱镇、磨黑镇、勐先镇、德化镇、同心镇、梅子镇），3 个乡（普义乡、黎明乡、德安乡）。

（二）自然地理

宁洱哈尼族彝族自治县自然地理条件优越。在综合自然区划系统中，宁洱哈尼族彝族自治县属于亚热带南部地带的滇西南中山山原地区的思茅中山山原盆谷区；在云南省生态经济区划中，宁洱哈尼族彝族自治县主要位于滇西南中低山宽谷、盆地生态经济区的北部中山宽谷生态经济亚区；从生态保护红线功能类型上可以看出，宁洱哈尼族彝族自治县为澜沧江中山峡谷水土保持生态保护红线类型。

1. 自然地理要素

（1）地貌

宁洱哈尼族彝族自治县最高海拔高度约 2800 米，最低海拔高度约 515 米，高差约 2285 米，平均 DEM 为 1443.20 米，处于Ⅲ级水平。坝区面积 36.3 平方千米，坝区土地占全县土地面积的 1.29%，坝区综合指数为 5.69，属于山区地区。地形起伏度指数为 5.95，处于Ⅲ级水平；平均坡度指数为 20.33，处于Ⅴ级水平。

（2）气候要素

宁洱哈尼族彝族自治县整体处于南亚热带，年平均气温 16.3℃，年降水量为 1690.8 毫米，年日照时数约 1783.80 小时，气候资源指数为 1753.15，处于Ⅵ级水平。

（3）水文要素

宁洱哈尼族彝族自治县地处红河流域、澜沧江流域，水网密度指数为 81.88，处于Ⅲ级水平。

（4）土壤要素

宁洱哈尼族彝族自治县的土壤类型主要为红壤。

（5）植被要素

宁洱哈尼族彝族自治县的主要植被类型为滇中南、西部中山宽谷暖性、暖热性阔叶林，暖性、暖热性针叶林，植被覆盖度处于极显著区。宁洱哈尼族彝族自治县生物物种资源丰富，生物多样性处于Ⅵ级水平。

2. 自然资源

（1）土地资源

宁洱哈尼族彝族自治县耕地面积285.63平方千米，占全县土地面积的7.72%；园地面积154.23平方千米，占全县土地面积的4.17%；林地面积2948.41平方千米，占全县土地面积的79.69%；草地面积70.29平方千米，占全县土地面积的1.90%；城镇村及工矿用地面积49.50平方千米，占全县土地面积的1.34%；交通运输用地面积28.24平方千米，占全县土地面积的0.76%；水域及水利设施用地面积28.65平方千米，占全县土地面积的0.77%；其他用地面积101.11平方千米，占全县土地面积的2.73%。在土地利用分区系统中，宁洱哈尼族彝族自治县位于滇西南中低山盆谷边贸旅游与热作粮食区的滇南城市旅游与热作农业亚区。在可利用土地资源评价中，宁洱哈尼族彝族自治县土地资源较为缺乏。在三生空间结构类型系统中，为生态主导型。

（2）水资源

宁洱哈尼族彝族自治县的水资源总量24.25亿立方米，地表水径流量24.25亿立方米，径流深660.9毫米，地下水资源总量7.96亿立方米，在可利用水资源评价中，宁洱哈尼族彝族自治县水资源较为丰富。

（3）生物资源

宁洱哈尼族彝族自治县分布着稀有鸟类绿孔雀、黑颈长尾雉等。

宁洱哈尼族彝族自治县食用菌有鸡枞菌、黄皮疣柄牛肝菌、桂花耳、银耳、乳牛肝菌、灰肉红菇、红蜡蘑、巴氏蘑菇等。

（三）人文地理

1. 人口和民族

宁洱哈尼族彝族自治县2018年年末总人口数为19.40万人，性别比为109.09，人口城镇化指数为0.17，人口城镇化级别为Ⅴ级，人口老龄化指数为0.09，老龄化级别为Ⅶ级。宁洱哈尼族彝族自治县少数民族人口约9.76万人，少数民族人口占总人口的50.31%，人口数量较多的少数民族有哈尼族、彝族、傣族、白族、拉祜族、回族，民族多样性指数为 1.38。

2. 经济

宁洱哈尼族彝族自治县 GDP（地区生产总值）为 55.45 亿元，人均 GDP 为 28582.47 元，地均 GDP 为 150 万元/平方千米，第一产业产值 11.98 亿元，第二产业产值 21.66 亿元，第三产业产值 21.81 亿元，处于经济发展的工业化中后期阶段，属于澜沧江开发开放经济带。经济城镇化指数为 0.77，经济城镇化级别为 V 级。

从农业产业来看，宁洱哈尼族彝族自治县的粮食播种面积 2.73 万公顷，年粮食产量 8.09 万吨。宁洱哈尼族彝族自治县位于云南省高原特色农业沿边特色产业园区中，宁洱哈尼族彝族自治县是云南省肉牛产业、肉羊产业加快发展区；宁洱哈尼族彝族自治县是冬春蔬菜优势产业区。宁洱哈尼族彝族自治县茶叶品种主要有普洱茶、绿茶。

3. 旅游

在旅游景区中，宁洱哈尼族彝族自治县有 1 个国家 3A 级景区，为那柯里茶马驿站景区，有 1 项农业旅游产品；在节庆会展产品中，有 1 项节庆旅游产品，为普洱茶马古道节。

宁洱哈尼族彝族自治县有 1 个省级历史文化名镇，为磨黑省级历史文化名镇，那勐小镇是云南省特色小镇。从遗产旅游特色来看，宁洱哈尼族彝族自治县有国家级物质文化遗产 2 项，分别是茶马古道、民族团结誓词碑；非物质文化遗产有普洱茶制作技艺。宁洱哈尼族彝族自治县是解放战争时期的革命老区。

4. 社会生活

从人民生活水平来看，2018 年年末，宁洱哈尼族彝族自治县住户存款余额 43.15 亿元，较上一年增长 1.84%；职工平均工资 9.01 万元，较上一年下降 11.58%；社会消费品零售总额 15.20 亿元，较上一年增长 10.07%；农村常住居民人均可支配收入 10908 元，较上一年增长 9.60%。

从教育发展来看，宁洱哈尼族彝族自治县的义务教育发展总指数为 0.51，义务教育发展级别为 Ⅶ 级。人口受教育程度指数为 0.56，人口受教育级别为Ⅵ级。

从文化设施来看，宁洱哈尼族彝族自治县文化馆属于三级及以下文化馆，县图书馆属于三级及以下图书馆。

宁洱哈尼族彝族自治县勐先镇是民族团结示范乡镇。

5. 脱贫攻坚

宁洱哈尼族彝族自治县属于滇西边境片区，2017 年通过生态补偿脱贫和特色产业脱贫相结合，实现了脱贫摘帽。在脱贫攻坚的道路上，旅游扶贫起到了突出作用。宁洱哈尼族彝族自治县会连村是旅游扶贫重点村。

在主体功能区的国家级定位中，宁洱哈尼族彝族自治县属于农产品主产区。

三　墨江哈尼族自治县

（一）位置与范围

墨江哈尼族自治县位于云南省南部，普洱市东部，地处东经 101°07′—102°04′、北纬 22°50′—23°58′之间，东与元江哈尼族彝族傣族自治县、红河县两县接壤，西与宁洱哈尼族彝族自治县隔把边江相望，南邻江城哈尼族彝族自治县，北接新平彝族傣族自治县，东南接绿春县，西北连镇沅彝族哈尼族拉祜族自治县。东西最大横距 61 千米，南北最大纵距 73 千米，总面积 0.55×10⁴ 平方千米。墨江哈尼族自治县人民政府驻联珠镇南正街 59 号。墨江哈尼族自治县下辖 12 个镇（联珠镇、通关镇、鱼塘镇、雅邑镇、泗南江镇、坝溜镇、文武镇、景星镇、新抚镇、新安镇、团田镇、龙坝镇），2 个乡（龙潭乡、那哈乡），1 个民族乡（孟弄彝族乡）。

（二）自然地理

墨江哈尼族自治县自然地理条件优越。在综合自然区划系统中，墨江哈尼族自治县属于亚热带南部地带的滇西南中山山原地区的思茅中山山原盆谷区；在云南省生态经济区划中，墨江哈尼族自治县主要位于滇西南中低山宽谷、盆地生态经济区的北部中山宽谷生态经济亚区；从生态红线空间分布格局看，墨江哈尼族自治县少部分位于哀牢山—无量山山地生态屏障区域；从生态保护红线功能类型上可以看出，墨江哈尼族自治县为哀牢山—无量山山地生物多样性维护与水土保持生态红线类型。

1. 自然地理要素

（1）地貌

墨江哈尼族自治县最高海拔高度约2340米，最低海拔高度约440米，高差约1900米，平均DEM为1366.57米，处于Ⅱ级水平。坝区面积2481.2平方千米，坝区土地占全县土地面积的18.51%，坝区综合指数为0.9，属于山区地区。地形起伏度指数为5.15，处于Ⅱ级水平；平均坡度指数为21.22，处于Ⅴ级水平。

（2）气候要素

墨江哈尼族自治县整体处于南亚热带，年平均气温17.5℃，年降水量为1372毫米，年日照时数约2098.80小时，气候资源指数为1698.74，处于Ⅴ级水平。

（3）水文要素

墨江哈尼族自治县地处红河流域，水网密度指数为78.24，处于Ⅲ级水平。

（4）土壤要素

墨江哈尼族自治县的土壤类型主要为红壤。

（5）植被要素

墨江哈尼族自治县的主要植被类型为滇中南、西部中山宽谷暖性、暖热性阔叶林，暖性、暖热性针叶林，植被覆盖度处于较显著区。墨江哈尼族自治县生物物种资源丰富，生物多样性处于Ⅶ级水平。

2. 自然资源

（1）土地资源

墨江哈尼族自治县耕地面积774.88平方千米，占全县土地面积的14.62%；园地面积351.53平方千米，占全县土地面积的6.63%；林地面积3571.26平方千米，占全县土地面积的67.38%；草地面积116.01平方千米，占全县土地面积的2.19%；城镇村及工矿用地面积55.28平方千米，占全县土地面积的1.04%；交通运输用地面积37.39平方千米，占全县土地面积的0.71%；水域及水利设施用地面积60.56平方千米，占全县土地面积的 1.14%；其他用地面积 321.78 平方千米，占全县土地面积的 6.07%。在土地利用分区系统中，墨江哈尼族自治县位于滇西南中低山盆谷边贸旅游与热作粮食区的滇西南粮食与热作农业亚区。在可利用土地资源评价中，墨江哈尼族自治县土地资源丰富程度为缺乏类型。在三生空间结构类型系统中，为生态主导型。

（2）水资源

墨江哈尼族自治县的水资源总量 33.86 亿立方米，地表水径流量 33.86 亿立方米，径流深 637.6 毫米，地下水资源总量 11.72 亿立方米，在可利用水资源评价中，墨江哈尼族自治县水资源丰富程度为较丰富型。

（3）生物资源

墨江哈尼族自治县分布着国家一级保护植物白桫椤，国家二级保护植物中华桫椤、红椿、翠柏、黑黄檀、樟树、柄翅果、滇桐等。

墨江哈尼族自治县分布着稀有鸟类绿孔雀。

墨江哈尼族自治县食用菌有鸡枞菌、黄皮疣柄牛肝菌、皱盖疣柄牛肝菌、桂花耳、银耳、黑木耳、香菇、梭柄乳头蘑、乳牛肝菌、灰肉红菇、红黄鹅膏、草鸡枞、白色地花菌、棱柄马鞍菌、巴氏蘑菇 15 种。

（三）人文地理

1. 人口和民族

墨江哈尼族自治县 2018 年年末总人口数为 36.98 万人，性别比为 116.24，人口城镇化指数为 0.09，人口城镇化级别为Ⅶ级，人口老龄化指数为 0.08，老龄化级别为Ⅴ级。墨江哈尼族自治县少数民族人口约 27.11 万人，少数民族人口占总人口的 73.31%，人口数量较多的少数民族有哈尼族、彝族、傣族等，民族多样性指数为 1.07。墨江县主要说墨江话，属于滇中方言中的普洱方言。

2. 经济

墨江哈尼族自治县 GDP（地区生产总值）为 65.34 亿元，人均 GDP 为 17669.01 元，地均 GDP 为 123 万元/平方千米，第一产业产值 16.33 亿元，第二产业产值 21.64 亿元，第三产业产值 27.37 亿元，处于经济发展的工业化中后期阶段。经济城镇化指数为 0.73，经济城镇化级别为 Ⅵ级。

从农业产业来看，墨江哈尼族自治县的粮食播种面积 4.31 万公顷，年粮食产量 15.30 万吨。墨江哈尼族自治县位于云南省高原特色农业沿边特色产业园区中，是云南省肉牛、肉羊产业加快发展区。墨江哈尼族自治县茶叶品种主要有普洱茶、绿茶。

3. 旅游

在旅游景区中，墨江哈尼族自治县普洱墨江北回归线标志园景区为国家 4A 级景区。在节庆会展产品中，墨江国际双胞胎暨哈尼太阳节最为著名。

从遗产旅游特色来看，墨江哈尼族自治县省级物质文化遗产有 2 项，分别是墨江文庙、碧溪传统民居建筑群；非物质文化遗产有 2 项，分别是洛奇洛耶与扎斯扎依、创世史诗《敏编咪编》。墨江哈尼族自治县是著名的革命老区。

4. 社会生活

从人民生活水平来看，2018 年年末，墨江哈尼族自治县住户存款余额 48.70 亿元，较上一年增长 8.88%；职工平均工资 9.61 万元，较上一年增长 4.80%；社会消费品零售总额 14.25 亿元，较上一年增长 9.11%；农村常住居民人均可支配收入 10159 元，较上一年增长 9.30%。

从教育发展来看，墨江哈尼族自治县的义务教育发展总指数为 0.51，义务教育发展级别为 Ⅶ级。人口受教育程度指数为 0.93，人口受教育级别为 Ⅴ级。

从文化设施来看，墨江哈尼族自治县文化馆属于三级及以下文化馆，县图书馆属于三级及以下图书馆。

墨江哈尼族自治县鱼塘镇是示范乡镇，墨江哈尼族自治县有多个少数民族特色村寨。

5. 脱贫攻坚

墨江哈尼族自治县属于滇西边境片区，2019 年通过狠抓烤烟、开发林地资源、保护开发林下经济等支柱产业，实现了脱贫摘帽。在脱贫攻坚的道路上，旅游扶贫起到了突出作用。墨江哈尼族自治县西枝村是旅游扶贫重点村。

在主体功能区的国家级定位中，墨江哈尼族自治县属于农产品主产区。

四　景东彝族自治县

（一）位置与范围

景东彝族自治县位于云南省南部，普洱市的北端，地处东经100°21′—101°14′、北纬23°56′—24°29′之间，东与南华县、楚雄市、双柏县接壤，南与镇沅彝族哈尼族拉祜族自治县相依，西同云县隔澜沧江相望，北和南涧彝族自治县、弥渡县两县相连。总面积约0.45×10⁴平方千米。县人民政府驻锦屏镇玉屏路75号。景东彝族自治县下辖10个镇（锦屏镇、文井镇、漫湾镇、大朝山东镇、花山镇、大街镇、安定镇、太忠镇、文龙镇、景福镇），3个乡（龙街乡、林街乡、曼等乡）。

（二）自然地理

景东彝族自治县自然地理条件优越。在综合自然区划系统中，景东彝族自治县属于亚热带南部地带的滇西南中山山原地区的思茅中山山原盆谷区；在云南省生态经济区划中，景东彝族自治县主要位于滇西南中低山宽谷、盆地生态经济区的北部中山宽谷生态经济亚区；从生态红线空间分布格局看，景东彝族自治县大部分位于金哀牢山—无量山山地生态屏障区域，少部分位于沙江、澜沧江、红河干热河谷地带；从生态保护红线功能类型上可以看出，景东彝族自治县为哀牢山—无量山山地生物多样性维护与水土保持生态红线类型。

1. 自然地理要素

（1）地貌

景东彝族自治县最高海拔高度约3371米，最低海拔高度约786米，高差约2585米，平均DEM为1732.56米，处于Ⅲ级水平。坝区面积78.7平方千米，坝区土地占全县土地面积的2.47%，坝区综合指数为8.03，属于山区地区。地形起伏度指数为6.88，处于Ⅴ级水平；平均坡度指数为21.43，处于Ⅴ级水平。

（2）气候要素

景东彝族自治县整体处于中亚热带，年平均气温19.3℃，年降水量为 992.4 毫米，年日照时数约 2108.00 小时，气候资源指数为 1731.13，处于Ⅵ级水平。

（3）水文要素

景东彝族自治县地处红河流域、澜沧江流域，水网密度指数为 88.07，处于Ⅲ级水平。

（4）土壤要素

景东彝族自治县的土壤类型主要为红壤、黄壤等。

（5）植被要素

景东彝族自治县的主要植被类型为滇中南、西部中山宽谷暖性、暖热性阔叶林，暖性、暖热性针叶林，植被覆盖度处于显著区。景东彝族自治县生物物种资源丰富，生物多样性处于Ⅶ级水平。

2. 自然资源

（1）土地资源

景东彝族自治县耕地面积 554.27 平方千米，占全县土地面积的 12.32%；园地面积 194.29 平方千米，占全县土地面积的 4.32%；林地面积 3135.17 平方千米，占全县土地面积的 69.67%；草地面积 197.06 平方千米，占全县土地面积的 4.38%；城镇村及工矿用地面积 70.88 平方千米，占全县土地面积的 1.58%；交通运输用地面积 45.67 平方千米，占全县土地面积的 1.01%；水域及水利设施用地面积 58.26 平方千米，占全县土地面积的 1.29%；其他用地面积 199.51 平方千米，占全县土地面积的 4.43%。在土地利用分区系统中，景东彝族自治县位于滇西南中低山盆谷边贸旅游与热作粮食区的滇西南粮食与热作农业亚区。在可利用土地资源评价中，景东彝族自治县土地资源丰富程度为较缺乏。在三生空间结构类型系统中，为生态主导型。

（2）水资源

景东彝族自治县的水资源总量 30.62 亿立方米，地表水径流量 30.62 亿立方米，径流深 686.4 毫米，地下水资源总量 10.57 亿立方米，在可利用水资源评价中，景东彝族自治县水资源为较丰富类型。

（3）生物资源

景东彝族自治县分布着国家一级保护植物伯乐树、长蕊木兰等，国家二级保护植物西康玉兰、大叶木兰、中华桫椤、翠柏、水青树、任豆、合果木、樟树、毛红椿、红椿、景东翅子树、云南拟单性木兰12种。

景东彝族自治县分布着稀有鸟类绿孔雀、黑颈长尾雉、黑鹳等。

景东彝族自治县的食用菌有鸡枞菌、香肉齿菌、美味牛肝菌、黄皮疣柄牛肝菌、皱盖疣柄牛肝菌、桂花耳、银耳、黑木耳、黄白侧耳、黄伞、梭柄乳头蘑、中华牛肝菌、灰肉红菇、松乳菇、红黄鹅膏、翘鳞肉齿菌、高大环柄菇、硫色洵孔菌、大孢地花、棱柄马鞍菌、巴氏蘑菇21种。

（三）人文地理

1. 人口和民族

景东彝族自治县2018年年末总人口数为37.02万人，性别比为107.69，人口城镇化指数为0.07，人口城镇化级别为Ⅶ级，人口老龄化指数为0.08，老龄化级别为Ⅴ级。景东彝族自治县少数民族人口约17.16万人，少数民族人口占总人口的46.35%，人口数量较多的少数民族有彝族、哈尼族、瑶族、傣族等，民族多样性指数为1.01。

2. 经济

景东彝族自治县GDP（地区生产总值）为71.42亿元，人均GDP为19292.27元，地均GDP为159万元/平方千米，第一产业产值25.96亿元，第二产业产值22.59亿元，第三产业产值22.87亿元，处于经济发展的工业化初期阶段，属于澜沧江开发开放经济带。经济城镇化指数为0.62，经济城镇化级别为Ⅷ级。

从农业产业来看，景东彝族自治县的粮食播种面积4.48万公顷，年粮食产量18.60万吨。景东彝族自治县位于云南省高原特色农业沿边特色产业园区中，是云南省肉牛产业、肉羊产业加快发展区；景东彝族自治县茶叶品种主要有普洱茶、绿茶。

3. 旅游

在旅游景区中，景东彝族自治县有1个国家3A级景区，为普洱景东杜鹃湖景区。

景东彝族自治县国家级物质文化遗产有1项，是景东文庙；省级物质文化遗产有 3 项，分别是林街清真寺、陶氏土司墓地、景东卫城遗址；非物质文化遗产有 5 项，分别是杀戏、彝族打歌、彝族大帮腔、彝族民间故事《阿乐攀月》、羊皮舞。

4. 社会生活

从人民生活水平来看，2018 年年末，景东彝族自治县住户存款余额 59.82 亿元，较上一年增长 7.11%；职工平均工资 8.84 万元，较上一年增长 14.06%；社会消费品零售总额 19.36 亿元，较上一年增长 8.34%；农村常住居民人均可支配收入 10727 元，较上一年增长 9.73%。

从教育发展来看，景东彝族自治县的义务教育发展总指数为 0.65，义务教育发展级别为 Ⅵ 级。人口受教育程度指数为 0.99，人口受教育级别为 Ⅴ 级。

从文化设施来看，景东彝族自治县博物馆属于三级及以下博物馆，县文化馆属于二级文化馆，县图书馆属于二级图书馆。

景东彝族自治县的林街乡是民族团结示范乡镇，是少数民族特色村寨。

5. 脱贫攻坚

景东彝族自治县属于滇西边境片区，2019 年通过发展烤烟、蚕桑、茶叶、核桃、甘蔗、畜牧业等特色产业，实现了脱贫摘帽。在脱贫攻坚的道路上，旅游扶贫起到了突出作用。景东彝族自治县的岔河村是旅游扶贫重点村。

在主体功能区的国家级和省级定位中，景东彝族自治县属于重点生态功能区。

五　景谷傣族彝族自治县

（一）位置与范围

景谷傣族彝族自治县位于云南省西南部，普洱市中部偏西，地处东经 100°02′—101°07′、北纬 22°48′—23°51′之间，东与宁洱哈尼族彝族自治县接壤，南以威远江和小黑江为界同思茅区和宁洱哈尼族彝族自治县相连，西沿澜沧江与澜沧拉祜族自治县及临沧市的临翔区、双江拉祜族佤族布朗族傣族自治县隔江相望，北和镇沅彝族哈尼族拉祜族自治县相连。全县东西之间的最大横距为 107 千米，南北之间的最大纵距为 115.85 千米，总面积约为 0.78×10^4 平方千米。景谷傣族彝族自治县是云南省普洱市的下辖县，属于滇西南城市群，县人民政府驻地位于景谷傣族彝族自治县人民路。景谷傣族彝族自治县下辖 6 个镇（威远镇、永平镇、正兴镇、民乐镇、景谷镇、凤山镇），4 个乡（半坡乡、勐班乡、碧安乡、益智乡）。

（二）自然地理

景谷傣族彝族自治县自然地理条件优越。在综合自然区划系统中，景谷傣族彝族自治县属于亚热带南部地带的滇西南中山山原地区的思茅中山山原盆谷区；在云南省生态经济区划中，景谷傣族彝族自治县主要位于滇西南中低山宽谷、盆地生态经济区的北部中山宽谷生态经济亚区；从生态保护红线功能类型上可以看出，景谷傣族彝族自治县为澜沧江中山峡谷水土保持生态保护红线类型。景谷傣族彝族自治县有威远江省级自然保护区，主要保护思茅松原始森林及种源区。

1. 自然地理要素

（1）地貌

景谷傣族彝族自治县最高海拔高度约为 2920 米，最低海拔高度约为 813 米，高差约为 2107 米，平均 DEM 为 1378.62 米，处于 Ⅱ 级水平。坝区面积为 265.3 平方千米，坝区土地面积占全县土地面积的 2.62%，坝区综合指数为 11.14，属于山区地区。地形起伏度指数为 6.06，处于 Ⅳ 级水平；全县的平均坡度指数为 18.27，处于 Ⅳ 级水平。

（2）气候要素

景谷傣族彝族自治县整体处于南亚热带高原季风气候区，年平均气温为 20.2℃，年降水量为 1625.1 毫米，年日照时数约为 2108 小时，气候资源指数为 1813.23，处于 Ⅶ 级水平。

（3）水文要素

景谷傣族彝族自治县整体上地处澜沧江流域，水网密度指数为 75.90，处于 Ⅲ 级水平。

（4）土壤要素

景谷傣族彝族自治县的土壤类型主要为红壤和紫色土。

（5）植被要素

景谷傣族彝族自治县的主要植被类型为滇中南、西部中山宽谷暖性、暖热性阔叶林，暖性、暖热性针叶林，植被覆盖度处于较显著区。景谷傣族彝族自治县生物物种资源丰富，生物多样性处于Ⅶ级水平。

2. 自然资源

（1）土地资源

景谷傣族彝族自治县的耕地面积为 678.43 平方千米，占全县土地面积的 8.81%；园地面积为 211.11 平方千米，占全县土地面积的 2.74%；林地面积为 6081.72 平方千米，占全县土地面积的 78.98%；草地面积为 65.11 平方千米，占全县土地面积的 0.85%；城镇村及工矿用地面积为 61.78 平方千米，占全县土地面积的 0.80%；交通运输用地面积为 54.34 平方千米，占全县土地面积的 0.71%；水域及水利设施用地面积为 165.53 方千米，占全县土地面积的 2.15%；其他用地面积为 200.08 平方千米，占全县土地面积的 2.60%。在土地利用分区系统中，景谷傣族彝族自治县位于滇西南中低山盆谷边贸旅游与热作粮食区的滇南城市旅游与热作农业亚区。在可利用土地资源评价方面，景谷傣族彝族自治县的可利用土地资源属于一般类型。在三生空间结构类型系统中，为生态主导型。

（2）水资源

景谷傣族彝族自治县的水资源总量为 44.16 亿立方米，地表水径流量为 44.16 亿立方米，径流深为 587.1 毫米，地下水资源总为 19.71 亿立方米，在可利用水资源评价方面，景谷傣族彝族自治县的可利用水资源属于较丰富类型。

（3）生物资源

景谷傣族彝族自治县分布着国家一级保护植物叉孢苏铁、单羽苏铁等；拥有国家二级保护植物毛红椿、合果木、黑黄檀和翠柏。

景谷傣族彝族自治县分布着稀有黑颈长尾雉、绿孔雀等。

景谷傣族彝族自治县的食用菌有鸡枞菌、裂褶菌、黄皮疣柄牛肝菌、银耳、黑木耳、灰肉红菇、红黄鹅膏、大孢地花和巴氏蘑菇等。在生物景观资源中，景谷傣族彝族自治县拥有人工植物景观 1 处，为景谷千年古茶树景观。

（三）人文地理

1. 人口和民族

景谷傣族彝族自治县 2018 年年末总人口数为 30.08 万人，人口性别比为 114.99，人口城镇化指数为 0.10，人口城镇化级别为Ⅶ级，人口老龄化指数为 0.08，老龄化级别为Ⅴ级。景谷傣族彝族自治县少数民族人口约 13.44 万人，少数民族人口占总人口的比重为 44.68%，人口数量较多的少数民族主要有彝族、傣族、拉祜族、哈尼族、回族、布朗族等，民族多样性指数为 1.26。

2. 经济

景谷傣族彝族自治县 GDP（地区生产总值）为 103.39 亿元，人均 GDP 为 34371.68 元，地均 GDP 为 134 万元/平方千米，第一产业产值为 29.27 亿元，第二产业产值为 41.72 亿元，第三产业产值为 32.40 亿元，全县整体处于经济发展的工业化中后期阶段，属于澜沧江开发开放经济带。经济城镇化指数为 0.69，经济城镇化级别为Ⅶ级水平。

从农业产业来看，景谷傣族彝族自治县的粮食播种面积为 4.61 万公顷，全县年粮食产量为 15.54 万吨。景谷傣族彝族自治县属于云南省高原特色农业沿边特色产业园区，该县也属于肉牛、肉羊加快发展区。景谷傣族彝族自治县属于冬春蔬菜优势产业区，是冬春蔬菜重点县；全县盛产中药材，主要有栀子、白及、铁皮石斛等种类。景谷傣族彝族自治县的茶叶品种主要有普洱。

从工业园区来看，景谷傣族彝族自治县有省级工业园区 1 个，为景谷林产工业园区，主要特色为消费品制造产业园区。

3. 旅游

景谷镇属于云南省美丽县城。在旅游景区发展方面，景谷傣族彝族自治县有 1 个国家 3A 级景区，为景谷勐卧总佛寺景区；拥有国家 2A 级景区 1 处，为景谷佛迹仙踪芒玉峡谷康体旅游区。在体育旅游产品方面，全县拥有体育赛事活动 1 项，为景谷汽车场地越野赛。

从遗产旅游特色来看，景谷傣族彝族自治县有 1 个国家级物质文化遗产，为景谷傣族佛寺建筑群；拥有省级物质文化遗产 5 项，分别是大石寺、复兴桥、芒岛佛寺、迁糯佛寺、勐卧佛寺双塔。有非物质文化遗产2项，分别是打坨螺、团茶制作技艺。景东彝族自治县是解放战争时期革命老区。

4. 社会生活

从人民生活水平来看，2018年年末，景谷傣族彝族自治县住户存款余额54.11亿元，比上一年增长4.32%；职工平均工资为6.87万元，比上一年下降9.13%；社会消费品零售总额为26.00亿元，比上一年增长11.21%；农村常住居民人均可支配收入达到10042元，比上一年增长10.51%。

从教育发展来看，景谷傣族彝族自治县的义务教育发展总指数为0.65，义务教育发展级别为Ⅵ级。人口受教育程度指数为0.77，人口受教育级别为Ⅵ级。

从文化设施来看，景谷傣族彝族自治县拥有1个三级文化馆，为县文化馆；有1个三级图书馆，为县图书馆。景谷傣族彝族自治县是云南省民族团结示范县，有1个少数民族特色村寨。景谷傣族彝族自治县有1个第一批省级民族传统文化保护区，为芒岛傣族传统文化保护区。

5. 脱贫攻坚

景谷傣族彝族自治县属于滇西边境片区，2018年通过发展高原粮仓、特色经济作物、山地牧业等高原特色产业，实现了脱贫摘帽。在脱贫攻坚的道路上，旅游扶贫起到了突出作用。

在主体功能区的国家级定位中，景谷傣族彝族自治县属于农产品主产区。

六 镇沅彝族哈尼族拉祜族自治县

（一）位置与范围

镇沅彝族哈尼族拉祜族自治县是云南省普洱市的下辖县，位于云南省西南部，哀牢山和无量山之间，地处东经100°20′—101°32′、北纬23°33′—24°21′之间，全县总面积约0.42×10⁴平方千米。镇沅彝族哈尼族拉祜族自治县属于滇东南城市群，县人民政府驻古城镇正西方向80米。镇沅彝族哈尼族拉祜族自治县下辖8个镇（恩乐镇、按板镇、勐大镇、者东镇、九甲镇、振太镇、古城镇、和平镇），1个乡（田坝乡）。

（二）自然地理

镇沅彝族哈尼族拉祜族自治县自然地理条件优越。在综合自然区划系统中，镇沅彝族哈尼族拉祜族自治县属于亚热带南部地带的滇西南中山山原地区的思茅中山山原盆谷区；在云南省生态经济区划中，镇沅彝族哈尼族拉祜族自治县主要位于滇西南中低山宽谷、盆地生态经济区的北部中山宽谷生态经济亚区；从生态红线空间分布格局看，镇沅彝族哈尼族拉祜族自治县部分位于哀牢山—无量山山地生态屏障区域；从生态保护红线功能类型上可以看出，镇沅彝族哈尼族拉祜族自治县为哀牢山—无量山山地生物多样性维护与水土保持生态红线类型。

1. 自然地理要素

（1）地貌

镇沅彝族哈尼族拉祜族自治县最高海拔高度约3165.9米，最低海拔高度约780米，高差约2385.9米，平均DEM为1641.04米，处于Ⅲ级水平。坝区面积24.26平方千米，坝区土地占全县土地面积的1.46%，坝区综合指数为4.34，属于山区地区。地形起伏度指数为6.35，处于Ⅳ级水平；平均坡度指数为20.43，处于Ⅴ级水平。

（2）气候要素

镇沅彝族哈尼族拉祜族自治县整体处于南亚热带，年平均气温19.2℃，年降水量为1371.4毫米，年日照时数约2056.3小时，气候资源指数为1779.13，处于Ⅵ级水平。

（3）水文要素

镇沅彝族哈尼族拉祜族自治县地处红河流域、澜沧江流域交汇带，水网密度指数为85.66，处于Ⅲ级水平。

（4）土壤要素

镇沅彝族哈尼族拉祜族自治县的土壤类型主要为紫色土。

（5）植被要素

镇沅彝族哈尼族拉祜族自治县的主要植被类型为滇中南、西部中山宽谷暖性、暖热性阔叶林，暖性、暖热性针叶林，植被覆盖度处于极显著地区。镇沅彝族哈尼族拉祜族自治县生物多样性处于Ⅶ级水平。

2. 自然资源

（1）土地资源

镇沅彝族哈尼族拉祜族自治县耕地面积553.37平方千米，占全县土地面积的13.18%；园地面积90.16平方千米，占全县土地面积的2.15%；林地面积3078.93平方千米，占全县土地面积的73.31%；草地面积91.13平方千米，占全县土地面积的2.17%；城镇村及工矿用地面积44.86平方千米，占全县土地面积的1.07%；交通运输用地面积27.07平方千米，占全县土地面积的0.64%；水域及水利设施用地面积51.91平方千米，占全县土地面积的1.24%；其他用地面积210.61方千米，占全县土地面积的5.01%。在土地利用分区系统中，镇沅彝族哈尼族拉祜族自治县位于滇西南中低山盆谷边贸旅游与热作粮食区的滇西南粮食与热作农业亚区。在可利用土地资源评价中，镇沅彝族哈尼族拉祜族自治县可利用土地资源较缺乏。在三生空间结构类型系统中，为生态主导型。

（2）水资源

镇沅彝族哈尼族拉祜族自治县的水资源总量为27.76亿立方米，地表水径流量27.76亿立方米，径流深675.5毫米；地下水资源总量11.01亿立方米，在可利用水资源评价中，镇沅彝族哈尼族拉祜族自治县可利用水资源较丰富。

（3）生物资源

镇沅彝族哈尼族拉祜族自治县分布着国家二级保护植物翠柏、大叶木兰、合果木等。分布着稀有鸟类黑颈长尾雉。

镇沅彝族哈尼族拉祜族自治县的食用菌有鸡枞菌、香肉齿菌、裂褶菌、黄皮疣柄牛肝菌、银耳、黑木耳、红黄鹅膏、高大环柄菇、硫色洵孔菌、棱柄马鞍菌、巴氏蘑菇11种。

（三）人文地理

1. 人口和民族

镇沅彝族哈尼族拉祜族自治县2018年年末总人口数为21.50万人，性别比为113.47，人口城镇化指数为0.10，人口城镇化级别为Ⅵ级，人口老龄化指数为0.09，老龄化级别为Ⅶ级。镇沅彝族哈尼族拉祜族自治县少数民族人口约 11. 20 万人，少数民族人口占总人口的 52. 09%，人口数量较多的少数民族有彝族、哈尼族、拉祜族，民族多样性指数为 1. 44。

2. 经济

镇沅彝族哈尼族拉祜族自治县 GDP（地区生产总值）为 53. 64 亿元，人均 GDP 为 24948. 84 元，地均 GDP 为 128 万元/平方千米，第一产业产值 19. 64 亿元，第二产业产值 17. 83 亿元，第三产业产值 16. 17 亿元，处于经济发展的工业化中后期阶段，属于澜沧江开发开放经济带。经济城镇化指数为 0. 59，经济城镇化级别为Ⅷ级。

从农业产业来看，镇沅彝族哈尼族拉祜族自治县的粮食播种面积 3. 27 万公顷，年粮食产量 11. 56 万吨。镇沅彝族哈尼族拉祜族自治县位于云南省高原特色农业沿边特色产业园区中，是云南省肉牛产业、肉羊产业加快发展区。镇沅彝族哈尼族拉祜族自治县茶叶品种主要有普洱茶。

3. 旅游

镇沅彝族哈尼族拉祜族自治县是云南省美丽县城。

在旅游景区中，镇沅彝族哈尼族拉祜族自治县有 1 个国家 2A 级景区，为普洱镇沅无量湿地公园景区。

镇沅彝族哈尼族拉祜族自治县非物质文化遗产有 2 项，分别是杀戏、黑陶制作技艺；镇沅彝族哈尼族拉祜族自治县是解放战争时期的革命老区。

4. 社会生活

从人民生活水平来看，2018 年年末，镇沅彝族哈尼族拉祜族自治县住户存款余额 39. 74 亿元，较上一年增长 7. 73%；职工平均工资 8. 19 万元，较上一年增长 6. 50%；社会消费品零售总额 14. 26 亿元，较上一年增长 11. 23%；农村常住居民人均可支配收入 10991 元，较上一年增长 10. 31%。

从教育发展来看，镇沅彝族哈尼族拉祜族自治县的义务教育发展总指数为 0. 50，义务教育发展级别为Ⅶ级。人口受教育程度指数为 0. 59，人口受教育级别为Ⅵ级。

从文化设施来看，镇沅彝族哈尼族拉祜族自治县三级及以下博物馆有 1 个，为县博物馆；三级文化馆有 1 个，为县文化馆；三级图书馆有 1

个，为县图书馆。

镇沅彝族哈尼族拉祜族自治县有 1 个民族团结示范乡镇，为九甲镇；有 1 个少数民族特色村寨。

5. 脱贫攻坚

镇沅彝族哈尼族拉祜族自治县属于滇西边境片区，2018 年通过创新产业发展"1361"新模式，制定"5 + 1"产业扶持政策，实现了脱贫摘帽。旅游扶贫对脱贫攻坚起到了突出作用，有 1 个旅游扶贫重点村，为塘坊村。

在主体功能区的国家级与省级定位中，镇沅彝族哈尼族拉祜族自治县属于重点生态功能区。

七 江城哈尼族彝族自治县

（一）位置与范围

江城哈尼族彝族自治县为云南省普洱市的下辖县，是云南省唯一与老挝、越南两国接壤的县城，地处东经 101°13′—102°19′、北纬 22°19′—22°55′之间，东与红河哈尼族彝族自治州绿春县为邻，东南与越南接壤，南与老挝交界，西与西双版纳傣族自治州勐腊县、景洪市毗邻，西北与思茅区、宁洱哈尼族彝族自治县相连，北与墨江哈尼族自治县隔江相望。全县总面积约 0.35×10^4 平方千米。江城哈尼族彝族自治县属于滇东南城市群，县人民政府驻勐烈大街 98 号。江城哈尼族彝族自治县下辖 5 个镇（勐烈镇、整董镇、康平镇、宝藏镇、曲水镇），2 个乡（国庆乡、嘉禾乡）。

（二）自然地理

江城哈尼族彝族自治县自然地理条件优越。在综合自然区划系统中，江城哈尼族彝族自治县部分属于亚热带南部地带的滇西南中山山原地区的思茅中山山原盆谷区，部分属于热带北缘地带的滇南—滇西南低中山盆谷地区的西双版纳低中山盆谷区；在云南省生态经济区划中，江城哈尼族彝族自治县主要位于滇西南中低山宽谷、盆地生态经济区的南部低山宽谷生态经济亚区；从生态红线空间分布格局看，江城哈尼族彝族自治县大部分位于南部边境热带森林生态屏障区域；从生态保护红线功能类型上可以看出，江城哈尼族彝族自治县为南部边境热带森林生物多样性保护维护生态保护红线类型。

1. 自然地理要素

（1）地貌

江城哈尼族彝族自治县最高海拔高度约 2207 米，最低海拔高度约 317 米，高差约 1890 米，平均 DEM 为 1148 米，处于 Ⅱ 级水平。坝区面积 28.46 平方千米，坝区土地占全县土地面积的 0.83%，坝区综合指数为 4.79，属于山区地区。地形起伏度指数为 4.99，处于 Ⅱ 级水平；平均坡度指数为 20.21，处于 Ⅴ 级水平。

（2）气候要素

江城哈尼族彝族自治县整体处于南亚热带，年平均气温 18.1℃，年降水量为 2508.1 毫米，年日照时数约 1777.2 小时，气候资源指数为 1863.66，处于 Ⅶ 级水平。

（3）水文要素

江城哈尼族彝族自治县地处红河流域、澜沧江流域交汇带，水网密度指数为 133.78，处于 Ⅴ 级水平。

（4）土壤要素

江城哈尼族彝族自治县的土壤类型主要为红壤。

（5）植被要素

江城哈尼族彝族自治县的主要植被类型为滇南热性阔叶林，植被覆盖度处于极显著区。江城哈尼族彝族自治县生物多样性处于 Ⅴ 级水平。

2. 自然资源

（1）土地资源

江城哈尼族彝族自治县耕地面积 217.84 平方千米，占全县土地面积的 6.41%；园地面积 430.180 平方千米，占全县土地面积的 12.65%；林地面积 2452.44 平方千米，占全县土地面积的 72.13%；草地面积 181.81 平方千米，占全县土地面积的 5.35%；城镇村及工矿用地面积 23.05 平方千米，占全县土地面积的 0.68%；交通运输用地面积 16.39 平方千米，占全县土地面积的 0.48%；水域及水利设施用地面积 33.22 平方千米，占全县土地面积的 0.98%；其他用地面积 73.76 平方千米，占全县土地面积的 2.17%。在土地利用分区系统中，江城哈尼族彝族自治县位于滇西南中低山盆谷边贸旅游与热作粮食区的滇西南粮食与热作农业亚区。在可利用土地资源评价中，江城哈尼族彝族自治县可利用土地资源缺乏。在三生空间结构类型系统中，为生态主导型。

（2）水资源

江城哈尼族彝族自治县的水资源总量 40.03 亿立方米，地表水径流量 40.03 亿立方米，径流深 1148.7 毫米，地下水资源总量 11.22 亿立方米，在可利用水资源评价中，江城哈尼族彝族自治县可利用水资源较丰富。

（3）生物资源

江城哈尼族彝族自治县分布着国家一级保护植物篦齿苏铁、白桫椤、藤枣等，国家二级保护植物苏铁蕨、大叶黑桫椤、黑黄檀、红椿、合果木等。

江城哈尼族彝族自治县的食用菌有鸡枞菌、黄皮疣柄牛肝菌、银耳、黑木耳、硫色洞孔菌、巴氏蘑菇等。

（三）人文地理

1. 人口和民族

江城哈尼族彝族自治县 2018 年年末总人口数为 12.82 万人，性别比为 110.61，人口城镇化指数为 0.17，人口城镇化级别为 V 级，人口老龄化指数为 0.07，老龄化级别为 VI 级。江城哈尼族彝族自治县少数民族人口约 9.10 万人，少数民族人口占总人口的 70.98%，人口数量较多的少数民族有哈尼族、彝族、傣族等，民族多样性指数为 1.49。

2. 经济

江城哈尼族彝族自治县 GDP（地区生产总值）为 29.80 亿元，人均 GDP 为 23244.93 元，地均 GDP 为 88 万元/平方千米，第一产业产值 9.34 亿元，第二产业产值 11.08 亿元，第三产业产值 9.38 亿元，处于经济发展的工业化中后期阶段，属于澜沧江开发开放经济带、云南省沿边开放经济带。经济城镇化指数为 0.66，经济城镇化级别为 VII 级。

从农业产业来看，江城哈尼族彝族自治县的粮食播种面积 1.52 万公顷，年粮食产量 4.91 万吨。江城哈尼族彝族自治县位于云南省高原特色农业沿边特色产业园区中，江城哈尼族彝族自治县是云南省肉牛产业、肉羊产业加快发展区，主要茶叶品种为绿茶。同时，也是云药之乡，主要中药材品种有南药、萝芙木。

3. 旅游

在旅游景区中，江城哈尼族彝族自治县有 1 个国家 2A 级景区，为普洱江城勐烈湖湿地公园景区；在节庆会展产品中，有 1 项节庆旅游产品，为江城中老越三国丢包狂欢节。

江城哈尼族彝族自治县有 1 项省级物质文化遗产，为整董傣族传统民居建筑群；江城哈尼族彝族自治县是解放战争时期的革命老区。

4. 社会生活

从人民生活水平来看，2018 年年末，江城哈尼族彝族自治县住户存款余额 19.33 亿元，较上一年增长 1.63%；职工平均工资 6.68 万元，较上一年增长 12.27%；社会消费品零售总额 8.09 亿元，较上一年增长 11.28%；农村常住居民人均可支配收入 9932 元，较上一年增长 9.38%。

从教育发展来看，江城哈尼族彝族自治县的义务教育发展总指数为 0.43，义务教育发展级别为Ⅷ级。人口受教育程度指数为 0.33，人口受教育级别为Ⅷ级。

从文化设施来看，江城哈尼族彝族自治县二级文化馆有 1 个，为县文化馆，三级图书馆有 1 个，为县图书馆。

江城哈尼族彝族自治县有 1 个民族团结示范乡镇，为整董镇；有 1 个少数民族特色集镇，为牛角寨镇；有 1 个少数民族村寨。

5. 脱贫攻坚

江城哈尼族彝族自治县属于滇西边境片区，2019 年该县通过产业扶贫，发展特色优势产业，实现了脱贫摘帽。旅游扶贫对脱贫攻坚起到了突出作用，江城哈尼族彝族自治县有 1 个旅游扶贫重点村，为怒那村。

在主体功能区的国家级定位中，江城哈尼族彝族自治县属于农产品主产区。

八　孟连傣族拉祜族佤族自治县

（一）位置与范围

孟连傣族拉祜族佤族自治县位于云南省西南部，地处东经 99°09′—

99°45′、北纬22°05′—22°32′之间，孟连傣族拉祜族佤族自治县东接澜沧拉祜族自治县、北临西盟佤族自治县，西部和南部与缅甸相连。全县总面积约0.19×10⁴平方千米。孟连傣族拉祜族佤族自治县属于滇西南城市群，县人民政府驻孟连傣族拉祜族佤族自治县孟连大街附近，是边境县，位于沿边开放城市带，开放口岸是孟连勐阿口岸，这一口岸对中国—东盟自由贸易区、国家"一带一路"建设发挥着重要作用。孟连傣族拉祜族佤族自治县下辖4个镇（娜允镇、勐马镇、芒信镇、富岩镇），2个乡（景信乡、公信乡）。

（二）自然地理

孟连傣族拉祜族佤族自治县自然地理条件优越。在综合自然区划系统中，孟连傣族拉祜族佤族自治县部分属于亚热带南部地带的滇西南中山山原地区的临沧中山山原区，部分属于热带北缘地带的滇南—滇西南低中山盆谷地区的西双版纳低中山盆谷区；在云南省生态经济区划中，孟连傣族拉祜族佤族自治县主要位于滇西南中低山宽谷、盆地生态经济区，南部低山宽谷生态经济亚区；从生态红线空间分布格局看，孟连傣族拉祜族佤族自治县大部分位于南部边境热带森林生态屏障区域；从生态保护红线功能类型上可以看出，孟连傣族拉祜族佤族自治县为南部边境热带森林生物多样性保护维护生态保护红线类型。孟连傣族拉祜族佤族自治县有孟连竜山省级自然保护区，是孟连野生龙血树分布最多、最集中、保存较完整的一片龙血树天然林。

1. 自然地理要素

（1）地貌

孟连傣族拉祜族佤族自治县最高海拔高度约2582.00米，最低海拔高度约413.00米，高差约2169米；平均DEM为1256.62米，处于Ⅱ级水平。坝区面积24.05平方千米，坝区土地占全县土地面积的3.28%，坝区综合指数为7.99，属于山区地区。地形起伏度指数为5.48，处于Ⅱ级水平；平均坡度指数为16.82，处于Ⅳ级水平。

（2）气候要素

孟连傣族拉祜族佤族自治县整体处于南亚热带，年平均气温19.8℃，年降水量为1458.4毫米，年日照时数约2097.90小时，气候资源指数为

1841.36，处于Ⅶ级水平。

（3）水文要素

孟连傣族拉祜族佤族自治县地处澜沧江流域、怒江流域，水网密度指数为99.82，处于Ⅳ级水平。

（4）土壤要素

孟连傣族拉祜族佤族自治县主要为红壤。

（5）植被要素

孟连傣族拉祜族佤族自治县的主要植被类型为滇南热性阔叶林，植被覆盖度处于极显著地区。孟连傣族拉祜族佤族自治县生物物种资源丰富，生物多样性处于Ⅵ级水平。

2. 自然资源

（1）土地资源

孟连傣族拉祜族佤族自治县耕地面积353.43平方千米，占全县土地面积的18.60%；园地面积282.13平方千米，占全县土地面积的14.85%；林地面积1061.94平方千米，占全县土地面积的55.89%；草地面积30.24平方千米，占全县土地面积的1.59%；城镇村及工矿用地面积25.29平方千米，占全县土地面积的1.33%；交通运输用地面积20.99平方千米，占全县土地面积的1.10%；水域及水利设施用地面积17.94平方千米，占全县土地面积的0.94%；其他用地面积101.42平方千米，占全县土地面积的5.34%。在土地利用分区系统中，位于滇西南中低山盆谷边贸旅游与热作粮食区的滇西南粮食与热作农业亚区；在可利用土地资源评价中，孟连傣族拉祜族佤族自治县可利用土地资源较缺乏。在三生空间结构类型系统中，为生态主导型。

（2）水资源

孟连傣族拉祜族佤族自治县的水资源总量15.12亿立方米，地表水径流量15.12亿立方米，径流深799.0毫米，地下水资源总量7.04亿立方米，在可利用水资源评价中，孟连傣族拉祜族佤族自治县可利用水资源丰富程度一般。

（3）生物资源

孟连傣族拉祜族佤族自治县生物资源较为丰富，有国家二级保护植物苏铁蕨、黑黄檀、任豆、三棱栎、大叶木兰、合果木等。

有稀有鸟类绿孔雀、白背兀鹫等。

食用菌资源有鸡枞菌、黄皮疣柄牛肝菌、大伞菇、银耳、灰肉红菇、硫色洵孔菌、巴氏蘑菇等。

（4）旅游资源

孟连傣族拉祜族佤族自治县有1处地质景观，为滇西横断山纵谷景观。

（三）人文地理

1. 人口和民族

孟连傣族拉祜族佤族自治县2018年年末总人口数为14.25万人，性别比105.73；人口城镇化指数为0.13，人口城镇化级别为Ⅵ级；人口老龄化指数为0.05，老龄化级别为Ⅰ级。孟连傣族拉祜族佤族自治县少数民族人口约10.71万人，少数民族人口占总人口的75.16%。人口数量较多的少数民族有拉祜族、佤族、傣族等，其中拉祜族和佤族为直过民族，民族多样性指数为1.71。孟连傣族拉祜族佤族自治县主要说孟连话，属于滇中方言中的普洱方言。

2. 经济

孟连傣族拉祜族佤族自治县GDP（地区生产总值）为30.55亿元，人均GDP为21438.60元，地均GDP为161万元/平方千米，第一产业产值11.35亿元，第二产业产值6.52亿元，第三产业产值12.68亿元，处于经济发展的工业化初期阶段，地处澜沧江开发开放经济带、云南省沿边开放经济带，经济城镇化指数为0.62，经济城镇化级别为Ⅷ级。

从农业产业来看，孟连傣族拉祜族佤族自治县的粮食播种面积1.92万公顷，年粮食产量7.23万吨。孟连傣族拉祜族佤族自治县位于沿边特色产业园区内，孟连傣族拉祜族佤族自治县是云南省肉牛产业、肉羊产业加快发展区，有1家绿茶企业。

3. 旅游

在旅游景区中，孟连傣族拉祜族佤族自治县有1个国家3A级景区，为普洱孟连宣抚司署景区；有1项节庆会展产品，为孟连娜允神鱼节。

孟连傣族拉祜族佤族自治县是历史文化名城，有1个省级历史文化名城，为孟连历史文化名城；1 个中国历史文化名镇，为娜允镇，1 个全国特色小镇，为勐马镇，1 个云南省特色小镇，为勐阿小镇。从遗产旅游特色来看，孟连傣族拉祜族佤族自治县有 4 项物质文化遗产，分别是孟连宣抚司署、上城佛寺、中城佛寺、芒中佛寺；非物质文化遗产有 6 项，分别是宣抚司礼仪乐舞、傣族孔雀舞、傣族白象、马鹿舞、傣族手工造纸技艺、傣族传统制陶技艺。孟连傣族拉祜族佤族自治县是解放战争时期革命老区。

4. 社会生活

从人民生活水平来看，2018 年年末，孟连傣族拉祜族佤族自治县住户存款余额 50.78 亿元，较上一年增长 3.06%；职工平均工资 7.50 万元，较上一年减少 2.09%；社会消费品零售总额 12.05 亿元，较上一年增长 11.99%；农村常住居民人均可支配收入 9928 元，较上一年增长 9.82%。

从教育发展来看，孟连傣族拉祜族佤族自治县的义务教育发展总指数为 0.57，义务教育发展级别为Ⅶ级。人口受教育程度指数为 0.32，人口受教育级别为Ⅷ级。

从文化设施来看，孟连傣族拉祜族佤族自治县有三级博物馆 1 个，是县民族历史博物馆；二级文化馆 1 个，是县文化馆；三级图书馆 1 个，是县图书馆。孟连傣族拉祜族佤族自治县是民族示范县；孟连傣族拉祜族佤族自治县是少数民族聚居地，少数民族风俗较为浓厚，有民族示范乡镇勐马镇、景信乡 2 个，少数民族特色集镇 1 个，少数民族特色村寨 1 个。孟连傣族拉祜族佤族自治县有 1 个第一批省级民族传统文化保护区，为勐外傣族传统文化保护区。

5. 脱贫攻坚

孟连傣族拉祜族佤族自治县属于滇西边境片区，2018 年通过推进特色产业发展，巩固提升"糖橡茶咖"四大传统产业，实现了脱贫摘帽。在脱贫攻坚的道路上，旅游扶贫起到了重要作用。孟连傣族拉祜族佤族自治县有 1 个旅游示范村，为芒街村。

在主体功能区的国家级与省级定位中，孟连傣族拉祜族佤族自治县均属于重点生态功能区。

九 澜沧拉祜族自治县

（一）位置与范围

澜沧拉祜族自治县位于云南省西南部，地处东经 99°29′—100°34′、北纬 22°01′—23°15′之间，县境与景谷傣族彝族自治县、思茅区、勐海县、孟连傣族拉祜族佤族自治县、西盟佤族自治县、沧源佤族自治县、双江拉祜族佤族布朗族傣族自治县 7 县（区）相邻，西部和西南部与缅甸接壤。全县总面积约 0.88×10^4 平方千米。澜沧拉祜族自治县属于滇西南城市群，县人民政府驻勐朗街与建设路交叉口北 50 米，属于边境县，地处沿边开放城市带。澜沧拉祜族自治县下辖 5 个镇（勐朗镇、上允镇、糯扎渡镇、东回镇、惠民镇），9 个乡（东河乡、大山乡、南岭乡、拉巴乡、竹塘乡、富邦乡、富东乡、木戛乡、糯福乡），6 个民族乡（谦六彝族乡、酒井哈尼族乡、安康佤族乡、文东佤族乡、雪林佤族乡、发展河哈尼族乡）。

（二）自然地理

澜沧拉祜族自治县自然地理条件优越。在综合自然区划系统中，澜沧拉祜族自治县部分属于亚热带南部地带的滇西南中山山原地区的临沧中山山原区，部分属于热带北缘地带的滇南—滇西南低中山盆谷地区的西双版纳低中山盆谷区；在云南省生态经济区划中，澜沧拉祜族自治县主要位于滇西南中低山宽谷、盆地生态经济区的南部低山宽谷生态经济亚区；从生态红线空间分布格局看，澜沧拉祜族自治县部分位于南部边境热带森林生态屏障区域；从生态保护红线功能类型上可以看出，澜沧拉祜族自治县为南部边境热带森林生物多样性保护维护生态保护红线类型。

1. 自然地理要素

（1）地貌

澜沧拉祜族自治县最高海拔高度约 2516 米，最低海拔高度约 578 米，高差约 1938 米；平均 DEM 为 1482.74 米，处于Ⅲ级水平。坝区面积 318.5 平方千米，坝区土地占全县土地面积的 1.02%，坝区综合指数为 2.46，属于山区地区。地形起伏度指数为 5.50，处于Ⅲ级水平；平均坡度指数为 17.46，处于Ⅳ级水平。

（2）气候要素

澜沧拉祜族自治县整体处于南亚热带，年平均气温 20.0℃，年降水量为 1680.8 毫米，年日照时数约 1680.8 小时，气候资源指数为 1819.25，处于Ⅶ级水平。

（3）水文要素

澜沧拉祜族自治县地处澜沧江流域，水网密度指数为 90.64，处于Ⅲ级水平。

（4）土壤要素

澜沧拉祜族自治县主要为红壤。

（5）植被要素

澜沧拉祜族自治县的主要植被类型为滇中南、西部中山宽谷暖性、暖热性阔叶林，暖性、暖热性针叶林，植被覆盖度处于极显著地区。澜沧拉祜族自治县生物物种资源丰富，生物多样性处于Ⅶ级水平。

2. 自然资源

（1）土地资源

澜沧拉祜族自治县耕地面积 1638.29 平方千米，占全县土地面积的 18.62%；园地面积 386.37 平方千米，占全县土地面积的 4.39%；林地面积 5410.58 平方千米，占全县土地面积的 61.48%；草地面积 342.28 平方千米，占全县土地面积的 3.89%；城镇村及工矿用地面积 77.05 平方千米，占全县土地面积的 0.88%；交通运输用地面积 68.60 平方千米，占全县土地面积的 0.78%；水域及水利设施用地面积 167.82 平方千米，占全县土地面积的 1.91%；其他用地面积 642.15 平方千米，占全县土地面积的 7.30%。在土地利用分区系统中，位于滇西南中低山盆谷边贸旅游与热作粮食区的滇西南粮食与热作农业亚区。在可利用土地资源评价中，澜沧拉祜族自治县可利用土地资源较缺乏。在三生空间结构类型系统中，为生态主导型。

（2）水资源

澜沧拉祜族自治县的水资源总量 58.34 亿立方米，地表水径流量 58.34 亿立方米，径流深 667.5 毫米，地下水资源总量 28.56 亿立方米，在可利用水资源评价中，澜沧拉祜族自治县可利用水资源为丰富型。

（3）生物资源

澜沧拉祜族自治县生物资源较为丰富，分布着国家一级保护植物华单羽苏铁、篦齿苏铁、长蕊木兰等；国家二级保护植物苏铁蕨、中华桫椤、红椿、黑黄檀、大叶木兰、三棱栎、滇南风吹楠、毛红椿、合果木等；稀有鸟类长颈黑尾雉；食用菌资源有鸡枞菌、裂褶菌、大伞菇、银耳、黑木耳、灰肉红菇、红黄鹅膏、巴氏蘑菇等。

（4）旅游资源

在地文景观资源方面，澜沧拉祜族自治县有 1 处地质景观，是滇西横断山纵谷景观；在生物景观资源方面，有 1 处人工植物景观，是澜沧景迈古茶树景观。

（三）人文地理

1. 人口和民族

澜沧拉祜族自治县 2018 年年末总人口数为 50.33 万人，性别比为 111.63；人口城镇化指数为 0.07，人口城镇化级别为Ⅶ级；人口老龄化指数为 0.07，老龄化级别为Ⅳ级。澜沧拉祜族自治县少数民族人口约 37.38 万人，少数民族人口占总人口的 74.27%。人口数量较多的少数民族有拉祜族、佤族、白族等，其中拉祜族和佤族为直过民族，民族多样性指数为 1.61。澜沧拉祜族自治县主要说澜沧话，属于滇中方言中的普洱方言。

2. 经济

澜沧拉祜族自治县 GDP（地区生产总值）为 77.95 亿元，人均 GDP 为 15487.78 元，地均 GDP 为 89 万元/平方千米，第一产业产值 21.20 亿元，第二产业产值 30.56 亿元，第三产业产值 26.19 亿元，处于经济发展的工业化中后期阶段，地处澜沧江开发开放经济带、云南省沿边开放经济带。经济城镇化指数为 0.71，经济城镇化级别为Ⅵ级。

从农业产业来看，澜沧拉祜族自治县的粮食播种面积 7.94 万公顷，年粮食产量 24.92 万吨。澜沧拉祜族自治县位于云南省沿边特色产业园区中，是云南省肉牛产业、肉羊产业加快发展区；是冬春蔬菜优势产业区的生产大县。澜沧拉祜族自治县茶产业较为发达，其中，从事普洱茶、滇红茶、绿茶加工和经营的企业分别有 1 家。

3. 旅游

在旅游景区中，澜沧拉祜族自治县有 3 个国家 3A 级景区，分别是西澜沧拉祜风情旅游区、景迈山茶林文化景区、普洱老达保景区。有 1 个农业旅游产品，为澜沧景迈茶庄园。

澜沧拉祜族自治县有 2 个云南省特色小镇，分别是酒井老达保乡村音乐小镇、景迈普洱茶小镇；在遗产旅游特色方面，物质文化遗产有 3 项，分别是景迈古茶园、糯福教堂、整控渡摩崖；非物质文化遗产有 8 项，分别是牧帕密帕、拉祜族芦笙舞、拉祜族摆舞、拉祜族葫芦笙制作技艺、拉祜族竹编技艺、拉祜族葫芦节、拉祜族服饰、拉祜族史诗《根古》。澜沧拉祜族自治县是解放战争时期革命老区，红色的基因依旧在这片土地上传承。

4. 社会生活

从人民生活水平来看，2018 年年末，澜沧拉祜族自治县住户存款余额 54.70 亿元，较上一年增长 7.80%；职工平均工资 8.27 万元，较上一年下降 1.08%；社会消费品零售总额 21.58 亿元，较上一年增长 8.93%；农村常住居民人均可支配收入 9716 元，较上一年增长 9.50%。

从教育发展来看，澜沧拉祜族自治县的义务教育发展总指数为 0.70，义务教育发展级别为Ⅵ级。人口受教育程度指数为 1.21，人口受教育级别为Ⅳ级。

从文化设施来看，澜沧拉祜族自治县有县博物馆 1 个，二级文化馆有 1 个，是县文化，三级图书馆有 1 个，是县图书馆；同时，澜沧拉祜族自治县是少数民族聚居地，少数民族风俗较为浓厚，有民族示范乡镇竹塘乡 1 个，少数民族特色村寨 1 个。澜沧拉祜族自治县有 1 个第一批省级民族传统文化保护区，为糯福乡南段村拉祜族传统文化保护区；1 个省级民族民间传统文化之乡，为拉祜族摆舞之乡。

5. 脱贫攻坚

澜沧拉祜族自治县属于滇西边境片区，2020 年通过发展马铃薯、中药材等特色产业，实现了脱贫摘帽。在脱贫攻坚的道路上，旅游扶贫起到了突出作用。澜沧拉祜族自治县有旅游扶贫示范村 2 个，分别是秧络村、勐根村。

在主体功能区的国家级定位中，澜沧拉祜族自治县属于农产品主产区。

十 西盟佤族自治县

(一) 位置与范围

西盟佤族自治县隶属于云南省普洱市，位于云南省西南部，地处东经 99°18′—99°42′、北纬 22°27′—22°56′之间，总面积约 0.14×10^4 平方千米。西盟佤族自治县位于滇西南城市群内，县人民政府驻地位于勐卡镇勐卡路 1 号。西盟佤族自治县下辖 5 个镇 (勐梭镇、勐卡镇、翁嘎科镇、新厂镇、中课镇)，1 个乡 (岳宋乡)、1 个民族乡 (力所拉祜族乡)。

(二) 自然地理

西盟佤族自治县自然地理条件优越。在综合自然区划系统中，西盟佤族自治县部分属于亚热带南部地带的滇西南中山山原地区的临沧中山山原区，部分属于热带北缘地带的滇南—滇西南低中山盆谷地区的西双版纳低中山盆谷区；在云南省生态经济区划中，西盟佤族自治县主要位于滇西南中低山宽谷、盆地生态经济区的南部低山宽谷生态经济亚区；从生态红线空间分布格局看，西盟佤族自治县全部位于南部边境热带森林生态屏障区域；从生态保护红线功能类型上可以看出，西盟佤族自治县为南部边境热带森林生物多样性保护维护生态保护红线类型。

1. 自然地理要素

(1) 地貌

西盟佤族自治县最高海拔高度约为 2208 米，最低海拔高度约为 491 米，高差约为 1717 米，平均 DEM 为 1302.69 米，处于 Ⅱ 级水平。坝区面积为 6.29 平方千米，坝区土地面积占全县土地面积的 0.5%，坝区综合指数为 1.03，属于山区地区。地形起伏度指数为 4.71，处于 Ⅱ 级水平；全县的平均坡度指数为 19.70，处于 Ⅴ 级水平。

(2) 气候要素

西盟佤族自治县整体处于南亚热带季风气候，年平均气温为 19.2℃，年降水量为 1882.5 毫米，年日照时数约为 2060 小时，气候资源指数为

1883.36，处于Ⅶ级水平。

（3）水文要素

西盟佤族自治县地处怒江流域，水网密度指数为131.32，处于Ⅴ级水平。

（4）土壤要素

西盟佤族自治县的土壤类型主要为红壤。

（5）植被要素

西盟佤族自治县的主要植被类型为滇中南、西部中山宽谷暖性、暖热性阔叶林，暖性、暖热性针叶林，植被覆盖度处于显著区。西盟佤族自治县生物物种资源丰富，生物多样性处于Ⅵ级水平。

2. 自然资源

（1）土地资源

西盟佤族自治县耕地面积为196.89平方千米，占全县土地面积的15.15%；园地面积为195.79平方千米，占全县土地面积的15.06%；林地面积为671.99平方千米，占全县土地面积的51.69%；草地面积为74.27平方千米，占全县土地面积的5.71%；城镇村及工矿用地面积为20.28平方千米，占全县土地面积的1.56%；交通运输用地面积为12.94平方千米，占全县土地面积的1.00%；水域及水利设施用地面积为11.54方千米，占全县土地面积的0.89%；其他用地面积为75.16平方千米，占全县土地面积的5.78%。在土地利用分区系统中，西盟佤族自治县位于滇西南中低山盆谷边贸旅游与热作粮食区的滇西南粮食与热作农业亚区。在可利用土地资源评价方面，西盟佤族自治县的可利用土地资源属于缺乏类型。在三生空间结构类型系统中，为生态主导型。

（2）水资源

西盟佤族自治县的水资源总量为15.5亿立方米，地表水径流量为15.5亿立方米，径流深为1238.9毫米，地下水资源总量为5.42亿立方米，在可利用水资源评价方面，西盟佤族自治县的可利用水资源属于一般类型。

（3）生物资源

西盟佤族自治县分布着国家二级保护植物三棱栎、红椿等；分布着稀有鸟类白背兀鹫。

西盟佤族自治县的食用菌有鸡枞菌、黄皮疣柄牛肝菌、大伞菇、银耳、灰肉红菇、巴氏蘑菇等。

（4）旅游资源

在地文景观资源中，西盟佤族自治县有1处地质景观，为滇西横断山纵谷景观。

（三）人文地理

1. 人口和民族

西盟佤族自治县2018年年末总人口数为9.62万人，人口性别比为108.13，人口城镇化指数为0.15，人口城镇化级别为Ⅵ级，人口老龄化指数为0.05，老龄化级别为Ⅰ级。西盟佤族自治县少数民族人口约8.39万人，少数民族人口占总人口的比重为87.21%，人口数量较多的少数民族主要有佤族、拉祜族、傣族、彝族等，其中佤族为直过民族，民族多样性指数为1.02。西盟佤族自治县主要说西盟话，属于滇中方言中的普洱方言。

2. 经济

西盟佤族自治县GDP（地区生产总值）为12.21亿元，人均GDP为12923元，地均GDP为94万元/平方千米，第一产业产值为2.82亿元，第二产业产值为2.59亿元，第三产业产值为6.8亿元，全县整体处于经济发展的工业化中后期阶段，属于澜沧江开发开放经济带、云南省沿边开放经济带。经济城镇化指数为0.77，经济城镇化级别属于Ⅴ级水平。

从农业产业来看，西盟佤族自治县的粮食播种面积为1.44万公顷，年粮食产量为4.22万吨。西盟佤族自治县有沿边特色产业园区1个。西盟佤族自治县属于云南省高原特色农业沿边特色产业园区，该县也属于肉牛、肉羊加快发展区，茶叶品种主要为绿茶。

3. 旅游

西盟佤族自治县是云南省美丽县城。在旅游景区发展方面，西盟佤族自治县有1个国家4A级景区，为普洱西盟勐梭龙潭景区；有1个国家3A级景区，为西盟木依吉神谷景区。西盟佤族自治县有1个云南省特色小镇，为佤部落。

在遗产旅游特色方面，西盟佤族自治县有 1 项省级物质文化遗产，为佛殿山佛房遗址；有 3 项非物质文化遗产，为司岗里、佤族木鼓舞、佤族织棉。西盟佤族自治县是解放战争时期的革命老区。

4. 社会生活

从人民生活水平来看，2018 年年末，西盟佤族自治县住户存款余额10.4 亿元，比上一年增长 6.45%；职工平均工资为 10.91 万元，比上一年下降 2.24%；社会消费品零售总额达到 3.46 亿元，比上一年增长12.7%；农村常住居民人均可支配收入为 9786 元，比上一年增长 9.96%。

从教育发展来看，西盟佤族自治县的义务教育发展总指数为 0.43，义务教育发展级别为Ⅷ级水平。人口受教育程度指数为 0.23，人口受教育级别为Ⅷ级水平。

从文化设施来看，西盟佤族自治县拥有 1 个三级博物馆，1 个二级文化馆，1 个三级图书馆。

西盟佤族自治县是云南省民族团结示范县，有 2 个示范乡镇，为中课镇、翁嘎科镇；有 1 个少数民族特色村寨。西盟佤族自治县有 1 个第一批省级民族传统文化保护区，为岳宋村永老寨佤族传统文化保护区；1 个省级民族民间传统文化之乡，为佤族木鼓舞之乡。

5. 脱贫攻坚

西盟佤族自治县属于滇西边境片区，2018 年通过发展肉牛养殖、蜂蜜等特色产业，实现了脱贫摘帽。在脱贫攻坚的道路上，旅游扶贫起到了突出作用。西盟佤族自治县有 1 个旅游扶贫示范镇和 1 个旅游扶贫重点村。

在主体功能区的国家级和省级定位中，西盟佤族自治县属于重点生态功能区。

第 八 章

临 沧 市

第一节　整体特征

一　位置与范围

临沧市位于云南省西南部,地处滇西南城市群,位于东经98°40′—100°32′、北纬23°05′—25°03′之间,东与普洱市相接,西与保山市相邻,西南与缅甸接壤,北与大理白族自治州相连。全市东西最大横距176.4千米,南北最大纵距200.4千米,总面积约2.45×10⁴平方千米。市人民政府驻临沧市临翔区世纪路350号。临沧市下辖1个市辖区(临翔区),7个县(凤庆县、云县、永德县、镇康县、双江拉祜族佤族布朗族傣族自治县、耿马傣族佤族自治县、沧源佤族自治县),77个乡、镇、街道(2个街道、32个镇、43个乡)。临沧市位于云南省沿边开放城市带上,其中镇康县、耿马傣族佤族自治县、沧源佤族自治县与缅甸毗连,南伞口岸、沧源永和口岸为省级对外开放口岸,这些口岸对云南省的"一带一路"建设发挥着重要作用;孟定清水河陆路口岸为对外公路开放口岸,对其他口岸具有辐射作用,是昆明通往缅甸皎漂港和仰光港最近的陆上通道,是连接南亚、东南亚和走向印度洋的重要战略节点。

二　自然地理

临沧市自然地理条件优越。在综合自然区划系统中,临沧市大部分位于亚热带南部地带的滇西南中山山原地区,亚热带北部地带的滇西横断山脉地区,少部分位于热带北缘地带的滇南—滇西南中低山盆谷地区;

在云南省生态经济区划中，临沧市主要位于滇西南中低山宽谷、盆地生态经济区的北部中山宽谷生态经济亚区；从生态红线空间分布格局看，临沧市部分位于南部边境热带森林生态屏障，少部分位于金沙江、澜沧江、红河干热河谷地带；从生态保护红线功能类型上可以看出，临沧市为怒江下游水土保持生态保护红线、澜沧江中山峡谷水土保持生态保护红线和南部边境热带森林生物多样性保护维护生态保护红线类型。临沧市有南滚河国家级自然保护区、永德大雪山国家级自然保护区，加强保护区的建设，对保护好物种资源的多样性包括野生基因资源的多样性将起到积极的作用。

（一）自然地理要素

1. 地貌

临沧市最高海拔高度约 3504 米，最低海拔高度约 442 米，高差约 3062 米，平均 DEM 为 1672.2 米，处于Ⅲ级水平。坝区面积 480.99 平方千米，坝区土地占全市土地面积的 2.04%，坝区综合指数为 4.82，属于山区地区。地形起伏度指数为 6.70，处于 V 级水平；平均坡度指数为 19.86，处于 V 级水平。

2. 气候要素

临沧市整体处于中亚热带、南亚热带的过渡地带，年平均气温 18.9℃，年降水量为 1270.7 毫米，年日照时数约 2131 小时，气候资源指数为 1736.48，处于Ⅵ级水平。

3. 水文要素

临沧市地处怒江流域、澜沧江流域的交汇地带，水网密度指数 80.10，处于Ⅲ级水平。

4. 土壤要素

临沧市的土壤类型主要有红壤、黄壤、黄棕壤等，以红壤居多。

5. 植被要素

临沧市的主要植被类型为滇中南、西部中山宽谷暖性、暖热性阔叶林，暖性、暖热性针叶林，植被覆盖度处于较显著区。临沧市生物物种资源丰富，生物多样性处于Ⅵ级水平。

（二）自然资源

1. 土地资源

临沧市耕地面积 4767.53 平方千米，占全市土地面积的 20.20%；园地面积 1666.11 平方千米，占全市土地面积的 7.06%；林地面积 13151.30 平方千米，占全市土地面积的 55.73%；草地面积 1291.37 平方千米，占全市土地面积的 5.47%；城镇村及工矿用地面积 387.49 平方千米，占全市土地面积的 1.64%；交通运输用地面积 239.78 平方千米，占全市土地面积的 1.02%；水域及水利设施用地面积 316.14 平方千米，占全市土地面积的 1.34%；其他用地面积 1800.43 平方千米，占全市土地面积的 7.63%。在土地利用分区系统中，临沧市位于滇西南中低山盆谷边贸旅游与热作粮食区的滇西南粮食与热作农业亚区。在可利用土地资源评价中，临沧市无土地资源丰富、较丰富的县区，一般的有 1 个，较缺乏的有 3 个，缺乏的有 4 个。

2. 水资源

临沧市的水资源总量 165.16 亿立方米，地下水资源总量 60.3 亿立方米。在可利用水资源评价中，临沧市无水资源丰富的县区，较丰富的有 3 个，一般的有 5 个，无较缺乏、缺乏的县区。

3. 生物资源

临沧市分布着国家一级保护植物长蕊木兰、喜马拉雅红豆杉、勐仑翅子树、单羽苏铁、四数木等，国家二级保护植物水青树、翠柏、董棕、红椿、合果木、异颖草、小粒稻、大叶黑桫椤、润楠、中华桫椤、蛇根木、黑黄檀、苏铁蕨、毛红椿、桫椤、水蕨、三棱栎 17 种，广泛分布着金毛狗、千果榄仁、金荞麦等国家珍稀植物资源。

临沧市分布着稀有鸟类黑鹳、绿孔雀、黑颈长尾雉等；稀有兽类大灵猫、黑熊、斑林狸、黑长臂猿、猕猴、小爪水獭、豺、豚尾猴、白掌长臂猿、华鬣羚、斑羚、短尾猴、野牛、豚鹿 14 种；稀有爬行、两栖、鱼类巨蜥、鼋、细瘰疣螈等。

临沧市食用菌有干巴菌、柱状田头菇、银耳、香菇、棱柄马鞍菌、巴氏蘑菇、鸡枞菌、香肉齿菌、黑木耳、黄白侧耳、桃红牛肝菌、松乳菇、草鸡枞、灰肉红菇、裂褶菌、硫色洵孔菌 16 种。其中，云县的食用菌资源最为丰富，有 9 种；永德县的食用菌资源最少。

4. 矿产资源

临沧市贵金属资源、化工原料非金属矿产资源匮乏。

5. 旅游资源

临沧市的地文景观资源中，有 1 处地质景观，为永德土林景观，有 1 处喀斯特景观，为沧源天坑景观。水体景观资源中，有 1 处泉水景观，为凤庆雅泉景观。生物景观资源中，有 1 处植物景观，为沧源巨龙竹景观；有 2 处人工植物景观，分别为双江勐库古茶树景观、云南古茶树景观。

三　人文地理

（一）人口和民族

临沧市 2018 年年末总人口数为 253.60 万人，性别比为 110.66，人口城镇化指数为 0.10，人口城镇化级别为Ⅵ级，人口老龄化指数为 0.07，老龄化级别为Ⅳ级。临沧市少数民族人口约 90.53 万人，少数民族人口占总人口的 35.70%，人口数量较多的少数民族有拉祜族、傣族、彝族、白族、佤族等，民族多样性指数为 1.04。临沧市主要说滇西方言中的临沧方言。

（二）经济

临沧市 GDP（地区生产总值）为 630.02 亿元，人均 GDP 为 24843.06 元，地均 GDP 为 267 万元/平方千米，第一产业产值 172.11 亿元，第二产业产值 205.39 亿元，第三产业产值 252.52 亿元，处于经济发展的工业化中后期阶段，属于澜沧江开发开放经济带、云南省沿边开放经济带。经济城镇化指数为 0.72，经济城镇化级别为Ⅵ级。

从农业产业来看，临沧市的粮食播种面积 30.09 万公顷，年粮食产量 105.2 万吨。临沧市是云南省肉牛产业、肉羊产业加快发展区，临沧市的冬春蔬菜优势产业区中有 2 个县为生产大县。临沧市茶叶品种主要有普洱茶、滇红茶和绿茶，从事中药材加工和经营的企业有 4 家，分别是诃子、滇龙胆、茯苓、穿心莲的加工厂。

从工业园区来看，临沧市有省级工业园区 2 个。有 1 个信息产业园区，有 1 个特色消费品制造产业园区，有 1 个生物医药和大健康产业园区。临沧市有 1 家省级外贸转型升级基地，为临沧市凤庆县省级外贸转型升级基地（核桃）。

（三）旅游

临沧市有 2 个美丽县城。

在旅游景区中，临沧市有国家 4A 级景区 2 个，国家 3A 级景区 11 个，国家 2A 级景区 6 个；在度假休闲区中，有休闲广场 1 个；在专项旅游产品中，有 2 项工业旅游产品，有 1 项红色旅游产品；在体育旅游产品中，有 1 项探险旅游产品。在节庆会展产品中，有 5 项节庆旅游产品。南美拉祜族乡的搭桥节是临沧市的传统节日，搭桥节在农历四月第一个属龙的日子，是南美拉祜族乡一年当中最隆重的一个节日，如同汉族的春节一样。

临沧市有省级历史文化名镇 1 个，省级历史文化名村 1 个，中国历史文化名镇 1 个，中国历史文化名村 1 个，全国特色小镇 1 个，云南省特色小镇 6 个。从遗产旅游特色来看，临沧市有 1 项中国重要农业文化遗产；国家级物质文化遗产有 3 项，省级物质文化遗产有 7 项，非物质文化遗产有 26 项。临沧市有解放战争时期革命老区 2 个、革命老区乡镇 3 个。

（四）社会生活

从人民生活水平来看，2018 年年末，临沧市住户存款余额 368.08 亿元，较上一年增长 8.14%；职工平均工资 7.98 万元，较上一年增长 9.12%；社会消费品零售总额 203.40 亿元，较上一年增长 4.16%；农村常住居民人均可支配收入 10756 元，较上一年增长 9.60%。

从教育发展来看，临沧市的义务教育发展总指数为 0.75，义务教育发展级别为Ⅴ级。人口受教育程度指数为 0.79，人口受教育级别为Ⅵ级。

从文化设施来看，临沧市三级及以下博物馆有 3 个；二级文化馆有 1 个，三级及以下文化馆有 8 个；一级图书馆有 1 个，三级及以下图书馆有 8 个。

临沧市有 3 个民族团结示范县，有 18 个民族团结示范乡镇，有 3 个少数民族特色集镇，有 8 个少数民族特色村寨。

（五）脱贫攻坚

临沧市属于滇西边境片区，2017 年云县实现了脱贫摘帽，2018 年临翔区、凤庆县、镇康县、双江拉祜族佤族布朗族傣族自治县、耿马傣族佤族自治县、沧源佤族自治县实现了脱贫摘帽，2019 年永德县实现了脱贫摘帽。在脱贫攻坚的道路上，旅游扶贫起到了突出作用。临沧市的旅游扶贫示范县有 1 个，旅游示范乡镇有 2 个，旅游示范村有 2 个。

第二节　区域差异

一　临翔区

（一）位置与范围

临翔区位于云南省西南部，在澜沧江与怒江两大水系的分水岭上，紧靠澜沧江沿岸。曾名勐缅、缅宁、临沧，2004 年 10 月 18 日正式更名为临翔区。总面积约为 0.27×10^4 平方千米。临翔区是云南省临沧市的市辖区，属于滇西南城市群的中心区，区人民政府驻临翔区白塔路 101 号。临翔区下辖有 2 个街道（凤翔街道、忙畔街道），1 个镇（博尚镇），5 个乡（蚂蚁堆乡、章驮乡、圈内乡、马台乡、邦东乡），2 个民族乡（南美拉祜族乡、平村彝族傣族乡）。

（二）自然地理

临翔区自然地理条件优越。在综合自然区划系统中，临翔区部分属于亚热带南部地带的滇西南中山山原地区的临沧中山山原区，部分属于亚热带南部地带的滇西南中山山原地区的思茅中山山原盆谷区；在云南省生态经济区划中，临翔区主要位于滇西南中低山宽谷、盆地生态经济区的北部中山宽谷生态经济亚区；从生态保护红线功能类型上可以看出，临翔区为怒江下游水土保持生态保护红线类型。

1. 自然地理要素

（1）地貌

临翔区最高海拔高度约为 3429 米，最低海拔高度约为 730 米，高差约为 2699 米，平均 DEM 为 1820.77 米，处于Ⅳ级水平。坝区面积为27.1 平方千米，坝区土地面积占全区土地面积的 2.16%，坝区综合指数

为 4.83，属于山区地区。地形起伏度指数为 7.24，处于 V 级水平；全区
的平均坡度指数为 17.47，处于 Ⅳ 级水平。

（2）气候要素

临翔区整体上处于中亚热带高原季风气候，全区的年平均气温为
17.9℃，全区的年降水量为 1125.8 毫米，全年日照时数约为 2231.3 小
时，气候资源指数为 1686.14，处于 V 级水平。

（3）水文要素

临翔区地处澜沧江、怒江流域，水网密度指数为 83.47，处于 Ⅲ 级
水平。

（4）土壤要素

临翔区的土壤类型主要为红壤。

（5）植被要素

临翔区的主要植被类型为滇中南、西部中山宽谷暖性、暖热性阔叶
林，暖性、暖热性针叶林，植被覆盖度处于显著区。临翔区生物物种资
源丰富，生物多样性处于 V 级水平。

2. 自然资源

（1）土地资源

临翔区耕地面积为 411.88 平方千米，占全区土地面积的 15.84%；
园地面积为 136.32 平方千米，占全区土地面积的 5.24%；林地面积为
1659.15 平方千米，占全区土地面积的 63.81%；草地面积 69.99 平方千
米，占全区土地面积的 2.69%；城镇村及工矿用地面积为 54.85 平方千
米，占全区土地面积的 2.11%；交通运输用地面积为 26.4 平方千米，占
全区土地面积的 1.02%；水域及水利设施用地面积为 33.97 平方千米，
占全区土地面积的 1.31%；其他用地面积为 164.74 平方千米，占全区土
地面积的 6.34%。在土地利用分区系统中，临翔区位于滇西南中低山盆
谷边贸旅游与热作粮食区的滇西南粮食与热作农业亚区。在可利用土地
资源评价方面，临翔区的可利用土地资源属于较缺乏类型。在三生空间
结构类型系统中，为生态—生产主导型。

（2）水资源

临翔区的水资源总量为 16.47 亿立方米，地表水径流量 16.47 亿立方米，径流深 644.5 毫米，地下水资源总量为 6.63 亿立方米。在可利用水资源评价方面，临翔区的可利用水资源属于一般类型。

（3）生物资源

临翔区分布着国家一级保护植物喜马拉雅红豆杉，国家二级保护植物主要为水青树、翠柏、董棕、红椿、合果木、异颖草等。分布着稀有鸟类黑颈长尾雉。

临翔区的食用菌有鸡枞菌、干巴菌、银耳、巴氏蘑菇等。

（4）旅游资源

在生物景观资源方面，全区有 2 处人工植物景观，为临湘昔归古茶树景观、云南古茶树景观。

（三）人文地理

1. 人口和民族

临翔区 2018 年年末总人口数为 33.95 万人，人口性别比为 105.31，人口城镇化指数为 0.17，人口城镇化级别为 V 级，人口老龄化指数为 0.08，老龄化级别属于 V 级。临翔区少数民族人口约为 6.05 万人，少数民族人口占总人口的比重为 17.82%，全区人口数量较多的少数民族主要有拉祜族、傣族、彝族、白族、佤族、布朗族、回族等，民族多样性指数为 0.82。临翔区主要说临沧（临翔）话，属于滇西方言中的临沧方言。

2. 经济

临翔区的 GDP（地区生产总值）为 115.44 亿元，人均 GDP 为 34002.95 元，地均 GDP 为 444 万元/平方千米，第一产业产值为 17.39 亿元，第二产业产值为 40.12 亿元，第三产业产值为 57.93 亿元，全区整体处于经济发展的工业化中后期阶段，且全区属于澜沧江开发开放经济带。经济城镇化指数为 0.84，经济城镇化级别属于 Ⅲ 级。

从农业产业来看，临翔区的粮食播种面积为 2.33 万公顷，年粮食产量 9.14 万吨。临翔区属于云南省高原牛羊加快发展区。有 1 个普洱茶特色农业产业园区。临翔区的特色消费品制造、生物医药和大健康产业都位于临沧工业园区内。

3. 旅游

在旅游景区方面，临翔区有 4 个国家 3A 级景区，分别为和成生态文化创新产业园景区、临沧临翔区玉龙湖景区、临沧临翔区南美拉祜生态旅游区、临沧临翔区秘境谷森林小镇景区；1 个国家 2A 级景区，为临沧五老山森林公园景区。

从特色小镇来看，临翔区有 2 个云南省特色小镇，分别为南美拉祜风情小镇和昔归普洱茶小镇。

从遗产旅游特色来看，临翔区的省级物质文化遗产有 1 项，为勐旺塔及西北塔；非物质文化遗产有 4 项，分别是民族乐器制作技艺、傣族手工造纸技艺、普洱茶传统制作技艺、拉祜族搭桥节。

临翔区是解放战争时期革命老区，具体的革命老区乡镇为平村彝族傣族乡。

4. 社会生活

从人民生活水平来看，2018 年年末，临翔区的住户存款余额 92.51 亿元，比上一年增长 8.21%；职工平均工资为 7.73 万元，比上一年增长 5.46%；社会消费品零售总额为 65.09 亿元，比上一年增长 12.40%；农村常住居民人均可支配收入为 10774 元，比上一年增长 9.60%。

从教育发展来看，临翔区的义务教育发展总指数为 1.47，义务教育发展级别为Ⅲ级。人口受教育程度指数为 0.91，人口受教育级别为Ⅴ级。

从文化设施来看，临翔区有无级别的博物馆 2 个，分别是微电影博物馆和市博物馆。有 2 个三级文化馆，分别是区文化馆、市文化馆。临翔区有 1 个一级区图书馆和 1 个三级市图书馆。

临翔区有 1 个少数民族特色集镇，为南美拉祜族乡，有 1 个少数民族特色村寨。

5. 脱贫攻坚

临翔区属于滇西边境片区，2018 年通过发展豆菜、蚕桑、芭蕉芋、迷迭香等特色产业，实现了脱贫摘帽。

在主体功能区的省级定位中，临翔区属于集中连片重点开发区域。

二　凤庆县

（一）位置与范围

凤庆县位于云南省西南部，临沧市西北部，东部与大理白族自治州巍山彝族回族自治县、南涧彝族自治县相接，南与云县毗邻，西与永德县交界，北与保山市昌宁县接壤，全县东西的最大横距为 59 千米，南北最大纵距为 91 千米，总面积约为 0.35×10^4 平方千米。凤庆县属于滇西南城市群的中心县，县人民政府驻凤山镇凤平路。凤庆县下辖 8 个镇（凤山镇、鲁史镇、小湾镇、营盘镇、勐佑镇、洛党镇、雪山镇、三岔河镇），2 个乡（诗礼乡、大寺乡），3 个民族乡（新华彝族苗族乡、腰街彝族乡、郭大寨彝族白族乡）。

（二）自然地理

凤庆县自然地理条件优越。在综合自然区划系统中，凤庆县部分属于亚热带北部地带的滇西横断山脉地区的保山—凤庆中山盆地宽谷区，部分属于亚热带南部地带的滇西南中山山原地区的临沧中山山原区；在云南省生态经济区划中，凤庆县主要位于滇西南中低山宽谷、盆地生态经济区的北部中山宽谷生态经济亚区内；从生态红线空间分布格局看，凤庆县小部分位于金沙江、澜沧江、红河干热河谷地带；从生态保护红线功能类型上可以看出，凤庆县为澜沧江中山峡谷水土保持生态保护红线类型。凤庆县有临沧澜沧江省级自然保护区，主要保护对象为森林生态系统及珍稀野生动植物。

1. 自然地理要素

（1）地貌

凤庆县最高海拔高度约为 3098.70 米，最低海拔高度约 919 米，高差约为 2179.7 米，平均 DEM 为 1846.52 米，处于Ⅳ级水平。坝区面积为 20.61 平方千米，坝区土地面积占全县土地面积的 0.62%，坝区综合指数为 1.28，属于山区地区。地形起伏度指数为 6.21，处于Ⅳ级水平；平均坡度指数为 21.31，处于Ⅴ级水平。

（2）气候要素

凤庆县整体属于中亚热带高原季风气候，年平均气温为 17.3℃，年降水量 1179.7 毫米，年日照时数约为 2116.7 小时，气候资源指数为 1615.47，处于 V 级水平。

（3）水文要素

凤庆县地处澜沧江和怒江流域，水网密度指数为 75.13，处于 III 级水平。

（4）土壤要素

凤庆县的土壤类型主要为红壤。

（5）植被要素

凤庆县的主要植被类型为滇西横断山暖性阔叶林、暖性针叶林亚区，植被覆盖度处于显著区。凤庆县的生物物种资源较为丰富，生物多样性处于 VII 级水平。

2. 自然资源

（1）土地资源

凤庆县耕地面积为 662.37 平方千米，占全县土地面积的 19.48%；园地面积为 259.54 平方千米，占全县土地面积的 7.63%；林地面积为 1700.49 平方千米，占全县土地面积的 50.01%；草地面积为 218.06 平方千米，占全县土地面积的 6.41%；城镇村及工矿用地面积为 60.63 平方千米，占全县土地面积的 1.78%；交通运输用地面积为 28.71 平方千米，占全县土地面积的 0.84%；水域及水利设施用地面积为 101.51 平方千米，占全县土地面积的 2.99%；其他用地面积为 292.48 平方千米，占全县土地面积的 8.60%。在土地利用分区系统中，凤庆县位于滇西南中低山盆谷边贸旅游与热作粮食区的滇西南粮食与热作农业亚区。在可利用土地资源评价方面，凤庆县的可利用土地资源属于缺乏类型。在三生空间结构类型系统中，为生态主导型。

（2）水资源

凤庆县的水资源总量为 19.9 亿立方米，地表水径流量为 19.9 亿立方米，径流深为 598.2 毫米，地下水资源总量为 8.01 亿立方米。在可利用水资源评价方面，凤庆县的水资源可利用程度属于一般类型。

（3）生物资源

凤庆县分布着国家一级保护植物喜马拉雅红豆杉；国家二级保护植物

红椿、水青树。凤庆县分布着稀有鸟类绿孔雀、黑颈长尾雉等。

凤庆县的食用菌有鸡枞菌、柱状田头菇、银耳、香菇、桃红牛肝菌、棱柄马鞍菌、巴氏蘑菇等。

（4）旅游资源

在水体景观资源中，全县有1处泉水景观，为凤庆雅泉景观。

（三）人文地理

1. 人口和民族

2018年年末，凤庆县的总人口数为47.5万人，人口性别比为107.73，人口城镇化指数为0.07，人口城镇化级别属于Ⅶ级，人口老龄化指数为0.08，老龄化级别属于Ⅴ级。凤庆县少数民族人口数约13.4万人，少数民族人口占总人口的比重为28.21%，人口数量较多的少数民族主要为彝族、白族、苗族、回族、傣族、布朗族等，民族多样性指数为0.80。凤庆县主要说凤庆县话，属于滇西方言中的临沧方言。

2. 经济

凤庆县GDP（地区生产总值）为115.48亿元，人均GDP为24311.58元，地均GDP为340万元/平方千米，第一产业产值为39.68亿元，第二产业产值为36.36亿元，第三产业产值为39.44亿元，全县整体处于经济发展的工业化初期阶段，属于澜沧江开发开放经济带。经济城镇化指数为0.64，经济城镇化级别属于Ⅷ级。

从农业产业来看，凤庆县的粮食播种面积为4.83万公顷，全年的粮食产量为16.71万吨。凤庆县位于云南省牛羊加快发展区，有普洱茶和滇红茶特色农业产业园区各1个。

3. 旅游

凤庆县历史悠久、文化灿烂。在云南省特色县城中，凤庆县是云南省美丽县。在旅游景区中，凤庆县有2个国家3A级景区，分别为临沧凤庆鲁史古镇景区、凤庆滇红第一村景区；2个国家2A级景区，分别为凤庆古墨传统文化村落景区、凤庆石洞寺景区。

从历史文化名城来看，凤庆县有1个省级历史文化名镇，为凤庆县鲁史镇历史文化名镇，有1个中国历史文化名镇，为鲁史镇。

从特色小镇来看，凤庆县有 2 个云南省特色小镇，分别为鲁史茶马古文化小镇、滇红小镇。

从遗产旅游特色来看，凤庆县有物质文化遗产 5 项，分别为茶马古道、琼凤桥、凤庆文庙、诗礼古墨水磨房、班洪人民抗英盟誓址；拥有非物质文化遗产 2 项，分别为滇剧、滇红茶制作技艺。

4. 社会生活

从人民生活水平来看，2018 年年末，凤庆县住户存款余额为 51.53 亿元，比上一年增长 11.39%；职工平均工资为 11.23 万元，比上一年增长 12.08%；社会消费品零售总额为 28.6 亿元，比上一年增长 12.2%；农村常住居民人均可支配收入为 10950 元，比上一年增长 9.6%。

从教育发展来看，凤庆县的义务教育发展总指数为 0.67，义务教育发展级别属于 Ⅵ 级。人口受教育程度指数为 1.26，人口受教育级别属于 Ⅳ 级。

从文化设施来看，凤庆县的文化馆有 1 个，为县文化馆；凤庆县有 1 个三级县图书馆。

凤庆县有 2 个云南省民族团结示范乡镇，分别是新华彝族苗族乡和郭大寨彝族白族乡。凤庆县有 1 个少数民族特色村寨。

5. 脱贫攻坚

凤庆县属于滇西边境片区，2018 年通过"造林脱贫一批、护林脱贫一批、养林脱贫一批"的林业扶贫模式，实现了脱贫摘帽。在脱贫攻坚的道路上，旅游扶贫发挥了突出的作用。凤庆县有 1 个旅游扶贫示范镇，为鲁史镇。

在主体功能区的国家级定位中，凤庆县属于农产品主产区。

三 云县

(一) 位置与范围

云县，位于大理白族自治州、普洱市、临沧市 3 个州市的交界处，总面积约为 0.38×10^4 平方千米。云县是临沧市辖县，属于滇西南城市群的中心县，县人民政府驻云县东大街 18 号。云县下辖 7 个镇（爱华镇、漫湾镇、大朝山西镇、茂兰镇、大寨镇、涌宝镇、幸福镇），2 个乡

（晓街乡、茶房乡），3个民族乡（忙怀彝族布朗族乡、栗树彝族傣族乡、后箐彝族乡）。

（二）自然地理

云县自然地理条件优越。在综合自然区划系统中，云县部分属于亚热带北部地带的滇西横断山脉地区的保山—凤庆中山盆地宽谷区，部分属于亚热带南部地带的滇西南中山山原地区的临沧中山山原区；在云南省生态经济区划中，云县主要位于滇西南中低山宽谷、盆地生态经济区的北部中山宽谷生态经济亚区；从生态红线空间分布格局看，云县小部分位于金沙江、澜沧江、红河干热河谷地带；从生态保护红线功能类型上可以看出，云县为澜沧江中山峡谷水土保持生态保护红线类型。

1. 自然地理要素

（1）地貌

云县最高海拔高度约为3429米，位于云县与临沧市交界的大雪山，最低海拔高度约为748米，位于幸福镇邦洪村委会驻地的南汀河边，高差约为2681米，平均DEM为1729.58米，处于Ⅲ级水平。全县坝区面积为27.3平方千米，坝区土地面积占全县土地面积的0.7%，坝区综合指数为1.33，属于山区地区。地形起伏度指数为6.99，处于Ⅴ级水平；全县的平均坡度指数为19.91，属于Ⅴ级水平。

（2）气候要素

云县整体处于南亚热带高原季风气候，年平均气温为20.3℃，年降水量800.4毫米，年日照时数约为2299.70小时，气候资源指数为1774.64，处于Ⅵ级水平。

（3）水文要素

云县地处澜沧江流域、怒江流域，水网密度指数为73.86，处于Ⅲ级水平。

（4）土壤要素

云县的土壤类型主要为红壤和黄棕壤。

（5）植被要素

云县的主要植被类型为滇中南、西部中山宽谷暖性、暖热性阔叶林，暖性、暖热性针叶林，植被覆盖度处于较显著区。云县的生物物种资源丰富，生物多样性处于Ⅶ级水平。

2. 自然资源

（1）土地资源

云县耕地面积为 817.39 平方千米，占全县土地面积的 22.09%；园地面积为 210.4 平方千米，占全县土地面积的 5.69%；林地面积为 1793.67 平方千米，占全县土地面积的 48.48%；草地面积为 311.10 平方千米，占全县土地面积的 8.41%；城镇村及工矿用地面积为 70.74 平方千米，占全县土地面积的 1.91%；交通运输用地面积为 39.97 平方千米，占全县土地面积的 1.08%；水域及水利设施用地面积为 50.88 平方千米，占全县土地面积的 1.38%；其他用地面积为 364.54 平方千米，占全县土地面积的 9.85%。在土地利用分区系统中，云县属于滇西南中低山盆谷边贸旅游与热作粮食区的滇西南粮食与热作农业亚区。在可利用土地资源评价方面，云县的可利用土地资源属于较缺乏类型。在三生空间结构类型系统中，为生态主导型。

（2）水资源

云县的水资源总量为 20.24 亿立方米，地表水径流量 20.24 亿立方米，径流深度为 551.8 毫米，地下水资源总量为 8.25 亿立方米，在可利用水资源评价方面，云县的可利用水资源属于一般类型。

（3）生物资源

云县分布着国家二级保护植物红椿和董棕。

云县分布着稀有鸟类绿孔雀。

云县的食用菌资源丰富，种类多样，分别是鸡枞菌、香肉齿菌、黑木耳、香菇、黄白侧耳、桃红牛肝菌、松乳菇、草鸡枞、巴氏蘑菇等。

（三）人文地理

1. 人口和民族

2018 年年末，云县的总人口数为 46.67 万人，人口性别比为 112.2，人口城镇化指数为 0.07，人口城镇化级别属于Ⅶ级，人口老龄化指数为 0.08，老龄化级别属于Ⅴ级。云县少数民族的人口数量约有 20.8 万人，少数民族人口数量在总人口中所占的比重为 44.57%，人口数量较多的少数民族主要有彝族、白族、傣族、布朗族、拉祜族、回族、苗族、傈僳族、佤族等，民族多样性指数为1.17。云县主要说云县话，属于滇西方言中的临沧方言。

2. 经济

云县GDP（地区生产总值）为105.21亿元，人均GDP为22543.39元，地均GDP是284万元/平方千米，第一产业产值为32.19亿元，第二产业产值为36.67亿元，第三产业产值为36.35亿元，全县整体处于经济发展的工业化中后期阶段，属于澜沧江开发开放经济带。经济城镇化指数为0.70，经济城镇化级别属于Ⅶ级。

从农业产业来看，云县的粮食播种面积为5.66万公顷，年粮食产量为20.98万吨。在特色农业产业园区方面，云县有牛羊加快发展特色农业产业园区1个，并且有普洱茶、滇红茶和绿茶3个特色农业产业园区。云县是云药之乡，主要中药材为滇龙胆。

从工业园区来看，云县有省级工业园区即云县新材料光伏产业园区1个。

从产业类型来看，有云县新材料光伏产业园区1个。

3. 旅游

在旅游景区中，云县有国家2A级景区（云县漫湾百里长湖景区）1个；在专项旅游产品中，云县有澜沧江啤酒工业园和漫湾水电站2项工业旅游产品。从节庆会展产品来看，云县有节庆旅游（云县澜沧江啤酒狂欢节）1个。

云县有非物质文化遗产（彝族关龙调、云州唢呐乐、彝族朝山会）3个。从解放战争时期革命老区来看，云县有革命老区乡镇（云县茶房乡）1个。

4. 社会生活

从人民生活水平来看，2018年年末，云县住户存款余额为62.06亿元，比上一年增长10.07%；职工的平均工资为7.07万元，比上一年增长5.52%；社会消费品零售总额为31.95亿元，比上一年下降8.32%；农村常住居民人均可支配收入为11412元，比上一年增长9.3%。

从教育发展来看，云县的义务教育发展总指数为0.82，义务教育发展级别属于Ⅴ水平。人口受教育程度指数为1.21，人口受教育级别处于

Ⅳ级水平。

从文化设施来看，云县有 1 个二级县文化馆；有 1 个三级县图书馆。

云县是云南省民族团结示范乡镇，有 2 个示范乡镇，分别为涌宝镇、忙怀彝族布朗族乡，有 1 个少数民族特色村寨。

5. 脱贫攻坚

云县属于滇西边境片区，2017 年通过特色产业帮带、股权收益帮带、转移就业帮带，实现了脱贫摘帽。

在主体功能区的国家级定位中，云县属于农产品主产区。

四　永德县

（一）位置与范围

永德县隶属于云南省临沧市，因县有德党镇，故取名永德。总面积约 0.33×10^4 平方千米。永德县下辖 3 个镇（德党镇、小勐统镇、永康镇），5 个乡（勐板乡、亚练乡、班卡乡、崇岗乡、大山乡）和 2 个民族乡（乌木龙彝族乡、大雪山彝族拉祜族傣族乡）。

（二）自然地理

永德县自然地理条件优越。在综合自然区划系统中，永德县属于亚热带南部地带的滇西南中山山原地区的临沧中山山原区；在云南省生态经济区划中，永德县主要位于滇西南中低山宽谷、盆地生态经济区的北部中山宽谷生态经济亚区；从生态保护红线功能类型上可以看出，永德县为怒江下游水土保持生态保护红线类型。

1. 自然地理要素

（1）地貌

永德县的最高海拔高度约为 3504 米，最低海拔高度约为 540 米，高差约为 2964 米，平均 DEM 为 1628.22 米，处于Ⅲ级水平。坝区面积为59.89 平方千米，坝区土地面积占全县土地面积的 1.86；坝区综合指数为3.51，属于山区地区。地形起伏度指数为 7.53，处于Ⅴ级水平；全县的平均坡度指数为 20.17，处于Ⅴ级水平。

（2）气候要素

永德县整体处于南亚热带高原季风气候地带，年平均气温为 17.8℃，年降水量 1457.1 毫米，年日照时数为 2218.50 小时，气候资源指数为 1647.32，处于Ⅴ级水平。

（3）水文要素

永德县地处澜沧江流域、怒江流域范围内，水网密度指数为 63.47，处于Ⅲ级水平。

（4）土壤要素

永德县的土壤类型主要为红土。

（5）植被要素

永德县的主要植被类型为滇中南、西部中山宽谷暖性、暖热性阔叶林，暖性、暖热性针叶林，植被覆盖度处于显著区。永德县生物物种资源丰富，生物多样性处于Ⅶ级水平。

2. 自然资源

（1）土地资源

永德县的耕地面积为 889.74 平方千米，占全县土地面积的 27.8%；园地面积为 162.01 平方千米，占全县土地面积的 5.06%；林地面积为 1449.02 平方千米，占全县土地面积的 45.28%；草地面积为 302.74 平方千米，占全县土地面积的 9.46%；城镇村及工矿用地面积为 56.42 平方千米，占全县土地面积的 1.76%；交通运输用地面积为 42.14 平方千米，占全县土地面积的 1.32%；水域及水利设施的用地面积为 30.55 平方千米，占全县土地面积的 0.95%；其他用地面积为 287.06 平方千米，占全县土地面积的 8.97%。在土地利用分区系统中，永德县位于滇西南中低山盆谷边贸旅游与热作粮食区的滇西南粮食与热作农业亚区。在可利用土地资源评价方面，永德县的可利用的土地资源属于较缺乏类型。在三生空间结构类型系统中，为生态主导型。

（2）水资源

永德县的水资源总量为 16.90 亿立方米，地表水径流量为 16.90 亿立方米，径流深为 525.6 毫米，地下水资源总量为 5.87 亿立方米，在可利用水资源评价方面，永德县的可利用水资源属于一般类型。

（3）生物资源

永德县分布着国家一级保护植物长蕊木兰，国家二级保护植物红椿、水青树、异颖草、小粒稻等。

永德县分布着稀有鸟类黑鹳、绿孔雀和黑颈长尾雉。

永德县拥有的食用菌包含鸡枞菌和巴氏蘑菇等。

（4）旅游资源

在地文景观资源中，永德县有 1 处地质景观，为永德土林景观。

（三）人文地理

1. 人口和民族

永德县 2018 年年末总人口数为 38.41 万人，人口性别比为 117.35，人口城镇化指数为 0.07，人口城镇化级别属于Ⅶ级，人口老龄化指数为 0.08，老龄化级别属于Ⅴ级水平。永德县少数民族人口约 7.3 万人，少数民族人口占总人口的比重为 19.01%，人口数量较多的少数民族主要是彝族、佤族、布朗族、傣族、白族、拉祜族、傈僳族等，其中佤族为直过民族，民族多样性指数为 0.82。

2. 经济

永德县 GDP（地区生产总值）为 63.46 亿元，人均 GDP 为 16521.74 元，地均 GDP 为 198 万元/平方千米，第一产业产值为 17.71 亿元，第二产业产值为 19.44 亿元，第三产业产值为 26.31 亿元，处于经济发展的工业化中后期阶段，属于澜沧江开发开放经济带。经济城镇化指数为 0.72，经济城镇化级别属于Ⅵ级。

从农业产业来看，永德县的粮食播种面积达到 5.62 万公顷，年粮食产量为 19.85 万吨。永德县属于牛羊加快发展区；永德县位于冬春蔬菜优势产业区，属于冬春蔬菜生产大县。

从特色农业产业园区看，永德县有 1 个普洱茶特色农业产业园区。同时，永德县是云药之乡，有 1 个中药材特色农业产业园区，中药材品种主要包括诃子、滇龙胆等。

3. 旅游

在旅游景区中，永德县有 1 个国家 3A 级景区，为戎氏永德茶文化庄园景区。在节庆会展产品方面，永德县有 2 个节庆旅游节日，分别为永德俐侎文化旅游节和永德芒果之乡文化旅游节。

从遗产旅游特色来看，永德县有 2 个非物质文化遗产，为傣族白象和马鹿舞。

4. 社会生活

从人民生活水平来看，2018 年年末，永德县住户存款余额 38.37 亿元，比上一年增长 10.23%；职工的平均工资为 8.05 万元，比上一年增长 18.38%；社会消费品零售总额 19.63 亿元，比上一年下降 20.24%；农村常住居民人均可支配收入 10853 元，比上一年增长 9.30%。

从教育发展来看，永德县的义务教育发展总指数为 0.66，义务教育发展级别属于Ⅵ级。人口受教育程度指数为 0.92，人口受教育级别属于Ⅴ级水平。

从文化设施来看，永德县有 1 个博物馆，为永德博物馆；永德县有 1 个县文化馆；永德有 1 个三级县图书馆。

永德县有 2 个云南省民族团结示范乡镇，分别是亚练乡和乌木龙彝族乡；有 1 个少数民族特色村寨。

5. 脱贫攻坚

永德县属于滇西边境片区，2019 年通过大力发展杧果、坚果、茶叶、优质蔬菜等高原特色产业，实现了脱贫摘帽。在脱贫攻坚的道路上，精准旅游扶贫起到了至关重要的作用，有 1 个旅游扶贫重点村，为白岩村。

在主体功能区的国家级定位中，永德县属于农产品主产区。

五 镇康县

（一）位置与范围

镇康县位于云南省西南边陲、临沧市西部，东临永德县，南接耿马傣族佤族自治县，西与友好邻邦缅甸果敢县接壤，北与保山地区龙陵县隔江相望。全县总面积约为 0.26×10^4 平方千米。镇康县是云南省临沧市的下辖县，县人民政府驻镇康县泰和路 165 号。镇康县是云南省的边境县，拥有省级开放口岸（南伞口岸）1 个，南伞口岸是云南省重要互市口岸，是云南省对外开放的重要通道。镇康县下辖 3 个镇（南伞镇、凤尾镇、勐捧镇），3 个乡（忙丙乡、勐堆乡、木场乡），1 个民族乡（军赛佤族拉祜族傈僳族德昂族乡）。

（二）自然地理

镇康县自然地理条件优越。在综合自然区划系统中，镇康县部分属于热带北缘地带的滇南—滇西南低中山盆谷地区的德宏—孟定中山宽谷区，部分属于亚热带南部地带的滇西南中山山原地区的临沧中山山原区。在云南省生态经济区划中，镇康县主要位于滇西南中低山宽谷、盆地生态经济区的北部中山宽谷生态经济亚区；从生态保护红线功能类型上可以看出，镇康县为怒江下游水土保持生态保护红线类型。

1. 自然地理要素

（1）地貌

镇康县最高海拔高度约为2978米，最低海拔高度约为510米，高差约为2468米，平均DEM为1473.67米，处于Ⅲ级水平。坝区面积为18.46平方千米，坝区土地面积占全县土地面积的0.73%，坝区综合指数为1.76，属于山区地区。地形起伏度指数为6.35，处于Ⅳ级水平；全县平均坡度指数为21.62，处于Ⅴ级水平。

（2）气候要素

镇康县整体处于南亚热带高原季风气候地带，年平均气温为20℃，年降水量1767.8毫米，年日照时数约为1936.8小时，气候资源指数为1858.61，处于Ⅶ级水平。在三生空间结构类型系统中，为生态主导型。

（3）水文要素

镇康县地处怒江流域区域内，水网密度指数为108.49，处于Ⅳ级水平。

（4）土壤要素

镇康县的土壤类型主要为红土。

（5）植被要素

镇康县的主要植被类型为滇南热性阔叶林，植被覆盖度处于较显著区。镇康县生物物种资源丰富，生物多样性处于Ⅶ级水平。

2. 自然资源

（1）土地资源

镇康县耕地面积为499.8平方千米，占全县土地面积的19.22%；园地面积为106.71平方千米，占全县土地面积的4.1%；林地面积为

1577.08 平方千米，占全县土地面积的 60.66%；草地面积为 102.74 平方千米，占全县土地面积的 3.95%；城镇村及工矿用地面积为 31.65 平方千米，占全县土地面积的 1.22%；交通运输用地面积为 20.24 平方千米，占全县土地面积的 0.78%；水域及水利设施用地面积为 17 平方千米，占全县土地面积的 0.65%；其他用地面积为 174.05 平方千米，占全县土地面积的 6.69%。在土地利用分区系统中，镇康县位于滇西南中低山盆谷边贸旅游与热作粮食区的滇西南粮食与热作农业亚区。在可利用土地资源评价方面，镇康县的可利用土地资源属于缺乏类型。

（2）水资源

镇康县的水资源总量为 24.65 亿立方米，地表水径流量为 24.65 亿立方米，径流深为 972.7 毫米，地下水资源总量为 7.28 亿立方米，在可利用水资源评价方面，镇康县的可利用水资源属于较丰富类型。

（3）生物资源

在保护植物方面，镇康县分布着国家一级保护植物喜马拉雅红豆杉、勐仓翅子树等；国家二级保护植物主要为大叶黑桫椤、润楠、红椿、合果木、董棕等。

镇康县分布着稀有鸟类绿孔雀。

镇康县的食用菌资源有鸡枞菌、黑木耳、巴氏蘑菇菌等。

（三）人文地理

1. 人口和民族

镇康县 2018 年年末总人口数量为 18.57 万人，人口性别比为 116.33，人口城镇化指数为 0.08，人口城镇化级别为Ⅶ级水平，人口老龄化指数为 0.07，老龄化级别属于Ⅳ级水平。镇康县少数民族人口约有 4.69 万人，少数民族人口占总人口的比重为 25.26%，人口数量较多的少数民族主要有彝族、佤族、傣族、傈僳族、白族、德昂族、苗族、布朗族、拉祜族等，其中佤族和德昂族为直过民族，民族多样性指数为 1.07。

2. 经济

镇康县 GDP（地区生产总值）为 45.68 亿元，人均 GDP 为 24598.82 元，地均 GDP 为 176 万元/平方千米，第一产业产值为 10.36 亿元，第二产业产值为 14.58 亿元，第三产业的产值为 20.74 亿元，处于经济发展的工业化中后期阶段，属于云南省沿边开放经济带。经济城镇化指数为0.77，经济城镇化级别为Ⅴ级水平。

从农业产业来看，镇康县的粮食播种面积为3.07万公顷，年粮食产量为8.61万吨。镇康县有云南省高原特色农业牛羊加快发展产业园区，有1个普洱茶特色农业产业园区。

3. 旅游

镇康县有2项非物质文化遗产，分别是德昂族服饰、阿数瑟。

4. 社会生活

从人民生活水平来看，2018年年末，镇康县住户存款余额32.33亿元，比上一年增长7.95%；职工平均工资为8.69万元，比上一年增长6.5%；社会消费品零售总额为11.06亿元，比上一年增长8.97%；农村常住居民人均可支配收入为10563元，比上一年增长9.7%。

从教育发展来看，镇康县的义务教育发展总指数为0.53，义务教育发展级别为Ⅶ级水平。人口受教育程度指数为0.40，人口受教育级别属于Ⅶ级水平。

从文化设施来看，镇康县有1个县文化馆，有1个三级县图书馆。

镇康县有4个云南省民族团结示范乡镇，分别为南伞镇、勐堆乡、勐捧镇、军赛佤族拉祜族傈僳族德昂族乡；有1个少数民族特色村寨。

5. 脱贫攻坚

镇康县属于滇西边境片区，2018年通过发展坚果产业，实现了脱贫摘帽。

在主体功能区的国家级定位中，镇康县属于农产品主产区。

六 双江拉祜族佤族布朗族傣族自治县

(一) 位置与范围

双江拉祜族佤族布朗族傣族自治县隶属于云南省临沧市，因澜沧江、小黑江交汇于县境东南而得名。双江拉祜族佤族布朗族傣族自治县，总面积约为 0.23×10^4 平方千米。双江拉祜族佤族布朗族傣族自治县属于滇西南城市群的中心县，县人民政府驻白象路264号。双江拉祜族佤族布朗族傣族自治县下辖2个镇（勐勐镇、勐库镇），4个乡（沙河乡、大文乡、忙糯乡、邦丙乡)。

(二) 自然地理

双江拉祜族佤族布朗族傣族自治县自然地理条件优越。在综合自然区划系统中,双江拉祜族佤族布朗族傣族自治县部分属于亚热带南部地带的滇西南中山山原地区的临沧中山山原区,部分属于热带北缘地带的滇南—滇西南低中山盆谷地区的德宏—孟定中山宽谷区;在云南省生态经济区划中,双江拉祜族佤族布朗族傣族自治县主要位于滇西南中低山宽谷、盆地生态经济区的北部中山宽谷生态经济亚区;从生态红线空间分布格局看,双江拉祜族佤族布朗族傣族自治县小部分位于南部边境热带森林生态屏障区域;从生态保护红线功能类型上可以看出,双江拉祜族佤族布朗族傣族自治县为澜沧江中山峡谷水土保持生态保护红线类型。

1. 自然地理要素

(1) 地貌

双江拉祜族佤族布朗族傣族自治县最高海拔高度约为 3233 米,最低海拔高度约为 669 米,高差约为 2564 米,平均 DEM 为 1649.34 米,处于Ⅲ级水平。坝区面积为 30.9 平方千米,坝区土地面积占全县土地面积的 1.21%,坝区综合指数为 3,属于山区地区。地形起伏度指数为 6.73,处于Ⅴ级水平;全县的平均坡度指数为 19.19,处于Ⅴ级水平。

(2) 气候要素

双江拉祜族佤族布朗族傣族自治县整体处于南亚热带高原季风气候,年平均气温为 20℃,年降水量 749.2 毫米,年日照时数约为 2226.9 小时,气候资源指数为 1760.20,处于Ⅵ级水平。在三生空间结构类型系统中,为生态主导型。

(3) 水文要素

双江拉祜族佤族布朗族傣族自治县地处澜沧江流域内,水网密度指数为 73.44,处于Ⅲ级水平。

(4) 土壤要素

双江拉祜族佤族布朗族傣族自治县的土壤类型主要为红壤。

(5) 植被要素

双江拉祜族佤族布朗族傣族自治县的主要植被类型为滇中南、西部中山宽谷暖性、暖热性阔叶林，暖性、暖热性针叶林，植被覆盖度处于较显著区。双江拉祜族佤族布朗族傣族自治县生物物种资源丰富，生物多样性处于Ⅶ级水平。

2. 自然资源

（1）土地资源

双江拉祜族佤族布朗族傣族自治县的耕地面积为435.56平方千米，占全县土地面积的19.80%；园地面积为125.15平方千米，占全县土地面积的5.69%；林地面积为1285.09平方千米，占全县土地面积的58.41%；草地面积为54.24平方千米，占全县土地面积的2.47%；城镇村及工矿用地面积为32.62平方千米，占全县土地面积的1.48%；交通运输用地面积为19.19平方千米，占全县土地面积的0.87%；水域及水利设施用地面积为30.91平方千米，占全县土地面积的1.41%；其他用地面积为174.33平方千米，占全县土地面积的7.92%。在土地利用分区系统中，双江拉祜族佤族布朗族傣族自治县位于滇西南中低山盆谷边贸旅游与热作粮食区的滇西南粮食与热作农业亚区。在可利用土地资源评价方面，双江拉祜族佤族布朗族傣族自治县的可利用土地资源属于缺乏类型。

（2）水资源

双江拉祜族佤族布朗族傣族自治县的水资源总量为12.03亿立方米，产水模数为55.7万立方米/平方千米。地表水径流量为12.03亿立方米，径流深为557.1毫米；地下水资源总量为5.45亿立方米，地下水资源模数为25.2万立方米/平方千米。在可利用水资源评价方面，双江拉祜族佤族布朗族傣族自治县的可利用水资源属于一般类型。

（3）生物资源

双江拉祜族佤族布朗族傣族自治县分布着国家一级保护植物单羽苏铁、喜马拉雅红豆杉等，拥有的国家二级保护植物主要有合果木、翠柏、红椿、水青树、董棕等。双江拉祜族佤族布朗族傣族自治县分布的稀有鸟类仅有绿孔雀。

双江拉祜族佤族布朗族傣族自治县的食用菌有鸡枞菌、灰肉红菇、巴氏蘑菇等。

（4）旅游资源

在人工植物景观方面，全县有 2 处人工植物景观，为双江勐库古茶树景观和云南古茶树景观。

（三）人文地理

1. 人口和民族

2018 年年末，双江拉祜族佤族布朗族傣族自治县的总人口数量为 18.56 万人，人口性别比为 111.24，人口城镇化指数为 0.09，人口城镇化级别为Ⅶ级水平，人口老龄化指数为 0.07，老龄化级别属于Ⅳ级水平。双江拉祜族佤族布朗族傣族自治县少数民族人口约 7.44 万人，少数民族人口占总人口的比重为 40.09%，人口数量较多的少数民族有拉祜族、布朗族、佤族、傣族、彝族等，其中布朗族为直过民族，民族多样性指数为 1.32。

2. 经济

双江拉祜族佤族布朗族傣族自治县 GDP（地区生产总值）为 45.53 亿元，人均 GDP 为 24531.25 元，地均 GDP 为 207 万元/平方千米，第一产业的产值为 11.87 亿元，第二产业产值为 15.97 亿元，第三产业产值为 17.69 亿元，全县整体处于经济发展的工业化中后期阶段，属于澜沧江开发开放经济带。经济城镇化指数为 0.73，经济城镇化级别为Ⅵ级水平。

从农业产业来看，双江拉祜族佤族布朗族傣族自治县的粮食播种面积为 2.15 万公顷，年粮食产量为 7.18 万吨。双江拉祜族佤族布朗族傣族自治县有云南省高原特色农业牛羊加快发展产业园区，有普洱茶特色农业产业园区 1 个。双江拉祜族佤族布朗族傣族自治县的中药材主要品种是茯苓、穿心莲等。

3. 旅游

在旅游景区中，双江拉祜族佤族布朗族傣族自治县有国家 3A 级景区 2 个，为临沧双江荣达乌龙茶生态文化产业园景区、景亢傣族风情村景区。从特色小镇来看，双江拉祜族佤族布朗族傣族自治县有 1 个国家级特色小镇，为勐库镇；1 个云南省特色小镇，为勐库冰岛茶小镇。从遗产旅游特色来看，双江拉祜族佤族布朗族傣族自治县有中国重要农业文化遗产1项，为云南双江勐库古茶园与茶文化系统；有非物质文化遗产4项，为布朗族蜂铜鼓舞、拉祜族葫芦笙舞、打陀螺、布朗族传统纺织技艺。

4. 社会生活

从人民生活水平来看，2018年年末，双江拉祜族佤族布朗族傣族自治县住户存款余额为23.98亿元，比上一年增长3.01%；职工的平均工资为8.40万元，比上一年增长17.81%；社会消费品零售总额为9.87亿元，比上一年增长10.77%；农村常住居民人均支配可收入达到10753元，比上一年增长9.80%。

从教育发展来看，双江拉祜族佤族布朗族傣族自治县的义务教育发展总指数为0.51，义务教育发展级别为Ⅶ级水平。人口受教育程度指数为0.45，人口受教育级别为Ⅶ级水平。

从文化设施来看，双江拉祜族佤族布朗族傣族自治县有1个县文化馆，有1个县图书馆，属于三级图书馆。

双江拉祜族佤族布朗族傣族自治县是云南省民族团结示范县，有2个民族团结示范乡镇，分别为勐库镇、沙河乡；有1个少数民族特色村寨。

5. 脱贫攻坚

双江拉祜族佤族布朗族傣族自治县属于滇西边境片区，2017年实现了脱贫摘帽。

在主体功能区的国家级定位中，双江拉祜族佤族布朗族傣族自治县属于农产品主产区。

七 耿马傣族佤族自治县

（一）位置与范围

耿马傣族佤族自治县隶属于云南省临沧市，总面积约为 0.38×10^4 平方千米，县人民政府驻震新路与双拥路交叉口。耿马傣族佤族自治县南北最大纵距为42千米，东西最大横距为90千米。耿马傣族佤族自治县下辖4个镇（耿马镇、勐永镇、勐撒镇、孟定镇），4个乡（大兴乡、四排山乡、贺派乡、勐简乡）和1个民族乡（芒洪拉祜族布朗族乡）。

（二）自然地理

耿马傣族佤族自治县自然地理条件优越。在综合自然区划系统中，耿马傣族佤族自治县属于亚热带南部地带的滇西南中山山原地区的临沧中山山原区；在云南省生态经济区划中，耿马傣族佤族自治县主要位于滇西南中低山宽谷、盆地生态经济区的北部中山宽谷生态经济亚区；从生态红线空间分布格局看，耿马傣族佤族自治县大部分位于南部边境热带森林生态屏障区域；从生态保护红线功能类型上可以看出，耿马傣族佤族自治县为澜沧江中山峡谷水土保持生态保护红线类型。

1. 自然地理要素

（1）地貌

耿马傣族佤族自治县最高海拔高度约为3224米，最低海拔高度约为442米，高差约为2782米，平均DEM为1417.32米，处于Ⅲ级水平。坝区面积为265.9平方千米，坝区土地面积占全县土地面积的7.35%，坝区综合指数为18.69，属于半山半坝地区。地形起伏度指数为6.78，处于Ⅴ级水平；全县的平均坡度指数为19.05，处于Ⅴ级水平。在三生空间结构类型系统中，为生态主导型。

（2）气候要素

耿马傣族佤族自治县整体处于南亚热带高原季风气候，年平均气温为19.7℃，年降水量1308.8毫米，年日照时数约为2162.6小时，气候资源指数为1807.42，处于Ⅶ级水平。

（3）水文要素

耿马傣族佤族自治县地处澜沧江流域、怒江流域区域内，水网密度指数为97.63，处于Ⅳ级水平。

（4）土壤要素

耿马傣族佤族自治县的土壤类型主要为红壤。

（5）植被要素

耿马傣族佤族自治县的主要植被类型为滇中南、西部中山宽谷暖性、暖热性阔叶林，暖性、暖热性针叶林，植被覆盖度处于极显著区。耿马傣族佤族自治县生物物种资源丰富，生物多样性处于Ⅵ级水平。

2. 自然资源

（1）土地资源

耿马傣族佤族自治县的耕地面积为 682.96 平方千米，占全县土地面积的 17.97%；园地面积为 406.82 平方千米，占全县土地面积的 10.71%；林地面积为 2114.38 平方千米，占全县土地面积的 55.64%；草地面积为 197.03 平方千米，占全县土地面积的 5.18%；城镇村及工矿用地面积为 48.97 平方千米，占全县土地面积的 1.29%；交通运输用地面积为 37.05 平方千米，占全县土地面积的 0.98%；水域及水利设施用地面积为 34.86 平方千米，占全县土地面积的 0.92%；其他用地面积为 205.77 平方千米，占全县土地面积的 5.42%。在土地利用分区系统中，耿马傣族佤族自治县位于滇西南中低山盆谷边贸旅游与热作粮食区的滇西南粮食与热作农业亚区。在可利用土地资源评价方面，耿马傣族佤族自治县的可利用土地资源属于一般类型。

（2）水资源

耿马傣族佤族自治县的水资源总量为 30.44 亿立方米，地表水径流量为 30.44 亿立方米，径流深 818.7 毫米，地下水资源总量为 10.9 亿立方米，在可利用水资源评价方面，耿马傣族佤族自治县的可利用水资源属于较丰富类型。

（3）生物资源

耿马傣族佤族自治县分布着国家一级保护植物四数木，国家二级保护植物红椿、润楠、中华桫椤、合果木、蛇根木、黑黄檀、小粒稻、董棕等。分布着稀有鸟类绿孔雀。

耿马傣族佤族自治县的食用菌有鸡枞菌、裂褶菌、巴氏蘑菇等。

（三）人文地理

1. 人口和民族

耿马傣族佤族自治县 2018 年年末总人口数为 30.95 万人，人口性别比为 106.02，人口城镇化指数为 0.15，人口城镇化级别为Ⅵ级水平，人口老龄化指数为 0.06，老龄化级别为Ⅱ级水平。耿马傣族佤族自治县少数民族人口约有 15.01 万人，少数民族人口占总人口的比重为 48.50%，人口数量较多的少数民族有傣族、佤族、拉祜族、彝族、布朗族、傈僳族、白族、德昂族等，其中佤族、布朗族和德昂族为直过民族，民族多样性指数为1.52。耿马傣族佤族自治县主要说耿马话，属于滇西方言中的临沧方言。

2. 经济

耿马傣族佤族自治县GDP（地区生产总值）为96.68亿元，人均GDP为31237.48元，地均GDP为254万元/平方千米，第一产业产值为32.11亿元，第二产业产值为30.73亿元，第三产业产值为333.84亿元，处于经济发展的工业化初期阶段，属于澜沧江开发开放经济带、云南省沿边开放经济带。经济城镇化指数为0.64，经济城镇化级别为Ⅷ级。

从农业产业来看，耿马傣族佤族自治县的粮食播种面积为2.84万公顷，年粮食产量为11.57万吨。耿马傣族佤族自治县有云南省高原特色农业牛羊加快发展区产业园区，是冬春蔬菜生产大县，属于冬春蔬菜优势产业区。耿马傣族佤族自治县有滇红茶、绿茶特色农业产业园区各1个。

3. 旅游

耿马傣族佤族自治县有国家3A级景区1个（临沧耿马孟定芒团景区），国家2A级景区1个（耿马孟定洞井佛文化景区）。

耿马傣族佤族自治县有1个度假休闲广场，为耿马白马广场；有1个探险旅游产品，为热带雨林探险；有1个节庆会展产品，为耿马水文化旅游节。

从遗产旅游特色来看，耿马傣族佤族自治县有1项省级物质文化遗产，为石佛洞遗址；有3项非物质文化遗产，分别为傣绷文、傣族漆器制作技艺、傣族刺绣。

4. 社会生活

从人民生活水平来看，2018年年末，耿马傣族佤族自治县住户存款余额46.69亿元，比上一年增长4.85%；职工平均工资为6.24万元，比上一年增长15.56%；社会消费品零售总额为24.6亿元，比上一年增长11.31%；农村常住居民人均可支配收入11243元，比上一年增长9.70%。

从教育发展来看，耿马傣族佤族自治县的义务教育发展总指数为

0.73，义务教育发展级别为Ⅴ级。人口受教育程度指数为0.75，人口受教育级别为Ⅵ级。

从文化设施来看，耿马傣族佤族自治县有1个县级文化馆，有1个图书馆，为县三级图书馆。

耿马傣族佤族自治县是云南省民族团结示范县，有4个示范乡镇，分别为孟定镇、贺派乡、勐简乡、芒洪拉祜族布朗族乡；有1个少数民族特色村寨。耿马傣族佤族自治县有1个第二批省级民族传统文化保护区，为滚乃傣族传统文化保护区。

5. 脱贫攻坚

耿马傣族佤族自治县属于滇西边境片区，2018年通过培育壮大蔬菜、坚果、烤烟、中药材等新兴特色产业，实现了脱贫摘帽。

在主体功能区的国家级定位中，耿马傣族佤族自治县属于农产品主产区。

八 沧源佤族自治县

（一）位置与范围

沧源佤族自治县，全县东西最大横距86千米，南北最大纵距47千米，总面积约为 0.25×10^4 平方千米。沧源佤族自治县是云南省临沧市下辖县，是滇西南城市群的中心县，县人民政府驻广场路。沧源佤族自治县下辖4个镇（勐董镇、岩帅镇、勐省镇、芒卡镇），5个乡（单甲乡、糯良乡、勐来乡、班洪乡、班老乡），1个民族乡（勐角傣族彝族拉祜族乡）。

（二）自然地理

沧源佤族自治县自然地理条件优越。在综合自然区划系统中，沧源佤族自治县部分属于亚热带南部地带的滇西南中山山原地区的临沧中山山原区，部分属于热带北缘地带的滇南—滇西南低中山盆谷地区的德宏—孟定中山宽谷区；在云南省生态经济区划中，沧源佤族自治县主要位于滇西南中低山宽谷、盆地生态经济区的北部中山宽谷生态经济亚区；从生态保护红线空间分布格局看，沧源佤族自治县全部位于南部边境热带森林生态屏障区域；从生态保护红线功能类型上可以看出，沧源佤族自治县为南部边境热带森林生物多样性保护维护生态保护红线类型。

1. 自然地理要素

（1）地貌

沧源佤族自治县最高海拔高度约为 2640 米，最低海拔高度约为 470 米，高差约为 2170 米，平均 DEM 约为 1452.21 米，处于Ⅲ级水平。坝区面积为 30.83 平方千米，坝区土地面积占全县土地面积的 1.26%，坝区综合指数为 4.17，属于山区地区。地形起伏度指数为 5.73，处于Ⅲ级水平；全县的平均坡度指数为 20.13，处于Ⅴ级水平。

（2）气候要素

沧源佤族自治县整体处于中亚热带地区，全县的年平均气温为 18.1℃，全县年降水量为 1776.5 毫米，全年日照时数约为 1858.6 小时，气候资源指数为 1742.06，处于Ⅵ级水平。在三生空间结构类型系统中，为生态主导型。

（3）水文要素

沧源佤族自治县地处澜沧江流域、怒江流域，水网密度指数为 113.29，处于Ⅳ级水平。

（4）土壤要素

沧源佤族自治县的土壤类型主要为红壤、黄壤等。

（5）植被要素

沧源佤族自治县的主要植被类型为滇南热性阔叶林，植被覆盖度处于显著区。沧源佤族自治县生物物种资源丰富，生物多样性处于Ⅵ级水平。

2. 自然资源

（1）土地资源

沧源佤族自治县耕地面积为 367.84 平方千米，占全县土地面积的 14.71%；园地面积为 259.17 平方千米，占全县土地面积的 10.37%；林地面积为 1572.42 平方千米，占全县土地面积的 62.9%；草地面积为 35.45 平方千米，占全县土地面积的 1.42%；城镇村及工矿用地面积为 31.61 平方千米，占全县土地面积的 1.26%；交通运输用地面积为 26.07 平方千米，占全县土地面积的 1.04%；水域及水利设施用地面积为 16.45 平方千米，占全县土地面积的 0.66%；其他用地面积为 137.47 平方千米，占全县土地面积的 5.50%。在土地利用分区系统中，沧源佤族自治县位于滇西南中低山盆谷边贸旅游与热作粮食区的滇西南粮食与热作农业亚区。在可利用土地资源评价方面，沧源佤族自治县的可利用土地资源属于缺乏类型。

（2）水资源

沧源佤族自治县的水资源总量为 24.53 亿立方米，地表水径流量为 24.53 亿立方米，径流深 1002.1 毫米，地下水资源总量为 7.92 亿立方米，在可利用水资源评价方面，沧源佤族自治县的可利用水资源属于较丰富类型。

（3）生物资源

沧源佤族自治县分布着国家一级保护植物四数木和勐仓翅子树等，国家二级保护植物大叶黑桫椤、董棕、苏铁蕨、毛红椿、润楠、桫椤、水蕨、黑黄檀、中华桫椤、红椿、三棱栎 11 种。在动物资源方面，拥有稀有鸟类绿孔雀。

沧源佤族自治县的食用菌有鸡枞菌、银耳、黑木耳、硫色洵孔菌、巴氏蘑菇等。

（4）旅游资源

在地文景观资源方面，全县有 1 处喀斯特景观，为沧源天坑景观；在生物景观资源中，全县有 1 处植物景观，为沧源巨龙竹景观。

（三）人文地理

1. 人口和民族

沧源佤族自治县 2018 年年末总人口数为 18.99 万人，人口性别比为 109.13，人口城镇化指数为 0.12，人口城镇化级别为Ⅵ级，人口老龄化指数为 0.06，老龄化级别属于Ⅱ级。沧源佤族自治县少数民族人口约 15.83 万人，少数民族人口占总人口的比重为 83.36%，人口数量较多的少数民族有佤族、傣族、拉祜族、彝族等，其中佤族为直过民族，民族多样性指数为 0.77。沧源佤族自治县主要说耿马话，属于滇西方言中的临沧方言。

2. 经济

沧源佤族自治县 GDP（地区生产总值）为 41.33 亿元，人均 GDP 为

21764.09 元，地均 GDP 为 165 万元/平方千米，第一产业产值为 10.8 亿元，第二产业产值为 11.61 亿元，第三产业产值为 18.92 亿元，处于经济发展的工业化中后期阶段，属于澜沧江开发开放经济带、云南省沿边开放经济带。经济城镇化指数为 0.75，经济城镇化级别为 V 级。

从农业产业来看，沧源佤族自治县的粮食播种面积为 2.19 万公顷，年粮食产量为 7.42 万吨。沧源佤族自治县有云南省高原特色农业牛羊加快发展区产业园区，有滇红茶、绿茶 2 个特色农业产业园区。

3. 旅游

沧源佤族自治县是云南省美丽县城。在旅游景区中，沧源佤族自治县有 2 个国家 4A 级景区，分别为临沧沧源葫芦小镇景区、临沧沧源翁丁原始部落文化旅游区；1 个国家 3A 级景区，为沧源司岗里崖画谷景区；1 个国家 2A 级景区，为沧源碧丽源芒摆有机茶庄园景区。从红色旅游产品来看，沧源佤族自治县有 1 个红色旅游产品，为沧源班洪卡抗英遗址。从节庆会展产品来看，沧源佤族自治县有 1 个节庆旅游产品，为沧源佤族司岗里摸你黑狂欢节。

从历史文化名城来看，沧源佤族自治县有 1 个省级历史文化名村，为沧源县勐角傣族彝族拉祜族乡翁丁村历史文化名村；有 1 个中国历史文化名村，为勐角傣族彝族拉祜族乡翁丁村。

从特色小镇来看，沧源佤族自治县有 1 个云南省特色小镇，为翁定葫芦小镇。

从遗产旅游特色来看，沧源佤族自治县有物质文化遗产 3 项，分别为广允缅寺、沧源崖画、翁丁佤族传统居民建筑群；有非物质文化遗产 6 项，分别为司岗里、木鼓舞、傣族甩发舞、佤族木雕制作技艺、傣族传统制陶技艺、佤族农耕习俗。沧源佤族自治县是解放战争时期的革命老区。

4. 社会生活

从人民生活水平来看，2018 年年末，沧源佤族自治县住户存款余额 20.6 亿元，比上一年增长 4.62%；职工平均工资为 9.11 万元，比上一年下降 3.29%；社会消费品零售总额为 12.59 亿元，比上一年增长 11.81%；农村常住居民人均可支配收入 10410 元，比上一年增长 9.60%。

从教育发展来看，沧源佤族自治县的义务教育发展总指数 0.62，义务教育发展级别为Ⅶ级水平。人口受教育程度指数为 0.45，人口受教育级别为Ⅶ级水平。

从文化设施方面来看，沧源佤族自治县有 1 个三级文化馆，即县文化馆；有 1 个三级图书馆。

沧源佤族自治县是云南省民族团结示范县，有 2 个示范乡镇，分别为糯良乡、班洪乡；有 2 个少数民族特色集镇，分别为勐来乡、勐角傣族彝族拉祜族乡；有 1 个少数民族特色村寨。沧源佤族自治县有 1 个第一批省级民族传统文化保护区，为翁丁村佤族传统文化保护区；有 1 个第二批省级民族传统文化保护区，为丁来佤族传统文化保护区。

5. 脱贫攻坚

沧源佤族自治县位于滇西边境片区，2018 年通过发展全域旅游，实现了脱贫摘。在脱贫攻坚的道路上，旅游扶贫起到了突出作用，沧源佤族自治县属于旅游扶贫示范县，有 1 个旅游扶贫示范乡，为勐来乡，有 1 个旅游扶贫重点村，为班考村。

在主体功能区的国家级定位中，沧源佤族自治县属于农产品主产区。

第九章

楚雄彝族自治州

第一节　整体特征

一　位置与范围

楚雄彝族自治州位于云南省中部，地属滇中城市群，地处东经100°43′—102°30′、北纬24°13′—26°30′，东与昆明市相接，西与大理白族自治州相邻，南与普洱市、玉溪市相连，北与四川省攀枝花市和凉山彝族自治州接壤。全州东西最大横距175千米，南北最大纵距247.5千米，总面积约 2.92×10^4 平方千米。全州最高海拔3657米，位于百草岭主峰帽台山，最低海拔556米，位于州南端与新平彝族傣族自治县交界处的三江口。楚雄彝族自治州地处滇池和洱海文化交融地带，州人民政府驻楚雄市鹿城南路148号。楚雄彝族自治州下辖2个县级市（楚雄市、禄丰市），8个县（双柏县、牟定县、南华县、姚安县、大姚县、永仁县、元谋县、武定县），103个乡、镇、街道（65个镇、34个乡、4民族乡）。

二　自然地理

楚雄彝族自治州自然地理条件优越。在综合自然区划系统中，楚雄彝族自治州属于亚热带北部地带的滇东高原地区；在云南省生态经济区划中，楚雄彝族自治州主要位于滇东北山原生态经济区的西北中山河谷生态经济亚区，少数县区位于滇中高原湖盆生态经济区的中部湖盆城镇生态经济亚区；从生态红线空间分布格局看，楚雄彝族自治州少部分位于金沙江、澜沧江、红河干热河谷地带和哀牢山—无量山山地生态屏障区域；从生态保护红线功能类型上可以看出，楚雄彝族自治州为金沙江干热河谷及山原水土保持生态保护红线、红河（元江）干热河谷及山原水土保持生态保护红线和哀牢山—无量山山地生物多样性维护与水土保持生态红线类型。楚雄彝族自治州有 1 个县位于可持续发展实验区内。楚雄彝族自治州有哀牢山国家级自然保护区，哀牢山茂密的湿性常绿阔叶林，尚保持原始状态，对于保护水土、涵养水源、调节气候，以及维护和改善人类生存环境有着重要作用。2020 年楚雄彝族自治州被生态环境部命名为国家生态文明建设示范州，体现了楚雄彝族自治州坚持生态立州，高位推动生态文明示范创建。

（一）自然地理要素

1. 地貌

楚雄彝族自治州最高海拔高度约 3657 米，最低海拔高度约 556 米，高差约 3101 米，平均 DEM 为 1930.57 米，处于 Ⅳ 级水平。坝区面积 1118.67 平方千米，坝区土地占全州土地面积的 3.82%，坝区综合指数 20.98，属于半山半坝地区。地形起伏度指数为 4.93，处于 Ⅱ 级水平；平均坡度指数为 17.50，处于 Ⅳ 级水平。

2. 气候要素

楚雄彝族自治州整体处于北热带、中亚热带和北亚热带的过渡地带，年平均气温 16.8℃，年降水量为 794.9 毫米，年日照时数约 2346 小时，气候资源指数为 1397.98，处于 Ⅲ 级水平。

3. 水文要素

楚雄彝族自治州地处长江流域、红河流域的交汇地带，水网密度指数为 28.14，处于 Ⅱ 级水平。

4. 土壤要素

楚雄彝族自治州的土壤类型主要有紫色土、红壤等，以紫色土居多。

5. 植被要素

楚雄彝族自治州的主要植被类型为滇中、北部中山暖性阔叶林、暖性针叶林亚区和滇中、东部高原暖性阔叶林、针叶林亚区，植被覆盖度处于显著区。楚雄彝族自治州生物物种资源丰富，生物多样性处于 Ⅵ 级水平。

（二）自然资源

1. 土地资源

楚雄彝族自治州耕地面积3665.80平方千米，占全州土地面积的12.51%；园地面积375.66平方千米，占全州土地面积的1.28%；林地面积18813.91平方千米，占全州土地面积的64.21%；草地面积2828.92平方千米，占全州土地面积的9.66%；城镇村及工矿用地面积567.76平方千米，占全州土地面积的1.94%；交通运输用地面积280.30平方千米，占全州土地面积的0.96%；水域及水利设施用地面积406.25平方千米，占全州土地面积的1.39%；其他用地面积1499.82平方千米，占全州土地面积的5.12%。在土地利用分区系统中，楚雄彝族自治州位于滇中湖盆高原城镇工矿建设与耕地保护区的滇中城市工矿旅游用地亚区、新平—元江农业与工矿用地亚区、金沙江中游农林用地亚区。在可利用土地资源评价中，楚雄彝族自治州无土地资源丰富、较丰富的县区，一般的有2个，较缺乏的有8个，无缺乏的县区。

2. 水资源

楚雄彝族自治州的水资源总量63.22亿立方米，地下水资源总量16亿立方米。在可利用水资源评价中，楚雄彝族自治州无水资源丰富、较丰富、一般的县区，较缺乏的有7个，缺乏的有3个。

3. 生物资源

楚雄彝族自治州分布着国家一级保护植物云贵水韭、元江苏铁、攀枝花苏铁等，国家二级保护植物扇蕨、野大豆、香果树、榉树、喜树、水青树、异颖草、龙棕、西康玉兰、黄杉、中国蕨、丁茜、红椿、翠柏14种，广泛分布着金荞麦、银杏等国家珍稀植物资源。

楚雄彝族自治州分布着稀有鸟类绿孔雀、黑颈长尾雉、金雕等，稀有兽类华鬣羚、大灵猫、黑熊、豹、猕猴、毛冠鹿、林麝、云豹、穿山甲、斑羚、豺11种，稀有爬行、两栖、鱼类细瘰疣螈。

楚雄彝族自治州的食用菌有鸡枞菌、广野绣球菌、裂褶菌、鸡油菌、美味牛肝菌、黄皮疣柄牛肝菌、皱盖疣柄牛肝菌、香菇、双孢蘑菇、黄伞、梭柄乳头蘑、铜色牛肝菌、小美牛肝菌、桃红牛肝菌、中华牛肝菌、乳牛肝菌、鹤环乳牛肝菌、变绿红菇、浓香乳菇、红汁乳菇、多汁乳菇、红黄鹅膏、油口蘑、翘鳞肉齿菌、卷缘齿菌、灰喇叭菌、双色牛肝菌、葡萄状枝瑚菌、棱柄马鞍菌、黄白侧耳、草鸡枞、高大环柄菇、松茸、香肉齿菌、桂花耳、长根小奥德菇、白色地花菌、金耳、松乳菇、毛柄类火菇、羊肚菌、血红牛肝菌、灰树花、紫丁香蘑、蓝丝膜菌、紫晶蜡蘑、红蜡蘑、肝色牛排菌、大孢地花49种。其中，禄丰市的食用菌资源最为丰富，约41种；元谋县的食用菌资源最少。

4. 矿产资源

楚雄彝族自治州黑色矿产资源、能源矿产资源丰富；有色金属资源、贵金属资源、化工原料非金属矿产资源较为丰富。

5. 旅游资源

楚雄彝族自治州的地文景观资源中，有2处地质景观，分别为元谋土林景观、禄丰恐龙化石群景观。水体景观资源中，有2处瀑布景观，分别为双柏恐龙河瀑布景观、大姚双沟瀑布景观。

三　人文地理

（一）人口和民族

楚雄彝族自治州2018年年末总人口数为274.80万人，性别比为105.28，人口城镇化指数为0.12，人口城镇化级别为Ⅵ级，人口老龄化指数0.09，老龄化级别为Ⅶ级。楚雄彝族自治州少数民族人口约88.66万人，少数民族人口占总人口的32.26%，人口数量较多的少数民族有彝族、回族、白族、苗族，民族多样性指数为0.84。楚雄彝族自治州主要说滇中方言中的楚雄方言。

（二）经济

楚雄彝族自治州GDP（地区生产总值）为1024.33亿元，人均GDP为37275.47元，地均GDP为350万元/平千米，第一产业产值181.25亿元，第二产业产值417.12亿元，第三产业产值425.96亿元，处于经济发展的工业化中后期阶段，属于金沙江开放合作经济带。经济城镇化指数为0.74，经济城镇化级别为Ⅵ级。

从农业产业来看，楚雄彝族自治州的粮食播种面积25.87万公顷，年粮食产量126.8万吨。楚雄彝族自治州位于云南省高原特色农业中部现代产业园区中，有 5 家省级生猪产业有限公司，有盆花与地方特色花卉、绿化观赏苗木、鲜切花三种花卉主导产业，是云南省肉牛产业、肉羊产业稳定发展区；楚雄彝族自治州的冬春蔬菜优势产业区中有 1 个生产大县和 1 个重点县，常年蔬菜优势产业区中有 5 个生产大县和 1 个重点县。楚雄彝族自治州从事中药材加工和经营的企业有 5 家，分别是茯苓、白扁豆、滇重楼、草乌、附子的加工厂。

从工业园区来看，楚雄彝族自治州有国家级工业园区 1 个、省级工业园区 4 个。有 1 个冶金产业园区，有 1 个建材产业园区，有 1 个先进装备制造产业园区，有 2 个特色食品制造产业园区，有 1 个生物医药和大健康产业园区。楚雄彝族自治州有国家级外贸转型升级基地 1 家，为楚雄彝族自治州南华县省级外贸转型升级基地（食用菌），有 1 家省级外贸转型升级基地，为楚雄彝族自治州禄丰市省级外贸转型升级基地（单晶硅）。

（三）旅游

楚雄彝族自治州有 1 个云南省美丽县城，有 2 个全国县域旅游综合实力百强县，有 2 个全国县域旅游发展潜力百佳县。

在旅游景区中，楚雄彝族自治州有 7 个国家 4A 级景区，14 个国家 3A 级景区，1 个国家 1A 级景区；在度假休闲区中，有 1 个城市公园，有 2 个休闲广场；在专项旅游产品中，有 2 项农业旅游产品，有 1 项红色旅游产品。在节庆会展产品中，有 1 项节庆旅游产品。农历六月二十四日至二十六日的火把节是楚雄彝族自治州内彝族的传统节日，火把节时各家会祭祖、要火把，并将火把集中于村内广场，男女老幼围火把堆载歌载舞，以示祈福驱邪。

楚雄彝族自治州有 1 个国家级历史文化名镇，2 个省级历史文化名镇，1 个省级历史文化名村，1 个中国历史文化名镇，1 个全国特色小镇，5 个云南省特色小镇。从遗产旅游特色来看，楚雄彝族自治州国家级物质文化遗产有 9 项，省级物质文化遗产有 31 项，非物质文化遗产有 34 项。楚雄彝族自治州有 3 个解放战争时期革命老区，9 个革命老区乡镇。

（四）社会生活

从人民生活水平来看，2018 年年末，楚雄彝族自治州的住户存款余额 685.33 亿元，较上一年增长 8.92%；职工平均工资 8.91 万元，较上一年增长 10.68%；社会消费品零售总额 358.88 亿元，较上一年增长 6.81%；农村常住居民人均可支配收入 10988 元，较上一年增长 9.4%。

从教育发展来看，楚雄彝族自治州的义务教育发展总指数为 0.69，义务教育发展级别为Ⅵ级。人口受教育程度指数为 0.80，人口受教育级别为Ⅵ级。

从文化设施来看，楚雄彝族自治州二级博物馆有 1 个，三级及以下博物馆有 3 个；一级文化馆有 7 个，二级文化馆有 3 个；一级图书馆有 4 个，二级图书馆有 4 个，三级及以下图书馆有 3 个。

楚雄彝族自治州有 3 个民族团结示范县，有 5 个民族团结示范乡镇，有 2 个少数民族特色集镇，有 10 个少数民族特色村寨。

（五）脱贫攻坚

楚雄彝族自治州属于乌蒙山片区、滇西边境片区，2017 年牟定县、姚安县实现了脱贫摘帽，2018 年双柏县、南华县、大姚县、永仁县实现了脱贫摘帽，2019 年武定县实现了脱贫摘帽。在脱贫攻坚的道路上，旅游扶贫起到了突出作用。楚雄彝族自治州的旅游扶贫示范县有 1 个，旅游示范乡镇有 2 个，旅游示范村有 6 个。

第二节　区域差异

一　楚雄市

（一）位置与范围

楚雄市位于云贵高原中部，为楚雄彝族自治州的地级行政区首府，也是楚雄彝族自治州的政治、经济、文化和交通中心。地处东经 100°52′—101°48′、北纬 24°29′—25°18′ 之间，东接昆明市，西连大理白族自治州，南至普洱市，北达攀枝花市，全市总面积约为 0.45×10^4 平方千米。楚雄市人民政府驻地位于楚雄市鹿城南路 148 号。楚雄市下辖 12 个镇（鹿城镇、东瓜镇、吕合镇、东华镇、子午镇、苍岭镇、三街镇、中山镇、八角镇、紫溪镇、新村镇、西舍路镇），3 个乡（树苴乡、大过口乡、大地基乡）。

（二）自然地理

楚雄市自然地理条件优越。在综合自然区划系统中，楚雄市属于亚热带北部地带的滇东高原地区楚雄红岩高原区；在云南省生态经济区划中，楚雄市主要位于滇东北山原生态经济区的西北中山河谷生态经济亚区；从生态红线空间分布格局看，楚雄市少部分位于哀牢山—无量山山地生态屏障区域；从生态保护红线功能类型上可以看出，楚雄市为哀牢山—无量山山地生物多样性维护与水土保持生态红线类型。楚雄市有紫溪山省级自然保护区，属森林生态系统类型保护区。楚雄市是第四批国家生态文明建设示范区，该示范区的建设体现了楚雄市坚持以习近平生态文明思想为指引，坚决贯彻落实新发展理念，牢固树立"绿水青山就是金山银山"的理念，努力建设全省生态文明建设先行示范区。

1. 自然地理要素

（1）地貌

楚雄市最高海拔高度约为 2916 米，最低海拔高度约为 691 米，高差约为 2225 米，平均 DEM 约为 1894.5 米，处于 Ⅳ 级水平。坝区面积为 201.7 平方千米，坝区土地面积占全市土地面积的 5.34%，坝区综合指数为 18.88，属于半山半坝地区。地形起伏度指数为 6.20，处于 Ⅳ 级水平；全县的平均坡度指数为 19.21，处于 Ⅴ 级水平。

（2）气候要素

楚雄市整体处于中亚热带地区，年平均气温为 16.7℃，年降水量 725.6 毫米，年日照时数约为 2428 小时，气候资源指数为 1401.65，处于 Ⅲ 级水平。

（3）水文要素

楚雄市地处长江流域、红河流域，水网密度指数为 28.11，处于 Ⅱ 级水平。

（4）土壤要素

楚雄市的土壤类型主要为紫色土。

（5）植被要素

楚雄市的主要植被类型为滇中、东部高原暖性阔叶林、针叶林亚区，

植被覆盖度处于微显著区。楚雄市生物物种资源丰富,生物多样性处于
Ⅵ级水平。田中线穿过楚雄市。

2. 自然资源

(1) 土地资源

楚雄市耕地面积为 528.56 平方千米,占全市土地面积的 12.01%;
园地面积为 38.94 平方千米,占全市土地面积的 0.88%;林地面积为
3252.24 平方千米,占全市土地面积的 73.91%;草地面积为 207.79 平方
千米,占全市土地面积的 4.72%;城镇村及工矿用地面积为 120.53 平方
千米,占全市土地面积的 2.74%;交通运输用地面积为 53.70 平方千米,
占全市土地面积的 1.22%;水域及水利设施用地面积为 65.19 平方千米,
占全市土地面积的 1.48%;其他用地面积为 166.40 平方千米,占全市土
地面积的 3.78%。在土地利用分区系统中,楚雄市位于滇中湖盆高原城
镇工矿建设与耕地保护区的滇中城市工矿旅游用地亚区。在可利用土地
资源评价方面,楚雄市的可利用土地资源属于较缺乏类型。在三生空间
结构类型系统中,为生产—生态主导型。

(2) 水资源

楚雄市的水资源总量为 8.86 亿立方米,地表水径流量为 8.86 亿立方
米,径流深 200.2 毫米,地下水资源总量为 2.46 亿立方米,在可利用水
资源评价方面,楚雄市的可利用水资源属于较缺乏类型。

(3) 生物资源

楚雄市分布着国家一级保护植物云贵水韭、元江苏铁等,国家二级
保护植物扇蕨、野大豆、香果树、水青树等。在动物资源方面,分布着
稀有鸟类黑颈长尾雉、绿孔雀等。

楚雄市菌类资源丰富,食用菌资源有鸡枞菌、广野绣球菌、裂褶菌、
鸡油菌、美味牛肝菌、黄皮疣柄牛肝菌、皱盖疣柄牛肝菌、香菇、双孢
蘑菇、黄伞、梭柄乳头蘑、铜色牛肝菌、小美牛肝菌、桃红牛肝菌、中
华牛肝菌、乳牛肝菌、鹤环乳牛肝菌、变绿红菇、浓香乳菇、红汁乳菇、
多汁乳菇、红黄鹅膏、油口蘑、翘鳞肉齿菌、卷缘齿菌、灰喇叭菌、红
蜡蘑、双色牛肝菌、葡萄状枝瑚菌、梭柄马鞍菌 30 种。

（三）人文地理

1. 人口和民族

楚雄市 2018 年年末总人口数为 60.01 万人，人口性别比为 104.55，人口城镇化指数为 0.27，人口城镇化级别为Ⅳ级，人口老龄化指数为 0.08，老龄化级别属于Ⅴ级。楚雄市少数民族人口约 12.86 万人，少数民族人口占总人口的比重为 21.43%，人口数量较多的少数民族有彝族、苗族、回族、白族等，民族多样性指数为 0.70。楚雄市主要说楚雄（鹿城）话，属于滇中方言中的楚雄方言。

2. 经济

楚雄市 GDP（地区生产总值）为 386.97 亿元，人均 GDP 为 64484.25 元，地均 GDP 为 879 万元/平方千米，第一产业产值为 28.01 亿元，第二产业产值为 203.20 亿元，第三产业产值为 155.76 亿元，处于经济发展的发达经济阶段。经济城镇化指数为 0.92，经济城镇化级别为Ⅱ级水平。

从农业产业来看，楚雄市的粮食播种面积为 3.69 万公顷，年粮食产量为 21 万吨。楚雄市有云南省高原特色农业中部现代产业园区 1 个。在特色农业产业园区方面，楚雄市属于牛羊稳定发展区，有 1 个省级生猪生产基地，为楚雄市明宏生态科技工贸有限责任公司；楚雄市还拥有 1 个花卉生产基地，主要经营盆花与地方特色花卉、绿化观赏苗木、盆花与地方特色花卉。楚雄市是常年蔬菜优势产业区，是蔬菜生产大县。楚雄市还有 1 个国家级的开发区，为楚雄高新技术产业开发区。

产业类型方面，楚雄市不仅拥有先进装备制造业，在生物医药和大健康方面也有一席之地。

3. 旅游

从云南省特色县城来看，楚雄市是全国县域旅游综合实力的佼佼者，同时还是全国县域旅游发展潜力很好的城市。

在旅游景区中，楚雄市有 3 个国家 4A 级景区，分别为楚雄彝人古镇景区、楚雄彝族自治州博物馆景区、楚雄紫溪山景区；有 2 个国家 3A 级景区，分别是楚雄彝族自治州紫溪彝村景区、楚雄市摩尔梦工厂工业旅游观光园景区。在度假休闲方面，有 1 个城市公园，为楚雄十月太阳历公园，有 2 个休闲广场，为楚雄桃源广场、楚雄活力广场。

从特色小镇来看，楚雄市有 1 个省级特色小镇，为彝人古镇。从遗产旅游特色来看，楚雄市拥有物质文化遗产 5 项，分别为楚雄文庙、万家坝古墓群、护法明公德运碑摩崖、龙泉书院、雁塔，其中 2 项国家级物质文化遗产，3 项省级物质文化遗产。楚雄市是解放战争时期的革命老区。

4. 社会生活

从人民生活水平来看，2018 年年末，楚雄市住户存款余额为 220.87 亿元，比上一年增长 10.62%；职工平均工资为 9.01 万元，比上一年增长 12.20%；社会消费品零售总额为 149.43 亿元，比上一年增长 6.68%；农村常住居民人均可支配收入 11790 元，比上一年增长 9.30%。

从教育发展来看，楚雄市的义务教育发展总指数 1.65，义务教育发展级别为 Ⅱ 级水平。人口受教育程度指数为 1.87，人口受教育级别为 Ⅲ 级水平。

从文化设施方面来看，楚雄市拥有二级博物馆 1 处，为州博物馆；有 2 个一级文化馆，为州文化馆、市文化馆；有 2 个一级图书馆，为州图书馆、市图书馆。

楚雄市有 1 个云南省民族团结示范乡镇，为紫溪镇，有 1 个少数民族特色村寨。楚雄市有 1 个第二批省级民族传统文化保护区，为翁以口夸村民族传统文化保护区。

5. 脱贫攻坚

楚雄市属于滇西边境片区，在 2019 年全部完成脱贫摘帽。

在主体功能区的国家级定位中，楚雄市属于集中连片重点开发区域。

二 双柏县

（一）位置与范围

双柏县是红河源头的重要生态屏障，是哀牢山国家级自然保护区的核心区域，也是彝族"三笙"文化的重要发源地。位于云南省中部，地处东经 101°03′—102°01′、北纬 24°13′—24°54′ 之间，东与易门县、禄丰市两县相接，西与景东彝族自治县、镇沅彝族哈尼族拉祜族自治县相邻，南与新平彝族傣族自治县、峨山彝族自治县相连，北与楚雄市接壤，总面积约为 0.41×10^4 平方千米。双柏县是云南省楚雄彝族自治州的下辖县，位于滇中城市群内，县人民政府驻地位于东兴路 33 号。双柏县下辖有 5 个镇（妥甸镇、大庄镇、法脿镇、鄂嘉镇、大麦地镇），3 个乡（安龙堡乡、爱尼山乡、独田乡）。

（二）自然地理

双柏县自然地理条件优越。在综合自然区划系统中，双柏县属于亚热带北部地带的滇东高原地区的楚雄红岩高原区；在云南省生态经济区划中，双柏县主要位于滇东北山原生态经济区的西北中山河谷生态经济亚区；从生态红线空间分布格局看，双柏县部分位于哀牢山—无量山山地生态屏障区域；从生态保护红线功能类型上可以看出，双柏县为哀牢山—无量山山地生物多样性维护与水土保持生态红线类型。同时，双柏县也属于可持续发展实验区。双柏县是第五批国家生态文明建设示范区，该示范区的建立体现了双柏县紧紧依托良好的资源禀赋，坚持"生态立县、绿色崛起"的发展战略，以争创国家生态文明建设示范县为目标。

1. 自然地理要素

（1）地貌

双柏县最高海拔高度约为 2946 米，最低海拔高度约为 556 米，高差约为 2390 米，平均 DEM 为 1639.26 米，处于Ⅲ级水平。坝区面积为 22.55 平方千米，坝区土地面积占全县土地面积的 0.58%，坝区综合指数为 1.92，属于山区地区。地形起伏度指数为 6.49，处于Ⅳ级水平；全县的平均坡度指数为 21.04，处于Ⅴ级水平。

（2）气候要素

双柏县整体上处于北亚热带高原季风气候，年平均气温为 15.4℃，年降水量 1079.2 毫米，年日照时数约为 2395.70 小时，气候资源指数为 1367.35，处于Ⅲ级水平。

（3）水文要素

双柏县地处红河流域，水网密度指数为 31.04，处于Ⅱ级水平。

（4）土壤要素

双柏县的土壤类型主要为紫色土。

（5）植被要素

双柏县的主要植被类型为滇中、东部高原暖性阔叶林、针叶林亚区，植被覆盖度处于显著区。双柏县生物物种资源丰富，生物多样性处于Ⅶ级水平。田中线穿过双柏县。

2. 自然资源

（1）土地资源

双柏县耕地面积为365.18平方千米，占全县土地面积的9.13%；园地面积为31.02平方千米，占全县土地面积的0.78%；林地面积为2599.09平方千米，占全县土地面积的64.98%；草地面积为412.98平方千米，占全县土地面积的10.32%；城镇村及工矿用地面积为41.70平方千米，占全县土地面积的1.04%；交通运输用地面积为34.21平方千米，占全县土地面积的0.86%；水域及水利设施用地面积为64.75平方千米，占全县土地面积的1.62%；其他用地面积为339.32平方千米，占全县土地面积的8.48%。在土地利用分区系统中，双柏县位于滇中湖盆高原城镇工矿建设与耕地保护区的新平—元江农业与工矿用地亚区。在可利用土地资源评价方面，双柏县的可利用土地资源属于较缺乏类型。在三生空间结构类型系统中，为生态主导型。

（2）水资源

双柏县的水资源总量为9.32亿立方米，地表水净流量9.32亿立方米，径流深239.4毫米，地下水资源总量为2.64亿立方米，在可利用水资源评价方面，双柏县的可利用水资源属于较缺乏类型。

（3）生物资源

双柏县分布着国家一级保护植物元江苏铁，国家二级保护植物扇蕨、榉树、喜树、水青树和异颖草等。分布着稀有鸟类绿孔雀和黑颈长尾雉。

双柏县的食用菌有鸡枞菌、黄皮疣柄牛肝菌、黄白侧耳、梭柄乳头蘑、红黄鹅膏、草鸡枞、高大环柄菇、羊肚菌和棱柄马鞍菌等。

（4）旅游资源

在水体景观资源中，全县有 1 处瀑布景观，为双柏恐龙河瀑布景观。

（三）人文地理

1. 人口和民族

双柏县 2018 年年末总人口数为 16.11 万人，人口性别比为 110.08，人口城镇化指数为 0.09，人口城镇化级别为Ⅶ级，人口老龄化指数为 0.09，老龄化级别属于Ⅶ级。双柏县少数民族人口约为 7.75 万人，少数民族人口占总人口的比重为 48.11%，全县人口数量较多的少数民族主要有彝族、哈尼族等，民族多样性指数为 0.86。

2. 经济

双柏县的 GDP（地区生产总值）为 41.75 亿元，人均 GDP 为 25915.58 元，地均 GDP 为 104 万元/平方千米，第一产业产值为 11.48 亿元，第二产业产值为 11.77 亿元，第三产业产值为 18.50 亿元，全县整体处于经济发展的工业化中后期阶段。经济城镇化指数为 0.69，经济城镇化级别属于Ⅶ级。

从农业产业来看，双柏县的粮食播种面积为 1.92 万公顷，年粮食产量 8.07 万吨。双柏县有云南省高原特色农业中部现代产业园区，是牛羊稳定发展区，也是常年蔬菜优势产业区。同时，双柏县为云药之乡，主要中药材品种有白扁豆、茯苓、胡蜂。

3. 旅游

在旅游景区方面，双柏县有 1 个国家 3A 级景区，为双柏查姆湖景区。

从遗产旅游特色来看，双柏县有省级物质文化遗产大庄苏氏祠堂；非物质文化遗产有 4 项，分别是查姆、彝族老虎笙、打陀螺和彝族阿噻调。

4. 社会生活

从人民生活水平来看，2018 年年末，双柏县的住户存款余额 33.30 亿元，比上一年增长 10.12%；职工平均工资为 7.87 万元，比上一年增长 7.22%；社会消费品零售总额为 12.09 亿元，比上一年增长 12.05%；农村常住居民人均可支配收入为 10144 元，比上一年增长 10.11%。

从教育发展来看，双柏县的义务教育发展总指数为 0.52，义务教育发展级别为Ⅶ级水平。人口受教育程度指数为 0.46，人口受教育级别属于Ⅶ级水平。

从文化设施来看，双柏县有 1 个一级文化馆，有 1 个三级图书馆。

双柏县是云南省民族团结示范县，安龙堡乡为民族团结示范乡镇，有 1 个少数民族特色村寨。双柏县有 1 个第二批省级民族传统文化保护区，为大麦地镇彝族传统文化保护区；1 个省级民族民间传统文化之乡，为彝族老虎笙舞之乡。

5. 脱贫攻坚

双柏县属于滇西边境片区，2018 年通过培育香葱产业实现了脱贫摘帽。在脱贫攻坚的道路上，旅游扶贫作出重要的贡献。双柏县的旅游扶贫重点村为麻旺村。

在主体功能区的国家级和省级定位中，双柏县均属于重点生态功能区。

三 牟定县

（一）位置与范围

牟定县位于云南省中北部、楚雄彝族自治州中部，地处东经 101°17′—101°51′、北纬 25°09′—25°40′之间，东部与禄丰市相接，南边与楚雄市相连，西面与南华县相接，北边与大姚县相邻。全县东西最大横距为 53.6 千米，南北最大纵距为 57.6 千米，总面积约为 0.15×10^4 平方千米。牟定县属于滇中城市群的中心县，县人民政府驻地位于牟定县共计和镇中园东路 19 号。牟定县下辖 4 个镇（共计和镇、新桥镇、江坡镇、凤屯镇），3 个乡（蟠猫乡、戌街乡、安乐乡）。

（二）自然地理

牟定县自然地理条件优越。在综合自然区划系统中，牟定县属于亚热带北部地带的滇东高原地区的楚雄红岩高原区；在云南省生态经济区划中，牟定县主要位于滇东北山原生态经济区的西北中山河谷生态经济亚区；从生态红线空间分布格局看，牟定县少部分位于金沙江、澜沧江、红河干热河谷地带；从生态保护红线功能类型上可以看出，牟定县为金沙江干热河谷及山原水土保持生态保护红线类型。牟定县是第四批国家生态文明建设示范区，该示范区的建设体现了牟定县自觉将生态文明建设融入经济建设、政治建设、文化建设、社会建设各方面、全过程，走出了一条"高颜值"生态环境和"高质量"经济发展互为促进、协同并进的绿色发展路径。

1. 自然地理要素

（1）地貌

牟定县最高海拔高度约为 2897 米，最低海拔高度约为 1140 米，高差约为 1757 米，平均 DEM 为 1958.65 米，处于Ⅳ级水平。坝区面积为 93.3 平方千米，坝区土地面积占全县土地面积的 10.38%，坝区综合指数为 28.11，属于半山半坝地区。地形起伏度指数为 5.12，处于Ⅱ级水平；全县的平均坡度指数为 14.55，处于Ⅲ级水平。

（2）气候要素

牟定县整体属于北亚热带高原季风气候，年平均气温为 16.1℃，年降水量 925.3 毫米，年日照时数约为 2510.70 小时，气候资源指数为 1393.60，处于Ⅲ级水平。

（3）水文要素

牟定县地处长江流域，水网密度指数为 20.91，处于Ⅱ级水平。

（4）土壤要素

牟定县的土壤类型主要为紫色土。

（5）植被要素

牟定县的主要植被类型为滇中、东部高原暖性阔叶林、针叶林亚区，植被覆盖度处于微显著区。牟定县的生物物种资源较为丰富，生物多样性处于Ⅶ级水平。

2. 自然资源

（1）土地资源

牟定县耕地面积为 254.24 平方千米，占全县土地面积的 18.16%；园地面积为 12.59 平方千米，占全县土地面积的 0.90%；林地面积为 940.81 平方千米，占全县土地面积的 67.20%；草地面积为 93.02 平方千米，占全县土地面积的 6.64%；城镇村及工矿用地面积为 40.06 平方千米，占全县土地面积的 2.86%；交通运输用地面积为 10.93 平方千米，占全县土地面积的 0.78%；水域及水利设施用地面积为 21.58 平方千米，占全县土地面积的 1.54%；其他用地面积为 76.34 平方千米，占全县土地面积的 5.45%。在土地利用分区系统中，牟定县位于滇中湖盆高原城镇工矿建设与耕地保护区的金沙江中游农林用地亚区。在可利用土地资源评价方面，牟定县的可利用土地资源属于较缺乏类型。在三生空间结构类型系统中，为生产—生态主导型。

（2）水资源

牟定县的水资源总量为 2.48 亿立方米，地表水径流量为 2.48 亿立方米，径流深为 171.8 毫米，地下水资源总量为 0.38 亿立方米，在可利用水资源评价方面，牟定县的水资源可利用程度属于缺乏类型。

（3）生物资源

牟定县分布着国家二级保护植物龙棕。

牟定县的食用菌有鸡枞菌、黄皮疣柄牛肝菌、黄白侧耳和梭柄乳头蘑等。

（三）人文地理

1. 人口和民族

2018 年年末，牟定县的总人口数为 21.28 万人，人口性别比为 105.02，人口城镇化指数为 0.07，人口城镇化级别属于Ⅶ级，人口老龄化指数为 0.09，老龄化级别属于Ⅶ级。牟定县少数民族人口数约 4.30 万人，少数民族人口占总人口的比重为 20.21%，人口数量较多的少数民族主要为彝族，民族多样性指数为 0.55。牟定县主要说牟定话，属于滇中方言中的楚雄方言。

2. 经济

牟定县 GDP（地区生产总值）为 54.83 亿元，人均 GDP 为 25765.98 元，地均 GDP 为 392 万元/平方千米，第一产业产值为 12.92 亿元，第二产业产值为 22.30 亿元，第三产业产值为 19.61 亿元，处于经济发展的工业化中后期阶段。经济城镇化指数为 0.73，经济城镇化级别属于Ⅵ级水平。

从农业产业来看，牟定县的粮食播种面积 2.13 万公顷，全年的粮食产量为 10.28 万吨。牟定县有 1 家省级生猪产业有限公司（云南楚雄葬山工贸有限公司），是云南省牛羊产业的稳定发展区。

3. 旅游

牟定历史悠久、文化灿烂。在旅游景区中，牟定县有 1 个国家 3A 级景区，为牟定彝和园景区，1 个国家 1A 级景区，为牟定化佛山景区。

从遗产旅游特色来看，牟定县有省级物质文化遗产 1 项，为牟定文庙；有 1 处非物质文化遗产，为彝族左脚舞。

4. 社会生活

从人民生活水平来看，2018 年年末，牟定县住户存款余额 42.48 亿元，比上一年增长 10.60%；职工平均工资 8.43 万元，比上一年增长 15.64%；社会消费品零售总额为 17.02 亿元，比上一年增长 10.81%；农村常住居民人均可支配收入 10315 元，比上一年增长 9.50%。

从教育发展来看，牟定县的义务教育发展总指数为 0.56，义务教育发展级别为Ⅶ级水平。人口受教育程度指数为 0.63，人口受教育级别为Ⅵ级水平。

从文化设施来看，牟定县有 1 个一级文化馆，有 1 个二级图书馆。

牟定县是云南省民族团结示范县，有 1 个少数民族特色村寨，有 1 个省级民族民间传统文化之乡，为彝族左脚舞之乡。

5. 脱贫攻坚

牟定县属于滇西边境片区，2017 年通过"136"产业扶贫助力乡村振兴，实现了脱贫摘帽。在脱贫攻坚的道路上，旅游扶贫发挥了突出的作用。牟定县有 1 个旅游扶贫重点村，为清河村。

在主体功能区的国家级定位中，牟定县属于集中连片重点开发区域。

四 南华县

（一）位置与范围

南华县地处滇中高原，是茶马古道上的商贸重镇，地处东经 100°43′—101°22′、北纬 24°43′—25°22′之间，东与楚雄市、牟定县相接，西与弥渡县相邻，南与楚雄市、景东彝族自治县相连，北与祥云县、姚安县接壤。全县东西的最大横距 64.4 千米，南北最大的纵距 71.1 千米，总

面积约为 0.23×10^4 平方千米。南华县是楚雄彝族自治州下辖县，属于滇中城市群的中心县，县人民政府驻地位于南华县 S217（永南二级公路）。南华县下辖 6 个镇（龙川镇、红土坡镇、沙桥镇、五街镇、马街镇、兔街镇），3 个乡（一街乡、罗武庄乡、五顶山乡），1 个民族乡（雨露白族乡）。

（二）自然地理

南华县自然地理条件优越。在综合自然区划系统中，南华县属于亚热带北部地带的滇东高原地区的楚雄红岩高原区；在云南省生态经济区划中，南华县主要位于滇东北山原生态经济区的西北中山河谷生态经济亚区；从生态红线空间分布格局看，南华县少部分位于哀牢山—无量山山地生态屏障区域；从生态保护红线功能类型上可以看出，南华县为哀牢山—无量山山地生物多样性维护与水土保持生态红线类型。南华县是第四批国家生态文明建设示范区，该示范区的建设体现了南华县把绿色生态作为核心竞争力，走出了一条经济建设与环境保护共赢的发展道路。

1. 自然地理要素

（1）地貌

南华县最高海拔高度约为 2861 米，最低海拔高度约为 963 米，高差约为 1898 米，平均 DEM 为 2069.96 米，处于 V 级水平。全县坝区面积为 101.2 平方千米，坝区土地面积占全县土地面积的 4.64%，坝区综合指数为 12.16，属于山区地区。地形起伏度指数为 5.78，处于 Ⅲ 级水平；全县的平均坡度指数为 17.88，属于 Ⅳ 级水平。

（2）气候要素

南华县整体处于北亚热带高原季风气候，年平均气温为 14.7℃，年降水量 811.1 毫米，年日照时数约为 2285.80 小时，气候资源指数为 1367.89，处于 Ⅲ 级水平。

（3）水文要素

南华县地处长江流域、红河流域的交汇地带，水网密度指数为 35.119，处于 Ⅱ 级水平。

（4）土壤要素

南华县的土壤类型主要为紫色土。

（5）植被要素

南华县的主要植被类型为滇中、东部高原暖性阔叶林、针叶林亚区，植被覆盖度处于显著区。南华县的生物物种资源丰富，生物多样性处于Ⅶ级水平。田中线穿过南华县。

2. 自然资源

（1）土地资源

南华县耕地面积为 339.79 平方千米，占全县土地面积的 14.77%；园地面积为 15.35 平方千米，占全县土地面积的 0.67%；林地面积为 1518.42 平方千米，占全县土地面积的 66.02%；草地面积为 157.25 平方千米，占全县土地面积的 6.84%；城镇村及工矿用地面积为 50.26 平方千米，占全县土地面积的 2.19%；交通运输用地面积为 27.79 平方千米，占全县土地面积的 1.21%；水域及水利设施用地面积为 27.28 平方千米，占全县土地面积的 1.19%；其他用地面积为 128.60 平方千米，占全县土地面积的 5.59%。在土地利用分区系统中，南华县属于滇中湖盆高原城镇工矿建设与耕地保护区的金沙江中游农林用地亚区。在可利用土地资源评价方面，南华县的可利用土地资源属于较缺乏类型。在三生空间结构类型系统中，为生态—生产主导型。

（2）水资源

南华县的水资源总量为 6.42 亿立方米，地表水径流量 6.42 亿立方米，径流深度为 283.4 毫米，地下水资源总量为 1.44 亿立方米，在可利用水资源评价方面，南华县的可利用水资源属于较缺乏类型。

（3）生物资源

南华县分布着国家二级保护植物香果树、水青树和异颖草等。

南华县分布着稀有鸟类绿孔雀和黑颈长尾雉。

南华县的食用菌资源丰富多样，主要有松茸、鸡枞菌、干巴菌、香肉齿菌、广野绣球菌、裂褶菌、鸡油菌、美味牛肝菌、黄皮疣柄牛肝菌、皱盖疣柄牛肝菌、桂花耳、香菇、黄白侧耳、黄伞、长根小奥德菇、铜色牛肝菌、小美牛肝菌、血红牛肝菌、桃红牛肝菌、中华牛肝菌、乳牛肝菌、鹤环乳牛肝菌、变绿红菇、浓香乳菇、红汁乳菇、红黄鹅膏、草鸡枞、油口蘑、翘鳞肉齿菌、卷缘齿菌、高大环柄菇、灰喇叭菌、蓝丝膜菌、紫晶蜡蘑、双色牛肝菌、大孢地花和白色地花菌 37 种。

（三）人文地理

1. 人口和民族

2018 年年末，南华县的总人口数为 24.31 万人，人口性别比为 103.62，人口城镇化指数为 0.08，人口城镇化级别属于Ⅶ级水平，人口老龄化指数为 0.08，老龄化级别属于Ⅴ级水平。南华县少数民族的人口数量约有 9.81 万人，少数民族人口数量在总人口中所占的比重为 40.35%，人口数量较多的少数民族主要有彝族、白族、回族等，全县的民族多样性指数为 0.87。

2. 经济

南华县 GDP（地区生产总值）为 67.08 亿元，人均 GDP 为 27593.58元，地均 GDP 是 292 万元/平方千米，第一产业产值为 15.54 亿元，第二产业产值为 24.20 亿元，第三产业产值为 27.34 亿元，全县整体处于经济发展的工业化中后期阶段。经济城镇化指数为 0.74，经济城镇化级别属于Ⅵ级水平。

从农业产业来看，南华县的粮食播种面积为 2.24 万公顷，年粮食产量为 11.04 万吨。南华县有 1 家省级生猪产业有限公司（楚雄安友畜牧业有限公司）。南华县也是牛羊稳定发展区。

从工业园区来看，南华县有省级工业园区即南华工业园区 1 个，为特色食品制造产业园区。

3. 旅游

在旅游景区中，南华县有 1 个国家 3A 级景区，为南华咪依噜风情谷景区；在专项旅游产品中，南华县的农业旅游产品为南华菌山。

南华县有 1 个云南省特色小镇，为野生菌小镇。从遗产旅游特色来看，南华县有省级物质文化遗产 1 项，是灵官桥；非物质文化遗产有 7项，分别是创世史诗《开奔勒笃——六祖古歌》、镇南月琴制作技艺、彝族三旋制作技艺、雨露白族正月灯会、二彝族阿卡舞、阿苏者跳歌舞、南华沙街调。南华县属于解放战争时期的革命老区。

4. 社会生活

从人民生活水平来看，2018 年年末，南华县住户存款余额 47.47 亿元，比上一年增长 5.75%；职工平均工资 9.33 万元，比上一年增长 12.00%；社会消费品零售总额为 19.05 亿元，比上一年下降 7.12%；农村常住居民人均可支配收入为 10644 元，比上一年增长 10.2%。

从教育发展来看，南华县的义务教育发展总指数为 0.58，义务教育发展级别为Ⅶ级水平。人口受教育程度指数为 0.67，人口受教育级别为Ⅵ级水平。

从文化设施来看，南华县有 1 个县二级文化馆，有 1 个三级图书馆。

南华县有 1 个少数民族特色村寨，有 1 个第二批省级民族传统文化保护区，为岔河彝族传统文化保护区。

5. 脱贫攻坚

南华县属于滇西边境片区，2018 年通过发展野生菌产业，实现了脱贫摘帽。在脱贫攻坚的道路上，旅游扶贫起到了突出作用。南华县有 1 个旅游扶贫重点村，为雨露大村。

在主体功能区的国家级定位中，南华县属于集中连片重点开发区域。

五 姚安县

（一）位置与范围

姚安县位于云南省中北部，楚雄彝族自治州西北部，地处东经 100°55′—100°33′、北纬 25°18′—25°43′之间，东与牟定县相接，西与大理白族自治州祥云县相邻，南与南华县相连，北与大姚县接壤。全县东西的最大横距为 64 千米，南北的最大纵距为 48.5 千米，总面积约为 0.18×10^4 平方千米。姚安县是云南省楚雄彝族自治州的下辖县，是滇中滇西互联互通和云南北上入川大通道的重要节点、云南滇中城市经济圈的重要组成部分，县人民政府驻地位于姚安县栋川镇府前街 18 号。姚安县下辖 6 个镇（栋川镇、光禄镇、前场镇、官屯镇、弥兴镇、太平镇），3 个乡（适中乡、左门乡、大河口乡）。

（二）自然地理

姚安县自然地理条件优越。在综合自然区划系统中，姚安县属于亚热带北部地带的滇东高原地区的楚雄红岩高原区；在云南省生态经济区划中，姚安县主要位于滇东北山原生态经济区的西北中山河谷生态经济亚区；从生态保护红线功能类型上可以看出，姚安县为金沙江干热河谷及山原水土保持生态保护红线类型。姚安县是第四批国家生态文明建设示范区，该示范区的建设体现了姚安县深入践行"绿水青山就是金山银山"理念，坚持以创建国家生态文明建设示范县为抓手，推动全县经济建设与生态文明建设双推进。

1. 自然地理要素

（1）地貌

姚安县的最高海拔高度约为 2897 米，最低海拔高度约为 1515 米，高差约为 1382 米，平均 DEM 为 2182.32 米，处于Ⅵ级水平。坝区面积为 119.4 平方千米，坝区土地面积占全县土地面积的 8.96%；坝区综合指数为 29.32，属于半山半坝地区。地形起伏度指数为 4.73，处于Ⅱ级水平；全县的平均坡度指数为 16.41，处于Ⅳ级水平。

（2）气候要素

姚安县整体处于北亚热带高原季风气候地带，年平均气温为 16.3℃，年降水量 771.9 毫米，年日照时数为 2316.10 小时，气候资源指数为 1385.58，处于Ⅲ级水平。

（3）水文要素

姚安县地处长江流域范围内，水网密度指数为 23.68，处于Ⅱ级水平。

（4）土壤要素

姚安县的土壤类型主要为紫色土。

（5）植被要素

姚安县的主要植被类型为滇中、东部高原暖性阔叶林、针叶林亚区，植被覆盖度处于微显著区。姚安县生物物种资源丰富，生物多样性处于Ⅶ级水平。田中线穿过姚安县。

2. 自然资源

（1）土地资源

姚安县的耕地面积为 231.48 平方千米，占全县土地面积的 12.86%；园地面积为 23.21 平方千米，占全县土地面积的 1.29%；林地面积为 1190.47 平方千米，占全县土地面积的 66.14%；草地面积为 125.36 平方千米，占全县土地面积的 6.96%；城镇村及工矿用地面积为 34.81 平方千米，占全县土地面积的 1.93%；交通运输用地面积为 11.00 平方千米，占全县土地面积的 0.61%；水域及水利设施的用地面积为 21.70 平方千米，占全县土地面积的 1.21%；其他用地的面积为 61.33 平方千米，占全县土地面积的 3.41%。在土地利用分区系统中，姚安县位于滇中湖盆高原城镇工矿建设与耕地保护区的金沙江中游农林用地亚区。在可利用土地资源评价方面，姚安县的可利用的土地资源属于较缺乏类型。在三生空间结构类型系统中，为生态主导型。

（2）水资源

姚安县的水资源总量为 3.30 亿立方米，地表水径流量共计 3.30 亿立方米，径流深为 194.6 毫米，地下水资源总量为 0.43 亿立方米，在可利用水资源评价方面，姚安县的可利用水资源属于缺乏类型。

（3）生物资源

姚安县分布着国家二级保护植物水青树和异颖草。

姚安县的稀有鸟类仅有绿孔雀。

姚安县的食用菌有鸡枞菌、金耳、鹤环乳牛肝菌、松乳菇等。

（三）人文地理

1. 人口和民族

姚安县 2018 年年末总人口数为 20.54 万人，人口性别比为 102.48，人口城镇化指数为 0.07，人口城镇化级别属于Ⅶ级水平，人口老龄化指数为 0.10，老龄化级别属于Ⅷ级水平。姚安县少数民族人口约 5.29 万人，少数民族人口占总人口的比重为 25.75%，人口数量较多的少数民族主要是彝族，民族多样性指数为 0.63。

2. 经济

姚安县 GDP（地区生产总值）为 51.14 亿元，人均 GDP 为 24897.76 元，地均 GDP 为 284 万元/平方千米，第一产业产值为 15.73 亿元，第二产业产值为 11.37 亿元，第三产业产值为 24.04 亿元，全县整体处于经济发展的工业化中后期阶段。经济城镇化指数为 0.66，经济城镇化级别属于Ⅶ级水平。

从农业产业来看，姚安县的粮食播种面积达到 1.58 万公顷，年粮食产量为 9.51 万吨。姚安县是牛羊产业稳定发展区。姚安县是常年蔬菜优势产业区，属于常年蔬菜生产大县。

3. 旅游

在旅游景区中，姚安县有 1 个国家 4A 级景区，为楚雄姚安县广禄古镇景区。

姚安县是省级历史文化名县，全县有 1 个省级历史文化名镇，为姚安县光禄历史文化名镇；1 个中国历史文化名镇，为光禄镇；1 个云南省特色小镇，为光禄镇；1 个全国特色小镇，为光禄古。从遗产旅游特色来看，姚安县有 2 项国家级物质文化遗产，分别是龙华寺和德丰寺，省级物质文化遗产有 7 项，分别是兴宝寺德化铭碑、大石淜水利工程、地索李家宅院、高氏土司衙署、姚安文昌宫、李贽桥、文峰塔；非物质文化遗产有 3 项，分别是姚安坝子腔、花灯戏、莲花落。姚安县有解放战争时期革命老区乡镇 4 个，分别是姚安县弥兴镇、大河口乡、官屯镇和左门乡。

4. 社会生活

从人民生活水平来看，2018 年年末，姚安县住户存款余额 44.14 亿元，比上一年增长 10.02%；职工平均工资为 9.23 万元，比上一年增长 15.09%；社会消费品零售总额 16.75 亿元，比上一年增长 12.34%；农村常住居民人均可支配收入 10870 元，比上一年增长 9.50%。

从教育发展来看，姚安县的义务教育发展总指数为 0.53，义务教育发展级别属于Ⅶ级水平。人口受教育程度指数为 0.58，人口受教育级别属于Ⅵ级水平。

从文化设施来看，姚安县有 1 个县级博物馆，有 1 个二级文化馆，有 1 个二级图书馆。

姚安县有 1 个民族团结示范乡镇，为弥兴镇；有 1 个少数民族特色集镇，为光禄镇；有 1 个少数民族特色村寨。姚安县有 1 个第一批省级民族传统文化保护区，为官屯镇马游坪村彝族传统文化保护区；1 个第二批省级民族传统文化保护区，为左门乡彝族传统文化保护区。

5. 脱贫攻坚

姚安县属于滇西边境片区，2017 年通过农业产业特色化实现了脱贫摘帽。在脱贫攻坚的道路上，旅游扶贫起到了至关重要的作用。

在主体功能区的国家级定位中，姚安县属于农产品主产区。

六　大姚县

（一）位置与范围

大姚县位于云南省的北部偏西，地处东经 100°53′—101°40′、北纬 25°33′—26°23′之间，东与永仁县、元谋县相接，西与大理白族自治州的祥云县、宾川县相邻，南与姚安县、牟定县相连，北濒金沙江。全县的东西之间最大横距为 79.3 千米，南北之间的最大纵距为 93.5 千米，总面积约为 0.41×10^4 平方千米。大姚县是云南省楚雄彝族自治州的下辖县，位于云南省楚雄彝族自治州西北部，属于滇中城市群的中心县，县人民政府驻地位于大姚县金碧镇。大姚县下辖 8 个镇（金碧镇、石羊镇、六苴镇、龙街镇、赵家店镇、新街镇、桂花镇、三岔河镇），3 个乡（昙华乡、铁锁乡、三台乡），1 个民族乡（湾碧傣族傈僳族乡）。

（二）自然地理

大姚县自然地理条件优越。在综合自然区划系统中，大姚县部分属于亚热带北部地带的滇东高原地区的楚雄红岩高原区，部分属于亚热带北部地带的滇东高原地区的金沙江河谷区；在云南省生态经济区划中，大姚县主要位于滇东北山原生态经济区的西北中山河谷生态经济亚区；从生态红线空间分布格局看，大姚县部分位于金沙江、澜沧江、红河干热河谷地带；从生态保护红线功能类型上可以看出，大姚县为金沙江干热河谷及山原水土保持生态保护红线类型。大姚县是第四批"绿水青山就是金山银山"国家实践创新基地和第四批国家生态文明建设示范区，该基地和示范区的建设体现了大姚县遵循生态文明建设理念，走出了一条打造绿色新城的"两山"实践创新之路，进一步向国家级生态文明建设排头兵迈进。

1. 自然地理要素

（1）地貌

大姚县最高海拔高度约为 3657 米，最低海拔高度约为 1134 米，高差约为 2523 米，平均 DEM 为 2153.47 米，处于Ⅵ级水平。坝区面积为

29.58 平方千米，坝区土地面积占全县土地面积的 2.92%，坝区综合指数为 11.64，属于山区地区。地形起伏度指数为 7.23，处于 V 级水平；全县的平均坡度指为 21.48，处于 V 级水平。

（2）气候要素

大姚县整体处于北亚热带高原季风气候地带，年平均气温为 16.4℃，年降水量 692.3 毫米，年日照时数约为 2534.00 小时，气候资源指数为 1411.75，处于Ⅲ级水平。

（3）水文要素

大姚县地处长江流域区域内，水网密度指数为 31.73，处于Ⅱ级水平。

（4）土壤要素

大姚县的土壤类型主要为紫色土。

（5）植被要素

大姚县的主要植被类型为滇中、东部高原暖性阔叶林、针叶林亚区，植被覆盖度处于显著区。大姚县生物物种资源丰富，生物多样性处于Ⅵ级水平。

2. 自然资源

（1）土地资源

大姚县耕地面积为 390.14 平方千米，占全县土地面积的 9.52%；园地面积为 95.23 平方千米，占全县土地面积的 2.32%；林地面积为 2894.50 平方千米，占全县土地面积的 70.60%；草地面积为 350.02 平方千米，占全县土地面积的 8.54%；城镇村及工矿用地面积为 54.98 平方千米，占全县土地面积的 1.34%；交通运输用地面积为 23.49 平方千米，占全县土地面积的 0.57%；水域及水利设施用地面积为 35.81 平方千米，占全县土地面积的 0.87%；其他用地的面积为 187.06 平方千米，占全县土地面积的 4.56%。在土地利用分区系统中，大姚县位于滇中湖盆高原城镇工矿建设与耕地保护区的金沙江中游农林用地亚区。在可利用土地资源评价方面，大姚县的可利用土地资源属于较缺乏类型。在三生空间结构类型系统中，为生态主导型。

（2）水资源

大姚县的水资源总量为 11.27 亿立方米，地表水径流量为 11.27 亿立方米，径流深为 278.5 毫米，地下水资源总量为 2.18 亿立方米，在可利用水资源评价方面，大姚县的可利用水资源属于较缺乏类型。

（3）生物资源

在保护植物方面，大姚县分布着国家二级保护植物榉树、喜树、西康玉兰、黄杉、中国蕨、水青树、扇蕨、龙棕、丁茜和异颖草等。

大姚县的食用菌有鸡枞菌、干巴菌、黄皮疣柄牛肝菌、金耳、毛柄类火菇、黄伞、长根小奥德菇、鹤环乳牛肝菌、松乳菇、浓香乳菇和羊肚菌 11 种。

（4）旅游资源

在大姚县的水体景观资源中，全县有 1 处瀑布景观，为大姚双沟瀑布景观。

（三）人文地理

1. 人口和民族

大姚县 2018 年年末总人口数量为 28.02 万人，人口性别比为104.99，人口城镇化指数为 0.10，人口城镇化级别为Ⅵ级水平，人口老龄化指数为 0.09，老龄化级别属于Ⅶ级水平。大姚县少数民族人口约有 9.50 万人，少数民族人口占总人口的比重为 33.90%，人口数量较多的少数民族主要有彝族、傣族、傈僳族等，民族多样性指数为 0.78。

2. 经济

大姚县 GDP（地区生产总值）为 80.77 亿元，人均 GDP 为 28825.84元，地均 GDP 为 197 万元/平方千米，第一产业产值为 20.33 亿元，第二产业产值为 31.28 亿元，第三产业产值为 29.16 亿元，处于经济发展的工业化中后期阶段，属于金沙江开放合作经济带。经济城镇化指数为 0.72，经济城镇化级别为Ⅵ级水平。

从农业产业来看，大姚县的粮食播种面积为 2.72 万公顷，年粮食产量为 12.88 万吨。大姚县是牛羊产业稳定发展区；大姚县是常年蔬菜优势产业区，也是常年蔬菜生产大县。

从工业园区来看，大姚县有 1 个省级工业园区，为大姚工业园区；有 1 个特色食品制造产业园区。

3. 旅游

大姚县属于云南省美丽县城。

在旅游景区中，大姚县有国家 4A 级景区 1 个，为楚雄大姚山羊古镇景区；国家 3A 级景区有 2 个，分别为大姚县华山景区和大姚西河印象景区。

大姚县有省级历史文化名镇 1 个，为大姚县石羊镇历史文化名镇。从遗产旅游特色来看，大姚县的省级物质文化遗产有 5 项，分别是白塔、石羊文庙、妙峰德云寺、庆丰盐井遗址、赵祚传烈士墓；非物质文化遗产有 3 项，分别是彝剧、插花节和石羊筒子锅煎盐制作技艺。

4. 社会生活

从人民生活水平来看，2018 年年末，大姚县住户存款余额 54.80 亿元，比上一年增长 9.69%；职工平均工资为 9.72 万元，比上一年增长 16.97%；社会消费品零售总额为 29.69 亿元，比上一年增长 10.45%；农村常住居民人均可支配收入达到 10605 元，比上一年增长 9.7%。

从教育发展来看，大姚县的义务教育发展总指数为 0.64，义务教育发展级别属于Ⅷ级水平。人口受教育程度指数为 0.82，人口受教育级别属于Ⅴ级水平。

从文化设施来看，大姚县有 1 个一级文化馆，有 1 个一级图书馆。

大姚县有 1 个民族团结示范乡镇，为昙华乡；有 1 个少数民族特色村寨。

5. 脱贫攻坚

大姚县属于滇西边境片区，2018 年通过走坚持以"绿"为底，突出"精"字的产业扶贫，实现了脱贫摘帽。在脱贫攻坚的道路上，旅游扶贫起到了突出的作用。大姚县的旅游扶贫示范镇有 1 个，为昙华乡。

在主体功能区的国家级和省级定位中，大姚县属于重点生态功能区域。

七 永仁县

（一）位置与范围

永仁县有着"中国阳光城，云南北大门，绿色生态县，民族风情国"

的美誉。全县位于云南省北部、滇中北部，地处东经 101°19′—101°50′、北纬 25°50′—26°30′之间，东与金沙江、四川省会理县相接，西南和大姚县接壤，西北与华坪县隔江相望，北濒四川省攀枝花市。全县东西之间的最大横距为 53.2 千米，南北之间的最大纵距为 73.6 千米，总面积约为 0.22×10⁴ 平方千米。永仁县是云南省楚雄彝族自治州下辖县，是楚雄彝族自治州彝族人口最多的山区地区，属于滇中城市群的中心县，县人民政府驻地位于永仁县环城南路 20 号。永仁县下辖 3 个镇（永定镇、宜就镇、中和镇），3 个乡（莲池乡、维的乡、猛虎乡），1 个民族乡（永兴傣族乡）。

（二）自然地理

永仁县自然地理条件优越。在综合自然区划系统中，永仁县部分属于亚热带北部地带的滇东高原地区的金沙江河谷区，部分属于亚热带北部地带的滇东高原地区的楚雄红岩高原区；在云南省生态经济区划中，永仁县主要位于滇东北山原生态经济区的西北中山河谷生态经济亚区；从生态红线空间分布格局看，永仁县大部分位于金沙江、澜沧江、红河干热河谷地带；从生态保护红线功能类型上可以看出，永仁县为金沙江干热河谷及山原水土保持生态保护红线类型。永仁县是第四批国家生态文明建设示范区，该示范区的建设体现了永仁县坚持"生态立县、绿色发展"战略，在经济社会发展进程中高度重视环境保护，以科学发展为主题，大力改善生态环境，扎实推进生态文明建设。

1. 自然地理要素

（1）地貌

永仁县最高海拔高度约为 2884.70 米，最低海拔高度约为 926 米，高差约为 1958.7 米，平均 DEM 为 1858.28 米，处于Ⅳ级水平。坝区面积为 146.22 平方千米，坝区土地面积占全县土地面积的 6.8%，坝区综合指数为 21.54，属于半山半坝地区。地形起伏度指数为 5.74，处于Ⅲ级水平；全县的平均坡度指数为 17.06，处于Ⅳ级水平。

（2）气候要素

永仁县整体处于中亚热带高原季风气候，年平均气温为 18.2℃，年降水量 720.3 毫米，年日照时数约为 2345.70 小时，气候资源指数为

1444.24，处于Ⅲ级水平。

（3）水文要素

永仁县地处长江流域区域内，水网密度指数为 30.38，处于Ⅱ级水平。

（4）土壤要素

永仁县的土壤类型主要为紫色土。

（5）植被要素

永仁县的主要植被类型为滇中、北部中山暖性阔叶林、暖性针叶林亚区，植被覆盖度处于显著区。永仁县生物物种资源丰富，生物多样性处于Ⅵ级水平。

2. 自然资源

（1）土地资源

永仁县的耕地面积为 198.34 平方千米，占全县土地面积的 9.02%；园地面积为 75.19 平方千米，占全县土地面积的 3.42%；林地面积为 1472.54 平方千米，占全县土地面积的 66.93%；草地面积为 246.72 平方千米，占全县土地面积的 11.21%；城镇村及工矿用地面积为 25.87 平方千米，占全县土地面积的 1.18%；交通运输用地面积为 16.33 平方千米，占全县土地面积的 0.74%；水域及水利设施用地面积为 36.12 平方千米，占全县土地面积的 1.64%；其他用地面积为 79.12 平方千米，占全县土地面积的 3.60%。在土地利用分区系统中，永仁县位于滇中湖盆高原城镇工矿建设与耕地保护区的金沙江中游农林用地亚区。在可利用土地资源评价方面，永仁县的可利用土地资源属于较缺乏类型。在三生空间结构类型系统中，为生态主导型。

（2）水资源

永仁县的水资源总量为 4.98 亿立方米，地表水径流量为 4.98 亿立方米，径流深为 231.2 毫米，地下水资源总量为 1.14 亿立方米，在可利用水资源评价方面，永仁县的可利用水资源属于较缺乏类型。

（3）生物资源

永仁县分布着国家一级保护植物攀枝花苏铁，分布着国家二级保护植物主要有扇蕨、红椿、丁茜、喜树和龙棕。

永仁县分布着稀有鸟类金雕等。

永仁县的食用菌有鸡枞菌、红黄鹅膏。

（三）人文地理

1. 人口和民族

2018 年年末，永仁县的总人口数量为 11.16 万人，人口性别比为 108.24，人口城镇化指数为 0.12，人口城镇化级别为Ⅵ级水平，人口老龄化指数为 0.09，老龄化级别属于Ⅶ级水平。永仁县的少数民族人口约 6.74 万人，少数民族人口占总人口的比重为 60.39%，人口数量较多的少数民族有彝族、傣族等，民族多样性指数为 0.97。

2. 经济

永仁县 GDP（地区生产总值）为 39.21 亿元，人均 GDP 为 35134.41 元，地均 GDP 为达到 178 万元/平方千米，第一产业产值为 9.41 亿元，第二产业产值为 11.85 亿元，第三产业产值为 17.95 亿元，处于经济发展的工业化中后期阶段，属于金沙江开放合作经济带。经济城镇化指数为 0.74，经济城镇化级别为Ⅵ级水平。

从农业产业来看，永仁县的粮食播种面积为 1.29 万公顷，年粮食产量为 5.73 万吨。永仁县是云南省冬春蔬菜生产大县，也是冬春蔬菜优势产业区。

3. 旅游

在旅游景区中，永仁县有 1 个国家 3A 级景区，为楚雄永仁万山景区。

从遗产旅游特色来看，永仁县的省级物质文化遗产有 4 项，分别是诸葛营遗址、菜园子遗址、回龙桥、中和传统民居建筑群；非物质文化遗产有 7 项，分别是赛装节、彝族小豹子笙、彝族乐器、彝族刺绣、妥甸酱油制作技艺、苴却砚制作技艺和彝族羊皮褂制作技艺。

4. 社会生活

从人民生活水平来看，2018 年年末，永仁县住户存款余额为 25.83 亿元，比上一年增长 7.76%；职工平均工资为 9.84 万元，比上一年增长 2.29%；社会消费品零售总额为 6.22 亿元，比上一年下降 9.72%；农村常住居民人均可支配收入达到 10118 元，比上一年增长 9.80%。

从教育发展来看，永仁县的义务教育发展总指数为 0.54，义务教育发展级别为Ⅶ级水平。人口受教育程度指数为 0.33，人口受教育级别为Ⅷ级水平。

从文化设施来看，永仁县有 1 个一级文化馆；图书馆有 1 个，为县图书馆，属于二级图书馆。

永仁县是云南省民族团结示范县，有 1 个民族团结示范乡镇，为永定镇；有 1 个少数民族特色村寨。

5. 脱贫攻坚

永仁县属于滇西边境片区，2018 年通过发展高原特色现代农业、畜牧产业、蚕桑产业、光伏产业等特色产业，实现了脱贫摘帽。在脱贫攻坚的道路上，旅游扶贫起到了突出作用。永仁县的旅游扶贫示范镇有 1 个，为宜就镇；有 1 个旅游扶贫重点村，为宜就村。

在主体功能区的国家级和省级定位中，永仁县属于重点生态功能区域。

八 元谋县

（一）位置与范围

元谋县位于滇中高原北部，地处东经 101°35′—102°06′、北纬 25°21′—26°06′之间，东与武定县相接，南接禄丰市，西邻大姚县，北接四川会理县，西南与牟定县接壤，西北与永仁县毗连。元谋县是云南省楚雄彝族自治州的下辖县，总面积约为 0.18×10^4 平方千米，县人民政府驻地位于元谋县龙川街 66 号。元谋县下辖 3 个镇（元马镇、黄瓜园镇、羊街镇），7 个乡（老城乡、物茂乡、平田乡、江边乡、新华乡、姜驿乡、凉山乡）。

（二）自然地理

元谋县自然地理条件优越。在综合自然区划系统中，元谋县属于亚热带北部地带、滇东高原地区、金沙江河谷区；在云南省生态经济区划中，元谋县主要位于滇东北山原生态经济区、西北中山河谷生态经济亚区；从生态红线空间分布格局看，元谋县大部分位于金沙江、澜沧江、红河干热河谷地带；从生态保护红线功能类型上可以看出，元谋县为金

沙江干热河谷及山原水土保持生态保护红线类型。元谋县是第四批国家
生态文明建设示范区。

1. 自然地理要素

（1）地貌

元谋县最高海拔高度约为2835.90米，最低海拔高度约为898米，高
差约为1937.90米，平均 DEM 为1537.50米，处于Ⅲ级水平。坝区面积
为125平方千米，坝区土地面积占全县土地面积的15.82%，坝区综合指
数为42.74，属于半山半坝地区。地形起伏度指数为5.25，处于Ⅱ级水
平；全县的平均坡度指数为15.26，处于Ⅲ级水平。

（2）气候要素

元谋县整体处于北亚热带高原季风气候，年平均气温为21.6℃，年
降水量618.7毫米，年日照时数约为2653.30小时，素有"天然温室"
之称。气候资源指数为1421.28，处于Ⅲ级水平。元谋县是云南省的"四
大火炉"之一。

（3）水文要素

元谋县地处长江流域区域内，水网密度指数为24.04，处于Ⅱ级
水平。

（4）土壤要素

元谋县的土壤类型主要为紫色土。

（5）植被要素

元谋县的主要植被类型为滇中、北部中山暖性阔叶林、暖性针叶林
亚区，植被覆盖度处于显著区。元谋县生物物种资源丰富，生物多样性
处于Ⅶ级水平。

2. 自然资源

（1）土地资源

元谋县的耕地面积为299.58平方千米，占全县土地面积的14.98%；
园地面积为20.85平方千米，占全县土地面积的1.04%；林地面积为
840.96平方千米，占全县土地面积的42.05%；草地面积为689.23平方
千米，占全县土地面积的34.91%；城镇村及工矿用地面积为41.19平方
千米，占全县土地面积的2.06%；交通运输用地面积为20.34平方千米，

占全县土地面积的 1.02%；水域及水利设施用地面积为 49.38 平方千米，占全县土地面积的 2.47%；其他用地面积为 55.03 平方千米，占全县土地面积的 2.75%。在土地利用分区系统中，元谋县位于滇中湖盆高原城镇工矿建设与耕地保护区的金沙江中游农林用地亚区。在可利用土地资源评价方面，元谋县的可利用土地资源属于一般类型。在三生空间结构类型系统中，为生态主导型。

（2）水资源

元谋县的水资源总量为 2.17 亿立方米，地表水径流量为 2.17 亿立方米，径流深 107.2 毫米，地下水资源总量为 0.52 亿立方米，在可利用水资源评价方面，元谋县的可利用水资源属于缺乏类型。

（3）生物资源

元谋县分布着国家一级保护植物攀枝花苏铁、国家二级保护植物扇红椿。

元谋县的食用菌有鸡枞菌。

在地文景观资源方面，元谋县拥有元谋土林地质景观。

（三）人文地理

1. 人口和民族

元谋县 2018 年年末总人口数为 22.13 万人，人口性别比为 104.26，人口城镇化指数为 0.10，人口城镇化级别为Ⅶ级水平，人口老龄化指数为 0.09，老龄化级别属于Ⅶ级水平。元谋县少数民族人口约有 8.09 万人，少数民族人口占总人口的比重为 36.56%，人口数量较多的少数民族有彝族、傈僳族、回族、苗族等，民族多样性指数为 0.96。

2. 经济

元谋县 GDP（地区生产总值）为 66.87 亿元，人均 GDP 为 30216.90 元，地均 GDP 为 334 万元/平方千米，第一产业产值为 17.11 亿元，第二产业产值为 20.62 亿元，第三产业产值为 29.14 亿元，处于经济发展的工业化中后期阶段，属于金沙江开放合作经济带。经济城镇化指数为 0.71，经济城镇化级别为Ⅵ级水平。

从农业产业来看，元谋县的粮食播种面积为 1.74 万公顷，年粮食产量为 8.96 万吨。元谋县是冬春蔬菜生产重点县，也是冬春蔬菜优势产业区。

3. 旅游

元谋县是云南省的特色县城，在 2020 年被评为全国县域旅游综合实力百强县和全国县域旅游发展潜力百佳县。

在旅游景区中，元谋县有国家 3A 级景区 4 个，分别为楚雄元谋人博物馆、元谋浪铺土林景区、元谋凤凰湖公园景区和元谋世界公园景区。元谋县有 1 个农业旅游产品，为元谋蔬菜园；有红色旅游产品 1 项，为元谋龙街金沙江红军渡口。

元谋县拥有云南省特色小镇一个，为"元谋人"远古小镇。从遗产旅游特色来看，元谋县的国家级物质文化遗产有 3 项，为元谋猿人遗址、元谋古猿化石地点、大墩子遗址，拥有省级文化遗产 1 项，为元谋红军长征革命遗迹；非物质文化遗产有 2 项，分别是彝族摔跤和花灯节。

4. 社会生活

从人民生活水平来看，2018 年年末，元谋县住户存款余额 51.55 亿元，比上一年增长 1.30%；职工平均工资为 9.84 万元，比上一年增长 11.31%；社会消费品零售总额为 20.7 亿元，比上一年增长 7.59%；农村常住居民人均可支配收入 12579 元，比上一年增长 9.10%。

从教育发展来看，元谋县的义务教育发展总指数 0.53，义务教育发展级别为Ⅶ级水平。人口受教育程度指数为 0.63，人口受教育级别为Ⅵ级水平。

从文化设施来看，元谋县拥有 1 个三级博物馆，为元谋人博物馆；有 1 个二级文化馆，为元谋县文化馆；有 1 个图书馆，为元谋县图书馆，属于三级图书馆。

元谋县是云南省民族团结示范县，有 1 个少数民族特色村寨。元谋县有 1 个第二批省级民族传统文化保护区，为凉山乡彝族传统文化保护区。

5. 脱贫攻坚

元谋县在脱贫攻坚的道路上，旅游扶贫起到了突出作用。元谋县有 1 个旅游扶贫重点村，为冷水箐村。

在主体功能区的国家级定位中，元谋县属于农产品主产区。

九 武定县

（一）位置与范围

武定县地处滇中高原北部、云贵高原西侧、楚雄彝族自治州东部，位于云南、四川两省的昆明市、楚雄彝族自治州、凉山彝族自治州三州市交汇点，东经101°53′—102°28′、北纬25°19′—26°11′之间，东与昆明市禄劝彝族苗族自治县相接，南接禄丰市、富民县，西邻元谋县，北接四川会理，西与四川会理县隔金沙江相望。全县东西最大横距56千米，南北最大纵距94千米，总面积约0.33×10⁴平方千米。武定县是云南省楚雄彝族自治州下辖县，县人民政府驻地位于武定县中山路1号。武定县下辖7个镇（狮山镇、猫街镇、高桥镇、插甸镇、白路镇、己衣镇、万德镇），3个乡（田心乡、发窝乡、环州乡），1个民族乡（东坡傣族乡）。

（二）自然地理

武定县自然地理条件优越。在综合自然区划系统中，武定县部分属于亚热带北部地带的滇东高原地区的楚雄红岩高原区，部分属于亚热带北部地带的滇东高原地区的金沙江河谷区；在云南省生态经济区划中，武定县主要位于滇东北山原生态经济区的西北中山河谷生态经济亚区；从生态红线空间分布格局看，武定县部分位于金沙江、澜沧江、红河干热河谷地带；从生态保护红线功能类型上可以看出，武定县为金沙江干热河谷及山原水土保持生态保护红线类型。武定县是第四批国家生态文明建设示范区，该示范区的建设体现了武定县抓实生态环境保护，以绿色发展推动产业转型升级，守护好碧水蓝天，建设美丽家园。

1. 自然地理要素

（1）地貌

武定县最高海拔高度约为2956米，最低海拔高度约为862米，高差约为2094米，平均DEM为2113.34米，处于Ⅴ级水平。坝区面积为135.22平方千米，坝区土地面积占全县土地面积的4.59%，坝区综合指数为11.69，属于山区地区。地形起伏度指数为6.34，处于Ⅳ级水平；全县的平均坡度指数为17.27，处于Ⅳ级水平。

（2）气候要素

武定县整体处于北热带地区，年平均气温为 16.3℃，年降水量 832.9 毫米，年日照时数约为 2165.80 小时，气候资源指数为 1383.91，处于Ⅲ级水平。

（3）水文要素

武定县地处长江流域、红河流域，水网密度指数为 29.53，处于Ⅱ级水平。

（4）土壤要素

武定县的土壤类型主要为红壤。

（5）植被要素

武定县的主要植被类型为滇中、东部高原暖性阔叶林、针叶林亚区，植被覆盖度处于较显著区。武定县生物物种资源丰富，生物多样性处于Ⅵ级水平。

2. 自然资源

（1）土地资源

武定县耕地面积为 506.94 平方千米，占全县土地面积的 15.36%；园地面积为 30.08 平方千米，占全县土地面积的 0.91%；林地面积为 1735.43 平方千米，占全县土地面积的 52.59%；草地面积为 330.38 平方千米，占全县土地面积的 10.01%；城镇村及工矿用地面积为 60.05 平方千米，占全县土地面积的 1.82%；交通运输用地面积为 34.47 平方千米，占全县土地面积的 1.04%；水域及水利设施用地面积为 31.13 平方千米，占全县土地面积的 0.94；其他用地面积为 217.56 平方千米，占全县土地面积的 6.59%。在土地利用分区系统中，武定县位于滇中湖盆高原城镇工矿建设与耕地保护区的金沙江中游农林用地亚区。在可利用土地资源评价方面，武定县的可利用土地资源属于较缺乏类型。在三生空间结构类型系统中，为生态主导型。

（2）水资源

武定县的水资源总量为 7.74 亿立方米，地表水径流量为 7.74 亿立方米，径流深 263.4 毫米，地下水资源总量为 2.69 亿立方米，在可利用水资源评价方面，武定县的可利用水资源属于较缺乏类型。

（3）生物资源

武定县分布着国家二级保护植物扇蕨、黄杉、香果树、龙棕等。

在动物资源方面，拥有稀有鸟类黑颈长尾雉。

武定县的食用菌有鸡枞菌、干巴菌、广野绣球菌、黄皮疣柄牛肝菌、血红牛肝菌、乳牛肝菌、红黄鹅膏、草鸡枞、灰喇叭菌、红蜡蘑、双色牛肝菌、白色地花菌、棱柄马鞍菌 13 种。

（三）人文地理

1. 人口和民族

武定县 2018 年年末总人口数为 28.01 万人，人口性别比为 104.09，人口城镇化指数为 0.15，人口城镇化级别为Ⅵ级水平，人口老龄化指数为 0.08，老龄化级别属于Ⅴ级水平。武定县少数民族人口约 14.35 万人，少数民族人口占总人口的比重为 51.23%，人口数量较多的少数民族有彝族、傈僳族、苗族、傣族、回族等，民族多样性指数为 1.31。武定县主要说武定话，是滇中方言中的楚雄方言。

2. 经济

武定县 GDP（地区生产总值）为 78.56 亿元，人均 GDP 为 28043.56元，地均 GDP 为 238 万元/平方千米，第一产业产值为 18.65 亿元，第二产业产值为 25.49 亿元，第三产业产值为 34.41 亿元，全县整体处于经济发展的工业化中后期阶段，属于金沙江开放合作经济带。经济城镇化指数为 0.74，经济城镇化级别为Ⅵ级水平。

从农业产业来看，武定县的粮食播种面积为 2.66 万公顷，年粮食产量为 12.13 万吨。武定县是牛羊稳定发展区。在特色农业产业园区方面，武定县有 1 个省级生猪生产基地，为云南武定永银农产品开发有限公司；武定县是常年蔬菜生产大县，也是常年蔬菜优势产业区。武定县是云药之乡，全县盛产中药材，主要有滇重楼、草乌、附子等。

从工业园区来看，武定县有 1 个省级工业园区，为武定工业园区，是建材产业园区。

3. 旅游

在旅游景区中，武定县有 1 个国家 4A 级景区，为武定县狮子山风景名胜区。

从遗产旅游特色来看，武定县的省级物质文化遗产有 1 项，为狮山正续寺；拥有非物质文化遗产 3 项，分别是彝族民歌、彝族服饰和老滔村"赶年"习俗。武定县属于解放战争时期革命老区。

4. 社会生活

从人民生活水平来看，2018 年年末，武定县住户存款余额为 56.95 亿元，比上一年增长 11.60%；职工平均工资为 9.74 万元，比上一年增长 19.51%；社会消费品零售总额为 25.38 亿元，比上一年下降 0.08%；农村常住居民人均可支配收入 10041 元，比上一年增长 9.40%。

从教育发展来看，武定县的义务教育发展总指数为 0.59，义务教育发展级别为Ⅶ级水平。人口受教育程度指数为 0.79，人口受教育级别为Ⅴ级水平。

从文化设施方面来看，武定县有一级文化馆 1 个，为武定县文化馆；图书馆有 1 个，为武定县图书馆，属于二级图书馆。

武定县是云南省民族团结示范县，有 1 个少数民族特色村寨。武定县有 1 个第二批省级民族传统文化保护区，为环州乡彝族传统文化保护区。

5. 脱贫攻坚

武定县属于乌蒙山片区，2019 年实现了脱贫摘帽。在脱贫攻坚的道路上，旅游扶贫起到了突出作用，武定县也是旅游扶贫示范县。

在主体功能区的国家级定位中，武定县属于集中连片重点开发区域。

十　禄丰市

(一) 位置与范围

禄丰市位于云南省中部，楚雄彝族自治州东部，地处滇中腹地，东经 101°38′—102°24′、北纬 24°51′—25°30′之间，东与昆明市的富民县、安宁市和西山区相接，南接易门县、双柏县，西邻牟定县、楚雄市，北接武定县、元谋县。全市东西最大横距 76 千米，南北最大纵距 68 千米，总面积约为 0.36×10^4 平方千米。禄丰市是云南省楚雄彝族自治州下辖市，市人民政府驻地位于禄丰市金山镇北辰街 82 号。禄丰市下辖 11 个镇（金山镇、仁兴镇、碧城镇、勤丰镇、一平浪镇、和平镇、广通镇、黑井镇、土官镇、彩云镇、恐龙山镇），3个乡（中村乡、高峰乡、妥安乡）。

（二）自然地理

禄丰市自然地理条件优越。在综合自然区划系统中，禄丰市属于亚热带北部地带的滇东高原地区的楚雄红岩高原区；在云南省生态经济区划中，禄丰市主要位于滇中高原湖盆生态经济区的中部湖盆城镇生态经济亚区；从生态红线空间分布格局看，禄丰市少部分位于金沙江、澜沧江、红河干热河谷地带；从生态保护红线功能类型上可以看出，禄丰市为红河（元江）干热河谷及山原水土保持生态保护红线类型。禄丰市有禄丰雕翎山省级自然保护区、云南禄丰恐龙国家地质公园。禄丰市是第四批国家生态文明建设示范区，该示范区的建设体现了禄丰市深入贯彻落实习近平生态文明思想，加大力度推进生态文明建设，解决生态环境问题。

1. 自然地理要素

（1）地貌

禄丰市最高海拔高度约为2754米，最低海拔高度约为1309米，高差约为1445米，平均DEM约为1898.39米，处于Ⅳ级水平。坝区面积为144.5平方千米，坝区土地面积占全市土地面积的10.77%，坝区综合指数为31.83，属于半山半坝地区。地形起伏度指数为4.84，处于Ⅱ级水平；全县的平均坡度指数为14.78，处于Ⅲ级水平。

（2）气候要素

禄丰市整体处于北热带地区，年平均气温为16.1℃，年降水量771.7毫米，年日照时数约为1825.20小时，气候资源指数为1402.52，处于Ⅲ级水平。

（3）水文要素

禄丰市地处红河流域，水网密度指数为26.85，处于Ⅱ级水平。

（4）土壤要素

禄丰市的土壤类型主要为红壤。

（5）植被要素

禄丰市的主要植被类型为滇中、东部高原暖性阔叶林、针叶林亚区，植被覆盖度处于显著区。禄丰市生物物种资源丰富，生物多样性处于Ⅵ级水平。

2. 自然资源

（1）土地资源

禄丰市耕地面积为 551.57 平方千米，占全市土地面积的 15.32%；园地面积为 33.21 平方千米，占全市土地面积的 0.92%；林地面积为 2369.44 平方千米，占全市土地面积的 65.82%；草地面积为 207.26 平方千米，占全市土地面积的 5.76%；城镇村及工矿用地面积为 98.31 平方千米，占全市土地面积的 2.73%；交通运输用地面积为 48.04 平方千米，占全市土地面积的 1.33%；水域及水利设施用地面积为 53.32 平方千米，占全市土地面积的 1.48%；其他用地面积为 189.06 平方千米，占全市土地面积的 5.25%。在土地利用分区系统中，禄丰市位于滇中湖盆高原城镇工矿建设与耕地保护区的滇中城市工矿旅游用地亚区和金沙江中游农林用地亚区。在可利用土地资源评价方面，禄丰市的可利用土地资源属于一般类型。在三生空间结构类型系统中，为生态—生产主导型。

（2）水资源

禄丰市的水资源总量为 6.70 亿立方米，地表水径流量为 6.70 亿立方米，径流深 187.6 毫米，地下水资源总量为 2.15 亿立方米，在可利用水资源评价方面，禄丰市的可利用水资源属于较缺乏类型。

（3）生物资源

禄丰市分布着国家二级保护植物翠柏、龙棕等。在动物资源方面，有稀有鸟类黑颈长尾雉等。

禄丰市的食用菌有松茸、鸡枞菌、干巴菌、香肉齿菌、广野绣球菌、灰树花、裂褶菌、鸡油菌、美味牛肝菌、黄皮疣柄牛肝菌、皱盖疣柄牛肝菌、香菇、黄白侧耳、黄伞、长根小奥德菇、铜色牛肝菌、小美牛肝菌、桃红牛肝菌、中华牛肝菌、乳牛肝菌、变绿红菇、红汁乳菇、多汁乳菇、红黄鹅膏、草鸡枞、油口蘑、紫丁香蘑、翘鳞肉齿菌、卷缘齿菌、高大环柄菇、灰喇叭菌、蓝丝膜菌、紫晶蜡蘑、红蜡蘑、肝色牛排菌、双色牛肝菌、羊肚菌、大孢地花、白色地花菌、葡萄状枝瑚菌、棱柄马鞍菌 41 种。

（4）旅游资源

在地文景观资源方面，全市有 1 处地质景观，为禄丰恐龙化石群景观。

（三）人文地理

1. 人口和民族

禄丰市 2018 年年末总人口数为 43.23 万人，人口性别比为 105.43，人口城镇化指数为 0.15，人口城镇化级别为Ⅵ级水平，人口老龄化指数为 0.09，老龄化级别属于Ⅶ级水平。禄丰市少数民族人口约 9.96 万人，少数民族人口占总人口的比重为 23.04%，人口数量较多的少数民族有彝族、苗族、回族、傈僳族、白族等，民族多样性指数为 0.77。

2. 经济

禄丰市 GDP（地区生产总值）为 155.88 亿元，人均 GDP 为 36058.29 元，地均 GDP 为 433 万元/平方千米，第一产业产值为 32.07 亿元，第二产业产值为 55.48 亿元，第三产业产值为 68.33 亿元，全市整体处于经济发展的工业化中后期阶段。经济城镇化指数为 0.78，经济城镇化级别为Ⅴ级水平。

从农业产业来看，禄丰市的粮食播种面积为 4.13 万公顷，年粮食产量为 21.84 万吨。禄丰市位于云南省高原特色农业中部现代产业园区中。在特色农业产业园区方面，禄丰市拥有 1 个省级生猪生产基地，为禄丰双丰良种猪有限公司；是牛羊稳定发展区；鲜切花等花卉产业是禄丰市发展的主导产业，也是常年蔬菜生产重点县，还属于常年蔬菜优势产业区。

从工业园区来看，禄丰市有 1 个省级工业园区，为禄丰工业园区，是冶金产业园区。

3. 旅游

在旅游景区中，禄丰市有 1 个国家 4A 级景区，为世界恐龙谷景区；全市拥有 2 个国家 3A 景区，分别为禄丰黑井古镇景区和禄丰金山古镇景区。在节庆会展产品中，有 1 项节庆旅游产品，为禄丰恐龙文化旅游节。

禄丰市拥有国家级历史文化名镇 1 处，为禄丰黑井镇历史文化名镇；

有省级历史文化名村 1 个，为禄丰市炼象关历史文化名村。全市拥有 1 个云南特色小镇，为侏罗纪小镇。从遗产旅游特色来看，禄丰市的国家级文化遗产有 2 处，分别是星宿桥和丰裕桥、腊玛古猿化石地点，拥有省级物质文化遗产 7 项，为开宁寺、禄丰盐井遗址、大花桥、黑井武家大院、大洼恐龙山、滇中古驿道、阿纳恐龙化石产地；拥有非物质文化遗产 4 项，分别是禄丰醋制作技艺、彝族"六月六"火把节、牛灯舞和大刀舞。禄丰市拥有解放战争时期革命老区乡镇 5 个，分别是禄丰市和平镇、仁兴镇、勤丰镇、金山镇和碧城镇。

4. 社会生活

从人民生活水平来看，2018 年年末，禄丰市住户存款余额为 107.93 亿元，比上一年增长 7.90%；职工平均工资为 7.68 万元，比上一年减少 1.03%；社会消费品零售总额为 62.56 亿元，比上一年增长 11.83%；农村常住居民人均可支配收入 12023 元，比上一年增长 9.20%。

从教育发展来看，禄丰市的义务教育发展总指数为 0.79，义务教育发展级别为 Ⅴ 级水平。人口受教育程度指数为 1.20，人口受教育级别为 Ⅳ 级水平。

从文化设施方面来看，禄丰市有 1 处三级博物馆，为禄丰市恐龙博物馆；有 1 个一级图书馆，为禄丰市图书馆。

禄丰市是云南省民族团结示范县，有 1 个少数民族特色集镇，为黑井镇，同时也拥有少数民族特色村寨 1 处。禄丰市有 1 个第二批省级民族传统文化保护区，为叽拉村彝族传统文化保护区。

5. 脱贫攻坚

禄丰市在脱贫攻坚的道路上，旅游扶贫起到了突出作用，全市拥有旅游扶贫重点村 1 个，为南平村。

在主体功能区的国家级定位中，禄丰市属于集中连片重点开发区域。

第 十 章

红河哈尼族彝族自治州

第一节　整体特征

一　位置与范围

红河哈尼族彝族自治州位于云南省东南部，地属滇中城市群、滇东南城市群，地处东经 101°47′—104°16′、北纬 22°26′—24°46′ 之间，北回归线横贯东西。东与文山壮族苗族自治州相接，西与玉溪市相邻，南与越南接壤，北与昆明市相连。全州最高海拔 3035 米，位于金平苗族瑶族傣族自治县西南部西隆山，最低海拔 32 米，位于河口瑶族自治县红河与南溪河汇合处，同时也是云南海拔最低点，总面积约 3.29×10^4 平方千米。州人民政府驻红河哈尼族彝族自治州蒙自市天马路 67 号。红河哈尼族彝族自治州下辖 4 个县级市（个旧市、开远市、蒙自市、弥勒市），9个县（屏边苗族自治县、建水县、石屏县、泸西县、元阳县、金平苗族瑶族傣族自治县、红河县、绿春县、河口瑶族自治县），132 个乡、镇、街道（9 个街道、63 个镇、60 个乡）。红河哈尼族彝族自治州位于云南省沿边开放城市带上，其中金平苗族瑶族傣族自治县、绿春县、河口瑶族自治县与越南接壤；天保陆路口岸是云南省对外联系的公路口岸，河口陆路口岸是云南省对外联系的铁路口岸，这些口岸对云南省面向南亚东南亚辐射中心建设起着重要作用，是通往东南亚的国际大通道，是连接中国—东盟自由贸易区的重要平台。

二　自然地理

红河哈尼族彝族自治州自然地理条件优越。在综合自然区划系统中，红河哈尼族彝族自治州属于亚热带北部地带的滇东南高原地区，亚热带南部地带的滇东南岩溶高原山原地区和热带北缘地带的滇东南中山河谷地区；在云南省生态经济区划中，红河哈尼族彝族自治州主要位于滇东南岩溶丘原生态经济区的西部河谷盆地生态经济亚区，滇中高原湖盆生态经济区的中部湖盆城镇生态经济亚区和滇西南中低山宽谷、盆地生态经济区的南部低山宽谷生态经济亚区；从生态红线空间分布格局看，红河哈尼族彝族自治州部分位于金沙江、澜沧江、红河干热河谷地带，南部边境热带森林生态屏障区和东南部喀斯特地带；从生态保护红线功能类型上可以看出，红河哈尼族彝族自治州为红河（元江）干热河谷及山原水土保持生态保护红线、珠江上游及滇东南喀斯特地带水土保持生态保护红线、南部边境热带森林生物多样性保护维护生态保护红线和高原湖泊及牛栏江上游水源涵养生态保护红线类型。红河哈尼族彝族自治州有1区位于可持续发展实验区内。红河哈尼族彝族自治州有黄连山国家级自然保护区、大围山国家级自然保护区、金平分水岭国家级自然保护区，这些自然保护区的建立对生物多样性保护和促进人与自然的和谐发展起着重要的推动作用。

（一）自然地理要素

1. 地貌

红河哈尼族彝族自治州最高海拔高度约3035米，最低海拔高度约32米，高差约3003米，平均DEM为1450.48米，处于Ⅲ级水平。坝区面积2410.29平方千米，坝区土地占全州土地面积的7.46%，坝区综合指数18.46，属于半山半坝地区。地形起伏度指数为5.91，处于Ⅲ级水平；平均坡度指数为18.36，处于Ⅳ级水平。

2. 气候要素

红河哈尼族彝族自治州整体处于北热带、南亚热带、中亚热带、北亚热带过渡地带，年平均气温19.1℃，年降水量为1372.7毫米，年日照时数约1971小时，气候资源指数为1680.14，处于Ⅴ级水平。

3. 水文要素

红河哈尼族彝族自治州地处珠江流域、红河流域的交汇地带，水网密度指数为85.42，处于Ⅲ级水平。异龙湖位于石屏县东南部，是云南省第九大高原湖泊，湖泊面积 92 平方千米，流域面积 360.4 平方千米，平均水深约 5 米，最大水深 6.55 米，蓄水量 1.15 亿立方米。

4. 土壤要素

红河哈尼族彝族自治州的土壤类型主要有黄棕壤、红壤、紫色土、黄壤等，以红壤居多。

5. 植被要素

红河哈尼族彝族自治州的主要植被类型为滇中南、东部岩溶暖性、暖热性阔叶林，暖性针叶林亚区的滇中、东部高原暖性阔叶林、针叶林亚区和滇南热性阔叶林，植被覆盖度处于较显著区。红河哈尼族彝族自治州生物物种资源丰富，生物多样性处于 V 级水平。

（二）自然资源

1. 土地资源

红河哈尼族彝族自治州耕地面积 6678.76 平方千米，占全州土地面积的 20.68%；园地面积 1716.82 平方千米，占全州土地面积的 5.32%；林地面积 16894.08 平方千米，占全州土地面积的 52.30%；草地面积 3007.69 平方千米，占全州土地面积的 9.31%；城镇村及工矿用地面积 788.05 平方千米，占全州土地面积的 2.44%；交通运输用地面积 362.09 平方千米，占全州土地面积的 1.12%；水域及水利设施用地面积 409.01 平方千米，占全州土地面积的 1.27%；其他用地面积 2316.33 平方千米，占全州土地面积的 7.17%。在土地利用分区系统中，红河哈尼族彝族自治州位于滇东南中低山岩溶山原石漠化土地整治区的个—开—蒙城市工矿与旅游用地亚区、滇东南喀斯特石漠化整治与农林业用地亚区和哀牢山梯田农业与乡村生态旅游用地亚区。在可利用土地资源评价中，红河哈尼族彝族自治州土地资源丰富的县区有 1 个，较丰富的有 2 个，一般的有 1 个，较缺乏的有 2 个，缺乏的有 7 个。

2. 水资源

红河哈尼族彝族自治州的水资源总量 214.03 亿立方米，地下水资源总量 71.3 亿立方米。在可利用水资源评价中，红河哈尼族彝族自治州水资源丰富的县区有 1 个，较丰富的有 1 个，一般的有 4 个，较缺乏的有 5 个，缺乏的有 2 个。

3. 生物资源

红河哈尼族彝族自治州分布着国家一级保护植物灰干苏铁、滇南苏铁、云南穗花杉、贵州苏铁、河内苏铁、东京龙脑香、多毛坡垒、伯乐树、长柄叉叶苏铁、元江苏铁、绿春苏铁、多歧苏铁、四数木、华盖木、白桫椤、长蕊木兰、单性木兰、望天树、多羽叉叶苏铁 19 种，国家二级保护植物任豆、董棕、拟高粱、苏铁蕨、柄翅果、榉树、拟花蔺、红椿、毛红椿、箭叶大油芒、伞花木、鹅掌楸、十齿花、云南金钱槭、扇蕨、云南拟单性木兰、阴生桫椤、长果姜、篦子三尖杉、毛果木莲、马尾树、福建柏、紫荆木、亨利原始观音座莲、滇南桫椤、西亚黑桫椤、滇桐、翠柏、水青树、桫椤、大叶黑桫椤、合果木、金铁锁、茴香砂仁、云南肉豆蔻、滇南风吹楠、天星蕨、黑桫椤、中华桫椤、黑黄檀、地枫皮、蚬木、香果树、紫檀、细裂水蕨、水蕨、七指蕨、樟树、东京桐、长叶苏铁等 50 种，广泛分布着金毛狗、金荞麦、千果榄仁等国家珍稀植物资源。

红河哈尼族彝族自治州分布着稀有鸟类黑鹳、绿孔雀、孔雀雉；稀有兽类水獭、猕猴、小爪水獭、豹、野牛、斑羚、小灵猫、华鬣羚、蜂猴、熊狸、斑林狸、丛林猫、金猫、水鹿、巨松鼠、白颊长臂猿、熊猴、短尾猴、灰叶猴、大灵猫 20 种；稀有爬行、两栖、鱼类虎纹蛙、山瑞鳖、巨蜥、鼋等。

红河哈尼族彝族自治州的食用菌资源有铜色牛肝菌、血红牛肝菌、桃红牛肝菌、变绿红菇、多汁乳菇、长根小奥德菇、鸡枞菌、多汁乳菇、巴氏蘑菇、松茸、棱柄马鞍菌、灰树花、裂褶菌、草菇、黑木耳、糙皮侧耳、桂花耳、银耳、松乳菇、红黄鹅膏、棕灰口蘑、卷缘齿菌、硫色洵孔菌共 23 种。其中，绿春县的食用菌资源最为丰富，约 18 种；个旧市、开远市、屏边苗族自治县的食用菌资源最少。

4. 矿产资源

红河哈尼族彝族自治州黑色矿产资源、有色金属资源、贵金属资源、能源矿产资源丰富，化工原料非金属矿产资源匮乏。

5. 旅游资源

红河哈尼族彝族自治州的地文景观资源中，有3处地质景观，分别为蒙自滇东高原景观、屏边团山火山景观、石屏滇东高原景观；有3处喀斯特景观，分别为开远南洞景观、建水燕子洞景观、泸西阿庐古洞景观。水体景观资源中，有3处泉水景观，分别为弥勒大树龙潭景观、弥勒温泉景观和金平勐拉热水塘温泉景观；有2处瀑布景观，分别为屏边滴水层瀑布景观、金平标水岩瀑布景观。

三 人文地理

（一）人口和民族

红河哈尼族彝族自治州2018年年末总人口数为474.4万人，性别比为108.92，人口城镇化指数为0.18，人口城镇化级别为Ⅴ级，人口老龄化指数为0.07，老龄化级别为Ⅳ级水平。红河哈尼族彝族自治州少数民族人口约257.15万人，少数民族人口占总人口的54.21%，人口数量较多的少数民族有彝族、哈尼族、回族、苗族、壮族，民族多样性指数为1.16。红河哈尼族彝族自治州主要讲红河方言，属于滇南方言。

（二）经济

红河哈尼族彝族自治州GDP（地区生产总值）为1593.77亿元，人均GDP为33595.49元，地均GDP为493万元/平方千米，第一产业产值234.05亿元，第二产业产值759.99亿元，第三产业产值599.73亿元，处于经济发展的工业化中后期阶段，属于云南省沿边开放经济带。经济城镇化指数为0.78，经济城镇化级别为Ⅴ级水平。

从农业产业来看，红河哈尼族彝族自治州的粮食播种面积39.83万公顷，年粮食产量185.55万吨。红河哈尼族彝族自治州有6个县位于云南省高原特色农业中部现代产业园区中。有5家省级生猪产业有限公司；是云南省肉牛产业、肉羊产业加快发展区；红河哈尼族彝族自治州的冬春蔬菜优势产业区中有4个生产大县，在常年蔬菜优势产业区中有1个生产大县和3个重点县。红河哈尼族彝族自治州茶叶品种主要有绿茶，从事中药材加工和经营的企业有8家，分别是灯盏花、草乌、砂仁、通关藤、银杏、南板蓝根、通关藤的加工厂。

从工业园区来看，红河哈尼族彝族自治州有 1 个国家级工业园区、5 个省级工业园区。有 4 个冶金产业园区，有 1 个化工产业园区，有 2 个新材料产业园区，有 1 个信息产业园区，有 1 个生物医药和大健康产业园区。红河哈尼族彝族自治州有 1 家国家级外贸转型升级基地，为红河哈尼族彝族自治州蒙自经济开发区国家级外贸转型升级基地（有色金属材料）。

（三）旅游

红河哈尼族彝族自治州有 3 个美丽县城，有 1 个全国县域旅游综合实力百强县，有 2 个全国县域旅游发展潜力百佳县。

在旅游景区中，红河哈尼族彝族自治州有 9 个国家 4A 级景区、14 个国家 3A 级景区、8 个国家 2A 级景区；在度假休闲区中，有 1 个旅游度假区、1 个城市公园、2 个休闲广场；在专项旅游产品中，有 1 项工业旅游产品，有 3 项农业旅游产品，有 1 项探险旅游产品；在体育旅游产品中，有 1 项赛事运动。在节庆会展产品中，有 2 项节庆旅游产品。"十月年"是哈尼族的主要节日，从夏历十月的第一个属龙日开始，到属猴日结束，"十月年"期间各家各户杀猪杀鸡，祭祀天地、祖先，烹制各种美味佳肴并端到街心，摆起长达百十米的长街宴。此外红河哈尼族彝族自治州还有彝族火把节、六月年等重要节日。

红河哈尼族彝族自治州有 1 个国家级历史文化名城，有 1 个省级历史文化名城、2 个省级历史文化名村、1 个省级历史文化街区、1 个中国历史文化名镇、2 个中国历史文化名村、1 个全国特色小镇、16 个云南省特色小镇。从遗产旅游特色来看，红河哈尼族彝族自治州有 1 项世界文化遗产、1 项全球重要农业文化遗产、1 项中国重要农业文化遗产；国家级物质文化遗产有 16 项，省级物质文化遗产有 42 项，非物质文化遗产有 58 项。红河哈尼族彝族自治州有 2 个解放战争时期革命老区，革命老区乡镇 3 个。

（四）社会生活

从人民生活水平来看，2018 年年末，红河哈尼族彝族自治州的住户存款余额 1210.89 亿元，较上一年增长 10.76%；职工平均工资 8.5 万元，较上一年增长 14.47%；社会消费品零售总额 420.81 亿元，较上一年增长 2.18%；农村常住居民人均可支配收入 11330 元，较上一年增长 9.41%。

从教育发展来看，红河哈尼族彝族自治州的义务教育发展总指数为 0.81，义务教育发展级别为Ⅴ级水平。人口受教育程度指数为 0.92，人口受教育级别为Ⅴ级水平。

从文化设施来看，红河哈尼族彝族自治州二级博物馆有 1 个，三级及以下博物馆有 11 个；一级文化馆有 5 个，二级文化馆有 3 个，三级及以下文化馆有 7 个；一级图书馆有 5 个，二级图书馆有 1 个，三级及以下图书馆有 8 个。

红河哈尼族彝族自治州是云南省民族团结示范州，有 2 个民族团结示范县，有 16 个民族团结示范乡镇，有 2 个少数民族特色集镇，有 13 个少数民族特色村寨，有 1 个民族团结示范学校。

（五）脱贫攻坚

红河哈尼族彝族自治州属于滇西边境片区、迪庆藏区片区，2017 年石屏县实现了脱贫摘帽，2018 年泸西县实现了脱贫摘帽，2019 年元阳县、红河县、金平苗族瑶族傣族自治县、绿春县实现了脱贫摘帽。在脱贫攻坚的道路上，旅游扶贫起到了突出作用。红河哈尼族彝族自治州的旅游扶贫示范县有 1 个，旅游示范乡镇 2 个，旅游示范村 5 个。

第二节　区域差异

一　个旧市

（一）位置与范围

个旧市是云南省红河哈尼族彝族自治州下辖县级市，位于云南省南部，地处东经 102°52′—103°26′、北纬 22°59′—23°37′之间，东与蒙自市相接，西与建水县相邻，南与元阳县相连，北与开远市接壤。总面积约 $0.16×10^4$ 平方千米。个旧市以生产锡为主，是产铅、锌、铜等多种有色金属的冶金工业城市，中外闻名的"锡都"，当地以产锡著名，开采锡矿的历史有约两千年，是中国最大的产锡基地，同时是世界上最早的产锡基地，属于滇东南城市群，市人民政府驻个旧市金湖西路 100 号。个旧市下辖 3 个街道（城区街道、大屯街道、沙甸街道），5 个镇（锡城镇、鸡街镇、老厂镇、卡房镇、蔓耗镇），2 个乡（贾沙乡、保和乡）。

（二）自然地理

个旧市自然地理条件优越。在综合自然区划系统中，个旧市属于亚热带南部地带的滇东南岩溶高原山原地区的蒙自—元江高原盆地峡谷区；在云南省生态经济区划中，个旧市主要位于滇东南岩溶丘原生态经济区的西部河谷盆地生态经济亚区；从生态红线空间分布格局看，个旧市大部分位于金沙江、澜沧江、红河干热河谷地带，少部分位于南部边境热带森林生态屏障区域；从生态保护红线功能类型上可以看出，个旧市为红河（元江）干热河谷及山原水土保持生态保护红线类型。个旧市位于可持续发展实验区内。

1. 自然地理要素

（1）地貌

个旧市最高海拔高度约 2745 米，最低海拔高度约 132 米，高差约 2613 米，平均 DEM 为 1561.76 米，处于Ⅲ级水平。坝区面积 143.75 平方千米，坝区土地占全市土地面积的 9.23%，坝区综合指数 16.72，属于半山半坝地区。地形起伏度指数为 6.49，处于Ⅳ级水平；平均坡度指数 17.47，处于Ⅳ级水平。

（2）气候要素

个旧市整体处于北亚热带，年平均气温 16.7℃，年降水量为 992.0 毫米，年日照时数约 1968.6 小时，气候资源指数为 1534.42，处于Ⅲ级水平。在三生空间结构类型系统中，为生产—生态主导型。

（3）水文要素

个旧市地处珠江流域、红河流域的交汇地带，水网密度指数 64.00，处于Ⅲ级水平。

（4）土壤要素

个旧市的土壤类型主要为黄棕壤。

（5）植被要素

个旧市的主要植被类型为滇中南、东部岩溶暖性、暖热性阔叶林，暖性针叶林亚区，植被覆盖度处于较显著区。个旧市由于海拔差异大，立体气候明显，动植物资源十分丰富，生物物种资源也丰富，生物多样性处于Ⅱ级水平。田中线穿过个旧市。

2. 自然资源

（1）土地资源

个旧市耕地面积325.229平方千米，占全市土地面积的20.33%；园地面积64.13平方千米，占全市土地面积的4.01%；林地面积665.26平方千米，占全市土地面积的41.58%；草地面积208.49平方千米，占全市土地面积的13.03%；城镇村及工矿用地面积116.86平方千米，占全市土地面积的7.30%；交通运输用地面积25.94平方千米，占全市土地面积的1.62%；水域及水利设施用地面积28.47平方千米，占全市土地面积的1.78%；其他用地面积123.09平方千米，占全市土地面积的7.69%。在土地利用分区系统中，个旧市位于滇东南中低山岩溶山原石漠化土地整治区的个—开—蒙城市工矿与旅游用地亚区。在可利用土地资源评价中，个旧市可利用土地资源缺乏。

（2）水资源

个旧市的水资源总量7.28亿立方米，地表水径流量7.28亿立方米，径流深461.4毫米，地下水资源总量2.86亿立方米，在可利用水资源评价中，个旧市可利用水资源较缺乏。

（3）生物资源

个旧市分布着国家一级保护植物灰干苏铁、长柄叉叶苏铁、多羽叉叶苏铁、多歧苏铁、滇南苏铁、云南穗花杉、望天树等，国家二级保护植物任豆、董棕、拟高粱、苏铁蕨、柄翅果、榉树、拟花蔺、红椿、毛红椿等。

个旧市的食用菌有鸡枞菌、巴氏蘑菇等。

（三）人文地理

1. 人口和民族

个旧市2018年年末总人口数为47.05万人，性别比为109.68，人口城镇化指数为0.44，人口城镇化级别为Ⅱ级，人口老龄化指数为0.08，老龄化级别为Ⅴ级。个旧市少数民族人口约18.80万人，少数民族人口占总人口的39.96%，人口数量较多的少数民族有彝族、哈尼族、回族等，民族多样性指数为 1.30。个旧市主要说个旧话，属于滇南方言中的红河方言。

2. 经济

个旧市 GDP（地区生产总值）为 260.00 亿元，人均 GDP 为 55260.36 元，地均 GDP 为 1625 万元/平方千米，第一产业产值 14.92 亿元，第二产业产值 142.13 亿元，第三产业产值 102.95 亿元，处于经济发展的发达经济阶段。经济城镇化指数为 0.94，经济城镇化级别为Ⅱ级水平。

从农业产业来看，个旧市的粮食播种面积 1.51 万公顷，年粮食产量 7.26 万吨。个旧市是云南省肉牛产业、肉羊产业加快发展区。

从工业园区来看，个旧市有 1 个省级工业园区，为个旧特色产业园区；主要产业类型是冶金产业和新材料产业。

3. 旅游

在旅游景区中，个旧市有 1 个国家 2A 级景区，为个旧丫沙底瀑布温泉旅游区。

个旧市有 1 个云南省特色小镇，为大屯特色制造小镇。从遗产旅游特色来看，个旧市国家级物质文化遗产有 2 项，分别是宝丰隆商号、鸡街火车站；省级物质文化遗产有 1 项，为云庙；非物质文化遗产有 3 项，分别是团山民间传统武术、锡器制作技艺、彝族簸箕旋。

4. 社会生活

从人民生活水平来看，2018 年年末，个旧市住户存款余额 187.43 亿元，较上一年增长 8.96%；职工平均工资 7.10 万元，较上一年增长 2.45%；社会消费品零售总额 67.50 亿元，较上一年增长 20.06%；农村常住居民人均可支配收入 15390 元，较上一年增长 9.40%。

从教育发展来看，个旧市的义务教育发展总指数为 0.65，义务教育发展级别为Ⅵ级水平。人口受教育程度指数为 1.37，人口受教育级别为Ⅳ级水平。

从文化设施来看，个旧市有 2 个三级以下博物馆，分别是锡博物馆、锡都博物馆；1 个三级及以下文化馆，为市文化馆；有 1 个一级图书馆，为市锡都图书馆。

个旧市是云南省民族团结示范市，有 1 个民族团结示范乡镇，为沙甸街道；有 1 个少数民族特色村寨。

在主体功能区的国家级定位中，个旧市属于集中连片重点开发区域。

二 开远市

（一）位置与范围

开远市位于云南省东南部，隶属红河哈尼族彝族自治州。开远市地处东经 103°04′—103°42′、北纬 23°30′—23°58′之间，东连砚山县、丘北县，南接蒙自市、个旧市，西靠建水县，北邻弥勒市。全市东西最大横距 66 千米，南北最大纵距 52 千米，总面积约 0.20×10⁴ 平方千米。开远市蕴藏着丰富的煤炭资源。离城区 20 千米的小龙潭，褐煤储量达 12 亿吨，是云南最大的露天煤矿，年开采量 630 万吨。开远市是滇东南地区的交通要塞和中心城市，属于滇东南城市群，市人民政府驻开远市行政中心。开远市下辖 2 个街道（灵泉街道、乐白道街道），2 个镇（小龙潭镇、中和营镇），2 个乡（羊街乡、碑格乡），1 个民族乡（大庄回族乡）。

（二）自然地理

开远市自然地理条件优越。在综合自然区划系统中，开远市属于亚热带南部地带的滇东南岩溶高原山原地区的蒙自—元江高原盆地峡谷区；在云南省生态经济区划中，开远市主要位于滇东南岩溶丘原生态经济区的西部河谷盆地生态经济亚区；从生态保护红线功能类型上可以看出，开远市为珠江上游及滇东南喀斯特地带水土保持生态保护红线类型。

1. 自然地理要素

（1）地貌

开远市最高海拔高度约 2775.6 米，最低海拔高度约 950 米，高差约 1825.6 米，平均 DEM 为 1624.53 米，处于Ⅲ级水平。坝区面积 543.2 平方千米，坝区土地占全市土地面积的 8.16%，坝区综合指数为 17.29，属于半山半坝地区。地形起伏度指数为 5.11，处于Ⅱ级水平；平均坡度指数为 15.07，处于Ⅲ级水平。

（2）气候要素

开远市整体处于南亚热带，年平均气温20.1℃，年降水量为1038.4毫米，年日照时数约2259.4小时，气候资源指数为1620.33，处于Ⅴ级水平。

（3）水文要素

开远市地处珠江流域，水网密度指数为40.01，处于Ⅱ级水平。

（4）土壤要素

开远市的土壤类型主要为红壤、紫色土。

（5）植被要素

开远市的主要植被类型为滇中南、东部岩溶暖性、暖热性阔叶林，暖性针叶林亚区，植被覆盖度处于极显著区。开远市生物多样性处于Ⅲ级水平。田中线穿过开远市。

2. 自然资源

（1）土地资源

开远市耕地面积392.41平方千米，占全市土地面积的20.65%；园地面积39.38平方千米，占全市土地面积的2.07%；林地面积949.41平方千米，占全市土地面积的49.97%；草地面积235.59平方千米，占全市土地面积的12.40%；城镇村及工矿用地面积79.89平方千米，占全市土地面积的4.20%；交通运输用地面积33.11平方千米，占全市土地面积的1.74%；水域及水利设施用地面积24.10平方千米，占全市土地面积的1.27%；其他用地面积186.41平方千米，占全市土地面积的9.81%。在土地利用分区系统中，开远市位于滇东南中低山岩溶山原石漠化土地整治区的个—开—蒙城市工矿与旅游用地亚区。在可利用土地资源评价中，开远市可利用土地资源较缺乏。在三生空间结构类型系统中，为生产—生态主导型。

（2）水资源

开远市的水资源总量5.92亿立方米，地表水径流量5.92亿立方米，径流深304.6毫米，地下水资源总量2.02亿立方米，在可利用水资源评价中，开远市可利用水资源较缺乏。

（3）生物资源

开远市分布着国家一级保护植物贵州苏铁，国家二级保护植物樟树、榉树、红椿、毛红椿等。

开远市食用菌有鸡枞菌、巴氏蘑菇等。

（4）旅游资源

开远市地文景观资源中，有1处喀斯特景观，为开远南洞景观。

（三）人文地理

1. 人口和民族

开远市 2018 年年末总人口数为 33.83 万人，性别比为 105.6，人口城镇化指数为 0.37，人口城镇化级别为Ⅲ级，人口老龄化指数为 0.08，老龄化级别为Ⅴ级。开远市少数民族人口约 17.77 万人，少数民族人口占总人口的 52.53%，人口数量较多的少数民族有彝族、苗族、回族等，民族多样性指数为 1.39。开远市主要说开远话，属于滇南方言中的红河方言。

2. 经济

开远市 GDP（地区生产总值）为 202.73 亿元，人均 GDP 为 59926.10元，地均 GDP 为 1067 万元/平方千米，第一产业产值 19.34 亿元，第二产业产值 77.52 亿元，第三产业产值 105.87 亿元，处于经济发展的工业化中后期阶段。经济城镇化指数为 0.89，经济城镇化级别为Ⅲ级。

从农业产业来看，开远市的粮食播种面积 2.82 万公顷，年粮食产量15.30 万吨。开远市是云南省肉牛产业、肉羊产业加快发展区；特色产业农业园区有 2 个，分别是花卉、绿化观赏苗木产业园区和冬春蔬菜优势产业区，开远市是冬春蔬菜优势产业区的生产大县。

3. 旅游

在旅游景区中，开远市有国家 3A 级景区 2 个，分别为红河开远南洞—凤凰谷旅游区、开远凤凰生态公园景区。

从遗产旅游特色来看，开远市省级物质文化遗产有 3 项，分别是云窝寺、大庄清真寺、南桥水电站；非物质文化遗产有 1 项，甜藠头制作技艺。

4. 社会生活

从人民生活水平来看，2018 年年末，开远市住户存款余额 125.22 亿元，较上一年增长 8.08%；职工平均工资 8.46 万元，较上一年增长

22.79%；社会消费品零售总额 51.56 亿元，较上一年下降 36.84%；农村常住居民人均可支配收入 15109 元，较上一年增长 10.10%。

从教育发展来看，开远市的义务教育发展总指数为 0.70，义务教育发展级别为Ⅵ级。人口受教育程度指数为 0.94，人口受教育级别为Ⅴ级。

从文化设施来看，开远市有 1 个一级文化馆，为市文化馆；有 1 个一级图书馆，为市图书馆。

开远市有 1 个民族团结示范乡镇，为大庄回族乡，有 1 个少数民族特色村寨。开远市有 1 个第二批省级民族传统文化保护区，为碑格乡彝族（朴拉人）传统文化保护区。

在主体功能区的国家级定位中，开远市属于集中连片重点开发区域。

三 蒙自市

（一）位置与范围

蒙自市是云南省红河哈尼族彝族自治州下辖市，位于云南省东南部、红河哈尼族彝族自治州东部，地处东经 103°12′—103°49′、北纬 23°01′—23°34′之间，东邻文山市，南接屏边苗族自治县，西连个旧市，北与开远市接壤。全市东西最大横距 61.3 千米，南北最大纵距 62 千米，总面积约 0.22×10^4 平方千米。蒙自市是红河哈尼族彝族自治州首府，是全州的经济、政治、文化中心和交通枢纽，是滇南中心城市核心区，市人民政府驻蒙自市行政中心办公楼 B 区。蒙自市下辖 4 个街道（文澜街道、雨过铺街道、观澜街道、文萃街道），5 个镇（草坝镇、新安所镇、芷村镇、鸣鹫镇、冷泉镇），2 个乡（水田乡、西北勒乡），2 个民族乡（期路白苗族乡、老寨苗族乡）。

（二）自然地理

蒙自市在综合自然区划系统中，属于亚热带南部地带、滇东南岩溶高原山原地区的蒙自—元江高原盆地峡谷区；在云南省生态经济区划中，蒙自市主要位于滇东南岩溶丘原生态经济区的西部河谷盆地生态经济亚区；从生态红线空间分布格局看，蒙自市少部分位于南部边境热带森林生态屏障区域；从生态保护红线功能类型上可以看出，蒙自市为红河（元江）干热河谷及山原水土保持生态保护红线类型。蒙自市有长桥海国家湿地公园，以云贵高原典型的永久性淡水湖泊湿地生态系统为特色，推动生态文明建设。

1. 自然地理要素

（1）地貌

蒙自市最高海拔高度约 2567.8 米，最低海拔高度约 146 米，高差约 2421.8 米，平均 DEM 为 1663.09 米，处于Ⅲ级水平。坝区面积 544.2 平方千米，坝区土地占全市土地面积的 17.89%，坝区综合指数 46.12，属于半山半坝地区。地形起伏度指数为 5.91，处于Ⅲ级水平；平均坡度指数 13.94，处于Ⅱ级水平。

（2）气候要素

蒙自市整体处于中亚热带，年平均气温 18.9℃，年降水量为 837.5 毫米，年日照时数约 2222 小时，气候资源指数为 1667.49，处于Ⅴ级水平。

（3）水文要素

蒙自市地处珠江流域、红河流域的交汇地带，水网密度指数为 57.72，处于Ⅲ级水平。

（4）土壤要素

蒙自市的土壤类型主要为红壤。

（5）植被要素

蒙自市的主要植被类型为滇中南、东部岩溶暖性、暖热性阔叶林，暖性针叶林亚区，植被覆盖度处于极显著区。蒙自市生物物种资源较丰富，生物多样性处于Ⅲ级水平。田中线穿过蒙自市。

2. 自然资源

（1）土地资源

蒙自市耕地面积 606.82 平方千米，占全市土地面积的 27.58%；园地面积 137.815 平方千米，占全市土地面积的 6.26%；林地面积 816.20 平方千米，占全市土地面积的 37.10%；草地面积 201.90 平方千米，占全市土地面积的 9.18%；城镇村及工矿用地面积 95.48 平方千米，占全市土地面积的 4.34%；交通运输用地面积 36.63 平方千米，占全市土地面积的 1.67%；水域及水利设施用地面积 37.21 平方千米，占全市土地面积的 1.69%；其他用地面积 239.66 平方千米，占全市土地面积的

10.89%。在土地利用分区系统中，蒙自市位于滇东南中低山岩溶山原石漠化土地整治区的个—开—蒙城市工矿与旅游用地亚区。在可利用土地资源评价中，蒙自市可利用土地资源较丰富。在三生空间结构类型系统中，为生产—生态主导型。

（2）水资源

蒙自市的水资源总量9.10亿立方米，地表水径流量9.10亿立方米，径流深419.2毫米，地下水资源总量3.37亿立方米，在可利用水资源评价中，蒙自市可利用水资源较缺乏。

（3）生物资源

蒙自市分布着国家一级保护植物滇南苏铁、多歧苏铁、伯乐树等，国家二级保护植物樟树、红椿、箭叶大油芒、伞花木、鹅掌楸、水青树、十齿花、榉树、云南金钱槭等。

蒙自市分布着稀有鸟类黑鹳、绿孔雀。

蒙自市的食用菌有鸡枞菌、铜色牛肝菌、血红牛肝菌、桃红牛肝菌、变绿红菇、多汁乳菇、巴氏蘑菇等。

（4）旅游资源

蒙自市地文景观资源中，有1处地质景观，为滇东高原景观。

（三）人文地理

1. 人口和民族

蒙自市2018年年末总人口数为45.83万人，性别比为107.6，人口城镇化指数为0.28，人口城镇化级别为Ⅳ级水平，人口老龄化指数为0.07，老龄化级别为Ⅳ级水平。蒙自市少数民族人口约22.96万人，少数民族人口占总人口的50.10%，人口数量较多的少数民族有彝族、苗族、壮族等，民族多样性指数为1.41。蒙自市主要说蒙自话，属于滇南方言中的红河方言。

2. 经济

蒙自市GDP（地区生产总值）为208.25亿元，人均GDP为45439.67元，地均GDP为947万元/平方千米，第一产业产值25.15亿元，第二产业产值115.56亿元，第三产业产值67.54亿元，处于经济发展的工业化中后期阶段。经济城镇化指数为0.86，经济城镇化级别为Ⅲ

级水平。

从农业产业来看，蒙自市的粮食播种面积 3.80 万公顷，年粮食产量 15.17 万吨。蒙自市是云南省肉牛产业、肉羊产业加快发展区；蒙自市是冬春蔬菜优势产业区的生产大县。

从工业园区来看，蒙自市有国家级工业园区 1 个，为蒙自经济技术开发区；省级工业园区 1 个，为蒙自工业园区。其中，蒙自经济技术开发区还是主要的冶金产业园区、新材料产业园区、信息产业园区，蒙自工业园区也是主要的冶金产业园区。

3. 旅游

在旅游景区中，蒙自市有国家 3A 级景区 3 个，分别为红河州博物馆、蒙自市碧色寨滇越铁路历史文化公园景区、中共云南一大会址查尼皮景区；国家 2A 级景区 2 个，分别为红河蒙自南湖公园景区、国立西南联合大学蒙自分校景区；休闲广场 2 个，分别为蒙自红河广场、蒙自南湖广场；在专项旅游产品中，有 1 项工业旅游产品，为蒙自万亩石榴园。

蒙自市有 1 个中国历史文化名镇，为新安所镇；1 个云南省特色小镇，为碧色寨滇越铁路小镇。从遗产旅游特色来看，蒙自市国家级物质文化遗产有 3 项，分别是蒙自海关旧址、周家宅院、碧色寨车站，省级物质文化遗产有 7 项，分别是蒙自租界址、新安所古建筑群、玉皇阁古建筑群、缘狮洞、文澜王家宅院、芷村火车站历史建筑群、中共云南省第一次代表大会会址；非物质文化遗产有 5 项，分别是哈尼族多声部民歌、过桥米线、四季生产调、彝族鱼鳞片吹奏、彝族高山腔。

4. 社会生活

从人民生活水平来看，2018 年年末，蒙自市住户存款余额 182.26 亿元，较上一年增长 11.47%；职工平均工资 8.68 万元，较上一年增长 16.35%；社会消费品零售总额 108.82 亿元，较上一年增长 108.71%；农村常住居民人均可支配收入 13736 元，较上一年增长 9.30%。

从教育发展来看，蒙自市的义务教育发展总指数为 0.76，义务教育发展级别为 V 级水平。人口受教育程度指数为 1.23，人口受教育级别为 IV 级水平。

从文化设施来看，蒙自市博物馆有 2 个，其中二级博物馆有 1 个，为市博物馆；三级及以下博物馆有 1 个，为清韵紫陶博物馆。蒙自市文化馆有 3 个，其中二级文化馆有 1 个，为州文化馆；三级及以下文化馆有 2 个，分别是国立西南联大蒙自分校博物馆、市文化馆。蒙自市有 2 个三级及以下图书馆，分别是州图书馆、市图书馆。

蒙自市有 1 个民族团结示范乡镇，为新安所镇；有 1 个少数民族特色村寨。

在主体功能区的国家级定位中，蒙自市属于集中连片重点开发区域。

四　弥勒市

（一）位置与范围

弥勒市是云南省红河哈尼族彝族自治州下辖县级市，位于红河哈尼族彝族自治州北部，地处东经 103°03′—103°49′、北纬 23°49′—24°39′之间，北依屏边苗族自治县、石林彝族自治县，南接开远市，东邻文山壮族苗族自治州丘北县，西连玉溪市华宁县。全市东西横距约 50 千米，南北纵距约 78 千米，总面积约 0.40×10^4 平方千米。弥勒市是红河哈尼族彝族自治州北大门，属于滇东南城市群，市人民政府驻弥勒市弥阳镇犀翁路延长线行政中心。弥勒市下辖 9 个镇（弥阳镇、新哨镇、虹溪镇、竹园镇、巡检司镇、西一镇、西二镇、西三镇、东山镇），2 个乡（五山乡、江边乡）。

（二）自然地理

在综合自然区划系统中，弥勒市部分属于亚热带北部地带的滇东南高原地区的丘北—广南岩溶山原区，部分属于亚热带南部地带的滇东南岩溶高原山原地区的蒙自—元江高原盆地峡谷区；在云南省生态经济区划中，弥勒市主要位于滇中高原湖盆生态经济区的中部湖盆生态经济亚区；从生态红线空间分布格局看，弥勒市少部分位于东南部喀斯特地带；从生态保护红线功能类型上可以看出，弥勒市为珠江上游及滇东南喀斯特地带水土保持生态保护红线类型。

1. 自然地理要素

（1）地貌

弥勒市最高海拔高度约 2315 米，最低海拔高度约 870 米，高差约

1445 米，平均 DEM 为 1377.42 米，处于 Ⅱ 级水平。坝区面积 367.4 平方千米，坝区土地占全市土地面积的 0.52%，坝区综合指数为 1.04，属于山区地区。地形起伏度指数为 4.52，处于 Ⅱ 级水平；平均坡度指数为 13.19，处于 Ⅱ 级水平。

（2）气候要素

弥勒市整体处于中亚热带，年平均气温 18.3℃，年降水量为 1228.0 毫米，年日照时数约 2136.4 小时，气候资源指数为 1485.53，处于 Ⅳ 级水平。

（3）水文要素

弥勒市地处珠江流域，水网密度指数为 90.44，处于 Ⅲ 级水平。

（4）土壤要素

弥勒市的土壤类型主要为红壤。

（5）植被要素

弥勒市的主要植被类型为滇中、东部高原暖性阔叶林、针叶林亚区，植被覆盖度处于较显著区。弥勒市生物多样性处于 Ⅵ 级水平。

2. 自然资源

（1）土地资源

弥勒市耕地面积 1036.19 平方千米，占全市土地面积的 25.90%；园地面积 37.26 平方千米，占全市土地面积的 0.93%；林地面积 1955.85 平方千米，占全市土地面积的 48.90%；草地面积 478.21 平方千米，占全市土地面积的 11.96%；城镇村及工矿用地面积 116.72 平方千米，占全市土地面积的 2.92%；交通运输用地面积 55.17 平方千米，占全市土地面积的 1.38%；水域及水利设施用地面积 49.03 平方千米，占全市土地面积的 1.23%；其他用地面积 183.96 平方千米，占全市土地面积的 4.60%。在土地利用分区系统中，弥勒市位于滇东南中低山岩溶山原石漠化土地整治区的个—开—蒙城市工矿与旅游用地亚区。在可利用土地资源评价中，弥勒市可利用土地资源丰富。在三生空间结构类型系统中，为生产—生态主导型。

（2）水资源

弥勒市的水资源总量 11.06 亿立方米，地表水径流量 11.06 亿立方米，径流深 283.1 毫米，地下水资源总量 3.52 亿立方米，在可利用水资源评价中，弥勒市可利用水资源较缺乏。

（3）生物资源

弥勒市分布着国家一级保护植物贵州苏铁，国家二级保护植物扇蕨、柄翅果、榉树等。

弥勒市分布着稀有鸟类孔雀雉、绿孔雀。

弥勒市食用菌有鸡枞菌、长根小奥德菇、巴氏蘑菇等。

（4）旅游资源

弥勒市水体景观资源中，有2处泉水景观，分别为弥勒大树龙潭景观、弥勒温泉景观。

（三）人文地理

1. 人口和民族

弥勒市2018年年末总人口数为56.73万人，性别比为105.7，人口城镇化指数为0.11，人口城镇化级别为Ⅵ级，人口老龄化指数为0.08，老龄化级别为Ⅴ级。弥勒市少数民族人口约9.75万人，少数民族人口占总人口的17.19%，人口数量较多的少数民族有彝族、傣族、苗族等，民族多样性指数1.07。弥勒市主要说弥勒话，属于滇南方言中的红河方言。

2. 经济

弥勒市GDP（地区生产总值）为300.46亿元，人均GDP为52963.16元，地均GDP为751万元/平方千米，第一产业产值30.60亿元，第二产业产值181.53亿元，第三产业产值88.33亿元，处于经济发展的工业化中后期阶段。经济城镇化指数为0.90，经济城镇化级别为Ⅲ级水平。

从农业产业来看，弥勒市的粮食播种面积5.54万公顷，年粮食产量27.98万吨。弥勒市是云南省肉牛产业、肉羊产业加快发展区；特色产业农业园区有2个，分别是花卉产业区（鲜切花、绿化观赏苗木、加工花卉）和冬春蔬菜优势产业区，弥勒市是冬春蔬菜优势产业区的生产大县。

从工业园区来看，弥勒市有省级工业园区1个，为弥勒工业园区，该工业园区主要为化工产业园区。

3. 旅游

弥勒市是全国县域旅游综合实力百强县，全国县域旅游发展潜力百佳县。

在旅游景区中，弥勒市有 3 个国家 4A 级景区，分别为红河弥勒湖泉生态园景区、红河弥勒可邑旅游小镇景区、建水学政考棚景区；4 个国家 3A 级景区，分别为弥勒东风韵景区、弥勒锦屏山景区、弥勒太平湖森林小镇景区、弥勒红河水乡景区；1 个国家 2A 级景区，为弥勒白龙洞景区。在度假休闲区中，有 1 个旅游度假区，为弥勒湖泉半山温泉；1 个城市公园，为弥勒湖泉生态园；在专项旅游产品中，有 1 项农业旅游产品，弥勒葡萄酒庄；在体育旅游产品中，有 1 项赛事运动，摩托车场地越野赛。在节庆会展产品中，有 1 项节庆旅游产品，弥勒阿细跳月节。

弥勒市有 4 个云南省特色小镇，分别是可邑小镇、红河水乡、太平湖森林小镇、红河"东风韵"小镇。从遗产旅游特色来看，弥勒市省级物质文化遗产有 4 项，分别是张冲故居、熊庆来故居、虹溪文笔塔、弥阳文昌宫及建国楼；非物质文化遗产有 4 项，分别是阿细先基、彝族三弦舞、阿细祭火习俗、彝族祭龙。弥勒市是解放战争时期的革命老区。

4. 社会生活

从人民生活水平来看，2018 年年末，弥勒市住户存款余额 137.26 亿元，较上一年增长 10.78%；职工平均工资 10.31 万元，较上一年增长 25.27%；社会消费品零售总额 37.75 亿元，较上一年下降 15.83；农村常住居民人均可支配收入 13336 元，较上一年增长 10.00%。

从教育发展来看，弥勒市的义务教育发展总指数 0.99，义务教育发展级别为Ⅳ级。人口受教育程度指数为 1.54，人口受教育级别为Ⅳ级。

从文化设施来看，弥勒市有 1 个一级文化馆，为市文化馆；有 1 个一级图书馆，为市图书馆。

弥勒市是云南省民族团结示范市，有 1 个民族团结示范乡镇，为东山镇；有 1 个少数民族特色村寨。弥勒市有 2 个省级民族传统文化保护区，为西一镇红万村彝族（阿细）传统文化保护区、巡检司镇高甸村彝族（阿哲）传统文化保护区。

在主体功能区的国家级定位中，弥勒市属于农产品主产区。

五　屏边苗族自治县

（一）位置与范围

屏边苗族自治县位于红河哈尼族彝族自治州东南部，地处东经103°23′—103°57′、北纬22°49′—23°23′之间，东面与文山壮族苗族自治州的文山市、马关县隔河相望，南部与河口瑶族自治县接壤，北部与蒙自市毗邻，西南与个旧市相连。全县东西横距约55千米，南北最大纵距63千米，总面积约0.19×10⁴平方千米。屏边苗族自治县属于滇东南城市群，县人民政府驻屏边苗族自治县326国道附近。屏边苗族自治县下辖4个镇（玉屏镇、新现镇、和平镇、白河镇），3个乡（白云乡、新华乡、湾塘乡）。

（二）自然地理

在综合自然区划系统中，屏边苗族自治县属于亚热带南部地带的滇东南岩溶高原山原地区的蒙自—元江高原盆地峡谷区；在云南省生态经济区划中，屏边苗族自治县主要位于滇东南岩溶丘原生态经济区的西部河谷盆地生态经济亚区；从生态红线空间分布格局看，屏边苗族自治县少部分位于南部边境热带森林生态屏障区域；从生态保护红线功能类型上可以看出，屏边苗族自治县为南部边境热带森林生物多样性保护维护生态保护红线类型。屏边苗族自治县是第三批国家生态文明建设示范区，该示范区的建设体现了屏边苗族自治县抓生态环境保护，有序推进生态文明建设，守护绿水青山净土，探索出一条具有边疆民族地区特色、产业强、山水美、环境好的绿色崛起之路。

1. 自然地理要素

（1）地貌

屏边苗族自治县最高海拔高度约2590米，最低海拔高度约154米，高差约2436米，平均DEM为1377.42米，处于Ⅱ级水平。坝区面积9.59平方千米，坝区土地占全县土地面积的13.89%，坝区综合指数48.75，属于半山半坝地区。地形起伏度指数为6.19，处于Ⅳ级水平；平均坡度指数为22.54，处于Ⅵ级水平。

（2）气候要素

屏边苗族自治县整体处于中亚热带，年平均气温16.9℃，年降水量为1842.6毫米，年日照时数约1571.4小时，气候资源指数为1622.34，处于Ⅴ级水平。

（3）水文要素

屏边苗族自治县地处红河流域，水网密度指数为90.44，处于Ⅲ级水平。

（4）土壤要素

屏边苗族自治县的土壤类型主要为黄壤。

（5）植被要素

屏边苗族自治县的主要植被类型为滇中南、东部岩溶暖性、暖热性阔叶林，暖性针叶林亚区，植被覆盖度处于较显著区。屏边苗族自治县生物物种资源丰富，生物多样性处于Ⅵ级水平。田中线穿过屏边苗族自治县。

2. 自然资源

（1）土地资源

屏边苗族自治县耕地面积414.68平方千米，占全县土地面积的21.83%；园地面积12.47平方千米，占全县土地面积的0.66%；林地面积1064.48平方千米，占全县土地面积的56.03%；草地面积149.68平方千米，占全县土地面积的7.88%；城镇村及工矿用地面积25.14平方千米，占全县土地面积的1.32%；交通运输用地面积11.93平方千米，占全县土地面积的0.63%；水域及水利设施用地面积7.24平方千米，占全县土地面积的0.38%；其他用地面积158.61平方千米，占全县土地面积的8.35%。在土地利用分区系统中，屏边苗族自治县位于滇东南中低山岩溶山原石漠化土地整治区的滇东南喀斯特石漠化整治与农林业用地亚区。在可利用土地资源评价中，屏边苗族自治县可利用土地资源缺乏。在三生空间结构类型系统中，为生态主导型。

（2）水资源

屏边苗族自治县的水资源总量14.47亿立方米，地表水径流量14.47亿立方米，径流深776.8毫米，地下水资源总量4.81亿立方米，在可利用水资源评价中，屏边苗族自治县可利用水资源丰盈程度为一般。

（3）生物资源

屏边苗族自治县分布着国家一级保护植物多羽叉叶苏铁、河内苏铁、云南穗花杉、东京龙脑香、多毛坡垒、伯乐树、滇南苏铁、长柄叉叶苏铁、多歧苏铁、长蕊木兰等，国家二级保护植物云南拟单性木兰、阴生桫椤、长果姜、篦子三尖杉、毛果木莲、马尾树、福建柏、扇蕨、红椿、十齿花、紫荆木、苏铁蕨、亨利原始观音座莲、鹅掌楸、云南金钱槭、董棕、滇南桫椤、榉树、合果木、黑桫椤、毛红椿、西亚黑桫椤、任豆、滇桐24种。

屏边苗族自治县食用菌有鸡枞菌、巴氏蘑菇等。

（4）旅游资源

屏边苗族自治县的地文景观资源中，有1处地质景观，为屏边团山火山景观。水体景观资源中，有1处瀑布景观，为屏边滴水层瀑布景观。

（三）人文地理

1. 人口和民族

屏边苗族自治县2018年年末总人口数为15.53万人，性别比为110.33，人口城镇化指数为0.11，人口城镇化级别为Ⅵ级水平，人口老龄化指数为0.08，老龄化级别为Ⅴ级水平。屏边苗族自治县少数民族人口约10.89万人，少数民族人口占总人口的70.12%，人口数量较多的少数民族有苗族、彝族、壮族等，民族多样性指数为1.18。

2. 经济

屏边苗族自治县GDP（地区生产总值）为35.67亿元，人均GDP为22968.45元，地均GDP为188万元/平方千米，第一产业产值7.31亿元，第二产业产值14.93亿元，第三产业产值13.43亿元，处于经济发展的工业化中后期阶段。经济城镇化指数为0.78，经济城镇化级别为Ⅴ级水平。

从农业产业来看，屏边苗族自治县的粮食播种面积1.84万公顷，年粮食产量6.29万吨。屏边苗族自治县是云南省肉牛产业、肉羊产业加快发展区。屏边苗族自治县是云药之乡，主要中药材有石斛、红豆杉、大黄藤。

3. 旅游

屏边苗族自治县是云南省美丽县城。

在专项旅游产品中，有 1 项探险旅游产品，为热带雨林探险。

屏边苗族自治县有云南省特色小镇 1 个，为滴水苗城。从遗产旅游特色来看，屏边苗族自治县有国家级物质文化遗产 1 项，为五家寨铁路桥，省级物质文化遗产有 2 项，分别是莲花洞石刻、白寨大桥；非物质文化遗产有 1 项，为苗族花山节。

4. 社会生活

从人民生活水平来看，2018 年年末，屏边苗族自治县住户存款余额 25.55 亿元，较上一年增长 11.04%；职工平均工资 7.79 万元，较上一年增长 7.01%；社会消费品零售总额 10.13 亿元，较上一年下降 19.41%；农村常住居民人均可支配收入 8626 元，较上一年增长 10.00%。

从教育发展来看，屏边苗族自治县的义务教育发展总指数为 0.68，义务教育发展级别为 Ⅵ 级。人口受教育程度指数为 0.40，人口受教育级别为 Ⅶ 级。

从文化设施来看，屏边苗族自治县有 1 个二级文化馆，为县文化馆；有 1 个三级图书馆，为县图书馆。

屏边苗族自治县有 1 个少数民族特色村寨。

5. 脱贫攻坚

屏边苗族自治县属于石漠化片区，2020 年该县通过发展荔枝、猕猴桃、枇杷等特色产业，实现了脱贫摘帽。

在主体功能区的国家级定位中，屏边苗族自治县属于重点生态功能区。

六 建水县

（一）位置与范围

建水县位于红河哈尼族彝族自治州北岸，地处东经 102°35′—103°11′、北纬 23°12′—24°10′之间，东邻开远市，西与石屏县接壤，北依通海县，南邻元阳县。全县总面积约 0.39×10⁴ 平方千米。建水县 1988 年被国务院批准为对外开放县，属于滇东南城市群，县人民政府驻建水县建水大道 647 号。建水县下辖 8 个镇（临安镇、官厅镇、西庄镇、青龙镇、南庄镇、岔科镇、曲江镇、面甸镇），4 个乡（普雄乡、坡头乡、盘江乡、甸尾乡）。

（二）自然地理

建水县自然地理条件优越。在综合自然区划系统中，建水县属于亚热带南部地带的滇东南岩溶高原山原地区的蒙自—元江高原盆地峡谷区；在云南省生态经济区划中，建水县主要位于滇东南岩溶丘原生态经济区的西部河谷盆地生态经济亚区；从生态红线空间分布格局看，建水县少部分位于金沙江、澜沧江、红河干热河谷地带；从生态保护红线功能类型上可以看出，建水县为珠江上游及滇东南喀斯特地带水土保持生态保护红线类型。建水县有建水燕子洞白腰雨燕省级自然保护区，主要保护对象为大白腰雨燕及其生境、溶洞景观。

1. 自然地理要素

（1）地貌

建水县最高海拔高度约 2482 米，最低海拔高度约 177 米，高差约 2305 米，平均 DEM 为 1589.81 米，处于Ⅲ级水平。坝区面积 279 平方千米，坝区土地占全县土地面积的 6.24%，坝区综合指数为 18.38，属于半山半坝地区。地形起伏度指数为 5.83，处于Ⅲ级水平；平均坡度指数为 14.16，处于Ⅱ级水平。

（2）气候要素

建水县整体处于南亚热带，年平均气温 19.3℃，年降水量为 969.4 毫米，年日照时数约 2304.7 小时，气候资源指数为 1490.37，处于Ⅳ级水平。

（3）水文要素

建水县地处珠江流域、红河流域的交汇地带，水网密度指数为 24.71，处于Ⅱ级水平。

（4）土壤要素

建水县的土壤类型主要为红壤。

（5）植被要素

建水县的主要植被类型为滇中南、东部岩溶暖性、暖热性阔叶林，暖性针叶林亚区，植被覆盖度处于显著区。建水县生物多样性处于Ⅵ级水平。田中线穿过建水县。

2. 自然资源

（1）土地资源

建水县耕地面积 790.66 平方千米，占全县土地面积的 20.81%；园地面积 60.25 平方千米，占全县土地面积的 1.59%；林地面积 1995.74平方千米，占全县土地面积的 52.52%；草地面积 427.83 平方千米，占全县土地面积的 11.26%；城镇村及工矿用地面积 97.99 平方千米，占全县土地面积的 2.58%；交通运输用地面积 50.32 平方千米，占全县土地面积的 1.32%；水域及水利设施用地面积 46.09 平方千米，占全县土地面积的 1.21%；其他用地面积 313.16 平方千米，占全县土地面积的8.24%。在土地利用分区系统中，建水县位于滇东南中低山岩溶山原石漠化土地整治区的个—开—蒙城市工矿与旅游用地亚区。在可利用土地资源评价中，建水县可利用土地资源较丰富。在三生空间结构类型系统中，为生产—生态主导型。

（2）水资源

建水县的水资源总量 6.51 亿立方米，地表水径流量 6.51 亿立方米，径流深 173 毫米，地下水资源总量 2.41 亿立方米，在可利用水资源评价中，建水县的可利用水资源缺乏。

（3）生物资源

建水县分布着国家一级保护植物元江苏铁，国家二级保护植物毛红椿、榉树、箭叶大油芒等。

建水县分布着稀有鸟类绿孔雀。

建水县食用菌有鸡枞菌、多汁乳菇、巴氏蘑菇等。

（4）旅游资源

建水县的地文景观资源中，有 1 处喀斯特景观，为建水燕子洞景观。

（三）人文地理

1. 人口和民族

建水县 2018 年年末总人口数为 55.55 万人，性别比为 103.78，人口城镇化指数为 0.14，人口城镇化级别为Ⅵ级，人口老龄化指数为 0.08，老龄化级别为Ⅴ级。建水县少数民族人口约 17.70 万人，少数民族人口占总人口的 31.86%，人口数量较多的少数民族有彝族、哈尼族、回族等，民族多样性指数为 1.02。建水县主要说建水话，属于滇南方言中的红河方言。

2. 经济

建水县 GDP（地区生产总值）为 161.37 亿元，人均 GDP 为 29049.50 元，地均 GDP 为 425 万元/平方千米，第一产业产值 31.68 亿元，第二产业产值 70.09 亿元，第三产业产值 59.60 亿元，处于经济发展的工业化中后期阶段。经济城镇化指数为 0.79，经济城镇化级别为Ⅳ级水平。

从农业产业来看，建水县的粮食播种面积 4.46 万公顷，年粮食产量 22 万吨。建水县是云南省肉牛产业、肉羊产业加快发展区；是常年蔬菜优势产业区的重点县。

从工业园区来看，建水县有省级工业园区 1 个，为建水工业园区，主要产业类型是冶金。

3. 旅游

建水县是云南省美丽县城，是全国县域旅游发展潜力百佳县。

在旅游景区中，建水县有 4 个国家 4A 级景区，分别为建水县燕子洞风景区、建水文庙景区、红河建水团山古村景区、红河建水朱家花园景区，1 个国家 3A 级景区，为建水紫陶街景区；在体育旅游产品中，有 1 项赛事运动，为摩托车场地越野赛。在节庆会展产品中，有 1 项节庆旅游产品，为建水孔子文化节。

建水县是国家级历史文化名城，有全国特色小镇 1 个，为西庄镇，有云南省特色小镇 3 个，临安古城、建水西庄、紫陶小镇。从遗产旅游特色来看，国家级物质文化遗产有 6 项，分别是双龙桥、朝阳楼、指林寺大殿、建水文庙、团山民居建筑群、纳楼长官司署，省级物质文化遗产有 13 项，分别是朱家花园、建水古窑、真武宫、文笔塔、天缘桥、黄龙寺、崇正书院、建水土主庙、建水诸葛庙、南湖瀛洲亭、玉皇阁及崇文塔、学政考棚、建水中学旧址；非物质文化遗产有 7 项，分别是建水紫陶烧制技艺、铓鼓舞、彝族沙莜腔、建水小调、花灯、建水西门豆腐制作技艺、建水汽锅鸡烹制技艺。

4. 社会生活

从人民生活水平来看，2018 年年末，建水县住户存款余额 176.09 亿元，较上一年增长 11.72%；职工平均工资 8.27 万元，较上一年增长 15.18%；社会消费品零售总额 35.23 亿元，较上一年下降 18.79%；农村常住居民人均可支配收入 13712 元，较上一年增长 9.80%。

从教育发展来看，建水县的义务教育发展总指数为 1.28，义务教育发展级别为Ⅲ级。人口受教育程度指数为 1.50，人口受教育级别为Ⅳ级。

从文化设施来看，建水县三级及以下博物馆有 1 个，为县博物馆；一级文化馆有 1 个，为县文化馆；二级图书馆有 1 个，为县图书馆。

建水县有 1 个民族团结示范乡镇，为青龙镇；有 1 个少数民族特色村寨；有 1 个民族团结示范学校，为红河哈尼族彝族自治州民族师范学校。建水县有 1 个省级民族民间传统文化之乡，为碗窑村紫陶工艺之乡。

5. 脱贫攻坚

旅游扶贫对建水县脱贫攻坚起到了突出作用。建水县有旅游扶贫重点村 1 个，为龙岳村。

在主体功能区的国家级定位中，建水县属于农产品主产区。

七 石屏县

(一) 位置与范围

石屏县位于红河哈尼族彝族自治州西北部，地处东经 102°08′—102°42′、北纬 23°18′—24°06′之间，东与建水县接壤，南与红河县隔江相望，西与元江哈尼族彝族傣族自治县、新平彝族傣族自治县毗邻，北接通海县、峨山县。全县东西最大横距约 59 千米，南北最大纵距约 88 千米，总面积约 0.31×10⁴ 平方千米。石屏县是传统农业县，属于滇东南城市群，县人民政府驻石屏县异龙镇湖滨路 13 号。石屏县下辖 7 个镇（异龙镇、宝秀镇、坝心镇、龙朋镇、龙武镇、哨冲镇、牛街镇），2 个乡（新城乡、大桥乡）。

(二) 自然地理

石屏县自然地理条件优越。在综合自然区划系统中，石屏县属于亚热带南部地带的滇东南岩溶高原山原地区的蒙自—元江高原盆地峡谷区；

在云南省生态经济区划中，石屏县主要位于滇东南岩溶丘原生态经济区的西部河谷盆地生态经济亚区；从生态红线空间分布格局看，石屏县少部分位于金沙江、澜沧江、红河干热河谷地带；从生态保护红线功能类型上可以看出，石屏县为高原湖泊及牛栏江上游水源涵养生态保护红线类型。石屏县有异龙湖国家湿地公园，该湿地公园的建设对于维护流域水生态安全和区域生物多样性、维系流域生态安全和保障区域经济社会可持续发展都具有重要意义。

1. 自然地理要素

（1）地貌

石屏县最高海拔高度约 2551.3 米，最低海拔高度约 259 米，高差约 1992.3 米，平均 DEM 为 1661.99 米，处于Ⅲ级水平。坝区面积 162 平方千米，坝区土地占全县土地面积的 12.78%，坝区综合指数为 26.74，属于半山半坝地区。地形起伏度指数为 6.11，处于Ⅳ级水平；平均坡度指数为 19.48，处于Ⅴ级水平。在三生空间结构类型系统中，为生态主导型。

（2）气候要素

石屏县整体处于中亚热带，年平均气温 18.5℃，年降水量为 1147.9 毫米，年日照时数约 2317.2 小时，气候资源指数为 1503.00，处于Ⅳ级水平。

（3）水文要素

石屏县地处珠江流域，水网密度指数为 33.39，处于Ⅱ级水平。

（4）土壤要素

石屏县的土壤类型主要为红壤。

（5）植被要素

石屏县的主要植被类型为滇中南、东部岩溶暖性、暖热性阔叶林，暖性针叶林亚区，植被覆盖度处于显著区。石屏县生物物种资源丰富，生物多样性处于Ⅵ级水平。

2. 自然资源

（1）土地资源

石屏县耕地面积 456.36 平方千米，占全县土地面积的 15.21%；园地面积 52.79 平方千米，占全县土地面积的 1.76%；林地面积 1889.96

平方千米，占全县土地面积的 63.00%；草地面积 377.37 平方千米，占全县土地面积的 12.58%；城镇村及工矿用地面积 50.11 平方千米，占全县土地面积的 1.67%；交通运输用地面积 39.84 平方千米，占全县土地面积的 1.33%；水域及水利设施用地面积 66.42 平方千米，占全县土地面积的 2.21%；其他用地面积 108.96 平方千米，占全县土地面积的 3.63%。在土地利用分区系统中，石屏县位于滇东南中低山岩溶山原石漠化土地整治区的个—开—蒙城市工矿与旅游用地亚区。在可利用土地资源评价中，石屏县可利用土地资源较缺乏。

（2）水资源

石屏县的水资源总量 5.79 亿立方米，地表水径流量 5.79 亿立方米，径流深 190.4 毫米，地下水资源总量 2.07 亿立方米，在可利用水资源评价中，石屏县的可利用水资源较缺乏。

（3）生物资源

石屏县分布着国家一级保护植物元江苏铁，国家二级保护植物柄翅果、翠柏、榉树等。

石屏县食用菌有松茸、鸡枞菌、棱柄马鞍菌、巴氏蘑菇等。

（4）旅游资源

石屏县的地文景观资源中，有 1 处地质景观，为滇东高原景观。

（三）人文地理

1. 人口和民族

石屏县 2018 年年末总人口数为 31.46 万人，性别比为 101.56，人口城镇化指数为 0.106，人口城镇化级别为Ⅵ级；人口老龄化指数为 0.09，老龄化级别为Ⅶ级。石屏县少数民族人口约 22.61 万人，少数民族人口占总人口的 71.87%，人口数量较多的少数民族有彝族、傣族、哈尼族等，民族多样性指数为 0.92。石屏县主要说石屏话，属于滇南方言中的红河方言。

2. 经济

石屏县 GDP（地区生产总值）为 75.45 亿元，人均 GDP 为 23982.84 元，地均 GDP 为 252 万元/平方千米，第一产业产值 25.29 亿元，第二产业产值 24.39 亿元，第三产业产值 25.77 亿元，处于经济发展的工业化初期阶段。经济城镇化指数为 0.63，经济城镇化级别为Ⅷ级。

从农业产业来看，石屏县的粮食播种面积 2.62 万公顷，年粮食产量 11.57 万吨。石屏县是云南省肉牛产业、肉羊产业加快发展区；是常年蔬菜优势产业区的重点县。

3. 旅游

石屏县是云南省美丽县城。

在旅游景区中，石屏县有 2 个国家 3A 级景区，分别为石屏异龙湖湿地公园景区、屏边滴水苗城景区，有 2 个国家 2A 级景区，分别为石屏焕文公园景区、石屏宝秀郑营古村景区；在专项旅游产品中，有 1 项农业旅游产品，为石屏杨梅园。

石屏县是云南省省级历史文化名城，有 1 个中国历史文化名村，为石屏县郑营村历史文化名村，该村也是省级历史文化名村；从遗产旅游特色来看，国家级物质文化遗产有 5 项，分别是企鹤楼、宝丰隆商号、石屏文庙建筑群、陈氏宗祠及郑氏宗祠；省级物质文化遗产有 7 项，分别是芦子沟传统民居建筑群、宝秀刘氏宗祠、来鹤亭、泗澜桥阁、袁嘉谷故居、桃村吕氏宅院、坝心王氏宅院；非物质文化遗产有 14 项，分别是彝族服饰、高跷舞狮、滇南石狮、者湾书画、彝族海菜腔、乌铜走银制作技艺、彝族烟盒舞、石屏鼓舞、石屏豆腐制作技艺、彝族"德培好"习俗、彝族民歌、彝族吹奏弹拨乐、彝族剪纸、叙事长诗《阿哩》。

4. 社会生活

从人民生活水平来看，2018 年年末，石屏县住户存款余额 97.63 亿元，较上一年增长 13.29%；职工平均工资 8 万元，较上一年增长 21.40%；社会消费品零售总额 27.84 亿元，较上一年下降 3.30%；农村常住居民人均可支配收入 12547 元，较上一年增长 9.40%。

从教育发展来看，石屏县的义务教育发展总指数为 0.87，义务教育发展级别为 V 级。人口受教育程度指数为 0.82，人口受教育级别为 V 级。

从文化设施来看，石屏县三级及以下博物馆有 2 个，分别为县博物馆、袁嘉谷故居纪念馆；一级文化馆有 1 个，为县文化馆；一级图书馆有 1 个，为县图书馆。

石屏县有 1 个少数民族特色村寨。石屏县有 1 个第二批省级民族传统文化保护区，为哨冲镇彝族（花腰）传统文化保护区。

5. 脱贫攻坚

石屏县属于滇西边境片区，2017 年通过对甘蔗、百香果、澳洲坚果的产业培植，实现了脱贫摘帽。

在主体功能区的国家级定位中，石屏县属于农产品主产区。

八　泸西县

（一）位置与范围

泸西县隶属于云南省红河哈尼族彝族自治州，地处红河哈尼族彝族自治州、文山壮族苗族自治州、昆明市、曲靖市四州市交汇处，地处东经 102°27′—103°13′、北纬 24°15′—24°46′之间，东北与师宗县接界，东南与丘北县相望，西南与弥勒市毗邻，西北与石林彝族自治县、陆良县相连。全县总面积约 0.17×10⁴平方千米。泸西县属于滇东南城市群，县人民政府驻人民路 8 号。泸西县下辖 5 个镇（中枢镇、金马镇、旧城镇、午街铺镇、白水镇），3 个乡（向阳乡、三塘乡、永宁乡）。

（二）自然地理

在综合自然区划系统中，泸西县部分属于亚热带北部地带的滇东高原地区的丘北—广南岩溶山原区，部分属于亚热带北部地带的滇东高原地区的曲靖岩溶高原区；在云南省生态经济区划中，泸西县主要位于滇东南岩溶丘原生态经济区的东部岩溶高原生态经济亚区；从生态红线空间分布格局看，泸西县少部分位于东南部喀斯特地带；从生态保护红线功能类型上可以看出，泸西县为珠江上游及滇东南喀斯特地带水土保持生态保护红线类型。泸西县有黄草洲国家湿地公园、云南泸西阿庐国家地质公园，这些公园的建设体现了泸西县对生态系统及生物多样性的保护。

1. 自然地理要素

（1）地貌

泸西县最高海拔高度约 2459 米，最低海拔高度约 820 米，高差约 1639 米，平均 DEM 为 1843.55 米，处于 Ⅳ 级水平。坝区面积 285 平方千米，坝区土地占全县土地面积的 25.71%，坝区综合指数为 61.31，属于坝区地区。地形起伏度指数为 4.84，处于 Ⅱ 级水平；平均坡度指数为

11.41，处于Ⅱ级水平。

（2）气候要素

泸西县整体处于北亚热带，年平均气温 16.0℃，年降水量为 1096.6 毫米，年日照时数约 2111.3 小时，气候资源指数为 1412.26，处于Ⅲ级水平。

（3）水文要素

泸西县地处珠江流域，水网密度指数为 44.05，处于Ⅱ级水平。

（4）土壤要素

泸西县的土壤类型主要为红壤。

（5）植被要素

泸西县的主要植被类型为滇中、东部高原暖性阔叶林、针叶林亚区，植被覆盖度处于微显著区。泸西县生物多样性处于Ⅵ级水平。

2. 自然资源

（1）土地资源

泸西县耕地面积 617.66 平方千米，占全县土地面积的 38.60%；园地面积 19.58 平方千米，占全县土地面积的 1.22%；林地面积 643.76 平方千米，占全县土地面积的 40.23%；草地面积 27.13 平方千米，占全县土地面积的 1.70%；城镇村及工矿用地面积 69.54 平方千米，占全县土地面积的 4.35%；交通运输用地面积 26.21 平方千米，占全县土地面积的 1.64%；水域及水利设施用地面积 27.70 平方千米，占全县土地面积的 1.73%；其他用地面积 213.37 平方千米，占全县土地面积的 13.34%。在土地利用分区系统中，泸西县位于滇中湖盆高原城镇工矿建设与耕地保护区的滇中城市工矿旅游用地亚区。在可利用土地资源评价中，泸西县的可利用土地资源丰盈程度为一般。在三生空间结构类型系统中，为生产—生态主导型。

（2）水资源

泸西县的水资源总量 5.20 亿立方米，地表水径流量 5.20 亿立方米，径流深 313 毫米，地下水资源总量 1.865 亿立方米，在可利用水资源评价中，泸西县的可利用水资源丰富程度为缺乏。

（3）生物资源

泸西县分布着国家一级保护植物贵州苏铁，国家二级保护植物榉树、毛红椿、红椿等。

泸西县食用菌有鸡枞菌、铜色牛肝菌、巴氏蘑菇等。

（4）旅游资源

泸西县的地文景观资源中，有 1 处喀斯特景观，为泸西阿庐古洞景观。

（三）人文地理

1. 人口和民族

泸西县 2018 年年末总人口数为 42.45 万人，性别比为 112.58，人口城镇化指数为 0.11，人口城镇化级别为Ⅵ级，人口老龄化指数为 0.08，老龄化级别为Ⅴ级。泸西县少数民族人口约 5.31 万人，少数民族人口占总人口的 12.51%，人口数量较多的少数民族有彝族、回族、苗族等，民族多样性指数为 0.55。泸西县主要说泸西话，属于滇南方言中的红河方言。

2. 经济

泸西县 GDP（地区生产总值）为 100.75 亿元，人均 GDP 为 23733.80 元，地均 GDP 为 630 万元/平方千米，第一产业产值 20.73 亿元，第二产业产值 39.97 亿元，第三产业产值 40.05 亿元，处于经济发展的工业化中后期阶段。经济城镇化指数为 0.77，经济城镇化级别为Ⅴ级。

从农业产业来看，泸西县的粮食播种面积 3.19 万公顷，年粮食产量 16.95 万吨。泸西县有 4 家省级生猪产业有限公司，分别为泸西县三塘供销股份合作社、泸西宏达畜牧供销有限公司、泸西天禾绿色实业有限公司、云南泸西蓝天绿色产业有限责任公司；泸西县是云南省肉牛产业、肉羊产业加快发展区；是常年蔬菜优势产业区的重点县，以花卉为主导产业，经营鲜切花、加工花卉；泸西县是云药之乡，主要有灯盏花、草乌、砂仁、通关藤、银杏等中药材。

从工业园区来看，泸西县有省级工业园区 1 个，为泸西工业园区，主要产业类型是生物医药和大健康。

3. 旅游

在旅游景区中，泸西县有国家 4A 级景区 1 个，为泸西阿庐古洞景区；国家 3A 级景区 1 个，为泸西青龙山生态休闲农业庄园景区。

　　泸西县有 1 个中国历史文化名村，为泸西县永宁乡城子村历史文化名村，该村也是省级历史文化名村；有 2 个云南省特色小镇，分别为城子古镇、九乡旅游小镇。从遗产旅游特色来看，省级物质文化遗产有 3 项，分别是泸西文庙、万寿寺三佛殿、云鹏图书馆；非物质文化遗产有 2 项，分别是彝族祭祖灵、彝族祭山神。泸西县是革命老区。

　　4. 社会生活

　　从人民生活水平来看，2018 年年末，泸西县住户存款余额 101.69 亿元，较上一年增长 10.89%；职工平均工资 9.21 万元，较上一年增长 15.70%；社会消费品零售总额 34.57 亿元，较上一年下降 8.79%；农村常住居民人均可支配收入 12378 元，较上一年增长 10.30%。

　　从教育发展来看，泸西县的义务教育发展总指数为 0.77，义务教育发展级别为Ⅴ级。人口受教育程度指数为 1.08，人口受教育级别为Ⅴ级。

　　从文化设施来看，泸西县三级及以下博物馆有 1 个，为县博物馆；一级文化馆有 1 个，为县文化馆；一级图书馆有 1 个，为县图书馆。

　　泸西县有 1 个少数民族特色集镇，为永宁乡；有 1 个少数民族特色村寨。

　　5. 脱贫攻坚

　　泸西县属于石漠化片区，2018 年通过对大棚番茄种植、桑蚕产业的扶持，实现了脱贫摘帽。旅游扶贫对脱贫攻坚起到了突出作用，泸西县有旅游扶贫示范镇 1 个，为永宁乡。

　　在主体功能区的国家级定位中，泸西县属于农产品主产区。

九　元阳县

（一）位置与范围

　　元阳县是云南省红河哈尼族彝族自治州的下辖县，地处东经 102°27′—103°13′、北纬 22°49′—23°18′之间，东接金平苗族瑶族傣族自治县，南邻绿春县，西与红河县毗邻，北与建水县、个旧市隔红河相望。全县总面积约 0.23×10⁴ 平方千米。元阳县是云南热带水果和云雾茶及黄金的重要产地之一，属于滇东南城市群，县人民政府驻元阳县南沙镇元桂路 12 号。元阳县下辖 3 个镇（南沙镇、新街镇、牛角寨镇），11 个乡（沙拉托乡、嘎娘乡、上新城乡、小新街乡、逢春岭乡、大坪乡、攀枝花乡、黄茅岭乡、黄草岭乡、俄扎乡、马街乡）。

（二）自然地理

元阳县自然地理条件优越。在综合自然区划系统中，元阳县属于亚热带南部地带的滇东南岩溶高原山原地区的蒙自—元江高原盆地峡谷区；在云南省生态经济区划中，元阳县主要位于滇西南中低山宽谷、盆地生态经济区的南部低山宽谷生态经济亚区；从生态红线空间分布格局看，元阳县部分位于金沙江、澜沧江、红河干热河谷地带和南部边境热带森林生态屏障区域；从生态保护红线功能类型上可以看出，元阳县为红河（元江）干热河谷及山原水土保持生态保护红线类型。元阳县有观音山省级自然保护区、哈尼梯田国家湿地公园，保护区和湿地公园的建设具有集丰富、珍稀、奇特的生物资源和民族文化资源融为一体的大自然特有景观。

红河自治州元阳哈尼梯田遗产区是第二批“绿水青山就是金山银山”国家实践创新基地，该基地的建设体现了元阳县践行“绿水青山就是金山银山”生态文明建设思想，全力推进梯田保护与开发同步实施。

1. 自然地理要素

（1）地貌

元阳县最高海拔高度约 2939.6 米，最低海拔高度约 144 米，高差约 2795.6 米，平均 DEM 为 1300.84 米，处于 II 级水平。坝区面积 5.97 平方千米，坝区土地占全县土地面积的 0.27%，坝区综合指数为 0.44，属于山区地区。地形起伏度指数为 6.87，处于 V 级水平；平均坡度指数为 22.86，处于 VI 级水平。

（2）气候要素

元阳县整体处于南亚热带，年平均气温 24.0℃，年降水量为 917.7 毫米，年日照时数约 1517.7 小时，气候资源指数为 2042.66，处于 VIII 级水平。元阳县南沙镇是云南省的“四大火炉”之一。

（3）水文要素

元阳县地处红河流域，水网密度指数为 103.95，处于 V 级水平。

（4）土壤要素

元阳县的土壤类型主要为红壤。

（5）植被要素

元阳县的主要植被类型为滇中南、东部岩溶暖性、暖热性阔叶林，暖性针叶林亚区，滇南热性阔叶林，植被覆盖度处于较显著区。元阳县生物多样性处于Ⅷ级水平。

2. 自然资源

（1）土地资源

元阳县耕地面积 564.63 平方千米，占全县土地面积的 25.66%；园地面积 53.83 平方千米，占全县土地面积的 2.45%；林地面积 1268.20 平方千米，占全县土地面积的 57.65%；草地面积 56.95 平方千米，占全县土地面积的 2.59%；城镇村及工矿用地面积 27.92 平方千米，占全县土地面积的 1.27%；交通运输用地面积 14.83 平方千米，占全县土地面积的 0.67%；水域及水利设施用地面积 20.83 平方千米，占全县土地面积的 0.95%；其他用地面积 205.13 平方千米，占全县土地面积的 9.32%。在土地利用分区系统中，元阳县位于滇东南中低山岩溶山原石漠化土地整治区的哀牢山梯田农业与乡村生态旅游用地亚区。在可利用土地资源评价中，元阳县的可利用土地资源缺乏。在三生空间结构类型系统中，为生态主导型。

（2）水资源

元阳县的水资源总量 19.72 亿立方米，地表水径流量 19.72 亿立方米，径流深 893.1 毫米，地下水资源总量 6.21 亿立方米，在可利用水资源评价中，元阳县的可利用水资源丰盈程度为一般。

（3）生物资源

元阳县分布着国家一级保护植物绿春苏铁、长蕊木兰，国家二级保护植物苏铁蕨、董棕、水青树、毛红椿、桫椤、大叶黑桫椤、合果木、鹅掌楸、西亚黑桫椤等。

元阳县食用菌有鸡枞菌、灰树花、裂褶菌、长根小奥德菇、变绿红菇、巴氏蘑菇等。

（三）人文地理

1. 人口和民族

元阳县 2018 年年末总人口数为 41.98 万人，性别比为 115.01，人口城镇化指数为 0.05，人口城镇化级别为Ⅷ级，人口老龄化指数为 0.07，老龄化级别为Ⅳ级。元阳县少数民族人口约 34.77 万人，少数民族人口占总人口的 82.83%，人口数量较多的少数民族有哈尼族、彝族、傣族等，民族多样性指数为 1.32。元阳县主要说元阳话，属于滇南方言中的红河方言。

2. 经济

元阳县 GDP（地区生产总值）为 53.36 亿元，人均 GDP 为 12710.81 元，地均 GDP 为 243 万元/平方千米，第一产业产值 14.31 亿元，第二产业产值 17.85 亿元，第三产业产值 21.20 亿元，处于经济发展的工业化中后期阶段。经济城镇化指数为 0.71，经济城镇化级别为Ⅵ级。

从农业产业来看，元阳县的粮食播种面积 3.53 万公顷，年粮食产量 16.38 万吨。元阳县是云南省肉牛产业、肉羊产业加快发展区。

3. 旅游

在旅游景区中，元阳县有 1 个国家 4A 级景区，为红河元阳哈尼梯田景区；在专项旅游产品中，有 1 项农业旅游产品，为元阳哈尼梯田。

元阳县有 1 个云南省特色小镇，为元阳哈尼小镇。从遗产旅游特色来看，有 1 项世界文化遗产，为红河哈尼梯田；1 项全球重要农业文化遗产，为云南红河哈尼稻作梯田系统，也是中国重要农业文化遗产。省级物质文化遗产有 1 项，为红河哈尼梯田；非物质文化遗产有 4 项，分别是哈尼族腊猪脚腌制技艺、矻扎扎礼、哈尼族梯田农耕礼俗、彝族民歌。

4. 社会生活

从人民生活水平来看，2018 年年末，元阳县住户存款余额 41.27 亿元，较上一年增长 13.63%；职工平均工资 8.34 万元，较上一年增长 6.11%；社会消费品零售总额 11.96 亿元，较上一年下降 17.12%；农村常住居民人均可支配收入 8558 元，较上一年增长 9.30%。

从教育发展来看，元阳县的义务教育发展总指数为 0.86，义务教育发展级别为Ⅴ级。人口受教育程度指数为 0.91，人口受教育级别为Ⅴ级。

从文化设施来看，元阳县二级文化馆有 1 个，为县文化馆，三级图书馆有 1 个，为县图书馆。

元阳县有 1 个民族团结示范乡镇，为新街镇；有 1 个少数民族特色集镇，为牛角寨镇；有 1 个少数民族特色村寨。

5. 脱贫攻坚

元阳县属于滇西边境片区，2019 年通过发展旅游经济，实现了脱贫摘帽，旅游扶贫对脱贫攻坚起到了突出作用，元阳县属于旅游扶贫示范县，有 1 个旅游扶贫示范镇，为新街镇。

在主体功能区的国家级定位中，元阳县属于农产品主产区。

十　红河县

（一）位置与范围

红河县位于云南省南部，地处东经 101°49′—102°36′、北纬 23°05′—23°25′之间，东与元阳县相接，西与思茅区、墨江哈尼族自治县相邻，南与绿春县相连，北与石屏县隔红河相望。全县总面积约 0.2×10^4 平方千米。县人民政府驻红河县北门街。红河县下辖 5 个镇（迤萨镇、甲寅镇、宝华镇、乐育镇、浪堤镇），7 个乡（洛恩乡、石头寨乡、阿扎河乡、大羊街乡、车古乡、架车乡、垤玛乡）。

（二）自然地理

红河县自然地理条件优越。在综合自然区划系统中，红河县部分属于亚热带南部的滇东南岩溶高原山原地区的文山岩溶山原区，部分属于亚热带南部地带的滇西南中山山原地区的思茅中山山原盆谷区；在云南省生态经济区划中，红河县主要位于滇西南中低山宽谷、盆地生态经济区的南部低山宽谷生态经济亚区；从生态红线空间分布格局看，红河县部分位于金沙江、澜沧江、红河干热河谷地带；从生态保护红线功能类型上可以看出，红河县为红河（元江）干热河谷及山原水土保持生态保护红线类型。红河县有红河阿姆山省级自然保护区、哈尼梯田国家湿地公园，该保护区是"哈尼梯田自然文化复合景观"的水源涵养成林及周边工农业、生活用水的主要供给库，是红河县各族人民赖以生存的绿色屏障。

1. 自然地理要素

（1）地貌

红河县最高海拔高度约 2745.8 米，最高海拔位于县境东南部石头寨乡么索鲁玛大山主峰，最低海拔高度约259米，最低海拔位于县境东北边缘迤萨镇曼车渡口，高差约2486.8米，平均DEM为1563.46米，处于Ⅲ级水平。坝区面积8.11平方千米，坝区土地占全县土地面积的0.4%。地形起伏度指数为6.46，处于Ⅳ级水平；平均坡度指数为21.00，处于Ⅴ级水平。

（2）气候要素

红河县整体处于南亚热带，年平均气温20.8℃，年降水量为1047.2毫米，年日照时数约2093.1小时，气候资源指数为1802.05，处于Ⅷ级水平。

（3）水文要素

红河县地处红河流域，水网密度指数为75.08，处于Ⅲ级水平。

（4）土壤要素

红河县土壤类型以红壤为主。

（5）植被要素

红河县的主要植被类型为滇中南、东部岩溶暖性、暖热性阔叶林，暖性针叶林亚区，植被覆盖度处于微显著区。红河县生物物种资源丰富，生物多样性处于Ⅷ级水平。

2. 自然资源

（1）土地资源

红河县耕地面积427.15平方千米，占全县土地面积的21.36%；园地面积47.71平方千米，占全县土地面积的2.39%；林地面积1114.42平方千米，占全县土地面积的55.72%；草地面积207.58平方千米，占全县土地面积的10.38%；城镇村及工矿用地面积25.51平方千米，占全县土地面积的1.28%；交通运输用地面积20.05平方千米，占全县土地面积的1%；水域及水利设施用地面积22.22平方千米，占全县土地面积的1.11%；其他用地面积163.86平方千米，占全县土地面积的8.19%。在土地利用分区系统中，红河县位于滇东南中低山岩溶山原石漠化土地整治区的哀牢山梯田农业与乡村生态旅游用地亚区。在可利用土地资源评价中，红河县土地资源为缺乏型。在三生空间结构类型系统中，为生态主导型。

（2）水资源

红河县的水资源总量 11.92 亿立方米，地表水径流量 11.92 亿立方米，径流深 592.9 毫米，地下水资源总量 4.58 亿立方米。在可利用水资源评价中，红河县可利用水资源丰富程度为一般型。

（3）生物资源

红河县分布着国家一级保护植物元江苏铁等，国家二级保护植物西亚黑桫椤、水青树、红椿、董棕、金铁锁等。

红河县的食用菌有鸡枞菌、草菇、巴氏蘑菇等。

（三）人文地理

1. 人口和民族

红河县 2018 年年末总人口数为 31.55 万人，性别比 109.18；人口城镇化指数为 0.06，人口城镇化级别为Ⅷ；人口老龄化指数为 0.06，老龄化级别为Ⅱ级。红河县少数民族人口为 28.35 万人，少数民族人口占总人口的 89.86%。红河县人口数量较多的少数民族有哈尼族、彝族、傣族等，民族多样性指数为 0.75。红河县主要说红河（县）话，属于滇南方言中的红河方言。

2. 经济

红河县 GDP（地区生产总值）为 43.90 亿元，人均 GDP 为 13914.42元，地均 GDP 为 220 万元/平方千米，第一产业产值 12.70 亿元，第二产业产值 15.69 亿元，第三产业产值 15.51 亿元，处于经济发展的工业化中后期阶段。经济城镇化指数为 0.67，经济城镇化级别为Ⅶ级。

从农业产业来看，红河县的粮食播种面积 2.84 万公顷，年粮食产量 14.09 万吨。红河县是云南省肉牛产业、肉羊产业稳定发展区。红河县也是云药之乡，主要药材为滇龙胆、板蓝根。

3. 旅游

在旅游景区中，红河县有 1 个国家 3A 级景区，为红河县撒玛坝万亩梯田景区；1 个国家 2A 级景区，为红河县马帮古城景区。

红河县有 1 个省级历史文化街区，为红河迤萨镇历史文化名街；1 个云南省特色小镇，为哈尼土司文化小镇。从遗产旅游特色来看，红河县有 1 项世界文化遗产，为红河哈尼梯田；1 项全球重要农业文化遗产，为云南红河哈尼稻作梯田系统；1 项中国重要农业文化遗产，为云南红河哈尼稻作梯田系统。国家级物质文化遗产有 1 项，是红河县东门楼及迤萨民居；非物质文化遗产有 4 项，分别是乐作舞、地鼓舞、傣族传统制陶技艺、哈尼族服饰。红河县是解放战争时期革命老区，红河县有 3 个革命老区乡镇，分别是红河县浪堤乡、大羊街乡、车古乡，红色的基因依旧在这片土地上传承着。

4. 社会生活

从人民生活水平来看，2018 年年末，红河县住户存款余额 32.53 亿元，较上一年增长 12.99%；职工平均工资 7.80 万元，较上一年下降 6.59%；社会消费品零售总额 8.78 亿元，较上一年下降 18.63%；农村常住居民人均可支配收入 8614 元，较上一年增长 9.70%。

从教育发展来看，红河县的义务教育发展总指数为 0.65，义务教育发展级别为 Ⅵ 级。人口受教育程度指数为 0.66，人口受教育级别为 Ⅵ 级。

从文化设施来看，红河县有县博物馆 1 个，三级文化馆 1 个，三级图书馆 1 个。红河县少数民族风俗较为浓厚，有民族团结示范乡镇 1 个，为迤萨镇，少数民族特色村寨 1 个。红河县有 1 个第一批省级民族传统文化保护区，大羊街乡车普村哈尼族（奕车）传统文化保护区；1 个省级民族民间传统文化之乡。

5. 脱贫攻坚

红河县属于滇西边境片区，2019 年通过旅游经济开发，实现了脱贫摘帽。在脱贫攻坚的道路上，旅游扶贫起到了突出作用。有 1 个旅游扶贫示范村，为宝华村。

在主体功能区的国家级定位中，红河县属于农产品主产区。

十一 金平苗族瑶族傣族自治县

（一）位置与范围

金平苗族瑶族傣族自治县位于云南省南部，地处东经 102°31′—103°38′、北纬 22°26′—23°04′之间，东隔红河与河口瑶族自治县相望，西接绿春县，南与越南为邻，北连元阳县隔红河与个旧市、蒙自市为邻。全县总面积约 0.37×10⁴ 平方千米。金平苗族瑶族傣族自治县属于滇西南城市群，县人民政府驻金平自治县文化路 14 号。金平苗族瑶族傣族自治县下辖 4 个镇（金河镇、金水河镇、勐拉镇、老勐镇），8 个乡（铜厂乡、老集寨乡、阿得博乡、沙依坡乡、大寨乡、马鞍底乡、勐桥乡、营盘乡），1 个民族乡（者米拉祜族乡）。

（二）自然地理

金平苗族瑶族傣族自治县自然地理条件优越。在综合自然区划系统中，金平苗族瑶族傣族自治县部分属于亚热带南部地带的滇东南岩溶高原山原地区的蒙自—元江高原盆地峡谷区，部分属于热带北缘地带的滇南—滇西南低中山盆谷地区的西双版纳低中山盆谷区；在云南省生态经济区划中，金平苗族瑶族傣族自治县主要位于滇西南中低山宽谷、盆地生态经济区的南部低山宽谷生态经济亚区内；从生态红线空间分布格局看，金平苗族瑶族傣族自治县全部位于南部边境热带森林生态屏障区域；从生态保护红线功能类型上可以看出，金平苗族瑶族傣族自治县为南部边境热带森林生物多样性保护维护生态保护红线类型。金平苗族瑶族傣族自治县有哈尼梯田国家湿地公园，哈尼梯田是历经上千年的垦殖创造的梯田农业生态奇观。

1. 自然地理要素

（1）地貌

金平苗族瑶族傣族自治县最高海拔高度约 3035.00 米，最低海拔高度约 32.00 米，高差约 3003 米；平均 DEM 为 1232.06 米，处于 II 级水平。坝区面积 58.97 平方千米，坝区土地占全县土地面积的 0.78%，属于山区地区。地形起伏度指数为 7.18，处于 V 级水平；平均坡度指数为 22.69，处于 VI 级水平。

（2）气候要素

金平苗族瑶族傣族自治县整体处于中亚热带，年平均气温 18.3℃，年降水量为 2680.6 毫米，年日照时数约 1632.30 小时，气候资源指数为 1826.63，处于 VII 级水平。

（3）水文要素

金平苗族瑶族傣族自治县地处红河流域，水网密度指数为 178.70，处于 VI 级水平。

（4）土壤要素

金平苗族瑶族傣族自治县土壤类型以红壤为主。

（5）植被要素

金平苗族瑶族傣族自治县的主要植被类型为滇南热性阔叶林，植被覆盖度处于极显著地区。红河县生物物种资源丰富，生物多样性处于Ⅷ级水平。

2. 自然资源

（1）土地资源

金平苗族瑶族傣族自治县耕地面积587.94平方千米，占全县土地面积的16.33%；园地面积411.37平方千米，占全县土地面积的11.43%；林地面积1955.14平方千米，占全县土地面积的54.31%；草地面积330.78平方千米，占全县土地面积的9.19%；城镇村及工矿用地面积47.71平方千米，占全县土地面积的1.33%；交通运输用地面积19.00平方千米，占全县土地面积的0.53%；水域及水利设施用地面积41.84平方千米，占全县土地面积的1.16%；其他用地面积221.29平方千米，占全县土地面积的6.15%。在土地利用分区系统中，金平苗族瑶族傣族自治县位于滇东南中低山岩溶山原石漠化土地整治区的哀牢山梯田农业与乡村生态旅游用地亚区。在可利用土地资源评价中，金平苗族瑶族傣族自治县土地资源较为缺乏。在三生空间结构类型系统中，为生态主导型。

（2）水资源

金平苗族瑶族傣族自治县的水资源总量56.56亿立方米，地表水径流量56.56亿立方米，径流深1561.6毫米，地下水资源总量17.94亿立方米，可利用水资源较为丰富。

（3）生物资源

金平苗族瑶族傣族自治县生物资源较为丰富，分布着国家一级保护植物长柄叉叶苏铁、多歧苏铁、四数木、东京龙脑香、长蕊木兰、多毛坡垒、河内苏铁、华盖木、白桫椤等。国家二级保护植物西亚黑桫椤、亨利原始观音座莲、滇南桫椤、紫荆木、茴香砂仁、云南肉豆蔻、篦子三尖杉、滇南风吹楠、天星蕨、黑桫椤、翠柏、马尾树、董棕、毛果木莲、云南拟单性木兰、大叶黑桫椤、水青树、任豆、柄翅果、阴生桫椤、中华桫椤、桫椤、鹅掌楸、滇桐、十齿花、福建柏、合果木、毛红椿、蚬木 29 种；食用菌有鸡枞菌、黑木耳、糙皮侧耳、草菇、巴氏蘑菇等。

（3）旅游资源

金平苗族瑶族傣族自治县在水体景观资源中，有 1 处泉水景观，为金平勐拉热水塘温泉景观；有 1 处瀑布景观，为金平标水岩瀑布景观。

（三）人文地理

1. 人口和民族

金平苗族瑶族傣族自治县 2018 年年末总人口数为 37.80 万人，性别比为 111.94；人口城镇化指数 0.07，人口城镇化级别Ⅶ级；人口老龄化指数为 0.06，老龄化级别为Ⅱ级。金平苗族瑶族傣族自治县少数民族人口为 30.47 万人，少数民族人口占总人口的 80.61%。人口数量较多的少数民族有哈尼族、彝族、壮族等，其中布朗族和拉祜族为直过民族，民族多样性指数 1.84。金平县主要说金平话，属于滇南方言中的红河方言。

2. 经济

金平苗族瑶族傣族自治县 GDP（地区生产总值）为 58.44 亿元，人均 GDP 为 15460.32 元，地均 GDP 为 162 万元/平方千米，第一产业产值 12.42 亿元，第二产业产值 30.23 亿元，第三产业产值 15.79 亿元，处于经济发展的工业化中后期阶段。位于云南省沿边开放经济带，经济城镇化指数为 0.76，经济城镇化级别为Ⅴ级。

从农业产业来看，金平苗族瑶族傣族自治县的粮食播种面积 3.03 万公顷，年粮食产量 13.32 万吨。金平苗族瑶族傣族自治县位于云南省产业重点园区中的中部现代产业园区中，是云南省肉牛产业、肉羊产业稳定发展区，是冬春蔬菜优势产业区的生产大县。金平苗族瑶族傣族自治县是云药之乡，主要药材为板蓝根，从事中药材加工和经营的企业有 3 家，分别是南板蓝根、砂仁、通关藤。

3. 旅游

金平苗族瑶族傣族自治县有 1 个云南省特色小镇，为蝴蝶谷小镇。从遗产旅游特色来看，金平苗族瑶族傣族自治县有 1 项世界文化遗产，为红河哈尼梯田；1 项全球重要农业文化遗产，为云南红河哈尼稻作梯田系统；1 项中国重要农业文化遗产，为云南红河哈尼稻作梯田系统；非物质文化遗产有 4 项，分别是金平苗族瑶族傣族自治县傣文、傣族民歌、瑶族医学诊疗法、阿卑节。

4. 社会生活

从人民生活水平来看，2018 年年末，金平苗族瑶族傣族自治县住户存款余额 42.23 亿元，较上一年增长 11.72%；职工平均工资 9.46 万元，较上一年增长 8.61%；社会消费品零售总额 9.42 亿元，较上一年减少 18.58%；农村常住居民人均可支配收入 8601 元，较上一年增长 9.90%。

从教育发展来看，金平苗族瑶族傣族自治县的义务教育发展总指数 0.78，义务教育发展级别为 V 级。人口受教育程度指数为 0.72，人口受教育级别为 VI 级。

从文化设施来看，金平苗族瑶族傣族自治县有县民族博物馆 1 个，三级文化馆 1 个，三级图书馆 1 个。金平苗族瑶族傣族自治县是少数民族聚居地，民族风俗较为浓厚，有民族团结示范乡镇 3 个，分别是者米拉祜族乡、金水河镇、马鞍底乡，少数民族特色村寨 1 个。

5. 脱贫攻坚

金平苗族瑶族傣族自治县属于滇西边境片区，2019 年通过扶贫，实现了脱贫摘帽。在脱贫攻坚的道路上，旅游扶贫起到了突出作用，有 1 个旅游扶贫示范村，为岔河村。

在主体功能区的国家级定位中，金平苗族瑶族傣族自治县属于重点生态功能区。

十二 绿春县

(一) 位置与范围

绿春县位于云南省南部，地处东经 101°47′—102°38′、北纬 22°33′—23°08′之间，东与元阳县、金平苗族瑶族傣族自治县接壤，北与红河县相连，西南隔与江城哈尼族彝族自治县相望，东南与越南毗邻。全县总面积约 0.32×10⁴平方千米。绿春县属于滇东南城市群，县人民政府驻绿春县 214 省道附近。绿春县下辖 4 个镇（大兴镇、牛孔镇、大黑山镇、平河镇），5个乡（戈奎乡、大水沟乡、半坡乡、骑马坝乡、三猛乡）。

（二）自然地理

绿春县自然地理条件优越。在综合自然区划系统中，绿春县部分属于亚热带南部地带的滇东南岩溶高原山原地区的蒙自—元江高原盆地峡谷区，部分属于热带北缘地带的滇南—滇西南低中山盆谷地区的西双版纳低中山盆谷区；在云南省生态经济区划中，绿春县主要位于滇西南中低山宽谷、盆地生态经济区的南部低山宽谷生态经济亚区内；从生态红线空间分布格局看，绿春县大部分位于南部边境热带森林生态屏障区域；从生态保护红线功能类型上可以看出，绿春县为南部边境热带森林生物多样性保护维护生态保护红线类型。绿春县有哈尼梯田国家湿地公园，是人与自然相依相融、和谐发展的典范。

1. 自然地理要素

（1）地貌

绿春县最高海拔高度约2637米，最高海拔位于黄连山主峰，最低海拔高度约320米，最低海拔位于小黑江与李仙江交汇处，高差约2317米；平均DEM为1349.77米，处于Ⅱ级水平。坝区面积1.24平方千米，坝区土地占全县土地面积的0.04%，属于山区地区。地形起伏度指数为6.06，处于Ⅳ级水平；平均坡度指数为24.11，处于Ⅵ级水平。

（2）气候要素

绿春县整体处于中亚热带，年平均气温17.1℃，年降水量为2415.2毫米，年日照时数约2026.80小时，气候资源指数为1762.44，处于Ⅵ级水平。

（3）水文要素

绿春县地处红河流域，水网密度指数为167.91，处于Ⅵ级水平。

（4）土壤要素

绿春县土壤以红壤居多。

（5）植被要素

绿春县的主要植被类型为滇中南、东部岩溶暖性、暖热性阔叶林，暖性针叶林亚区，植被覆盖度处于微显著区。绿春县生物物种资源丰富，生物多样性处于Ⅶ级水平。

2. 自然资源

（1）土地资源

绿春县耕地面积372.85平方千米，占全县土地面积的12.03%；园地面积486.74平方千米，占全县土地面积的15.70%；林地面积1926.46平方千米，占全县土地面积的62.14%；草地面积83.73平方千米，占全县土地面积的2.70%；城镇村及工矿用地面积17.45平方千米，占全县土地面积的0.56%；交通运输用地面积14.16平方千米，占全县土地面积的0.46%；水域及水利设施用地面积25.78平方千米，占全县土地面积的0.83%；其他用地面积165.99平方千米，占全县土地面积的5.35%。在土地利用分区系统中，绿春县位于滇东南中低山岩溶山原石漠化土地整治区的哀牢山梯田农业与乡村生态旅游用地亚区。在可利用土地资源评价中，绿春县土地资源较缺乏。在三生空间结构类型系统中，为生态主导型。

（2）水资源

绿春县的水资源总量45.33亿立方米，地表水径流量45.33亿立方米，径流深1464.1毫米，地下水资源总量14.76亿立方米，可利用水资源较丰富。

（3）生物资源

绿春县生物资源较为丰富，分布着国家一级保护植物绿春苏铁、长蕊木兰、白桫椤、东京龙脑香、多毛坡垒等。国家二级保护植物滇南风吹楠、毛红椿、苏铁蕨、董棕、水青树、福建柏、云南拟单性木兰、大叶黑桫椤、紫荆木、黑黄檀、滇桐、地枫皮、合果木13种。

稀有鸟类孔雀雉、绿孔雀两种。

食用菌有鸡枞菌、灰树花、桂花耳、银耳、黑木耳、糙皮侧耳、长根小奥德菇、铜色牛肝菌、血红牛肝菌、桃红牛肝菌、变绿红菇、松乳菇、多汁乳菇、红黄鹅膏、棕灰口蘑、卷缘齿菌、硫色洵孔菌、巴氏蘑菇18种。

（三）人文地理

1. 人口和民族

绿春县 2018 年年末总人口数为 23.62 万人，性别比为 110.40；人口城镇化指数为 0.07，人口城镇化级别为Ⅶ；人口老龄化指数为 0.06，老龄化级别为Ⅱ级。绿春县少数民族人口数为 21.67 万人，少数民族人口占总人口的 91.74%。绿春县人口数量较多的少数民族有哈尼族、彝族、瑶族等，民族多样性指数 0.60。绿春县主要说绿春话，属于滇南方言中的红河方言。

2. 经济

绿春县 GDP（地区生产总值）为 37.11 亿元，人均 GDP 为 15711.26元，地均 GDP 为 120 万元/每平方千米，第一产业产值 8.99 亿元，第二产业产值 17.10 亿元，第三产业产值 11.02 亿元，处于经济发展的工业化中后期阶段。位于云南省沿边开放经济带，经济城镇化指数为 0.73，经济城镇化级别为Ⅵ级。

从农业产业来看，绿春县的粮食播种面积 2.71 万公顷，年粮食产量 11.08 万吨。绿春县是云南省肉牛产业、肉羊产业稳定发展区，是冬春蔬菜优势产业区的生产大县，有 1 家省级生猪产业有限公司（云南桂荣牧业有限公司），有 1 家从事绿茶产业生产的企业。绿春县是云药之乡，主要药材为草果。

3. 旅游

在旅游景区中，绿春县有 1 个国家 2A 级景区，为东仰风情园景区。从遗产旅游特色来看，绿春县有 1 项世界文化遗产，为红河哈尼梯田；1项全球重要农业文化遗产，为云南红河哈尼稻作梯田系统；1 项中国重要农业文化遗产，为云南红河哈尼稻作梯田系统；非物质文化遗产有 6 项，分别是叙事史诗《都马简书》、同尼尼舞、哈尼族舞《莫搓搓》舞、跳鼓舞、哈尼族民歌《阿茨》、哈尼族长街宴。

4. 社会生活

从人民生活水平来看，2018 年年末，绿春县住户存款余额 21.60 亿元，较上一年增长 16.63%；职工平均工资 8.65 万元，较上一年增长9.08%；社会消费品零售总额 8.70 亿元，较上一年下降 12.03%；农村常住居民人均可支配收入 8532 元，较上一年增长 10.20%。

从教育发展来看，绿春县的义务教育发展总指数为 0.84，义务教育发展级别为 V 级。人口受教育程度指数为 0.52，人口受教育级别为Ⅶ级。

从文化设施来看，绿春县有县博物馆 1 个，三级文化馆 1 个，是县文化馆，三级图书馆 1 个，是县图书馆。绿春县是少数民族聚居地，少数民族风俗较为浓厚，有民族示范乡镇 4 个，分别是牛孔镇、大黑山镇、骑马坝乡、平河镇，有少数民族特色村寨 1 个。

5. 脱贫攻坚

绿春县属于迪庆藏区片区；2019 年该县通过提升传统农业，做大特色产业，引进八角、红米、茶等新兴产业，实现了脱贫摘帽。在脱贫攻坚的道路上，旅游扶贫起到了突出作用，有 1 个旅游扶贫示范村，为托牛村。

在主体功能区的国家级定位中，绿春县属于农产品主产区。

十三 河口瑶族自治县

（一）位置与范围

河口瑶族自治县位于云南省南部，地处东经 103°23′—104°16′、北纬 22°30′—23°02′之间，隔红河与越南老街市、谷柳市相望，是云南省唯一以瑶族为主体的自治县。全县总面积约 0.13×10^4 平方千米。河口瑶族自治县属于滇东南城市群、边境县，位于沿边开放城市带，开放口岸是河口陆路（公路）口岸、河口陆路（铁路）口岸，河口口岸是我国连接南亚东南亚的重要陆路通道，是中国大西南对外开放的重要窗口，是中国走向世界的重要桥梁；县人民政府驻河口瑶族自治县环城路 29 号。河口瑶族自治县下辖 2 个镇（河口镇、南溪镇），3 个乡（老范寨乡、瑶山乡、莲花滩乡），1 个民族乡（桥头苗族壮族乡）。

（二）自然地理

河口瑶族自治县自然地理条件优越。在综合自然区划系统中，河口瑶族自治县属于热带北缘地带的滇东南中山河谷地区的河口中山低谷区；在云南省生态经济区划中，河口瑶族自治县主要位于滇东南岩溶丘原生态经济区的西部河谷盆地生态经济亚区内；从生态红线空间分布格局看，河口瑶族自治县全部位于南部边境热带森林生态屏障内；从生态保护红线功能类型上可以看出，河口瑶族自治县为南部边境热带森林生物多样性保护维护生态保护红线类型。

1. 自然地理要素

（1）地貌

河口瑶族自治县最高海拔高度约2354.10米，最低海拔高度约76.40米，高差约2277.7米；平均DEM为710.58米，处于Ⅰ级水平。坝区面积1.86平方千米，坝区土地占全县土地面积的0.14%，属于山区地区。地形起伏度指数为5.28，处于Ⅱ级水平；平均坡度指数为20.72，处于Ⅴ级水平。

（2）气候要素

河口瑶族自治县整体处于北热带，年平均气温23.7℃，年降水量为1632.2毫米，年日照时数约1466.50小时，气候资源指数为2072.35，处于Ⅷ级水平。河口瑶族自治县是云南省的"四大火炉"之一。

（3）水文要素

河口瑶族自治县地处红河流域，水网密度指数为140.10，处于Ⅴ级水平。

（4）土壤要素

河口瑶族自治县土壤以红壤为主。

（5）植被要素

河口瑶族自治县的主要植被类型为滇南热性阔叶林，植被覆盖度处于极显著区。河口瑶族自治县生物物种资源丰富，生物多样性处于Ⅲ级水平。田中线穿过河口瑶族自治县。

2. 自然资源

（1）土地资源

河口瑶族自治县耕地面积86.19平方千米，占全县土地面积的6.63%；园地面积293.49平方千米，占全县土地面积的22.58%；林地面积649.20平方千米，占全县土地面积的49.94%；草地面积222.46平方千米，占全县土地面积的17.11%；城镇村及工矿用地面积17.73平方千米，占全县土地面积的1.36%；交通运输用地面积14.89平方千米，占全县土地面积的 1.15%；水域及水利设施用地面积 12.08 平方千米，占全县土地面积的 0.93%；其他用地面积 32.85 平方千米，占全县土地面积的 2.53%。在土地利用分区系统中，河口瑶族自治县位于滇东南中低山岩溶山原石漠化土地整治区的滇东南喀斯特石漠化整治与农林业用地亚区。在可利用土地资源评价中，河口瑶族自治县土地资源较为缺乏。在三生空间结构类型系统中，为生态主导型。

（2）水资源

河口瑶族自治县的水资源总量 15.18 亿立方米，地表水径流量 15.18 亿立方米，径流深 1147.6 毫米，地下水资源总量 4.94 亿立方米，可利用水资源丰盈程度为一般。

（3）生物资源

河口瑶族自治县生物资源较为丰富，分布着国家一级保护植物长柄叉叶苏铁、云南穗花杉、多歧苏铁、滇南苏铁、单性木兰、河内苏铁、东京龙脑香、长蕊木兰、望天树、多羽叉叶苏铁、多毛坡垒、华盖木、白桫椤 13 种，国家二级保护植物中华桫椤、蚬木、香果树、紫檀、任豆、亨利原始观音座莲、大叶黑桫椤、桫椤、滇桐、细裂水蕨、滇南风吹楠、毛果木莲、苏铁蕨、黑桫椤、水蕨、篦子三尖杉、七指蕨、樟树、地枫皮、东京桐、长果姜、福建柏、天星蕨、拟高粱、长叶苏铁、紫荆木、云南拟单性木兰、董棕、马尾树、阴生桫椤 30 种。

分布着稀有鸟类孔雀雉。

食用菌资源有鸡枞菌、黑木耳、糙皮侧耳、草菇、变绿红菇、巴氏蘑菇等。

（三）人文地理

1. 人口和民族

河口瑶族自治县 2018 年年末总人口数为 11.02 万人，性别比 112.55；人口城镇化指数为 0.38，人口城镇化级别为Ⅲ；人口老龄化指数为 0.06，老龄化级别为Ⅱ级。河口瑶族自治县的少数民族人口数为 6.44 万人，少数民族人口占总人口的 58.44%。河口瑶族自治县人口数量较多的少数民族有瑶族、苗族、哈尼族等，其中瑶族为直过民族，民族多样性指数为 1.68。河口瑶族自治县主要说河口话，属于滇南方言中的红河方言。

2. 经济

河口瑶族自治县 GDP（地区生产总值）为 60.03 亿元，人均 GDP 为 54473.68 元，地均 GDP 为 462 万元/平方千米，第一产业产值 10.60 亿元，第二产业产值 15.09 亿元，第三产业产值 34.34 亿元，处于经济发展的工业化中后期阶段。位于云南省沿边开放经济带，经济城镇化指数为 0.77，经济城镇化级别为 V 级。

从农业产业来看，河口瑶族自治县的粮食播种面积 0.45 万公顷，年粮食产量 2.23 万吨。河口瑶族自治县位于云南省产业重点园区中的中部现代产业园区，是云南省肉牛产业、肉羊产业加快发展区。

3. 旅游

河口瑶族自治县有云南省特色小镇瑶族盘王小镇；从遗产旅游特色来看，河口瑶族自治县有 2 项省级物质文化遗产，分别是河口海关旧址、河口对汛督办公署旧址；2 项省级非物质文化遗产，分别为瑶族盘王节、瑶族度戒。

4. 社会生活

从人民生活水平来看，2018 年年末，河口瑶族自治县住户存款余额 40.13 亿元，较上一年增长 5.58%；职工平均工资 8.81 万元，较上一年增长 18.10%；社会消费品零售总额 8.53 亿元，较上一年增长 11.21%；农村常住居民人均可支配收入 12446 元，较上一年增长 9.80%。

从教育发展来看，河口瑶族自治县的义务教育发展总指数为 0.69，义务教育发展级别为 VI 级。人口受教育程度指数为 0.28，人口受教育级别为 VIII 级。

从文化设施来看，河口瑶族自治县文化设施较为丰富，富有地方特色与历史底蕴，河口瑶族自治县有 1 个博物馆，为同盟会河口起义纪念馆；有 1 个三级文化馆，是县文化馆；有 1 个三级图书馆，为县图书馆。河口瑶族自治县是少数民族聚居地，少数民族风俗较为浓厚，是民族示范县，有 2 个民族示范乡镇，分别为瑶山乡、桥头苗族壮族乡；有 1 个少数民族特色村寨；有 1 个第一批省级民族传统文化保护区，为瑶山乡水槽寨瑶族（蓝靛）传统文化保护区；有 1 个第二批省级民族传统文化保护区，为桥头村布依族传统文化保护区。

5. 脱贫攻坚

旅游扶贫对脱贫攻坚起到了较大的作用，有 1 个旅游扶贫示范村，为安家河村。

在主体功能区的国家级定位中，河口瑶族自治县属于集中连片重点开发区域。

国家自然科学基金项目
国家哲学社会科学基金重大项目
云南省"万人计划"教学名师潘玉君工作室
云南省本科一流课程、博士生优质课程项目

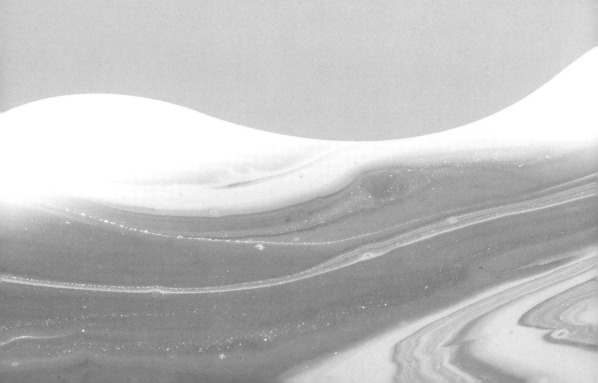

潘玉君　刘 化　杨晓霖　等著

云南政区地理

下

中国社会科学出版社

下册目录

附 录

第十一章

文山壮族苗族自治州

第一节　整体特征

一　位置与范围

文山壮族苗族自治州位于云南省东南部，地属滇东南城市群，地处东经 103°35′—106°11′、北纬 22°40′—24°48′之间，东与广西百色市相接，西与红河哈尼族彝族自治州相邻，南与越南接壤，北与曲靖市相连。全州最高海拔 2974 米，位于文山市的薄竹山，最低海拔 107 米，位于麻栗坡县的船头（天保国家级口岸），总面积约 3.22×10^4 平方千米。州人民政府驻文山壮族苗族自治州文山市华龙北路 2 号。文山壮族苗族自治州下辖 1 个县级市（文山市），7 个县（砚山县、西畴县、麻栗坡县、马关县、丘北县、广南县、富宁县），104 个乡、镇、街道（3 个街道、42 个镇、59 个乡）。文山壮族苗族自治州位于沿边开放城市带，其中麻栗坡县、马关县与越南接壤，天保陆路口岸、都龙陆路口岸是云南省对外联系的公路口岸，都龙口岸为促进边境地区经济发展提供良好的条件，为进一步提升中越双方贸易往来，促进地方经济发展带来新的机遇，为云南省加快建设面向南亚、东南亚辐射中心奠定更加坚实的基础。

二　自然地理

文山壮族苗族自治州自然地理条件优越。在综合自然区划系统中，文山壮族苗族自治州属于亚热带北部地带的滇东高原地区，亚热带南部地带的滇东南岩溶高原山原地区；在云南省生态经济区划中，文山壮族苗族自治州主要位于滇东南岩溶丘原生态经济区的东部低山丘陵生态经济亚区；从生态红线空间分布格局看，文山壮族苗族自治州部分位于南部边境热带森林生态屏障、东南部喀斯特地带；从生态保护红线功能类型上可以看出，文山壮族苗族自治州为南部边境热带森林生物多样性生态保护红线、珠江上游及滇东南喀斯特地带水土保持生态保护红线。文山壮族苗族自治州有文山国家级自然保护区，属森林生态系统类型的自然保护区。

（一）自然地理要素

1. 地貌

文山壮族苗族自治州最高海拔高度约 2974 米，最低海拔高度约 107 米，高差约 2867 米，平均 DEM 为 1377.96 米，处于 Ⅱ 级水平。坝区面积 1055.53 平方千米，坝区土地占全州土地面积的 3.35%，坝区综合指数为 17.97，属于半山半坝地区。地形起伏度指数为 4.96，处于 Ⅱ 级水平；平均坡度指数为 17.59，处于 Ⅳ 级水平。

2. 气候要素

文山壮族苗族自治州整体处于北亚热带、中亚热带和南亚热带的过渡地带，年平均气温 17.8℃，年降水量为 1327.3 毫米，年日照时数约 1818 小时，气候资源指数为 1609.63，处于 Ⅴ 级水平。

3. 水文要素

文山壮族苗族自治州地处珠江流域、红河流域的交汇地带，水网密度指数为 63.75，处于 Ⅲ 级水平。

4. 土壤要素

文山壮族苗族自治州的土壤类型主要有黄棕壤、红壤、石灰岩土等，以红壤、石灰岩土居多。

5. 植被要素

文山壮族苗族自治州的主要植被类型为滇中南、东部岩溶暖性、暖热性阔叶林，暖性针叶林，滇南热性阔叶林，滇中、东部高原暖性阔叶林、针叶林，植被覆盖度处于较显著区。文山壮族苗族自治州生物物种资源丰富，生物多样性处于 Ⅶ 级水平。

（二）自然资源

1. 土地资源

文山壮族苗族自治州耕地面积6785.13平方千米，占全州土地面积的21.54%；园地面积666.21平方千米，占全州土地面积的2.11%；林地面积16424.18平方千米，占全州土地面积的52.14%；草地面积1963.81平方千米，占全州土地面积的6.23%；城镇村及工矿用地面积565.79平方千米，占全州土地面积的1.80%；交通运输用地面积289.67平方千米，占全州土地面积的0.92%；水域及水利设施用地面积266.73平方千米，占全州土地面积的0.85%；其他用地面积4445.99平方千米，占全州土地面积的14.11%。在土地利用分区系统中，文山壮族苗族自治州位于滇东南中低山岩溶山原石漠化土地整治区的个—开—蒙城市工矿与旅游用地亚区和滇东南喀斯特石漠化整治与农林业用地亚区。在可利用土地资源评价中，文山壮族苗族自治州土地资源丰富的县区有1个，较丰富的有1个，一般的有2个，较缺乏的有3个，缺乏的有1个。

2. 水资源

文山壮族苗族自治州的水资源总量160.49亿立方米，地下水资源总量51.3亿立方米。在可利用水资源评价中，文山壮族苗族自治州无水资源丰富和缺乏的县区，较丰富的有4个，一般的有3个，较缺乏的有1个。

3. 生物资源

文山壮族苗族自治州分布着国家一级保护植物长蕊木兰、云南穗花杉、伯乐树、白桫椤、四数木、红豆杉、东京龙脑香、华盖木、多毛坡垒、河内苏铁、望天树、贵州苏铁、叉孢苏铁、单性木兰、水松、德保苏铁16种，国家二级保护植物柄翅果、香木莲、云南拟单性木兰、榉树、十齿花、水青树、红椿、云南金钱槭、拟高粱、马尾树、董棕、单叶贯众、法斗观音座莲、滇桐、中华桫椤、翠柏、香果树、樟树、馨香木兰、大果木莲、毛枝五针松、地枫皮、篦子三尖杉、富宁藤、大叶木莲、大叶黑桫椤、粉背叶人字，鹅掌楸、紫荆木、长叶苏铁、白豆杉、任豆、润楠、回原始观音座莲、滇南桫椤、蚬木、金荞麦、长果姜、东京桐、福建柏、箭叶大油芒、桫椤、苏铁蕨、蒜头果、合果木、西亚黑桫椤 46 种，广泛分布着金毛狗等国家珍稀植物资源。

文山壮族苗族自治州分布着稀有鸟类绿孔雀；稀有兽类穿山甲、斑羚、水獭、猕猴、黑熊、华鬣羚、大灵猫、小灵猫、水鹿、豺、矮蜂猴 11 种；稀有爬行、两栖、鱼类大鲵、山瑞鳖、巨蜥等。

文山壮族苗族自治州的食用菌有鸡枞菌、裂褶菌、鸡油菌、美味牛肝菌、黑木耳、草菇、黄伞、铜色牛肝菌、小美牛肝菌、桃红牛肝菌、乳牛肝菌、变绿红菇、松乳菇、浓香乳菇、多汁乳菇、草鸡枞、卷缘齿菌、灰喇叭菌、红蜡蘑、巴氏蘑菇、银耳、香菇、蓝黄红菇、黄皮疣柄牛肝菌、银耳、糙皮侧耳、羊肚菌、干巴菌、双孢蘑菇 29 种。其中，丘北县的食用菌资源最为丰富，约 24 种；砚山县、麻栗坡县的食用菌资源最少。

4. 矿产资源

文山壮族苗族自治州黑色矿产资源较为丰富；有色金属资源、贵金属资源丰富；化工原料非金属矿产资源相对匮乏。

5. 旅游资源

文山壮族苗族自治州的地文景观资源中，有 1 处喀斯特景观，为广南八宝峰林峰丛景观。生物景观资源中，有 3 处人工植物景观，分别为云南文山古茶树景观、云南砚山古茶树景观、云南西畴古茶树景观；有 1 处动物景观，为富宁"鸟王山"景观。

三　人文地理

(一)　人口和民族

文山壮族苗族自治州 2018 年年末总人口数为 365.4 万人，性别比为 109.25，人口城镇化指数为 0.09，人口城镇化级别为Ⅶ级，人口老龄化指数为 0.07，老龄化级别为Ⅳ级。文山壮族苗族自治州少数民族人口约 20.16 万人，少数民族人口占总人口的 5.52%，人口数量较多的少数民族有壮族、彝族、苗族、回族、傣族，民族多样性指数为 1.28。文山壮族苗族自治州主要说滇南方言中的文山（州）方言。

(二)　经济

文山壮族苗族自治州 GDP（地区生产总值）为 859.06 亿元，人均

GDP 为 23510.13 元，地均 GDP 为 273 万元/平方千米，第一产业产值
170.19 亿元，第二产业产值 307.39 亿元，第三产业产值 381.48 亿元，
处于经济发展的工业化中后期阶段，位于云南省沿边开放经济带。经济
城镇化指数为 0.76，经济城镇化级别为Ⅴ级。

从农业产业来看，文山壮族苗族自治州的粮食播种面积 46.04 万公
顷，年粮食产量为 160.9 万吨。文山壮族苗族自治州有 2 个县位于云南省
高原特色农业中部现代产业园区中，有 3 个县位于云南省高原特色农业
沿边特色产业园区中。文山壮族苗族自治州的花卉主导产业为花卉旅游；
文山壮族苗族自治州是云南省肉牛产业、肉羊产业加快发展区；文山壮
族苗族自治州夏秋蔬菜优势产业区有 4 个；文山壮族苗族自治州茶叶品
种主要有绿茶，有 1 个从事中药材加工和经营的企业，为三七加工厂。

从工业园区来看，文山壮族苗族自治州有 3 个省级工业园区；有 1 个
冶金产业园区，有 1 个信息产业园区，有 1 个生物医药和大健康产业园
区。文山壮族苗族自治州有 1 家省级外贸转型基地，为文山壮族苗族自
治州三七产业园（三七）。

（三）旅游

在旅游景区中，文山壮族苗族自治州有国家 4A 级景区 1 个，国家 3A
级景区 9 个，国家 2A 级景区 3 个；在度假休闲区中，有旅游度假区 1 个，
休闲广场 2 个；在专项旅游产品中，有 1 项农业旅游产品；在体育旅游产
品中，有 1 项赛事运动。在节庆会展产品中，有 2 项节庆旅游产品。农历
正月初二至初五的花山节又称"踩花山"，是苗族民间一个盛大的传统节
日，主要在文山壮族苗族自治州丘北县普者黑景区举办，节日期间苗族
男女打着花伞对唱情歌、爬花竿、斗牛等，热闹非凡。此外，文山壮族
苗族自治州还有壮族陇端节、三月花街节、普者黑花脸节等重要节日。

文山壮族苗族自治州有 1 个省级历史文化名城，1 个省级历史文化名
镇，1 个中国历史文化名镇，4 个云南省特色小镇。从遗产旅游特色来
看，文山壮族苗族自治州有 1 项中国重要农业文化遗产；国家级物质文
化遗产有 1 项，省级物质文化遗产有 16 项，非物质文化遗产有 33 项。文
山壮族苗族自治州有土地革命时期革命老区 2 个、解放战争时期革命老
区县 6 个、革命老区乡镇 2 个。

（四）社会生活

从人民生活水平来看，2018 年年末，文山壮族苗族自治州住户存款余额 645.16 亿元，较上一年增长 8.37%；职工平均工资 8.20 万元，较上一年增长 7.37%；社会消费品零售总额 388.16 亿元，较上一年增长 6.81%；农村常住居民人均可支配收入 10030 元，较上一年增长 9.21%。

从教育发展来看，文山壮族苗族自治州的义务教育发展总指数为 0.86，义务教育发展级别为 V 级。人口受教育程度指数为 1.17，人口受教育级别为 IV 级。

从文化设施来看，文山壮族苗族自治州有三级及以下博物馆 3 个；有二级文化馆 1 个，有三级及以下文化馆 4 个；有二级图书馆 3 个，有三级及以下图书馆 6 个。

文山壮族苗族自治州是云南省民族团结示范州，有 2 个民族团结示范县，有 15 个民族团结示范乡镇，有 2 个少数民族特色集镇，有 8 个少数民族特色村寨，有 1 个民族团结示范企业。

（五）脱贫攻坚

文山壮族苗族自治州属于石漠化片区，砚山县、西畴县 2018 年实现了脱贫摘帽，文山市、麻栗坡县、马关县、丘北县、富宁县 2019 年实现了脱贫摘帽，广南县 2020 年实现了脱贫摘帽。在脱贫攻坚的道路上，旅游扶贫起到了突出作用。文山壮族苗族自治州的旅游扶贫示范县有 1 个，旅游示范乡镇有 2 个，旅游示范村有 2 个。

第二节　区域差异

一　文山市

（一）位置与范围

文山市位于云南省东南部，地处东经 103°43′—104°26′、北纬 23°05′—23°42′之间，东与砚山县接壤，南与马关县毗邻，东南部与西畴县相接，西与红河哈尼族彝族自治州蒙自市连接，并与屏边苗族自治县一河相隔，是文山州委、州政府所在地，全州政治经济文化信息中心。全市总面积约 0.30 × 10⁴ 平方千米。文山市属于滇东南城市群，市政府位于文山市凤凰路30号。文山市下辖3个街道（卧龙街道、开化街道、新平街道），7个镇（古木镇、平坝镇、马塘镇、德厚镇、小街镇、薄竹镇、追栗街镇），2个乡（新街乡、喜古乡），5个民族乡（东山彝族乡、柳井彝族乡、坝心彝族乡、秉烈彝族乡、红甸回族乡）。

（二）自然地理

文山市自然地理条件优越。在综合自然区划系统中，文山市属于亚热带南部地带的滇东南岩溶高原山原地区的文山岩溶山原区；在云南省生态经济区划中，文山市主要位于滇东南岩溶丘原生态经济区的东部低山丘陵生态经济亚区内；从生态红线空间分布格局看，文山市少部分位于南部边境热带森林生态屏障区域；从生态保护红线功能类型上可以看出，文山市为珠江上游及滇东南喀斯特地带水土保持生态保护红线类型。

1. 自然地理要素

（1）地貌

文山市最高海拔高度约2974米，最低海拔高度约620米，高差约2354米；平均DEM为1611.43米，处于Ⅲ级水平。坝区面积33.6平方千米，坝区土地占全市土地面积的10.2%，坝区综合指数为16.43，属于半山半坝地区。地形起伏度指数为6.07，处于Ⅳ级水平；平均坡度指数为15.09，处于Ⅲ级水平。

（2）气候要素

文山市整体处于中亚热带，年平均气温18.3℃，年降水量为1184.3毫米，年日照时数约1903.80小时，气候资源指数为1623.43，处于Ⅴ级水平。

（3）水文要素

文山市地处红河流域，水网密度指数为48.98，处于Ⅲ级水平。

（4）土壤要素

文山市的土壤类型以红壤、黄棕壤居多。

（5）植被要素

文山市的主要植被类型为滇中南、东部岩溶暖性、暖热性阔叶林，暖性针叶林，植被覆盖度处于极显著区。文山市生物物种资源丰富，生物多样性处于Ⅴ级水平。

2. 自然资源

（1）土地资源

文山市耕地面积 1025.43 平方千米，占全市土地面积的 34.18%；园地面积 20.52 平方千米，占全市土地面积的 0.68%；林地面积 1206.80 平方千米，占全市土地面积的 40.23%；草地面积 85.52 平方千米，占全市土地面积的 2.85%；城镇村及工矿用地面积 88.39 平方千米，占全市土地面积的 2.95%；交通运输用地面积 28.18 平方千米，占全市土地面积的 0.94%；水域及水利设施用地面积 16.62 平方千米，占全市土地面积的 0.55%；其他用地面积 495.40 平方千米，占全市土地面积的 16.51%。在土地利用分区系统中，文山市位于滇东南中低山岩溶山原石漠化土地整治区的个—开—蒙城市工矿与旅游用地亚区。在可利用土地资源评价中，文山市可利用土地资源较为一般。在三生空间结构类型系统中，为生产—生态主导型。

（2）水资源

文山市的水资源总量 11.71 亿立方米，地表水径流量 11.71 亿立方米，径流深 393.2 毫米，地下水资源总量 4.62 亿立方米，在可利用水资源评价中，文山市可利用水资源为一般型。

（3）生物资源

文山市生物资源较为丰富，分布着国家一级保护植物长蕊木兰，国家二级保护植物柄翅果、香木莲、云南拟单性木兰、榉树、十齿花、水青树、红椿、云南金钱槭、拟高粱、马尾树等。

文山市的食用菌有鸡枞菌、裂褶菌、鸡油菌、美味牛肝菌、黑木耳、草菇、黄伞、铜色牛肝菌、小美牛肝菌、桃红牛肝菌、乳牛肝菌、变绿红菇、松乳菇、浓香乳菇、多汁乳菇、草鸡枞、卷缘齿菌、灰喇叭菌、红蜡蘑、巴氏蘑菇 20 种。

（4）旅游资源

在生物景观资源中，文山市有 1 处人工植物景观，为云南古茶树景观。

（三）人文地理

1. 人口和民族

文山市 2018 年年末总人口数为 50.35 万人，性别比为 105.82；人口城镇化指数为 0.19，人口城镇化级别为Ⅴ；人口老龄化指数为 0.07，老龄化级别为Ⅳ级。文山市人口数量较多的少数民族有壮族、回族、傣族等，民族多样性指数 1.39。文山市主要说文山（县）话，属于滇南方言中的文山（州）方言。

2. 经济

文山市 GDP（地区生产总值）为 247.08 亿元，人均 GDP 为 49072.49 元，地均 GDP 为 824 万元/平方千米，第一产业产值 19.31 亿元，第二产业产值 111.64 亿元，第三产业产值 116.13 亿元，处于经济发展的发达经济阶段。经济城镇化指数为 0.91，经济城镇化级别为Ⅱ级。

从农业产业来看，文山市的粮食播种面积 5.24 万公顷，年粮食产量 22.68 万吨。文山市是云南省肉牛产业、肉羊产业稳定发展区，是冬春蔬菜优势产业区的生产大县。文山市是云药之乡，主要中药材品种有三七，有 1 家从事中药材加工和经营的企业，为三七企业。

从工业园区来看，文山市有省级工业园区 2 个，分别是文山三七产业园区、文山马塘工业园区；有 1 家生物医药和大健康产业园区，为文山三七产业园区。

3. 旅游

在旅游景区中，文山市有 2 个国家 3A 级景区，分别是文山州博物馆景区、天士力现代中药产业园景区；有 2 个休闲广场，分别是文山休闲广场、文山七花广场。在节庆会展产品中，有 2 项节庆旅游产品，分别是永德俐侎文化旅游节、永德芒果之乡文化旅游节。

文山市是历史文化名城，有 1 个中国历史文化名镇，为平坝镇，有 1 个云南省特色小镇，为古木三七小镇；物质文化遗产有 3 项，分别是大兴寺、五子祠、楚图南故居；非物质文化遗产有 9 项，分别是壮剧、铜鼓舞、彝族葫芦笙舞、壮族纸马舞、壮族刺绣、苗族蜡染技艺、三眼土洞萧吹奏、壮族创世史诗《濮侬论者渡》、苗族花山节。文山市是革命老区，有 2 个革命老区乡镇，分别是文山市追栗街镇、古木镇，红色的基因依旧在这片土地上传承着。

4. 社会生活

从人民生活水平来看，2018 年年末，文山市住户存款余额 197.97 亿元，较上一年增长 2.65%；职工平均工资 7.96 万元，较上一年增长 8.30%；社会消费品零售总额 111.69 亿元，较上一年增长 2.82%；农村常住居民人均可支配收入 11115 元，较上一年增长 9.21%。

从教育发展来看，文山市的义务教育发展总指数 1.07，义务教育发展级别为Ⅳ级。人口受教育程度指数 1.41，人口受教育级别为Ⅳ级。

从文化设施来看，文山市有三级博物馆 1 个，是州博物馆；有三级文化馆 1 个，是州文化馆；有二级图书馆 1 个，是州图书馆，有三级图书馆 1 个，是市图书馆；有少数民族特色村寨 1 个；有示范企业 1 家，是云南苗心康生物科技有限公司。文山市有 1 个省级民族民间传统文化之乡——开化镇壮族纸马舞之乡。

5. 脱贫攻坚

文山市属于石漠化片区，2019 年通过动态监测、稳岗就业、消费扶贫、农业发展等措施实现了脱贫摘帽。

在主体功能区的国家级定位中，文山市属于重点生态功能区。

二 砚山县

（一）位置与范围

砚山县位于云南省东南部，地处东经 103°35′—104°45′、北纬 23°19′—23°59′之间，东与广南县相连，西与红河哈尼彝族自治州的开远市、蒙自市接壤，南与西畴县、文山市交界，北与丘北县毗邻。全县总面积约 0.39×10⁴平方千米，属于滇东南城市群，县人民政府驻江那镇龙头街 24 号。砚山县下辖 4 个镇（江那镇、平远镇、稼依镇、阿猛镇），3 个乡（八嘎乡、者腊乡、蚌峨乡），4 个民族乡（阿舍彝族乡、维摩彝族乡、盘龙彝族乡、干河彝族乡）。

（二）自然地理

砚山县自然地理条件优越。在综合自然区划系统中，砚山县属于亚热带北部地带的滇东高原地区的丘北—广南岩溶山原区；在云南省生态经济区划中，砚山县主要位于滇东南岩溶丘原生态经济区的东部低山丘陵生态经济亚区；从生态红线空间分布格局看，砚山县部分位于东南部喀斯特地带；从生态保护红线功能类型上可以看出，砚山县为珠江上游及滇东南喀斯特地带水土保持生态保护红线类型。

1. 自然地理要素

（1）地貌

砚山县最高海拔高度约 2243 米，最高海拔位于黄连山主峰，最低海拔高度约 1088 米，最低海拔位于小黑江与李仙江交汇处，高差约 1155 米；平均 DEM 为 1559.77 米，处于Ⅲ级水平。坝区面积 531.1 平方千米，坝区土地占全县土地面积的 23.84%，坝区综合指数为 65，属于坝区地区。地形起伏度指数为 3.65，处于Ⅰ级水平；平均坡度指数为 13.14，处于Ⅱ级水平。

（2）气候要素

砚山县整体处于北亚热带，年平均气温 16.6℃，年降水量为 1226.3 毫米，年日照时数约 1933.50 小时，气候资源指数为 1470.54，处于Ⅳ级水平。

（3）水文要素

砚山县地处珠江流域、红河流域，水网密度指数为 41.50，处于Ⅱ级水平。

（4）土壤要素

砚山县土壤以红壤为主。

（5）植被要素

砚山县的主要植被类型为滇中南、东部岩溶暖性、暖热性阔叶林，暖性针叶林，植被覆盖度处于极显著区。砚山县生物物种资源丰富，生物多样性处于Ⅶ级水平。

2. 自然资源

（1）土地资源

砚山县耕地面积 1131.01 平方千米，占全县土地面积的 29.00%；园地面积 21.61 平方千米，占全县土地面积的 0.55%；林地面积 1820.20 平方千米，占全县土地面积的 46.67%；草地面积 64.95 平方千米，占全县土地面积的 1.67%；城镇村及工矿用地面积 97.47 平方千米，占全县土地面积的 2.50%；交通运输用地面积 47.82 平方千米，占全县土地面积的 1.23%；水域及水利设施用地面积 54.03 平方千米，占全县土地面积的 1.39%；其他用地面积 631.25 平方千米，占全县土地面积的

16.19%。在土地利用分区系统中，砚山县位于滇东南中低山岩溶山原石漠化土地整治区的个—开—蒙城市工矿与旅游用地亚区。在可利用土地资源评价中，砚山县可利用土地资源较丰富。在三生空间结构类型系统中，为生产—生态主导型。

（2）水资源

砚山县的水资源总量12.16亿立方米，地表水径流量12.16亿立方米，径流深314.7毫米，地下水资源总量4.25亿立方米，在可利用水资源评价中，砚山县可利用水资源丰富程度为一般。

（3）生物资源

砚山县生物资源较为丰富，分布着国家一级保护植物伯乐树，国家二级保护植物榉树。

砚山县的食用菌有鸡枞菌、鸡油菌、巴氏蘑菇等。

（4）旅游资源

砚山县在生物景观资源中，有1处人工植物景观，是云南古茶树景观。

（三）人文地理

1. 人口和民族

砚山县2018年年末总人口数为48.10万人，性别比为107.67；人口城镇化指数为0.08，人口城镇化级别为Ⅶ级；人口老龄化指数为0.06，老龄化级别为Ⅱ级。砚山县人口数量较多的少数民族有壮族、彝族、瑶族等，民族多样性指数为1.46。

2. 经济

砚山县GDP（地区生产总值）为132.98亿元，人均GDP为27646.57元，地均GDP为341万元/平方千米，第一产业产值26.87亿元，第二产业产值42.22亿元，第三产业产值63.89亿元，处于经济发展的工业化中后期阶段，经济城镇化指数为0.78，经济城镇化级别为Ⅴ级。

从农业产业来看，砚山县的粮食播种面积7.35万公顷，年粮食产量29.41万吨。砚山县属于云南省产业重点园区中的中部现代产业园区，是云南省肉牛产业、肉羊产业加快发展区，是冬春蔬菜优势产业区的重点县，有一家从事中药材加工和经营的三七企业。

从工业园区来看，砚山县有 1 个省级工业园区，为砚山工业园区，产业类型为信息产业园区。

3. 旅游

在旅游景区中，砚山县有 1 个国家 3A 级景区，是中澳生态园景区；物质文化遗产有 2 项，分别是鲁都克教堂、中共滇桂黔边区工委扩大会议会址；非物质文化遗产有 3 项，分别是棒棒灯、彝族弦子舞、草人舞。砚山县是革命老区，共有 38 个红色资源点，红色的基因依旧在这片土地上传承着。

4. 社会生活

从人民生活水平来看，2018 年年末，砚山县住户存款余额 72.15 亿元，较上一年增长 3.63%；职工平均工资 7.42 万元，较上一年增长 8.48%；社会消费品零售总额 50.17 亿元，较上一年增长 12.04%；农村常住居民人均可支配收入 10682 元，较上一年增长 9.50%。

从教育发展来看，砚山县的义务教育发展总指数 0.99，义务教育发展级别为 Ⅳ 级。人口受教育程度指数 1.25，人口受教育级别为 Ⅳ 级。

从文化设施来看，砚山县有 1 个县图书馆；砚山县是民族示范县，有 1 个民族示范乡镇，为维摩彝族乡；有 1 个少数民族特色村寨。

5. 脱贫攻坚

砚山县属于石漠化片区，2018 年通过对高原特色种植业、经济林果业、畜牧业等产业的支持，实现了脱贫摘帽。

在主体功能区的省级定位中，砚山县属于集中连片重点开发区域。

三　西畴县

(一) 位置与范围

西畴县位于云南省南部，地处东经 104°22′—104°58′、北纬 23°05′—23°37′之间，东南接麻栗坡县，西南隔盘龙河与马关县相望，西靠文山市、砚山县，东北与广南县隔达马河相望。全县总面积约 0.15×10⁴平方千米。西畴县属于滇东南城市群，县人民政府驻人民路 31 号。西畴县下辖 2 个镇（西洒镇、兴街镇），7 个乡（蚌谷乡、莲花塘乡、新马街乡、柏林乡、法斗乡、董马乡、鸡街乡）。

（二）自然地理

西畴县自然地理条件优越。在综合自然区划系统中，西畴县属于亚热带南部地带的滇东南岩溶高原山原地区的文山岩溶山原区；在云南省生态经济区划中，西畴县主要位于滇东南岩溶丘原生态经济区的东部低山丘陵生态经济亚区；从生态红线空间分布格局看，西畴县部分位于南部边境热带森林生态屏障区域；从生态保护红线功能类型上可以看出，西畴县为南部边境热带森林生物多样性保护维护生态保护红线类型。西畴县是第五批"绿水青山就是金山银山"国家实践创新基地，该基地的建设体现了西畴县着力推进生态环境治理，坚持经济发展和生态保护两条线并进。

1. 自然地理要素

（1）地貌

西畴县最高海拔高度约1962.90米，最低海拔高度约654.00米，高差约1308.9米；平均DEM为1359.41米，处于Ⅱ级水平。坝区面积27.44平方千米，坝区土地占全县土地面积的1.84%，坝区综合指数为3.97，属于山区地区。地形起伏度指数为3.75，处于Ⅰ级水平；平均坡度指数19.79，处于Ⅴ级水平。

（2）气候要素

西畴县整体处于北亚热带，年平均气温16.3℃，年降水量为1419.1毫米，年日照时数约1490.60小时，气候资源指数为1546.47，处于Ⅳ级水平。

（3）水文要素

西畴县地处红河流域，水网密度指数67.55，处于Ⅲ级水平。

（4）土壤要素

西畴县土壤以石灰岩土居多。

（5）植被要素

西畴县的主要植被类型为滇中南、东部岩溶暖性、暖热性阔叶林，暖性针叶林，植被覆盖度处于微显著区。西畴县生物物种资源丰富，生物多样性处于Ⅶ级水平。

2. 自然资源

（1）土地资源

西畴县耕地面积316.89平方千米，占全县土地面积的21.13%；园地面积11.78平方千米，占全县土地面积的0.79%；林地面积758.21平方千米，占全县土地面积的50.55%；草地面积54.62平方千米，占全县土地面积的3.64%；城镇村及工矿用地面积40.60平方千米，占全县土地面积的2.71%；交通运输用地面积14.16平方千米，占全县土地面积的0.94%；水域及水利设施用地面积6.88平方千米，占全县土地面积的0.46%；其他用地面积288.16平方千米，占全县土地面积的19.21%。在土地利用分区系统中，位于滇东南中低山岩溶山原石漠化土地整治区的滇东南喀斯特石漠化整治与农林业用地亚区；在可利用土地资源评价中，西畴县可利用土地资源较缺乏。在三生空间结构类型系统中，为生产—生态主导型。

（2）水资源

西畴县的水资源总量8.54亿立方米，地表水径流量8.54亿立方米，径流深571.5毫米，地下水资源总量3.12亿立方米，在可利用水资源评价中，西畴县可利用水资源丰富程度为较缺乏型。

（3）生物资源

西畴县生物资源较为丰富，分布着国家一级保护植物华盖木、长蕊木兰、云南穗花杉、红豆杉、伯乐树，国家二级保护植物拟高粱、董棕、榉树、单叶贯众、法斗观音座莲、滇桐、中华桫椤、马尾树、翠柏、香果树、樟树、馨香木兰、大果木莲、毛枝五针松、地枫皮、柄翅果、云南拟单性木兰、篦子三尖杉、富宁藤、大叶木莲、大叶黑桫椤、粉背叶人字果、香木莲23种。

食用菌有鸡枞菌、银耳、小美牛肝菌、灰喇叭菌、巴氏蘑菇5种。

（4）旅游资源

西畴县在生物景观资源中，有1处人工植物景观，为云南古茶树景观。

（三）人文地理

1. 人口和民族

西畴县2018年年末总人口数为26.43万人，性别比为110.19；人口城镇化指数为0.09，人口城镇化级别为Ⅶ级；人口老龄化指数为0.09，老龄化级别为Ⅶ级。西畴县人口数量较多的少数民族有壮族、苗族、彝族等，民族多样性指数为0.72。西畴县主要说西畴话，属于滇南方言中的文山（州）方言。

2. 经济

西畴县GDP（地区生产总值）为39.51亿元，人均GDP为14948.92元，地均GDP为263万元/平方千米，第一产业产值10.63亿元，第二产业产值9.87亿元，第三产业产值19.01亿元，处于经济发展的工业化中后期阶段。经济城镇化指数为0.71，经济城镇化级别为Ⅵ级。

从农业产业来看，西畴县的粮食播种面积3.09万公顷，年粮食产量11.03万吨。西畴县位于云南省产业重点园区中的中部现代产业园区，有1个沿边特色产业园区，是云南省肉牛产业、肉羊产业加快发展区。

3. 旅游

在旅游景区中，西畴县有3个国家3A级景区，分别为西畴汤谷景区、西畴香萍山景区、西畴国家石漠公园（三光）景区。物质文化遗产2项，分别为保兴桥、牛羊太平桥；非物质文化遗产有2项，分别是壮族渔鼓、女子太阳节。西畴县是解放战争时期革命老区，红色的基因依旧在这片土地上传承着。

4. 社会生活

从人民生活水平来看，2018年年末，西畴县住户存款余额38.20亿元，较上一年增长13.59%；职工平均工资8.70万元，较上一年增长7.54%；社会消费品零售总额17.01亿元，较上一年增长11.98%；农村常住居民人均可支配收入9552元，较上一年增长9.60%。

从教育发展来看，西畴县的义务教育发展总指数为0.69，义务教育发展级别为Ⅵ级。人口受教育程度指数为0.72，人口受教育级别为Ⅵ级。

从文化设施来看，西畴县有县图书馆1个；有民族示范乡镇1个，是莲花塘乡；有少数民族特色集镇兴街镇1个，少数民族特色村寨1个。西畴县有1个第二批省级民族传统文化保护区，为么所村壮族传统文化保护区。

5. 脱贫攻坚

西畴县属于石漠化片区，2018年通过对石漠化的治理和对苦参、三

七、重楼等中药材产业的支持，实现了脱贫摘帽。

在主体功能区的国家级定位中，西畴县属于重点生态功能区。

四 麻栗坡县

（一）位置与范围

麻栗坡县位于云南省南部，地处东经 104°32′—105°18′、北纬 22°49′—23°33′之间，东接富宁县，西邻马关县，北靠广南县、西畴县，南接越南。全县总面积约 0.24×10⁴平方千米。麻栗坡县属于滇东南城市群，县人民政府驻临江路 1 号。麻栗坡县是边境县，与越南接壤，位于沿边开放城市带，开放口岸是天保陆路（公路）口岸，是云南省进入越南和连接东南亚、南亚的重要陆路通道。麻栗坡县下辖 4 个镇（麻栗镇、大坪镇、董干镇、天保镇），6 个乡（下金厂乡、八布乡、六河乡、杨万乡、铁厂乡、马街乡），1 个民族乡（猛硐瑶族乡）。

（二）自然地理

麻栗坡县自然地理条件优越。在综合自然区划系统中，麻栗坡县部分属于亚热带南部地带的东南岩溶高原山原地区的文山岩溶山原区，部分属于热带北缘地带的滇东南中山河谷地区的河口中山低谷区；在云南省生态经济区划中，麻栗坡县主要位于滇东南岩溶丘原生态经济区的低山丘陵生态经济亚区；从生态红线空间分布格局看，麻栗坡县大部分位于南部边境热带森林生态屏障区域；从生态保护红线功能类型上可以看出，麻栗坡为南部边境热带森林生物多样性保护维护生态保护红线类型。麻栗坡县有麻栗坡、马关老君山省级保护区，麻栗坡老山省级自然保护区，保护区生态系统完整，物种丰富多样，是滇东南绿色生态屏障。

1. 自然地理要素

（1）地貌

麻栗坡县最高海拔高度约 2579.30 米，最高海拔位于老君山，最低海拔高度约 107 米，最低海拔位于天保口岸，高差约 2472.3 米；平均 DEM 为 1247.86 米，处于 Ⅱ 级水平。坝区面积 9.43 平方千米，坝区土地占全县土地面积的 0.4%，坝区综合指数为 1.07，属于山区地区。地形起伏度指数为 6.13，处于Ⅳ级水平；平均坡度指数为 20.3，处于Ⅴ级水平。

（2）气候要素

麻栗坡县整体处于中亚热带，年平均气温 18.3℃，年降水量为 1062.2 毫米，年日照时数约 1651.30 小时，气候资源指数为 1695.23，处于Ⅴ级水平。

（3）水文要素

麻栗坡县地处红河流域，水网密度指数为 84.13，处于Ⅲ级水平。

（4）土壤要素

麻栗坡县土壤以红壤居多。

（5）植被要素

麻栗坡县的主要植被类型为滇中南、东部岩溶暖性、暖热性阔叶林，暖性针叶林，滇南热性阔叶林，植被覆盖度处于较显著区。麻栗坡县生物物种资源丰富，生物多样性处于Ⅶ级水平。

2. 自然资源

（1）土地资源

麻栗坡县耕地面积 406.15 平方千米，占全县土地面积的 16.92%；园地面积 28.87 平方千米，占全县土地面积的 1.20%；林地面积 1469.01 平方千米，占全县土地面积的 61.21%；草地面积 99.81 平方千米，占全县土地面积的 4.16%；城镇村及工矿用地面积 38.18 平方千米，占全县土地面积的 1.59%；交通运输用地面积 26.21 平方千米，占全县土地面积的 1.09%；水域及水利设施用地面积 24.08 平方千米，占全县土地面积的 1.00%；其他用地面积 265.09 平方千米，占全县土地面积的 19.21%。在土地利用分区系统中，位于滇东南中低山岩溶山原石漠化土地整治区的滇东南喀斯特石漠化整治与农林业用地亚区；在可利用土地资源评价中，麻栗坡县的可利用土地资源较缺乏。在三生空间结构类型系统中，为生态主导型。

（2）水资源

麻栗坡县的水资源总量 17.48 亿立方米，地表水径流量 17.48 亿立方米，径流深 747.9 毫米，地下水资源总量 5.1520 亿立方米，在可利用水资源评价中，麻栗坡县可利用水资源丰富程度为一般。

（3）生物资源

麻栗坡县生物资源较为丰富，分布着国家一级保护植物华盖长蕊木兰、云南穗花杉、白桫椤、四数木、红豆杉等，国家二级保护植物拟高粱、鹅掌楸、大果木莲、富宁藤、马尾树、翠柏、紫荆木、地枫皮、单叶贯众、粉背叶人字果、云南拟单性木兰、香木莲、长叶苏铁、白豆杉、榉树、任豆、滇桐、中华桫椤、大叶木莲、润楠、福建柏、香果树、二回原始观音座莲、毛枝五针松、篦子三尖杉、董棕、滇南桫椤、蚬木28种。

食用菌有鸡枞菌、黑木耳、巴氏蘑菇等。

（三）人文地理

1. 人口和民族

麻栗坡县2018年年末总人口数为28.85万人，性别比为109.91；人口城镇化指数为0.07，人口城镇化级别为Ⅶ级；人口老龄化指数为0.09，老龄化级别为Ⅶ级。麻栗坡县人口数量较多的少数民族有苗族、蒙古族、仡佬族等，民族多样性指数为1.27。麻栗坡县主要说麻栗坡话，属于滇南方言中的文山（州）方言。

2. 经济

麻栗坡县GDP（地区生产总值）为61.36亿元，人均GDP为21268.63元，地均GDP为256万元/平方千米，第一产业产值12.22亿元，第二产业产值23.03亿元，第三产业产值26.11亿元，处于经济发展的工业化中后期阶段，地处云南省沿边开放经济带。经济城镇化指数为0.79，经济城镇化级别为Ⅳ级。

从农业产业来看，麻栗坡县的粮食播种面积3.28万公顷，年粮食产量10.58万吨。麻栗坡县属于云南省产业重点园区中的中部现代产业园区，有1个沿边特色产业园区；麻栗坡县是云南省肉牛产业、肉羊产业加快发展区，是夏秋蔬菜优势产业区的生产大县。

3. 旅游

在遗产旅游特色方面，麻栗坡县有物质文化遗产大王岩岩画；有非物质文化遗产吹枪。麻栗坡县是解放战争时期革命老区，红色的基因依旧在这片土地上传承着。

4. 社会生活

从人民生活水平来看，2018 年年末，麻栗坡县住户存款余额 48.11 亿元，较上一年增长 11.01%；职工平均工资 8.13 万元，较上一年增长 7.68%；社会消费品零售总额 24.74 亿元，较上一年增长 11.95%；农村常住居民人均可支配收入 9918 元，较上一年增长 9.30%。

从教育发展来看，麻栗坡县的义务教育发展总指数为 0.81，义务教育发展级别为 V 级。人口受教育程度指数为 0.76，人口受教育级别为 VI 级。

从文化设施来看，麻栗坡县有 1 个县图书馆。麻栗坡县少数民族聚居地较多，有 3 个民族示范乡镇，分别为八布乡、下金厂乡、天保镇；有 1 个少数民族特色村寨。麻栗坡县有 1 个第二批省级民族传统文化保护区，为城寨彝族传统文化保护区。

5. 脱贫攻坚

麻栗坡县属于石漠化片区，2019 年通过对香蕉、咖啡、茶叶、中草药等特色优势产业的支持，实现了脱贫摘帽。

在主体功能区的国家级和省级定位中，麻栗坡县属于重点生态功能区。

五 马关县

（一）位置与范围

马关县位于云南省南部，地处东经 103°52′—104°39′、北纬 22°41′—23°14′之间，东与麻栗坡县相连，西南与红河哈尼族彝族自治州的河口瑶族自治县、屏边苗族自治县毗邻，南与越南接壤，北与文山市交界。全县总面积约 0.28×10⁴ 平方千米。马关县属于滇东南城市群，县人民政府驻马白镇骏城路 2 号。马关县是边境县，与越南接壤，位于沿边开放城市带，开放口岸为都龙陆路（公路）口岸，在一定程度上发挥了辐射中心的带动作用。马关县下辖 9 个镇（马白镇、八寨镇、仁和镇、木厂镇、夹寒箐镇、小坝子镇、都龙镇、金厂镇、坡脚镇），4 个乡（南捞乡、大栗树乡、篾厂乡、古林箐乡）。

（二）自然地理

马关县自然地理条件优越。在综合自然区划系统中，马关县部分属于亚热带南部地带的滇东南岩溶高原山原地区的文山岩溶山原区，部分属于热带北缘地带的滇东南中山河谷地区的河口中山低谷区；在云南省生态经济区划中，马关县主要位于滇东南岩溶丘原生态经济区的东部低山丘陵生态经济亚区；从生态红线空间分布格局看，马关县大部分位于南部边境热带森林生态屏障区域；从生态保护红线功能类型上可以看出，马关县为南部边境热带森林生物多样性保护维护生态保护红线类型。马关县有麻栗坡、马关老君山省级保护区，马关古林箐省级自然保护区。

1. 自然地理要素

（1）地貌

马关县最高海拔高度约 2720 米，最低海拔高度约 115 米，高差约 2605 米；平均 DEM 为 1348.74 米，处于 Ⅱ 级水平。坝区面积 87.98 平方千米，坝区土地占全县土地面积的 3.3%，坝区综合指数为 5.85，属于山区地区。地形起伏度指数为 6.44，处于 Ⅳ 级水平；平均坡度指数为 19.09，属于 Ⅴ 级水平。

（2）气候要素

马关县整体处于中亚热带，年平均气温 17.8℃，年降水量为 1880.5 毫米，年日照时数约 1844.40 小时，气候资源指数为 1694.44，处于 Ⅴ 级水平。

（3）水文要素

马关县地处红河流域，水网密度指数为 100.03，处于 Ⅳ 级水平。

（4）土壤要素

马关县的土壤类型以红壤居多。

（5）植被要素

马关县的主要植被类型为滇中南、东部岩溶暖性、暖热性阔叶林，暖性针叶林，滇南热性阔叶林，植被覆盖度处于极显著区。马关县生物物种资源丰富，生物多样性处于 Ⅶ 级水平。田中线穿过马关县。

2. 自然资源

（1）土地资源

马关县耕地面积 784.46 平方千米，占全县土地面积的 29.05%；园

地面积 39.26 平方千米，占全县土地面积的 1.45%；林地面积 1294.80
平方千米，占全县土地面积的 47.96%；草地面积 178.77 平方千米，占
全县土地面积的 6.62%；城镇村及工矿用地面积 48.03 平方千米，占全
县土地面积的 1.78%；交通运输用地面积 23.16 平方千米，占全县土地
面积的 0.86%；水域及水利设施用地面积 18.38 平方千米，占全县土地
面积的 0.68%；其他用地面积 279.25 平方千米，占全县土地面积的
10.34%。在土地利用分区系统中，位于滇东南中低山岩溶山原石漠化土
地整治区的滇东南喀斯特石漠化整治与农林业用地亚区；在可利用土地
资源评价中，马关县的可利用土地资源较缺乏。在三生空间结构类型系
统中，为生态主导型。

（2）水资源

马关县的水资源总量 24.75 亿立方米，地表水径流量 24.75 亿立方
米，径流深 930.8 毫米，地下水资源总量 6.47 亿立方米，在可利用水资
源评价中，马关县可利用水资源丰富程度为较丰富。

（3）生物资源

马关县生物资源较为丰富，分布着国家一级保护植物东京龙脑香、
华盖木、多毛坡垒、长蕊木兰、河内苏铁、单性木兰、望天树等；国家
二级保护植物金荞麦、大叶木莲、篦子三尖杉、大果木莲、滇桐、长果
姜、粉背叶人字果、董棕、蚬木、任豆、云南拟单性木兰、东京桐、柄
翅果、香木莲、二回原始观音座莲、富宁藤、大叶黑桫椤、马尾树、毛
枝五针松、福建柏、长叶苏铁、翠柏、榉树、中华桫椤 24 种；稀有鸟类
绿孔雀；食用菌鸡枞菌、鸡油菌、黑木耳、香菇、黄伞、蓝黄红菇、巴
氏蘑菇等。

（4）旅游资源

马关县在生物景观资源中，有 1 处人工植物景观，为云南古茶树
景观。

（三）人文地理

1. 人口和民族

马关县 2018 年年末总人口数为 38.14 万人，性别比为 109.88；人口
城镇化指数为 0.09，人口城镇化级别为 Ⅶ 级；人口老龄化指数为 0.08，

老龄化级别为 V 级。马关县人口数量较多的少数民族有苗族、瑶族、蒙古族等，民族多样性指数为 1.40。马关县主要说马关话，属于滇南方言中的文山（州）方言。

2. 经济

马关县 GDP（地区生产总值）为 90.09 亿元，人均 GDP 为 23620.87元，地均 GDP 为 334 万元/平方千米，第一产业产值 19.73 亿元，第二产业产值 33.72 亿元，第三产业产值 36.64 亿元，处于经济发展的工业化中后期阶段，地处云南省沿边开放经济带。经济城镇化指数为 0.77，经济城镇化级别为 V 级。

从农业产业来看，马关县的粮食播种面积 4.60 万公顷，年粮食产量 15.56 万吨。马关县有 1 个沿边特色产业园区，是云南省肉牛产业、肉羊产业加快发展区和夏秋蔬菜优势产业区的重点县。

3. 旅游

在旅游景区中，马关县有 3 个国家 2A 级景区，分别为罗家坪红色文化旅游区、阿峨新寨名族版画旅游村景区、小马固新寨傣文化；在遗产旅游特色方面，马关县有非物质文化遗产 2 项，分别为阿峨壮族版画、瑶苗族"闹兜节"。马关县是解放战争时期革命老区，红色的基因依旧在这片土地上传承着。

4. 社会生活

从人民生活水平来看，2018 年年末，马关县住户存款余额 70.98 亿元，较上一年增长 15.43%；职工平均工资 9.96 万元，较上一年增长 11.53%；社会消费品零售总额 42.00 亿元，较上一年增长 11.94%；农村常住居民人均可支配收入 10015 元，较上一年增长 9.20%。

从教育发展来看，马关县的义务教育发展总指数为 0.81，义务教育发展级别为 V 级。人口受教育程度指数为 1.01，人口受教育级别为 V 级。

从文化设施来看，马关县有 1 个二级文化馆，是县文化馆，有 1 个二级图书馆，是县图书馆；马关县少数民族聚居地较多，有 4 个民族示范乡镇，分别是坡脚镇、马白镇、都龙镇、金厂镇，有 1 个少数民族特色村寨。

马关县有 1 个第二批省级民族传统文化保护区，为马洒壮族传统文化保护区。

5. 脱贫攻坚

马关县属于石漠化片区，2019 年通过发展药材、蔬菜水果和茶叶种植等特色产业，实现了脱贫摘帽。其中，旅游扶贫起到了较大的作用，有 1 个旅游扶贫重点村，为马洒村。

在主体功能区的国家级定位中，马关县属于重点生态功能区。

六 丘北县

（一）位置与范围

丘北县位于云南省东南部，属于滇东南城市群，地处东经 103°34′—104°45′、北纬 23°44′—24°28′之间，东与广南县相接，西与弥勒市、泸西县相邻，南与砚山县、开远市相连，北与师宗县、广西壮族自治区西林县接壤，总面积约 0.51×10^4 方千米，县人民政府驻丘北县政通路 1 号。丘北县下辖 3 个镇（锦屏镇、曰者镇、双龙营镇），4 个乡（天星乡、平寨乡、官寨乡、温浏乡），5 个民族乡（八道哨彝族乡、树皮彝族乡、腻脚彝族乡、新店彝族乡、舍得彝族乡）。

（二）自然地理

丘北县自然地理条件优越。在综合自然区划系统中，丘北县属于亚热带北部地带的滇东高原地区的丘北—广南岩溶山原区；在云南省生态经济区划中，丘北县主要位于滇东南岩溶丘原生态经济区的东部低山丘陵生态经济亚区；从生态红线空间分布格局看，丘北县大部分位于滇东南部喀斯特地带；从生态保护红线功能类型上可以看出，丘北县为珠江上游及滇东南喀斯特地带水土保持生态保护红线类型。丘北县有丘北普者黑省级自然保护区、普者黑喀斯特国家湿地公园，普者黑生态系统极具典型性，孕育了极其丰富的生物多样性以及独具特色的普者黑少数民族文化、良好的生态环境和独特秀美的山水田园风光。

1. 自然地理要素

（1）地貌

丘北县最高海拔高度约 2501.8 米，位于舍得彝族乡羊雄山顶峰，最低海拔高度约 782 米，位于温浏乡弄位村滑石板清水江出口处，高差约

1719.8 米，平均 DEM 为 1601.35 米，处于Ⅲ级水平。坝区面积 249.7 平方千米，坝区土地占全县土地面积的 10.32%，坝区综合指数 40.11，属于半山半坝地区。地形起伏度指数为 4.97，处于Ⅱ级水平；平均坡度指数为 15.66，处于Ⅲ级水平。

（2）气候要素

丘北县整体处于北亚热带，年平均气温 17.2℃，年降水量为 1168.8 毫米，年日照时数约 2046.1 小时，气候资源指数为 1543.79，处于Ⅳ级水平。

（3）水文要素

丘北县地处珠江流域、红河流域，水网密度指数为 55.76，处于Ⅲ级水平。

（4）土壤要素

丘北县的土壤类型以红壤、石灰岩土居多。

（5）植被要素

丘北县的主要植被类型为滇中、东部高原暖性阔叶林、针叶林，植被覆盖度处于极显著区。丘北县生物物种资源丰富，生物多样性处于Ⅷ级水平。

2. 自然资源

（1）土地资源

丘北县耕地面积 1210.62 平方千米，占全县土地面积的 24.21%；园地面积 18.73 平方千米，占全县土地面积的 0.37%；林地面积 2802.46 平方千米，占全县土地面积的 56.05%；草地面积 43.51 平方千米，占全县土地面积的 0.87%；城镇村及工矿用地面积 68.89 平方千米，占全县土地面积的 1.38%；交通运输用地面积 51.71 平方千米，占全县土地面积的 1.03%；水域及水利设施用地面积 43.60 平方千米，占全县土地面积的 0.87%；其他用地面积 798.48 平方千米，占全县土地面积的 15.97%。在土地利用分区系统中，丘北县属于滇东南中低山岩溶山原石漠化土地整治区的个—开—蒙城市工矿与旅游用地亚区。在可利用土地资源评价中，丘北县属于较丰富类型。在三生空间结构类型系统中，为生态主导型。

（2）水资源

丘北县的水资源总量 22.92 亿立方米，地表水径流量 22.92 亿立方米，径流深 453.3 毫米，地下水资源总量 7.81 亿立方米，在可利用水资源评价中，丘北县可利用水资源属于较丰富类型。

（3）生物资源

丘北县分布着国家一级保护植物贵州苏铁，国家二级保护植物有馨香木兰、箭叶大油芒、拟高粱、榉树等。

丘北县的食用菌有鸡枞菌、干巴菌、裂褶菌、鸡油菌、美味牛肝菌、黄皮疣柄牛肝菌、银耳、黑木耳、香菇、糙皮侧耳、黄伞、铜色牛肝菌、桃红牛肝菌、乳牛肝菌、变绿红菇、松乳菇、浓香乳菇、多汁乳菇、草鸡枞、卷缘齿菌、灰喇叭菌、红蜡蘑、羊肚菌、巴氏蘑菇 24 种。

（三）人文地理

1. 人口和民族

丘北县 2018 年年末总人口数为 49.59 万人，性别比为 112.04，人口城镇化指数为 0.07，人口城镇化级别为Ⅶ级；人口老龄化指数为 0.07，老龄化级别为Ⅳ级。丘北县少数民族人口约 31.18 万人，少数民族人口占总人口的 62.88%，人口数量较多的少数民族有壮族、彝族、苗族、白族、回族、瑶族等，民族多样性指数为 1.49。丘北县主要说丘北话，属于滇南方言中的文山（州）方言。

2. 经济

丘北县 GDP（地区生产总值）为 84.20 亿元，人均 GDP 为 16979.23元，地均 GDP 为 168 万元/平方千米，第一产业产值 23.92 亿元，第二产业产值 23.12 亿元，第三产业产值 37.16 亿元，处于经济发展的工业化中后期阶段。经济城镇化指数为 0.69，经济城镇化级别为Ⅶ级。

从农业产业来看，丘北县的粮食播种面积 6.94 万公顷，年粮食产量 26.21 万吨，丘北县属于云南省高原特色农业沿边特色产业园、云南省特色农业产业园，主要从事花卉旅游业；丘北县也是云南省肉牛产业、肉羊产业加快发展区，是夏秋蔬菜优势产业区中的重点县。

3. 旅游

在旅游景区中，丘北县有 1 个国家 4A 级景区，为丘北普者黑景区；有

1 个度假休闲区，为普者黑省级旅游度假区；有 1 个农业旅游产品，为丘北万荷酒庄。有 1 项节庆会展产品，为丘北普者黑花脸节节庆旅游产品。

丘北县有 1 个云南省特色小镇，为普者黑水乡；从遗产旅游特色来看，省级物质文化遗产有 3 项，分别是锦屏文笔塔、象鼻岭古水利工程、中共滇桂黔边区工委扩大会议会址；非物质文化遗产有 2 项，分别是火草纺织技艺、瑶族蓝靛制作技艺。丘北县是解放战争时期革命老区，红色的基因依旧在这片土地上传承着。

4. 社会生活

从人民生活水平来看，2018 年年末，丘北县住户存款余额 58.01 亿元，较上一年增长 13.28%；职工平均工资 8.06 万元，较上一年增长 2.81%；社会消费品零售总额 29.64 亿元，较上一年下降 5.99%；农村常住居民人均可支配收入 10260 元，较上一年增长 9.10%。

从教育发展来看，丘北县的义务教育发展总指数为 0.70，义务教育发展级别为Ⅵ级。人口受教育程度指数为 1.20，人口受教育级别为Ⅳ级。

从文化设施来看，丘北县有 1 个三级及以下文化馆，是县文化馆；有 1 个三级及以下图书馆，是县图书馆。

丘北县是云南省民族团结示范县，有 2 个民族团结示范乡镇，分别是新店彝族乡、腻脚彝族乡，有 1 个少数民族特色村寨。

5. 脱贫攻坚

丘北县属于石漠化片区，2019 年通过对旅游产业的支持，实现了脱贫摘帽。在脱贫攻坚的道路上，旅游扶贫起到了突出作用。丘北县是旅游扶贫示范县，有 1 个旅游示范乡镇，为双龙营镇，1 个旅游示范村，为矣埃村。

在主体功能区的国家级定位中，丘北县属于农产品主产区。

七　广南县

（一）位置与范围

广南县位于云南省东南部、文山壮族苗族自治州东北部，地处滇、桂、黔三省（区）交界处，属于滇东南城市群，东与富宁县相接，西与丘北县、砚山县相邻，南与西畴县、麻栗坡县相连，北与广西壮族自治区西林县、贵州省兴义市接壤。总面积约 0.80×10^4 平方千米，县人民政府驻南秀路 159 号。广南县下辖 7 个镇（莲城镇、八宝镇、南屏镇、珠街镇、那洒镇、珠琳镇、坝美镇），11 个乡（董堡乡、旧莫乡、杨柳井乡、板蚌乡、曙光乡、黑支果乡、篆角乡、五珠乡、者兔乡、者太乡、底圩乡）。

（二）自然地理

广南县自然地理条件优越。在综合自然区划系统中，广南县部分属于亚热带北部地带的滇东高原地区的丘北—广南岩溶山原区，部分属于亚热带南部地带的滇东南岩溶高原山原地区的文山岩溶山原区；在云南省生态经济区划中，广南县主要位于滇东南岩溶丘原生态经济区的东部低山丘陵生态经济亚区；从生态红线空间分布格局看，广南县部分位于滇东南部喀斯特地带、南部边境热带森林生态屏障区域；从生态保护红线功能类型上可以看出，广南县为珠江上游及滇东南喀斯特地带水土保持生态保护红线类型。广南县有广南八宝省级自然保护区，保护区重点保护典型的喀斯特河谷峰林、峰丛岩溶地貌景观、大型瀑布水文景观和河流水生生物群落等，属地质遗迹类型的自然保护区。

1. 自然地理要素

（1）地貌

广南县最高海拔高度约 2010 米，最低海拔高度约 437 米，高差约1573 米，平均 DEM 为 1342.57 米，处于 Ⅱ 级水平。坝区面积 85.6 平方千米，坝区土地占全县土地面积的 3.32%，坝区综合指数为 9.77，属于山区地区。地形起伏度指数为 4.40，处于 Ⅰ 级水平；平均坡度指数为18.05，处于 Ⅳ 级水平。

（2）气候要素

广南县整体处于中亚热带，年平均气温 17.7℃，年降水量为 1218.9毫米，年日照时数约 1871.3 小时，气候资源指数为 1570.22，处于 Ⅳ 级水平。在三生空间结构类型系统中，为生态主导型。

（3）水文要素

广南县地处珠江流域、红河流域，水网密度指数为 59，处于 Ⅲ 级水平。

（4）土壤要素

广南县的土壤类型以红壤、石灰岩土为主。

（5）植被要素

广南县的主要植被类型为滇中、东部高原暖性阔叶林、针叶林，滇中南、东部岩溶暖性、暖热性阔叶林，暖性针叶林，植被覆盖度处于较显著区。广南县生物物种资源丰富，生物多样性处于Ⅷ级水平。

2. 自然资源

（1）土地资源

广南县耕地面积1216.61平方千米，占全县土地面积的15.6%；园地面积401.87平方千米，占全县土地面积的5.15%；林地面积3892.36平方千米，占全县土地面积的49.90%；草地面积642.39平方千米，占全县土地面积的8.24%；城镇村及工矿用地面积100.18平方千米，占全县土地面积的1.28%；交通运输用地面积60.69平方千米，占全县土地面积的0.78%；水域及水利设施用地面积42.38平方千米，占全县土地面积的0.54%；其他用地面积1373.61平方千米，占全县土地面积的17.61%。在土地利用分区系统中，广南县位于滇东南中低山岩溶山原石漠化土地整治区，滇东南喀斯特石漠化整治与农林业用地亚区。在可利用土地资源评价中，广南县可利用土地资源属于一般类型。

（2）水资源

广南县的水资源总量35.5亿立方米，地表水径流量35.5亿立方米，径流深458.9毫米，地下水资源总量11.53亿立方米，在可利用水资源评价中，广南县可利用水资源属于较丰富类型。

（3）生物资源

广南县分布着国家一级保护植物叉孢苏铁、长蕊木兰，国家二级保护植物大叶黑桫椤、桫椤、苏铁蕨、榉树、蒜头果、馨香木兰、香木莲、拟高粱等。

广南县的食用菌有鸡枞菌、干巴菌、裂褶菌、银耳、黑木耳、香菇、双孢蘑菇、糙皮侧耳、浓香乳菇、巴氏蘑菇等。

（4）旅游资源

广南县的地文景观资源中，有1处喀斯特景观，为广南八宝峰林峰丛景观。

（三）人文地理

1. 人口和民族

广南县 2018 年年末总人口数为 81.55 万人，性别比为 112.83，人口城镇化指数为 0.05，人口城镇化级别为Ⅷ级，人口老龄化指数为 0.07，老龄化级别为Ⅳ级。广南县少数民族人口约 49 万人，少数民族人口占总人口的 60.1%，人口数量较多的少数民族有壮族、苗族、彝族、瑶族、回族，民族多样性指数为 1.26。广南县主要说广南话，属于滇南方言中的文山（州）方言。

2. 经济

广南县 GDP（地区生产总值）为 113.03 亿元，人均 GDP 为 13860.21 元，地均 GDP 为 145 万元/平方千米，第一产业产值 34.51 亿元，第二产业产值 32.85 亿元，第三产业产值 45.67 亿元，处于经济发展的工业化中后期阶段。经济城镇化指数为 0.68，经济城镇化级别为Ⅶ级。

从农业产业来看，广南县的粮食播种面积 10.29 万公顷，年粮食产量 37.17 万吨。广南县是云南省肉牛产业、肉羊产业加快发展区，主要茶叶品种是绿茶，有绿茶加工特色产业，也是夏秋蔬菜优势产业区中的生产大县。

3. 旅游

在旅游景区中，广南县有 2 个国家 3A 级景区，为文山广南世外桃源坝美景区、广南牡露侬人谷景区。在节庆会展产品中，有 1 项节庆旅游产品，为广娜壮族花街节。

广南县是国家级历史文化名城；有 1 个省级历史文化名城，为广南历史文化名城；1 个省级历史文化名镇，为广南县旧莫乡历史文化名镇；有 2 个云南省特色小镇，为坝美世外桃源、八宝壮乡小镇。从遗产旅游特色来看，广南县有中国重要农业文化遗产，为云南广南八宝稻作生态系统；有 1 项国家级物质文化遗产，为侬氏土司衙署；省级物质文化遗产有 5 项，分别为雁塔、昊天阁、都天阁、牧宜古墓群、王氏宅院；非物质文化遗产有 8 项，分别为九龙山祭祀节、皇姑节、赶花街、壮族银器制作技艺、金竹舞、男子手巾舞、弄娅歪、弄驴壮族民歌。广南县是土地革命时期的革命老区，红色的基因依旧在这片土地上传承着。

4. 社会生活

从人民生活水平来看，2018 年年末，广南县住户存款余额 99.88 亿元，较上一年增长 11.77%；职工平均工资 8.86 万元，较上一年增长 14.62%；社会消费品零售总额 65 亿元，较上一年增长 6.84%；农村常住居民人均可支配收入 9503 元，较上一年增长 9%。

从教育发展来看，广南县的义务教育发展总指数为 0.92，义务教育发展级别为 V 级。人口受教育程度指数为 1.96，人口受教育级别为 Ⅲ 级。

从文化设施来看，有 1 个三级及以下博物馆，为县民族博物馆；有 1 个三级及以下文化馆，为县文化馆；有 1 个二级图书馆，是县图书馆。

广南县是云南省民族团结示范县，有 1 个少数民族特色集镇，是者兔乡；1 个少数民族特色村寨。广南县有 1 个第一批省级民族传统文化保护区，为者太乡者太村壮族传统文化保护区；有 1 个省级民族民间传统文化之乡，为铜鼓舞之乡。

5. 脱贫攻坚

广南县属于石漠化片区，2020 年通过坚持识别、帮扶和退出"三个精准"实现了脱贫摘帽。旅游扶贫对脱贫攻坚起到了突出作用。广南县有 1 个旅游扶贫示范乡镇，为坝美镇。

在主体功能区的国家级定位中，广南县属于重点生态功能区。

八　富宁县

（一）位置与范围

富宁县位于云南省东南部，地处东经 105°13′—106°11′、北纬 23°11′—24°08′之间，总面积约 0.55 × 10⁴ 平方千米，地处两国三省十县接合部，属于滇东南城市群，是云南通往广西、广东等沿海地区的重要门户。东部和北部分别与广西百色右江、西林、田林、那坡、靖西五县（区）毗邻，西部与广南县、麻栗坡县相连，南与越南河江省相连，靠近越南田蓬口岸。富宁县属于边境县，毗邻越南，位于云南省沿边开放城市带上。

县人民政府驻普厅南路 19 号。富宁县下辖 6 个镇（新华镇、归朝镇、剥隘镇、里达镇、田蓬镇、木央镇），6 个乡（板仑乡、谷拉乡、者桑乡、那能乡、阿用乡、花甲乡），1 个民族乡（洞坡瑶族乡）。

（二）自然地理

富宁县自然地理条件优越。在综合自然区划系统中，富宁县部分属于亚热带南部地带的滇东南岩溶高原山原地区的文山岩溶山原区，部分属于热带北缘地带的滇东南中山河谷地区的河口中山低谷区；在云南省生态经济区划中，富宁县主要位于滇东南岩溶丘原生态经济区的东部低山丘陵生态经济亚区；从生态红线空间分布格局看，富宁县大部分位于南部边境热带森林生态屏障区域；从生态保护红线功能类型上可以看出，富宁县为珠江上游及滇东南喀斯特地带水土保持生态保护红线类型。富宁县有富宁驮娘江省级自然保护区。

1. 自然地理要素

（1）地貌

富宁县最高海拔高度约 1824 米，最低海拔高度约 155 米，高差约 1669 米，平均 DEM 为 952.58 米，处于 I 级水平。坝区面积 30.68 平方千米，坝区土地占全县土地面积的 0.58%，坝区综合指数为 1.56，属于山区地区。地形起伏度指数为 4.24，处于 I 级水平；平均坡度指数为 19.58，处于 V 级水平。

（2）气候要素

富宁县整体处于南亚热带，年平均气温 20.5℃，年降水量为 1458.0 毫米，年日照时数约 1803.7 小时，气候资源指数为 1732.91，处于 VI 级水平。

（3）水文要素

富宁县地处珠江流域、红河流域，水网密度指数为 59，处于 III 级水平。

（4）土壤要素

富宁县的土壤类型以红壤为主。

（5）植被要素

富宁县的主要植被类型为滇中南、东部岩溶暖性、暖热性阔叶林，暖性针叶林，植被覆盖度处于较显著区。富宁县生物物种资源丰富，适宜的气候为生物的生长提供了得天独厚的条件，生物多样性处于Ⅷ级水平。

2. 自然资源

（1）土地资源

富宁县耕地面积 693.97 平方千米，占全县土地面积的 13.09%；园地面积 123.58 平方千米，占全县土地面积的 2.33%；林地面积 3180.34 平方千米，占全县土地面积的 60.01%；草地面积 794.24 平方千米，占全县土地面积的 14.99%；城镇村及工矿用地面积 84.05 平方千米，占全县土地面积的 1.59%；交通运输用地面积 37.73 平方千米，占全县土地面积的 0.71%；水域及水利设施用地面积 60.76 平方千米，占全县土地面积的 1.15%；其他用地面积 314.75 平方千米，占全县土地面积的 5.94%。在土地利用分区系统中，富宁县位于滇东南中低山岩溶山原石漠化土地整治区的滇东南喀斯特石漠化整治与农林业用地亚区。在可利用土地资源评价中，富宁县可利用土地资源属于较缺乏类型。在三生空间结构类型系统中，为生态主导型。

（2）水资源

富宁县的水资源总量 27.43 亿立方米，地表水径流量 27.43 亿立方米，径流深 518.7 毫米，地下水资源总量 8.35 亿立方米，在可利用水资源评价中，富宁县可利用水资源属于较丰富类型。

（3）生物资源

富宁县分布着国家一级保护植物单性木兰、伯乐树、叉孢苏铁、水松、云南穗花杉、德保苏铁等，国家二级保护植物鹅掌楸、地枫皮、马尾树、云南金钱槭、富宁藤、合果木、拟高粱、中华桫椤、苏铁蕨、西亚黑桫椤、榉树、蒜头果、柄翅果、香木莲、云南拟单性木兰、董棕 16 种。

富宁县的食用菌有鸡枞菌、银耳、黑木耳、草菇、巴氏蘑菇等。

（4）旅游资源

在旅游资源中，有 1 处生物景观资源，为富宁"鸟王山"景观。

（三）人文地理

1. 人口和民族

富宁县 2018 年年末总人口数为 42.39 万人，性别比为 105.63，人口城镇化指数为0.06，人口城镇化级别为Ⅷ级，人口老龄化指数为0.07，老龄化级别为Ⅳ级。富宁县少数民族人口约30.65万人，少数民族人口占总人口的72.3%，人口数量较多的少数民族有壮族、瑶族、苗族、彝族等，民族多样性指数为1.23。富宁县主要说富宁话，属于滇南方言中的文山（州）方言。

2. 经济

富宁县GDP（地区生产总值）为92.45亿元，人均GDP为21809.39元，地均GDP为174万元/平方千米，第一产业产值22.99亿元，第二产业产值31.53亿元，第三产业产值37.93亿元，处于经济发展的工业化中后期阶段，位于云南省沿边开放经济带（区）。经济城镇化指数为0.73，经济城镇化级别为Ⅵ级。

从农业产业来看，富宁县的粮食播种面积3.35万公顷，年粮食产量12.73万吨。富宁县属于云南省高原特色农业沿边特色产业园，是云南省肉牛产业、肉羊产业加快发展区，是夏秋蔬菜优势产业区的生产大县。

3. 旅游

在旅游景区中，有国家3A级景区——富宁驮娘江景区。

从遗产旅游特色来看，富宁县有非物质文化遗产6项，分别是芽坡情歌、胧端节、跳宫节、瑶族度戒、剥隘七醋制作技艺、中草药酒曲制作技艺。富宁县是土地革命时期革命老区，红色的基因依旧在这片土地上传承着。

4. 社会生活

从人民生活水平来看，2018年年末，富宁县住户存款余额59.86亿元，较上一年增长11.2%；职工平均工资7.91万元，较上一年下降10.42%；社会消费品零售总额47.90亿元，较上一年增长11.94%；农村常住居民人均可支配收入10488元，较上一年增长9.41%。

从教育发展来看，富宁县的义务教育发展总指数为0.90，义务教育发展级别为Ⅴ级。人口受教育程度指数为1.02，人口受教育级别为Ⅴ级。

从文化设施来看，富宁县有1个无级别博物馆，为富宁革命纪念馆；有1个三级及以下文化馆，为县文化馆；有1个三级及以下图书馆，为县图书馆。

富宁县是云南省民族团结示范县，有 4 个民族团结示范乡镇，分别为洞波瑶族乡、归朝镇、里达镇、木央镇。有 1 个少数民族特色集镇，为勐罕镇。广南县有 1 个省级民族民间传统文化之乡，为壮剧之乡。

5. 脱贫攻坚

富宁县属于石漠化片区，2019 年通过对八角产业的扶持，实现了脱贫摘帽。

在主体功能区的国家级定位中，富宁县属于重点生态功能区。

第十二章

西双版纳傣族自治州

第一节 整体特征

一 位置与范围

西双版纳傣族自治州位于云南省西南部，属于滇西南城市群，地处东经99°56′—101°50′、北纬21°08′—22°36′之间，东部、南部与老挝毗邻，西部与缅甸接壤，北部与普洱市相连。总面积约 1.97×10^4 平方千米。西双版纳傣族自治州是云南省最南部的地区，地处热带北部边缘，有中国唯一的热带雨林自然保护区。州人民政府驻景洪市宣慰大道69号。西双版纳傣族自治州下辖1个县级市（景洪市），2个县（勐海县、勐腊县），32个乡、镇、街道（1个街道、19个镇、12个乡）。设西双版纳旅游度假区、勐腊（磨憨）重点开发开放试验区（中国老挝磨憨—磨丁经济合作区）、景洪工业园区。西双版纳傣族自治州位于云南省沿边开放城市带，与缅甸、老挝山水相连，全州均与缅甸接壤，勐腊县与老挝接壤；西双版纳空运口岸为西双版纳嘎洒国际机场，是云南省对外联系的航空窗口，打洛陆路口岸、磨憨陆路口岸是云南省对外联系的省级公路口岸，景洪水运口岸是云南省对外联系的河港口岸，这些口岸是云南省连接南亚东南亚的重要通道，对于云南省建设面向南亚东南亚辐射中心具有重要作用。

二 自然地理

西双版纳傣族自治州自然地理条件优越。在综合自然区划系统中，西双版纳傣族自治州属于热带北缘地带的滇南—滇西南低中山盆谷地区和亚热带南部地带的滇西南中山山原区；在云南省生态经济区划中，西双版纳傣族自治州全部位于滇西南中低山宽谷、盆地生态经济区的南部低山宽谷生态经济亚区；从生态红线空间分布格局看，西双版纳傣族自治州大部分位于滇南部边境热带森林生态屏障区；从生态保护红线功能类型上可以看出，西双版纳傣族自治州为南部边境热带森林生物多样性保护维护生态保护红线类型。西双版纳傣族自治州有 1 个县位于可持续发展实验区内。西双版纳傣族自治州有西双版纳国家级自然保护区、纳板河流域国家级自然保护区，1993 年加入联合国教科文组织"世界人与生物圈保护区网络"。西双版纳傣族自治州是国家生态文明建设示范州，体现了西双版纳傣族自治州坚持生态立州，进一步向国家级生态文明建设排头兵迈进。

（一）自然地理要素

1. 地貌

西双版纳傣族自治州最高海拔高度约 2404 米，最低海拔高度约 369 米，高差约 2035 米，平均 DEM 为 1113.97 米，处于 Ⅱ 级水平。坝区面积 911.18 平方千米，坝区土地占全州土地面积的 4.78%，坝区综合指数为 37.17，属于半山半坝地区。地形起伏度指数为 4.49，处于 Ⅰ 级水平；平均坡度指数为 16.02，处于 Ⅳ 级水平。

2. 气候要素

西双版纳傣族自治州整体处于北热带、南亚热带的过渡地带，年平均气温 21.1℃，年降水量为 1659.3 毫米，年日照时数约 1941 小时，气候资源指数为 1874.61，处于 Ⅶ 级水平。西双版纳傣族自治州还被称为"雾州"，西双版纳多为辐射雾，出现日数多、延续时间长、浓度大。

3. 水文要素

西双版纳傣族自治州地处澜沧江流域地区，水网密度指数为 69.04，处于 Ⅲ 级水平。

4. 土壤要素

西双版纳傣族自治州的土壤类型主要为红壤。

5. 植被要素

西双版纳傣族自治州的主要植被类型为滇南热性阔叶林，植被覆盖度处于极显著区。西双版纳傣族自治州生物物种资源丰富，生物多样性处于Ⅳ级水平。

（二）自然资源

1. 土地资源

西双版纳傣族自治州耕地面积 1382.21 平方千米，占全州土地面积的 7.24%；园地面积 5619.82 平方千米，占全州土地面积的 29.42%；林地面积 10548.66 平方千米，占全州土地面积的 55.23%；草地面积 676.57 平方千米，占全州土地面积的 3.54%；城镇村及工矿用地面积 270.10 平方千米，占全州土地面积的 1.41%；交通运输用地面积 114.82 平方千米，占全州土地面积的 0.6%；水域及水利设施用地面积 200.78 平方千米，占全州土地面积的 1.05%；其他用地面积 283.08 平方千米，占全州土地面积的 1.48%。在土地利用分区系统中，西双版纳傣族自治州位于滇西南中低山盆谷边贸旅游与热作粮食区的滇南城市旅游与热作农业亚区。在可利用土地资源评价中，西双版纳傣族自治州无土地资源丰富、较缺乏、缺乏的县区，较丰富的有 1 个，一般的有 2 个。

2. 水资源

西双版纳傣族自治州的水资源总量 101.94 亿立方米，地下水资源总量 44.2 亿立方米。在可利用水资源评价中，西双版纳傣族自治州无水资源丰富、一般、较缺乏、缺乏的县区，较丰富的有 3 个。

3. 生物资源

西双版纳傣族自治州分布着国家一级保护植物云南蓝果树、长蕊木兰、单羽苏铁、篦齿苏铁、四数木、藤枣、伯乐树、勐仓翅子树、叉孢苏铁、白桫椤、望天树 11 种，国家二级保护植物大叶木兰、土沉香、云南肉豆蔻、红椿、七指蕨、细裂水蕨、水蕨、苏铁蕨、大叶黑桫椤、茴香砂仁、合果木、润楠、蛇根木、普通野生稻、紫檀、黑黄檀、粗枝崖摩、董棕、中华桫椤、樟树、三棱栎、野菱、拟豆蔻、长果姜、鹿角蕨、拟花蔺、滇南风吹楠、云南拟单性木兰 28 种，广泛分布着金毛狗、千果榄仁、金荞麦等国家珍稀植物资源。

西双版纳傣族自治州分布着稀有鸟类孔雀雉、白背兀鹫、绿孔雀；稀有兽类水鹿、黑熊、猕猴、大灵猫、水獭、豺、华鬣羚、熊狸、白颊长臂猿、丛林猫、鼷鹿、斑羚、巨松鼠、亚洲象、灰叶猴、野牛、熊猴17种；稀有爬行、两栖、鱼类虎纹蛙、山瑞鳖、细瘰疣螈、大壁虎、巨蜥、巨蟒等。

西双版纳傣族自治州的食用菌有鸡枞菌、裂褶菌、鸡油菌、大伞菇、银耳、黑木耳、草菇、长根小奥德菇、灰肉红菇、浓香乳菇、多汁乳菇、红黄鹅膏、紫晶蜡蘑、乳牛肝菌、肝色牛排菌、硫色洵孔菌、葡萄状枝瑚菌、双孢蘑菇、高大环柄菇19种。其中，勐海县、勐腊县的食用菌资源最为丰富，约有16种；景洪市的食用菌资源最少。

4. 矿产资源

西双版纳傣族自治州黑色矿产资源较为丰富；化工原料非金属矿产资源丰富。

5. 旅游资源

西双版纳傣族自治州的地文景观资源中，有2处地质景观，分别为景洪滇西横断山纵谷景观、勐海滇西横断山纵谷景观。水体景观资源中，有1处瀑布景观，为景洪曼曲瀑布景观。生物景观资源中，有2处植物景观，分别为打洛独树成林景观、勐腊望天树景观；有4处人工植物景观，分别为景洪大渡岗茶园景观、云南古茶树景观、西双版纳六大古茶山景观、勐腊昆仑植物园景观；有1处动物景观，为西双版纳野象谷亚洲象景观。

三　人文地理

（一）人口和民族

西双版纳傣族自治州2018年年末总人口数为118.80万人，性别比为107.67，人口城镇化指数为0.29，人口城镇化级别为Ⅳ级，人口老龄化指数为0.06，老龄化级别为Ⅱ级。西双版纳傣族自治州少数民族人口约79.28万人，少数民族人口占总人口的66.73%，人口数量较多的少数民族有傣族、哈尼族、彝族、基诺族、拉祜族等，民族多样性指数为1.73。西双版纳傣族自治州主要说滇中方言中的西双版纳方言。

（二）经济

西双版纳傣族自治州GDP（地区生产总值）为417.79亿元，人均GDP为35167.51元，地均GDP为219万元/平方千米，第一产业产值102.09亿元，第二产业产值114.23亿元，第三产业产值201.37亿元，处于经济发展的工业化中后期阶段，位于澜沧江开发开放经济带、云南省沿边开放经济带的交汇地带。经济城镇化指数为0.72，经济城镇化级别为Ⅵ级。

从农业产业来看，西双版纳傣族自治州的粮食播种面积8.71万公顷，年粮食产量48.41万吨。西双版纳傣族自治州有3个县属于云南省高原特色农业沿边特色产业园区，是云南省肉牛产业的加快发展区和肉羊产业稳定发展区；西双版纳傣族自治州有3个冬春蔬菜优势产业区。西双版纳傣族自治州茶叶品种主要有普洱茶和绿茶，从事中药材加工和经营的企业有2个，分别是阳春砂仁、石斛的加工厂。

从工业园区来看，西双版纳傣族自治州有省级工业园区3个，有1个特色消费品制造产业园区，有2个生物医药和大健康产业园区。

（三）旅游

西双版纳傣族自治州有1个全国县域旅游发展潜力百佳县。

在旅游景区中，西双版纳傣族自治州有1个国家5A级景区，9个国家4A级景区，2个国家3A级景区，2个国家2A级景区，1个国家1A级景区；在度假休闲区中，有1个旅游度假区，2个城市公园，1个休闲街区，2个休闲广场；在专项旅游产品中，有1项农业旅游产品，有1项探险旅游产品；在体育旅游产品中，有1项漂流运动。在节庆会展产品中，有1项会展旅游产品。傣历六月新年节是西双版纳傣族自治州最隆重的民族传统节日，新年间，各村各户杀猪宰牛，做米干、米线，穿新衣、新裤，参加庆祝大会和"赶摆"活动，佛寺都要举行隆重的"沐佛"活动，人们用纯净的水相互泼洒、相互祝福，因此，人们又把傣历新年节称为"泼水节"，2006年5月20日，云南省西双版纳傣族自治州申报的傣族泼水节经国务院批准列入第一批国家级非物质文化遗产名录。

西双版纳傣族自治州有1个省级历史文化名镇，1个全国特色小镇，5个云南省特色小镇。从遗产旅游特色来看，西双版纳傣族自治州有5项国家级物质文化遗产，6 项省级物质文化遗产，20 项非物质文化遗产。西双版纳傣族自治州有 3 个解放战争时期革命老区。

（四）社会生活

从人民生活水平来看，2018 年年末，西双版纳傣族自治州住户存款余额 398.91 亿元，较上一年增长 7.48%；职工平均工资 8.66 万元，较上一年增长 14.90%；社会消费品零售总额 140.89 亿元，较上一年增长 8.10%；农村常住居民人均可支配收入 13079 元，较上一年增长 8.60%。

从教育发展来看，西双版纳傣族自治州的义务教育发展总指数为 0.71，义务教育发展级别为Ⅵ级。人口受教育程度指数为 0.99，人口受教育级别为Ⅴ级。

从文化设施来看，西双版纳傣族自治州有 2 个三级及以下博物馆，有 1 个二级文化馆，有 3 个三级及以下文化馆，有 4 个三级及以下图书馆。

西双版纳傣族自治州有 1 个民族团结示范县，有 8 个民族团结示范乡镇，有 2 个少数民族特色集镇，有 3 个少数民族特色村寨。

（五）脱贫攻坚

西双版纳傣族自治州属于滇西边境片区，勐海县 2017 年实现了脱贫摘帽，勐腊县 2018 年实现了脱贫摘帽。在脱贫攻坚的道路上，旅游扶贫起到了突出作用。西双版纳傣族自治州的旅游扶贫示范县有 1 个，旅游示范乡镇有 1 个，旅游示范村有 2 个。

第二节　区域差异

一　景洪市

（一）位置与范围

景洪市位于云南省南部，西双版纳傣族自治州中部，地处东经 100°25′—101°30′、北纬 21°27′—22°35′之间，东与西双版纳傣族自治州勐腊县、江城县相接，西与勐海县、澜沧县相邻，南与缅甸接壤，北与普洱市相接。全市总面积约 0.71×10^4 平方千米，市人民政府驻嘎兰中路与庄洪巷交叉口西 50 米。景洪市是西双版纳傣族自治州的政治、经济、文化中心，具有得天独厚的地理位置，澜沧江—湄公河贯穿南北，是中国面向东南亚各国和对外交流的一座重要港口城市。云南省政府把景洪市定为参与中、泰、缅、老澜沧江—湄公河次区域国际合作经济区计划的中心城市，有西双版纳嘎洒国际机场和景洪水运（河港）口岸两个开放口岸，是我国参与次区域经济合作的前沿和通往东南亚的窗口、通道和基地。景洪市下辖1个街道（允景洪街道），5个镇（嘎洒镇、勐龙镇、勐罕镇、勐养镇、普文镇），3个乡（景讷乡、大渡岗乡、勐旺乡），2个民族乡（景哈哈尼族乡、基诺山基诺族乡）。

（二）自然地理

景洪市自然地理条件优越。在综合自然区划系统中，景洪市属于热带北缘地带的滇南—滇西南低中山盆谷地区的西双版纳低中山盆谷区；在云南省生态经济区划中，景洪市主要位于滇西南中低山宽谷、盆地生态经济区的南部低山宽谷生态经济亚区；从生态红线空间分布格局看，景洪市大部分位于滇南部边境热带森林生态屏障区域；从生态保护红线功能类型上可以看出，景洪市为滇南部边境热带森林生物多样性保护维护生态保护红线类型。景洪市是第一批国家生态文明建设示范区，该示范区的建设体现了景洪市努力贯彻习近平总书记生态文明理念，加快生态文明体制改革，加快生态经济发展。

1. 自然地理要素

（1）地貌

景洪市最高海拔高度约2196.6米，位于路南山主峰南勒角梅，最低海拔高度约485米，高差约1711.6米，平均DEM为1006.52米，处于Ⅰ级水平。坝区面积331.36平方千米，坝区土地占全市土地面积的5.76%，坝区综合指数为40.43，属于半山半坝地区。地形起伏度指数为4.31，处于Ⅰ级水平；平均坡度指数为15.10，处于Ⅲ级水平。

（2）气候要素

景洪市整体处于北热带，年平均气温22.9℃，年降水量为1347.4毫米，年日照时数约1884.5小时，气候资源指数为1908.23，处于Ⅶ级水平。

（3）水文要素

景洪市地处澜沧江流域，水网密度指数为64.25，处于Ⅲ级水平。

（4）土壤要素

景洪市的土壤类型主要是红壤。

（5）植被要素

景洪市的主要植被类型为滇南热性阔叶林，植被覆盖度处于极显著区。景洪市生物物种资源丰富，适宜的气候为生物生长提供了得天独厚的条件，生物多样性处于Ⅲ级水平。

2. 自然资源

（1）土地资源

景洪市耕地面积 314.38 平方千米，占全市土地面积的 4.52%；园地面积 2584.16 平方千米，占全市土地面积的 37.13%；林地面积 3623.18 平方千米，占全市土地面积的 52.06%；草地面积 51.48 平方千米，占全市土地面积的 0.74%；城镇村及工矿用地面积 121.87 平方千米，占全市土地面积的 1.75%；交通运输用地面积 42.40 平方千米，占全市土地面积的 0.61%；水域及水利设施用地面积 87.52 平方千米，占全市土地面积的 1.26%；其他用地面积 42.11 平方千米，占全市土地面积的 0.61%。在土地利用分区系统中，位于滇西南中低山盆谷边贸旅游与热作粮食区的滇南城市旅游与热作农业亚区。在可利用土地资源评价中，景洪市可利用土地资源属于较丰富类型。在三生空间结构类型系统中，为生态主导型。

（2）水资源

景洪市的水资源总量 31.6 亿立方米，地表水径流量 31.6 亿立方米，径流深 460.2 毫米；地下水资源总量 14.75 亿立方米，在可利用水资源评价中，景洪市可利用水资源属于较丰富类型。

（3）生物资源

景洪市分布着国家一级保护植物云南蓝果树、长蕊木兰、单羽苏铁、篦齿苏铁、四数木、藤枣等，国家二级保护植物大叶木兰、土沉香、云南肉豆蔻、红椿、七指蕨、细裂水蕨、水蕨、苏铁蕨、大叶黑桫椤、茴香砂仁、合果木、润楠、蛇根木、普通野生稻、紫檀、黑黄檀、粗枝崖摩 17 种。

景洪市分布着稀有鸟类孔雀雉、白背兀鹫等。

景洪市的食用菌有鸡枞菌、裂褶菌、鸡油菌、大伞菇、银耳、黑木耳、草菇、长根小奥德菇、灰肉红菇、浓香乳菇、多汁乳菇、红黄鹅膏、紫晶蜡蘑 13 种。

（4）旅游资源

景洪市有丰富的旅游资源，在地文景观资源中，有 1 处地质景观，为滇西横断山纵谷景观；在水体景观资源中，有 1 处泉水景观，为景洪曼曲瀑布景观；在生物景观资源中，有 3 处人工植物景观，分别为景洪大渡岗茶园景观、云南古茶树景观、西双版纳六大古茶山景观；有 1 处动物景观，为西双版纳野象谷亚洲象景观。

（三）人文地理

1. 人口和民族

景洪市 2018 年年末总人口数为 54.41 万人，性别比为 107.3，人口城镇化指数为 0.38，人口城镇化级别为Ⅲ级，人口老龄化指数 0.06，老龄化级别为Ⅱ级。景洪市少数民族人口约 31.89 万人，少数民族人口占总人口的 58.61%，人口数量较多的少数民族有傣族、哈尼族、彝族、基诺族、拉祜族等，布朗族和基诺族为直过民族，民族多样性指数为 1.70。景洪市主要说景洪话，属于滇中方言中的西双版纳方言。

2. 经济

景洪市 GDP（地区生产总值）为 219.64 亿元，人均 GDP 为 40367.58 元，地均 GDP 为 316 万元/平方千米，第一产业产值 38.37 亿元，第二产业产值 63.82 亿元，第三产业产值 117.45 亿元，处于经济发展的工业化中后期阶段，位于澜沧江开发开放经济带、云南省沿边开放经济带（区）。经济城镇化指数为 0.82，经济城镇化级别为Ⅳ级。

从农业产业来看，景洪市的粮食播种面积 1.93 万公顷，年粮食产量 9.17 万吨。景洪市属于云南省高原特色农业沿边特色产业园区，是云南省肉牛产业加快发展区、肉羊产业稳定发展区；景洪市是冬春蔬菜的生产大县。景洪市茶叶品种主要有普洱茶和绿茶；景洪市也是云药之乡，主要中草药是阳春砂仁、石斛等。

从工业园区来看，景洪市有省级工业园区 1 个，是景洪工业园区，为生物医药和大健康产业园区。

3. 旅游

景洪市是全国县域旅游发展潜力百佳市。在旅游景区中，景洪市有 6 个国家 4A 级景区，分别是西双版纳傣族园景区、西双版纳原始森林景区、西双版纳热带花卉园景区、西双版纳野象谷景区、景洪曼听公园景区、告庄西双景旅游区；1 个国家 3A 级景区，是西双版纳融创乐园景区；2 个国家 2A 级景区，分别是西双版纳南药园景区、思小热带雨林景区。在度假休闲区中，有 1 个旅游度假区，为西双版纳景洪省级旅游度假区；2 个城市公园，分别是西双版纳民族风情园、景洪曼听公园；1 个休闲街区，为景洪傣江南；2 个休闲广场，分别是景洪勐泐文化广场、景洪泼水广场。在专项旅游产品中，有 1 个农业旅游产品，为西双版纳橄榄坝；有 1 个探险旅游产品，为热带雨林探险。在体育旅游产品中，有 1 个漂流运动产品，为澜沧江漂流。节庆会展产品中，有 1 个会展旅游产品，为西双版纳边境贸易旅游交易会。

景洪市有 2 个云南省特色小镇，分别是基诺风情小镇、橄榄坝傣族水乡。从遗产旅游特色来看，景洪市有国家级物质文化遗产 2 项，分别是曼飞龙塔、曼春满佛寺；省级物质文化遗产有 4 项，分别是曼阁佛寺、塔庄莫、景哈洞穴遗址、周恩来总理视察热带作物所及中缅会谈纪念碑。非物质文化遗产有 13 项，分别是傣医药、傣族章哈、傣族泼水节、召树屯与喃木诺娜、基诺大鼓舞、贝叶经制作技艺、傣族慢轮制陶技艺、傣族织锦技艺、傣族高升制作技艺、民族乐器制作技艺、普洱茶传统制作技艺、傣族传统武术、特懋克节。景洪市是解放战争时期革命老区，红色的基因依旧在这片土地上薪火传承。

4. 社会生活

从人民生活水平来看，2018 年年末，景洪市住户存款余额 239.86 亿元，较上一年增长 9%；职工平均工资 8.64 万元，较上一年增长 16.76%；社会消费品零售总额 87.61 亿元，较上一年增长 6.59%；农村常住居民人均可支配收入 14898 元，较上一年增长 9.1%。

从教育发展来看，景洪市的义务教育发展总指数为 0.80，义务教育发展级别为 V 级。人口受教育程度指数为 1.44，人口受教育级别为 Ⅳ 级。

从文化设施来看，景洪市有三级及以下博物馆 1 个，为州民族博物馆；三级及以下文化馆有 2 个，分别为州文化馆、市文化馆；三级及以下图书馆有 2 个，分别为州图书馆、市图书馆。

景洪市是云南省民族团结示范县，有 1 个民族团结示范乡镇，为基诺山基诺族乡；有 1 个少数民族特色集镇，是勐罕镇。景洪市有 1 个第一批省级民族传统文化保护区，为勐罕镇曼听傣族传统文化保护区；1 个省级民族民间传统文化之乡，为曼暖典傣族织锦之乡。

5. 脱贫攻坚

在脱贫攻坚的道路上，旅游扶贫起到了突出作用。景洪市的旅游扶贫示范村有 1 个，是沙药村。

在主体功能区的国家级和省级定位中，景洪市属于重点生态功能区。

二　勐海县

（一）位置与范围

勐海县位于云南省西南部、西双版纳傣族自治州西部，属于滇西南城市群，地处东经 99°56′—100°41′、北纬 21°27′—22°27′之间，东与景洪市相接，东北邻思茅区，西北靠澜沧拉祜族自治县，西部和南部与缅甸接壤，总面积约 0.55 × 10⁴ 平方千米。勐海县是边境县城，国境线长 146.56 千米。从打洛口岸出境跨缅甸可达泰国，是中国从陆路到泰国的最近通道。县人民政府驻勐海镇景管路 10 号。勐海县下辖 6 个镇（勐海镇、打洛镇、勐遮镇、勐混镇、勐满镇、勐阿镇），2 个乡（勐宋乡、勐往乡），3 个民族乡（格朗和哈尼族乡、布朗山布朗族乡、西定哈尼族布朗族乡）。

（二）自然地理

勐海县自然地理条件优越。在综合自然区划系统中，勐海县部分属于亚热带南部地带的滇西南中山山原地区的西双版纳低中山盆谷区，部分属于亚热带南部地带的滇西南中山山原地区的临沧中山山原区；在云南省生态经济区划中，勐海县主要位于滇西南中低山宽谷、盆地生态经济区的南部低山宽谷生态经济亚区；从生态红线空间分布格局看，勐海县大部位于滇南部边境热带森林生态屏障区域；从生态保护红线功能类型上可以看出，勐海县为滇南部边境热带森林生物多样性保护维护生态保护红线类型。勐海县也位于可持续发展实验区内。勐海县是第一批国家生态文明建设示范区，该示范区的建设体现了勐海县努力保护生态环境、发展生态经济、建设特色城镇。

1. 自然地理要素

（1）地貌

勐海县最高海拔高度约 2404 米，最低海拔高度约 490 米，高差约 1914 米，平均 DEM 为 1336.2 米，处于 Ⅱ 级水平。坝区面积 280 平方千米，坝区土地占全县土地面积的 6.89%，坝区综合指数为 44.02，属于半山半坝地区。地形起伏度指数为 4.96，处于 Ⅱ 级水平；平均坡度指数为 15.39，处于 Ⅲ 级水平。

（2）气候要素

勐海县整体处于南亚热带，年平均气温 18.6℃，年降水量为 1916.4 毫米，年日照时数约 2064.1，气候资源指数为 1782.05，处于 Ⅵ 级水平。

（3）水文要素

勐海县地处澜沧江流域，水网密度指数为 67.56，处于 Ⅲ 级水平。

（4）土壤要素

勐海县的土壤类型以红壤居多。

（5）植被要素

勐海县的主要植被类型为滇南热性阔叶林，植被覆盖度处于极显著区。勐海县生物物种资源丰富，丰富的水热条件为动植物的生长创造了更多的可能性，生物多样性处于 Ⅵ 级水平。

2. 自然资源

（1）土地资源

勐海县耕地面积 800.34 平方千米，占全县土地面积的 14.82%；园地面积 699.57 平方千米，占全县土地面积的 12.95%；林地面积 2953.55 平方千米，占全县土地面积的 54.7%；草地面积 563.60 平方千米，占全县土地面积的 10.44%；城镇村及工矿用地面积 80.07 平方千米，占全县土地面积的 1.48%；交通运输用地面积 36.92 平方千米，占全县土地面积的 0.68%；水域及水利设施用地面积 48.59 平方千米，占全县土地面积的 0.9%；其他用地面积 185.46 平方千米，占全县土地面积的 3.43%。

在土地利用分区系统中，位于滇西南中低山盆谷边贸旅游与热作粮食区的滇南城市旅游与热作农业亚区。在可利用土地资源评价中，勐海县的可利用土地资源属于一般类型。在三生空间结构类型系统中，为生态主导型。

（2）水资源

勐海县的水资源总量 28.74 亿立方米，地表水径流量 28.74 亿立方米，径流深 541.3 毫米，地下水资源总量 12.23 亿立方米，在可利用水资源评价中，勐海县可利用水资源属于较丰富类型。

（3）生物资源

勐海县分布着国家一级保护植物有篦齿苏铁、单羽苏铁、伯乐树等，国家二级保护植物有董棕、合果木、中华桫椤、大叶木兰、黑黄檀、樟树、三棱栎、野菱、粗枝崖摩、拟豆蔻、长果姜 11 种。

勐海县分布着稀有鸟类孔雀雉、白背兀鹫、绿孔雀。

勐海县的食用菌有鸡枞菌、裂褶菌、鸡油菌、大伞菇、桂花耳、银耳、草菇、长根小奥德菇、乳牛肝菌、灰肉红菇、浓香乳菇、红黄鹅膏、紫晶蜡蘑、肝色牛排菌、硫色洵孔菌、葡萄状枝瑚菌 16 种。

（4）旅游资源

勐海县的地文景观资源中，有 1 处地质景观，为滇西横断山纵谷景观。生物景观资源中，有 1 处植物景观，为打洛独树成林景观；有 2 处人工植物景观，分别为云南古茶树景观、西双版纳六大古茶山景观。

（三）人文地理

1. 人口和民族

勐海县 2018 年年末总人口数为 34.80 万人，性别比为 106.75，人口城镇化指数为 0.16，人口城镇化级别为 VI 级，人口老龄化指数 0.07，老龄化级别为 IV 级。勐海县少数民族人口约 27.61 万人，少数民族人口占总人口的 79.34%，人口数量较多的少数民族有傣族、哈尼族、拉祜族、布朗族等，其中布朗族为直过民族，民族多样性指数为 1.69。勐海县主要说勐海话，属于滇中方言中的西双版纳方言。

2. 经济

勐海县 GDP（地区生产总值）为 105.74 亿元，人均 GDP 为 30385.06

元，地均 GDP 为 196 万元/平方千米，第一产业产值 28.17 亿元，第二产业产值 35.06 亿元，第三产业产值 42.51 亿元，处于经济发展的工业化中后期阶段，位于澜沧江开发开放经济带、云南省沿边开放经济带（区）。经济城镇化指数为 0.72，经济城镇化级别为Ⅵ级。

从农业产业来看，勐海县的粮食播种面积 4.91 万公顷，年粮食产量 29.20 万吨。勐海县属于云南省高原特色农业沿边特色产业园区，是云南省肉牛产业加快发展区、肉羊产业稳定发展区；是冬春蔬菜优势产业区的生产大县。勐海县茶叶品种主要为普洱茶。勐海县也是云药之乡，主要中药材品种是铁皮石斛。

从工业园区来看，有省级工业园区 1 个，是勐海工业园区。有 1 个生物医药和大健康产业园区。

3. 旅游

在旅游景区中，勐海县有 2 个国家 4A 级景区，分别是西双版纳勐海大佛寺景区、西双版纳勐景来景区；在专项旅游产品中，有 1 项探险旅游产品，为热带雨林探险。

勐海县有 1 个云南省特色小镇，为勐巴拉雨林小镇。从遗产旅游特色来看，勐海县国家级物质文化遗产有 2 项，分别是景真八角亭、曼短佛寺，省级物质文化遗产有 1 项，是曼崩钢塔；非物质文化遗产有 3 项，分别是布朗族民歌、普洱茶制作技艺、傣族壁画。勐海县是解放战争时期革命老区，具有优良的红色传统。

4. 社会生活

从人民生活水平来看，2018 年年末，勐海县住户存款余额 69.37 亿元，较上一年增长 9.62%；职工平均工资 8.9 万元，较上一年增长 8.01%；社会消费品零售总额 24.94 亿元，较上一年增长 9.48%；农村常住居民人均可支配收入 11864 元，较上一年增长 8.5%。

从教育发展来看，勐海县的义务教育发展总指数为 0.72，义务教育发展级别为Ⅵ级。人口受教育程度指数为 0.82，人口受教育级别为Ⅴ级。

从文化设施来看，勐海县有 1 个三级及以下文化馆，为县文化馆；有 1 个三级及以下图书馆，为县图书馆。

勐海县是云南省民族团结示范县，有 4 个民族团结示范乡镇，分别为勐混镇、勐宋乡、打洛镇、布朗山布朗族乡。勐海县有 1 个第二批省级民族传统文化保护区，为章朗布朗族传统文化保护区。

5. 脱贫攻坚

勐海县属于滇西边境片区，2017 年通过实施以"直过民族"脱贫为重点、以特色产业为支撑、以若干脱贫方案为内容的措施，实现了脱贫摘帽。

在主体功能区的国家级定位中，勐海县属于重点生态功能区。

三 勐腊县

（一）位置与范围

勐腊县位于云南省西南部、西双版纳自治州东南部，地处东经 101°05′—101°50′、北纬 21°08′—22°24′之间，总面积约 0.71×10⁴ 平方千米。东、南被老挝半包，西南与缅甸隔澜沧江相望，西北紧靠自治州首府景洪市，北面则与普洱市的江城哈尼族彝族自治县相邻，属于滇西南城市群，县人民政府驻磨憨经济开发区勐腊新城。勐腊县是边境县，与老挝和越南接壤，国境线长 740.8 千米，有着独特的区位优势，是背靠祖国大西南，面向东南亚重要的陆路和水路口岸，与老挝的陆路开放口岸是磨憨陆路（公路）口岸。勐腊县处于素有"东方多瑙河"之美称的澜沧江—湄公河黄金水道的接合部，是中国大陆通向中南半岛的走廊。从关累码头沿澜沧江—湄公河顺流而下可达缅甸、老挝、泰国、柬埔寨诸国，进而可出太平洋到南亚各国，是云南省实施"中路突破，打开南门，走向亚太"经济发展战略的前沿，是澜沧江—湄公河次区域经济技术合作的门户，是云南建设"两强一堡"的重要发展区。勐腊县下辖 8 个镇（勐腊镇、勐捧镇、勐满镇、勐仑镇、磨憨镇、勐伴镇、关累镇、易武镇），2 个民族乡（象明彝族乡、瑶区瑶族乡）。

（二）自然地理

勐腊县自然地理条件优越。在综合自然区划系统中，勐腊县属于热带北缘地带的滇南—滇西南低中山盆谷地区的西双版纳低中山盆谷区；在云南省生态经济区划中，勐腊县主要位于滇西南中低山宽谷、盆地生态经济区的南部低山宽谷生态经济亚区；从生态红线空间分布格局看，勐腊县全部位于滇南部边境热带森林生态屏障；从生态保护红线功能类型上可以看出，勐腊县为滇南部边境热带森林生物多样性保护维护生态保护红线类型。勐腊县是第一批国家生态文明建设示范区，该示范区的建设体现了勐腊县努力加强生态文明建设，积极走绿色发展道路。

1. 自然地理要素

（1）地貌

勐腊县最高海拔高度约 2020 米，最低海拔高度约 369 米，高差约 1651 米，平均 DEM 为 999.19 米，处于 I 级水平。坝区面积 299.82 平方千米，坝区土地占全县土地面积的 3.9%，坝区综合指数为 27.05，属于半山半坝地区。地形起伏度指数为 4.20，处于 I 级水平；平均坡度指数为 17.56，处于 IV 级水平。

（2）气候要素

勐腊县整体处于北热带，年平均气温 21.8℃，年降水量为 1714.2 毫米，年日照时数约 1875.2 小时，气候资源指数为 1933.53，处于 VII 级水平。勐腊县还是中国雷暴日数最多的地方，因此被称为"雷都"勐腊。

（3）水文要素

勐腊县地处澜沧江流域，水网密度指数 75.31，处于 III 级水平。

（4）土壤要素

勐腊县的土壤类型以红壤居多。

（5）植被要素

勐腊县的主要植被类型为滇南热性阔叶林，植被覆盖度处于极显著区。勐腊县生物物种资源丰富，生物多样性处于 IV 级水平。

2. 自然资源

（1）土地资源

勐腊县耕地面积 267.50 平方千米，占全县土地面积的 3.93%；园地面积 2336.09 平方千米，占全县土地面积的 34.35%；林地面积 3971.93 平方千米，占全县土地面积的 58.41%；草地面积 61.49 平方千米，占全县土地面积的 0.9%；城镇村及工矿用地面积 68.16 平方千米，占全县土地面积的 1%；交通运输用地面积 35.50 平方千米，占全县土地面积的 0.52%；水域及水利设施用地面积 64.66 平方千米，占全县土地面积的

0.95%；其他用地面积 55.51 平方千米，占全县土地面积的 0.82%。在土地利用分区系统中，位于滇西南中低山盆谷边贸旅游与热作粮食区的滇南城市旅游与热作农业亚区。在可利用土地资源评价中，勐腊县可利用土地资源属于一般类型。三生空间结构类型系统中，为生态主导型。

（2）水资源

勐腊的水资源总量 41.6 亿立方米，地表水径流量 41.6 亿立方米，径流深 610.2 毫米，地下水资源总量 17.2 亿立方米，在可利用水资源评价中，勐腊可利用水资源属于较丰富类型。

（3）生物资源

勐腊县分布着国家一级保护植物长蕊木兰、勐仓翅子树、单羽苏铁、四数木、篦齿苏铁、叉孢苏铁、白桫椤、望天树等，分布着国家二级保护植物土沉香、董棕、大叶木兰、合果木、鹿角蕨、拟花蔺、七指蕨、细裂水蕨、水蕨、大叶黑桫椤、茴香砂仁、拟豆蔻、紫檀、粗枝崖摩、黑黄檀、云南肉豆蔻、滇南风吹楠、云南拟单性木兰 18 种。

勐腊县分布着稀有鸟类孔雀雉、白背兀鹫。

勐腊县的食用菌有鸡枞菌、裂褶菌、鸡油菌、大伞菇、银耳、黑木耳、双孢蘑菇、草菇、长根小奥德菇、灰肉红菇、浓香乳菇、红黄鹅膏、高大环柄菇、紫晶蜡蘑、硫色洵孔菌、葡萄状枝瑚菌 16 种。

（4）旅游资源

勐腊县的生物景观资源中，有 1 处植物景观，为勐腊望天树景观；有 3 处人工植物景观，分别为勐腊昆仑植物园景观、云南古茶树景观、西双版纳六大古茶山景观。

（三）人文地理

1. 人口和民族

勐腊县 2018 年年末总人口数为 29.59 万人，性别比为 108.95，人口城镇化指数为 0.31，人口城镇化级别为 Ⅳ 级，人口老龄化指数为 0.05，老龄化级别为 Ⅰ 级。勐腊县少数民族人口约 19.78 万人，少数民族人口占总人口的 66.85%，人口数量较多的少数民族有哈尼族、傣族、彝族、瑶族、苗族、布朗族等，其中布朗族为直过民族，民族多样性指数 1.80。勐腊县主要说勐腊话，属于滇中方言中的西双版纳方言。

2. 经济

勐腊县 GDP（地区生产总值）为 92.41 亿元，人均 GDP 为 31230.15 元，地均 GDP 为 136 万元/平方千米，第一产业产值 35.55 亿元，第二产业产值 15.45 亿元，第三产业产值 41.41 亿元，处于经济发展的工业化中后期阶段，位于澜沧江开发开放经济带、云南省沿边开放经济带（区）。经济城镇化指数为 0.61，经济城镇化级别为Ⅷ级。

从农业产业来看，勐腊县的粮食播种面积 1.95 万公顷，年粮食产量 8.19 万吨。勐腊县属于云南省高原特色农业沿边特色产业园区，是云南省肉牛产业加快发展区、肉羊产业稳定发展区；勐腊县也是冬春蔬菜优势产业区的生产大县，勐腊县茶叶品种主要为普洱茶。

从工业园区来看，勐腊县有省级工业园区 1 个，是中国老挝磨憨—磨丁经济合作区；有 1 个特色消费品制造产业园区，是中国老挝磨憨—磨丁经济合作区。

3. 旅游

在旅游景区中，勐腊县有 1 个国家 5A 级景区，是中国科学院西双版纳自治州热带植物园，1 个国家 4A 级景区，为西双版纳望天树景区，1 个国家 3A 级景区，为西双版纳南腊康河康养度假营地景区，1 个国家 1A 级景区，是西双版纳雨林谷景区；在专项旅游产品中，有 1 项探险旅游产品，是热带雨林探险。

勐腊县有 1 个省级历史文化名镇，为勐腊县易武镇历史文化名镇；1 个全国特色小镇，为勐仑镇；2 个云南省特色小镇，分别为勐仑小镇、易武古镇。从遗产旅游特色来看，勐腊县有国家级物质文化遗产 1 项，是茶马古道，省级物质文化遗产有 1 项，是李定国祠；非物质文化遗产有 4 项，分别是普洱茶传统制作技艺、哈尼族服饰、傣族开门节、傣族关门节。勐腊县是解放战争时期革命老区，具有优良的红色传统。

4. 社会生活

从人民生活水平来看，2018 年年末，勐腊县住户存款余额 89.68 亿元，较上一年增长 2.12%；职工平均工资 8.51 万元，较上一年增长 15%；社会消费品零售总额 28.33 亿元，较上一年增长 11.71%；农村常住居民人均可支配收入 10699 元，较上一年增长 9.4%。

从教育发展来看,勐腊县的义务教育发展总指数为 0.60,义务教育发展级别为Ⅶ级。人口受教育程度指数为 0.71,人口受教育级别为Ⅶ级。

从文化设施来看,勐腊县三级及以下博物馆有 1 个,为易武普洱茶文化博物馆;二级文化馆有 1 个,是县文化馆;三级及以下图书馆有 1 个,是县图书馆。

勐腊县有 3 个民族团结示范乡镇,分别是勐仑镇、勐伴镇、磨憨镇,有 1 个少数民族特色集镇,是勐满镇;1 个少数民族特色村寨。

5. 脱贫攻坚

勐腊县属于滇西边境片区,2018 年通过对茶叶、橡胶、砂仁等传统产业强化和对养殖、乡村旅游特色产业的扶持,实现了脱贫摘帽。在脱贫攻坚的道路上,旅游扶贫起到了突出作用。勐腊县是旅游扶贫示范县,有旅游示范乡镇 1 个,是易武镇;有旅游示范村 1 个,是补蚌村。

在主体功能区的国家级定位中,勐腊县属于重点生态功能区。

第十三章

大理白族自治州

第一节　整体特征

一　位置与范围

大理白族自治州位于云南省西部，地属滇西城市群，地处东经98°52′—101°03′、北纬24°41′—26°42′之间，东与楚雄彝族自治州相接，西与保山市、怒江傈僳族自治州相邻，南与临沧市相连，北与丽江市接壤。全市东西最大横距320千米，南北最大纵距270千米，总面积约2.95×10⁴平方千米。全州最高海拔4295米，位于雪斑山主峰，最低海拔730米，位于民建乡的红旗坝。州人民政府驻大理市龙山行政办公区政府大楼内。大理白族自治州下辖1个县级市（大理市），11个县（漾濞彝族自治县、祥云县、宾川县、弥渡县、南涧彝族自治县、巍山彝族回族自治县、永平县、云龙县、洱源县、剑川县、鹤庆县），112个乡、镇、街道（3个街道、69个镇、40个乡）。

二　自然地理

在综合自然区划系统中，大理白族自治州属于亚热带北部地带的滇东高原地区的亚热带北部地带—滇西横断山脉区；在云南省生态经济区划中，大理白族自治州主要位于滇西北纵向岭谷生态经济区的高山峡谷生态经济亚区和滇西北纵向岭谷生态经济区的南部中山盆地生态经济亚区；从生态红线空间分布格局看，大理白族自治州部分位于哀牢山—无量山山地生态屏障，少部分位于金沙江、澜沧江、红河干热河谷地带，青藏高原南缘滇西北高山峡谷生态屏障区；从生态保护红线功能类型上可以看出，大理白族自治州为高原湖泊及牛栏江上游水源涵养生态保护红线、澜沧江中山峡谷水土保持生态保护红线、金沙江干热河谷及山原水土保持生态保护红线、哀牢山—无量山山地生物多样性维护与水土保持生态红线和滇西北高山峡谷生物多样性维护与水源涵养生态保护红线类型。大理白族自治州有 1 个县市位于可持续发展实验区内。大理白族自治州有苍山洱海国家级自然保护区、云龙天池国家级自然保护区、无量山国家级自然保护区，这些自然保护区对于当地绿色发展、生态文明建设起着积极的作用。

（一）自然地理要素

1. 地貌

大理白族自治州最高海拔高度约 4295 米，最低海拔高度约 730 米，高差约 3565 米，平均 DEM 为 2216.79 米，处于Ⅵ级水平。坝区面积 2435.86 平方千米，坝区土地占全州土地面积的 8.29%，坝区综合指数为 29.49，属于半山半坝地区。地形起伏度指数为 6.70，处于Ⅴ级水平；平均坡度指数为 18.81，处于Ⅴ级水平。

2. 气候要素

大理白族自治州整体处于中亚热带、北亚热带、南温带和中温带的过渡地带，年平均气温 16.2℃，年降水量为 821.9 毫米，年日照时数约 2224 小时，气候资源指数为 1445.57，处于Ⅲ级水平。

3. 水文要素

大理白族自治州地处长江流域、澜沧江流域、红河流域的交汇地带，水网密度指数为 51.64，处于Ⅲ级水平。洱海位于大理市，仅次于滇池，为云南省第二大淡水湖，同时也是云南第二大高原湖泊。洱海北起洱源，长约 42.58 千米，东西最大宽度 9.0 千米，湖面面积 256.5 平方千米，平均湖深 10 米，最大湖深达 20 米。

4. 土壤要素

大理白族自治州的土壤类型为红壤、紫色土、棕壤、黄棕壤等，以红壤和紫色土居多。

5. 植被要素

大理白族自治州的主要植被类型为滇中、东部高原暖性阔叶林、针叶林，滇西横断山暖性阔叶林暖性针叶林和滇中、北部中山暖性阔叶林、暖性针叶林，植被覆盖度处于显著区。大理白族自治州生物物种资源丰富，生物多样性处于Ⅶ级水平。

（二）自然资源

1. 土地资源

大理白族自治州耕地面积 3713.41 平方千米，占全州土地面积的 12.63%；园地面积 932.83 平方千米，占全州土地面积的 3.17%；林地面积 18917.17 平方千米，占全州土地面积的 64.34%；草地面积 2001.76 平方千米，占全州土地面积的 6.81%；城镇村及工矿用地面积 658.90 平方千米，占全州土地面积的 2.24%；交通运输用地面积 271.89 平方千米，占全州土地面积的 0.92%；水域及水利设施用地面积 591.57 平方千米，占全州土地面积的 2.01%；其他用地面积 1211.94 平方千米，占全州土地面积的 4.12%。在土地利用分区系统中，大理白族自治州位于滇中湖盆高原城镇工矿建设与耕地保护区，西北高山高原峡谷土地生态保护与旅游区的城市工矿旅游用地亚区、澜沧江高山峡谷土地整治与矿电用地亚区和丽江—香格里拉高山高原旅游与城镇用地亚区。在可利用土地资源评价中，大理白族自治州无土地资源丰富的县区，较丰富的有 2 个，一般的有 3 个，较缺乏的有 4 个，缺乏的有 3 个。

2. 水资源

大理白族自治州的水资源总量 99.12 亿立方米，地下水资源总量 35.7 亿立方米。在可利用水资源评价中，大理白族自治州无水资源丰富的县区，较丰富的有 1 个，一般的有 1 个，较缺乏的有 6 个，缺乏的有 4 个。

3. 生物资源

大理白族自治州分布着国家一级保护植物喜马拉雅红豆杉、伯乐树、长蕊木兰，国家二级保护植物红椿、野菱、野大豆、秃叶黄檗、扇蕨、鹅掌楸、龙棕、西康玉兰、毛红椿、中国蕨、油麦吊云杉、金铁锁、异颖草、榉树、水青树、十齿花、长喙厚朴、云南梿树、子宫草19种，广泛分布着银杏、金荞麦、千果榄仁等国家珍稀植物资源。

大理白族自治州分布着稀有鸟类黑颈长尾雉、白尾梢虹雉、黑鹳等；稀有兽类猕猴、大灵猫、小灵猫、水鹿、斑羚、华鬣羚、林麝、黑熊、水獭等；稀有爬行、两栖、鱼类大头裂腹鱼。

大理白族自治州的食用菌有松茸、鸡枞菌、裂褶菌、鸡油菌、美味牛肝菌、黄皮疣柄牛肝菌、黑木耳、香菇、糙皮侧耳、黄白侧耳、毛柄类火菇、梭柄乳头蘑、铜色牛肝菌、小美牛肝菌、桃红牛肝菌、乳牛肝菌、变绿红菇、蓝黄红菇、松乳菇、红汁乳菇、多汁乳菇、灰喇叭菌、红蜡蘑、羊肚菌、大孢地花、巴氏蘑菇、广野绣球菌、中华牛肝菌、鹤环乳牛肝菌、红黄鹅膏、棕灰口蘑、硫色洵孔菌、棱柄马鞍菌、长根小奥德菇、干巴菌、柱状田头菇、银耳、草菇、浓香乳菇、草鸡枞、油口蘑、翘鳞肉齿菌、卷缘齿菌、紫晶蜡蘑、肝色牛排菌、洱源枝瑚菌、高大环柄菇、桂花耳、蓝丝膜菌、白色地花菌50种。其中，大理市、宾川县的食用菌资源最为丰富，约有26种；弥渡县的食用菌资源最少。

4. 矿产资源

大理白族自治州黑色矿产资源、化工原料非金属矿产资源相对匮乏；有色金属资源较为匮乏；贵金属资源较为丰富。

5. 旅游资源

大理白族自治州的世界自然遗产为云南三江并流保护区；地文景观资源中，有1处地质景观，为剑川石宝山丹霞景观；有2处喀斯特景观，分别为祥云清华洞景观、鹤庆清源洞景观。水体景观资源中，有3处泉水景观，分别为大理蝴蝶泉景观、洱源温泉景观和鹤庆龙潭景观；有1处瀑布景观，为洱源银河峰瀑布景观。生物景观资源中，有1处草甸景观，为苍山草甸景观；有1处花卉景观，为苍山杜鹃花灌丛景观；有1处动物景观，为巍山"鸟道熊关"景观。

三　人文地理

（一）人口和民族

大理白族自治州 2018 年年末总人口数为 29.59 万人，性别比为 103.61，人口城镇化指数为 0.10，人口城镇化级别为Ⅶ级，人口老龄化指数为 0.08，老龄化级别为Ⅴ级。大理白族自治州少数民族人口约 16.99 万人，少数民族人口占总人口的 57.42%，人口数量较多的少数民族有白族、彝族、回族、纳西族、傈僳族，民族多样性指数为 0.89。大理白族自治州主要说滇西方言中的大理方言。

（二）经济

大理白族自治州 GDP（地区生产总值）为 1122.44 亿元，人均 GDP 为 379330.86 元，地均 GDP 为 382 万元/平方千米，第一产业产值 224.81 亿元，第二产业产值 424.77 亿元，第三产业产值 472.86 亿元，处于经济发展的工业化中后期阶段，位于金沙江开放合作经济带和澜沧江开发开放经济带的交汇地带。经济城镇化指数为 0.74，经济城镇化级别为Ⅵ级。

从农业产业来看，大理白族自治州的粮食播种面积 31.80 万公顷，年粮食产量 177.6 万吨。大理白族自治州有 6 个县位于云南省高原特色农业中部现代产业园区中，有 6 个县属于云南省高原特色农业沿边特色产业园区。有 3 家省级生猪产业有限公司；有绿化观赏苗木、花卉旅游、盆花与地方特色花卉、加工花卉四种花卉主导产业；是云南省肉牛产业、肉羊产业稳定发展区；是夏秋蔬菜优势产业区，有 2 个生产大县、2 个重点县；是冬春蔬菜优势产业区，有 1 个冬春蔬菜优势产业重点县。大理白族自治州茶叶品种主要有普洱茶和绿茶，主要中药材有 8 种，分别是重楼、续断、红花、红豆杉、云当归、金铁锁、附子、滇重楼。

从工业园区来看，大理白族自治州有国家级工业园区 1 个，省级工业园区 3 个。其中，冶金位于祥云财富工业园和鹤庆工业园区；先进装备制造位于大理经济技术开发区和洱源邓川工业园区；生物医药与大健康产业位于大理经济技术开发区。大理白族自治州有 1 家省级外贸转型省级基地，为大理白族自治州宾川县省级外贸转型升级基地（蔬菜：葱蒜）。

（三）旅游

大理白族自治州有 2 个美丽县城，有 1 个全国县域旅游发展潜力百佳县。在旅游景区中，大理白族自治州有国家 5A 级景区 1 个，国家 4A 级景区 10 个，国家 3A 级景区 12 个，国家 2A 级景区 2 个；在度假休闲区中，有旅游度假区 1 个，温泉休闲区 1 个，休闲街区 3 个，休闲广场 2 个；在专项旅游产品中，有 3 项工业旅游产品，有 2 项农业旅游产品，有 1 项探险旅游产品；在体育旅游产品中，有 1 项高尔夫运动产品，有 1 项登山运动产品，有 1 项赛事运动。在节庆会展产品中，有 6 项节庆旅游产品，有 1 项会展旅游产品。

云南大理白族三月街，也叫大理三月会，是白族盛大的节日和街期。会期是每年夏历三月十五日至二十日。三月街既是滇西最大规模的物资交流盛会，也是滇西风格独具的民族体育和文化娱乐盛会。此外还有农历四月下旬的绕三灵也是大理白族自治州一个盛大的传统节日，成千上万的男女老少都身穿民族盛装，弹奏着乐器，边唱边舞，齐聚"神都"圣源寺，进行朝拜仪式，并开展各种文艺活动。

大理白族自治州是国家级历史文化名城，有国家级历史文化名城 2 个，省级历史文化名城 2 个，国家级历史文化名镇 4 个，省级历史文化名镇 6 个，省级历史文化名村 5 个，历史文化街区 1 个，中国历史文化名镇 3 个，中国历史文化名村 3 个，全国特色小镇 2 个，云南省特色小镇 11 个。从遗产旅游特色来看，大理白族自治州有 2 项中国重要农业文化遗产；国家级物质文化遗产有 30 项，省级物质文化遗产有 62 项，非物质文化遗产有 47 项。大理白族自治州有解放战争时期革命老区县 5 个、革命老区乡镇 10 个。

（四）社会生活

从人民生活水平来看，2018 年年末，大理白族自治州住户存款余额 971.42 亿元，较上一年增长 11.17%；职工平均工资 8.47 元，较上一年增长 12.51%；社会消费品零售总额 390.81 亿元，较上一年增长 4.55%；农村常住居民人均可支配收入 11490 元，较上一年增长 9.17%。

从教育发展来看，大理白族自治州的义务教育发展总指数为 0.61，义务教育发展级别为Ⅶ级。人口受教育程度指数为 0.84，人口受教育级别为 V 级。

从文化设施来看，大理白族自治州有 1 个二级博物馆，有 12 个三级及以下博物馆；有 4 个一级文化馆，有 4 个二级文化馆，有 6 个三级及以下文化馆；有 1 个一级图书馆，有 3 个二级图书馆，有 9 个三级及以下图书馆。

大理白族自治州有 2 个民族团结示范县，有 16 个民族团结示范乡镇，有 3 个少数民族特色集镇，有 12 个少数民族特色村寨，有 1 个民族团结示范村。大理白族自治州有 1 个国家级文化生态保护实验区，为大理文化生态保护实验区。

（五）脱贫攻坚

大理白族自治州属于滇西边境片区，祥云县、宾川县、巍山彝族回族自治县、洱源县、鹤庆县 2017 年实现了脱贫摘帽，漾濞彝族自治县、南涧彝族自治县、永平县 2018 年实现了脱贫摘帽，弥渡县、云龙县、剑川县 2019 年实现了脱贫摘帽。在脱贫攻坚的道路上，旅游扶贫起到了突出作用。大理白族自治州的旅游示范乡镇有 2 个，旅游示范村有 12 个。

第二节 区域差异

一 大理市

（一）位置与范围

大理市位于云南省西部、横断山脉南端，地处东经 99°58′—100°26′、北纬 25°25′—26°04′之间，总面积约 0.15×10^4 平方千米。东与楚雄彝族自治州相接，西与保山市、怒江傈僳族自治州相邻，南与普洱市、临沧市相连，北与丽江市接壤。大理市是大理白族自治州的首府，是全州的经济、政治、文化中心和交通枢纽，是国家级历史文化名城，属于滇西城市群。大理市位于云贵高原上的洱海平原、苍山之麓、洱海之滨，是古代南诏国和大理国的都城，作为古代云南地区的政治、经济和文化中心，时间长达 500 余年。大理市下辖 3 个街道（下关街道、太和街道、满江街道），9 个镇（大理镇、凤仪镇、喜洲镇、海东镇、挖色镇、湾桥镇、银桥镇、双廊镇、上关镇），1 个民族乡（太邑彝族乡）。

（二）自然地理

大理市自然地理条件优越。在综合自然区划系统中，大理市属于亚热带北部地带的滇东高原地区的大理—丽江盆地中高山区；在云南省生态经济区划中，大理市主要位于滇西北纵向岭谷生态经济区的南部中山盆地生态经济亚区；从生态红线空间分布格局看，大理市少部分位于哀牢山—无量山山地生态屏障区域；从生态保护红线功能类型上可以看出，大理市为高原湖泊及牛栏江上游水源涵养生态保护红线类型。大理市也位于可持续发展实验区内。大理市有西湖国家湿地公园、云南大理苍山国家地质公园，这些公园的建设体现了大理市积极保护生态环境，保护和发展生物多样性。

1. 自然地理要素

（1）地貌

大理市最高海拔高度约 4097 米，位于点苍山玉局峰，最低海拔高度约 1340 米，位于西洱河河谷中的太邑乡坦底摩村，高差约 2757 米，平均DEM 为 2307.96 米，处于Ⅵ级水平。坝区面积 286.2 平方千米，坝区土地占全市土地面积的 28.63%，坝区综合指数为 67.91，属于坝区地区。地形起伏度指数为 6.73，处于Ⅴ级水平；平均坡度指数为 15.02，处于Ⅲ级水平。

（2）气候要素

大理市整体处于北亚热带，年平均气温 15.5℃，年降水量为 1000.7 毫米，年日照时数约 2134.5 小时，气候资源指数为 1498.71，处于Ⅳ级水平。大理市下关镇素有"风城"之称，是受特殊地形条件影响形成的峡谷风，称作"下关风"。

（3）水文要素

大理市地处澜沧江流域，水网密度指数为 147.70，处于Ⅴ级水平。

（4）土壤要素

大理市的土壤类型主要有红壤、棕壤等。

（5）植被要素

大理市的主要植被类型为滇中、东部高原暖性阔叶林、针叶林亚区，植被覆盖度处于显著区。大理市生物物种资源丰富，生物多样性处于Ⅳ

级水平。

2. 自然资源

（1）土地资源

大理市耕地面积228.48平方千米，占全市土地面积的12.59%；园地面积24.35平方千米，占全市土地面积的1.34%；林地面积879.19平方千米，占全市土地面积的48.44%；草地面积140.83平方千米，占全市土地面积的7.76%；城镇村及工矿用地面积131.51平方千米，占全市土地面积的7.25%；交通运输用地面积30.28平方千米，占全市土地面积的1.67%；水域及水利设施用地面积259.37平方千米，占全市土地面积的14.29%；其他用地面积44.62平方千米，占全市土地面积的2.46%。在土地利用分区系统中，大理市位于滇中湖盆高原城镇工矿建设与耕地保护区的大理城市工矿旅游用地亚区。在可利用土地资源评价中，大理市可利用土地资源属于较丰富类型。在三生空间结构类型系统中，为生产—生态主导型。

（2）水资源

大理市的水资源总量5.31亿立方米，地表水径流量5.31亿立方米，径流深378.7毫米，地下水资源总量2.55亿立方米，在可利用水资源评价中，大理市可利用水资源属于缺乏类型。

（3）生物资源

大理市分布着国家二级保护植物红椿、野菱、野大豆、西康玉兰、秃叶黄檗、扇蕨、鹅掌楸等。

大理市的食用菌有松茸、鸡枞菌、裂褶菌、鸡油菌、美味牛肝菌、黄皮疣柄牛肝菌、黑木耳、香菇、糙皮侧耳、黄白侧耳、毛柄类火菇、梭柄乳头蘑、铜色牛肝菌、小美牛肝菌、桃红牛肝菌、乳牛肝菌、变绿红菇、蓝黄红菇、松乳菇、红汁乳菇、多汁乳菇、灰喇叭菌、红蜡蘑、羊肚菌、大孢地花、巴氏蘑菇26种。

（4）旅游资源

大理市旅游资源丰富，在水体景观资源中，有1处泉水景观，为大理蝴蝶泉景观；在生物景观资源中，有1处草甸景观，为苍山草甸景观；有1处花卉景观，为苍山杜鹃花灌丛景观。

（三）人文地理

1. 人口和民族

大理市 2018 年年末总人口数为 67.91 万人，性别比为 99.85，人口城镇化指数为 0.32，人口城镇化级别为Ⅳ级，人口老龄化指数 0.09，老龄化级别为Ⅶ级。大理市少数民族人口约 44.22 万人，少数民族人口占总人口的 65.12%，人口数量较多的少数民族有白族、彝族、回族、纳西族等，民族多样性指数 0.99。大理市主要说大理（下关）话，属于滇西方言中的大理方言。

2. 经济

大理市 GDP（地区生产总值）395.08 亿元，人均 GDP 为 58177 元，地均 GDP 为 2633 万元/平方千米，第一产业产值 19.79 亿元，第二产业产值 180.63 亿元，第三产业产值 194.66 亿元，处于经济发展的工业化发达阶段，位于澜沧江开发开放经济带（区）。经济城镇化指数为 0.93，经济城镇化级别为Ⅱ级。

从农业产业来看，大理市的粮食播种面积 1.61 万公顷，年粮食产量 12.03 万吨。大理市属于云南省高原特色农业中部现代产业园区，有 1 家省级生猪产业有限公司，是大理市琪彦农牧发展有限公司；花卉主导产业是地方特色花卉、绿化观赏苗木、花卉旅游。大理市是云南省肉牛产业、肉羊产业稳定发展区，也是夏秋蔬菜的生产大县。

从工业园区来看，大理市的 1 个国家级工业园区、1 个先进装备制造产业园区、1 个生物医药和大健康产业园区，均为大理经济技术开发区。

3. 旅游

大理市是全国县域旅游发展潜力百佳县。在旅游景区中，大理市有 1 个国家 5A 级景区，为大理崇圣寺三塔文化旅游区；3 个国家 4A 级景区，是大理南诏风情岛景区、大理古城景区、大理蝴蝶泉景区；国家 3A 级景区 6 个，是大理天龙八部影视城景区、大理张家花园景区、大理罗荃半岛旅游区、大理上关花公园景区、大理博物馆景区、双廊艺术小镇文化旅游区。在度假休闲区中，有旅游度假区 1 个，是大理省级旅游度假区；休闲街区 2 个，是大理古城洋人街、大理古城红龙井；休闲广场 2 个，是大理名族广场、大理风车广场。在专项旅游产品中，有 2 项工业旅游产品，是大理西洱河水电站、大理者磨山风电站；有 1 项探险旅游产品，是大理苍山探险旅游。在体育旅游产品中，有 1 项高尔夫运动产品，是大理苍山高尔夫球场；有 1 项登山运动，是大理苍山攀登；有 1 项赛事运动，是环洱海自行车赛。在节庆会展产品中，有 2 项节庆旅游产品，分别是中国大理国际影会、大理白族三月街名族节；有 1 项会展旅游产品，是大理国际兰花茶花博览会。

大理市有 1 个国家级历史文化名城，是大理市；是国家级历史文化名城，1 个省级历史文化名镇，为大理市双廊镇历史文化名镇；1 个省级历史文化名村，为大理市喜洲镇州城村历史文化名村；1 个全国特色小镇，是喜洲镇；4 个云南省特色小镇，是双廊小镇、喜洲古镇、大理古城、龙尾关小镇。从遗产旅游特色来看，大理市有国家级物质文化遗产 7 项，分别是崇圣寺三塔、佛图寺塔、弘圣寺塔、太和城遗址、银梭岛遗址、元世祖平云南碑、喜洲白族古建筑群；省级物质文化遗产有 16 项，分别是观音堂、凤仪文庙、苍山神祠、日本四僧塔、大理天主教堂、金镑寺漂来阁、圣源寺观音阁、法藏寺与董氏宗祠、杨杰故居、杨品相宅、杜文秀墓、杜文秀帅府、周保中故居、龙首观遗址、阳苴咩城遗址、大唐天宝战士冢；非物质文化遗产有 16 项，分别是大理三月街、白族绕三灵、白剧、白族民居彩绘、黑茶制作技艺、白族扎染技艺、大理石制作技艺、洱海鱼鹰驯养捕鱼、点茶派武术、泥塑、白族刺绣、白族大本曲、"慎德堂"传统诊疗法、白族三道茶、白族服饰、栽秧会饰。

4. 社会生活

从人民生活水平来看，2018 年年末，大理市住户存款余额 395.69 亿元，较上一年增长 13.47%；职工平均工资 8.16 万元，较上一年增长 14.29%；社会消费品零售总额 162.29 亿元，较上一年增长 3.44%；农村常住居民人均可支配收入 15953 元，较上一年增长 9.2%。

从教育发展来看，大理市的义务教育发展总指数为 0.91，义务教育发展级别为 V 级。人口受教育程度指数为 2.12，人口受教育级别为 Ⅲ 级。

从文化设施来看，大理市博物馆有 8 个，二级博物馆有 1 个，是州博物馆；三级及以下博物馆有 1 个，是市博物馆，无级别的有 6 个，分别是严家大院博物馆、农村电影历史博物馆、武庙民间造像艺术博物馆、苍山世界地质公园博物馆、璞真白族扎染博物馆、非物质文化遗产博物馆。大理市文化馆有 3 个，一级文化馆有 2 个，分别是下关文化馆、市文化馆；未定级文化馆有 1 个，为大理州群众艺术馆。大理市图书馆有 2 个，其中一级图书馆有 1 个，为州图书馆；二级图书馆有 1 个，为市图书馆。

大理市是云南省民族团结示范市；有 2 个少数民族特色乡镇，是喜洲镇、银桥镇；1 个少数民族特色村寨。大理市有 1 个第一批省级民族传统文化保护区，为周城白族传统文化保护区；1 个省级民族民间传统文化之乡，为白族大本曲之乡。

5. 脱贫攻坚

大理市属于滇西边境片区，旅游扶贫对脱贫攻坚起到了突出作用，大理市的旅游扶贫示范村有 1 个，是伙山村。

在主体功能区的省级定位中，大理市属于集中连片重点开发区域。

二　漾濞彝族自治县

（一）位置与范围

漾濞彝族自治县位于云南省西部，在大理白族自治州中部，地处东经 99°36′—100°07′、北纬 25°11′—25°54′之间，东与大理市、巍山彝族回族自治县相接，西与永平县、云龙县相邻，南与昌宁县相连，北与洱源县接壤。全县总面积约 0.19×10^4 平方千米，县人民政府驻文化巷与漾江中路交叉口东北 50 米。漾濞彝族自治县下辖 4 个镇（苍山西镇、漾江镇、平坡镇、顺濞镇），5 个乡（富恒乡、太平乡、瓦厂乡、龙潭乡、鸡街乡）。

（二）自然地理

漾濞彝族自治县自然地理条件优越。在综合自然区划系统中，漾濞彝族自治县属于亚热带北部地带的滇西横断山脉地区的保山—凤庆中山盆地宽谷区；在云南省生态经济区划中，漾濞彝族自治县主要位于滇西北纵向岭谷生态经济区的南部中山盆地生态经济亚区；从生态保护红线功能类型上可以看出，漾濞彝族自治县为澜沧江中山峡谷水土保持生态保护红线类型。漾濞彝族自治县有云南大理苍山国家地质公园，苍山是一座有着显著特征和独特地质奇观并潜藏着特殊地质科学价值体系的标志性山脉。

1. 自然地理要素

（1）地貌

漾濞彝族自治县最高海拔高度约 4122 米，位于点苍山马龙峰，最低海拔高度约 1174 米，位于鸡街乡羊街河与漾濞江交汇处，高差约 2948 米，平均 DEM 为 2158.88 米，处于Ⅵ级水平。坝区面积 27.32 平方千米，坝区土地占全县土地面积的 1.16%，坝区综合指数为 3.75，属于山区地区。地形起伏度指数为 8.17，处于Ⅵ级水平；平均坡度指数为 21.65，处于Ⅴ级水平。

（2）气候要素

漾濞彝族自治县整体处于北亚热带，年平均气温 16.5℃，年降水量为 998.2 毫米，年日照时数约 2219 小时，气候资源指数为 1540.28，处于Ⅳ级水平。

（3）水文要素

漾濞彝族自治县地处澜沧江流域，水网密度指数为 58.66，处于Ⅲ级水平。

（4）土壤要素

漾濞彝族自治县的土壤类型主要为紫色土。

（5）植被要素

漾濞彝族自治县的主要植被类型为滇西横断山暖性阔叶林、暖性针叶林，植被覆盖度处于较显著区。漾濞彝族自治县生物物种资源丰富，生物多样性处于Ⅶ级水平。

2. 自然资源

（1）土地资源

漾濞彝族自治县耕地面积 194.30 平方千米，占全县土地面积的 10.23%；园地面积 102.85 平方千米，占全县土地面积的 5.41%；林地面积 1315.57 平方千米，占全县土地面积的 69.24%；草地面积 102.86 平方千米，占全县土地面积的 5.41%；城镇村及工矿用地面积 20.15 平方千米，占全县土地面积的 1.06%；交通运输用地面积 13.26 平方千米，占全县土地面积的 0.7%；水域及水利设施用地面积 18.76 平方千米，占全县土地面积的 0.99%；其他用地面积 92.57 平方千米，占全县土地面积的 4.87%。在土地利用分区系统中，漾濞彝族自治县位于滇中湖盆高原城镇工矿建设与耕地保护区的城市工矿旅游用地亚区。在可利用土地资源评价中，漾濞彝族自治县可利用土地资源属于缺乏类型。在三生空间结构类型系统中，为生态主导型。

（2）水资源

漾濞彝族自治县的水资源总量 9.15 亿立方米，地表水径流量 9.15 亿立方米，径流深 492.8 毫米，地下水资源总量 3.32 亿立方米，在可利用水资源评价中，漾濞彝族自治县可利用水资源属于较缺乏类型。

（3）生物资源

漾濞彝族自治县分布的国家一级保护植物有喜马拉雅红豆杉，国家二级保护植物有野大豆。

漾濞彝族自治县分布的稀有鸟类有黑颈长尾雉。

漾濞彝族自治县的食用菌有鸡枞菌、广野绣球菌、黄皮疣柄牛肝菌、黑木耳、香菇、梭柄乳头蘑、桃红牛肝菌、中华牛肝菌、鹤环乳牛肝菌、红黄鹅膏、棕灰口蘑、硫色洵孔菌、棱柄马鞍菌、巴氏蘑菇 14 种。

（三）人文地理

1. 人口和民族

漾濞彝族自治县 2018 年年末总人口数为 10.77 万人，性别比为 106.03，人口城镇化指数为 0.10，人口城镇化级别为Ⅶ级，人口老龄化指数为 0.07，老龄化级别为Ⅳ级。漾濞彝族自治县少数民族人口约 7.00 万人，少数民族人口占总人口的 65%，人口数量较多的少数民族有彝族、白族、回族、傈僳族、苗族等，民族多样性指数为 1.26。漾濞彝族自治县主要说漾濞话，属于滇西方言中的大理方言。

2. 经济

漾濞彝族自治县 GDP（地区生产总值）为 26.06 亿元，人均 GDP 为 24196.84 元，地均 GDP 为 137 万元/平方千米，第一产业产值 7.74 亿元，第二产业产值 9.19 亿元，第三产业产值 9.13 亿元，处于经济发展的工业化中后期阶段，位于澜沧江开发开放经济带（区）。经济城镇化指数为 0.72，经济城镇化级别为Ⅵ级。

从农业产业来看，漾濞彝族自治县的粮食播种面积 1.49 万公顷，年粮食产量 7.14 万吨。漾濞彝族自治县属于云南省高原特色农业沿边特色产业园区，是云南省肉牛产业、肉羊产业稳定发展区。

3. 旅游

在旅游景区中，漾濞彝族自治县有 1 个国家 4A 级景区，是大理漾濞石门关景区。在节庆会展产品中，有 1 项节庆旅游产品，是大理漾濞核桃节。

漾濞彝族自治县有 1 个省级历史文化名城，是漾濞历史文化名城。从遗产旅游特色来看，漾濞彝族自治县有 1 项中国重要农业文化遗产，是云南漾濞核桃－作物复合系统；有 1 项国家级物质文化遗产，是茶马古道；有 2 项省级物质文化遗产，分别是云龙桥、苍山崖画。漾濞彝族自治县是解放战争时期革命老区，有优良的红色传统，有革命老区乡镇 1 个，是漾濞彝族自治县的漾江镇。

4. 社会生活

从人民生活水平来看，2018 年年末，漾濞彝族自治县住户存款余额 21.34 亿元，较上一年增长 11.2%；职工平均工资 8.29 万元，较上一年增长 2.35%；社会消费品零售总额 7.92 亿元，较上一年增长 7.76%；农村常住居民人均可支配收入 10881 元，较上一年增长 9.5%。

从教育发展来看，漾濞彝族自治县的义务教育发展总指数为 0.45，义务教育发展级别为Ⅷ级。人口受教育程度指数为 0.29，人口受教育级别为Ⅷ级。

从文化设施来看，漾濞彝族自治县有 1 个三级及以下文化馆，是县文化馆；有 1 个三级及以下图书馆，是县图书馆。

漾濞彝族自治县是云南省民族团结示范县；有 1 个民族团结示范乡镇，是平坡镇；有 1 个少数民族特色集镇，是太平乡；有 1 个少数民族特色村寨。

5. 脱贫攻坚

漾濞彝族自治县属于滇西边境片区，2018 年通过对产业培植和环境优化，实现了脱贫摘帽。在脱贫攻坚的道路上，旅游扶贫起到了突出作用。漾濞彝族自治县有旅游扶贫示范村 1 个，是金牛村。

在主体功能区的国家级和省级定位中，漾濞彝族自治县属于重点生态功能区。

三 祥云县

（一）位置与范围

祥云县位于云南省中部偏西，是大理白族自治州的东大门，地处东经 100°24′—101°02′、北纬 25°11′—25°52′之间，东与大姚县、姚安县、南华县交界，南和弥渡县相连，西与大理市接壤，北和宾川县毗邻，总面积约 0.25×10^4 平方千米，县人民政府驻祥姚路。祥云县是滇西交通咽喉，是通往滇西八地州的必经之地，祥云县下辖 8 个镇（祥城镇、云南驿镇、下庄镇、刘厂镇、禾甸镇、沙龙镇、米甸镇、普淜镇），1 个乡（鹿鸣乡），1 个民族乡（东山彝族乡）。祥云是云南开发较早、经济发展较好的县份之一，曾经长期为滇西北的政治、经济和文化中心。云南省名源自历史上设于祥云的云南县，故此祥云有"彩云之乡"及"云南之源"的誉称。

（二）自然地理

祥云县自然地理条件优越。在综合自然区划系统中，祥云县属于亚热带北部地带的滇东高原地区的楚雄红岩高原区；在云南省生态经济区划中，祥云县主要位于滇西北纵向岭谷生态经济区的南部中山盆地生态经济亚区；从生态保护红线功能类型上可以看出，祥云县为金沙江干热河谷及山原水土保持生态保护红线类型。

1. 自然地理要素

（1）地貌

祥云县最高海拔高度约 3241 米，位于东北端米甸镇的五顶山，最低海拔高度约 1433 米，位于南部鹿鸣乡高峰岭大河边，高差 1808 米，平均 DEM 为 2134.65 米，处于Ⅴ级水平。坝区面积 442.5 平方千米，坝区土地占全县土地面积的 13.93%，坝区综合指数为 55.25，属于坝区地区。地形起伏度指数为 5.54，处于Ⅲ级水平；平均坡度指数为 15.81，处于Ⅲ级水平。

（2）气候要素

祥云县整体处于北亚热带，年平均气温 16.1℃，年降水量为 689.7

毫米，年日照时数约 2416.8 小时，气候资源指数为 1318.76，处于Ⅱ级水平。

（3）水文要素

祥云县地处长江流域、红河流域，水网密度指数为 17.55，处于Ⅱ级水平。

（4）土壤要素

祥云县的土壤类型以红壤、紫色土居多。

（5）植被要素

祥云县的主要植被类型为滇中、东部高原暖性阔叶林、针叶林，植被覆盖度处于微显著区。祥云县生物物种资源丰富，生物多样性处于Ⅶ级水平。田中线穿过祥云县。

2. 自然资源

（1）土地资源

祥云县耕地面积 390.71 平方千米，占全县土地面积的 15.63%；园地面积 78.29 平方千米，占全县土地面积的 3.13%；林地面积 1612.35 平方千米，占全县土地面积的 64.49%；草地面积 79.62 平方千米，占全县土地面积的 3.18%；城镇村及工矿用地面积 88.29 平方千米，占全县土地面积的 3.53%；交通运输用地面积 24.66 平方千米，占全县土地面积的 0.99%；水域及水利设施用地面积 46.84 平方千米，占全县土地面积的 1.87%；其他用地面积 111.71 平方千米，占全县土地面积的 4.47%。在土地利用分区系统中，祥云县位于滇中湖盆高原城镇工矿建设与耕地保护区的大理城市工矿旅游用地亚区。在可利用土地资源评价中，祥云县可利用土地资源属于一般类型。在三生空间结构类型系统中，为生产—生态主导型。

（2）水资源

祥云县的水资源总量 3.04 亿立方米，地表水径流量 3.04 亿立方米，径流深 124.5 毫米，地下水资源总量 0.62 亿立方米，在可利用水资源评价中，祥云县可利用水资源属于缺乏类型。

（3）生物资源

祥云县分布着国家一级保护植物喜马拉雅红豆杉，国家二级保护植物龙棕。

祥云县的食用菌有鸡枞菌、美味牛肝菌、长根小奥德菇、变绿红菇、巴氏蘑菇等。

（4）旅游资源

在祥云县的地文景观资源中，有1处喀斯特景观，为祥云清华洞景观。

（三）人文地理

1. 人口和民族

祥云县2018年年末总人口数为47.3万人，性别比为102.81，人口城镇化指数为0.09，人口城镇化级别为Ⅶ级，人口老龄化指数为0.09，老龄化级别为Ⅶ级。祥云县少数民族人口约8.18万人，少数民族人口占总人口的17.29%，人口数量较多的少数民族有白族、彝族、傈僳族，民族多样性指数为0.64。祥云县主要说祥云话，属于滇西方言中的大理方言。

2. 经济

祥云县GDP（地区生产总值）为148.22亿元，人均GDP为31336.15元，地均GDP为593万元/平方千米，第一产业产值35.28亿元，第二产业产值50.93亿元，第三产业产值62.01亿元，处于经济发展的工业化中后期阶段。经济城镇化指数为0.74，经济城镇化级别为Ⅵ级。

从农业产业来看，祥云县的粮食播种面积3.34万公顷，年粮食产量20.4万吨。祥云县位于云南省高原特色农业中部现代产业园区中，有2家省级生猪产业有限公司，分别是祥云县华邦生态农业有限责任公司、云南翼通宏茂牧业有限公司；是云南省肉牛产业、肉羊产业稳定发展区；是夏秋蔬菜优势产业区的重点县。

从工业园区来看，祥云县有1个省级工业园区，有1个冶金产业园区，均为祥云财富工业园区。

3. 旅游

在旅游景区中，祥云县有1个国家4A级景区，是大理祥云水目山景区；1个国家2A级景区，是祥云县云南驿站景区。

祥云县是历史文化名城，有1个省级历史文化名镇，是祥云县云南驿省级历史文化名镇；1个省级历史文化名村，是祥云县刘厂镇大波那村历史文化名村；1 个历史文化街区，为祥云县城历史文化名街；1 个中国历史文化名村，为云南驿村；1 个云南省特色小镇，为云南驿小镇。从遗产旅游特色来看，国家级物质文化遗产有 3 项，分别是云南驿古建筑群、水目山塔、茶马古道；省级物质文化遗产有 5 项，分别是东城门及钟鼓楼、董友弟墓石雕造像、王德三、王复生故居，天峰山玉皇阁，老君殿建筑群；非物质文化遗产有 3 项，为天峰山歌会、哑巴节、土碱制作技艺。祥云县是解放战争时期革命老区，有着优良的红色基因。

4. 社会生活

从人民生活水平来看，2018 年年末，祥云县住户存款余额 105.36 亿元，较上一年增长 7.19%；职工平均工资 7.68 万元，较上一年增长 13.78%；社会消费品零售总额 48.06 亿元，较上一年下降 1.01%；农村常住居民人均可支配收入 11854 元，较上一年增长 9.3%。

从教育发展来看，祥云县的义务教育发展总指数为 0.61，义务教育发展级别为Ⅶ级。人口受教育程度指数为 1.21，人口受教育级别为Ⅳ级。

从文化设施来看，祥云县有 1 个未定级的博物馆，是王复生、王德三烈士纪念馆；有 1 个三级及以下图书馆，为县图书馆。

祥云县是云南省民族团结示范县，有 2 个民族团结示范乡镇，分别是东山彝族乡、米甸镇。

5. 脱贫攻坚

祥云县属于滇西边境片区，2017 年通过发展高原特色农业产业，实现了脱贫摘帽。在脱贫攻坚的道路上，旅游扶贫起到了突出作用。祥云县的旅游扶贫重点村有 1 个，是象鼻村。

在主体功能区的省级定位中，祥云县属于集中连片重点开发区域。

四 宾川县

（一）位置与范围

宾川县位于云南省西部，地处东经 100°16′—100°58′、北纬 25°32′—26°12′之间，东与楚雄市大姚县接壤，南连祥云县，西与大理市、洱源县交界，北与鹤庆县及丽江市永胜县毗邻，总面积约为 0.26 × 10⁴ 平方千米。宾川县是云南省大理白族自治州的下辖县，县人民政府驻地位于宾川县金叶路（明德公园西边）。宾川县下辖 8 个镇（金牛镇、宾居镇、州城镇、鸡足山镇、力角镇、乔甸镇、大营镇、平川镇），2 个民族乡（钟英傈僳族彝族乡、拉乌彝族乡）。

（二）自然地理

宾川县自然地理条件优越。在综合自然区划系统中，宾川县属于亚热带北部地带的滇东高原地区的金沙江河谷区；在云南省生态经济区划中，宾川县主要位于滇西北纵向岭谷生态经济区的南部中山盆地生态经济亚区；在生态保护红线空间分布格局中，宾川县少部分位于金沙江、澜沧江、红河干热河谷地带；从生态保护红线功能类型上可以看出，宾川县为金沙江干热河谷及山原水土保持生态保护红线类型。

1. 自然地理要素

（1）地貌

宾川县最高海拔高度在木香坪，约为 3320 米，最低海拔高度在鱼泡江与金沙江交汇处，约为 682 米，高差约为 2638 米，平均 DEM 为 2068.83 米，处于Ⅴ级水平。坝区面积为 427.04 平方千米，坝区土地占全县土地面积的 17.03%，坝区综合指数为 53.65，属于坝区地区。地形起伏度指数为 6.19，处于Ⅳ级水平；平均坡度指数为 18.00，处于Ⅳ级水平。

（2）气候要素

宾川县整体处于北亚热带季风气候，年平均气温为 19.4℃，年降水量为 499.8 毫米，年日照时数约为 2542 小时，气候资源指数为 1432.73，处于Ⅲ级水平。

（3）水文要素

宾川县地处长江流域，水网密度指数为 22.48，处于Ⅱ级水平。

（4）土壤要素

宾川县的土壤类型主要为红壤。

（5）植被要素

宾川县的主要植被类型为滇中东部高原暖性阔叶林，植被覆盖度处于显著区。宾川县生物物种资源较丰富，生物多样性处于Ⅷ级水平。田中线穿过宾川县。

2. 自然资源

（1）土地资源

宾川县耕地面积为 511.88 平方千米，占全县土地面积的 20.48%；园地面积为 136.70 平方千米，占全县土地面积的 5.47%；林地面积为 1375.71 平方千米，占全县土地面积的 56.03%；草地面积为 260.51 平方千米，占全县土地面积的 10.42%；城镇村及工矿用地面积为 59.47 平方千米，占全县土地面积的 2.38%；交通运输用地面积为 22.74 平方千米，占全县土地面积的 0.91%；水域及水利设施用地面积为 28.49 平方千米，占全县土地面积的 1.14%；其他用地面积为 138 平方千米，占全县土地面积的 5.52%。在土地利用分区系统中，宾川县位于滇中湖盆高原城镇工矿建设与耕地保护区的城市工矿旅游用地亚区。在可利用土地资源评价方面，宾川县的可利用土地资源属于较丰富类型。在三生空间结构类型系统中，为生产—生态主导型。

（2）水资源

宾川县的水资源总量为 4.29 亿立方米，地表水径流量 4.29 亿立方米，径流深 168.8 毫米，地下水资源总量为 1.10 亿立方米，在可利用水资源评价方面，宾川县的可利用水资源属于缺乏类型。

（3）生物资源

宾川的国家二级保护植物主要有西康玉兰、龙棕、毛红椿、中国蕨、油麦吊云杉、金铁锁、红椿、异颖草等。

宾川县的食用菌有鸡枞菌、干巴菌、鸡油菌、柱状田头菇、银耳、香菇、糙皮侧耳、黄白侧耳、草菇、长根小奥德菇、变绿红菇、蓝黄红菇、松乳菇、浓香乳菇、多汁乳菇、红黄鹅膏、草鸡枞、油口蘑、棕灰口蘑、翘鳞肉齿菌、卷缘齿菌、紫晶蜡蘑、红蜡蘑、肝色牛排菌、洱源枝瑚菌、巴氏蘑菇 26 种。

（三）人文地理

1. 人口和民族

宾川县 2018 年年末总人口数为 36.24 万人，人口性别比为 104.56，人口城镇化指数为 0.06，人口城镇化级别为 Ⅷ 级，人口老龄化指数为 0.08，老龄化级别属于 Ⅴ 级。宾川县少数民族人口约为 7.71 万人，少数民族人口占总人口的比重为 21.27%，全县人口数量较多的少数民族主要有白族、彝族和傈僳族等，民族多样性指数为 0.78。

2. 经济

宾川县的 GDP（地区生产总值）为 110.00 亿元，人均 GDP 为 30353.20 元，地均 GDP 为 440 万元/平方千米，第一产业产值为 45.26 亿元，第二产业产值为 21.72 亿元，第三产业产值为 43.02 亿元，处于经济发展的工业化初期阶段。经济城镇化指数为 0.56，经济城镇化级别属于 Ⅷ级。

从农业产业来看，宾川县的粮食播种面积为 2.41 万公顷，年粮食产量为 15.20 万吨。宾川县属于云南省中部现代产业园，是冬春蔬菜优势产业区重点县。

3. 旅游

在旅游景区方面，宾川县有国家 4A 级景区 2 个，为大理宾川鸡足山景区；在专项旅游产品中，有 2 项农业旅游产品，为宾川橙子园、宾川咖啡农业园。

宾川县有 1 个中国历史文化名镇，为州城镇；1 个省级历史文化名镇，为平川镇；1 个省级历史文化名村，为大营镇萂村；有 1 个云南省特色小镇，为鸡足山禅修小镇。从遗产旅游特色来看，宾川县的国家级物质文化遗产有 2 项，分别是州城文庙和武庙、白羊村遗址；省级物质文化遗产有 6 项，分别为南薰桥、祝圣寺、上沧本主庙、宾川文庙、宾川武庙、杨氏宗祠名人石刻；非物质文化遗产有 3 项，分别是平川狮灯、唢呐调、平川朱若拉咖啡制作技艺。宾川县有 3 个革命老区乡镇，分别为平川镇、钟英傈僳族彝族乡、拉乌彝族乡。

4. 社会生活

从人民生活水平来看，2018 年年末，宾川县的住户存款余额为 74.69 亿元，比上一年增长 10.10%；职工平均工资为 9.49 万元，比上一年增长 19.97%；社会消费品零售总额为 29.50 亿元，比上一年增长 11.49%；农村常住居民人均可支配收入为 15320 元，比上一年增长 9.20%。

从教育发展来看，宾川县的义务教育发展总指数为 0.62，义务教育发展级别为 Ⅶ级。人口受教育程度指数为 1.02，人口受教育级别属于

V级。

从文化设施来看，宾川县有1个三级文化馆，为县文化馆；有1个三级图书馆，为县图书馆。

宾川县有2个民族团结示范乡镇，为鸡足山镇、拉乌彝族乡；有1个少数民族特色村寨；有1个第一批省级民族传统文化保护区，为大营镇萂村白族传统文化保护区。

5. 脱贫攻坚

宾川县属于滇西边境片区，2017年该县通过对葡萄产业的扶持，实现了脱贫摘帽。有1个旅游扶贫重点村，为萂村。

在主体功能区的国家级定位中，宾川县属于重点生态功能区。在主体功能区的省级定位中，宾川县属于农产品主产区。

五 弥渡县

（一）位置与范围

弥渡县位于云南省西部，地处东经100°19′—100°46′、北纬24°47′—25°32′之间，东至水木山顶与祥云县交界，西至隆庆关（鸟道雄关）丫口与巍山彝族回族自治县分疆，北至九顶山巅与大理市、祥云县相接，南至牛街彝族乡太平顶与景东彝族自治县毗邻，总面积约为 0.16×10^4 平方千米。弥渡县是云南省大理白族自治州的下辖县，县人民政府驻地位于弥城镇绵屏街14号。弥渡县下辖6个镇（弥城镇、红岩镇、新街镇、寅街镇、苴力镇、密祉镇），1个乡（德苴乡），1个民族乡（牛街彝族乡）。

（二）自然地理

弥渡县自然地理条件优越。在综合自然区划系统中，弥渡县属于亚热带北部地带的滇东高原地区的楚雄红岩高原区；在云南省生态经济区划中，弥渡县主要位于滇西北纵向岭谷生态经济区的南部中山盆地生态经济亚区；在生态保护红线空间分布格局中，弥渡县部分位于哀牢山—无量山山地生态屏障区域；从生态保护红线功能类型上可以看出，弥渡县为哀牢山—无量山山地生物多样性维护与水土保持生态红线类型。

1. 自然地理要素

（1）地貌

弥渡县最高海拔高度在西北部九顶山山峰，约3117.90米，最低海拔高度在东南部德苴乡金宝山东麓礼社江心，约为1223米，高差约为1895米，平均DEM为1996.85米，处于Ⅴ级水平。坝区面积为132平方千米，坝区土地占全县土地面积的10.62%，坝区综合指数为30.47，属于半山半坝地区。地形起伏度指数为5.58，处于Ⅲ级水平；全县的平均坡度指数为17.92，处于Ⅳ级水平。

（2）气候要素

弥渡县整体处于北亚热带，年平均气温为17.2℃，年降水量为899.4毫米，年日照时数约为2514.10小时，气候资源指数为1429.68，处于Ⅲ级水平。

（3）水文要素

弥渡县地处红河流域，水网密度指数为26.79，处于Ⅱ级水平。

（4）土壤要素

弥渡县的土壤类型主要为红壤、紫色土。

（5）植被要素

弥渡县的主要植被类型为滇中、东部高原暖性阔叶林，植被覆盖度处于不显著区。弥渡县生物物种资源丰富，生物多样性处于Ⅷ级水平。

2. 自然资源

（1）土地资源

弥渡县耕地面积为293.53平方千米，占全县土地面积的19.57%；园地面积为35.58平方千米，占全县土地面积的2.37%；林地面积为950.85平方千米，占全县土地面积的63.39%；草地面积为76.01平方千米，占全县土地面积的5.07%；城镇村及工矿用地面积为48.33平方千米，占全县土地面积的3.22%；交通运输用地面积为16.17平方千米，占全县土地面积的1.08%；水域及水利设施用地面积为21.45平方千米，占全县土地面积的1.43%；其他用地面积为82.68平方千米，占全县土地面积的5.51%。在土地利用分区系统中，弥渡县位于滇中湖盆高原城镇工矿建设与耕地保护区的大理城市工矿旅游用地亚区。在可利用土地资源评价方面，弥渡县的可利用土地资源属于较缺乏类型。在三生空间结构类型系统中，为生产—生态主导型。

（2）水资源

弥渡县的水资源总量为 2.85 亿立方米，地表水径流量 2.85 亿立方米，径流深 188.4 毫米，地下水资源总量为 1.08 亿立方米，在可利用水资源评价方面，弥渡县的可利用水资源属于缺乏类型。

（3）生物资源

弥渡县国家二级保护植物主要为红椿、毛红椿。

弥渡县的食用菌有鸡枞菌、美味牛肝菌、巴氏蘑菇等。

（三）人文地理

1. 人口和民族

弥渡县 2018 年年末总人口数为 32.48 万人，人口性别比为 102.01，人口城镇化指数为 0.06，人口城镇化级别为Ⅷ级，人口老龄化指数为 0.09，老龄化级别属于Ⅶ级。弥渡县少数民族人口约为 3.13 万人，少数民族人口占总人口的比重为 9.64%，全县人口数量较多的少数民族主要有彝族、白族、回族等，民族多样性指数为 0.40。弥渡县主要说弥渡话，属于滇西方言中的大理方言。

2. 经济

弥渡县的 GDP（地区生产总值）为 60.22 亿元，人均 GDP 为 18540.64 元，地均 GDP 为 401 万元/平方千米，第一产业产值为 17.78 亿元，第二产业产值为 16.27 亿元，第三产业产值为 26.27 亿元，处于经济发展的工业化中后期阶段。经济城镇化指数为 0.71，经济城镇化级别属于Ⅵ级。

从农业产业来看，弥渡县的粮食播种面积为 2.42 万公顷，年粮食产量为 17.92 万吨。弥渡县属于云南省中部现代产业园区，是夏秋蔬菜优势产业区重点县。弥渡县是云药之乡，主要中药材品种有灯盏花、美洲大蠊、红花。

3. 旅游

在旅游方面，弥渡县在节庆会展产品中，有 1 项节庆旅游产品，为弥渡县密祉花灯节。

弥渡县有 1 个国家历史文化名村，为弥渡县密祉乡文盛街村；1 个省级历史文化名村，为弥渡县密祉镇文盛街村历史文化名村；从遗产旅游特色来看，弥渡县的国家级物质文化遗产有 2 项，分别为南诏铁柱、茶马古道；省级物质文化遗产有孙髯翁墓、永增玉皇阁、虹溪石牌坊、李文学彝族农民起义遗址、白崖城遗址及金殿窝遗址；非物质文化遗产有 3 项，分别是弥渡民歌、花灯戏、李桐传统骨伤疗法。弥渡县是解放战争时期的革命老区，有 2 个革命老区乡镇，为弥渡县牛街彝族乡、密祉镇。

4. 社会生活

从人民生活水平来看，2018 年年末，弥渡县的住户存款余额为 60.84亿元，比上一年增长 7.61%；职工平均工资为 8.12 万元，比上一年增长8.56%；社会消费品零售总额为 26.73 亿元，比上一年增长 1.95%；农村常住居民人均可支配收入为 9994 元，比上一年增长 9.20%。

从教育发展来看，弥渡县的义务教育发展总指数为 0.65，义务教育发展级别为Ⅶ级。人口受教育程度指数 0.89，人口受教育级别属于Ⅴ级。

从文化设施来看，弥渡县有 1 个三级博物馆，为县博物馆；有 1 个一级文化馆，为县文化馆；有 1 个二级图书馆，为县图书馆。

弥渡县有 2 个民族团结示范乡镇，为苴力镇、牛街彝族乡；有 1 个少数民族特色村寨。

5. 脱贫攻坚

弥渡县属于滇西边境片区，2019 年实现了脱贫摘帽。在脱贫攻坚的道路上，旅游扶贫作出重要的贡献，密祉镇为旅游扶贫示范镇，永和村为旅游扶贫重点村。

在主体功能区的省级定位中，弥渡县属于集中连片重点开发区域。

六 南涧彝族自治县

（一）位置与范围

南涧彝族自治县位于云南省西部，东与弥渡县接壤，南与景东彝族自治县毗邻，西南与云县以澜沧江为界，西至黑惠江与凤庆县隔水相望，北与巍山彝族回族自治县相连，总面积约为 0.18 × 10⁴ 平方千米。南涧彝族自治县是云南省大理白族自治州的下辖县，县人民政府驻地位于彩云路 169 号。南涧彝族自治县下辖 5 个镇（南涧镇、小湾东镇、宝华镇、公郎镇、无量山镇），3 个乡（拥翠乡、乐秋乡、碧溪乡）。

（二）自然地理

南涧彝族自治县自然地理条件优越。在综合自然区划系统中，南涧彝族自治县部分属于亚热带北部地带的滇西横断山脉地区的保山—凤庆中山盆地宽谷区，部分属于亚热带北部地带的滇东高原地区的楚雄红岩高原区；在云南省生态经济区划中，南涧彝族自治县主要位于滇西北纵向岭谷生态经济区的南部中山盆地生态经济亚区；在生态保护红线空间分布格局中，南涧彝族自治县大部分位于哀牢山—无量山山地生态屏障区域，少部分位于金沙江、澜沧江、红河干热河谷地带；从生态保护红线功能类型上可以看出，南涧彝族自治县为哀牢山—无量山山地生物多样性维护与水土保持生态红线类型。南涧彝族自治县是第五批国家生态文明建设示范区，该示范区的建设体现了南涧彝族自治县深入贯彻落实习近平生态文明思想，牢固树立绿色发展理念。

1. 自然地理要素

（1）地貌

南涧彝族自治县最高海拔高度在太极顶，约为 3061 米，最低海拔高度在漫湾库区最高水位线，约为 994 米，高差约为 2067 米，平均 DEM 为 1932.38 米，处于Ⅳ级水平。坝区面积为 15.82 平方千米，坝区土地占全县土地面积的 0.91%，坝区综合指数为 2.34，属于山区地区。地形起伏度指数为 6.20，处于Ⅳ级水平；平均坡度指数为 20.91，处于Ⅴ级水平。

（2）气候要素

南涧彝族自治县处于中亚热带，年平均气温为 19.2℃，年降水量为 671.0 毫米，年日照时数约为 2054.40 小时，气候资源指数为 1560.73，处于Ⅳ级水平。

（3）水文要素

南涧彝族自治县地处红河流域、澜沧江流域，水网密度指数为 46.70，处于Ⅱ级水平。

（4）土壤要素

南涧彝族自治县的土壤类型主要为红壤、紫色土。

（5）植被要素

南涧彝族自治县的主要植被类型为滇西横断山暖性阔叶林，植被覆盖度处于显著区。南涧彝族自治县生物物种资源丰富，生物多样性处于Ⅷ级水平。

2. 自然资源

（1）土地资源

南涧彝族自治县耕地面积为 244.45 平方千米，占全县土地面积的 14.38%；园地面积为 64.93 平方千米，占全县土地面积的 3.82%；林地面积为 1127.96 平方千米，占全县土地面积的 66.35%；草地面积为 82.47 平方千米，占全县土地面积的 4.85%；城镇村及工矿用地面积为 44.56 平方千米，占全县土地面积的 2.62%；交通运输用地面积为 19.14 平方千米，占全县土地面积的 1.13%；水域及水利设施用地面积为 21.12 平方千米，占全县土地面积的 1.24%；其他用地面积为 134.19 平方千米，占全县土地面积的 7.89%。南涧彝族自治县位于滇中湖盆高原城镇工矿建设与耕地保护区的大理城市工矿旅游用地亚区。在可利用土地资源评价方面，南涧彝族自治县的可利用土地资源属于缺乏类型。在三生空间结构类型系统中，为生态—生产主导型。

（2）水资源

南涧彝族自治县的水资源总量为 5.07 亿立方米，地表水径流量 5.07 亿立方米，径流深 219.4 毫米，地下水资源总量为 1.77 亿立方米，在可利用水资源评价方面，南涧彝族自治县的可利用水资源属于较缺乏类型。

（3）生物资源

南涧彝族自治县分布着国家一级保护植物伯乐树，分布着国家二级保护植物红椿、毛红椿、水青树等。

南涧彝族自治县的食用菌有鸡枞菌、黑木耳、糙皮侧耳、梭柄乳头蘑、桃红牛肝菌、高大环柄菇、羊肚菌、棱柄马鞍菌、巴氏蘑菇等。

（三）人文地理

1. 人口和民族

南涧彝族自治县 2018 年年末总人口数为 22.03 万人，人口性别比为

103.16，人口城镇化指数为 0.06，人口城镇化级别为Ⅷ级，人口老龄化指数为 0.08，老龄化级别属于Ⅴ级。南涧彝族自治县少数民族人口约为10.85 万人，少数民族人口占总人口的比重为 49.25%，全县人口数量较多的少数民族主要有彝族、白族、回族等，民族多样性指数为 0.89。南涧彝族自治县主要说南涧话，属于滇西方言中的大理方言。

2. 经济

南涧彝族自治县的 GDP（地区生产总值）为 56.34 亿元，人均 GDP 为 25574.22 元，地均 GDP 为 331 万元/平方千米，第一产业产值为 14.25 亿元，第二产业产值为 17.72 亿元，第三产业产值为 24.37 亿元，处于经济发展的工业化中后期阶段。经济城镇化指数为 0.74，经济城镇化级别属于Ⅵ级。

从农业产业来看，南涧彝族自治县的粮食播种面积为 2.41 万公顷，年粮食产量为 10.72 万吨。南涧彝族自治县属于云南省中部现代产业园区，茶叶主要有普洱茶和绿茶。

3. 旅游

在旅游景区方面，南涧彝族自治县有国家 3A 级旅游景区 1 个，为大理南涧无量山樱花谷景区。在工业旅游产品中，有小湾水电站。

从遗产旅游特色来看，南涧彝族自治县的省级物质文化遗产有 1 项，为回营清真寺；非物质文化遗产有 1 项，为彝族跳菜。

4. 社会生活

从人民生活水平来看，2018 年年末，南涧彝族自治县的住户存款余额为 33.74 亿元，比上一年增长了 10.44%；职工平均工资为 10.04 万元，比上一年增长了 13.7%；社会消费品零售总额为 18.90 亿元，比上一年增长 12.30%；农村常住居民人均可支配收入为 9251 元，比上一年增长 9.51%。

从教育发展来看，南涧彝族自治县的义务教育发展总指数为 0.59，义务教育发展级别为Ⅶ级。人口受教育程度指数为 0.59，人口受教育级别为Ⅵ级。

从文化设施来看，南涧彝族自治县有博物馆 1 个，为县博物馆；有 1 个二级文化馆，为县文化馆；有 1 个三级图书馆，为县图书馆。

南涧彝族自治县有 1 个民族团结示范乡镇，为公郎镇；有 1 个少数民族特色村寨。

5. 脱贫攻坚

南涧彝族自治县属于滇西边境片区，2018 年通过立足资源优势，加大产业扶持，实现了脱贫摘帽。其中，西山村、德安村为旅游扶贫重点村。

在主体功能区的国家级和省级定位中，南涧彝族自治县属于重点生态功能区。

七 巍山彝族回族自治县

（一）位置与范围

巍山彝族回族自治县位于云南省西部，地处东经 99°55′—100°25′、北纬 24°56′—25°32′之间，东与弥渡县毗邻，西与漾濞彝族自治县和保山市昌宁县、临沧市凤庆县隔漾濞江相望，南与南涧彝族自治县接壤，北与大理市相连，面积约为 0.23×10^4 平方千米。巍山彝族回族自治县是云南省大理白族自治州的下辖县，县人民政府驻地位于大水沟街 12 号。巍山彝族回族自治县下辖 4 个镇（南诏镇、庙街镇、大仓镇、永建镇），6 个乡（巍宝山乡、马鞍山乡、紫金乡、五印乡、牛街乡、青华乡）。

（二）自然地理

巍山彝族回族自治县自然地理条件优越。在综合自然区划系统中，巍山彝族回族自治县部分属于亚热带北部地带的滇西横断山脉地区的保山—凤庆中山盆地宽谷区，部分属于亚热带北部地带的滇东高原地区的楚雄红岩高原区；在云南省生态经济区划中，巍山彝族回族自治县主要位于滇西北纵向岭谷生态经济区的南部中山盆地生态经济亚区；在生态保护红线空间分布格局中，巍山彝族回族自治县部分位于哀牢山—无量山山地生态屏障区域；从生态保护红线功能类型上可以看出，巍山彝族回族自治县为澜沧江中山峡谷水土保持生态保护红线类型。巍山彝族回族自治县有巍山青华绿孔雀省级自然保护区，主要保护国家一级保护动物绿孔雀，国家二级保护动物白鹇、白腹锦鸡、穿山甲等及其生存环境。

1. 自然地理要素

（1）地貌

巍山彝族回族自治县最高海拔高度为 3037 米，最低海拔高度为 1146 米，高差约为 1891 米，平均 DEM 为 2033.65 米，处于 V 级水平。坝区面积为 167.7 平方千米，坝区土地占全县土地面积的 6.9%，坝区综合指数为 24.28，属于半山半坝地区。地形起伏度指数为 6.04，处于 IV 级水平；平均坡度指数为 18.75，处于 V 级水平。

（2）气候要素

巍山彝族回族自治县处于北亚热带，年平均气温值 16.5℃，年降水量为 656.0 毫米，年日照时数约为 2009.70 小时，气候资源指数为 1463.63，处于 IV 级水平。

（3）水文要素

巍山彝族回族自治县地处红河流域、澜沧江流域，水网密度指数为 42.52，处于 II 级水平。

（4）土壤要素

巍山彝族回族自治县的土壤类型主要为紫色土。

（5）植被要素

巍山彝族回族自治县的主要植被类型为滇西横断山暖性阔叶林，植被覆盖度处于显著区。巍山彝族回族自治县生物物种资源丰富，生物多样性处于 VIII 级水平。

2. 自然资源

（1）土地资源

巍山彝族回族自治县耕地面积为 306.73 平方千米，占全县土地面积的 13.94%；园地面积为 22.14 平方千米，占全县土地面积的 1.01%；林地面积为 1475.57 平方千米，占全县土地面积的 67.07%；草地面积为 125.61 平方千米，占全县土地面积的 5.71%；城镇村及工矿用地面积为 52.29 平方千米，占全县土地面积的 2.38%；交通运输用地面积为 20.42 平方千米，占全县土地面积的 0.93%；水域及水利设施用地面积为 25.40 平方千米，占全县土地面积的 1.15%；其他用地面积为 152.74 平方千米，占全县土地面积的 6.94%。在土地利用分区系统中，巍山彝族回族自治县位于滇中湖盆高原城镇工矿建设与耕地保护区的大理城市工矿旅游用地亚区。在可利用土地资源评价方面，巍山彝族回族自治县的可利用土地资源属于较缺乏类型。在三生空间结构类型系统中，为生态—生产主导型。

（2）水资源

巍山彝族回族自治县的水资源总量为 6.37 亿立方米，地表水径流量 6.37 亿立方米，径流深 292.6 毫米，地下水资源总量为 2.42 亿立方米，在可利用水资源评价方面，巍山彝族回族自治县的可利用水资源属于较缺乏类型。

（3）生物资源

巍山彝族回族自治县的国家二级保护植物主要为红椿、毛红椿。

巍山彝族回族自治县的食用菌有鸡枞菌、鸡油菌、美味牛肝菌、黄皮疣柄牛肝菌、柱状田头菇、糙皮侧耳、毛柄类火菇、梭柄乳头蘑、桃红牛肝菌、中华牛肝菌、蓝黄红菇、高大环柄菇、灰喇叭菌、羊肚菌、大孢地花、洱源枝瑚菌、棱柄马鞍菌、巴氏蘑菇18 种。

（4）旅游资源

巍山彝族回族自治县的生物景观资源中，有 1 处动物景观，为巍山"鸟道雄关"景观。

（三）人文地理

1. 人口和民族

巍山彝族回族自治县 2018 年年末总人口数为 31.58 万人，人口性别比为 101.54，人口城镇化指数为 0.07，人口城镇化级别为Ⅶ级，人口老龄化指数为 0.76，老龄化级别属于Ⅴ级。巍山彝族回族自治县少数民族人口约为 13.53 万人，少数民族人口占总人口的比重为 42.84%，全县人口数量较多的少数民族主要有彝族、回族、白族、苗族等，民族多样性指数为 1.03。巍山彝族回族自治县主要说巍山话，属于滇西方言中的大理方言。

2. 经济

巍山彝族回族自治县的 GDP（地区生产总值）为 60.60 亿元，人均GDP 为 19189.36 元，地均 GDP 为 275 万元/平方千米，第一产业产值为

19.24 亿元，第二产业产值为 17.84 亿元，第三产业产值为 23.52 亿元，处于经济发展的工业化中后期阶段。巍山彝族回族自治县位于澜沧江开发开放经济带，经济城镇化指数为 0.67，经济城镇化级别属于Ⅶ级。

从农业产业来看，巍山彝族回族自治县的粮食播种面积为 2.93 万公顷，年粮食产量为 15.87 万吨。巍山彝族回族自治县属于云南省中部现代产业园区，是云药之乡，主要中药材品种有红花、附子、紫金龙等。

3. 旅游

在旅游景区方面，巍山彝族回族自治县是云南省美丽县城；有 1 个国家 4A 级旅游景区，为大理巍山古城—巍宝山旅游区。有巍山中华彝族祭祖节等节庆旅游产品。

巍山古城是国家历史文化名城，也是云南省特色小镇，巍山彝族回族自治县永建镇东莲花村是中国历史文化名村，也是云南省历史文化名村；从遗产旅游特色来看，巍山彝族回族自治县的国家级物质文化遗产有 4 项，为等觉寺、长春洞、巄屿图山城址、南诏镇古建筑群；省级物质文化遗产有 10 项，为利克传统民居建筑群、圆觉寺及双塔、巍宝山古建筑群、长春洞、东岳宫、星拱楼、玉皇阁、永济桥、文华书院、微山文庙；非物质文化遗产有 4 项，分别是彝族打歌、二八月节、二高台社火、巍山扒肉饵丝制作技艺。巍山彝族回族自治县青华乡是革命老区乡镇。

4. 社会生活

从人民生活水平来看，2018 年年末，巍山彝族回族自治县的住户存款余额为 49.92 亿元，比上一年增长 12.20%；职工平均工资为 8.50 万元，比上一年减少 5.13%；社会消费品零售总额为 22.50 亿元，比上一年增长 11.22%；农村常住居民人均可支配收入为 10133 元，比上一年增长 9.30%。

从教育发展来看，巍山彝族回族自治县的义务教育发展总指数为 0.52，义务教育发展级别为Ⅶ级。人口受教育程度指数为 0.88，人口受教育级别属于Ⅴ级。

从文化设施来看，巍山彝族回族自治县有南诏博物馆；有 1 个三级文化馆，为县文化馆；有 1 个三级图书馆，为县图书馆。巍山彝族回族自治县是民族团结示范县；有 1 个少数民族特色村寨。巍山彝族回族自治县有 1 个第二批省级民族传统文化保护区，为青云彝族传统文化保护区；1 个省级民族民间传统文化之乡，为彝族打歌之乡。

5. 脱贫攻坚

巍山彝族回族自治县属于滇西边境片区，2017 年通过发展高原特色农业，实现了脱贫摘帽。巍山彝族回族自治县的永安村为旅游扶贫示范村。

在主体功能区的国家级定位中，巍山彝族回族自治县属于重点生态功能区。

八　永平县

（一）位置与范围

永平县位于云南省西南部，地处东经 99°16′—99°55′、北纬 25°03′—25°44′之间，东邻漾濞彝族自治县和巍山彝族回族自治县，南接昌宁县，西隔澜沧江与保山市分治，北与云龙县山水相连，总面积约为 0.29×10^4 平方千米。永平县是云南省大理白族自治州的下辖县，县人民政府驻地位于博南东路 1 号。永平县下辖 3 个镇（博南镇、杉阳镇、龙街镇），1 个乡（龙门乡），3 个民族乡（厂街彝族乡、水泄彝族乡、北斗彝族乡）。

（二）自然地理

永平县自然地理条件优越。在综合自然区划系统中，永平县属于亚热带北部地带的滇西横断山脉地区的保山—凤庆中山盆地宽谷区；在云南省生态经济区划中，永平县主要位于滇西北纵向岭谷生态经济区的南部中山盆地生态经济亚区；在生态保护红线空间分布格局中，永平县少部分位于金沙江、澜沧江、红河干热河谷地带；从生态保护红线功能类型上可以看出，永平县为澜沧江中山峡谷水土保持生态保护红线类型。永平县有永平金光寺省级自然保护区，属森林生态系统类型保护区。

1. 自然地理要素

（1）地貌

永平县最高海拔高度在北斗彝族乡青神龙山，约为 2933 米，最低海拔高度在水泄彝族乡渔坝平坦，约为 1130 米，高差约为 1803.00 米，平均 DEM 为 2020.06 米，处于Ⅴ级水平。坝区面积为 47 平方千米，坝区土地占全县土地面积的 1.68%，坝区综合指数为 8.48，属于山区地区。地形起伏度指数为 5.75，处于Ⅲ级水平；平均坡度指数为 20.83，处于Ⅴ级水平。

（2）气候要素

永平县处于北亚热带，年平均气温值 16.1℃，年降水量为 1086.8 毫米，年日照时数约为 1783.10 小时，气候资源指数为 1432.81，处于Ⅲ级水平。

（3）水文要素

永平县地处澜沧江流域，水网密度指数为 38.92，处于Ⅱ级水平。

（4）土壤要素

永平县的土壤类型主要为红壤、紫色土。

（5）植被要素

永平县的主要植被类型为滇西横断山暖性阔叶林；植被覆盖度处于较显著区。永平县生物物种资源丰富，生物多样性处于Ⅶ级水平。

2. 自然资源

（1）土地资源

永平县耕地面积为 210.34 平方千米，占全县土地面积的 7.51%；园地面积为 250.11 平方千米，占全县土地面积的 8.93%；林地面积为 2076.15 平方千米，占全县土地面积的 74.15%；草地面积为 91.38 平方千米，占全县土地面积的 3.26%；城镇村及工矿用地面积为 29.42 平方千米，占全县土地面积的 1.05%；交通运输用地面积为 24.98 平方千米，占全县土地面积的 0.89%；水域及水利设施用地面积为 24.22 平方千米，占全县土地面积的 0.86%；其他用地面积为 82.43 平方千米，占全县土地面积的 2.94%。在土地利用分区系统中，永平县位于滇中湖盆高原城镇工矿建设与耕地保护区的大理城市工矿旅游用地亚区。在可利用土地资源评价方面，永平县的可利用土地资源属于缺乏类型。在三生空间结构类型系统中，为生态主导型。

（2）水资源

永平县的水资源总量为 8.25 亿立方米，地表水径流量 8.25 亿立方米，径流深 295.2 毫米，地下水资源总量为 2.96 亿立方米，在可利用水资源评价方面，永平县的可利用水资源属于较缺乏类型。

（3）生物资源

永平县分布着国家一级保护植物长蕊木兰，分布的国家二级保护植物主要为红椿、毛红椿、榉树、水青树等。

永平县的稀有鸟类有黑颈长尾雉。

永平县的食用菌有鸡枞菌、广野绣球菌、鸡油菌、美味牛肝菌、香菇、糙皮侧耳、蓝黄红菇、巴氏蘑菇等。

（三）人文地理

1. 人口和民族

永平县 2018 年年末总人口数为 18.35 万人，人口性别比为 105.55，人口城镇化指数为 0.09，人口城镇化级别为Ⅶ级，人口老龄化指数为 0.08，老龄化级别属于Ⅴ级。永平县少数民族人口约为 7.35 万人，少数民族人口占总人口的比重为 40.05%，全县人口数量较多的少数民族主要有彝族、回族、白族、傈僳族、苗族等，民族多样性指数为 1.15。

2. 经济

永平县的 GDP（地区生产总值）为 45.34 亿元，人均 GDP 为 24708.45 元，地均 GDP 为 162 万元/平方千米，第一产业产值为 15.23 亿元，第二产业产值为 13.06 亿元，第三产业产值为 17.05 亿元，处于经济发展的工业化中后期阶段，位于澜沧江开发开放经济带。经济城镇化指数为 0.64，经济城镇化级别属于Ⅷ级。

从农业产业来看，永平县的粮食播种面积为 2.40 万公顷，年粮食产量为 10.68 万吨。永平县属于云南省高原特色农业沿边特色产业园区，是云药之乡，主要中药材品种有红豆杉、红花、续断等。

3. 旅游

在旅游景区方面，巍山彝族回族自治县有 2 个国家 3A 级旅游景区，分别为永平县曲硐文化旅游区、永平县宝台山旅游区。

永平县有 1 个国家历史文化名村，为博南镇曲硐村；1 个省级历史文化名镇，为杉阳镇；从遗产旅游特色来看，永平县的国家级物质文化遗产有 1 项，为茶马古道；省级物质文化遗产有 2 项，分别为兰津古渡、霁虹桥；非物质文化遗产有 1 项，是嘎蒙卡兜舞。

4. 社会生活

从人民生活水平来看，2018 年年末，永平县的住户存款余额为 32. 31 亿元，比上一年增长 10. 42%；职工平均工资为 9. 14 万元，比上一年增长 12. 56%；社会消费品零售总额为 12. 77 亿元，比上一年增长 5. 10%；农村常住居民人均可支配收入为 10282 元，比上一年增长 9. 50%。

从教育发展来看，永平县的义务教育发展总指数为 0. 50，义务教育发展级别为Ⅶ级。人口受教育程度指数为 0. 49，人口受教育级别属于Ⅶ级。

从文化设施来看，永平县有 1 个文化馆，为县文化馆；有 1 个三级图书馆，为县图书馆。

永平县有 1 个民族团结示范乡镇，为龙街镇；有 1 个少数民族特色集镇，为博南镇；有 1 个少数民族特色村寨。

5. 脱贫攻坚

永平县属于滇西边境片区，2018 年通过发展核桃等生态产业，实现了脱贫摘帽。永平县的西亚村、花桥村为旅游扶贫重点村。

在主体功能区的国家级和省级定位中，永平县属于重点生态功能区。

九　云龙县

（一）位置与范围

云龙县位于云南省西部，地处东经 98°51′—99°46′、北纬 25°28′—26°22′之间，东与洱源县和漾濞彝族自治县接壤，南与永平县、保山市隆阳区相交，西与怒江傈僳族自治州泸水市毗邻，北与剑川县、怒江傈僳族自治州兰坪白族普米族自治县交界，总面积约为 0. 47 × 10⁴平方千米。云龙县是大理白族自治州的下辖县，县人民政府驻诺邓镇人民路 46 号。云龙县下辖 4 个镇（诺邓镇、功果桥镇、漕涧镇、白石镇），5 个乡（宝丰乡、关坪乡、长新乡、检槽乡、民建乡），2 个民族乡（团结彝族乡、苗尾傈僳族乡）。

（二）自然地理

云龙县自然地理条件优越。在综合自然区划系统中，云龙县部分属于亚热带北部地带的滇西横断山脉地区的云龙—兰坪高中山原区，部分属于亚热带北部地带的滇西横断山脉地区的保山—凤庆中山盆地宽谷区；在云南省生态经济区划中，云龙县主要位于滇西北纵向岭谷生态经济区的南部中山盆地生态经济亚区；在生态保护红线空间分布格局中，云龙县部分位于青藏高原南缘滇西北高山峡谷生态屏障区域；从生态保护红线功能类型上可以看出，云龙县为滇西北高山峡谷生物多样性维护与水源涵养生态保护红线类型。

1. 自然地理要素

（1）地貌

云龙县最高海拔高度在苗尾傈僳族乡的喇嘛枯山，约为3663米，最低海拔高度在民建乡的红旗坝，约为730米，高差约为2933米，平均DEM为2406.15米，处于Ⅵ级水平。坝区面积为20.48平方千米，坝区土地占全县土地面积的0.58%，坝区综合指数为2.78，属于山区地区。地形起伏度指数为8.31，处于Ⅵ级水平；平均坡度指数为23.72，处于Ⅵ级水平。

（2）气候要素

云龙县整体处于南温带，年平均气温为15.9℃，年降水量为746.9毫米，年日照时数约为1734.10小时，气候资源指数为1554.67，处于Ⅳ级水平。

（3）水文要素

云龙县地处澜沧江流域、怒江流域，水网密度指数为69.79，处于Ⅲ级水平。

（4）土壤要素

云龙县的土壤类型主要为棕壤、紫色土。

（5）植被要素

云龙县的主要植被类型为滇西横断山暖性阔叶林，植被覆盖度处于显著区。云龙县生物物种资源较丰富，生物多样性处于Ⅶ级水平。

2. 自然资源

（1）土地资源

云龙县耕地面积为368.88平方千米，占全县土地面积的8.38%；园地面积为 93.66 平方千米，占全县土地面积 2.13%；林地面积为 3310.39 平方千米，占全县土地面积的 75.24%；草地面积为 336.98 平方千米，占全县土地面积的 7.66%；城镇村及工矿用地面积为 34.69 平方千米，占全县土地面积的 0.79%；交通运输用地面积为 24.45 平方千米，占全县土地面积的 0.56%；水域及水利设施用地面积为 46.95 平方千米，占全县土地面积的 1.07%；其他用地面积为 154.02 平方千米，占全县土地面积的 3.50%。在土地利用分区系统中，云龙县位于滇西北高山高原峡谷土地生态保护与旅游区的澜沧江高山峡谷土地整治与矿电用地亚区。在可利用土地资源评价方面，云龙县的可利用土地资源属于较缺乏类型。在三生空间结构类型系统中，为生态主导型。

（2）水资源

云龙县的水资源总量为 25.29 亿立方米，地表水径流量 25.29 亿立方米，径流深 578.3 毫米，地下水资源总量为 9.61 亿立方米，在可利用水资源评价方面，云龙县的可利用水资源属于较丰富类型。

（3）生物资源

云龙县分布着国家一级保护植物喜马拉雅红豆杉；国家二级保护植物主要为十齿花、长喙厚朴、油麦吊云杉、云南梫树、榉树、西康玉兰、毛红椿、红椿 8 种。

云龙县分布着稀有鸟类白尾梢虹雉。

云龙县的食用菌有鸡枞菌、银耳、毛柄类火菇、硫色洵孔菌、羊肚菌、巴氏蘑菇 6 种。

（4）旅游资源

云龙县有 1 个世界自然遗产，为云南三江并流保护区。

（三）人文地理

1. 人口和民族

云龙县 2018 年年末总人口数为 20.89 万人，人口性别比为 112.42，人口城镇化指数为 0.08，人口城镇化级别为Ⅶ级，人口老龄化指数为 0.09，老龄化级别属于Ⅶ级。云龙县少数民族人口约为 16.91 万人，少数民族人口占总人口的比重为 80.95%，全县人口数量较多的少数民族主要有白族、彝族、傈僳族、阿昌族、苗族、傣族等，民族多样性指数为

1.02。云龙县主要说云龙话，属于滇西方言中的大理方言。

2. 经济

云龙县的 GDP（地区生产总值）为 57.65 亿元，人均 GDP 为 27596.94 元，地均 GDP 为 131 万元/平方千米，第一产业产值为 9.31 亿元，第二产业产值为 30.37 亿元，第三产业产值为 17.97 亿元，处于经济发展的工业化中后期阶段。云龙县位于澜沧江开发开放经济带，经济城镇化指数为 0.83，经济城镇化级别属于Ⅲ级。

从农业产业来看，云龙县的粮食播种面积为 3.16 万公顷，年粮食产量为 14.12 万吨。云龙县属于云南省产业重点园区的沿边特色产业园区，是云药之乡，主要中药材品种有重楼、续断、红花、红豆等中药材，也有中药材特色农业产业园区。

3. 旅游

云龙县有 1 个国家 3A 级旅游景区，为大理云龙县诺邓景区。

云龙县诺邓村是中国历史文化名村、国家历史文化名村和云南省特色小镇，宝丰乡是云南省级历史文化名镇。从遗产旅游特色来看，云龙县的国家级物质文化遗产有 3 项，为诺邓白族乡土建筑群、顺荡火葬墓群、沘江古桥梁群；省级物质文化遗产有 3 项，为通京桥、虎头山道教建筑群、云龙盐井遗址；非物质文化遗产有 3 项，分别是耳子歌、白族吹吹腔、白族"力格高"。云龙县的检槽乡、白石镇、长新乡为革命老区乡镇。

4. 社会生活

从人民生活水平来看，2018 年年末，云龙县的住户存款余额为 32.70 亿元，比上一年增长 6.65%；职工平均工资为 9.69 万元，比上一年增长 11.38%；社会消费品零售总额为 14.51 亿元，比上一年增长 11.10%；农村常住居民人均可支配收入为 9848 元，比上一年增长 9.09%。

从教育发展来看，云龙县的义务教育发展总指数为 0.77，义务教育发展级别为Ⅴ级。人口受教育程度指数为 0.58，人口受教育级别属于Ⅵ级水平。

从文化设施来看，云龙县有 1 个二级文化馆，为县文化馆；有 1 个三级图书馆，为县图书馆。

云龙县有 1 个民族团结示范乡镇，为漕涧镇；有 1 个少数民族特色村寨。云龙县有 1 个第二批省级民族传统文化保护区，为诺邓村白族传统文化保护区；1 个省级民族民间传统文化之乡，为白族吹吹腔之乡。

5. 脱贫攻坚

云龙县属于滇西边境片区，2019 年通过对诺邓火腿、云龙茶等产业的扶持，实现了脱贫摘帽。

在主体功能区的国家级定位中，云龙县属于农产品主产区。

十　洱源县

（一）位置与范围

洱源县位于云南省西南部，地处东经 $99°32'$—$100°11'$、北纬 $25°43'$—$26°25'$ 之间，东与鹤庆县相连，南与大理市、漾濞彝族自治县接壤，西与云龙县分疆，北与剑川县毗邻，总面积约为 $0.30×10^4$ 平方千米。洱源县是大理白族自治州的下辖县，县人民政府驻地位于施滉路 1 号。洱源县下辖 6 个镇（茈碧湖镇、邓川镇、右所镇、三营镇、凤羽镇、乔后镇），3 个乡（牛街乡、炼铁乡、西山乡）。

（二）自然地理

洱源县自然地理条件优越。在综合自然区划系统中，洱源县部分属于亚热带北部地带的滇西横断山脉地区的云龙—兰坪高中山原区，部分属于亚热带北部地带的滇东高原地区的大理—丽江盆地中高山区；在云南省生态经济区划中，洱源县主要位于滇西北纵向岭谷生态经济区的北部高山峡谷生态经济亚区；从生态保护红线功能类型上可以看出，洱源县为高原湖泊及牛栏江上游水源涵养生态保护红线类型。洱源县有西湖国家湿地公园，该公园生态系统类型独特且多样。洱源县是第三批国家生态文明建设示范区，该示范区的建设体现了洱源县坚持走绿色发展道路，保护环境，努力建设地区生态文明。

1. 自然地理要素

（1）地貌

洱源县最高海拔高度在东北部的南无山，约 3958.40 米，最低海拔高度在南部的乌梢箐口，约 1645 米，高差约为 2313.4 米，平均 DEM 为

2564.30 米，处于Ⅶ级水平。坝区面积为 222.6 平方千米，坝区土地面积占全县土地面积的 10.19%，坝区综合指数为 32.59，属于半山半坝地区。地形起伏度指数为 7.05，处于Ⅴ级水平；平均坡度指数为 17.53，处于Ⅳ级水平。

（2）气候要素

洱源县处于南温带，年平均气温为 14.6℃，年降水量为 710.7 毫米，年日照时数约为 2292.20 小时，气候资源指数为 1412.19，处于Ⅲ级水平。

（3）水文要素

洱源县地处长江流域、澜沧江流域，水网密度指数为 51.68，处于Ⅲ级水平。

（4）土壤要素

洱源县的土壤类型主要为黄棕壤、紫色土。

（5）植被要素

洱源县的主要植被类型为滇中、东部高原暖性阔叶林、针叶林；植被覆盖度处于显著区。洱源县生物物种资源丰富，生物多样性处于Ⅷ级水平。田中线穿过洱源县。

2. 自然资源

（1）土地资源

洱源县耕地面积为 368.93 平方千米，占全县土地面积的 14.19%；园地面积为 56.51 平方千米，占全县土地面积的 2.17%；林地面积为 1559.26 平方千米，占全县土地面积的 59.97%；草地面积为 330.70 平方千米，占全县土地面积的 12.72%；城镇村及工矿用地面积为 65.61 平方千米，占全县土地面积的 2.52%；交通运输用地面积为 26.00 平方千米，占全县土地面积的 1.00%；水域及水利设施用地面积为 46.47 平方千米，占全县土地面积的 1.79%；其他用地面积为 74.87 平方千米，占全县土地面积的 2.88%。在土地利用分区系统中，洱源县位于滇中湖盆高原城镇工矿建设与耕地保护区的大理城市工矿旅游用地亚区。在可利用土地资源评价方面，洱源县的可利用土地资源属于一般类型。在三生空间结构类型系统中，为生态—生产主导型。

（2）水资源

洱源县的水资源总量为11.60亿立方米，地表水径流量11.60亿立方米，径流深404.8毫米，地下水资源总量为4.40亿立方米，在可利用水资源评价方面，洱源县的可利用水资源属于一般类型。

（3）生物资源

洱源县分布着国家一级保护植物喜马拉雅红豆杉，国家二级保护植物主要为油麦吊云杉、子宫草、金铁锁、云南榧树。

洱源县的食用菌有鸡枞菌、广野绣球菌、糙皮侧耳、洱源枝瑚菌、巴氏蘑菇等。

（4）旅游资源

在旅游资源方面，洱源县有2处水体景观资源，有1处泉水景观，为洱源温泉景观；1处瀑布景观，为洱源银河峰瀑布景观。

（三）人文地理

1. 人口和民族

洱源县2018年年末总人口数为27.93万人，人口性别比为101.31，人口城镇化指数为0.07，人口城镇化级别为Ⅶ级，人口老龄化指数为0.08，老龄化级别属于Ⅴ级。洱源县少数民族人口约为18.47万人，少数民族人口占总人口的比重为66.13%，全县人口数量较多的少数民族主要有白族、彝族、回族、傈僳族等，民族多样性指数为0.93。洱源县主要说洱源话，属于滇西方言中的大理方言。

2. 经济

洱源县的GDP（地区生产总值）为60.92亿元，人均GDP为21811.67元，地均GDP为234万元/平方千米，第一产业产值为20.40亿元，第二产业产值为16.25亿元，第三产业产值为24.27亿元，处于经济发展的工业化中后期阶段，位于澜沧江开发开放经济带。经济城镇化指数为0.68，经济城镇化级别属Ⅶ级。

从农业产业来看，洱源县的粮食播种面积为2.74万公顷，年粮食产量为18.02万吨。洱源县属于产业重点园区的沿边特色产业区，是夏秋蔬菜优势产业区的生产大县，有省级洱源邓川工业园区，其产业类型为先进装备制造。

3. 旅游

在旅游景区中，洱源县有1个国家4A级景区，为大理洱源地热国旅游景区；1个国家3A级景区，为大理洱源西湖景区；1个国家2A级景区，为大理洱源茈碧湖景区；在度假休闲区中，有1个温泉休闲区，为大理地热国温泉。

洱源县凤羽镇为中国历史文化名镇；从遗产旅游特色来看，洱源县省级物质文化遗产有5项，分别是真武阁、旧州三塔、凤羽古建筑群、德源城遗址、段信苴宝摩崖碑；非物质文化遗产有3项，分别为高台灶火、白族布扎、白族阿吒力民族音乐曲。洱源县是解放战争时期的革命老区。

4. 社会生活

从人民生活水平来看，2018年年末，洱源县的住户存款余额为55.73亿元，比上一年增长6.97%；职工平均工资为9.56万元，比上一年增长15.04%；社会消费品零售总额为21.53亿元，比上一年增长11.50%；农村常住居民人均可支配收入为10768元，比上一年增长9.30%。

从教育发展来看，洱源县的义务教育发展总指数为0.55，义务教育发展级别为Ⅶ级。人口受教育程度指数为0.78，人口受教育级别属于Ⅵ级。

从文化设施来看，洱源县有1个文化馆，为县文化馆；有1个三级图书馆，为县图书馆。

洱源县牛街乡为民族团结示范乡镇，三营镇郑家庄村为示范村，有1个少数民族特色村寨。洱源县有1个第二批省级民族传统文化保护区，为凤羽镇白族传统文化保护区。

5. 脱贫攻坚

洱源县属于滇西边境片区，2017年通过对家禽养殖产业的扶持，实现了脱贫摘帽。洱源县的焦石村为旅游扶贫重点村。

在主体功能区的国家级定位中，洱源县属于农产品主产区。

十一 剑川县

（一）位置与范围

剑川县位于云南省西南部，地处东经99°28′—100°03′、北纬26°

11′—26°40′之间，东邻鹤庆县，南接洱源县，西与兰坪白族普米族自治县、云龙县接壤，北与丽江市毗连，总面积约为 0.23×10^4 平方千米。剑川县是大理白族自治州的下辖县，县人民政府驻地位于金华镇凤营小区 52 号。剑川县下辖 5 个镇（金华镇、甸南镇、马登镇、沙溪镇、老君山镇），3 个乡（羊岑乡、弥沙乡、象图乡）。

（二）自然地理

剑川县自然地理条件优越。在综合自然区划系统中，剑川县部分属于亚热带北部地带的滇西横断山脉地区的云龙—兰坪高中山原区，部分属于亚热带北部地带的滇东高原地区的大理—丽江盆地中高山区；在云南省生态经济区划中，剑川县主要位于滇西北纵向岭谷生态经济区的北部高山峡谷生态经济亚区；在生态保护红线空间分布格局中，剑川县部分位于青藏高原南缘滇西北高山峡谷生态屏障区域；从生态保护红线功能类型上可以看出，剑川县为滇西北高山峡谷生物多样性维护与水源涵养生态保护红线类型。剑川县有剑川剑湖湿地省级自然保护区，属内陆湿地和水域生态系统类型的省级自然保护区。

1. 自然地理要素

（1）地貌

剑川县最高海拔高度在雪斑山主峰，约为 4295 米，最低海拔高度在沙溪米子坪，约为 1973 米，高差约为 2322 米，平均 DEM 为 2761.02 米，处于Ⅶ级水平。坝区面积为 274.70 平方千米，坝区土地面积占全县土地面积的 8.83%，坝区综合指数为 36.49，属于半山半坝地区。地形起伏度指数为 6.99，处于Ⅴ级水平；平均坡度指数为 18.31，处于Ⅳ级水平。

（2）气候要素

剑川县处于中温带季风气候，年平均气温为 13.4℃，年降水量为 676.9 毫米，年日照时数约为 2562.1 小时，气候资源指数为 1314.43，处于Ⅱ级水平。

（3）水文要素

剑川县地处澜沧江流域，水网密度指数为 54.15，处于Ⅲ级水平。

（4）土壤要素

剑川县的土壤类型主要为黄棕壤。

（5）植被要素

剑川县的主要植被类型为滇西横断山暖性阔叶林；植被覆盖度处于微显著区。剑川县生物物种资源丰富，生物多样性处于Ⅶ级水平。田中线穿过剑川县。

2. 自然资源

（1）土地资源

剑川县耕地面积为 240.41 平方千米，占全县土地面积的 10.93%；园地面积为 7.79 平方千米，占全县土地面积的 0.35%；林地面积为 1642.80 平方千米，占全县土地面积的 74.67%；草地面积为 234.46 平方千米，占全县土地面积的 10.66%；城镇村及工矿用地面积为 32.16 平方千米，占全县土地面积的 1.46%；交通运输用地面积为 19.59 平方千米，占全县土地面积的 0.89%；水域及水利设施用地面积为 20.35 平方千米，占全县土地面积的 0.92%；其他用地面积为 40.60 平方千米，占全县土地面积的 1.85%。在土地利用分区系统中，剑川县位于滇西北高山高原峡谷土地生态保护与旅游区的丽江—香格里拉高山高原旅游与城镇用地亚区。在可利用土地资源评价方面，剑川县的可利用土地资源属于较缺乏类型。在三生空间结构类型系统中，为生态主导型。

（2）水资源

剑川县的水资源总量为 9.54 亿立方米，地表水径流量 9.54 立方米，径流深 424.6 毫米；地下水资源总量为 3.86 立方米，在可利用水资源评价方面，剑川县的可利用水资源属于较缺乏类型。

（3）生物资源

剑川县分布着国家一级保护植物喜马拉雅红豆杉，国家二级保护植物主要为油麦吊云杉、西康玉兰、中国蕨、野菱、金铁锁、云南榧树等。

剑川县的稀有鸟类有黑鹳。

剑川县的食用菌有松茸、鸡枞菌、广野绣球菌、美味牛肝菌、黄皮疣柄牛肝菌、柱状田头菇、桂花耳、糙皮侧耳、毛柄类火菇、铜色牛肝菌、乳牛肝菌、多汁乳菇、红黄鹅膏、蓝丝膜菌、红蜡蘑、硫色洵孔菌、白色地花菌、洱源枝瑚菌、巴氏蘑菇 19 种。

（4）旅游资源

在旅游资源方面，剑川县有 1 处世界自然遗产，为云南三江并流保护区；剑川县的地文景观资源中，有 1 处地质景观，为剑川石宝山丹霞景观。

（三）人文地理

1. 人口和民族

剑川县 2018 年年末总人口数为 17.85 万人，人口性别比为 102.18，人口城镇化指数为 0.09，人口城镇化级别为Ⅶ级，人口老龄化指数为 0.09，老龄化级别属于Ⅶ级。剑川县少数民族人口约为 15.94 万人，少数民族人口占总人口的比重为 89.30%，全县人口数量较多的少数民族主要有白族、彝族、傈僳族、回族、纳西族等，民族多样性指数为 0.53。剑川县主要说剑川话，属于滇西方言中的大理方言。

2. 经济

剑川县的 GDP（地区生产总值）为 35.32 亿元，人均 GDP 为 19787.11 元，地均 GDP 为 161 万元/平方千米，第一产业产值为 7.59 亿元，第二产业产值为 15.07 亿元，第三产业产值为 12.66 亿元，处于经济发展的工业化中后期阶段，位于澜沧江开发开放经济带。经济城镇化指数为 0.79，经济城镇化级别属于Ⅳ级。

从农业产业来看，剑川县的粮食播种面积为 2.13 万公顷，年粮食产量为 8.51 万吨。剑川县有 1 个沿边特色产业区，其中药材特色农业产业园区生产云当归、金铁锁、滇重楼等药材。

3. 旅游

在旅游景区中，剑川县有 1 处国家 4A 级旅游景区，为剑川石宝山沙溪古镇景区，有 1 处国家 3A 级旅游景区，为大理剑川千狮石（满贤林）景区；在度假休闲区中，有旅游度假区 1 个，休闲街区 1 个，为剑川沙溪寺登街。在节庆会展产品中，有 1 项节庆旅游产品，为剑川石宝山歌会节。

剑川县沙溪镇是全国特色小镇、中国历史文化名镇和国家历史文化名镇，剑川县是省级历史文化名城，有两处云南省特色小镇，分别是木雕艺术小镇、沙溪古镇；从遗产旅游特色来看，剑川县有 1 项中国重要农业文化遗产，为云南剑川稻麦复种系统；国家级物质文化遗产有西门街古建筑群、沙溪兴教寺、石钟山石窟、海门口遗址、茶马古道、景风阁，共6项；省级物质文化遗产有宝相寺、兴教寺、赵藩墓、海云居、金华山石刻、寺登街古建筑群，共6项；非物质文化遗产有8项，分别是剑川木雕、石宝山歌会、剑川白曲、金华镇梅园村白族石雕、霸王鞭、高台社火、白族布扎、白族阿吒力民族音乐曲。剑川县是革命老区。

4. 社会生活

从人民生活水平来看，2018年年末，剑川县的住户存款余额为36.34亿元，比上一年增长9.95%；职工平均工资为8.07万元，比上一年增长4.40%；社会消费品零售总额为11.02亿元，比上一年增长2.04%；农村常住居民人均可支配收入为8924元，比上一年增长9.30%。

从教育发展来看，剑川县的义务教育发展总指数为0.52，义务教育发展级别为Ⅶ级。人口受教育程度指数为0.51，人口受教育级别属于Ⅶ级。

从文化设施来看，剑川县有剑川县民族博物馆；有1个三级文化馆，为县文化馆；有1个三级图书馆，为县图书馆。

剑川县的象图乡为民族团结示范乡镇，金华镇为少数民族特色集镇，有1个少数民族特色村寨。剑川县有1个第二批省级民族传统文化保护区，为沙溪镇白族传统文化保护区；1个省级民族民间传统文化之乡，为金华镇梅园村白族石雕之乡。

5. 脱贫攻坚

剑川县属于滇西边境片区，2019年通过对野生菌产业的扶持，实现了脱贫摘帽。在脱贫攻坚的道路上，旅游扶贫作出重要的贡献，沙溪镇为旅游扶贫示范镇。

在主体功能区的国家级定位中，剑川县属于重点生态功能区。

十二 鹤庆县

（一）位置与范围

鹤庆县位于云南省西南部，地处东经100°01′—100°29′、北纬25°57′—26°42′之间，东有金沙江与永胜县分津，南邻鸡坪关与大理市、宾川县接界，西连马耳山与剑川县、洱源县两县接壤，北望玉龙雪峰与丽江市毗连，总面积约为 0.24×10^4 平方千米。鹤庆县是大理白族自治州的下辖县，县人民政府驻地位于云鹤镇。鹤庆县下辖 7 个镇（云鹤镇、辛屯镇、松桂镇、黄坪镇、草海镇、西邑镇、龙开口镇），1 个乡（金墩乡），1 个民族乡（六合彝族乡）。

（二）自然地理

鹤庆县自然地理条件优越。在综合自然区划系统中，鹤庆县属于亚热带北部地带的滇东高原地区的大理—丽江盆地中高山区；在云南省生态经济区划中，鹤庆县主要位于滇西北纵向岭谷生态经济区的南部中山盆地生态经济亚区；在生态保护红线空间分布格局中，鹤庆县部分位于金沙江、澜沧江、红河干热河谷地带；从生态保护红线功能类型上可以看出，鹤庆县为滇西北高山峡谷生物多样性维护与水源涵养生态保护红线类型。鹤庆县有东草海国家湿地公园，该湿地公园的建设对当地生态系统多样性和生物多样性保护发挥着重要作用。

1. 自然地理要素

（1）地貌

鹤庆县最高海拔高度马耳山主峰，约为 3925 米，最低海拔高度在金沙江畔龙开口镇洛琅村，约为 1162 米，高差约为 2763 米，平均 DEM 为 2252.25 米，处于Ⅵ级水平。坝区面积为 372.5 平方千米，坝区土地占全县土地面积的 12.55%，坝区综合指数为 35.84，属于半山半坝地区。地形起伏度指数为 7.89，处于Ⅴ级水平；平均坡度指数为 17.28，处于Ⅳ级水平。

（2）气候要素

鹤庆县处于南温带，年平均气温为 14.1℃，年降水量为 1226.8 毫米，年日照时数约为 2424.30 小时，气候资源指数为 1388.24，处于Ⅲ级水平。

（3）水文要素

鹤庆县地处长江流域，水网密度指数为 42.71，处于Ⅱ级水平。

（4）土壤要素

鹤庆县的土壤类型主要为红壤。

（5）植被要素

鹤庆县的主要植被类型为滇中、北部中山暖性阔叶林、暖性针叶林；植被覆盖度处于显著区。鹤庆县生物物种资源丰富，生物多样性处于Ⅶ级水平。田中线穿过鹤庆县。

2. 自然资源

（1）土地资源

鹤庆县耕地面积为354.76平方千米，占全县土地面积的14.78%；园地面积为59.93平方千米，占全县土地面积的2.50%；林地面积为1591.38平方千米，占全县土地面积的66.31%；草地面积为140.33平方千米，占全县土地面积的5.85%；城镇村及工矿用地面积为52.42平方千米，占全县土地面积的2.18%；交通运输用地面积为30.22平方千米，占全县土地面积的1.26%；水域及水利设施用地面积为32.16平方千米，占全县土地面积的1.34%；其他用地面积为103.50平方千米，占全县土地面积的4.31%。在土地利用分区系统中，鹤庆县位于滇中湖盆高原城镇工矿建设与耕地保护区的大理城市工矿旅游用地亚区。在可利用土地资源评价方面，鹤庆县的可利用土地资源属于一般类型。在三生空间结构类型系统中，为生态主导型。

（2）水资源

鹤庆县的水资源总量为8.37亿立方米，地表水径流量8.37亿立方米，径流深355.5毫米，地下水资源总量为2.04亿立方米，在可利用水资源评价方面，鹤庆县的可利用水资源属于较缺乏型。

（3）生物资源

鹤庆县有国家一级保护植物喜马拉雅红豆杉，国家二级保护植物主要为油麦吊云杉、子宫草、红椿、毛红椿、龙棕、异颖草、西康玉兰7种。

鹤庆县的食用菌有鸡枞菌、广野绣球菌、鸡油菌、美味牛肝菌、黄皮疣柄牛肝菌、柱状田头菇、糙皮侧耳、毛柄类火菇、梭柄乳头蘑、蓝黄红菇、灰喇叭菌、硫色洵孔菌、白色地花菌、洱源枝瑚菌、巴氏蘑菇15种。

（4）旅游资源

在旅游资源方面，鹤庆县的地文景观资源中，有1处喀斯特景观，为鹤庆清源洞景观；水体景观资源中，有 1 处泉水景观，为鹤庆龙潭景观。

（三）人文地理

1. 人口和民族

鹤庆县 2018 年年末总人口数为 26.60 万人，人口性别比为 101.84，人口城镇化指数为 0.08，人口城镇化级别为Ⅶ级，人口老龄化指数为 0.09，老龄化级别属于Ⅶ级。鹤庆县少数民族人口约为 16.67 万人，少数民族人口占总人口的比重为 62.67%，全县人口数量较多的少数民族主要有白族、彝族、傈僳族、苗族等，民族多样性指数为 1.02。

2. 经济

鹤庆县的 GDP（地区生产总值）为 69.09 亿元，人均 GDP 为 25973.68 元，地均 GDP 为 288 万元/平方千米，第一产业产值为 12.95 亿元，第二产业产值为 39.66 亿元，第三产业产值为 16.48 亿元，处于经济发展的工业化中后期阶段。鹤庆县位于金沙江开放合作经济带、澜沧江开发开放经济带。经济城镇化指数为 0.81，经济城镇化级别属于Ⅳ级。

从农业产业来看，鹤庆县的粮食播种面积为 2.63 万公顷，年粮食产量为 13.97 万吨。鹤庆县属于产业重点园区的沿边特色产业区，是花卉特色发展区，主要经营盆花与地方特色花卉、加工花卉；中药材主要品种有云当归、附子、滇重楼等。

从工业产业来看，鹤庆县有省级工业园区 1 个，产业类型为冶金园区。

3. 旅游

在旅游景区中，鹤庆县有国家 4A 级景区 1 个，为大理银都水乡新华白族旅游村景区。

鹤庆县有 1 处云南省特色小镇，为新华银器艺术小镇；有 1 处省级历史文化名镇，为松桂镇；有 1 处国家级物质文化遗产，为茶马古道，有 2 处省级物质文化遗产，为鹤庆文庙、云鹤楼；非物质文化遗产有 2 项，分别是传统手工造纸技艺、甸北白族田埂调。鹤庆县是解放战争时期的革命老区。

4. 社会生活

从人民生活水平来看，2018 年年末，鹤庆县的住户存款余额为 72.77 亿元，比上一年增长 15.25%；职工平均工资为 9.19 万元，比上一年增长 15.60%；社会消费品零售总额为 15.08 亿元，比上一年下降 5.34%；农村常住居民人均可支配收入为 10466 元，比上一年增长 9.10%。

从教育发展来看，鹤庆县的义务教育发展总指数为 0.63，义务教育发展级别为 Ⅶ 级。人口受教育程度指数为 0.71，人口受教育级别属于 Ⅵ 级。

从文化设施来看，鹤庆县有 1 个二级文化馆，为县文化馆；有 1 个二级图书馆，为县图书馆。

鹤庆县有六合彝族乡、西邑镇 2 个民族团结示范乡镇；有 1 个第二批省级民族传统文化保护区，为五星村彝族传统文化保护区。

5. 脱贫攻坚

鹤庆县属于滇西边境片区，2017 年依托蚕桑、绿色蔬菜、优质水果、乳业和畜牧业、烤烟、中药材、藕鱼立体种养殖及休闲观光农业八大高原特色农业，实现了脱贫摘帽。在精准旅游扶贫上，鹤庆县的江东村为旅游扶贫重点村。

在主体功能区的国家级定位中，鹤庆县属于农产品主产区。

第十四章

德宏傣族景颇族自治州

第一节　整体特征

一　位置与范围

德宏傣族景颇族自治州位于云南省西部，地属滇西城市群，地处东经97°31′—98°43′、北纬23°50′—25°50′之间，东面与保山市相邻、而北、西、南三面都被缅甸包围。全州东西最大横距122千米，南北最大纵距170千米，总面积约 1.15×10^4 平方千米。州人民政府驻芒市勐焕街道勇罕街5号。德宏傣族景颇族自治州下辖2个县级市（瑞丽市、芒市），3个县（梁河县、盈江县、陇川县），51个乡、镇、街道（1个街道、23个镇、27个乡）。德宏傣族景颇族自治州位于云南省沿边开放城市带，其中，全州除梁河县外均与缅甸接壤。瑞丽陆路口岸、畹町陆路口岸是云南省对外联系的公路口岸，芒市空运口岸（德宏芒市国际机场）是云南省对外联系的航空口岸，盈江那邦口岸、章凤口岸是云南省对外联系的陆运（公路）口岸。

二　自然地理

德宏傣族景颇族自治州自然地理条件优越。在综合自然区划系统中，德宏傣族景颇族自治州属于热带北缘地带的滇南—滇西南低中山盆谷地区，亚热带南部地带的滇西南中山山原区；在云南省生态经济区划中，德宏傣族景颇族自治州全部位于滇西北纵向岭谷生态经济区的西部中山盆地生态经济亚区；从生态保护红线功能类型上可以看出，德宏傣族景颇族自治州为大盈江—瑞丽江水源涵养生态保护红线类型。

（一）自然地理要素

1. 地貌

德宏傣族景颇族自治州最高海拔高度约 3404.60 米，最低海拔高度约 210 米，高差约 3194.60 米，平均 DEM 为 1368.93 米，处于 Ⅱ 级水平。坝区面积 1267.5 平方千米，坝区土地占全州土地面积的 11.02%，坝区综合指数为 43.80，属于半山半坝地区。地形起伏度指数为 5.03，处于 Ⅱ 级水平；平均坡度指数为 14.09，处于 Ⅱ 级水平。

2. 气候要素

德宏傣族景颇族自治州整体处于中亚热带、南亚热带的过渡地带，年平均气温 20℃，年降水量为 1426.3 毫米，年日照时数约 2343 小时，气候资源指数为 1828.72，处于 Ⅶ 级水平。

3. 水文要素

德宏傣族景颇族自治州地处伊洛瓦底江流域、怒江流域的交汇地带，水网密度指数处于 Ⅳ 级水平。

4. 土壤要素

德宏傣族景颇族自治州的土壤类型主要有赤红壤、红壤、黄棕壤 3 种类型，以红壤居多。

5. 植被要素

德宏傣族景颇族自治州的主要植被类型为滇中南、东部岩溶暖性、暖热性阔叶林，暖性针叶林和滇南热性阔叶林，植被覆盖度处于较显著区。德宏傣族景颇族自治州生物物种资源丰富，生物多样性处于 Ⅴ 级水平。

（二）自然资源

1. 土地资源

德宏傣族景颇族自治州耕地面积 1838.91 平方千米，占全州土地面积的 15.99%；园地面积 396.69 平方千米，占全州土地面积的 3.45%；林地面积 7640.62 平方千米，占全州土地面积的 66.44%；草地面积 347.77 平方千米，占全州土地面积的 3.02%；城镇村及工矿用地面积 310.23 平方千米，占全州土地面积的 2.70%；交通运输用地面积

137.49 平方千米，占全州土地面积的 1.2%；水域及水利设施用地面积
194.34 平方千米，占全州土地面积的 1.69%；其他用地面积 306.19 平
方千米，占全州土地面积的 2.66%。在土地利用分区系统中，德宏傣
族景颇族自治州位于滇西南中低山盆谷边贸旅游与热作粮食区的滇西城
市边贸旅游与粮食主产亚区。在可利用土地资源评价中，德宏傣族景颇
族自治州无土地资源丰富和缺乏的县区，较丰富的有 1 个，一般的有 2
个，较缺乏的有 2 个。

2. 水资源

德宏傣族景颇族自治州的水资源总量 136.44 亿立方米，地下水资源
总量 50 亿立方米。在可利用水资源评价中，德宏傣族景颇族自治州水资
源丰富的县区有 1 个，较丰富的有 1 个，一般的有 1 个，较缺乏的有 2
个，无水资源缺乏的县区。

3. 生物资源

德宏傣族景颇族自治州分布着国家一级保护植物白桫椤、藤枣、勐
仑翅子树、长蕊木兰、四数木、东京龙脑香、萼翅藤、篦齿苏铁、云南
蓝果树等，国家二级保护植物有毛叶黑桫椤、合果木、十齿花、红椿、
滇桐、桫椤、鹿角蕨、苏铁蕨、黑桫椤、中华桫椤、香果树、拟花蔺、
樟树、云南拟单性木兰、大叶黑桫椤、水青树 16 种，广泛分布着金毛狗
等国家珍稀植物资源。

德宏傣族景颇族自治州分布着稀有鸟类黑鹳、黑颈长尾雉、孔雀雉、
绿孔雀、灰腹角雉、黑颈鹤、白背兀鹫等；稀有兽类有大灵猫、斑林狸、
熊狸、小灵猫、野牛、熊猴、豹、豺、虎等；稀有爬行、两栖、鱼类有
巨蟒、大壁虎、巨蜥。

德宏傣族景颇族自治州的食用菌有鸡枞菌、裂褶菌、银耳、黑木耳、
草菇、巴氏蘑菇、鸡油菌、紫晶蜡蘑、长根小奥德菇、草鸡枞、皱盖疣
柄牛肝菌、黄伞、硫色洵孔菌 13 种。其中，盈江县的食用菌资源最为丰
富，约有 9 种；陇川县、梁河县的食用菌资源最少。

4. 矿产资源

德宏傣族景颇族自治州有色金属资源较为匮乏；贵金属资源匮乏；
化工原料非金属矿产资源匮乏。

5. 旅游资源

德宏傣族景颇族自治州的地文景观资源中，有 5 处地质景观，分别为瑞丽市滇西横断山纵谷景观、芒市滇西横断山纵谷景观、梁河县滇西横断山纵谷景观、盈江县滇西横断山纵谷景观、陇川县滇西横断山纵谷景观。水体景观资源中，有 2 处泉水景观，分别为芒市法帕温泉景观，芒市遮放温泉景观；有 1 处瀑布景观，为瑞丽扎朵瀑布景观。生物景观资源中，有 1 处植物景观，为瑞丽独树成林景观；有 5 处人工植物景观，分别为瑞丽市云南古茶树景观、芒市云南古茶树景观、梁河县云南古茶树景观、盈江县云南古茶树景观、陇川县云南古茶树景观。

三 人文地理

（一）人口和民族

德宏傣族景颇族自治州 2018 年年末总人口数为 131.60 万人，性别比为 106.50，人口城镇化指数为 0.19，人口城镇化级别为 V 级，人口老龄化指数为 0.06，老龄化级别为 II 级。德宏傣族景颇族自治州少数民族人口约 58.17 万人，少数民族人口占总人口的 44.20%，人口数量较多的少数民族有傣族、景颇族、德昂族、白族、彝族等，民族多样性指数为 1.21。德宏傣族景颇族自治州主要说滇西方言中的德宏方言。

（二）经济

德宏傣族景颇族自治州 GDP（地区生产总值）为 381.06 亿元，人均 GDP 为 28955.93 元，地均 GDP 为 331 万元/平方千米，第一产业产值为 85.07 亿元，第二产业产值为 92.68 亿元，第三产业产值为 203.31 亿元，处于经济发展的工业化中后期阶段，位于云南省沿边开放经济带。经济城镇化指数为 0.72，经济城镇化级别为 VI 级。

从农业产业来看，德宏傣族景颇族自治州的粮食播种面积 14.90 万公顷，年粮食产量 75.38 万吨。德宏傣族景颇族自治州有 5 个县属于云南省高原特色农业沿边特色产业园区，是云南省肉牛产业加快发展区，是肉羊产业稳定发展区；德宏傣族景颇族自治州的冬春蔬菜优势产业区有 1 个生产大县和 1 个重点县。德宏傣族景颇族自治州茶叶品种主要有普洱茶、滇红茶和绿茶，从事中药材加工和经营的企业有 2 种，分别是石斛、草果的加工厂。

从工业园区来看，德宏傣族景颇族自治州有 3 个省级工业园区，有 1 个冶金产业园区，有 1 个先进装备制造产业园区，有 1 个特色食品制造产业园区。德宏傣族景颇族自治州有 1 家国家级外贸转型省级基地，为德宏傣族景颇族自治州芒市国家级外贸转型升级基地（咖啡）；有 1 家省级外贸转型省级基地，为德宏傣族景颇族自治州陇川县省级外贸转型升级基地（蚕桑丝绸）。

（三）旅游

德宏傣族景颇族自治州有 1 个美丽县城。

在旅游景区中，德宏傣族景颇族自治州有 2 个国家 4A 级景区，5 个国家 3A 级景区，3 个国家 2A 级景区；在度假休闲区中，有 2 个休闲广场；在专项旅游产品中，有 1 项农业旅游产品。在节庆会展产品中，有 4 项节庆旅游产品。云南大理白族三月街，也叫大理三月会，是白族盛大的节日和街期，会期是每年夏历三月十五日至二十日。三月街既是滇西最大规模的物资交流盛会，也是滇西风格独具的民族体育和文化娱乐盛会。此外还有农历四月下旬的绕三灵也是大理白族自治州一个盛大的传统节日，成千上万的男女老少都身穿民族盛装，弹奏着乐器，边唱边舞，齐聚“神都”圣源寺，进行朝拜仪式，并开展各种文艺活动。

德宏傣族景颇族自治州有全国特色小镇 1 个，云南省特色小镇 7 个。从遗产旅游特色来看，德宏傣族景颇族自治州有国家级物质文化遗产 2 项，省级物质文化遗产有 13 项，非物质文化遗产有 30 项。德宏傣族景颇族自治州有 2 个国家级抗日战争纪念设施遗址。

（四）社会生活

从人民生活水平来看，2018 年年末，德宏傣族景颇族自治州住户存款余额 402.24 亿元，较上一年增长 3.93%；职工平均工资 7.94 万元，较上一年增长 15.59%；社会消费品零售总额 152.30 亿元，较上一年增长 9.95%；农村常住居民人均可支配收入 10325 元，较上一年增长 9.1%。

从教育发展来看，德宏傣族景颇族自治州的义务教育发展总指数为 0.94，义务教育发展级别为 V 级。人口受教育程度指数为 0.66，人口受教育级别为Ⅵ级。

从文化设施来看，德宏傣族景颇族自治州有 5 个三级及以下博物馆；有 1 个一级文化馆，有 6 个三级及以下文化馆；有 1 个一级图书馆，有 6 个三级及以下图书馆。

德宏傣族景颇族自治州有 14 个民族团结示范乡镇，有 3 个少数民族特色集镇，有 5 个少数民族特色村寨。

（五）脱贫攻坚

德宏傣族景颇族自治州属于滇西边境片区，芒市 2017 年实现了脱贫摘帽，盈江县、陇川县 2018 年实现了脱贫摘帽，梁河县 2019 年实现了脱贫摘帽。在脱贫攻坚的道路上，旅游扶贫起到了突出作用。德宏傣族景颇族自治州的旅游扶贫示范县有 1 个，旅游示范乡镇有 2 个，旅游示范村有 3 个。

第二节　区域差异

一　瑞丽市

（一）位置与范围

瑞丽市位于云南省西部，地处东经 97°31′—98°10′、北纬 23°50′—24°10′之间，东连芒市，北接陇川县，西北、西南、东南三面与缅甸山水相连、村寨相望，毗邻缅甸城市木姐，总面积约为 0.10×10^4 平方千米。瑞丽市是德宏傣族景颇族自治州的下辖市，市人民政府驻地位于瑞丽市新建路 2 号，瑞丽市与缅甸的开放口岸有瑞丽陆路（公路）口岸、畹町陆路（公路）口岸。瑞丽市下辖 3 个镇（勐卯镇、畹町镇、弄岛镇），3 个乡（姐相乡、户育乡、勐秀乡）。

（二）自然地理

瑞丽市自然地理条件优越。在综合自然区划系统中，瑞丽市属于热带北缘地带、滇南—滇西南低中山盆谷地区、德宏—孟定中山宽谷区；在云南省生态经济区划中，瑞丽市主要位于滇西北纵向岭谷生态经济区的西部中山盆地生态经济亚区；从生态保护红线功能类型上可以看出，瑞丽市为大盈江—瑞丽江水源涵养生态保护红线类型。同时，瑞丽市也属于可持续发展实验区。瑞丽市有铜壁关省级自然保护区，保护好这一区域的动植物资源及其生境，对拯救和发展濒危物种，维护生态平衡具有重要的意义。

1. 自然地理要素

（1）地貌

瑞丽市最高海拔高度约为 1997 米，最低海拔高度约为 682 米，高差约为 1315 米，平均 DEM 为 1032.16 米，处于 Ⅰ 级水平。坝区面积为 174.8 平方千米，坝区土地占全市土地面积的 20.79%，坝区综合指数为 50.78，属于坝区地区。地形起伏度指数为 3.26，处于 Ⅰ 级水平；平均坡度指数为 11.08，处于 Ⅱ 级水平。

（2）气候要素

瑞丽市整体处于南亚热带季风气候，年平均气温为 21.0℃，年降水量为 1234.8 毫米，年日照时数约为 2343.40 小时，气候资源指数为 1869.90，处于 Ⅶ 级水平。

（3）水文要素

瑞丽市地处伊洛瓦底江流域，水网密度指数为 93.03，处于 Ⅲ 级水平。

（4）土壤要素

瑞丽市的土壤类型主要为赤红壤。

（5）植被要素

瑞丽市的主要植被类型为滇南热性阔叶林，植被覆盖度处于较显著区。瑞丽市生物物种资源较丰富，生物多样性处于 Ⅲ 级水平。

2. 自然资源

（1）土地资源

瑞丽市耕地面积为 165.51 平方千米，占全市土地面积的 16.55%；园地面积为 98.71 平方千米，占全市土地面积的 9.87%；林地面积为 560.34 平方千米，占全市土地面积的 56.03%；草地面积为 5.62 平方千米，占全市土地面积的 0.56%；城镇村及工矿用地面积为 63.58 平方千米，占全市土地面积的 6.36%；交通运输用地面积为 15.35 平方千米，占全市土地面积的 1.53%；水域及水利设施用地面积为 17.26 平方千米，占全市土地面积的 1.73%；其他用地面积为 18.37 平方千米，占全市土地面积的 1.84%。在土地利用分区系统中，瑞丽市位于滇西南中低山盆谷边贸旅游与热作粮食区的滇西城市边贸旅游与粮食主产亚区。在可利用土地资源评价方面，瑞丽市的可利用土地资源属于较缺乏类型。在三生空间结构类型系统中，为生产—生态主导型。

（2）水资源

瑞丽市的水资源总量为 7.04 亿立方米，地表水径流量 7.04 亿立方米，径流深 746.3 毫米，地下水资源总量为 3.35 亿立方米，在可利用水资源评价方面，瑞丽市的可利用水资源属于较缺乏类型。

（3）生物资源

瑞丽市分布着国家一级保护植物白桫椤、藤枣、勐仑翅子树，分布着国家二级保护植物毛叶黑桫椤、合果木、十齿花、红椿、滇桐和桫椤等。

瑞丽市分布着稀有鸟类黑颈长尾雉、白背兀鹫。

瑞丽市的食用菌有鸡枞菌、裂褶菌、银耳、黑木耳、草菇和巴氏蘑菇等。

（4）旅游资源

瑞丽市的地文景观资源中，有 1 处地质景观，为滇西横断山纵谷景观。水体景观资源中，有 1 处瀑布景观，为瑞丽扎朵瀑布景观。生物景观资源中，有 1 处植物景观，为瑞丽独树成林景观；有 1 处人工植物景观，为云南古茶树景观。

（三）人文地理

1. 人口和民族

瑞丽市 2018 年年末总人口数为 21.02 万人，人口性别比为 107.06，人口城镇化指数为 0.37，人口城镇化级别为Ⅲ级，人口老龄化指数为 0.05，老龄化级别属于Ⅰ级。瑞丽市少数民族人口约为 7.64 万人，少数民族人口占总人口的比重为 36.35%，全市人口数量较多的少数民族主要有傣族、景颇族、德昂族、白族、彝族等，其中景颇族为直过民族，民族多样性指数为 1.12。瑞丽市主要说瑞丽话，属于滇西方言中的德宏方言。

2. 经济

瑞丽市的 GDP（地区生产总值）为 107.41 亿元，人均 GDP 为 51098.95 元，地均 GDP 为 1074 万元/平方千米，第一产业产值为 10.54 亿元，第二产业产值为 20.25 亿元，第三产业产值为 76.62 亿元，全市整体处于经济发展的工业化中后期阶段。经济城镇化指数为 0.89，经济城镇化级别属于Ⅲ级。

从农业产业来看，瑞丽市的粮食播种面积为 1.11 万公顷，年粮食产量为 5.49 万吨。瑞丽市属于云南省高原特色农业沿边特色产业园区中，是牛羊产业加快发展区与稳定发展区。

从工业园区来看，瑞丽市有 1 个省级工业园区、1 个先进装备制造产业园区。

3. 旅游

瑞丽市有 1 个特色县城。

在旅游景区方面，瑞丽市有 2 个国家 3A 级景区，为瑞丽一寨两国景区、莫里热带雨林景区；有 3 个国家 2A 级景区，为德宏畹町边关文化景区、瑞丽独树成林景区、瑞丽淘宝场景区；在休闲度假区方面，瑞丽市有 1 个休闲广场，为瑞丽江广场；在专项旅游产品中，有 1 项农业旅游产品，为瑞丽傣族自然村。在节庆会展产品中，有 1 项节庆旅游产品，为瑞丽中缅胞波狂欢节。

瑞丽市有 1 个全国特色小镇，为畹町镇；有 2 个云南省特色小镇，为姐告跨境电商小镇、畹町小镇。从遗产旅游特色来看，瑞丽市的省级物质文化遗产有 3 项，为勐卯古城址、等喊弄奘寺、畹町桥；非物质文化遗产有 5 项，分别是傣族孔雀舞、水鼓舞、玎三赛弹奏、景颇族吹管乐、傣族果雕。瑞丽市有 1 个国家级抗日战争纪念设施遗址，为南洋华侨机工回国抗日纪念碑。

4. 社会生活

从人民生活水平来看，2018 年年末，瑞丽市的住户存款余额为 146.48 亿元，比上一年下降 0.26%；职工平均工资为 6.75 万元，比上一年增长 12.31%；社会消费品零售总额为 44.37 亿元，比上一年增长 13.36%；农村常住居民人均可支配收入为 11629 元，比上一年增长 9.10%。

从教育发展来看，瑞丽市的义务教育发展总指数为 0.72，义务教育发展级别为Ⅵ级。人口受教育程度指数为 0.52，人口受教育级别属于Ⅶ级。

从文化设施来看，瑞丽市有 2 个博物馆，分别为南洋机工回国抗日纪念馆、珠宝翡翠博物馆；有 2 个三级文化馆，分别为市文化馆、畹町经济开发区文化馆；有 2 个三级图书馆，分别为市图书馆、畹町图书馆。

瑞丽市有弄岛镇、勐秀乡 2 个民族团结示范乡镇，有姐相乡 1 个少数民族特色集镇，有 1 个少数民族特色村寨。

5. 脱贫攻坚

瑞丽市有 1 个旅游扶贫示范镇，为姐相乡；有 1 个旅游扶贫重点村，为芒令村。

在主体功能区的省级定位中，瑞丽市属于集中连片重点开发区域。

二 芒市

（一）位置与范围

芒市位于云南省西部，地处东经 98°01′—98°43′、北纬 24°04′—24°39′之间，东、东北接龙陵县，西南连瑞丽市，西、西北与梁河县、陇川县隔龙川江相望，南与缅甸联邦共和国交界，总面积约为 0.30×10^4 平方千米。芒市是德宏傣族景颇族自治州的首府，市人民政府驻地位于芒市斑色路 16 号，芒市与缅甸的开放口岸有芒市空运口岸（德宏芒市国际机场）。芒市下辖 1 街道（勐焕街道），5 个镇（芒市镇、风平镇、勐戛镇、芒海镇、遮放镇），5 个乡（江东乡、轩岗乡、中山乡、西山乡、五岔路乡），1 个民族乡（三台山德昂族乡）。

（二）自然地理

芒市自然地理条件优越。在综合自然区划系统中，芒市属于热带北缘地带的滇南—滇西南低中山盆谷地区的德宏—孟定中山宽谷区；在云南省生态经济区划中，芒市主要位于滇西北纵向岭谷生态经济区的西部中山盆地生态经济亚区；从生态保护红线功能类型上可以看出，芒市为大盈江—瑞丽江水源涵养生态保护红线类型。

1. 自然地理要素

（1）地貌

芒市最高海拔高度约为 2889.10 米，最低海拔高度约为 528 米，高差约为 2361.10 米，平均 DEM 为 1448.78 米，处于Ⅲ级水平。坝区面积为 244.2 平方千米，坝区土地占全市土地面积的 9.27%，坝区综合指数为 27.56，属于半山半坝地区。地形起伏度指数为 4.83，处于Ⅱ级水平；平均坡度指数为 15.62，处于Ⅲ级水平。

（2）气候要素

芒市整体处于中亚热带季风气候，年平均气温为 20.5℃，年降水量为 1571.4 毫米，年日照时数约为 2495.60 小时，气候资源指数为 1727.54，处于Ⅵ级水平。

（3）水文要素

芒市地处怒江流域、伊洛瓦底江流域，水网密度指数为 93.58，处于Ⅲ级水平。

（4）土壤要素

芒市的土壤类型主要为红壤。

（5）植被要素

芒市的主要植被类型为滇南热性阔叶林，植被覆盖度处于较显著区。芒市生物物种资源丰富，生物多样性处于Ⅴ级水平。

2. 自然资源

（1）土地资源

芒市耕地面积为 548.50 平方千米，占全市土地面积的 18.36%；园地面积为 168.54 平方千米，占全市土地面积的 5.64%；林地面积为 1755.73 平方千米，占全市土地面积的 58.78%；草地面积为 136.15 平方千米，占全市土地面积的 4.56%；城镇村及工矿用地面积为 94.68 平方千米，占全市土地面积的 3.17%；交通运输用地面积为 45.17 平方千米，占全市土地面积的 1.51%；水域及水利设施用地面积为 38.72 平方千米，占全市土地面积的 1.30%；其他用地面积为 339.32 平方千米，占全市土地面积的 3.80%。在土地利用分区系统中，芒市位于滇西南中低山盆谷边贸旅游与热作粮区的滇西城市边贸旅游与粮食主产亚区。在可利用土地资源评价方面，芒市的可利用土地资源属于一般类型。在三生空间结构类型系统中，为生产—生态主导型。

（2）水资源

芒市的水资源总量为 26.87 亿立方米，地表水径流量 26.87 亿立方米，径流深 926.8 毫米，地下水资源总量为 10.58 亿立方米，在可利用水资源评价方面，芒市的可利用水资源属于较丰富类型。

（3）生物资源

芒市分布着国家一级保护植物长蕊木兰；分布着国家二级保护植物滇桐、红椿、中华桫椤、苏铁蕨、鹿角蕨、毛叶黑桫椤和合果木等。

芒市分布着稀有鸟类绿孔雀、黑颈长尾雉、黑鹳等。

芒市的食用菌有鸡枞菌、裂褶菌、鸡油菌、黑木耳、草菇、紫晶蜡蘑和巴氏蘑菇等。

（4）旅游资源

芒市的地文景观资源中，有 1 处地质景观，为滇西横断山纵谷景观。水体景观资源中，有 2 处泉水景观，为芒市法帕温泉景观、芒市遮放温泉景观。生物景观资源中，有 1 处人工植物景观，为云南古茶树景观。

（三）人文地理

1. 人口和民族

芒市 2018 年年末总人口数为 42.36 万人，人口性别比为 105.39，人口城镇化指数为 0.21，人口城镇化级别为 Ⅴ 级，人口老龄化指数为 0.07，老龄化级别属于 Ⅳ 级。芒市少数民族人口约为 18.55 万人，少数民族人口占总人口的比重为 43.79%，全市人口数量较多的少数民族主要有傣族、景颇族、德昂族、傈僳族、白族、阿昌族、彝族等，其中景颇族和德昂族为直过民族，民族多样性指数为 1.20。芒市主要说德宏（芒市）话，属于滇西方言中的德宏方言。

2. 经济

芒市的 GDP（地区生产总值）为 111.93 亿元，人均 GDP 为 26423.51元，地均 GDP 为 375 万元/平方千米，第一产业产值为 24.31 亿元，第二产业产值为 23.66 亿元，第三产业产值为 63.96 亿元，全市整体处于经济发展的工业化中后期阶段，芒市位于云南省沿边开放经济带。经济城镇化指数为 0.77，经济城镇化级别属于 V 级。

从农业产业来看，芒市的粮食播种面积为 3.96 万公顷，年粮食产量为 21.94 万吨。芒市属于云南省高原特色农业沿边特色产业园区，是牛羊产业加快发展区与稳定发展区，并有冬春蔬菜优势产业园，是冬春蔬菜生产大县。芒市茶叶品种主要有普洱茶、滇红茶、绿茶，同时，芒市是云药之乡，中药材主要品种有石斛、草果等。

从工业园区来看，芒市有 1 个省级工业园区，有 1 个特色食品制造产业园区。

3. 旅游

在旅游景区方面，芒市有 1 个国家 4A 级景区，为芒市勐巴娜西珍奇园景区；有 2 个国家 3A 级景区，为芒市仙佛洞景区、芒市孔雀谷景区。在休闲度假区方面，芒市有 1 个休闲广场，为德宏芒市广场。在节庆会展产品中，有 2 项节庆旅游产品，为德宏景颇族目瑙纵歌节、芒市勐巴娜西风风情节。

芒市有 2 个云南省特色小镇，分别为航空小镇、咖啡小镇；从遗产旅游特色来看，芒市的省级物质文化遗产有 3 项，为佛光寺、菩提寺、铁城佛塔；非物质文化遗产有 16 项，分别是傣族剪纸、达古达楞格莱标、目瑙斋瓦、傣医药、傣族象脚鼓舞、傣剧、德昂族浇花节、傣族泼水节、傣族开门节、傣族关门节、傣族叙事长诗《阿銮》、傣族木雕、傣族传统制陶技艺、景颇族织锦技艺、傣族银器制作技艺、德昂族酸茶制作技艺。芒市有 1 个国家级抗日战争纪念设施遗址，是滇西抗日战争纪念碑。

4. 社会生活

从人民生活水平来看，2018 年年末，芒市的住户存款余额为 122.92 亿元，比上一年增长 8.88%；职工平均工资为 7.91 万元，比上一年增长 12.68%；社会消费品零售总额为 53.13 亿元，比上一年增长 7.38%；农村常住居民人均可支配收入为 11307 元，比上一年增长 9.10%。

从教育发展来看，芒市的义务教育发展总指数为 1.44，义务教育发展级别为 III 级。人口受教育程度指数为 1.06，人口受教育级别属于 V 级。

从文化设施来看，芒市有博物馆 1 个，为三台山德昂族博物馆；文化馆有 2 个，属于一级文化馆的为市文化馆，属于三级文化馆的为州文化馆。芒市图书馆有 2 个，属于一级图书馆的是州图书馆，属于三级图书馆的是市图书馆。

芒市有 3 个民族团结示范乡镇，分别为轩岗乡、风平镇、三台山德昂族乡；有 1 个少数民族特色村寨。芒市有 1 个第一批省级民族传统文化保护区，为三台山乡德昂族传统文化保护区。

5. 脱贫攻坚

芒市属于滇西边境片区，2017 年该市通过"九个一批"，实现了脱贫摘帽。在脱贫攻坚的道路上，旅游扶贫作出重要的贡献。

在主体功能区的国家级定位中，芒市属于农产品主产区。

三 梁河县

（一）位置与范围

梁河县位于云南省西部，地处东经 98°07′—98°33′、北纬 24°30′—24°57′之间，东北与腾冲市接壤，东南与龙陵县交界，南与芒市、陇川县毗连，西与盈江县为邻，总面积约为 0.12×10^4 平方千米。梁河县是德宏自治州的下辖县，县人民政府驻地位于梁河县振兴路 13 号。梁河县下辖 3 个镇（遮岛镇、芒东镇、勐养镇），4 个乡（平山乡、小厂乡、大厂乡、河西乡），2 个民族乡（九保阿昌族乡、曩宋阿昌族乡）。

（二）自然地理

梁河县自然地理条件优越。在综合自然区划系统中，梁河县属于亚热带南部地带、滇西南中山山原区、梁河—龙陵中山山原区；在云南省生态经济区划中，梁河县主要位于滇西北纵向岭谷生态经济区的西部中山盆地生态经济亚区；从生态保护红线功能类型上可以看出，梁河县为大盈江—瑞丽江水源涵养生态保护红线类型。梁河县有梁河南底河国家湿地公园，南底河流域是梁河宝贵的湿地资源，是国际河流伊洛瓦底江的重要源头，具有典型的河流湿地生物多样性和生态系统。

1. 自然地理要素

（1）地貌

梁河县最高海拔高度约为 2672.80 米，最低海拔高度约为 860 米，高差约为 1812.80 米，平均 DEM 为 1448.78 米，处于Ⅲ级水平。坝区面积为 74.6 平方千米，坝区土地占全县土地面积的 8.12%，坝区综合指数为 21.36，属于半山半坝地区。地形起伏度指数为 4.83，处于Ⅱ级水平；平均坡度指数为 15.62，处于Ⅲ级水平。

（2）气候要素

梁河县处于中亚热带，年平均气温为 18.7℃，年降水量为 1283.6 毫米，年日照时数约为 2144.70 小时，气候资源指数为 1727.54，处于Ⅵ级水平。

（3）水文要素

梁河县地处伊洛瓦底江流域，水网密度指数为 93.58，处于Ⅲ级水平。

（4）土壤要素

梁河县的土壤类型主要为红壤。

（5）植被要素

梁河县的主要植被类型为滇中南、东部岩溶暖性、暖热性阔叶林，暖性针叶林，植被覆盖度处于显著区。梁河县生物物种资源丰富，生物多样性处于Ⅶ级水平。

2. 自然资源

（1）土地资源

梁河县耕地面积为 217.66 平方千米，占全县土地面积的 18.78%；园地面积为 33.77 平方千米，占全县土地面积的 2.91%；林地面积为 748.86 平方千米，占全县土地面积的 64.61%；草地面积为 27.90 平方千米，占全县土地面积的 2.41%；城镇村及工矿用地面积为 29.83 平方千米，占全县土地面积的 2.57%；交通运输用地面积为 14.09 平方千米，占全县土地面积的 1.22%；水域及水利设施用地面积为 12.81 平方千米，占全县土地面积的 1.11%；其他用地面积为 51.78 平方千米，占全县土地面积的 4.47%。梁河县位于滇西南中低山盆谷边贸旅游与热作粮食区的滇西城市边贸旅游与粮食主产亚区。在可利用土地资源评价方面,梁河县的可利用土地资源属于较缺乏类型。在三生空间结构类型系统中,为生产—生态主导型。

(2) 水资源

梁河县的水资源总量为 8.19 亿立方米,地表水径流量 8.19 亿立方米,径流深 719.8 毫米,地下水资源总量为 3.68 亿立方米,在可利用水资源评价方面,梁河县的可利用水资源属于较缺乏类型。

(3) 生物资源

梁河县分布的国家二级保护植物主要为香果树、红椿、拟花蔺、樟树、合果木、中华桫椤、云南拟单性木兰等。

梁河县的食用菌有鸡枞菌、长根小奥德菇、草鸡枞和巴氏蘑菇。

(4) 旅游资源

梁河县的地文景观资源中,有 1 处地质景观,为滇西横断山纵谷景观。生物景观资源中,有 1 处人工植物景观,为云南古茶树景观。

(三) 人文地理

1. 人口和民族

梁河县 2018 年年末总人口数为 16.13 万人,人口性别比为107.94,人口城镇化指数为 0.10,人口城镇化级别为Ⅶ级,人口老龄化指数为 0.08,老龄化级别属于Ⅴ级。梁河县少数民族人口约为 5.09万人,少数民族人口占总人口的比重为 31.56%,全县人口数量较多的少数民族主要有傣族、阿昌族、景颇族、傈僳族等,其中阿昌族为直过民族,民族多样性指数为 1.01。梁河县主要说梁河话,属于滇西方言中的德宏方言。

2. 经济

梁河县的 GDP (地区生产总值) 为 23.17 亿元,人均 GDP 为14364.54 元,地均 GDP 为 200 万元/每平方千米,第一产业产值为 7.25亿元,第二产业产值为 4.28 亿元,第三产业产值为 11.64 亿元,处于经济发展的工业化中后期阶段。经济城镇化指数为 0.67,经济城镇化级别属于Ⅶ级。

从农业产业来看,梁河县的粮食播种面积为 1.48 万公顷,年粮食产量为 7.30 万吨。梁河县属于云南省高原特色农业沿边特色产业园区，是牛羊产业加快发展区与稳定发展区，梁河县茶叶品种主要有绿茶。

3. 旅游

在旅游景区方面，梁河县有国家 4A 级旅游景区 1 个，为梁河南甸宣抚司署景区。在节庆会展产品中，有 1 项节庆旅游产品，为梁河阿昌族阿露窝罗节。

梁河县有 1 个云南省特色小镇，为南甸傣族水镇；从遗产旅游特色来看，梁河县的国家级物质文化遗产有 1 项，为南甸宣抚司署；省级物质文化遗产有 1 项，为李根源故居；非物质文化遗产有 4 项，分别是遮帕麻和遮咪麻、阿昌族民歌、阿昌族舞蹈《蹬窝罗》、阿露窝罗节。

4. 社会生活

从人民生活水平来看，2018 年年末，梁河县的住户存款余额为 35.28 亿元，比上一年增长 9.09%；职工平均工资为 8.49 万元，比上一年增长 13.81%；社会消费品零售总额为 7.67 亿元，比上一年增长 12.13%；农村常住居民人均可支配收入为 8678 元，比上一年增长 9.10%。

从教育发展来看，梁河县的义务教育发展总指数为 0.63，义务教育发展级别为Ⅶ级。人口受教育程度指数为 0.43，人口受教育级别属于Ⅶ级。

从文化设施来看，梁河县有 1 个博物馆，为滇西土司文化博物馆；有 1 个三级文化馆，为县文化馆；有 1 个三级图书馆，为县图书馆。

梁河县有九保阿昌族乡、曩宋阿昌族乡 2 个民族团结示范乡镇，有勐养镇少数民族特色集镇，有 1 个少数民族特色村寨。梁河县有 1 个省级民族民间传统文化之乡，为葫芦丝之乡。

5. 脱贫攻坚

梁河县属于滇西边境片区，2019 年通过发展光伏产业，实现了脱贫摘帽。其中，九保村为旅游扶贫重点村。

在主体功能区的国家级定位中，梁河县属于农产品主产区。

四 盈江县

（一）位置与范围

盈江县位于云南省西部，地处东经 97°31′—98°16′、北纬 24°23′—25°20′之间，东北面与腾冲市接壤，东南面与梁河县接壤，南面与陇川县接壤，西面、西北、西南面与缅甸为界，总面积约为 0.44×10^4 平方千米。盈江县是德宏自治州的下辖县，县人民政府驻地位于平原镇盈江县行政中心 6 层。盈江县为边境县，开放口岸为盈江那邦口岸。盈江县下辖 8 镇（平原镇、旧城镇、那邦镇、太平镇、弄璋镇、盏西镇、卡场镇、昔马镇），6 个乡（新城乡、油松岭乡、芒章乡、支那乡、勐弄乡、铜壁关乡），1 个民族乡（苏典傈僳族乡）。

（二）自然地理

盈江县自然地理条件优越。在综合自然区划系统中，盈江县部分属于热带北缘地带的滇南—滇西南低中山盆谷地区的德宏—孟定中山宽谷区，部分属于亚热带南部地带的滇西南中山山原地区的梁河—龙陵中山山原区；在云南省生态经济区划中，盈江县主要位于滇西北纵向岭谷生态经济区的西部中山盆地生态经济亚区；从生态保护红线功能类型上可以看出，盈江县为大盈江—瑞丽江水源涵养生态保护红线类型。盈江县有铜壁关省级自然保护区、盈江国家湿地公园。

1. 自然地理要素

（1）地貌

盈江县最高海拔高度约为 3404.60 米，最低海拔高度约为 210 米，高差约为 3194.60 米，平均 DEM 为 1562.55 米，处于Ⅲ级水平。坝区面积为 340 平方千米，坝区土地占全县土地面积的 10.27%，坝区综合指数为 59.38，属于坝区地区。地形起伏度指数为 7.52，处于Ⅴ级水平；平均坡度指数为 15.74，处于Ⅲ级水平。

（2）气候要素

盈江县属于南亚热带季风气候，年平均气温为 20.3℃，年降水量为 1482.3 毫米，年日照时数约为 2356.70 小时，气候资源指数为 1984.10，处于Ⅷ级水平。盈江县昔马镇是云南省降水最多的地方，是名副其实的"雨都"。

（3）水文要素

盈江县地处伊洛瓦底江流域，水网密度指数为203.10，处于Ⅶ级水平。

（4）土壤要素

盈江县的土壤类型主要为红壤、黄棕壤。

（5）植被要素

盈江县的主要植被类型为滇中南、东部岩溶暖性、暖热性阔叶林，暖性针叶林，滇南热性阔叶林；植被覆盖度处于较显著区。盈江县生物物种资源丰富，生物多样性处于Ⅵ级水平。

2. 自然资源

（1）土地资源

盈江县耕地面积为463.30平方千米，占全县土地面积的10.53%；园地面积为77.14平方千米，占全县土地面积的1.75%；林地面积为3384.65平方千米，占全县土地面积的76.92%；草地面积为135.06平方千米，占全县土地面积的3.07%；城镇村及工矿用地面积为63.94平方千米，占全县土地面积的1.45%；交通运输用地面积为35.35平方千米，占全县土地面积的0.80%；水域及水利设施用地面积为97.85平方千米，占全县土地面积的2.22%；其他用地面积为59.68平方千米，占全县土地面积的1.36%。在土地利用分区系统中，盈江县位于滇西南中低山盆谷边贸旅游与热作粮食区的滇西城市边贸旅游与粮食主产亚区。在可利用土地资源评价方面，盈江县的可利用土地资源属于较丰富类型。在三生空间结构类型系统中，为生态主导型。

（2）水资源

盈江县的水资源总量为77.43亿立方米，地表水径流量77.43亿立方米，径流深1791.9毫米，地下水资源总量为24.28亿立方米，在可利用水资源评价方面，盈江县的可利用水资源属于丰富类型。

（3）生物资源

盈江县分布着国家一级保护植物四数木、东京龙脑香、萼翅藤、篦齿苏铁、白桫椤、云南蓝果树等，分布着国家二级保护植物红椿、鹿角蕨、中华桫椤、毛叶黑桫椤、大叶黑桫椤、滇桐、十齿花、合果木、水青树等。

盈江县的稀有鸟类有黑鹳、黑颈长尾雉、孔雀雉、绿孔雀、灰腹角雉、黑颈鹤等。

盈江县的食用菌有鸡枞菌、裂褶菌、皱盖疣柄牛肝菌、黑木耳、草菇、黄伞、紫晶蜡蘑、硫色洵孔菌和巴氏蘑菇等。

（4）旅游资源

盈江县的地文景观资源中，有1处地质景观，为滇西横断山纵谷景观；生物景观资源中，有1处人工植物景观，为云南古茶树景观。

（三）人文地理

1. 人口和民族

盈江县2018年年末总人口数为32.47万人，人口性别比为108.74，人口城镇化指数为0.12，人口城镇化级别为Ⅵ级，人口老龄化指数为0.06，老龄化级别属于Ⅱ级。盈江县少数民族人口约为17.07万人，少数民族人口占总人口的比重为52.57%，全县人口数量较多的少数民族主要有傣族、景颇族、傈僳族、白族、阿昌族等，其中景颇族为直过民族，民族多样性指数为1.30。

2. 经济

盈江县的GDP（地区生产总值）为92.62亿元，人均GDP为28524.79元，地均GDP为211万元/平方千米，第一产业产值为26.15亿元，第二产业产值为34.58亿元，第三产业产值为31.89亿元，处于经济发展的工业化中后期阶段，位于云南省沿边开放经济带。经济城镇化指数为0.70，经济城镇化级别属于Ⅶ级。

从农业产业来看，盈江县的粮食播种面积为4.62万公顷，年粮食产量为21.89万吨。盈江县属于云南省高原特色农业沿边特色产业园区，是牛羊产业加快发展区与稳定发展区，并有冬春蔬菜优势产业园，是冬春蔬菜生产重点县。盈江县茶叶品种主要有绿茶。

从工业园区来看，盈江县有省级工业园区1个，为盈江工业园区，有1个冶金产业园区。

3. 旅游

在旅游景区方面，盈江县有国家3A级旅游景区1个，为盈江县云南盈江湿地公园景区。

盈江县有 1 个云南省特色小镇，为大盈江万塔小镇；从遗产旅游特色来看，盈江县的国家级物质文化遗产有 1 项，为允燕塔；省级物质文化遗产有 3 项，为南算奘房、刀安仁墓、马嘉里事件发生地；非物质文化遗产有 2 项，分别是傈僳族民间诗《阔时木刮》、光邦鼓舞。

4. 社会生活

从人民生活水平来看，2018 年年末，盈江县的住户存款余额为 60.36 亿元，比上一年增长 3.53%；职工平均工资为 9.50 万元，比上一年增长 19.35%；社会消费品零售总额为 36.16 亿元，比上一年增长 9.58%；农村常住居民人均可支配收入为 10634 元，比上一年增长 9.40%。

从教育发展来看，盈江县的义务教育发展总指数为 0.54，义务教育发展级别为Ⅶ级。人口受教育程度指数 0.82，人口受教育级别属于Ⅴ级。

从文化设施来看，盈江县有博物馆 1 个，为刀安仁故居博物馆；有 1 个三级文化馆，为县文化馆；有 1 个三级图书馆，为县图书馆。

盈江县有铜壁关乡、卡场镇、芒章乡 3 个民族团结示范乡镇，有苏典傈僳族乡少数民族特色集镇，有 1 个少数民族特色村寨。

5. 脱贫攻坚

盈江县属于滇西边境片区，2018 年通过巩固粮食、甘蔗等传统产业，大力发展坚果、蚕桑、乡村特色旅游等新兴产业，实现了脱贫摘帽。盈江县的太平镇为旅游扶贫示范镇。

在主体功能区的国家级定位中，盈江县属于农产品主产区。

五　陇川县

（一）位置与范围

陇川县位于云南省西南部，地处东经 97°39′—98°17′、北纬 24°08′—24°39′之间，与缅甸山水相连，总面积约为 0.19×10⁴ 平方千米。陇川县是德宏自治州的下辖县，县人民政府驻地位于章凤镇勐宛路 1 号。陇川县为边境县，开放口岸为章凤口岸。陇川县下辖 4 个镇（章凤镇、城子镇、景罕镇、陇把镇），4 个乡（护国乡、王子树乡、清平乡、勐约乡），1 个民族乡（户撒阿昌族乡）。

（二）自然地理

陇川县自然地理条件优越。在综合自然区划系统中，陇川县属于热带北缘地带、滇南—滇西南低中山盆谷区、德宏—孟定中山宽谷区；在云南省生态经济区划中，陇川县主要位于滇西北纵向岭谷生态经济区、西部中山盆地生态经济亚区；从生态保护红线功能类型上可以看出，陇川县为大盈江—瑞丽江水源涵养生态保护红线类型。陇川县有铜壁关省级自然保护区。

1. 自然地理要素

（1）地貌

陇川县最高海拔高度约为 2618.80 米，最低海拔高度约为 780 米，高差约为 1838.8 米，平均 DEM 为 1352.38 米，处于Ⅱ级水平。坝区面积为 433.9 平方千米，坝区土地占全县土地面积的 16.73%，坝区综合指数为 59.93，属于坝区地区。地形起伏度指数为 4.71，处于Ⅱ级水平；平均坡度指数为 12.40，处于Ⅱ级水平。

（2）气候要素

陇川县处于南亚热带，年平均气温为 19.5℃，年降水量为 1559.2 毫米，年日照时数约 2373.40 小时，气候资源指数为 1834.54，处于Ⅶ级水平。

（3）水文要素

陇川县地处伊洛瓦底江流域，水网密度指数为 116.76，处于Ⅳ级水平。

（4）土壤要素

陇川县的土壤类型主要为红壤。

（5）植被要素

陇川县的主要植被类型为滇南热性阔叶林；植被覆盖度处于极显著区。陇川县生物物种资源丰富，生物多样性处于Ⅴ级水平。

2. 自然资源

（1）土地资源

陇川县耕地面积为 443.93 平方千米，占全县土地面积的 22.99%；园地面积为 18.54 平方千米，占全县土地面积的 0.96%；林地面积为 1191.02 平方千米，占全县土地面积的 61.68%；草地面积为 43.03 平方千米，占全县土地面积的 2.23%；城镇村及工矿用地面积为 58.21 平方千米，占全县土地面积的 3.01%；交通运输用地面积为 27.54 平方千米，占全县土地面积的 1.43%；水域及水利设施用地面积为 27.70 平方千米，占全县土地面积的 1.43%；其他用地面积为 62.94 平方千米，占全县土地面积的 3.26%。在土地利用分区系统中，陇川县位于滇西南中低山盆谷边贸旅游与热作粮食区的滇西城市边贸旅游与粮食主产亚区。在可利用土地资源评价方面，陇川县的可利用土地资源属于一般类型。在三生空间结构类型系统中，为生产—生态主导型。

（2）水资源

陇川县的水资源总量为 16.92 亿立方米，地表水径流量 16.92 亿立方米，径流深 903.4 毫米，地下水资源总量为 8.06 亿立方米，在可利用水资源评价方面，陇川县的可利用水资源属于一般类型。

（3）生物资源

陇川县分布的国家二级保护植物主要为合果木、红椿、桫椤、滇桐、中华桫椤。

陇川县的稀有鸟类有绿孔雀。

陇川县的食用菌有鸡枞菌、黑木耳、香菇和巴氏蘑菇。

（4）旅游资源

陇川县的地文景观资源中，有 1 处地质景观，为滇西横断山纵谷景观；生物景观资源中，有 1 处人工植物景观，为云南古茶树景观。

（三）人文地理

1. 人口和民族

陇川县 2018 年年末总人口数为 19.62 万人，人口性别比为 103.37，人口城镇化指数为 0.18，人口城镇化级别为Ⅴ级，人口老龄化指数为 0.06，老龄化级别属于Ⅱ级。陇川县少数民族人口约为 9.82 万人，少数民族人口占总人口的比重为 50.05%，全县人口数量较多的少数民族主要有景颇族、傣族、阿昌族、傈僳族、德昂族、白族等，其中景颇族和德昂族为直过民族，民族多样性指数为 1.43。

2. 经济

陇川县的 GDP（地区生产总值）为 47.17 亿元，人均 GDP 为

24041.79元，地均GDP为244万元/平方千米，第一产业产值为16.81亿元，第二产业产值为11.00亿元，第三产业产值为19.36亿元，处于经济发展的工业化中后期阶段，位于云南省沿边开放经济带。经济城镇化指数为0.61，经济城镇化级别属于Ⅷ级。

从农业产业来看，陇川县的粮食播种面积为2.42万公顷，年粮食产量为11.56万吨。陇川县属于云南省高原特色农业沿边特色产业园区，是牛羊产业加快发展区与稳定发展区。

3. 旅游

陇川县有1个云南省特色小镇，为民族风情小镇；从遗产旅游特色来看，陇川县的省级物质文化遗产有3项，为户撒黄阁寺、芒棒藏寺及孔藏寺、帮角山官衙署；非物质文化遗产有3项，分别是阿昌族户撒刀锻制技艺、景颇族目瑙纵歌、景颇族刀舞。

4. 社会生活

从人民生活水平来看，2018年年末，陇川县的住户存款余额为37.21亿元，比上一年增长1.61%；职工平均工资为8.01万元，比上一年增长30.46%；社会消费品零售总额为10.97亿元，比上一年增长9.05%；农村常住居民人均可支配收入为9546元，比上一年增长9.40%。

从教育发展来看，陇川县的义务教育发展总指数为1.36，义务教育发展级别为Ⅲ级。人口受教育程度指数为0.48，人口受教育级别为Ⅶ级。

从文化设施来看，陇川县有1个文化馆，为县文化馆；有1个三级图书馆，为县图书馆。

陇川县有4个民族团结示范乡镇，分别为景罕镇、章凤镇、户撒阿昌族乡、清平乡；有1个少数民族特色村寨。陇川县有1个第一批省级民族传统文化保护区，为户撒乡新寨贺姐村阿昌族传统文化保护区；1个省级民族民间传统文化之乡，为目瑙纵歌之乡。

5. 脱贫攻坚

陇川县属于滇西边境片区，2018年通过对甘蔗、烟草、桑蚕特色产业的扶持，实现了脱贫摘帽。陇川县的勐龙安村为旅游扶贫重点村。

在主体功能区的国家级定位中，陇川县属于农产品主产区。

第十五章

怒江傈僳族自治州

第一节　整体特征

一　位置与范围

怒江傈僳族自治州位于云南省西北部，地处东经 98°07′—99°38′、北纬 25°33′—28°23′之间，是中缅滇藏的接合部。东与迪庆藏族自治州、大理白族自治州、丽江市相接，西与缅甸毗邻，南与保山市相连，北与西藏自治区察隅县相邻。全州南北最大纵距 320.4 千米，东西最大横距 153 千米，总面积约 1.47×10^4 平方千米。怒江傈僳族自治州是中国民族族别成分最多和中国人口较少民族最多的自治州，州人民政府驻泸水市。怒江傈僳族自治州下辖 1 个县级市（泸水市），3 个县（福贡县、贡山独龙族怒族自治县、兰坪白族普米族自治县），29 个乡、镇、街道（13 个镇、16 个乡）。怒江傈僳族自治州位于云南省沿边开放经济带，其中泸水市、福贡县、贡山独龙族怒族自治县与缅甸毗连，是云南省对外开放窗口，片马口岸是云南省对外开放的省级口岸。

二　自然地理

怒江傈僳族自治州自然地理条件优越。在综合自然区划系统中，怒江傈僳族自治州属于亚热带北部地带的滇西横断山脉地区；在云南省生态经济区划中，怒江傈僳族自治州主要位于滇西北纵向岭谷生态经济区的北部高山峡谷生态经济亚区；从生态红线空间分布格局看，怒江傈僳族自治州大部分位于青藏高原南缘滇西北高山峡谷生态屏障区；从生态

保护红线功能类型上可以看出，怒江傈僳族自治州为滇西北高山峡谷生
物多样性维护与水源涵养生态保护红线类型。怒江傈僳族自治州有高黎
贡山国家级自然保护区，2000 年高黎贡山国家自然保护区成为高黎贡山
人与生物圈自然保护区。怒江傈僳族自治州是国家生态文明建设示范州，
体现了怒江傈僳族自治州坚持生态立州，进一步向国家级生态文明建设
排头兵迈进。

（一）自然地理要素

1. 地貌

怒江傈僳族自治州最高海拔高度约 5466 米，最低海拔高度约 454 米，
高差约 5012 米，平均 DEM 为 2734.34 米，处于Ⅶ级水平。坝区面积
34.77 平方千米，坝区土地占全州土地面积的 0.24%，坝区综合指数
1.80，属于山区地区。地形起伏度指数为 10.81，处于Ⅶ级水平；平均坡
度指数为 30.30，处于Ⅶ级水平。

2. 气候要素

怒江傈僳族自治州整体处于中亚热带和中温带的过渡地带，年平均
气温 16.1℃，年降水量为 1171.4 毫米，年日照时数约 1587 小时，气候
资源指数为 1686.42，处于Ⅴ级水平。怒江傈僳族自治州北部一年中有两
个雨季，2—4 月的雨季正值桃花盛开时节，降水增多，河流水位上涨，
当地称为"桃花汛"。

3. 水文要素

怒江傈僳族自治州地处怒江流域、伊洛瓦底江流域、澜沧江流域的
交汇地带，水网密度指数为 182.17，处于Ⅵ级水平。

4. 土壤要素

怒江傈僳族自治州的土壤类型主要有高山草甸土、黄棕壤、棕壤，
以黄棕壤居多。

5. 植被要素

怒江傈僳族自治州的主要植被类型为滇西横断山暖性阔叶林、暖性
针叶林和滇西北寒温性针叶林，植被覆盖度处于较显著区。怒江傈僳族
自治州生物物种资源丰富，生物多样性处于Ⅵ级水平。

（二）自然资源

1. 土地资源

怒江傈僳族自治州耕地面积 691.07 平方千米，占全州土地面积的 4.70%；园地面积 17.53 平方千米，占全州土地面积的 0.12%；林地面积 10815.09 平方千米，占全州土地面积的 73.57%；草地面积 1223.28 平方千米，占全州土地面积的 8.32%；城镇村及工矿用地面积 73.90 平方千米，占全州土地面积的 0.5%；交通运输用地面积 30.52 平方千米，占全州土地面积的 0.21%；水域及水利设施用地面积 1204.37 平方千米，占全州土地面积的 8.19%；其他用地面积 528.74 平方千米，占全州土地面积的 3.6%。在土地利用分区系统中，怒江傈僳族自治州位于滇西北高山高原峡谷土地生态保护与旅游区的怒江高山峡谷土地生态保护亚区和澜沧江高山峡谷土地整治与矿电用地亚区。在可利用土地资源评价中，怒江傈僳族自治州无土地资源丰富、较丰富、一般的县区，较缺乏的有 1 个，缺乏的有 3 个。

2. 水资源

怒江傈僳族自治州的水资源总量 226.11 亿立方米，地下水资源总量 64.1 亿立方米。在可利用水资源评价中，怒江傈僳族自治州水资源丰富的县区有 3 个，较丰富的有 1 个，无一般、较缺乏和缺乏的县区。

3. 生物资源

怒江傈僳族自治州分布着国家一级保护植物喜马拉雅红豆杉、长蕊木兰、光叶珙桐等，国家二级保护植物长喙厚朴、云南樾树、台湾杉、十齿花、滇桐、水青树、中华桫椤、桫椤、伞花木、油麦吊云杉、贡山三尖杉、胡黄连、董棕、澜沧黄杉、西亚黑桫椤、樟树、长喙厚朴、西康玉兰 18 种，广泛分布着金荞麦、千果榄仁、金毛狗等国家珍稀植物资源。

怒江傈僳族自治州分布着稀有鸟类黑颈长尾雉、绿孔雀、红胸角雉、灰腹角雉、白尾梢虹雉、雉鹑、金雕、黑鹳等；稀有兽类有兔狲、猞猁、赤斑羚、白眉长臂猿、戴帽叶猴、马麝、毛冠鹿、猕猴、大灵猫、穿山甲等。

怒江傈僳族自治州的食用菌有鸡㙡菌、香肉齿菌、灰树花、美味牛肝菌、黄皮疣柄牛肝菌、皱盖疣柄牛肝菌、铜色牛肝菌、广野绣球菌、松乳菇、羊肚菌、鸡枞菌、蓝丝膜菌、胶质刺银耳、松茸、喜山罗麟伞、鹤环乳牛肝菌、硫色洵孔菌 17 种。其中，福贡县的食用菌资源最为丰富，约有 8 种；贡山独龙族怒族自治县的食用菌资源最少。

4. 矿产资源

怒江傈僳族自治州有色金属资源、贵金属资源丰富；化工原料非金属矿产资源匮乏。

5. 旅游资源

怒江傈僳族自治州的地文景观资源中，有 2 处地质景观，分别为高黎贡山石月亮景观、滇西横断山纵谷景观。水体景观资源中，有 2 处瀑布景观，分别为泸水滴水河瀑布景观、独龙江哈滂瀑布景观。生物景观资源中，有 1 处花卉景观，为高黎贡山杜鹃花灌丛景观。

三 人文地理

（一）人口和民族

怒江傈僳族自治州 2018 年年末总人口数为 55.30 万人，性别比为 111.87，人口城镇化指数为 0.14，人口城镇化级别为Ⅵ级，人口老龄化指数 0.06，老龄化级别为Ⅱ级。怒江傈僳族自治州少数民族人口约 46.66 万人，少数民族人口占总人口的 84.38%，人口数量较多的少数民族有傈僳族、白族、彝族、怒族、独龙族等，民族多样性指数为 1.24。怒江傈僳族自治州主要说滇西方言中的怒江方言。

（二）经济

怒江傈僳族自治州 GDP（地区生产总值）为 161.56 亿元，人均 GDP 为 29215.19 元，地均 GDP 为 110 万元/平方千米，第一产业产值为 22.11 亿元，第二产业产值为 50.26 亿元，第三产业产值为 89.19 亿元，处于经济发展的工业化中后期阶段，位于云南省沿边开放经济带和澜沧江开发开放经济带的交汇地带。经济城镇化指数为 0.81，经济城镇化级别为Ⅳ级。

从农业产业来看，怒江傈僳族自治州的粮食播种面积 7.99 万公顷，年粮食产量 20.22 万吨。怒江傈僳族自治州有 3 家省级生猪产业有限公司；是云南省肉牛产业、肉羊产业特色发展区；怒江傈僳族自治州夏秋蔬菜优势产业区中有 1 个生产大县，从事中药材加工和经营的企业有 5 种，分别是秦艽、云木香、云当归、云黄连、草果加工厂。

从工业园区来看，怒江傈僳族自治州有省级工业园区 1 个，有 1 个冶金产业园区。

（三）旅游

在旅游景区中，怒江傈僳族自治州有国家 3A 级景区 1 个；在专项旅游产品中，有 1 项红色旅游产品，有 1 项探险旅游产品。

怒江傈僳族自治州有云南省特色小镇 4 个。从遗产旅游特色来看，怒江傈僳族自治州有国家级物质文化遗产 3 项，省级物质文化遗产有 8 项，非物质文化遗产有 19 项。怒江傈僳族自治州有解放战争时期革命老区县 1 个，有 1 个国家级抗日战争纪念设施遗址。

（四）社会生活

从人民生活水平来看，2018 年年末，怒江傈僳族自治州住户存款余额 104.68 亿元，较上一年增长 13.42%；职工平均工资 7.86 万元，较上一年增长 1.83%；社会消费品零售总额 37.84 亿元，较上一年增长 3.6%；农村常驻居民人均可支配收入 6449 元，较上一年增长 9.85%。

从教育发展来看，怒江傈僳族自治州的义务教育发展总指数为 0.69，义务教育发展级别为Ⅵ级。人口受教育程度指数为 0.32，人口受教育级别为Ⅷ级。

从文化设施来看，怒江傈僳族自治州有 2 个三级及以下博物馆，1 个一级文化馆，5 个三级及以下图书馆。

怒江傈僳族自治州是云南省民族团结示范州，有 1 个民族团结示范县，有 12 个民族团结示范乡镇，有 1 个少数民族特色集镇，有 4 个少数民族特色村寨，有 1 个民族团结示范单位。

（五）脱贫攻坚

怒江傈僳族自治州属于滇西边境片区，贡山独龙族怒族自治县 2019 年实现了脱贫摘帽，泸水市、福贡县、兰坪白族普米族自治县 2020 年实现了脱贫摘帽。在脱贫攻坚的道路上，旅游扶贫起到了突出作用。怒江傈僳族自治州有 1 个旅游扶贫示范县、22 个旅游示范村。

第二节 区域差异

一 泸水市

（一）位置与范围

泸水市位于云南省西部，地处东经 98°34′—99°08′、北纬 25°33′—26°31′之间，北与福贡县接壤，东北与兰坪白族普米族自治县毗邻，东与大理白族自治州的云龙县相邻，南靠保山市的隆阳区，西南连腾冲市，西与缅甸接壤，总面积约为 0.29×10⁴ 平方千米。泸水市是怒江傈僳族自治州所辖市，州政府所在地。市人民政府驻地位于泸水市怒江大道南段，泸水市与缅甸的开放口岸有片马口岸。泸水市下辖 6 个镇（六库镇、鲁掌镇、片马镇、上江镇、老窝镇、大兴地镇），2 个乡（称杆乡、古登乡），1 个民族乡（洛本卓白族乡）。

（二）自然地理

泸水市自然地理条件优越。在综合自然区划系统中，泸水市部分属于亚热带北部地带的滇西横断山脉地区的怒江高山峡谷区，部分属于亚热带北部地带的滇西横断山脉地区的保山—凤庆中山盆地宽谷区；在云南省生态经济区划中，泸水市主要位于滇西北纵向岭谷生态经济区的北部高山峡谷生态经济亚区；在生态保护红线空间分布格局中，泸水市大部分位于青藏高原南缘滇西北高山峡谷生态屏障区域；从生态保护红线功能类型上可以看出，泸水市为滇西北高山峡谷生物多样性维护与水源涵养生态保护红线类型。泸水市是第四批国家生态文明建设示范区，该示范区的建设体现了泸水市深入贯彻习近平生态文明思想，坚持走绿色发展道路，不断推进生态文明建设。

1. 自然地理要素

（1）地貌

泸水市最高海拔高度约为 4141 米，最低海拔高度约为 668 米，高差约为 3473 米，平均 DEM 为 2379.41 米，处于 Ⅵ 级水平。坝区面积为 4.94 平方千米，坝区土地占全市土地面积的 0.16%，坝区综合指数为 0.66，属于山区地区。地形起伏度指数为 9.30，处于 Ⅵ 级水平；平均坡度指数为29.66，处于Ⅶ级水平。

（2）气候要素

泸水市整体处于中亚热带，年平均气温为21.0℃，年降水量为1095.9毫米，年日照时数约为2049.90小时，气候资源指数为1980.16，处于Ⅷ级水平。

（3）水文要素

泸水市地处怒江流域，水网密度指数为190.51，处于Ⅵ级水平。

（4）土壤要素

泸水市的土壤类型主要为黄棕壤。

（5）植被要素

泸水市的主要植被类型为滇西横断山暖性阔叶林、暖性针叶林，植被覆盖度处于较显著区。泸水市生物物种资源较丰富，生物多样性处于Ⅴ级水平。

2. 自然资源

（1）土地资源

泸水市耕地面积为194.18平方千米，占全市土地面积的6.47%；园地面积为4.18平方千米，占全市土地面积0.14%；林地面积为2439.11平方千米，占全市土地面积的81.30%；草地面积为270.68平方千米，占全市土地面积的9.02%；城镇村及工矿用地面积为22.02平方千米，占全市土地面积的0.73%；交通运输用地面积为10.18平方千米，占全市土地面积的0.34%；水域及水利设施用地面积为34.23平方千米，占全市土地面积的1.14%；其他用地面积为113.80平方千米，占全市土地面积的3.79%。在土地利用分区系统中，泸水市位于滇西北高山高原峡谷土地生态保护与旅游区的怒江高山峡谷土地生态保护亚区。在可利用土地资源评价方面，泸水市的可利用土地资源属于缺乏类型。在三生空间结构类型系统中，为生态主导型。

（2）水资源

泸水市的水资源总量为48.63亿立方米，地表水径流量48.63亿立方米，径流深1574.5毫米，地下水资源总量为13.09亿立方米，在可利用水资源评价方面，泸水市的可利用水资源属于丰富类型。

（3）生物资源

泸水市分布着国家一级保护植物喜马拉雅红豆杉、长蕊木兰；分布着国家二级保护植物长喙厚朴、云南榧树、台湾杉、十齿花、滇桐、水青树等。

泸水市分布着稀有鸟类黑鹳、黑颈长尾雉、绿孔雀和金雕等。

泸水市的食用菌有鸡枞菌、香肉齿菌、灰树花、美味牛肝菌、黄皮疣柄牛肝菌、皱盖疣柄牛肝菌和铜色牛肝菌等。

（4）旅游资源

泸水市有1处世界自然遗产，为云南三江并流保护区；在地文景观资源中，泸水市有1处地质景观，为滇西横断山纵谷景观；水体景观资源中，有1处瀑布景观，为泸水滴水河瀑布景观。

（三）人文地理

1. 人口和民族

泸水市2018年年末总人口数为19.13万人，人口性别比为115.09，人口城镇化指数为0.19，人口城镇化级别为Ⅴ级，人口老龄化指数为0.06，老龄化级别属于Ⅱ级。泸水市少数民族人口约14.96万人，少数民族人口占总人口的比重为78.20%，全市人口数量较多的少数民族主要有傈僳族、白族、彝族、怒族等，其中傈僳族为直过民族，民族多样性指数为1.19。泸水市主要说怒江（泸水）话，属于滇西方言中的怒江方言。

2. 经济

泸水市的GDP（地区生产总值）为57.51亿元，人均GDP为30062.73元，地均GDP为192万元/平方千米，第一产业产值为7.80亿元，第二产业产值为18.60亿元，第三产业产值为31.11亿元，处于经济发展的工业化中后期阶段，位于云南省沿边开放经济带。经济城镇化指数为0.85，经济城镇化级别属于Ⅲ级。

从农业产业来看，泸水市的粮食播种面积为2.26万公顷，年粮食产量为5.93万吨。泸水市有1个生猪特色农业产业园区，同时是牛羊产业特色发展区。

3. 旅游

在红色旅游产品方面，泸水市有泸水片马抗英遗址；在探险旅游产品方面，有怒江峡谷探险旅游。

泸水市有 1 个云南省特色小镇，为傈僳族风情小镇。从遗产旅游特色来看，泸水市的省级物质文化遗产有 3 项，为六库土司衙署、石岭岗遗址、片马人民抗英斗争遗址；非物质文化遗产有 7 项，分别是傈僳族民歌、傈僳族刀杆节、怒族"若柔"语言、傈僳族《刮克舞》、阔时节、澡塘歌会、尚旺节。泸水市有 1 个国家级抗日战争纪念设施遗址，为怒江驼峰航线纪念馆。

4. 社会生活

从人民生活水平来看，2018 年年末，泸水市的住户存款余额为 41.58 亿元，比上一年增长 9.22%；职工平均工资为 7.72 万元，比上一年增长 0.65%；社会消费品零售总额为 15.95 亿元，比上一年下降 5.96%；农村常住居民人均可支配收入为 6530 元，比上一年增长 9.69%。

从教育发展来看，泸水市的义务教育发展总指数为 1.32，义务教育发展级别为Ⅲ级。人口受教育程度指数为 0.45，人口受教育级别属于Ⅶ级。

从文化设施来看，泸水市有 2 个博物馆，分别为志伟民俗博物馆、驼峰航线纪念馆；文化馆有 2 个，属于一级文化馆的是市文化馆，另一个为州文化馆；有 2 个三级图书馆，分别为州图书馆、市图书馆。

泸水市有多个民族团结示范乡镇，如老窝镇、上江镇；有 1 个少数民族特色村寨。

5. 脱贫攻坚

泸水市属于滇西边境片区，2020 年通过对草果、核桃、刺龙苞、花椒等生态产业的扶持，实现了脱贫摘帽。泸水市鲁掌村、鲁组村、片马村、金满村为旅游扶贫重点村。

在主体功能区的国家级定位中，泸水市属于重点生态功能区。

二　福贡县

（一）位置与范围

福贡县位于云南省西南部，地处东经 98°41′—99°02′、北纬 26°28′—27°31′之间，东与兰坪白族普米族自治县和维西傈僳族自治县交界，南与泸水市相连，西与缅甸接壤，北与贡山独龙族怒族自治县相邻，总面积

约为 0.28×10^4 平方千米。福贡县是怒江傈僳族自治州的下辖县，县人民政府驻地位于福贡县政府路 6 号。福贡县为边境县，尚没有开放口岸。福贡县下辖 1 个镇（上帕镇），5 个乡（子里甲乡、架科底乡、鹿马登乡、石月亮乡、马吉乡），1 个民族乡（匹河怒族乡）。

（二）自然地理

福贡县自然地理条件优越。在综合自然区划系统中，福贡县属于亚热带北部地带、滇西横断山脉地区、怒江高山峡谷区；在云南省生态经济区划中，福贡县主要位于滇西北纵向岭谷生态经济区、北部高山峡谷生态经济亚区；在生态保护红线空间分布格局中，福贡县全部位于青藏高原南缘滇西北高山峡谷生态屏障区域；从生态保护红线功能类型上可以看出，福贡县为滇西北高山峡谷生物多样性维护与水源涵养生态保护红线类型。福贡县是第四批国家生态文明建设示范区，该示范区的建设体现了福贡县坚决扛起生态环境保护责任，持之以恒抓牢生态建设，推进生态环境质量不断提升。

1. 自然地理要素

（1）地貌

福贡县最高海拔高度约为 4675 米，最低海拔高度约为 999 米，高差约为 3676.00 米，平均 DEM 为 2676.94 米，处于Ⅶ级水平。福贡县无坝区，属于山区地区。地形起伏度指数为 10.01，处于Ⅶ级水平；平均坡度指数为 33.12，处于Ⅷ级水平。

（2）气候要素

福贡县属于中温带季风气候，年平均气温为 17.1℃，年降水量为 1185.8 毫米，年日照时数约为 1426.20 小时，气候资源指数为 1806.25，处于Ⅶ级水平。

（3）水文要素

福贡县地处怒江流域，水网密度指数为 210.73，处于Ⅶ级水平。

（4）土壤要素

福贡的土壤类型主要为黄棕壤。

（5）植被要素

福贡县的主要植被类型为滇西横断山暖性阔叶林、暖性针叶林；植被覆盖度处于显著区。福贡县生物物种资源丰富，生物多样性处于Ⅶ级水平。田中线穿过福贡县。

2. 自然资源

（1）土地资源

福贡县耕地面积为 114.18 平方千米，占全县土地面积的 4.08%；园地面积为 4.85 平方千米，占全县土地面积的 0.17%；林地面积为 2091.51 平方千米，占全县土地面积的 74.70%；草地面积为 326.25 平方千米，占全县土地面积的 11.65%；城镇村及工矿用地面积为 9.26 平方千米，占全县土地面积的 0.33%；交通运输用地面积为 2.86 平方千米，占全县土地面积的 0.10%；水域及水利设施用地面积为 24.68 平方千米，占全县土地面积的 0.88%；其他用地面积为 171.09 平方千米，占全县土地面积的 6.11%。在土地利用分区系统中，福贡县位于滇西北高山高原峡谷土地生态保护与旅游区的怒江高山峡谷土地生态保护亚区。在可利用土地资源评价方面，福贡县的可利用土地资源属于缺乏类型。在三生空间结构类型系统中，为生态主导型。

（2）水资源

福贡县的水资源总量为 50.31 亿立方米，地表水径流量 50.31 亿立方米，径流深 294.5 毫米，地下水资源总量约为 14.55 亿立方米，在可利用水资源评价方面，福贡县的可利用水资源属于丰富类型。

（3）生物资源

福贡县分布着国家一级保护植物喜马拉雅红豆杉、长蕊木兰，国家二级保护植物中华桫椤、桫椤、云南榧树、台湾杉、十齿花、长喙厚朴、水青树等。

福贡县的食用菌有鸡枞菌、香肉齿菌、广野绣球菌、灰树花、美味牛肝菌、皱盖疣柄牛肝菌、松乳菇和羊肚菌等。

（4）旅游资源

在旅游资源方面，福贡县有 1 处世界自然遗产，为云南三江并流保护区；在地文景观资源中，有 1 处地质景观，为滇西横断山纵谷景观。

（三）人文地理

1. 人口和民族

福贡县 2018 年年末总人口数为 10.21 万人，人口性别比为

105.32，人口城镇化指数为 0.09，人口城镇化级别为 Ⅶ 级，人口老龄化指数为 0.06，老龄化级别属于 Ⅱ 级。福贡县少数民族人口约为 9.54 万人，少数民族人口占总人口的比重为 93.44%，全县人口数量较多的少数民族主要有傈僳族、怒族、白族等，其中傈僳族和怒族为直过民族，民族多样性指数为 0.84。福贡县主要说福贡话，属于滇西方言中的怒江方言。

2. 经济

福贡县的 GDP（地区生产总值）为 16.69 亿元，人均 GDP 为 16346.72 元，地均 GDP 为 60 万元/平方千米，第一产业产值为 3.40 亿元，第二产业产值为 3.18 亿元，第三产业产值为 10.11 亿元，处于经济发展的工业化中后期阶段，位于云南省沿边开放经济带。经济城镇化指数为 0.77，经济城镇化级别属于 Ⅴ 级。

从农业产业来看，福贡县的粮食播种面积为 0.66 万公顷，年粮食产量为 1.09 万吨。福贡县是牛羊产业特色发展区。

3. 旅游

福贡县的非物质文化遗产有 5 项，分别是怒族达比亚舞、口弦乐、怒族民歌《哦得得》、傈僳族"期奔"演奏、傈僳族《刮克舞》。

4. 社会生活

从人民生活水平来看，2018 年年末，福贡县的住户存款余额为 15.04 亿元，比上一年增长 35.50%；职工平均工资为 7.61 万元，比上一年增长 4.82%；社会消费品零售总额为 4.55 亿元，比上一年增长 11.79%；农村常住居民人均可支配收入为 6240 元，比上一年增长 10.01%。

从教育发展来看，福贡县的义务教育发展总指数为 0.59，义务教育发展级别为 Ⅶ 级。人口受教育程度指数为 0.22，人口受教育级别属于 Ⅷ 级。

从文化设施来看，福贡县有 1 个文化馆，为县文化馆；有 1 个三级图书馆，为县图书馆。

福贡县有 3 个民族团结示范乡镇，分别为鹿马登乡、子里甲乡、匹河怒族乡；有 1 个少数民族特色村寨，并有云南出入境边防检查总站怒江边境管理支队独龙江边境派出所 1 个示范单位。福贡县有 1 个第一批省级民族传统文化保护区，为马吉乡古当村傈僳族传统文化保护区。

5. 脱贫攻坚

福贡县属于滇西边境片区，2020 年通过发展草果产业，实现了脱贫摘帽。福贡县的古当村、米俄络村、腊竹底村、知子罗村、老姆登村为旅游扶贫重点村。

在主体功能区的国家级定位中，福贡县属于重点生态功能区。

三 贡山独龙族怒族自治县

（一）位置与范围

贡山独龙族怒族自治县位于云南省西南部，地处东经 98°07′—98°55′、北纬 27°29′—28°23′之间，东与云南省德钦县、维西傈僳族自治县相连，南与怒江自治州福贡县相邻，北与西藏自治区察隅县接壤，西与缅甸毗邻，总面积约为 0.45×10^4 平方千米。贡山独龙族怒族自治县是怒江傈僳族自治州的下辖县，县人民政府驻地位于茨开路 248 号。贡山独龙族怒族自治县为边境县，尚没有开放口岸。贡山独龙族怒族自治县下辖 2 个镇（茨开镇、丙中洛镇），3 个乡（捧当乡、普拉底乡、独龙江乡）。

（二）自然地理

贡山独龙族怒族自治县自然地理条件优越。在综合自然区划系统中，贡山独龙族怒族自治县属于亚热带北部地带、滇西横断山脉地区、怒江高山峡谷区；在云南省生态经济区划中，贡山独龙族怒族自治县主要位于滇西北纵向岭谷生态经济区、北部高山峡谷生态经济亚区；在生态保护红线空间分布格局中，贡山独龙族怒族自治县全部位于青藏高原南缘滇西北高山峡谷生态屏障区域；从生态保护红线功能类型上可以看出，贡山独龙族怒族自治县为滇西北高山峡谷生物多样性维护与水源涵养生态保护红线类型。贡山独龙族怒族自治县是第四批"绿水青山就是金山银山"国家实践创新基地、第四批国家生态文明建设示范区，以上基地和示范区体现了贡山独龙族怒族自治县把生态环境保护放在经济社会发展的首位，深入践行"绿水青山就是金山银山"理念，大力实施"生态环保立县"战略。

1. 自然地理要素

（1）地貌

贡山独龙族怒族自治县最高海拔高度约为 5466 米，最低海拔高度约为 454 米，高差约为 5012 米，平均 DEM 为 3077.18 米，处于Ⅶ级水平。贡山独龙族怒族自治县无坝区，属于山区地区。地形起伏度指数为 14.89，处于Ⅷ级水平；平均坡度指数为 33.13，处于Ⅷ级水平。

（2）气候要素

贡山独龙族怒族自治县处于中温带，年平均气温为 14.8℃，年降水量为 1564.2 毫米，年日照时数约为 873.60 小时，气候资源指数为 1655.15，处于Ⅴ级水平。

（3）水文要素

贡山独龙族怒族自治县地处怒江流域、伊洛瓦底江流域，水网密度指数为 236.56，处于Ⅷ级水平。

（4）土壤要素

贡山独龙族怒族自治县的土壤类型主要为高山草甸土。

（5）植被要素

贡山独龙族怒族自治县的主要植被类型为滇西横断山暖性阔叶林、暖性针叶林，滇西北寒温性针叶林；植被覆盖度处于极显著区。贡山独龙族怒族自治县生物物种资源丰富，生物多样性处于Ⅵ级水平。田中线穿过贡山独龙族怒族自治县。

2. 自然资源

（1）土地资源

贡山独龙族怒族自治县耕地面积为 24.57 平方千米，占全县土地面积的 0.55%；园地面积为 1.06 平方千米，占全县土地面积的 0.02%；林地面积为 3057.02 平方千米，占全县土地面积的 67.93%；草地面积为 154.01 平方千米，占全县土地面积的 3.42%；城镇村及工矿用地面积为 5.67 平方千米，占全县土地面积的 0.13%；交通运输用地面积为 2.94 平方千米，占全县土地面积的 0.07%；水域及水利设施用地面积为 1116.65 平方千米，占全县土地面积的 24.81%；其他用地面积为 17.32 平方千米，占全县土地面积的 0.38%。在土地利用分区系统中，贡山独龙族怒族自治县位于滇西北高山高原峡谷土地生态保护与旅游区、怒江高山峡谷土地生态保护亚区。在可利用土地资源评价方面，贡山独龙族怒族自治县的可利用土地资源属于缺乏类型。在三生空间结构类型系统中，为生态主导型。

（2）水资源

贡山独龙族怒族自治县的水资源总量为95.23亿立方米，地表水径流量95.23亿立方米，径流深2181.0毫米，地下水资源总量为24.55亿立方米，在可利用水资源评价方面，贡山独龙族怒族自治县的可利用水资源属于丰富类型。

（3）生物资源

贡山独龙族怒族自治县分布的国家一级保护植物为喜马拉雅红豆杉、长蕊木兰、光叶珙桐等，国家二级保护植物主要为水青树、伞花木、十齿花、台湾杉、油麦吊云杉、云南樫树、贡山三尖杉、胡黄连、董棕、桫椤、澜沧黄杉、西亚黑桫椤、樟树、长喙厚朴14种。

贡山独龙族怒族自治县的稀有鸟类有红胸角雉、灰腹角雉、白尾梢虹雉、雉鹑、金雕、黑鹳等。

贡山独龙族怒族自治县的食用菌有鸡枞菌、广野绣球菌、灰树花、蓝丝膜菌、胶质刺银耳等。

（4）旅游资源

在旅游资源方面，贡山独龙族怒族自治县有1处世界级自然遗产，为云南三江并流保护区。贡山独龙族怒族自治县的地文景观资源中，有2处地质景观，分别为高黎贡山石月亮景观、滇西横断山纵谷景观；水体景观中，有1处瀑布景观，为独龙江哈滂瀑布景观。在生物景观资源方面，有1处花卉景观，为高黎贡山杜鹃花灌丛景观。

（三）人文地理

1. 人口和民族

贡山独龙族怒族自治县2018年年末总人口数为3.92万人，人口性别比为113.26，人口城镇化指数为0.15，人口城镇化级别为Ⅵ级，人口老龄化指数为0.06，老龄化级别属于Ⅱ级。贡山独龙族怒族自治县少数民族人口约为3.39万人，少数民族人口占总人口的比重为86.48%，全县人口数量较多的少数民族主要有傈僳族、怒族、独龙族、藏族等，其中傈僳族、怒族和独龙族是直过民族，民族多样性指数为1.52。贡山独龙族怒族自治主要说贡山话，属于滇西方言中的怒江方言。

2. 经济

贡山独龙族怒族自治县的GDP（地区生产总值）为14.05亿元，人均GDP为35841.84元，地均GDP为31万元/平方千米，第一产业产值为2.61亿元，第二产业产值为3.40亿元，第三产业产值为8.04亿元，处于经济发展的工业化中后期阶段，位于云南省沿边开放经济带。经济城镇化指数为0.78，经济城镇化级别属于Ⅴ级。

从农业产业来看，贡山独龙族怒族自治县的粮食播种面积为0.15万公顷，年粮食产量为0.28万吨。贡山独龙族怒族自治县是牛羊产业特色发展区。

3. 旅游

贡山独龙族怒族自治县有国家3A级旅游景区1处，为贡山独龙族怒族自治县独龙区景区；有2处云南省特色小镇，分别是丙中洛小镇、独龙族风情小镇；国家级物质文化遗产有茶马古道，省级物质文化遗产有白汉洛教堂、普化寺、瓮里怒族传统民居建筑群；非物质文化遗产有4项，分别是怒族仙女节、独龙族卡雀哇节、独龙族语言、独龙族民歌。

4. 社会生活

从人民生活水平来看，2018年年末，贡山独龙族怒族自治县的住户存款余额为9.46亿元，比上一年增长18.99%；职工平均工资为7.02万元，比上一年下降10.91%；社会消费品零售总额为3.42亿元，比上一年增长11.76%；农村常住居民人均可支配收入为6291元，比上一年增长10.41%。

从教育发展来看，贡山独龙族怒族自治县的义务教育发展总指数为0.35，义务教育发展级别为Ⅷ级。人口受教育程度指数为0.10，人口受教育级别属于Ⅷ级。

从文化设施来看，贡山独龙族怒族自治县有1个三级文化馆，为县文化馆；有1个三级图书馆，为县图书馆。

贡山独龙族怒族自治县是云南省民族团结示范县，有独龙江乡、捧当乡、丙中洛镇3个民族团结示范乡镇，有1个少数民族特色村寨。贡山独龙族怒族自治县有2个第一批省级民族传统文化保护区，分别为丙中洛镇怒族传统文化保护区与独龙江乡独龙族传统文化保护区。

5. 脱贫攻坚

贡山独龙族怒族自治县属于滇西边境片区，2019年通过发展草果产业，实现了脱贫摘帽。在脱贫攻坚的道路上，旅游扶贫起到了重要的作用，迪政当村、龙元村、献九当村、双拉村、孔当村、巴坡村、秋那桐村、甲生村、迪麻络村为旅游扶贫重点村。

在主体功能区的国家级定位中，贡山独龙族怒族自治县属于重点生态功能区。

四　兰坪白族普米族自治县

（一）位置与范围

兰坪白族普米族自治县位于云南省西南部，地处东经98°57′—99°38′、北纬26°06′—27°04′之间，北接维西傈僳族自治县，东北连玉龙纳西族自治县，东南靠剑川县，南邻云龙县，西与泸水市、福贡县接壤，总面积约为0.45×10^4平方千米。兰坪白族普米族自治县是怒江傈僳族自治州的下辖县，县人民政府驻地位于人民路2号。兰坪白族普米族自治县下辖4个镇（金顶镇、拉井镇、营盘镇、通甸镇），4个乡（河西乡、中排乡、石登乡、兔峨乡）。

（二）自然地理

兰坪白族普米族自治县自然地理条件优越。在综合自然区划系统中，兰坪白族普米族自治县属于亚热带北部地带的滇西横断山脉地区的云龙—兰坪高中山山原区；在云南省生态经济区划中，兰坪白族普米族自治县主要位于滇西北纵向岭谷生态经济区的北部高山峡谷生态经济亚区；在生态保护红线空间分布格局中，兰坪白族普米族自治县全部位于青藏高原南缘滇西北高山峡谷生态屏障区域；从生态保护红线功能类型上可以看出，兰坪白族普米族自治县为滇西北高山峡谷生物多样性维护与水源涵养生态保护红线类型。兰坪白族普米族自治县有兰坪云岭省级自然保护区，保护对象为寒温性原始森林生态及滇金丝猴。兰坪白族普米族自治县是第四批国家生态文明建设示范区，该示范区的建设体现了兰坪白族普米族自治县深入践行"绿水青山就是金山银山"的发展理念，争当生态文明建设排头兵。

1. 自然地理要素

（1）地貌

兰坪白族普米族自治县最高海拔高度约为 4407 米，最低海拔高度约为 1275 米，高差约为 3132 米，平均 DEM 为 2803.82 米，处于Ⅶ级水平。坝区面积为 29.83 平方千米，坝区土地占全县土地面积的 0.62%，坝区综合指数为 2.94，属于山区地区。地形起伏度指数为 9.03，处于Ⅵ级水平；平均坡度指数为 25.31，处于Ⅵ级水平。

（2）气候要素

兰坪白族普米族自治县属于中温带季风气候，年平均气温为 11.5℃，年降水量约为 839.7 毫米，年日照时数约为 1997.40 小时，气候资源指数为 1304.14，处于Ⅱ级水平。

（3）水文要素

兰坪白族普米族自治县地处澜沧江流域，水网密度指数为 90.88，处于Ⅲ级水平。

（4）土壤要素

兰坪白族普米族自治县的土壤类型主要为黄棕壤、棕壤。

（5）植被要素

兰坪白族普米族自治县的主要植被类型为暖性阔叶林、暖性针叶林；植被覆盖度处于极显著区。兰坪白族普米族自治县生物物种资源丰富，生物多样性处于Ⅵ级水平。田中线穿过兰坪白族普米族自治县。

2. 自然资源

（1）土地资源

兰坪白族普米族自治县耕地面积为 358.14 平方千米，占全县土地面积的 8.14%；园地面积为 7.43 平方千米，占全县土地面积的 0.17%；林地面积为 3227.45 平方千米，占全县土地面积的 73.35%；草地面积为 472.34 平方千米，占全县土地面积的 10.73%；城镇村及工矿用地面积为 36.95 平方千米，占全县土地面积的 0.84%；交通运输用地面积为 14.55

平方千米，占全县土地面积的 0.33%；水域及水利设施用地面积为 28.80平方千米，占全县土地面积的 0.65%；其他用地面积为 226.54 平方千米，占全县土地面积的 5.15%。在土地利用分区系统中，兰坪白族普米族自治县位于滇西北高山高原峡谷土地生态保护与旅游区的澜沧江高山峡谷土地整治与矿电用地亚区。在可利用土地资源评价方面，兰坪白族普米族自治县的可利用土地资源属于较缺乏类型。在三生空间结构类型系统中，为生态主导型。

（2）水资源

兰坪白族普米族自治县的水资源总量为 31.94 亿立方米，地表水径流量 31.94 亿立方米，径流深 728.1 毫米，地下水资源总量约为 11.95 亿立方米，在可利用水资源评价方面，兰坪白族普米族自治县的可利用水资源属于较丰富类型。

（3）生物资源

兰坪白族普米族自治县分布的国家一级保护植物为喜马拉雅红豆杉、长蕊木兰，国家二级保护植物主要为台湾杉、云南榧树、澜沧黄杉、油麦吊云杉、西康玉兰等。

兰坪白族普米族自治县的食用菌有松茸、鸡枞菌、广野绣球菌、美味牛肝菌、喜山罗麟伞、鹤环乳牛肝菌、硫色洵孔菌等。

（4）旅游资源

在旅游资源方面，兰坪白族普米族自治县有云南三江并流保护区 1处世界级自然遗产。兰坪白族普米族自治县的地文景观资源中，有 1 处地质景观，为滇西横断山纵谷景观。

（三）人文地理

1. 人口和民族

兰坪白族普米族自治县 2018 年年末总人口数为 22.04 万人，人口性别比为 113.81，人口城镇化指数为 0.12，人口城镇化级别为Ⅵ级，人口老龄化指数为 0.06，老龄化级别属于Ⅱ级。兰坪白族普米族自治县少数民族人口约为 18.77 万人，少数民族人口占总人口的比重为 85.16%，全县人口数量较多的少数民族主要有白族、傈僳族、普米族、彝族、怒族等，其中傈僳族和怒族为直过民族，民族多样性指数为 1.39。

2. 经济

兰坪白族普米族自治县的 GDP（地区生产总值）为 69.14 亿元，人均 GDP 为 31370.24 元，地均 GDP 为 157 万元/平方千米，第一产业产值为 8.29 亿元，第二产业产值为 26.09 亿元，第三产业产值为 34.76 亿元，处于经济发展的工业化中后期阶段，位于澜沧江开发开放经济带。经济城镇化指数为 0.85，经济城镇化级别属于Ⅲ级。

从农业产业来看，兰坪白族普米族自治县的粮食播种面积为 3.34 万公顷，年粮食产量为 8.46 万吨。从特色农业产业园区来看，兰坪白族普米族自治县有 1 个省级生猪产业有限公司，为兰坪恒通农业开发有限公司；兰坪白族普米族自治县是云南省肉牛产业、肉羊产业特色发展区；也是云药之乡，中药材主要品种有秦艽、云木香、云当归、云黄连、草果等。

从工业产业来看，兰坪白族普米族自治县有省级工业园区 1 个，为兰坪工业园区，同时有 1 个冶金产业园区。

3. 旅游

兰坪白族普米族自治县有 1 处云南省特色小镇，为罗古箐普米风情小镇；兰坪白族普米族自治县有 2 处国家级物质文化遗产，为玉水坪遗址、茶马古道，省级物质文化遗产为兔峨土司衙署、杨玉科嘉祠建筑群，共计 2 处；非物质文化遗产有 3 项，分别是普米族搓磋、民间开益、普米族四弦舞乐。兰坪白族普米族自治县是解放战争时期革命老区。

4. 社会生活

从人民生活水平来看，2018 年年末，兰坪白族普米族自治县的住户存款余额为 38.60 亿元，比上一年增长 9.72%；职工平均工资为 8.47 万元，比上一年增长 7.08%；社会消费品零售总额为 13.92 亿元，比上一年增长 11.99%；农村常住居民人均可支配收入为 6515 元，比上一年增长 9.79%。

从教育发展来看，兰坪白族普米族自治县的义务教育发展总指数为 0.49，义务教育发展级别为Ⅶ级。人口受教育程度指数为 0.51，人口受教育级别属于Ⅶ级。

从文化设施来看，兰坪白族普米族自治县有文化馆 1 个，为县文化馆；有 1 个三级图书馆，为县图书馆。

兰坪白族普米族自治县有 3 个民族团结示范乡镇，分别为石登乡、金顶镇、兔峨乡；有 1 个少数民族特色集镇，为通甸镇；有 1 个少数民族特色村寨。兰坪白族普米族自治县有 1 个第一批省级民族传统文化保护区，为河西乡箐花村普米族传统文化保护区。

5. 脱贫攻坚

兰坪白族普米族自治县属于滇西边境片区，2019 年通过发展花椒、漆树、黄牛、山羊等特色种植业、养殖业，实现了脱贫摘帽。在精准旅游扶贫上，兰坪白族普米族自治县的富和村、桃树村、通甸村、黄松村为旅游扶贫重点村。

在主体功能区的国家级定位中，兰坪白族普米族自治县属于重点生态功能区。

第十六章

迪庆藏族自治州

第一节　整体特征

一　位置与范围

迪庆藏族自治州位于云南省西北部，地处滇西北城市群，滇、藏、川三省区交界处。地处东经 98°20′—100°19′、北纬 26°52′—29°16′之间，东与四川省相接，东南与丽江市相连，西与怒江傈僳族自治州相邻，西北连接西藏自治区。全州东西最大横距 165 千米，南北最大纵距 225 千米，总面积约 2.39×10^4 平方千米。迪庆藏族自治州是云南省海拔最高的藏族自治州，最高海拔高度 6740 米，位于梅里雪山卡瓦格博峰，也是云南省的最高峰；最低海拔 1416 米，位于澜沧江河谷。州人民政府驻香格里拉市建塘镇长征大道 21 号。迪庆藏族自治州下辖 1 个县级市（香格里拉市），2 个县（德钦县、维西傈僳族自治县），29 个乡、镇、街道（9 个镇、20 个乡）。

二　自然地理

迪庆藏族自治州自然地理条件优越。在综合自然区划系统中，迪庆藏族自治州属于寒温高原地带的滇西北高山高原地区和亚热带北部地带的滇东高原地区；在云南省生态经济区划中，迪庆藏族自治州主要位于滇西北纵向岭谷生态经济区的北部高山峡谷生态经济亚区；从生态红线空间分布格局看，迪庆藏族自治州全部位于青藏高原南缘滇西北高山峡谷生态屏障区；从生态保护红线功能类型上可以看出，迪庆藏族自治州为滇西北高山峡谷生物多样性维护与水源涵养生态保护红线类型。迪庆藏族自治州有白马雪山国家级自然保护区，白马雪山自然保护区是中国面积最大的滇金丝猴国家级自然保护区。

（一）自然地理要素

1. 地貌

迪庆藏族自治州最高海拔高度约 6740 米，最低海拔高度约 1416 米，高差约 5342 米，平均 DEM 为 3376.62 米，处于Ⅷ级水平。坝区面积 375.6 平方千米，坝区土地占全州土地面积的 1.62%，坝区综合指数为 16.43，属于半山半坝地区。地形起伏度指数为 11.44，处于Ⅶ级水平；平均坡度指数为 26.84，处于Ⅶ级水平。

2. 气候要素

迪庆藏族自治州整体处于高原气候区，年平均气温 8.3℃，年降水量为 753.7 毫米，年日照时数约 1967 小时，气候资源指数为 1134.34，处于Ⅰ级水平。

3. 水文要素

迪庆藏族自治州地处长江流域、澜沧江流域的交汇地带，水网密度指数为 73.08，处于Ⅲ级水平。

4. 土壤要素

迪庆藏族自治州的土壤类型主要有暗棕壤、棕色针叶林土、高山草甸土、黄棕壤等，以暗棕壤居多。

5. 植被要素

迪庆藏族自治州的主要植被类型为寒温性针叶林，植被覆盖度处于极显著区。迪庆藏族自治州生物物种资源丰富，生物多样性处于Ⅵ级水平。

（二）自然资源

1. 土地资源

迪庆藏族自治州耕地面积 552.39 平方千米，占全州土地面积的 2.38%；园地面积 25.07 平方千米，占全州土地面积的 0.11%；林地面积 16655.36 平方千米，占全州土地面积的 71.79%；草地面积 3007.05 平方千米，占全州土地面积的 12.96%；城镇村及工矿用地面积 103.23 平方千米，占全州土地面积的 0.44%；交通运输用地面积 71.96 平方千米，占全州土地面积的 0.31%；水域及水利设施用地面积 231.99 平方千米，占全州土地面积的 1%；其他用地面积 2538.81 平方千米，占全州土地面积的 10.94%。在土地利用分区系统中，迪庆藏族自治州位于滇西北高山高原峡谷土地生态保护与旅游区的丽江—香格里拉高山高原旅游与城镇用地亚区和澜沧江高山峡谷土地整治与矿电用地亚区。在可利用土地资源评价中，迪庆藏族自治州无土地资源丰富和一般的县区，较丰富的有 1个，较缺乏的有 1 个，缺乏的有 1 个。

2. 水资源

迪庆藏族自治州的水资源总量为 125.27 亿立方米，地下水资源总量为 45.5 亿立方米。在可利用水资源评价中，迪庆藏族自治州水资源丰富的县区有 1 个，较丰富的有 1 个，无水资源丰盈程度为一般、较缺乏、缺乏的县区。

3. 生物资源

迪庆藏族自治州分布着国家一级保护植物玉龙蕨、高寒水韭、喜马拉雅红豆杉、独叶草、光叶珙桐等，国家二级保护植物云南榧树、金铁锁、子宫草、金荞麦、油麦吊云杉、胡黄连、丁茜、水青树、山莨菪、十齿花、油麦吊云杉、澜沧黄杉、秃叶黄檗 13 种，广泛分布着金毛狗等国家珍稀植物资源。

迪庆藏族自治州分布着稀有鸟类胡兀鹫、黑鹳、金雕、绿尾虹雉、雉鹑、黑颈鹤、斑尾榛鸡、黑颈长尾雉、白尾梢虹雉等；稀有兽类滇金丝猴、岩羊、雪豹、西藏棕熊、黑麝、小灵猫、猕猴、水鹿、毛冠鹿、马麝、华鬣羚、穿山甲、大灵猫、黑熊、豹、豺 16 种。

迪庆藏族自治州的食用菌有松茸、鸡枞菌、香肉齿菌、广野绣球菌、裂褶菌、鸡油菌、荷叶离褶菌、美味牛肝菌、皱盖疣柄牛肝菌、柱状田头菇、喜山罗麟伞、金耳、桂花耳、香菇、毛柄类火菇、光滑环锈伞、黄伞、梭柄乳头蘑、小美牛肝菌、乳牛肝菌、鹤环乳牛肝菌、变绿红菇、多汁乳菇、紫花脸香蘑、红蜡蘑、羊肚菌、焰耳、蓝丝膜菌、灰树花、松乳菇、红汁乳菇、翘鳞肉齿菌、硫色洵孔菌、白色地花菌、洱源枝瑚菌 35 种。其中，维西傈僳族自治县的食用菌资源最为丰富，约有 29 种；

德钦县的食用菌资源最少。

4. 矿产资源

迪庆藏族自治州黑色矿产资源较为丰富；有色金属资源、贵金属资源丰富；化工原料非金属矿产资源匮乏。

5. 旅游资源

迪庆藏族自治州的世界自然遗产为云南三江并流保护区；地文景观资源中，有 2 处地质景观，分别为白马雪山冰川景观、滇西横断山纵谷景观；有 1 处喀斯特景观，为香格里拉白水台景观。生物景观资源中，有 1 处草甸景观，为香格里拉草甸景观；有 2 处花卉景观，分别为香格里拉杜鹃花灌丛景观、香格里拉格桑花灌丛景观；有 2 处动物景观，分别为香格里拉碧塔海重唇鱼醉鱼景观、维西萨马阁滇金丝猴景观。

三　人文地理

（一）人口和民族

迪庆藏族自治州 2018 年年末总人口数为 41.40 万人，性别比为114.56，人口城镇化指数为 0.12，人口城镇化级别为Ⅵ级，人口老龄化指数 0.07，老龄化级别为Ⅳ级。迪庆藏族自治州少数民族人口约 28.04万人，少数民族人口占总人口的 67.73%，人口数量较多的少数民族有藏族、纳西族、彝族、傈僳族、白族等，民族多样性指数为 1.33。迪庆藏族自治州主要说滇西方言中的迪庆方言。

（二）经济

迪庆藏族自治州 GDP（地区生产总值）为 217.52 亿元，人均 GDP为 52541.06 元，地均 GDP 为 94 万元/平方千米，第一产业产值为 12.56亿元，第二产业产值为 90.17 亿元，第三产业产值为 114.79 亿元，处于经济发展的工业化发达经济阶段，位于金沙江开放合作经济带和澜沧江开发开放经济带的交汇地带。经济城镇化指数为 0.92，经济城镇化级别为Ⅱ级。

从农业产业来看，迪庆藏族自治州的粮食播种面积 4.82 万公顷，年粮食产量 17.99 万吨。迪庆藏族自治州有 3 个县位于云南省高原特色农业沿边特色产业园区中，有 1 家省级生猪产业有限公司；是云南省肉牛产业、肉羊产业特色发展区；迪庆藏族自治州夏秋蔬菜优势产业区有 1 个生产大县，从事中药材加工和经营的企业有 3 种，分别是云当归、秦艽、云木香的加工厂。

从工业园区来看，迪庆藏族自治州有 1 个省级工业园区，有 1 个特色食品制造产业园区。迪庆藏族自治州有 1 家国家级外贸转型省级基地，为迪庆藏族自治州香格里拉市国家外贸转型省级基地（松茸）。

（三）旅游

迪庆藏族自治州有 1 个美丽县城，有 1 个全国县域旅游发展潜力百佳县。

在旅游景区中，迪庆藏族自治州有 1 个国家 5A 级景区、6 个国家 4A 级景区、2 个国家 3A 级景区、11 个国家 2A 级景区；在度假休闲区中，有 1 个旅游度假区、2 个休闲广场；在专项旅游产品中，有 1 项农业旅游产品，有 1 项红色旅游产品，有 1 项探险旅游产品；在体育旅游产品中，有 1 项登山运动产品。每年 12 月 20 日的阔时节是傈僳族最隆重的节日，相当于汉族的春节，过节期间，人们会举行打秋千、跳高架、跳高等体育竞赛。

迪庆藏族自治州是省级历史文化名城，有 1 个省级历史文化名镇，有 3 个云南省特色小镇。从遗产旅游特色来看，迪庆藏族自治州有国家级物质文化遗产 5 项，省级物质文化遗产 12 项；非物质文化遗产有 27 项。迪庆藏族自治州有解放战争时期革命老区乡镇 4 个，分别是香格里拉市虎跳峡镇、上江乡、三坝纳西族乡、金江镇。

（四）社会生活

从人民生活水平来看，2018 年年末，迪庆藏族自治州的住户存款余额 126.30 亿元，较上一年增长 11.79%；职工平均工资 12.96 万元，较上一年增长 10.68%；社会消费品零售总额 57.05 亿元，较上一年增长 10.95%；农村常住居民人均可支配收入 8524 元，较上一年增长 9.62%。

从教育发展来看，迪庆藏族自治州的义务教育发展总指数为 0.54，义务教育发展级别为Ⅶ级。人口受教育程度指数为 0.35，人口受教育级别为Ⅷ级。

从文化设施来看，迪庆藏族自治州有 4 个三级及以下博物馆，有 1 个一级文化馆，有 3 个三级及以下图书馆。

迪庆藏族自治州是云南省民族团结示范州，有 1 个民族团结示范县，有 5 个民族团结示范乡镇，有 3 个少数民族特色村寨。迪庆藏族自治州有 1 个国家级文化生态保护实验区，为迪庆民族文化生态保护实验区。

（五）脱贫攻坚

迪庆藏族自治州属于迪庆藏区片区，香格里拉市、德钦县 2018 年实现了脱贫摘帽，维西傈僳族自治县 2019 年实现了脱贫摘帽。在脱贫攻坚的道路上，旅游扶贫起到突出作用。迪庆藏族自治州的旅游扶贫示范县有 1 个，旅游示范乡镇有 3 个，旅游示范村有 4 个。

第二节　区域差异

一　香格里拉市

（一）位置与范围

香格里拉市位于云南省西北部，地处东经 99°23′—100°18′、北纬 26°52′—28°50′之间，东与四川省稻城、木里二县接壤，西、南与丽江市、维西傈僳族自治县隔金沙江相望，北与德钦县相连。全市东西最大横距 88 千米，南北最大纵距 218 千米，总面积约 1.16×10^4 平方千米。市人民政府位于行政中心 1 号楼。香格里拉市下辖 4 个镇（建塘镇、虎跳峡镇、金江镇、小中甸镇），6 个乡（上江乡、洛吉乡、尼西乡、格咱乡、东旺乡、五境乡），1 个民族乡（三坝纳西族乡）。

（二）自然地理

香格里拉市自然地理条件优越。在综合自然区划系统中，香格里拉市部分属于寒温高原地带的滇西北高山高原地区和中甸—德钦高山高原区，部分属于亚热带北部地带的滇东高原地区的大理—丽江盆地中高山区；在云南省生态经济区划中，香格里拉市主要位于滇西北纵向岭谷生态经济区的北部高山峡谷生态经济亚区；从生态红线空间分布格局看，香格里拉市全部位于青藏高原南缘滇西北高山峡谷生态屏障区域；从生态保护红线功能类型上可以看出，香格里拉市为滇西北高山峡谷生物多样性维护与水源涵养生态保护红线类型。香格里拉市有哈巴雪山省级自然保护区、碧塔海省级自然保护区、纳帕海省级自然保护区，这些保护区对当地生物多样性保护和发展有着积极的作用。

1. 自然地理要素

（1）地貌

香格里拉市最高海拔高度约 5358 米，最低海拔高度约 1416 米，高差约 3942 米，平均 DEM 为 3537.37 米，处于Ⅷ级水平。坝区面积 340 平方千米，坝区土地占全市土地面积的 3.56%，坝区综合指数为 31.11，属于半山半坝地区。地形起伏度指数为 11.29，处于Ⅶ级水平；平均坡度指数为 24.37，处于Ⅵ级水平。

（2）气候要素

香格里拉市整体处于高原气候区，年平均气温 6.3℃，年降水量为732.5 毫米，年日照时数约 2203.10 小时，气候资源指数为 1017.62，处于Ⅰ级水平。

（3）水文要素

香格里拉市地处长江流域，水网密度指数为 56.37，处于Ⅲ级水平。

（4）土壤要素

香格里拉市的土壤类型主要有暗棕壤、棕色针叶林土等。

（5）植被要素

香格里拉市的主要植被类型为滇西北寒温性针叶林，植被覆盖度处于极显著区。香格里拉市生物物种资源丰富，生物多样性处于Ⅴ级水平。

2. 自然资源

（1）土地资源

香格里拉市耕地面积 216.05 平方千米，占全市土地面积的 1.90%；园地面积 15.45 平方千米，占全市土地面积的 0.14%；林地面积 8662.23平方千米，占全市土地面积的 75.98%；草地面积 1051.65 平方千米，占全市土地面积的 9.22%；城镇村及工矿用地面积 62.05 平方千米，占全市土地面积的 0.54%；交通运输用地面积 41.03 平方千米，占全市土地面积的 0.36%；水域及水利设施用地面积 100.19 平方千米，占全市土地面积的 0.88%；其他用地面积 1270.03 平方千米，占全市土地面积的11.14%。在土地利用分区系统中，香格里拉市位于滇西北高山高原峡谷土地生态保护与旅游区的丽江—香格里拉高山高原旅游与城镇用地亚区。在可利用土地资源评价中,香格里拉市土地资源较丰富。在三生空间结构类型系统中,为生态主导型。

（2）水资源

香格里拉市的水资源总量49.76亿立方米,地表水径流量49.76亿立方米,径流深为433.2毫米,地下水资源总量19.04亿立方米,在可利用水资源评价中,香格里拉市可利用水资源丰富。

（3）生物资源

香格里拉市分布着国家一级保护植物玉龙蕨、高寒水韭、喜马拉雅红豆杉,国家二级保护植物云南梫树、金铁锁、子宫草、金荞麦、油麦吊云杉、胡黄连、丁茜、水青树等。

香格里拉市分布着稀有鸟类胡兀鹫、黑鹳、金雕、斑尾榛鸡、绿尾虹雉、雉鹑、黑颈鹤7种。

香格里拉市的食用菌有松茸、鸡枞菌、香肉齿菌、广野绣球菌、裂褶菌、鸡油菌、荷叶离褶菌、美味牛肝菌、皱盖疣柄牛肝菌、柱状田头菇、喜山罗麟伞、金耳、桂花耳、香菇、毛柄类火菇、光滑环锈伞、黄伞、梭柄乳头蘑、小美牛肝菌、乳牛肝菌、鹤环乳牛肝菌、变绿红菇、多汁乳菇、紫花脸香蘑、红蜡蘑、羊肚菌、焰耳27种。

（4）旅游资源

香格里拉市有1处世界级自然遗产,为云南三江并流保护区;地文景观资源中,有1处地质景观,为滇西横断山纵谷景观;有1处喀斯特景观,为香格里拉白水台景观。生物景观资源中,有1处草甸景观,为香格里拉草甸景观;有2处花卉景观,分别为香格里拉杜鹃花灌丛景观、香格里拉格桑花灌丛景观;有1处动物景观,为香格里拉碧塔海重唇鱼醉鱼景观。

（三）人文地理

1. 人口和民族

香格里拉市2018年年末总人口数为18.04万人,性别比为113.17,人口城镇化指数为0.17,人口城镇化级别为Ⅴ级,人口老龄化指数为0.06,老龄化级别为Ⅱ级。香格里拉市少数民族人口约10.75万人,少数民族人口占总人口的 59.59%，人口数量较多的少数民族有藏族、纳西族、彝族等，民族多样性指数为 1.65。另外，香格里拉市的傈僳族为直过民族。香格里拉市主要说迪庆（香格里拉）话，属于滇西方言中的迪庆方言。

2. 经济

香格里拉市 GDP（地区生产总值）为 131.47 亿元，人均 GDP 为 72876.94 元，地均 GDP 为 115 万元/平方千米，第一产业产值 4.66 亿元，第二产业产值 54.67 亿元，第三产业产值 72.14 亿元，处于经济发展的工业化发达经济阶段，位于金沙江开放合作经济带。经济城镇化指数为 0.96，经济城镇化级别为 Ⅱ 级。

从农业产业来看，香格里拉市的粮食播种面积 1.56 万公顷，年粮食产量 6.17 万吨。香格里拉市属于云南省高原特色农业沿边特色产业园区中，有 1 家省级生猪产业有限公司，为云南伟松食品有限公司；该市也是云南省肉牛产业、肉羊产业特色发展区。

从工业园区来看，香格里拉市有 1 个省级工业园区，为香格里拉工业园区，其产业类型为特色食品制造。

3. 旅游

香格里拉市是云南省美丽县城，是全国县域旅游发展潜力百佳县。

在旅游景区中，香格里拉市有 1 个国家 5A 级景区，为迪庆香格里拉普达措景区；5 个国家 4A 级景区，分别是迪庆虎跳峡景区、迪庆香格里拉松赞林景区、香格里拉南月亮谷景区、迪庆香格里拉大峡谷、巴拉格宗景区；1 个国家 3A 级景区，为迪庆霞给藏族文化旅游生态村景区；11 个国家 2A 级景区，分别是迪庆天生桥景区、迪庆博物馆景区、迪庆长征博物馆景区、香格里拉高山植物园景区、迪庆香格里拉娜姆措生态园景区、迪庆香格里拉康巴部落（呀拉唆）民间马术风情园景区、香巴拉时轮城景区、迪庆香格里拉阳塘曲景区、香格里拉圣域天香牦牛文化传播中心景区、香格里拉里拉结达木景区、迪庆州和谐塔中塔景区。在度假休闲区中，有迪庆香格里拉省级旅游度假区，有迪庆月光广场、迪庆坛城广场 2 个休闲广场；在专项旅游产品中，有香格里拉草甸花海 1 项农业旅游产品，有香格里拉独克宗古城红军长征纪念馆 1 项红色旅游产品。

香格里拉市是省级历史文化名城，云南省特色小镇 1 个为月光城。从遗产旅游特色来看，香格里拉市有国家级物质文化遗产 3 项，分别是中心镇公堂、茶马古道、金沙江岩画，省级物质文化遗产有 4 项，分别是归化寺、白水台东巴胜迹、建塘阿布老屋、迪庆州人民政府旧址；非物质文化遗产有 17 项，分别是木碗制作技艺、青稞酒制作技艺、藏族传统金属铸造工艺、纳西族传统纺麻技艺、藏族雕版印经技艺、纳迪庆藏刀制作技艺、藏香制作技艺、藏族服饰、赛马会、藏族神川热巴、阿卡巴拉舞、唐卡、酥油花、锅庄舞、藏医药、纳西族手工造纸技艺、藏族黑陶烧制技艺。香格里拉市有革命老区乡镇 4 个，分别是虎跳峡镇、上江乡、三坝纳西族乡、金江镇。

4. 社会生活

从人民生活水平来看，2018 年年末，香格里拉市住户存款余额 80.58 亿元，较上一年增长 9.87%；职工平均工资 12.76 万元，较上一年增长 11.54%；社会消费品零售总额 39.59 亿元，较上一年增长 10.49%；农村常住居民人均可支配收入 8681 元，较上一年增长 9.72%。

从教育发展来看，香格里拉市的义务教育发展总指数为 0.71，义务教育发展级别为 VI 级。人口受教育程度指数为 0.49，人口受教育级别为 VII 级。

从文化设施来看，香格里拉市有三级及以下博物馆 4 个，分别是州博物馆、香巴拉藏文化博物馆、红军长征博物馆、茶马古道博物馆；有 1 个一级文化馆，为州文化馆；有 1 个三级图书馆，为州图书馆。

香格里拉市有 2 个民族团结示范乡镇，分别是建塘镇和五境乡；有 1 个第二批省级民族传统文化保护区，为尼汝藏族传统文化保护区；有 1 个省级民族民间传统文化之乡，为锅庄舞之乡。

5. 脱贫攻坚

香格里拉市属于迪庆藏区片区，2018 年通过推进中药材、特色畜禽等七大高原特色产业，实现了脱贫摘帽。在脱贫攻坚的道路上，旅游扶贫起到了突出作用。香格里拉市的旅游示范乡镇为三坝纳西族乡，旅游扶贫重点村 3 个，分别是联合村、汤满村、木鲁村。

在主体功能区的国家级定位中，香格里拉市属于重点生态功能区。

二 德钦县

（一）位置与范围

德钦县位于云南省西北部，地处东经 98°35′—99°31′、北纬 27°33′—29°13′之间，西南与维西傈僳族自治县、怒江自治州贡山独龙族自治县接壤，西北与西藏自治区昌都市芒康县、西藏自治区昌都市左贡县、西藏自治区林芝地区察隅县山水相连，东南同四川的巴塘县、得荣县及云南的香格里拉市隔金沙江相望。全县总面积约 0.76×10^4 平方千米。县人民政府驻德钦县 019 乡道（德钦交通警察大队东北）上。德钦县下辖 2 个镇（升平镇、奔子栏镇），4 个乡（佛山乡、云岭乡、燕门乡、羊拉乡），2 个民族乡（拖顶傈僳族乡、霞若傈僳族乡）。

（二）自然地理

德钦县自然地理条件优越。在综合自然区划系统中，德钦县属于寒温高原地带的滇西北高山高原地区的中甸—德钦高山高原区；在云南省生态经济区划中，德钦县主要位于滇西北纵向岭谷生态经济区的北部高山峡谷生态经济亚区；从生态红线空间分布格局看，德钦县全部位于青藏高原南缘滇西北高山峡谷生态屏障区域；从生态保护红线功能类型上可以看出，德钦县为滇西北高山峡谷生物多样性维护与水源涵养生态保护红线类型。

1. 自然地理要素

（1）地貌

德钦县最高海拔高度约 6740 米，最高海拔为梅里雪山卡瓦格博峰，最低海拔高度约 1840.5 米，最低海拔为燕门乡洛咱河口澜沧江江面，高差约 4899.5 米，平均 DEM 为 3637.57 米，处于Ⅷ级水平。德钦县属于山区地区。地形起伏度指数为 13.56，处于Ⅷ级水平；平均坡度指数为 29.17，处于Ⅶ级水平。

（2）气候要素

德钦县整体处于高原气候区，年平均气温 6.6℃，年降水量为 595.9毫米，年日照时数约 1841.2 小时，气候资源指数为 1016.88，处于Ⅰ级水平。德钦县奔子栏镇是云南省雨量最少的地方，被称为"干谷"。

（3）水文要素

德钦县地处长江流域和澜沧江流域，水网密度指数为63，处于Ⅲ级水平。

（4）土壤要素

德钦县的土壤类型主要为高山草甸土。

（5）植被要素

德钦县的主要植被类型为滇西北寒温性针叶林，植被覆盖度处于显著区。德钦县生物物种资源丰富，生物多样性处于Ⅵ级水平。

2. 自然资源

（1）土地资源

德钦县耕地面积85.496平方千米，占全县土地面积的1.17%；园地面积1.64平方千米，占全县土地面积的0.02%；林地面积4491.02平方千米，占全县土地面积的61.52%；草地面积1586.57平方千米，占全县土地面积的21.73%；城镇村及工矿用地面积15.38平方千米，占全县土地面积的0.21%；交通运输用地面积16.02平方千米，占全县土地面积的0.22%；水域及水利设施用地面积102.51平方千米，占全县土地面积的1.40%；其他用地面积992.05平方千米，占全县土地面积的13.59%。在土地利用分区系统中，德钦县位于滇西北高山高原峡谷土地生态保护与旅游区的澜沧江高山峡谷土地整治与矿电用地亚区。在可利用土地资源评价中，德钦县土地资源属于缺乏。在三生空间结构类型系统中，为生态主导型。

（2）水资源

德钦县的水资源总量38.53亿立方米，地表水径流量38.53亿立方米，径流深529.8毫米；地下水资源总量12.91亿立方米，在可利用水资源评价中，德钦县可利用水资源较丰富。

（3）生物资源

德钦县分布着国家一级保护植物玉龙蕨、喜马拉雅红豆杉、独叶草等，国家二级保护植物水青树、山莨菪、十齿花、油麦吊云杉、澜沧黄杉、云南榧树、金铁锁、胡黄连等。

德钦县分布着稀有鸟类雉鹑、斑尾榛鸡、黑鹳、黑颈鹤、金雕、胡兀鹫等。

德钦县的食用菌有松茸、鸡枞菌、香肉齿菌、广野绣球菌、鸡油菌、荷叶离褶菌、美味牛肝菌、皱盖疣柄牛肝菌、喜山罗麟伞、金耳、香菇、毛柄类火菇、光滑环锈伞、小美牛肝菌、鹤环乳牛肝菌、紫花脸香蘑、蓝丝膜菌、羊肚菌、焰耳19种。

（4）旅游资源

德钦县有1处世界级自然遗产，为云南三江并流保护区；在地文景观资源中，有2处地质景观，分别是白马雪山冰川景观和滇西横断山纵谷景观。

（三）人文地理

1. 人口和民族

德钦县2018年年末总人口数为6.82万人，性别比为117.25，人口城镇化指数为0.11，人口城镇化级别为Ⅵ级，人口老龄化指数为0.07，老龄化级别为Ⅳ级。德钦县少数民族人口约5.94万人，少数民族人口占总人口的87.10%，人口数量较多的少数民族有藏族、傈僳族、白族等，其中傈僳族为直过民族，民族多样性指数为0.91。

2. 经济

德钦县GDP（地区生产总值）为34.32亿元，人均GDP为50322.58元，地均GDP为47万元/平方千米，第一产业产值1.75亿元，第二产业产值14.99亿元，第三产业产值17.58亿元，处于经济发展的工业化发达经济阶段，位于金沙江开放合作经济带和澜沧江开发开放经济带。经济城镇化指数为0.94，经济城镇化级别为Ⅱ级。

从农业产业来看，德钦县的粮食播种面积0.57万公顷，年粮食产量2.21万吨。德钦县属于云南省高原特色农业沿边特色产业园区中，是云南省肉牛产业、肉羊产业特色发展区。德钦县是云药之乡，主要中药材品种有当归、秦艽。

3. 旅游

在专项旅游产品中，有梅里雪山探险旅游1项探险旅游产品，在体育旅游产品中，有梅里雪山攀登1项登山运动产品。

德钦县有 1 个云南省特色小镇，为梅里雪山小镇。从遗产旅游特色来看，德钦县有 1 项国家级物质文化遗产，为茨中教堂，省级物质文化遗产有 3 项，分别是飞来寺、东竹林寺、奔子栏佛塔四点壁画；非物质文化遗产有 5 项，分别是梅藏族"百谐"祭祀礼仪、藏族"卡甲习俗"、梅里神山祭祀、藏族弦子舞、拖顶藏族酒歌。

4. 社会生活

从人民生活水平来看，2018 年年末，德钦县住户存款余额 14.58 亿元，较上一年增长 17.77%；职工平均工资 14.89 万元，较上一年增长 17.24%；社会消费品零售总额 7.51 亿元，较上一年增长 12.09%；农村常住居民人均可支配收入 8556 元，较上一年增长 9.82%。

从教育发展来看，德钦县的义务教育发展总指数为 0.53，义务教育发展级别为Ⅶ级。人口受教育程度指数为 0.16，人口受教育级别为Ⅷ级。

从文化设施来看，德钦县有 1 个三级图书馆，为县图书馆。

德钦县是云南省民族团结示范县，有 1 个民族团结示范乡镇，为奔子栏镇。德钦县有 1 个第一批省级民族传统文化保护区，为奔子栏藏族传统文化保护区。

5. 脱贫攻坚

德钦县属于迪庆藏区片区，2018 年通过"一乡一业、一村一品"实现了脱贫摘帽。在脱贫攻坚的道路上，旅游扶贫起到了突出作用。德钦县是旅游扶贫示范县，有旅游示范乡镇 2 个；1 个旅游扶贫重点村，为书送村。

在主体功能区的国家级定位中，德钦县属于重点生态功能区。

三　维西傈僳族自治县

（一）位置与范围

维西傈僳族自治县位于云南省西北部，地处东经 98°54′—99°34′、北纬 26°53′—28°02′之间，东与香格里拉市隔江相望，东南与丽江市玉龙纳西族自治县接壤，南与怒江兰坪白族普米族自治县相连，西与怒江自治州贡山独龙族怒族自治县、福贡县为邻，北与德钦县衔接。全县东西最大横距 70 千米，南北最大纵距 122 千米，总面积约 0.47×10^4 平方千米。

县人民政府位于雪龙西路和碧罗路交叉口北侧。维西傈僳族自治县下辖 3 个镇（保和镇、塔城镇、叶枝镇），7 个乡（永春乡、攀天阁乡、白济汛乡、康普乡、巴迪乡、中路乡、维登乡）。

（二）自然地理

维西傈僳族自治县自然地理条件优越。在综合自然区划系统中，维西傈僳族自治县部分属于亚热带北部地带的滇东高原地区的大理—丽江盆地中高山区，部分属于寒温高原地带的滇西北高山高原地区的中甸—德钦高山高原区；在云南省生态经济区划中，维西傈僳族自治县主要位于滇西北纵向岭谷生态经济区的北部高山峡谷生态经济亚区；从生态红线空间分布格局看，维西傈僳族自治县全部位于青藏高原南缘滇西北高山峡谷生态屏障区域；从生态保护红线功能类型上可以看出，维西傈僳族自治县为滇西北高山峡谷生物多样性维护与水源涵养生态保护红线类型。

1. 自然地理要素

（1）地貌

维西傈僳族自治县最高海拔高度约 4880 米，最低海拔高度约 1486 米，最低海拔位置为维西傈僳族自治县碧玉河入澜沧江口处，高差约 3394 米，平均 DEM 为 2954.93 米，处于Ⅶ级水平。坝区面积 35.6 平方千米，坝区土地占全县土地面积的 0.24，坝区综合指数为 1.74，属于山区地区。地形起伏度指数为 9.47，处于Ⅵ级水平；平均坡度指数为 26.97，处于Ⅶ级水平。

（2）气候要素

维西傈僳族自治县整体处于高原气候区，年平均气温 12℃，年降水量为 932.7 毫米，年日照时数约 1855.9 小时，气候资源指数为 1368.53，处于Ⅲ级水平。

（3）水文要素

维西傈僳族自治县地处长江流域、澜沧江流域，水网密度指数为 99.87，处于Ⅳ级水平。

（4）土壤要素

维西傈僳族自治县的土壤类型主要有黄棕壤、暗棕壤等。

（5）植被要素

维西傈僳族自治县的主要植被类型为滇西北寒温性针叶林，植被覆盖度处于极显著区。维西傈僳族自治县生物物种资源丰富，生物多样性处于Ⅶ级水平。田中线穿过维西傈僳族自治县。

2. 自然资源

（1）土地资源

维西傈僳族自治县耕地面积 250.85 平方千米，占全县土地面积的 5.57%；园地面积 7.99 平方千米，占全县土地面积的 0.18%；林地面积 3502.11 平方千米，占全县土地面积的 77.82%；草地面积 368.83 平方千米，占全县土地面积的 8.20%；城镇村及工矿用地面积 25.81 平方千米，占全县土地面积的 0.57%；交通运输用地面积 14.91 平方千米，占全县土地面积的 0.33%；水域及水利设施用地面积 29.29 平方千米，占全县土地面积的 0.65%；其他用地面积 276.73 平方千米，占全县土地面积的 6.15%。在土地利用分区系统中，维西傈僳族自治县位于滇西北高山高原峡谷土地生态保护与旅游区的澜沧江高山峡谷土地整治与矿电用地亚区。在可利用土地资源评价中，维西傈僳族自治县土地资源较缺乏。在三生空间结构类型系统中，为生态主导型。

（2）水资源

维西傈僳族自治县的水资源总量 36.98 亿立方米，地表水径流量 36.98 亿立方米，径流深 827.9 毫米，地下水资源总量 13.57 亿立方米，在可利用水资源评价中，维西傈僳族自治县可利用水资源较丰富。

（3）生物资源

维西傈僳族自治县分布着国家一级保护植物光叶珙桐、喜马拉雅红豆杉等，国家二级保护植物胡黄连、秃叶黄檗、十齿花、金铁锁、云南榧树、澜沧黄杉、油麦吊云杉、水青树等。

维西傈僳族自治县分布着稀有鸟类雉鹑、胡兀鹫、黑颈长尾雉、金雕、白尾梢虹雉等。

维西傈僳族自治县的食用菌有松茸、鸡枞菌、香肉齿菌、广野绣球菌、灰树花、裂褶菌、鸡油菌、荷叶离褶菌、美味牛肝菌、皱盖疣柄牛肝菌、柱状田头菇、喜山罗鳞伞、金耳、香菇、毛柄类火菇、光滑环锈伞、梭柄乳头蘑、鹤环乳牛肝菌、变绿红菇、松乳菇、红汁乳菇、紫花脸香蘑、翘鳞肉齿菌、蓝丝膜菌、硫色洵孔菌、羊肚菌、焰耳、白色地花菌、洱源枝瑚菌29种。

（4）旅游资源

维西傈僳族自治县有1处世界级自然遗产，为云南三江并流保护区；地文景观资源中，有1处地质景观，滇西横断山纵谷景观。生物景观资源中，有1处动物景观，维西萨马阁滇金丝猴景观。

（三）人文地理

1. 人口和民族

维西傈僳族自治县2018年年末总人口数为16.54万人，性别比为113.26，人口城镇化指数为0.08，人口城镇化级别为Ⅶ级，人口老龄化指数为0.07，老龄化级别为Ⅳ级。维西傈僳族自治县少数民族人口约11.35万人，少数民族人口占总人口的68.62%，人口数量较多的少数民族有傈僳族、纳西族、藏族等，其中傈僳族为直过民族，民族多样性指数为1.42。维西傈僳族自治县主要说维西话，属于滇西方言中的迪庆方言。

2. 经济

维西傈僳族自治县GDP（地区生产总值）为50.95亿元，人均GDP为30804.11元，地均GDP为113万元/平方千米，第一产业产值6.14亿元，第二产业产值20.41亿元，第三产业产值24.4亿元，处于经济发展的工业化中后期阶段，位于金沙江开放合作经济带和澜沧江开发开放经济带。经济城镇化指数为0.87，经济城镇化级别为Ⅲ级。

从农业产业来看，维西傈僳族自治县的粮食播种面积2.13万公顷，年粮食产量7.03万吨。维西傈僳族自治县属于云南省高原特色农业沿边特色产业园区中，是云南省肉牛产业、肉羊产业特色发展区，是夏秋蔬菜优势产业区中的生产大县，同时也是云药之乡，中药材主要品种有云当归、秦艽、云木香等。

3. 旅游

在旅游景区中，有国家4A级景区1个，为迪庆梅里雪山景区；有国家3A级景区1个，为塔城滇金丝猴国家公园景区。

维西傈僳族自治县有省级历史文化名镇 1 个，为叶枝镇历史文化名镇；有云南省特色小镇 1 个，为高原冰酒小镇。从遗产旅游特色来看，维西傈僳族自治县有国家级物质文化遗产 1 项，为寿国寺，省级物质文化遗产有 5 项，分别是戈登遗址、铁桥城遗址、达摩祖师洞、叶枝土司衙署、同乐傈僳族传统民居建筑群；非物质文化遗产有 5 项，分别是傈僳族阿尺木刮、傈僳族祭天古歌、大词戏、瓦器器舞、阿勒古歌。维西傈僳族自治县是解放战争时期革命老区。

4. 社会生活

从人民生活水平来看，2018 年年末，维西傈僳族自治县住户存款余额 31.14 亿元，较上一年增长 14.23%；职工平均工资 12.27 万元，较上一年增长 2.68%；社会消费品零售总额 9.96 亿元，较上一年增长 12.04%；农村常住居民人均可支配收入 8406 元，较上一年增长 9.54%。

从教育发展来看，维西傈僳族自治县的义务教育发展总指数为 0.38，义务教育发展级别为Ⅷ级。人口受教育程度指数为 0.40，人口受教育级别为Ⅶ级。

从文化设施来看，维西傈僳族自治县有 1 个三级图书馆，为县图书馆。

维西傈僳族自治县有 2 个民族团结示范乡镇，分别是白济汛乡和塔城镇。维西傈僳族自治县有 1 个第一批省级民族传统文化保护区，为叶枝镇同乐村傈僳族传统文化保护区；有 1 个省级民族民间传统文化之乡，为叶枝傈僳族阿尺木刮歌舞之乡。

5. 脱贫攻坚

维西傈僳族自治县属于迪庆藏区片区，2019 年通过对糯山药产品扶贫，实现了脱贫摘帽。

在主体功能区的国家级定位中，维西傈僳族自治县属于重点生态功能区。

附　　录

附表 1　云南省平均 DEM、坝区综合指数、地形起伏度指数计算与定级情况

市州	县区	平均 DEM	平均 DEM 情况定性	坝区综合指数	土地分类	地形起伏度指数	地形起伏度级别
昆明市	五华区	2053.21	V	26.85	半山半坝地区	3.78	I
	盘龙区	2100.63	V	24.89	半山半坝地区	3.71	I
	官渡区	2046.76	V	80.57	坝区地区	3.52	I
	西山区	2061.87	V	49.66	半山半坝地区	3.64	I
	东川区	2191.07	VI	3.60	山区地区	9.17	VI
	呈贡区	2003.98	V	86.84	坝区地区	3.72	I
	晋宁区	2043.92	V	65.60	半山半坝地区	4.34	I
	富民县	2007.23	IV	9.61	山区地区	4.58	II
	宜良县	1825.08	IV	31.37	半山半坝地区	4.55	II
	石林县	1909.87	IV	67.99	坝区地区	3.76	I
	嵩明县	2116.30	V	63.80	坝区地区	4.06	I
	禄劝县	2198.74	VI	8.60	山区地区	10.52	VII
	寻甸县	2221.94	VI	25.86	半山半坝地区	5.68	III
	安宁市	2001.18	V	73.11	坝区地区	3.95	I

续表

市州	县区	平均DEM	平均DEM情况定性	坝区综合指数	土地分类	地形起伏度指数	地形起伏度级别
曲靖市		1974.75	IV	45.80	半山半坝地区	4.84	II
	麒麟区	2023.73	V	71.87	坝区地区	3.40	I
	马龙区	2048.86	V	43.55	半山半坝地区	3.38	I
	陆良县	1998.28	V	93.33	坝区地区	3.63	I
	师宗县	1661.48	III	48.57	半山半坝地区	4.87	II
	罗平县	1654.17	III	27.86	半山半坝地区	4.98	I
	富源县	1978.74	IV	12.58	山区地区	5.21	II
	会泽县	2265.11	VI	13.06	山区地区	8.57	VI
	沾益区	2080.50	V	61.13	坝区地区	3.77	I
	宣威市	2061.85	V	40.22	半山半坝地区	5.76	III
玉溪市		1762.48	IV	20.77	半山半坝地区	4.82	II
	红塔区	1902.83	IV	40.33	半山半坝地区	3.96	I
	江川区	1880.76	IV	37.27	半山半坝地区	3.63	I
	澄江市	1930.48	IV	22.24	半山半坝地区	4.16	I
	通海县	1887.51	IV	44.77	半山半坝地区	3.78	I
	华宁县	1788.97	IV	7.52	山区地区	4.85	II
	易门县	1858.07	IV	9.86	山区地区	4.93	II
	峨山县	1716.99	III	11.65	山区地区	5.13	II
	新平县	1512.75	III	5.39	山区地区	7.10	V
	元江县	1383.94	II	7.91	山区地区	5.83	III

续表

市州	县区	平均DEM		平均DEM情况定性		坝区综合指数		土地分类		地形起伏度指数		地形起伏度级别
保山市	隆阳区	1773.91	1823.51	IV	IV	15.27	20.05		半山半坝地区		7.61	V
	施甸县		1672.58		III		10.38		山区地区		6.25	IV
	龙陵县		1695.05		III		3.81	半山半坝地区	山区地区	6.79	6.53	IV
	昌宁县		1659.56		III		7.05		山区地区		6.15	IV
	腾冲市		2018.83		V		35.08		半山半坝地区		7.38	V
昭通市	昭阳区	1580.50	2187.80	III	VI	6.08	45.68		半山半坝地区		7.26	V
	鲁甸县		2104.99		V		13.00		山区地区		7.41	V
	巧家县		2155.83		VI		2.67		山区地区		9.14	VI
	盐津县		1036.25		I		0.08		山区地区		4.84	II
	大关县		1614.81		III		0.14		山区地区		6.12	IV
	永善县		1831.32		IV		0.14	山区地区	山区地区	6.02	7.60	V
	绥江县		1035.71		I		1.24		山区地区		4.50	II
	镇雄县		1585.96		III		1.87		山区地区		4.99	II
	彝良县		1650.49		III		0.98		山区地区		6.07	IV
	威信县		1219.97		II		0.72		山区地区		4.00	I
	水富市		962.32		I		0.36		山区地区		4.25	I

续表

市州	县区	平均DEM		平均DEM情况定性		坝区综合指数		土地分类		地形起伏度指数		地形起伏度级别	
丽江市	古城区	2470.83	2597.76	VI	VII	17.42	34.20	半山半坝地	半山半坝地区		7.60		V
	玉龙县		2870.03		VII		13.33		山区地区		11.01		VII
	永胜县		2171.41		VI		23.07		半山半坝地区	8.42	7.85	VI	V
	华坪县		1832.02		IV		6.57		山区地区		6.41		IV
	宁蒗县		2882.92		VII		9.93		山区地区		9.23		VI
普洱市	思茅区	1402.18	1269.71	III	II	5.29	6.55	山区地区	山区地区		4.53		II
	宁洱县		1443.20		III		5.69		山区地区		5.95		III
	墨江县		1366.57		II		0.90		山区地区		5.15		II
	景东县		1732.56		III		8.03		山区地区		6.88		V
	景谷县		1378.62		II		11.14		山区地区	5.56	6.06	III	IV
	镇沅县		1641.04		III		4.34		山区地区		6.35		IV
	江城县		1148.00		II		4.79		山区地区		4.99		II
	孟连县		1256.62		II		7.99		山区地区		5.48		II
	澜沧县		1482.74		III		2.46		山区地区		5.50		III
	西盟县		1302.69		II		1.03		山区地区		4.71		II

续表

市州	县区	平均DEM（市州）	平均DEM	平均DEM情况定性（市州）	平均DEM情况定性	坝区综合指数（市州）	坝区综合指数	土地分类（市州）	土地分类	地形起伏度指数（市州）	地形起伏度指数	地形起伏度级别（市州）	地形起伏度级别
临沧市	临翔区	1627.20	1820.77	III	IV	4.82	4.83	山区地区	山区地区	6.70	7.24	V	V
	凤庆县		1846.52		IV		1.28		山区地区		6.21		IV
	云　县		1729.58		III		1.33		山区地区		6.99		V
	永德县		1628.22		III		3.51	山区地区	山区地区		7.53		V
	镇康县		1473.67		III		1.76		山区地区		6.35		IV
	双江县		1649.34		III		3.00		山区地区		6.73		V
	耿马县		1417.32		III		18.69		半山半坝地区		6.78		V
	沧源县		1452.21		III		4.17		山区地区		5.73		III
楚雄彝族自治州	楚雄市	1930.57	1894.50	IV	IV	20.98	18.88	半山半坝地区	半山半坝地区	5.77	6.20	II	IV
	双柏县		1639.26		III		1.92		山区地区		6.49		IV
	牟定县		1958.65		IV		28.11		半山半坝地区		5.12		II
	南华县		2069.96		V		12.16		山区地区		5.78		III
	姚安县		2182.32		VI		29.32	半山半坝地区	半山半坝地区		4.73		II
	大姚县		2153.47		VI		11.64		山区地区		7.23		V
	永仁县		1858.28		IV		21.54		半山半坝地区		5.74		III
	元谋县		1537.50		III		42.74		半山半坝地区		5.25		II
	武定县		2113.34		V		11.69		山区地区		6.34		IV
	禄丰市		1898.39		IV		31.83		半山半坝地区		4.84		II

续表

市州	县区	平均DEM	平均DEM情况定性	坝区综合指数	土地分类	地形起伏度指数	地形起伏度级别
红河哈尼族彝族自治州	个旧市	1561.76	III	16.72	半山半坝地区	6.48	IV
	开远市	1624.53	III	17.29	半山半坝地区	5.11	II
	蒙自市	1663.09	III	46.12	半山半坝地区	5.91	III
	弥勒市	1377.42	II	1.04	山区地区	4.52	II
	屏边县	1377.42	II	48.75	半山半坝地区	6.19	IV
	建水县	1589.81	III	18.38	半山半坝地区	5.83	III
	石屏县	1661.99	III	26.74	半山半坝地区	6.11	IV（III）
	泸西县	1843.55	IV	61.31	坝区地区	4.84	II
	元阳县	1300.84	II	0.44	山区地区	6.87	V
	红河县	1563.46	III	0.98	山区地区	6.46	IV
	金平县	1232.06	II	1.82	山区地区	7.18	V
	绿春县	1349.77	II	0.15	山区地区	6.06	IV
沧州	河口县	710.58	I	0.22	山区地区	5.28	II

红河州综合：平均DEM 1450.48，情况定性 III，坝区综合指数 18.46，土地分类 半山半坝地区，地形起伏度指数 5.91，级别 III

续表

市州	县区	平均DEM	平均DEM（片区均值）	平均DEM情况定性（县）	情况定性（片区）	坝区综合指数	坝区综合指数（片区）	土地分类	土地分类（片区）	地形起伏度指数	地形起伏度指数（片区）	地形起伏度级别	地形起伏度级别（片区）
文山壮族苗族自治州	文山市	1611.43	1377.96	III	II	16.43	17.97	半山半坝地区	半山半坝地区	6.07	4.96	IV	II
	砚山县	1559.77		III		65.00		坝区地区		3.65		I	
	西畴县	1359.41		II		3.97		山区地区		3.75		I	
	麻栗坡县	1247.86		II		1.07		山区地区		6.13		IV	
	马关县	1348.74		II		5.85		山区地区		6.44		IV	
	丘北县	1601.35		III		40.11		半山半坝地区		4.97		II	
	广南县	1342.57		II		9.77		山区地区		4.40		I	
	富宁县	952.58		I		1.56		山区地区		4.24		I	
西双版纳傣族自治州	景洪市	1006.52	1113.97	I	II	40.43	37.17	半山半坝地区	半山半坝地区	4.31	4.49	I	I
	勐海县	1336.20		II		44.02		半山半坝地区		4.96		II	
	勐腊县	999.19		I		27.05		半山半坝地区		4.20		I	

续表

市州	县区	平均DEM	平均DEM情况定性	坝区综合指数	土地分类	地形起伏度指数	地形起伏度级别
大理白族自治州	(全州)	2216.79	VI	29.49	半山半坝地区	6.70	V
	大理市	2307.96	VI	67.91	坝区地区	6.73	V
	漾濞县	2158.88	VI	3.75	山区地区	8.17	VI
	祥云县	2134.65	VI	55.25	坝区地区	5.54	III
	宾川县	2068.83	V	53.65	坝区地区	6.19	IV
	弥渡县	1996.85	V	30.47	半山半坝地区	5.58	III
	南涧县	1932.38	IV	2.34	山区地区	6.20	IV
	魏山县	2033.65	V	24.28	半山半坝地区	6.04	IV
	永平县	2020.06	V	8.48	山区地区	5.75	III
	云龙县	2406.15	VI	2.78	山区地区	8.31	VI
	洱源县	2564.30	VII	32.59	半山半坝地区	7.04	V
	剑川县	2761.02	VII	36.49	半山半坝地区	6.99	V
	鹤庆县	2252.25	VI	35.84	半山半坝地区	7.89	V
德宏傣族景颇族自治州	(全州)	1368.93	II	43.80	半山半坝地区	5.03	II
	瑞丽市	1032.16	I	50.78	坝区地区	3.26	I
	芒市	1448.78	III	27.56	半山半坝地区	4.83	II
	梁河县	1448.78	III	21.36	半山半坝地区	4.83	II
	盈江县	1562.55	III	59.38	坝区地区	7.52	V
	陇川县	1352.38	II	59.93	坝区地区	4.71	II

续表

市州	县区	平均 DEM		平均 DEM 情况定性		坝区综合指数		土地分类		地形起伏度指数		地形起伏度级别
怒江傈僳族自治州	泸水市	2734.34	2379.41	VII	VI	1.80	0.66	山区地区	山区地区	10.81	9.30	VI
	福贡县		2676.94		VII		0.00		山区地区		10.01	VII
	贡山县		3077.18		VII		0.00		山区地区		14.89	VIII
	兰坪县		2803.82		VI		2.94		山区地区		9.03	VI
迪庆藏族自治州	香格里拉市	3376.62	3537.37	VII	VIII	16.43	31.11	半山半坝地区	半山半坝地区	11.44	11.29	VII
	德钦县		3637.57		VIII		0.00		山区地区		13.56	VIII
	维西县		2954.93		VII		1.74		山区地区		9.47	VI

附表2　云南省平均坡度指数、气候资源指数、水网密度指数计算与定级情况

市州	县区	平均坡度指数	平均坡度情况定性	气候资源指数	气候资源情况定性	水网密度指数	水网密度情况定性
昆明市	五华区	14.80	III	1433.21	III	3.54	I
	盘龙区	12.78	II	1411.02	III	16.80	II
	官渡区	8.20	I	1418.57	III	91.32	III
	西山区	13.55	II	1437.37	V	133.46	V
	东川区	24.39	VI	1612.32	III	58.39	III
	呈贡区	8.09	I	1380.98	III	95.58	IV
	晋宁区	12.85	II	1381.16	III	68.55	III
	富民县	17.08	IV	1423.25	III	34.42	II
	宜良县	13.43	II	1474.83	IV	43.71	II
	石林县	8.08	I	1445.66	III	30.75	II
	嵩明县	11.42	II	1406.76	III	38.04	II
	禄劝县	20.76	V	1439.07	III	45.06	II
	寻甸县	13.82	II	1470.16	IV	53.81	III
	安宁市	13.51	II	1366.69	III	24.98	II
		13.77	II	1435.79	III	52.74	III

市州	县区	平均坡度指数	平均坡度情况定性	气候资源指数	气候资源情况定性	水网密度指数	水网密度情况定性
曲靖市	麒麟区	9.04	I	1418.37	III	48.40	III
	马龙区	9.64	I	1359.23	III	37.31	II
	陆良县	7.54	I	1401.50	III	39.98	II
	师宗县	14.05	II	1443.13	III	61.30	III
	罗平县	14.22	II	1552.36	IV	86.89	III
	富源县	13.44	II	1486.91	IV	76.64	III
	会泽县	17.71	IV	1293.73	II	41.76	II
	沾益区	8.83	I	1411.46	III	47.73	III
	宣威市	14.53	III	1356.49	III	44.47	II
（曲靖市 合计/平均）		12.11	II	1413.69	III	53.83	III
玉溪市	红塔区	14.73	III	1429.31	III	36.71	II
	江川区	10.70	II	1395.73	III	88.35	III
	澄江市	11.96	II	1479.22	IV	134.38	V
	通海县	13.06	II	1366.36	III	55.64	III
	华宁县	16.73	IV	1480.47	IV	46.42	II
	易门县	19.61	V	1380.84	III	27.64	II
	峨山县	17.42	IV	1415.76	III	28.81	II
	新平县	20.30	V	1557.78	IV	61.64	III
	元江县	21.18	V	1770.87	VI	50.59	III
（玉溪市 合计/平均）		16.19	IV	1475.15	IV	58.91	III

续表

市州	县区	平均坡度指数		平均坡度情况定性		气候资源指数		气候资源情况定性		水网密度指数		水网密度情况定性
保山市	隆阳区	18.58	19.41	IV	V	1563.92	1573.40	IV	IV	95.74	79.81	III
	施甸县		18.96		V		1569.11		IV		49.61	III
	龙陵县		18.36		IV		1557.03		IV		131.91	III	V
	昌宁县		19.48		V		1471.45		IV		57.45	III
	腾冲市		16.68		IV		1648.63		V		159.95	VI
昭通市	昭阳区	20.45	14.01	V	II	1454.74	1248.90	IV	II	75.31	51.45	III
	鲁甸县		18.42		IV		1273.21		II		53.51	III
	巧家县		23.73		VI		1679.64		V		63.35	III
	盐津县		22.34		VI		1571.06		IV		91.94	III
	大关县		22.26		VI		1412.07		III		86.82	III
	永善县		22.66		VI		1461.91		IV		65.30	III	III
	绥江县		22.36		VI		1579.77		IV		75.51	III
	镇雄县		17.98		IV		1293.13		II		74.30	III
	彝良县		19.72		V		1519.51		IV		66.92	III
	威信县		20.13		V		1413.14		III		84.28	III
	水富市		21.35		V		1549.83		IV		115.05	IV

续表

市州	县区	平均坡度指数	平均坡度情况定性	气候资源指数	气候资源情况定性	水网密度指数	水网密度情况定性
丽江市	古城区	21.11	V	1389.98	III	69.42	III
	玉龙县	19.81	V	1326.04	II	150.03	V
	永胜县	22.82	VI	1326.04	II	29.50	II
	华坪县	22.82	VI	1323.53	II	45.76	II
	宁蒗县	18.49	IV	1672.35	V	68.63	III
		21.62	V	1301.93	II	53.20	III
普洱市	思茅区	19.27	V	1793.87	VI	93.48	III
	宁洱县	16.79	IV	1755.69	VI	69.47	III
	墨江县	20.33	V	1753.15	VI	81.88	III
	景东县	21.22	V	1698.74	V	78.24	III
	景谷县	21.43	V	1731.13	VI	88.07	III
	镇沅县	18.27	IV	1813.23	VII	75.90	III
	江城县	20.43	V	1779.13	VI	85.66	III
	孟连县	20.21	V	1863.66	VII	133.77	V
	澜沧县	16.82	IV	1841.36	VII	99.82	IV
	西盟县	17.46	IV	1819.25	VII	90.64	III
		19.70	V	1883.36	VII	131.32	V

续表

市州	县区	平均坡度指数	平均坡度情况定性	气候资源指数	气候资源情况定性	水网密度指数	水网密度情况定性
临沧市	临翔区	17.47	IV	1686.14	V	83.47	III
	凤庆县	21.31	V	1615.47	V	75.13	III
	云 县	19.91	V	1774.64	VI	73.86	III
	永德县	20.17	V	1647.32	V	63.47	III
	镇康县	21.62	V	1858.61	VII	108.49	IV
	双江县	19.19	V	1760.20	VI	73.44	III
	耿马县	19.05	V	1807.42	VII	97.63	IV
	沧源县	20.13	V	1742.06	VI	113.29	IV
临沧市		19.86	V	1736.48	VI	86.10	III
楚雄彝族自治州	楚雄市	19.21	V	1401.65	III	28.11	II
	双柏县	21.04	V	1367.35	III	31.04	II
	牟定县	14.55	III	1393.60	III	20.91	II
	南华县	17.88	IV	1367.89	III	35.11	II
	姚安县	16.41	IV	1385.58	III	23.68	II
	大姚县	21.48	V	1411.75	III	31.73	II
	永仁县	17.06	IV	1444.24	III	30.38	II
	元谋县	15.26	III	1421.28	III	24.04	II
	武定县	17.27	IV	1383.91	III	29.53	II
	禄丰市	14.78	III	1402.52	III	26.85	II
楚雄彝族自治州		17.49	IV	1397.98	III	28.14	II

续表

市州	县区	平均坡度指数		平均坡度情况定性		气候资源指数		气候资源情况定性		水网密度指数		水网密度情况定性	
红河哈尼族彝族自治州	个旧市	18.36	17.47	Ⅳ	Ⅳ	1680.14	1534.42	Ⅴ	Ⅲ	85.42	64.00	Ⅲ	Ⅲ
	开远市		15.07		Ⅲ		1620.33		Ⅴ		40.01		Ⅱ
	蒙自市		13.94		Ⅱ		1667.49		Ⅴ		57.72		Ⅲ
	弥勒市		13.19		Ⅱ		1485.53		Ⅳ		90.43		Ⅲ
	屏边县		22.54		Ⅵ		1622.34		Ⅴ		90.43		Ⅲ
	建水县		14.16		Ⅱ		1490.37		Ⅳ		24.71		Ⅱ
	石屏县		19.48		Ⅴ		1503.00		Ⅳ		33.39		Ⅱ
	泸西县		11.41		Ⅱ		1412.26		Ⅲ		44.05		Ⅱ
	元阳县		22.86		Ⅵ		2042.66		Ⅷ		103.95		Ⅴ
	红河县		21.00		Ⅴ		1802.05		Ⅶ		75.08		Ⅲ
	金平县		22.69		Ⅵ		1826.63		Ⅶ		178.70		Ⅵ
	绿春县		24.11		Ⅵ		1762.44		Ⅵ		167.91		Ⅵ
	河口县		20.72		Ⅴ		2072.35		Ⅷ		140.10		Ⅴ

续表

市州	县区	平均坡度指数	平均坡度情况定性	气候资源指数	气候资源情况定性	水网密度指数	水网密度情况定性
文山壮族苗族自治州	文山市	15.09	Ⅲ	1623.43	Ⅴ	48.98	Ⅲ
	砚山县	13.14	Ⅱ	1470.54	Ⅳ	41.50	Ⅱ
	西畴县	19.79	Ⅴ	1546.47	Ⅳ	67.55	Ⅲ
	麻栗坡县	20.34	Ⅴ	1695.23	Ⅴ	84.13	Ⅲ
	马关县	19.09	Ⅴ	1694.44	Ⅴ	100.03	Ⅳ
	丘北县	15.66	Ⅲ	1543.79	Ⅳ	55.76	Ⅲ
	广南县	18.05	Ⅳ	1570.22	Ⅳ	53.02	Ⅲ
	富宁县	19.58	Ⅴ	1732.91	Ⅳ	59.00	Ⅲ
	（合计）	17.59	Ⅳ	1609.63	Ⅴ	63.75	Ⅲ
西双版纳傣族自治州	景洪市	15.10	Ⅲ	1908.23	Ⅶ	64.25	Ⅲ
	勐海县	15.39	Ⅲ	1782.05	Ⅵ	67.56	Ⅲ
	勐腊县	17.56	Ⅳ	1933.53	Ⅶ	75.31	Ⅲ
	（合计）	16.02	Ⅳ	1874.61	Ⅶ	69.04	Ⅲ

续表

市州	县区	平均坡度指数		平均坡度情况定性	气候资源指数		气候资源情况定性	水网密度指数		水网密度情况定性
大理白族自治州	大理市		15.02	Ⅲ		1498.71	Ⅳ		147.70	Ⅴ
	漾濞县		21.65	Ⅴ		1540.28	Ⅳ		58.66	Ⅲ
	祥云县		15.81	Ⅲ		1318.76	Ⅱ		17.55	Ⅱ
	宾川县		18.00	Ⅳ		1432.73	Ⅲ		22.48	Ⅱ
	弥渡县		17.92	Ⅳ		1429.68	Ⅲ		26.79	Ⅱ
	南涧县	18.81	20.91	Ⅴ Ⅴ	1445.57 Ⅲ	1560.73	Ⅳ	51.64 Ⅲ	46.70	Ⅱ
	魏山县		18.75	Ⅴ		1463.62	Ⅳ		42.52	Ⅱ
	永平县		20.83	Ⅴ		1432.81	Ⅲ		38.92	Ⅱ
	云龙县		23.72	Ⅵ		1554.67	Ⅳ		69.78	Ⅲ
	洱源县		17.53	Ⅳ		1412.19	Ⅲ		51.68	Ⅲ
	剑川县		18.31	Ⅳ		1314.43	Ⅱ		54.15	Ⅲ
	鹤庆县		17.28	Ⅳ		1388.24	Ⅲ		42.71	Ⅱ

续表

市州	县区	平均坡度指数		平均坡度情况定性		气候资源指数		气候资源情况定性		水网密度指数		水网密度情况定性
德宏傣族景颇族自治州	瑞丽市	14.09	11.08	II	II	1828.72	1869.90	VII	VII	120.01	93.03	III
	芒市		15.62		III		1727.54		VI		93.58	III
	梁河县		15.62		III		1727.54		VI	IV	93.58	III
	盈江县		15.74		III		1984.10		VIII		203.10	VII
	陇川县		12.40		II		1834.54		VII		116.76	IV
怒江傈僳族自治州	泸水市	30.30	29.66	VII	VI	1686.42	1980.16	V	VIII	182.17	190.51	VI
	福贡县		33.12		VIII		1806.24		VII		210.73	VII
	贡山县		33.13		VIII		1655.15		V	VI	236.56	VIII
	兰坪县		25.31		VI		1304.14		II		90.88	III
迪庆藏族自治州	香格里拉市	26.84	24.37	VII	VI	1134.34	1017.62	I	I	73.08	56.37	III
	德钦县		29.17		VII		1016.88		I	III	63.01	III
	维西县		26.97		VII		1368.53		III		99.87	IV

附表 3　云南省植被覆盖度指数、生物多样性指数计算与定级情况

市州	县区	植被覆盖度指数		植被覆盖度情况定性	生物多样性指数		生物多样性情况定性
昆明市	五华区		0.68	微显著区		0.79	I
	盘龙区		0.56	微显著区		0.77	I
	官渡区		0.52	微显著区		0.54	II
	西山区		0.64	微显著区		0.66	I
	东川区		0.35	不显著区		0.18	V
	呈贡区		0.55	微显著区		0.15	VI
	晋宁区	0.58	0.45	微显著区	0.29	0.14	VI
	富民县		0.58	微显著区		0.09	VII
	宜良县		0.39	不显著区		0.06	VIII
	石林县		0.72	微显著区		0.07	VII
	嵩明县		0.41	不显著区		0.06	VIII
	禄劝县		0.93	显著区		0.02	VIII
	寻甸县		0.73	微显著区		0.03	VIII
	安宁市		0.67	微显著区		0.47	II

续表

市州	县区	植被覆盖度指数		植被覆盖度情况定性		生物多样性指数		生物多样性情况定性
曲靖市	麒麟区	0.36	0.29	不显著区	不显著区	0.11	0.34	III
	马龙区		0.37		不显著区		0.10	VII
	陆良县		0.10		不显著区		0.08	VII
	师宗县		0.69		微显著区		0.09	VII
	罗平县		0.54		微显著区		0.08	VII
	富源县		0.37		不显著区		0.07	VII
	会泽县		0.23		不显著区		0.08	VII
	沾益区		0.31		不显著区		0.10	VI
	宣威市		0.31		不显著区		0.08	VII
玉溪市	红塔区	0.82	0.67	显著区	微显著区	0.16	0.30	IV
	江川区		0.28		不显著区		0.13	VI
	澄江市		0.31		不显著区		0.11	VI
	通海县		0.71		微显著区		0.14	VI
	华宁县		0.80		显著区		0.09	VII
	易门县		0.80		显著区		0.19	V
	峨山县		1.08		较显著区		0.18	V
	新平县		1.28		较显著区		0.13	VI
	元江县		1.47		极显著地区		0.12	VI

续表

市州	县区	植被覆盖度指数		植被覆盖度情况定性		生物多样性指数		生物多样性情况定性
保山市	隆阳区	0.46	0.65	微显著区	微显著区	0.09	0.13	Ⅵ
	施甸县		0.39		不显著区		0.08	Ⅶ
	龙陵县		0.33		不显著区		0.08	Ⅶ Ⅶ
	昌宁县		0.51		微显著区		0.08	Ⅶ
	腾冲市		0.41		不显著区		0.08	Ⅶ
昭通市	昭阳区	0.35	0.57	不显著区	微显著区	0.08	0.12	Ⅵ
	鲁甸县		0.63		微显著区		0.06	Ⅷ
	巧家县		0.23		不显著区		0.04	Ⅷ
	盐津县		0.17		不显著区		0.08	Ⅶ Ⅶ
	大关县		0.37		不显著区		0.07	Ⅷ
	永善县		0.34		不显著区		0.05	Ⅷ
	绥江县		0.05		不显著区		0.12	Ⅵ
	镇雄县		0.35		不显著区		0.04	Ⅷ
	彝良县		0.50		微显著区		0.05	Ⅷ
	威信县		0.38		不显著区		0.06	Ⅷ
	水富市		0.21		不显著区		0.24	Ⅴ

续表

市州	县区	植被覆盖度指数		植被覆盖度情况定性		生物多样性指数		生物多样性情况定性
丽江市	古城区	1.23	1.35	较显著区	较显著区	0.15	0.35	Ⅲ
	玉龙县		1.43		极显著地区		0.07	Ⅷ
	永胜县		1.11		较显著区		0.08	Ⅶ
	华坪县		1.08		较显著区		0.17	Ⅴ
	宁蒗县		1.16		较显著区		0.09	Ⅶ
普洱市	思茅区	1.33	1.36	较显著区	较显著区	0.14	0.36	Ⅲ
	宁洱县		1.38		极显著地区		0.17	Ⅵ
	墨江县		1.07		较显著区		0.09	Ⅶ
	景东县		1.01		显著区		0.07	Ⅶ
	景谷县		1.26		较显著区		0.10	Ⅶ
	镇沅县		1.44		极显著地区		0.10	Ⅶ
	江城县		1.49		极显著地区		0.17	Ⅴ
	孟连县		1.71		极显著地区		0.13	Ⅵ
	澜沧县		1.61		极显著地区		0.07	Ⅶ
	西盟县		1.02		显著区		0.15	Ⅵ

续表

市州	县区	植被覆盖度指数		植被覆盖度情况定性		生物多样性指数		生物多样性情况定性	
临沧市	临翔区	1.04	0.82	较显著区	显著区	0.10	0.17	VI	V
	凤庆县		0.80		显著区		0.07		VII
	云县		1.17		较显著区		0.07		VII
	永德县		0.82		显著区		0.07		VII
	镇康县		1.07		较显著区		0.08		VII
	双江县		1.32		较显著区		0.09		VII
	耿马县		1.52		极显著地区		0.15		VI
	沧源县		0.77		显著区		0.12		VI
楚雄彝族自治州	楚雄市	0.84	0.70	显著区	微显著区	0.12	0.27	VI	IV
	双柏县		0.86		显著区		0.09		VII
	牟定县		0.55		微显著区		0.07		VII
	南华县		0.87		显著区		0.08		VII
	姚安县		0.63		微显著区		0.07		VII
	大姚县		0.78		显著区		0.10		VI
	永仁县		0.97		显著区		0.12		VI
	元谋县		0.96		显著区		0.10		VII
	武定县		1.31		较显著区		0.15		VI
	禄丰市		0.77		显著区		0.15		VI

市州	县区	植被覆盖度指数		植被覆盖度情况定性		生物多样性指数		生物多样性情况定性	
红河哈尼族彝族自治州	个旧市	1.16	1.30	较显著区	较显著区	0.18	0.44	V	II
	开远市		1.38		极显著地区		0.37		III
	蒙自市		1.41		极显著地区		0.28		IV
	弥勒市		1.07		较显著区		0.11		VI
	屏边县		1.18		较显著区		0.11		VI
	建水县		1.02		显著区		0.14		VI
	石屏县		0.92		显著区		0.11		VI
	泸西县		0.55		微显著区		0.10		VI
	元阳县		1.32		较显著区		0.05		VIII
	红河县		0.75		微显著区		0.05		VIII
	金平县		1.84		极显著地区		0.07		VIII
	绿春县		0.60		微显著区		0.07		VII
	河口县		1.68		极显著地区		0.38		III

续表

市州	县区	植被覆盖度指数		植被覆盖情况定性		生物多样性指数		生物多样性情况定性	
文山壮族苗族自治州	文山市		1.39		极显著地区		0.19		Ⅴ
	砚山县		1.46		极显著地区		0.08		Ⅶ
	西畴县		0.72		微显著区		0.09		Ⅶ
	麻栗坡县	1.28	1.27	较显著区	较显著区	0.09	0.07	Ⅶ	Ⅶ
	马关县		1.40		极显著地区		0.09		Ⅶ
	丘北县		1.49		极显著地区		0.07		Ⅷ
	广南县		1.26		较显著区		0.05		Ⅷ
	富宁县		1.23		较显著区		0.06		Ⅷ
西双版纳傣族自治州	景洪市		1.70		极显著地区		0.38		Ⅲ
	勐海县	1.73	1.70	极显著区	极显著地区	0.29	0.16	Ⅳ	Ⅵ
	勐腊县		1.80		极显著地区		0.31		Ⅳ

续表

市州	县区	植被覆盖度指数		植被覆盖度情况定性		生物多样性指数		生物多样性情况定性	
大理白族自治州	大理市		1.00		显著区		0.32		Ⅳ
	漾濞县		1.26		较显著区		0.10		Ⅶ
	祥云县		0.64		微显著区		0.09		Ⅶ
	宾川县		0.77		显著区		0.06		Ⅷ
	弥渡县		0.40		不显著区		0.06		Ⅷ
	南涧县	0.89	0.89	显著区	显著区	0.10	0.06	Ⅶ	Ⅷ
	巍山县		1.03		显著区		0.07		Ⅷ
	永平县		1.15		较显著区		0.09		Ⅶ
	云龙县		1.02		显著区		0.08		Ⅶ
	洱源县		0.93		显著区		0.07		Ⅷ
	剑川县		0.53		微显著区		0.09		Ⅶ
	鹤庆县		1.01		显著区		0.08		Ⅶ

续表

市州	县区	植被覆盖度指数		植被覆盖度情况定性		生物多样性指数		生物多样性情况定性	
德宏傣族景颇族自治州	瑞丽市	1.21	1.12	较显著区	较显著区	0.19	0.36	V	III
	芒市		1.19		较显著区		0.21		V
	梁河县		1.01		显著区		0.10		VII
	盈江县		1.30		较显著区		0.12		VI
	陇川县		1.43		极显著地区		0.18		V
怒江傈僳族自治州	泸水市	1.24	1.19	较显著区	较显著区	0.14	0.19	VI	V
	福贡县		0.84		显著区		0.09		VII
	贡山县		1.52		极显著地区		0.15		VI
	兰坪县		1.39		极显著地区		0.12		VI
迪庆藏族自治州	香格里拉市	1.33	1.65	极显著地区	极显著地区	0.12	0.17	VI	V
	德钦县		0.91		显著区		0.11		VI
	维西县		1.42		极显著地区		0.08		VII

附表 4 云南省民族多样性指数、人口城镇化指数、老龄化指数计算与定级情况

市州	县区	民族多样性指数	民族多样性情况定性		人口城镇化指数		人口城镇化级别	老龄化指数		老龄化级别
昆明市	五华区	0.68		微显著区		0.79		Ⅰ		0.08	Ⅴ
	盘龙区	0.56		微显著区		0.77		Ⅰ		0.08	Ⅴ
	官渡区	0.52		微显著区		0.54		Ⅱ		0.07	Ⅳ
	西山区	0.64		微显著区		0.66		Ⅰ		0.09	Ⅶ
	东川区	0.35		不显著区		0.18		Ⅴ		0.10	Ⅷ
	呈贡区	0.55		微显著区		0.15		Ⅵ		0.05	Ⅰ
	晋宁区	0.45	微显著区	微显著区	0.29	0.14	Ⅳ	Ⅵ	0.09	0.09	Ⅷ Ⅶ
	富民县	0.58		微显著区		0.09		Ⅶ		0.10	Ⅷ
	宜良县	0.39		不显著区		0.06		Ⅷ		0.10	Ⅷ
	石林县	0.72		微显著区		0.07		Ⅶ		0.08	Ⅴ
	嵩明县	0.41		不显著区		0.06		Ⅷ		0.08	Ⅴ
	禄劝县	0.93		显著区		0.02		Ⅷ		0.10	Ⅷ
	寻甸县	0.73		微显著区		0.03		Ⅷ		0.09	Ⅶ
	安宁市	0.67		微显著区		0.47		Ⅱ		0.08	Ⅴ

续表

市州	县区	民族多样性指数		民族多样性情况定性		人口城镇化指数		人口城镇化级别		老龄化指数		老龄化级别	
曲靖市	麒麟区	0.36	0.29	不显著区	不显著区	0.11	0.34	VI	III	0.07	0.08	IV	II
	马龙区		0.37		不显著区		0.10		VII		0.07		V
	陆良县		0.10		不显著区		0.08		VII		0.07		IV
	师宗县		0.69		微显著区		0.09		VII		0.07		IV
	罗平县		0.54		微显著区		0.08		VII		0.07		V
	富源县		0.37		不显著区		0.07		VII		0.06		II
	会泽县		0.23		不显著区		0.08		VII		0.08		VI
	沾益区		0.31		不显著区		0.10		VI		0.07		V
	宣威市		0.31		不显著区		0.08		VII		0.08		V
玉溪市	红塔区	0.82	0.67	显著区	微显著区	0.16	0.30	VI	IV	0.09	0.09	VI	VII
	江川区		0.28		不显著区		0.13		VI		0.10		VIII
	澄江市		0.31		不显著区		0.11		VI		0.09		VI
	通海县		0.71		微显著区		0.14		VI		0.09		VIII
	华宁县		0.80		显著区		0.09		VII		0.09		VI
	易门县		0.80		显著区		0.19		V		0.09		VII
	峨山县		1.08		较显著区		0.18		V		0.09		VII
	新平县		1.28		较显著区		0.13		VI		0.08		V
	元江县		1.47		极显著著地区		0.12		VI		0.08		V

续表

市州	县区	民族多样性指数(县)	民族多样性指数(州)	民族多样性情况定性(县)	民族多样性情况定性(州)	人口城镇化指数(县)	人口城镇化指数(州)	人口城镇化级别(县)	人口城镇化级别(州)	老龄化指数(县)	老龄化指数(州)	老龄化级别(县)	老龄化级别(州)
保山市	隆阳区	0.65		微显著区		0.13		VI		0.09		VII	
	施甸县	0.39		不显著区		0.08		VII		0.10		VIII	
	龙陵县	0.33	0.46	不显著区	微显著区	0.08	0.09	VII	VII	0.08	0.09	VI	VII
	昌宁县	0.51		微显著区		0.08		VII		0.09		VII	
	腾冲市	0.41		不显著区		0.08		VII		0.08		V	
昭通市	昭阳区	0.57		微显著区		0.12		VI		0.07		IV	
	鲁甸县	0.63		微显著区		0.06		VIII		0.06		II	
	巧家县	0.23		不显著区		0.04		VIII		0.08		V	
	盐津县	0.17		不显著区		0.08		VII		0.07		IV	
	大关县	0.37	0.35	不显著区	不显著区	0.07		VIII		0.07		IV	
	永善县	0.34		不显著区		0.05	0.08	VIII	VII	0.07	0.07	V	IV
	绥江县	0.05		不显著区		0.12		VI		0.08		V	
	镇雄县	0.35		不显著区		0.04		VIII		0.06		II	
	彝良县	0.50		微显著区		0.05		VIII		0.06		II	
	威信县	0.38		不显著区		0.06		VIII		0.07		IV	
	水富市	0.21		不显著区		0.24		V		0.07		IV	

续表

市州	县区	民族多样性指数		民族多样性情况定性		人口城镇化指数		人口城镇化级别		老龄化指数		老龄化级别	
丽江市	古城区		1.35		较显著区		0.35		Ⅲ		0.07		Ⅳ
	玉龙县		1.43		极显著地区		0.07		Ⅷ		0.09		Ⅶ
	永胜县	1.23	1.12	较显著区	显著区	0.15	0.08	Ⅵ	Ⅶ	0.08	0.08	Ⅴ	Ⅴ
	华坪县		1.08		显著区		0.17		Ⅴ		0.08		Ⅴ
	宁蒗县		1.16		较显著区		0.09		Ⅶ		0.06		Ⅱ
普洱市	思茅区		1.36		较显著区		0.36		Ⅲ		0.06		Ⅱ
	宁洱县		1.38		极显著地区		0.17		Ⅵ		0.09		Ⅶ
	墨江县		1.07		较显著区		0.09		Ⅶ		0.08		Ⅵ
	景东县		1.01		显著区		0.07		Ⅶ		0.08		Ⅴ
	景谷县	1.33	1.26	较显著区	较显著区	0.14	0.10	Ⅵ	Ⅵ	0.07	0.08	Ⅳ	Ⅴ
	镇沅县		1.44		极显著地区		0.10		Ⅵ		0.09		Ⅶ
	江城县		1.49		极显著地区		0.17		Ⅴ		0.07		Ⅳ
	孟连县		1.71		极显著地区		0.13		Ⅵ		0.05		Ⅰ
	澜沧县		1.61		极显著地区		0.07		Ⅶ		0.07		Ⅳ
	西盟县		1.02		显著区		0.15		Ⅵ		0.05		Ⅰ

续表

市州	县区	民族多样性指数	民族多样性情况定性	人口城镇化指数	人口城镇化级别	老龄化指数	老龄化级别
临沧市	临翔区	0.82	显著区	0.17	V	0.08	V
	凤庆县	0.80	显著区	0.07	VII	0.08	V
	云　县	1.17	较显著区	0.07	VII	0.07	V
	永德县	0.82	显著区	0.07	VII	0.07	V
	镇康县	1.07	较显著区	0.08	VII	0.07	IV
	双江县	1.32	较显著区	0.09	VI	0.07	IV
	耿马县	1.52	极显著区地区	0.15	VI	0.06	II
	沧源县	0.77	显著区	0.12	VI	0.06	II
（临沧市汇总）		1.04	较显著区	0.10	VI	0.07	IV
楚雄彝族自治州	楚雄市	0.70	微显著区	0.27	IV	0.08	V
	双柏县	0.86	显著区	0.09	VII	0.08	VII
	牟定县	0.55	微显著区	0.07	VII	0.09	VII
	南华县	0.87	显著区	0.08	VII	0.08	V
	姚安县	0.63	微显著区	0.07	VII	0.10	VIII
	大姚县	0.78	显著区	0.10	VI	0.09	VII
	永仁县	0.97	显著区	0.12	VI	0.09	VII
	元谋县	0.96	显著区	0.10	VII	0.09	VII
	武定县	1.31	较显著区	0.15	VI	0.08	V
	禄丰市	0.77	显著区	0.15	VI	0.09	VII
（楚雄州汇总）		0.84	显著区	0.12	VI	0.09	VII

续表

市州	县区	民族多样性指数	民族多样性情况定性	人口城镇化指数	人口城镇化级别	老龄化指数	老龄化级别
红河哈尼族彝族自治州		1.16	较显著	0.18	V	0.07	IV
	个旧市	1.30	较显著区	0.44	II	0.08	V
	开远市	1.38	极显著地区	0.37	III	0.07	V
	蒙自市	1.41	极显著地区	0.28	IV	0.07	IV
	弥勒市	1.07	较显著区	0.11	VI	0.08	V
	屏边县	1.18	较显著区	0.11	VI	0.08	V
	建水县	1.02	显著区	0.14	VI	0.08	V
	石屏县	0.92	显著区	0.11	VI	0.09	VII
	泸西县	0.55	微显著区	0.10	VI	0.08	V
	元阳县	1.32	较显著区	0.05	VIII	0.07	IV
	红河县	0.75	微显著区	0.05	VIII	0.06	II
	金平县	1.84	极显著地区	0.07	VII	0.06	II
	绿春县	0.60	微显著区	0.07	VII	0.06	II
	河口县	1.68	极显著地区	0.38	III	0.06	II

续表

市州	县区	民族多样性指数	民族多样性指数(汇总)	民族多样性情况判定性	民族多样性情况判定性(汇总)	人口城镇化指数	人口城镇化指数(汇总)	人口城镇化级别	人口城镇化级别(汇总)	老龄化指数	老龄化指数(汇总)	老龄化级别	老龄化级别(汇总)
文山壮族苗族自治州	文山市	1.39		极显著地区		0.19		V		0.07		IV	
	砚山县	1.46		极显著地区		0.08		VII		0.06		II	
	西畴县	0.72		微显著著区		0.09		VII		0.09		VII	
	麻栗坡县	1.27	1.28	较显著区	较显著区	0.07		VII		0.09		VII	
	马关县	1.40		极显著地区		0.09	0.09	VII	VII	0.08	0.07	V	IV
	丘北县	1.49		极显著地区		0.07		VII		0.07		IV	
	广南县	1.26		较显著区		0.05		VIII		0.07		IV	
	富宁县	1.23		较显著区		0.06		VIII		0.07		IV	
西双版纳傣族自治州	景洪市	1.70		极显著区		0.38		III		0.06		II	
	勐海县	1.69	1.73	极显著地区	极显著区	0.16	0.29	VI	IV	0.07	0.06	IV	IV
	勐腊县	1.80		极显著地区		0.31		IV		0.05		I	

续表

市州	县区	民族多样性指数		民族多样性情况定性	人口城镇化指数		人口城镇化级别		老龄化指数		老龄化级别	
大理白族自治州	大理市		0.99	显著区		0.32		IV		0.08		VII
	漾濞县		1.26	较显著区		0.10		VII		0.07		IV
	祥云县		0.64	微显著区		0.09		VII		0.09		VII
	宾川县		0.77	显著区		0.06		VIII		0.08		V
	弥渡县		0.40	不显著区		0.06		VIII		0.09		VII
	南涧县	0.89	0.89	显著区	0.10	0.06	VII	VIII	0.08	0.08	VI	VI
	巍山县		1.03	显著区		0.07		VII		0.08		V
	永平县		1.15	较显著区		0.09		VII		0.08		VII
	云龙县		1.02	显著区		0.08		VII		0.08		VI
	洱源县		0.93	显著区		0.07		VII		0.08		V
	剑川县		0.53	微显著区		0.09		VII		0.09		VII
	鹤庆县		1.01	显著区		0.08		VII		0.09		VII

续表

市州	县区	民族多样性指数		民族多样性情况定性		人口城镇化指数		人口城镇化级别		老龄化指数		老龄化级别
德宏傣族景颇族自治州	瑞丽市	1.21	1.12	较显著区	较显著区	0.19	0.36	V	Ⅲ	0.06	0.05	Ⅱ	Ⅰ
	芒市		1.19		较显著区		0.21		V		0.07		Ⅳ
	梁河县		1.01		显著区		0.10		Ⅶ		0.08		V
	盈江县		1.30		较显著区		0.12		Ⅵ		0.06		Ⅱ
	陇川县		1.43		极显著地区		0.18		V		0.06		Ⅱ
怒江傈僳族自治州	泸水市	1.24	1.19	较显著区	较显著区	0.14	0.19	Ⅵ	V	0.06	0.06	Ⅱ	Ⅱ
	福贡县		0.84		显著区		0.09		Ⅶ		0.06		Ⅱ
	贡山县		1.52		极显著地区		0.15		Ⅵ		0.05		Ⅱ
	兰坪县		1.39		极显著地区		0.12		Ⅵ		0.06		Ⅱ
迪庆藏族自治州	香格里拉市	1.33	1.65	极显著地区	极显著地区	0.12	0.17	Ⅵ	V	0.07	0.06	Ⅳ	Ⅱ
	德钦县		0.91		显著区		0.11		Ⅵ		0.07		Ⅳ
	维西县		1.42		极显著地区		0.08		Ⅶ		0.07		Ⅳ

附表 5　云南省经济城镇化指数、义务教育发展总指数、人口受教育指数计算与定级情况

市州	县区	经济城镇化指数		经济城镇化等级		义务教育发展总指数		义务教育发展等级		人口受教育指数		人口受教育等级	
昆明市	五华区	1.00		Ⅰ		1.41		Ⅲ		3.32		Ⅰ	
	盘龙区	0.99		Ⅰ		1.37		Ⅲ		2.93		Ⅱ	
	官渡区	0.99		Ⅰ		1.01		Ⅳ		2.94		Ⅱ	
	西山区	0.99		Ⅰ		1.27		Ⅲ		2.71		Ⅱ	
	东川区	0.93		Ⅱ		0.57		Ⅶ		0.71		Ⅵ	
	呈贡区	0.97		Ⅱ		0.44		Ⅷ		1.07		Ⅴ	
	晋宁区	0.82	0.88	Ⅳ	Ⅲ	0.59	0.81	Ⅶ	Ⅴ	0.84	1.51	Ⅴ	Ⅳ
	富民县	0.84		Ⅲ		0.50		Ⅶ		0.41		Ⅶ	
	宜良县	0.72		Ⅵ		0.81		Ⅴ		1.22		Ⅳ	
	石林县	0.75		Ⅴ		0.58		Ⅶ		0.72		Ⅵ	
	嵩明县	0.86		Ⅲ		0.63		Ⅶ		0.87		Ⅴ	
	禄劝县	0.73		Ⅵ		0.80		Ⅴ		1.07		Ⅴ	
	寻甸县	0.73		Ⅵ		0.80		Ⅴ		1.20		Ⅳ	
	安宁市	0.95		Ⅱ		0.56		Ⅶ		1.07		Ⅴ	

续表

市州	县区	经济城镇化指数		经济城镇化等级		义务教育发展总指数		义务教育发展等级		人口受教育指数		人口受教育等级	
曲靖市	麒麟区		0.96		II		1.78		III		2.28		II
	马龙区		0.78		IV		0.62		VII		0.49		VII
	陆良县		0.81		IV		0.83		V		1.73		III
	师宗县		0.64		VIII		0.70		VI		1.01		V
	罗平县	0.76	0.64	V	VIII	1.02	0.74	IV	V	1.75	1.36	III	IV
	富源县		0.73		VI		0.87		V		1.89		III
	会泽县		0.74		VI		0.89		V		2.25		III
	沾益区		0.77		V		0.74		V		1.20		III
	宣威市		0.77		V		2.02		I		3.55		I
玉溪市	红塔区		0.98		I		1.55		II		1.57		IV
	江川区		0.80		IV		0.57		VII		0.84		V
	澄江市		0.87		III		0.55		VII		0.49		VII
	通海县		0.84		III		0.57		VII		0.84		V
	华宁县	0.84	0.77	III	V	0.71	0.53	VI	VII	0.74	0.61	VI	V
	易门县		0.87		III		0.69		VI		0.54		V
	峨山县		0.84		III		0.66		VI		0.49		VII
	新平县		0.85		III		0.65		VI		0.74		V
	元江县		0.74		VI		0.61		VII		0.56		V

续表

市州	县区	经济城镇化指数		经济城镇化等级		义务教育发展总指数		义务教育发展等级		人口受教育指数		人口受教育等级	
保山市	隆阳区	0.73	0.79	VI	IV	0.94	1.75	V	II	1.43	2.73	IV	II
	施甸县		0.71		VI		0.62		VII		0.82		V
	龙陵县		0.71		VI		0.64		VII		0.75		V
	昌宁县		0.65		VIII		0.66		VI		0.96		V
	腾冲市		0.79		IV		1.01		IV		1.87		III
昭通市	昭阳区	0.78	0.88	V	III	0.83	1.59	V	II	1.24	2.00	IV	III
	鲁甸县		0.78		V		0.56		VII		0.98		V
	巧家县		0.62		VIII		0.66		VI		1.33		IV
	盐津县		0.77		V		0.64		VII		0.98		V
	大关县		0.77		V		0.50		VII		0.70		VI
	永善县		0.82		IV		0.64		VII		1.02		V
	绥江县		0.80		IV		0.49		VII		0.43		VII
	镇雄县		0.76		V		1.97		I		3.53		I
	彝良县		0.60		VIII		0.81		V		1.36		IV
	威信县		0.79		IV		0.74		V		1.03		V
	水富市		0.96		II		0.54		VII		0.30		VIII

续表

市州	县区	经济城镇化指数（市）	经济城镇化指数	经济城镇化等级（市）	经济城镇化等级	义务教育发展总指数（市）	义务教育发展总指数	义务教育发展等级（市）	义务教育发展等级	人口受教育指数（市）	人口受教育指数	人口受教育等级（市）	人口受教育等级
丽江市	古城区	0.82	0.95	IV	II	0.75	1.39	V	III	0.71	0.73	VI	VI
	玉龙县		0.80		IV		0.44		VIII		0.62		VI
	永胜县		0.76		V		0.73		V		1.12		V
	华坪县		0.82		IV		0.57		VII		0.48		VII
	宁蒗县		0.76		V		0.62		VII		0.61		VI
普洱市	思茅区	0.71	0.90	V	III	0.64	1.42	VII	III	0.68	0.90	VII	V
	宁洱县		0.77		V		0.51		VI		0.56		VI
	墨江县		0.73		VI		0.51		VII		0.93		V
	景东县		0.62		VIII		0.65		VI		0.99		V
	景谷县		0.69		VII		0.65		VI		0.77		VI
	镇沅县		0.59		VIII		0.50		VI		0.59		VI
	江城县		0.66		VII		0.43		VIII		0.32		VIII
	孟连县		0.62		VIII		0.57		VI		0.32		VIII
	澜沧县		0.71		VI		0.70		VI		1.21		IV
	西盟县		0.77		V		0.43		VIII		0.23		VIII

附表5 云南省经济城镇化指数、义务教育发展总指数、人口受教育指数计算与定级情况 ◄◄ 655

续表

市州	县区	经济城镇化指数	经济城镇化指数（州）	经济城镇化等级	义务教育发展总指数	义务教育发展总指数（州）	义务教育发展等级	人口受教育指数	人口受教育指数（州）	人口受教育等级
临沧市	临翔区	0.84	0.72	Ⅲ	1.47	0.75	Ⅲ	0.91	0.79	Ⅴ
	凤庆县	0.64		Ⅷ	0.67		Ⅵ	1.26		Ⅳ
	云县	0.70		Ⅶ	0.82		Ⅴ	1.21		Ⅳ
	永德县	0.72		Ⅵ	0.66		Ⅵ	0.92		Ⅴ
	镇康县	0.77		Ⅴ	0.53		Ⅶ	0.40		Ⅶ
	双江县	0.73		Ⅵ	0.51		Ⅶ	0.45		Ⅵ
	耿马县	0.64		Ⅷ	0.73		Ⅴ	0.75		Ⅵ
	沧源县	0.75		Ⅴ	0.62		Ⅶ	0.45		Ⅶ
楚雄彝族自治州	楚雄市	0.92	0.74	Ⅱ	1.65	0.69	Ⅱ	1.87	0.80	Ⅲ
	双柏县	0.69		Ⅶ	0.52		Ⅶ	0.46		Ⅶ
	牟定县	0.73		Ⅵ	0.56		Ⅶ	0.63		Ⅵ
	南华县	0.74		Ⅵ	0.58		Ⅶ	0.67		Ⅵ
	姚安县	0.66		Ⅶ	0.53		Ⅶ	0.58		Ⅵ
	大姚县	0.72		Ⅵ	0.64		Ⅶ	0.82		Ⅴ
	永仁县	0.74		Ⅵ	0.54		Ⅶ	0.32		Ⅷ
	元谋县	0.71		Ⅵ	0.53		Ⅶ	0.63		Ⅵ
	武定县	0.74		Ⅵ	0.59		Ⅶ	0.79		Ⅴ
	禄丰市	0.78		Ⅴ	0.79		Ⅴ	1.20		Ⅳ

续表

市州	县区	经济城镇化指数		经济城镇化等级	义务教育发展总指数		义务教育发展等级	人口受教育指数		人口受教育等级
红河哈尼族彝族自治州	个旧市		0.94	Ⅱ		0.65	Ⅵ		1.37	Ⅳ
	开远市		0.89	Ⅲ		0.70	Ⅵ		0.94	Ⅴ
	蒙自市		0.86	Ⅲ		0.76	Ⅴ		1.23	Ⅳ
	弥勒市		0.90	Ⅲ		0.99	Ⅳ		1.54	Ⅳ
	屏边县		0.77	Ⅴ		0.68	Ⅵ		0.40	Ⅶ
	建水县	0.78	0.79	Ⅳ	0.81	1.28	Ⅲ	0.92	1.50	Ⅳ
	石屏县		0.63	Ⅷ		0.87	Ⅴ		0.82	Ⅴ
	泸西县		0.77	Ⅴ		0.77	Ⅴ		1.08	Ⅴ
	元阳县		0.71	Ⅵ		0.86	Ⅴ		0.91	Ⅴ
	红河县		0.67	Ⅶ		0.65	Ⅵ		0.66	Ⅵ
	金平县		0.76	Ⅴ		0.78	Ⅴ		0.72	Ⅵ
	绿春县		0.73	Ⅵ		0.84	Ⅴ		0.52	Ⅶ
	河口县		0.77	Ⅴ		0.69	Ⅵ		0.28	Ⅷ

续表

市州	县区	经济城镇化指数（州）	经济城镇化指数	经济城镇化等级（州）	经济城镇化等级	义务教育发展总指数（州）	义务教育发展总指数	义务教育发展等级（州）	义务教育发展等级	人口受教育指数（州）	人口受教育指数	人口受教育等级（州）	人口受教育等级
文山壮族苗族自治州	文山市	0.76	0.91	V	II	0.86	1.07	V	IV	1.17	1.41	IV	IV
	砚山县		0.78		V		0.99		IV		1.25		IV
	西畴县		0.71		VI		0.69		VI		0.72		V
	麻栗坡县		0.79		IV		0.81		V		0.76		VI
	马关县		0.77		V		0.81		VI		1.01		V
	丘北县		0.69		VII		0.70		V		1.20		IV
	广南县		0.68		VII		0.92		V		1.96		III
	富宁县		0.73		VI		0.90		V		1.02		VII
西双版纳傣族自治州	景洪市	0.72	0.82	VI	IV	0.71	0.80	VI	V	0.99	1.43	V	IV
	勐海县		0.72		VI		0.72		VI		0.82		V
	勐腊县		0.61		VIII		0.60		VII		0.71		V

续表

市州	县区	经济城镇化指数	经济城镇化等级	义务教育发展总指数	义务教育发展等级	人口受教育指数	人口受教育等级
大理白族自治州	大理市	0.93	Ⅱ	0.91	Ⅴ	2.12	Ⅲ
	漾濞县	0.72	Ⅵ	0.45	Ⅷ	0.29	Ⅷ
	祥云县	0.74	Ⅵ	0.61	Ⅶ	1.21	Ⅳ
	宾川县	0.56	Ⅷ	0.62	Ⅶ	1.02	Ⅴ
	弥渡县	0.71	Ⅵ	0.65	Ⅵ	0.89	Ⅴ
	南涧县	0.74	Ⅵ	0.59	Ⅶ	0.59	Ⅵ
	魏山县	0.67	Ⅶ	0.52	Ⅶ	0.88	Ⅴ
	永平县	0.64	Ⅷ	0.50	Ⅶ	0.49	Ⅶ
	云龙县	0.83	Ⅲ	0.77	Ⅴ	0.58	Ⅵ
	洱源县	0.68	Ⅶ	0.55	Ⅶ	0.78	Ⅵ
	剑川县	0.79	Ⅳ	0.52	Ⅶ	0.51	Ⅶ
	鹤庆县	0.81	Ⅳ	0.63	Ⅶ	0.71	Ⅵ

州级合并值：经济城镇化指数 0.74（等级 Ⅵ）；义务教育发展总指数 0.61（等级 Ⅶ）；人口受教育指数 0.84（等级 Ⅴ）。

续表

市州	县区	经济城镇化指数		经济城镇化等级		义务教育发展总指数		义务教育发展等级		人口受教育指数		人口受教育等级	
德宏傣族景颇族自治州	瑞丽市		0.89		III		0.72		VI		0.52		VII
	芒市		0.77		V		1.44		III		1.06		V
	梁河县	0.73	0.67	VI	VII	0.94	0.63	V	VII	0.66	0.43	VI	VII
	盈江县		0.69		VII		0.54		VII		0.82		V
	陇川县		0.61		VIII		1.36		III		0.48		VII
怒江傈僳族自治州	泸水市		0.85		III		1.32		III		0.45		VII
	福贡县	0.81	0.77	IV	V	0.69	0.59	VI	VII	0.32	0.22	VIII	VIII
	贡山县		0.78		V		0.35		VIII		0.10		VIII
	兰坪县		0.85		III		0.49		VII		0.51		VII
迪庆藏族自治州	香格里拉市		0.96		II		0.71		VI		0.49		VII
	德钦县	0.92	0.94	II	II	0.54	0.53	VII	VII	0.35	0.16	VIII	VIII
	维西县		0.87		III		0.38		VIII		0.40		VII

参考文献

一 著作

《地理学词典》编辑委员会：《地理学词典》，上海辞书出版社 1983 年版。

《云南词典》编辑委员会：《云南词典》，云南人民出版社 1993 年版。

《云南大百科全书》编纂委员会：《云南大百科全书·地理卷》，中国大百科全书出版社 2020 年版。

《云南大百科全书》编纂委员会：《云南大百科全书·经济上、下卷》，中国大百科全书出版社 2020 年版。

《云南大百科全书》编纂委员会：《云南大百科全书·科学、教育上、下卷》，中国大百科全书出版社 2020 年版。

《云南大百科全书》编纂委员会：《云南大百科全书·历史上、下卷》，中国大百科全书出版社 2020 年版。

《云南大百科全书》编纂委员会：《云南大百科全书·旅游卷》，中国大百科全书出版社 2020 年版。

《云南大百科全书》编纂委员会：《云南大百科全书·社会卷》，中国大百科全书出版社 2020 年版。

《云南大百科全书》编纂委员会：《云南大百科全书·生态卷》，中国大百科全书出版社 2020 年版。

《云南大百科全书》编纂委员会：《云南大百科全书·卫生、体育卷》，中国大百科全书出版社 2020 年版。

《云南大百科全书》编纂委员会：《云南大百科全书·文化卷》，中国大百科全书出版社 2020 年版。

《云南省地图集》编纂委员会：《云南省地图集》，西安地图出版社 2019 年版。

陈发成：《曲靖年鉴 2019》，云南出版集团公司、云南人民出版社 2019 年版。

陈航、张文尝、金凤等：《中国人文地理丛书（典藏版）：中国交通地理》，科学出版社 2017 年版。

陈严芬：《西双版纳年鉴 2019》，云南出版集团公司、云南科技出版社 2019 年版。

丁一汇主编：《中国自然地理系列专著：中国气候》，科学出版社 2013 年版。

方创琳：《中国新型城镇化综合分区的科学方案研究》，《新常态：传承与变革——2015 中国城市规划年会论文集》，2015 年。

费孝通：《乡土中国》，北京大学出版社 2013 年版。

傅博杰、刘国华、欧阳志云等：《中国生态区划研究》，科学出版社 2013 年版。

高昆谊、朱慧贤：《云南生物地理》，云南科学出版社 2007 年版。

龚子同主编：《中国自然地理系列专著：中国土壤地理》，科学出版社 2014 年版。

官朝弼：《玉溪年鉴 2019》，云南出版集团公司、云南人民出版社 2019 年版。

郭孟贤：《楚雄州年鉴 2019》，云南出版集团公司、云南科技出版社 2019 年版。

郭希林：《昆明年鉴 2019》，云南民族出版社 2019 年版。

国家发展和改革委员会编：《全国及各地区主体功能区规划（上）》，人民出版社 2015 年版。

国家发展和改革委员会编：《全国及各地区主体功能区规划（中）》，人民出版社 2015 年版。

国家发展和改革委员会编：《全国及各地区主体功能区规划（下）》，人民出版社 2015 年版。

何耀华：《云南通史（1—6 卷）》，中国社会科学出版社 2011 年版。

和淇：《迪庆州年鉴 2019》，云南民族出版社 2019 年版。

赫维人、陈永森、杨明：《云南农业地理》，云南人民出版社 1980 年版。

黄秉维、郑度、赵名茶等：《现代自然地理》，科学出版社 1999 年版。

辉志仁：《临沧年鉴 2019》，云南出版集团公司、云南人民出版社 2019
年版。

经济学大辞典编委会：《经济学大辞典》，经济科学出版社 1993 年版。

李灿光：《云南资源大全》，云南人民出版社 2006 年版。

李灿光、潘玉君、胡利人等：《区域发展研究：发展条件与空间结构》，
科学出版社 2007 年版。

李春林：《云南年鉴 2019》，云南年鉴社 2019 年版。

李金华：《丽江年鉴 2019》，云南出版集团公司、云南科技出版社 2019
年版。

李世奎、侯光亮、欧阳海等：《中国农业气候资源和农业气候区划》，科
学出版社 1988 年版。

刘昌明主编：《中国自然地理系列专著：中国水文地理》，科学出版社
2014 年版。

刘君德、靳润成、张俊芳等：《中国人文地理丛书（典藏版）：中国社区
地理》，科学出版社 2017 年版。

刘君德、靳润成、周克瑜：《中国人文地理丛书（典藏版）：中国政区地
理》，科学出版社 2017 年版。

刘学、黄明：《云南历史文化名城（镇村街）保护体系规划研究》，中国
建筑工业出版社 2012 年版。

罗明东、潘玉君、施红星：《义务教育均衡发展检测、评价与预警（第 1
卷）：全国义务教育省域均衡发展监测、评价与预警》，北京大学出版
社 2014 年版。

明庆忠、童绍玉：《云南地理》，北京师范大学出版集团 2016 年版。

聂顺荣：《昭通年鉴 2019》，德宏民族出版社 2019 年版。

欧阳志云、郑华、高吉喜等：《区域生态环境质量评价与生态功能区划》，
中国环境科学出版社 2009 年版。

潘玉君：《地理科学》，哈尔滨地图出版社 1995 年版。

潘玉君、李灿光、武友德等：《区域发展研究：发展阶段与约束条件》，科学出版社 2007 年版。

潘玉君、罗明东：《义务教育发展区域均衡系统研究：区域教育发展及其差距实证研究》，北京大学出版社 2007 年版。

潘玉君、马佳伸、肖翔等：《主体功能区区划研究——基于人地关系地域系统的云南省实证研究》，科学出版社 2018 年版。

潘玉君、武友德：《地理科学导论（第 3 版）》，科学出版社 2021 年版。

潘玉君、武友德：《区域发展研究：发展阶段与约束条件》，科学出版社 2007 年版。

潘玉君、武友德、华红莲：《区域现代化实证研究》，科学出版社 2007 年版。

潘玉君、武友德、张谦舵等：《省域主体功能区区划研究》，科学出版社 2011 年版。

潘玉君、伊继东、孙俊等：《中国人文地理丛书（典藏版）：中国民族地理》，科学出版社 2017 年版。

潘玉君、张谦舵、肖翔等：《教育地理区划研究：云南省义务教育地理区划实证与方案》，科学出版社 2015 年版。

全国科学技术名词审定委员会审定：《地理学名词（第二版）》，科学出版社 2007 年版。

任美锷、杨纫章、包浩生：《中国自然区划纲要》，商务印书馆 1979 年版。

沈海梅：《明清云南妇女生活研究》，云南教育出版社 2001 年版。

田启云：《德宏年鉴 2018》，德宏民族出版社 2018 年版。

童绍玉、陈永森：《云南坝子研究》，云南大学出版社 2007 年版。

王超英：《大理州年鉴 2018》，云南民族出版社 2019 年版。

王恩涌：《中国人文地理丛书（典藏版）：中国文化地理》，科学出版社 2017 年版。

王声跃、张文：《云南地理》，云南民族出版社 2002 年版。

王伟中、郭日生、黄晶：《地方可持续发展导论》，商务印书馆 1999 年版。

王文富：《云南土壤》，云南科技出版社 1996 年版。

王颖：《中国自然地理系列专著：中国海洋地理》，科学出版社 2013 年版。

王宇：《云南农业气候图集》，气象出版社 1990 年版。

吴传钧：《人地关系与经济布局》，学苑出版社 1998 年版。

吴传钧：《中国经济地理》，科学出版社 1998 年版。

吴传钧：《中国人文地理丛书（典藏版）：中国文化经济地理》，科学出版社 2017 年版。

吴世雄：《红河州年鉴 2019》，云南出版集团公司、云南人民出版社 2019 年版。

武友德、王源昌、陈长瑶等：《云南经济地理》，经济管理出版社 2018 年版。

西北师范学院地理系：《中国自然地理图集》，地图出版社 1954 年版。

谢应齐、杨子生：《云南省农业自然灾害区划》，中国农业出版社 1995 年版。

杨旺舟：《区域产业结构分析与调整对策——以云南省为例》，科学出版社 2013 年版。

杨旺舟：《云南产业结构分析与调整对策：以云南省为例》，科学出版社 2012 年版。

杨一光：《云南省综合自然区划》，高等教育出版社 1990 年版。

杨子生、刘彦随：《中国山区生态友好型土地利用研究》，中国科学技术出版社 2007 年版。

杨子生、赵乔贵、辛玲：《云南土地资源》，中国科学技术出版社 2014 年版。

尤联元、杨景春：《中国自然地理系列专著：中国地貌》，科学出版社 2013 年版。

袁振国：《当代教育学》，教育科学出版社 2004 年版。

云南省地方志编纂委员会、云南省水利厅：《云南省志·卷 38·水利志》云南人民出版社 1998 年版。

云南省地方志编纂委员会：《云南省志·地理志》，云南人民出版社 1998

年版。

云南省地方志编纂委员会：《云南省志·土地志》卷64，云南人民出版社 1997年版。

云南省地质矿产局：《云南省区域地质志》，地质出版社1990年版。

云南省气象局：《云南气候图册》，云南人民出版社1982年版。

云南省气象局：《云南省农业气候资料集》，云南人民出版社1983年版。

云南省人民政府：《云南省主体功能区规划》，云南省人民政府办公厅 2014年版。

云南省水文水资源局、云南省水环境监测中心：《云南省水功能区划》， 云南省水利厅2004年版。

云南省统计局：《云南统计年鉴2010》，中国统计出版社2010年版。

云南省统计局：《云南统计年鉴2011》，中国统计出版社2011年版。

云南省统计局：《云南统计年鉴2012》，中国统计出版社2012年版。

云南省统计局：《云南统计年鉴2013》，中国统计出版社2013年版。

云南省统计局：《云南统计年鉴2014》，中国统计出版社2014年版。

云南省统计局：《云南统计年鉴2015》，中国统计出版社2015年版。

云南省统计局：《云南统计年鉴2016》，中国统计出版社2016年版。

云南省统计局：《云南统计年鉴2017》，中国统计出版社2017年版。

云南省统计局：《云南统计年鉴2018》，中国统计出版社2018年版。

云南省统计局：《云南统计年鉴2019》，中国统计出版社2019年版。

云南省统计局：《云南统计年鉴2020》，中国统计出版社2020年版。

云南省岩溶地区治理开发协会：《岩溶地域发展战略研究》，云南科技出 版社1997年版。

张保华：《云南民族文化概论》，中国社会科学出版社2004年版。

张兰生主编：《中国自然地理系列专著：中国古地理——中国自然地理的 形成》，科学出版社2012年版。

张谦舵、潘玉君、解继丽：《义务教育均衡发展检测、评价与预警（第2 卷）：云南省义务教育省域均衡发展监测、评价与预警》，北京大学出 版社2014年版。

张荣祖主编：《中国自然地理系列专著：中国动物地理》，科学出版社

2011 年版。

张善余:《中国人文地理丛书(典藏版):中国人口地理》,科学出版社 2017 年版。

郑度:《地理区划与规划词典》,中国水利水电出版社 2012 年版。

郑度:《中国生态地理区域系统研究》,商务印书馆 2008 年版。

郑度主编:《中国自然地理系列专著:中国自然地理总论》,科学出版社 2015 年版。

中国大百科全书地理学编委会:《中国大百科全书·地理学》,中国大百科全书出版社 1990 年版。

中国科学院可持续发展研究组:《中国可持续发展战略报告》,科学出版社 2001 年版。

中国科学院可持续发展研究组:《中国可持续发展战略报告》,科学出版社 2004 年版。

中国科学院自然区划工作委员会:《中国地貌区划(初稿)》,科学出版社 1959 年版。

中国科学院自然区划工作委员会:《中国气候区划(初稿)》,科学出版社 1959 年版。

中国科学院自然区划工作委员会:《中国水文区划(初稿)》,科学出版社 1959 年版。

中国科学院自然区划工作委员会:《中国植被区划(初稿)》,科学出版社 1959 年版。

中国科学院自然区划工作委员会:《中国土壤区划(初稿)》,科学出版社 1960 年版。

中国科学院自然区划工作委员会:《中国综合自然区划(初稿)》,科学出版社 1959 年版。

周立三:《中国人文地理丛书(典藏版):中国农业地理》,科学出版社 2017 年版。

周卫明:《文山州年鉴 2019》,德宏民族出版社 2019 年版。

朱海燕、潘玉君:《中国自然资源通典·云南卷》,内蒙古教育出版社 2018 年版。

邹逸麟：《中国人文地理丛书（典藏版）：中国历史人文地理》，科学出版社 2017 年版。

邹逸麟、张修桂主编：《中国自然地理系列专著：中国历史自然地理》，科学出版社 2013 年版。

二　期刊

陈锡才、潘玉君、彭燕梅等：《怒江州生态环境基础与社会经济发展研究》，《国土与自然资源研究》2016 年第 3 期。

陈锡才、彭燕梅、潘玉君等：《基于生态环境基础与社会经济发展状态的迪庆藏族自治州区域发展战略研究》，《国土与自然资源研究》2017 年第 3 期。

陈永森：《云南的热带及其利用问题》，《云南师范大学学报》（自然科学版）1984 年第 1 期。

戴波：《云南水电产业竞争力分析》，《经济问题探索》2008 年第 6 期。

段旭、陶云、段长春：《云南省细网格气候区划及气候代表站选取》，《大气科学学报》2011 年第 3 期。

方创琳、刘海猛、罗奎等：《中国人文地理综合区划》，《地理学报》2017 年第 2 期。

方创琳、王振波、刘海猛：《美丽中国建设的理论基础与评估方案探索》，《地理学报》2019 年第 4 期。

高庆彦、潘玉君、朱海燕：《基于多尺度空间单元的省域可持续发展功能区划——以云南省 129 个县区为例》，《经济地理》2015 年第 7 期。

高庆彦、潘玉君、朱海燕等：《基于熵思想的民族区城市生态系统研究——以云南省 16 个市州为例》，《地域研究与开发》2015 年第 2 期。

胡志丁、骆华松、李树梅等：《区域综合承载力导向的云南省经济发展重点区域研究》，《热带地理》2010 年第 5 期。

黄春萍：《基于管治理念的滇中城市群区域协调发展机制探究》，《云南地理环境研究》2009 年第 2 期。

鲁永新、田侯明、杨海抒等：《云南省野生食用菌气候环境特征与评价》，《中国生态农业学报》2015 年第 6 期。

路满、张天明、吴映梅：《云南省产业结构演进特征及路径优化研究》，《西部经济管理论坛》2017 年第 3 期。

马尔萨斯、丁伟：《人口原理》，《商场现代化》2012 年第 21 期。

潘玉君：《简论区域生态环境建设中的补偿问题》，《光明日报》2004 年 11 月 9 日。

潘玉君、武友德：《通过加强基础教育实现区域和谐》，《光明日报》2005 年 10 月 19 日。

潘玉君：《中国北方古代文明的地理基础》，《中国社会科学》1995 年第 6 期。

潘玉君：《云南省生态环境建设的思路、布局和机制》，《吉首大学学报》（自然科学版）2002 年第 4 期。

潘玉君、丁文荣、武友德：《地理哲学与数学方法论》，《云南师范大学学报》（哲学社会科学版）2004 年第 4 期。

潘玉君、武友德：《全面建设小康社会与人文地理学的崇高使命》，《云南师范大学学报》（哲学社会科学版）2003 年第 2 期。

潘玉君、姚辉：《县域义务教育资源配置结构及空间差异实证——以云南 25 个边境县为例》，《学术探索》2017 年第 4 期。

潘玉君、张谦舵：《区域生态环境建设补偿问题的初步探讨》，《经济地理》2003 年第 4 期。

潘玉君、张谦舵、华红莲：《试论可持续发展的地域公平性》，《中国人口资源与环境》2007 年第 7 期。

钱利英、吴映梅、徐燕苗：《滇西北民族地区经济发展水平与产业结构演进状态协调分析》，《经济地理》2010 年第 8 期。

孙俊、潘玉君、汤茂林：《中国地理学史研究的理路分析——兼论中国地理学传统的流变》，《地理研究》2014 年第 3 期。

孙俊、潘玉君、汤茂林等：《中国地理学史编史方法论考察》，《地理研究》2014 年第 8 期。

孙俊、潘玉君、武友德：《地理学史研究范式——科学地理学史与知识地理学史》，《地理学报》2014 年第 9 期。

孙俊、武友德、骆华松等：《基于多样性指数的云南省民族人口发展态势分析》，《南方人口》2016 年第 6 期。

王妍、张超、宋维峰：《元阳梯田空间分析特征研究》，《水土保持研究》
2013 年第 2 期。

吴传钧：《国土整治和区域开发》，《地理学与国土研究》1994 年第 3 期。

吴传钧：《论地理学的研究核心——人地关系地域系统》，《经济地理》
1991 年第 3 期。

吴绍洪、杨勤业、郑度：《生态地理区域界线划分的指标体系》，《地理科
学进展》2002 年第 4 期。

吴绍洪、杨勤业、郑度：《生态地理区域系统的比较研究》，《地理学报》
2003 年第 5 期。

徐勇、汤青、樊杰等：《主体功能区划可利用土地资源指标项及其算法》，
《地理研究》2010 年第 9 期。

许然：《人地关系的系统理论与可持续发展》，《地域研究与开发》1997
年增刊。

闫彪、汪安佑：《云南省有色金属产业发展策略研究》，《中国矿业》2009
年第 6 期。

杨子生、赵乔贵：《基于第二次全国土地调查的云南省坝区县、半山半坝
县和山区县的划分》，《自然资源学报》2014 年第 4 期。

姚辉、温爱花、潘玉君：《中国省域高等教育结构演进及其类型差异评
价》，《云南师范大学学报》（哲学社会科学版）2016 年第 6 期。

尹绍亭：《试论云南民族地理》，《地理研究》1989 年第 8 期。

虞光复、陈永森：《论云南土壤的地理分布规律》，《云南大学学报》（自
然科学版）1998 年第 1 期。

张博胜、杨子生：《基于空间计量模型的云南农村贫困格局及其影响因素
诊断》，《农业工程学报》2019 年第 7 期。

张博胜、杨子生：《易地扶贫搬迁项目区土地利用合理性评价》，《农业工
程学报》2018 年第 22 期。

张丽君：《可持续发展指标体系建设的国际进展》，《国土资源情报》2004
年第 4 期。

赵维城：《论云南地貌体系》，《云南地理环境研究》1998 年增刊。

赵晓华:《云南工业化进程中的产业结构分析》,《云南民族大学学报》(哲学社会科学版) 2007 年第 2 期。

郑度、傅小锋:《关于综合地理区划若干问题的探讨》,《地理科学》1999 年第 3 期。

郑度、葛全胜、张雪芹等:《中国区划工作的回顾与展望》,《地理研究》2005 年第 3 期。

三 外文

Assun ão R. M. , Neves M. C. , Câmara G. , "Efficient Regionalization Techniques for Socio – economic Geographical Units Using Minimum Spanning Trees", *International Journal of Geographical Information Science*, Vol. 20, No. 7, 2006. (797 – 811)

Belozertseva, I. A. , Sorokovoj, A. A. , "Soil and Ecological Division into Districts of the Baikal Region", *Geodeziya i kartografiya*, Vol. 79, No. 10, 2018. (54 – 64)

Bird K. , Shepherd A. , "Livelihoods and Chronic Poverty in Semiarid Zimbabwe. World Development", Vol. 31, No. 3, 2014. (591 – 610)

Choi, Jaeyong Lee, Sang – Hyuk Lee, Peter Sang – Hoon, "Evaluation Method Development for Ecological Restorations by Damaged Types", *Journal of the Korea Society of Environmental Restoration Technology*, Vol. 19, No. 1, 2016. (121 – 133)

Deniz, A. , Toros, H. , Incecik, S. , "Spatial Variations of Climate Indices in Turkey", *International Journal of Climatology* , Vol. 31, No. 3, 2011. (394 – 403)

Epprecht M. , Müller D. , Minot N. , "How Remote are Vietnam's Ethnic Minorities? An Analysis of Spatial Patterns of Poverty and Inequality". *The Annals of Regional Science*, Vol. 46, No. 2, 2011. (349 – 368)

Gorunescu F. , *Data Mining: Concepts, Models and Techniques*, New York: Springer, 2011.

Guo, J. P. , Zhao, J. F. , Yuan, B. , Ye, M. Z. , "Evaluation of Agricultural

Climatic Resource Utilization during Spring Maize Cultivation in Northeast China under Climate Change", *Acta Meteorologica Sinica*, Vol. 27, No. 5, 2014. (758 – 768)

Li G. , Fang C. , Bo P. , "Quantitative Measuring and Influencing Mechanism of Urban and Rural Land Intensive Use in China", *Journal of Geographical Sciences*, Vol. 24, No. 5, 2014. (758 – 768)

Lu, Y. H. , Chen, L. D. , Li, J. , "Progress and Prospects of Integrated Physical Geography in China", *Progress in Physical Geography – earth and Environment*, Vol. 30, No. 5, 2006. (659 – 672)

Safronova, I. N. , "Botanical – geographic Division of the Turan Deserts as the Base of Sustainable Nature Use", *Arid Ecosystems*, Vol. 16, No. 42, 2010. (47 – 53)

Shi, P. J. , Sun, S. , Wang, M. , Li, N. , Wang, J. A. , et al. , "Climate Change Regionalization in China (1961 – 2010)", *Science China – earth Sciences*, Vol. 57, No. 11, 2014. (2676 – 2689)